全年财政收入：65.1亿元
一般公共预算收入：36.8亿元
公共财政预算支出：63.9亿元
常住人口城镇化率：62.06%
城镇居民人均可支配收入：43067元
农村居民人均可支配收入：18042元
社会消费品零售总额：93.1亿元
实际利用外资：2806万美元
年末人民币存款余额：471.5亿元
年末人民币贷款余额：606.2亿元
全县各类学校（含培训机构）总数：190所
在校学生数：73165人（含幼儿16381人）
专任教师：5166人

医疗卫生机构数：424所
医疗卫生机构床位：2100张
医疗卫生技术人员：2167人
全县公路里程：1021.39千米
大、中、小载货汽车：3267辆
大、中型载客汽车：130辆

香河年鉴

2019 XIANGHE YEARBOOK

香河县地方志编纂委员会　编

方志出版社
Publishing House of Local Records

图书在版编目（CIP）数据

香河年鉴. 2019 / 香河县地方志编纂委员会编. 一北京：方志出版社，2019.12
ISBN 978-7-5144-4096-6

Ⅰ. ①香… Ⅱ. ①香… Ⅲ. ①香河县-2019-年鉴
Ⅳ. ①Z522.24

中国版本图书馆 CIP 数据核字（2019）第 300597 号

香河年鉴（2019）

编　　者：香河县地方志编纂委员会
责任编辑：刘方圆
出 版 人：冀祥德
出 版 者：方志出版社
　　　　　地址　北京市朝阳区潘家园东里 9 号（国家方志馆 4 层）
　　　　　邮编　100021
　　　　　网址　http://www.fzph.org
发　　行：方志出版社图书经销中心
　　　　　电话　（010）67110500
经　　销：各地新华书店
印　　刷：廊坊市国彩印刷有限公司
开　　本：889×1194　　1/16
印　　张：33.88
字　　数：846 千字
版　　次：2019 年 12 月第 1 版　　2019 年 12 月第 1 次印刷
印　　数：001～800册
ISBN 978-7-5144-4096-6　　定价：298.00元

香河县地方志编纂委员会

香河县地方志编纂委员会办公室

主　　　任：杨振亮

副　主　任：李志楠

副主任科员：王树春

科　　　员：闫振春　张　丹

《香河年鉴（2019）》编纂人员

主　　编：杨振亮

副 主 编：王树春　李志楠

编　　辑：闫振春　陈述龙　刘士刚　马　军　杨东林

工作人员：张　丹　孟艳双　李学涛

《香河年鉴（2019）》撰稿人名单

（以姓氏笔画为序）

万　强	马　艺	马　丹	马　静	马冬伟	马宇龙	马丽娜	马瑞庆
王　楠	王立辉	王丽娜	王建国	王树春	王春蕾	王海秋	王晨璐
王德永	王翠鑫	牛　欢	牛凌璇	尹　超	孔庆军	石　磊	田永康
卢雨莲	付　奎	付　震	白元生	白瑛彪	成志云	任海龙	吕　剑
朱金栋	后瑞新	冯晓明	刘　俭	刘　洋	刘　颜	刘文彪	刘洪霞
刘娅东	刘晓静	刘新梅	祁福兵	庄英艳	孙　浩	孙文静	孙志远
孙丽明	孙建永	孙欣慰	孙媛媛	安　娜	杜　治	杜振江	杨　波
杨连永	杨雪莲	杨腾飞	芮文颖	苏绍辉	李　盼	李　健	李　娜
李万勇	李长健	李竹青	李会民	李志娟	李林繁	李春杰	李建国
李函凝	李秋良	李树明	吴　华	何　静	何建妤	佟沅洪	邱雅楠
宋国凤	张　洋	张　曼	张　越	张　媛	张　靖	张　毅	张　鑫
张小章	张卫新	张艺馨	张来顺	张年台	张建波	张建悦	张炳江
张晓菲	张萧霞	陈　萍	陈　强	陈卫彬	陈志华	陈丽颖	陈淑伶
邵亚海	周　琳	周月如	周凤伟	周朋霏	周铁军	周海川	周梦洁
郑肃然	郑铁龙	郎瑞芸	孟宪东	赵春森	赵默然	范文江	罗　琳
胡亚超	胡炜东	秦　伟	秦宇欣	贾　松	顾曼丽	钱宝林	高洁平
高鑫淼	唐嘉煜	凌　珍	凌殿国	黄　娜	黄云龙	黄聪伟	黄德军
常　晖	崔文慧	崔向明	康亚静	韩子月	韩卫华	韩金凤	韩超颖
董　浩	程红坡	谢文波	靳洪坤	靳雪丽	路　志	路凤彦	彰文娟
魏　静	魏建军	魏莹洁					

美丽 幸福新香河

中信国安第一城

荷香香河---万亩荷塘　　（牛宝森摄）

（牛宝森摄）

潮白河国家湿地公园 （县融媒体中心供稿）

运河文化公园 （县融媒体中心供稿）

新农村建设----蒋辛屯镇河北吴村鸟瞰图　　（县融媒体中心供稿）

优美的生态环境　　（县文化广电和旅游局供稿）

荷香香河

美丽幸福新香河

第一城金色大厅内的中幡表演　　（罗春生摄）

中央电视台《乡村大世界》“丰收中国”节目走进河北香河　　（县融媒体中心供稿）

运河文化公园晨练　　（牛宝森摄）

荷乡祥和　　（张鑫摄）

刻苦训练，圆梦足球　　（县委宣传部供稿）

共同逐梦　　（县妇联供稿）

绿色采摘　　（县委宣传部供稿）

荷香 香河

美丽幸福 新香河

香河新城公园鸟瞰图　　（县融媒体中心供稿）

香河文化艺术中心　　（牛宝森摄）

香河产业新城智慧城市指挥中心　　（李铁军摄）

香河机器人小镇展馆　　（李铁军摄）

香河经纬家具城　　（牛宝森摄）

旅游交通　　　　　　　　　　　　　　　　（县文化广电和旅游局供稿）

绿色东方千年古葡萄庄园鸟瞰图　　　　　　　　（县文化广电和旅游局供稿）

编辑说明

一、《香河年鉴（2019）》以马克思列宁主义、毛泽东思想、邓小平理论、“三个代表”重要思想、科学发展观、习近平新时代中国特色社会主义思想为指导，坚持辩证唯物主义和历史唯物主义的立场、观点和方法，坚持实事求是的原则，客观翔实记述。

二、《香河年鉴（2019）》是全面、系统记述香河县行政区域自然、政治、经济、文化、社会等方面基本情况的年度性资料文献，客观反映2018年度香河县经济和社会发展的新变化、新成就，为各级领导决策提供参考依据，为社会各界人士了解和研究香河提供信息，为编史修志积累资料。

三、《香河年鉴》于2002年开始编纂，2017年《香河年鉴》编纂实现一年一鉴，公开出版。《香河年鉴（2019）》为第7卷。

四、《香河年鉴（2019）》采用分类编纂法、条目式记事体，个别相关或相近部类合并立目。主体框架设类目、分目、条目三个层次，条目为年鉴内容的基本记述单元。

五、《香河年鉴（2019）》采用法定计量单位，但为确保数据的准确性和人们认知的习惯性，土地面积使用“亩”为计量单位对“公顷”进行括注。

六、《香河年鉴（2019）》文中“党”均指“中国共产党”，未标明党派的“省委”均指“中共河北省委”、“市委”均指“中共廊坊市委”、“县委”均指“中共香河县委”、“党建”均指“中国共产党建设”、“党员”均指“中共党员”。

七、《香河年鉴（2019）》有关全县经济与社会统计资料以香河县统计局提供的数据为准。所用稿件大部分由各承编单位撰写并经单位负责人审核。部分稿件参考香河县人民政府网站、《新香河》等县主流媒体信息。

八、《香河年鉴（2019）》设双重检索，书前有目录，书后有索引，为读者提供更加方便快捷的查阅服务。

目　录

特　载

大 事 记

香河概况

中国共产党香河县委员会

香河县人民代表大会

香河县人民政府

政协香河县委员会

纪检监察

人民团体

军　事

法　治

综合管理

农业 林业

水 利

财政 税务

交通 电力

邮政 通信

商贸服务业

工业　建筑业

特色产业

园区建设

城乡建设

生态环保

金 融

教　育

科学技术

文化 体育 旅游

卫生健康

社会生活

乡镇（街道）

人　物

文献文件辑存

附　录

特 载

责任编辑 闫振春

以习近平新时代中国特色社会主义思想为统领 坚定不移加快建设美丽幸福新香河

——在县委十一届四次全会上的报告

中共香河县委书记 李桂强

（2019 年 1 月 9 日）

2018 年的回顾与总结

2018 年是贯彻中共十九大精神的开局之年。在市委的坚强领导下，县委常委会坚持以习近平新时代中国特色社会主义思想为统领，认真学习宣传贯彻党的十九大和十九届二中、三中全会精神，坚决落实中央和省市委各项决策部署，抢抓京津冀协同发展机遇，面对复杂严峻的经济形势和艰巨繁重的发展任务，充分发挥总揽全局、协调各方的领导核心作用，团结带领干部群众创新务实、主动作为，较好地完成了县委十一届三次全会确定的目标任务。一批“老大难”“硬骨头”的历史遗留问题得到解决，一批打基础、利长远的重大工程取得实质性进展，一批前景好、效益高的产业项目发展势头强劲，一批补短板、惠民生的利民便民实事落地见效，建设美丽幸福新香河进程不断加快。全年财政收入完成 65 亿元，其中，一般公共预算收入完成 36.76 亿元，比上年增长 10.3%。预计规模以上工业产值增长 25.4%，高新技术产业增加值增长 15%，固定资产投资增长 13.9%，城乡居民人均可支配收入分别完成 42708 元和 17892 元，增长 7%和 8%。增幅均处于全市上游水平。

2018 年，县委常委会保持战略定力，实现了进位争先

坚持县第十一次党代会确定的“坚持创新驱动、加快转型升级、强化基层基础、实现绿色崛起，建设美丽幸福新香河”既定目标思路不动摇、不变调，在推动高质量发展中加快建设美丽幸福新香河。一年来，县委常委会坚持稳增长、促改革、调结构、惠民生、防风险，既突出重点，又统筹兼顾，城乡建设步伐加快，人民生活明显改善，社会大局持续稳定，做到了在科技创新、全域旅游、公共服务、基层党建上争一流、出亮点。

科技创新方面，建成全市首家科技创新服务平台，机器人小镇被评为“中国优秀机器人产业园区”和“河北省创业创新示范基地”；全域旅游方面，五大精品旅游片区加快建设、亮点纷呈，香河县被评为“全国最佳休闲旅游目的地”；公共服务方面，开通全域公交，城乡客运水平全省领先，国内一流的智慧城市主体工程全面建成；基层党建方面，高质量完成村“两委”换届工作，香河县被评为“全省农村‘两委’换届工作先进县”，“两考三评一定”绩效考核办法成为省市创新经验成果。香河县连续第三次入围全国综合实力、投资潜力、新型城镇化质量百强县榜单并实现位次提升，首次跻身全国科技创新百强县和绿色发展百强县行列。这些成绩是我们坚定不移推进建设美丽幸福新香河的生动实践和成果展示，充分印证了县党代会提出奋斗目标方向的正确性、可行性与前瞻性。特别是中共中央政治局常委、国务院副总理韩正，省委书记王东峰，农业农村部部长韩长赋等领导同志到香河视察调研时，对县域绿化、楼市稳控、环境治理、公共服务等工作给予充分肯定，为香河今后的发展指明了方向，鼓舞了士气，坚定了信心。

2018 年，县委常委会更加注重潜绩，解决了遗留问题

树牢“功成不必在我”的政绩观，既做好让群众看得见、摸得着、得实惠的实事，更做实为后人做铺垫、打基础、利长远的好事。**化解了问题楼盘，维护了群众利益。**坚持问题导向，强化制度保障，一事一议，特事特办，诸多历史遗留问题得到妥善解决，涉房信访大幅下降。**开展了“两违”整治，腾出了发展空间。**坚持零容忍、全覆盖，全年共拆除违法用地 217 宗 87.25 公顷（1308.78 亩），拆除违法建设 23.47 万平方米。**重启了停滞项目，顺应了群众期盼。**停滞多年的钳屯镇双安新城、钱旺镇潮东新村、蒋辛屯镇佰闻花园项目回迁，实现了成熟一个、回迁一个、满意一个的目标。闲置多年的汽车站投入运营，面向社会发行了河北交通一卡通，香河县成为全省首个县域公交与全国公交、地铁互联互通的县级城市。**升级了基础设施，完善了城市功能。**聘请国内一流的上海康恒公司对垃圾填埋场进行改造升级，垃圾处理效果得到明显提升，彻底解决了群众反映多年的顽固问题。对现有污水处理厂进行提标扩容，污水处理能力由 2 万吨提升到 4 万吨，处理标准提高到北京标准。克服重重困难，完成了五一渠污水方沟新建工程和矬口方沟改造工程，实现了城市雨污分流，解决了黑臭水体问题。县委常委会解决了这些长期想解决而没有解决的难题，办成了这些过去想办而没有办成的大事，实现了历史性突破。

2018 年，县委常委会狠抓实体经济，加快了转型升级

扎实深入开展“双创双服”活动，全力推动县域产业转型升级、提质增效，发展态势更加强劲。**抓牢抓实协同发展机遇。**县委常委会不等不靠，积极与中规院对接规划编制，主动与通州区开展多项合作，屡次到京沪粤洽谈引进项目。以高端制造业和现代服务业为导向，大力承接引进北京“容不下、离不开、走不远”的高端项目，全年重点谋划实施亿元以上项目 30 个。争列省重点项目 10 个、市重点项目 16 个，重点项目年内完成投资率达到 130%以上，其中联星国际建材城、汇天威 3D 打印设备、爱晚国家养老示范基地一期等项目建成运营。谋划洽谈中欧商贸中心、珠江控股出版集团数字出版产业中心、腾云（香河）数字经济产业园等一批重大项目，增强了发展后劲。**做大做强产业聚集平台。**加快“机器人小镇”“国安创客”“美家尽有”“太库科技”四个“双创”示范基地建设，集中精力推动各类创新资源加速集聚。机器人小镇累计签约入驻企业 135 家，百余家企业包括 30 余家业界领军企业建成投产。机器人应用产业园、系统集成产业园、核心零部件产业园和机器人大厦集体开工，3D 打印产业园完成一期主体建设，云创智能科技等重点项目建成投产。第一城加快转型升级，斥资 5 亿元打造好莱坞标准的国安新桥影视制作基地，完成新《红楼梦》等多部优秀影视剧制作，“中国广播电影电视社会组织联合会音乐工作委员会影视音乐创作制作基地”成功落户。**高质高效发展全域旅游。**五百户片区香椿营、后土门楼两个特色村寨实现整体面貌提升，安平片区运河文化公园建成开放，刘宋片区万亩荷塘上档升级，蒋辛屯片区水岸潮白田园综合体、潮白花海创意文化中心、特色民宿相继投放运营，安头屯片区千年古葡萄庄园、乐农美联生态农场配套设施日臻完善。第一城中华大庙会、香河国际家居文化节等活动影响力不断扩大。深入挖掘“两河”历史文化资源，启动实施运河生态文化项目和潮白河生态综合整治工程，加快打造北运河生态文化带和潮白河乡村田园体验带。全年共接待国内外游客 483 万人次，旅游收入和游客满意度大幅提升。**尽心尽力服务企业发展。**深入推进商事登记制度改革，全面整合优化涉企证照办理事项，成功实现了“五十证合一”。扎实开展“大调研、大督导、大服务”活动，开展系列对接帮扶活动，为民营企业解决难题、提振士气、坚定信心。鼎力担保公司为 19 家企业提供信贷担保 1.21 亿元，有效缓解了中小企业融资难问题。制定出台了《加快推进科技创新若干措施》等系列政策文件，科技型企业持续增加。设立文化产业引导资金，吸引 17 家影视传媒公司在香河县注册落户。

2018 年，县委常委会推进绿色崛起，改善了城乡环境

深入贯彻习近平生态文明思想，牢固树立“绿水青山就是金山银山”的发展理念，加速探索绿色发展道路，推进城乡融合发展，进一步改善城乡人居环境。**造林绿化提标扩面。**探索建立了大户承包、公司化运作、股份合作和家庭自营 4 类造林模式，全年营造林 7673.33 公顷（11.51 万亩），超额完成任务。打造了 17 个超百亩的精品园林景观，优质景观林果树种占比超过 80%，林木绿化率达到 43.2%，实现了生态效益、经济效益、社会效益的多赢效果。**环境治理全面加强。**全面完成中央环保督察“回头看”和蓝天保卫战强化督查等上级督查巡查整改任务，严格落实治企、抑尘、清煤、控车、禁燃等一系列防治措施，县域空气质量持续提升，全年优良以上天数比上年增加了 6 天（达到 241 天）。扎实推进域内水环境治理，全面实行河长制，全覆盖常态化开展巡河工作。聘请水污染防治专家和第三方治理公司，对潮白河、北运河等重点水域水污染防治工作进行指导、论证、治理，全县河渠水质实现改善提升。提前完成第二次全国污染源普查任务，编制完成土壤污染防治方案，有效实施综合整治。启动垃圾焚烧发电项目，餐厨垃圾处理项目即将建成，医废处理项目投入使用，逐步实现垃圾减量化、资源化、无害化处理。**路网格局持续完善。**运河大道北延、平香线南延等城市外环线建设加快实施，潮白河大桥新建和义井大桥重建工程正在抓紧施工。倪李线拓宽改造、香北线大修、蒋北路新建等工程竣工通车，“两河”堤顶路实现全境贯通。全年新改建各等级公路 168.7 千米，城乡道路通行能力和管护水平实现大幅提升，“路长制”责任明确落实。香河县被评为“四好农村路”省级示范县。**美丽乡村成效凸显。**以乡村振兴战略为总抓手，秉持公共财政全民共享的理念，扎实开展农村人居环境整治提升行动，推进美丽乡村全覆盖目标实施。投资 5 亿元，实施硬化村街道路、清理垃圾杂物、改厕、建设分散式污水处理设施、铺设集中污水处理管网等工程，26 个市级重点村建设基本完成，66 个自主村建设全力推进，农村环境面貌大为改观，香河县被评为“全省农村人居环境整治全域完成示范县”和“全省新型城镇化与城乡统筹示范样板县”。**城市管理规范有**

序。智慧城市建设加快推进，数据中心、展示中心、指挥调度中心、立体地图管理平台建成运行，公共免费 Wi-Fi 二期投入使用，城市管理服务的现代化、信息化水平实现质的飞跃。有效治理城市交通环境，科学划分片区，实行网格化管理，集中整治电动三轮违章行驶、乱停乱放、侵街占道行为，交通秩序明显改善。全面规范户外广告，持续治理露天烧烤，启动实施亮化工程，强化市政设施监察，城区品位、城市形象得到不断改善。

2018 年，县委常委会大力改善民生，提升了幸福指数

坚持以人民为中心，把群众对美好生活的向往作为一切工作的出发点和落脚点，补齐民生短板，提升公共服务能力，促进社会公平正义，带领群众不断创造美好幸福新生活。**扶贫攻坚精准实施。**坚持把扶贫脱贫作为一项重要的政治任务，成立工作专班，对全县 59 户 125 人建档立卡贫困户逐户制定精准脱贫方案，建立三级工作台账，明确四大班子领导分包责任，全力推进六大专项行动。各项脱贫政策全部落实到位，顺利通过省市考核验收，全年 42 户 93 人建档立卡贫困户按进度实现退出。同时，各类社会保险应保尽保，城乡低保、特困救助实现动态管理，339 套经适房分配到户。**民生保障覆盖城乡。**引进优质教育资源，景山大爱分校、富力新城学校招生运行，河北京城学校进入审批阶段。加大教育投入，投资 3.3 亿元的 54 项教育工程进展顺利，“大班额”问题得到有效解决。高考本科一批上线人数和上线率持续提升，中高考成绩保持全市一流水平。3 家县级医院与 9 家镇卫生院组建县域医共体，对 4 家镇级卫生院进行改造升级，镇村医疗机构公共卫生服务能力不断提升。开展家庭医生签约服务，已签约居民 12 万余人。与北京优质医疗服务资源开展深层次医联合作，不断提高医疗水平，让患者在家门口享受知名专家的诊疗服务。实现了高标准、高质量、大数据、智能化的县域公交全覆盖，城乡居民均享受到了全程 2 元票价的优质公交服务，方便了群众出行。坚持文化事业和文化产业“两手抓”。结合省级文明县城创建，大力弘扬社会主义核心价值观。加快构建现代公共文化服务体系，加强京津冀区域文化交流，积极实施全民健身计划，提高居民身体素质，加强文物和非遗保护工作，不断丰富广大群众精神文化生活。**社会治理不断加强。**坚持“有黑扫黑、无黑除恶、无恶治乱”原则，强力推进“扫黑除恶”专项斗争，重拳打击黑恶势力、捣毁传销组织，不断提升人民群众安全感。“四大攻坚”行动中省市联席办交办的信访案件全部办结，全年实现北京重点地区“零非访”。始终把深入学习宣传实施宪法作为重要政治任务，圆满完成宪法督察和“七五”普法中期验收，切实做到普法范围覆盖全民，普法形式喜闻乐见，普法效果入脑入心，香河县被评为“全国法治县（市、区）创建活动先进县”。严格落实安全生产责任制，扎实开展安全生产大排查大整治攻坚行动，“平安香河”建设成效显著。军转干部和退役士兵接收安置、双拥优抚工作有序实施，退役军人管理服务站建设全面展开，香河县被评为“省级双拥模范县”。同时，人才就业、食药监管等方面工作也取得了优秀成绩。

2018 年，县委常委会不断深化改革，增添了发展动力

以庆祝改革开放 40 周年为契机，坚持用改革的方法破解难题，用开放的思路引领发展，用创新的举措推动工作，154 项年度改革工作要点均按时序进度扎实推进，20 项自主谋划改革任务成效显著。**“聚合力”整合办公资源。**县委县政府实现集中办公，县纪委监委实现合署办公，节约了行政成本，提高了决策效率，凝聚了工作合力。整合 35 家县直单位和 6 家公共服务企业集中进驻便民服务中心，可办理各类政务服务事项 416 项，“互联网+政务服务”加快推进，重点审批事项全部实现了网上办理，效率较过去提高 80%，真正做到了“让信息多跑路，让群众少跑腿”。**“盘存量”优化发展空间。**加快全县城乡总体规划的修订完善，严格落实规划管控要求，积极争取并用好全省“盘活存量建设用地”改革试点政策，探索具体盘活路径与方法。全年共盘活存量建设用地 158.65 公顷（2379.77 亩），圆满完成年度目标任务，有力保障了绿地未来科技城、机器人小镇四期等一批重点项目开工建设。**“治未病”深化审计覆盖。**与巡察工作相结合，在完成村干部离任审计全覆盖的基础上，创新开展对全县乡科级单位财务收支全面审计，将审计出的问题根据性质、轻重分别交由组织、纪检等部门，分别运用组织谈心谈话和监督执纪“四种形态”，为存在问题的单位开良方、治未病，在源头防范上取得良好效果。**“大督查”推进重点工作。**配合省市重点工作大督查，建立出台《关于构建大督查机制推动工作落实的意见》和《关于新形势下推进大督查工作的实施办法》，四大班子领导带头对重大事项、重点工程和重点项目进行分包，形成了全县上下统筹抓落实的责任体系和工作格局，有效加快了重点工作进度，取得了实实在在成效。**“融媒体”传播主流声音。**建成全市首家县级融媒体中心，通过整合县域内广播、电视、报纸、网站、“两微一端”、户外大屏等公共媒体资源，搭建起“横向到边、纵向到底”的媒体传播格局，有效加强了党对意识形态工作的领导。全市融媒体建设现场会在我县成功召开。

2018 年，县委常委会深化从严治党，夯实了基层基础

把党的政治建设放在首位，旗帜鲜明讲政治，深入开展纠正“四风”和作风纪律专项整治工作，推进全面从严治党向纵深发展，向基层延伸。**严格落实主体责任。**深入开展政治性警示教育和集体廉政谈话，以案为鉴、警钟长鸣，不断筑牢全县党员干部拒腐防变的思想防线。严格执行中央八项规定实施细则和省市实施办法，扎实开展作风纪律专项整治，坚决遏制“四风”问题反弹，干部作风持续好转。严格履行巡视整改主体责任，坚决把巡视整改作为衡量“四个意识”“两个维护”的重要标尺，以整改落实促进工作水平提升。省委第九、第十一巡视组反馈的 37 个具体问题已整改完成 36 个，剩余 1 个问题将在机构改革期间整改到位。扎实开展巡察工作，针对个性问题精准“靶向施治”，聚焦共性问题开展“自查体检”。全方位支持保障纪委监委工作，进一步加大执纪问责力度，全年共立案 104 件，结案 100 件，涉及乡科级干部 14 人，运用“第一种形态”处置线索 183 件。**树牢正确用人导向。**秉持“看业绩、看能力、看表现、看公论”理念，真正把忠诚、为民、务实、清廉的好干部选出来、用起来。按规定程序启动干部调整 5 批次，涉及 113 人，其中，提拔 5 人，平职调整或交流 84 人，免职 24 人。坚持干部经常性考察机制，实施重点工作考核“负面清单”，完善量化评价数据库，一批考评成绩突出的年轻干部脱颖而出，全县上下团结干事、踏实干事、担当干事的创业氛围更加浓厚。深入实施人才“一把手”工程，夯实主要领导抓“第一资源”的责任意识，落实专家人才政治、工作和生活待遇，营造人才发展的优质环境。**不断提升基层党建水平。**提前着手、深度谋划，精心组织、规范运作，全县所有村街、社区高质量完成“两委”换届，职数、年龄、学历及“一人兼”比例达到上级要求。研究完善党建机制，实行清单台账管理，构建“四位一体”村级组织自治体系。推行“两考三评一定”绩效考核办法，提标打造环京党建示范区。规范非公企业和社会组织党建，率先创建“互联网+党建”新平台，研发推行“党建先锋在线”，持续夯实基层基础。**切实加强意识形态工作。**把学习宣传贯彻党的十九大精神作为首要政治任务，突出理论武装和党性教育，切实把意识形态工作抓在手上、扛在肩上，牢牢掌握意识形态工作主动权和领导权，坚持守

正创新，开创了宣传思想工作新局面。县委中心组连续两年被评为“全省先进县级党委理论学习中心组”。进一步巩固了基层宣传思想阵地，采取群众喜闻乐见的形式进行宣传，让党的声音全覆盖零距离进机关、进农村、进企业、进校园、进社区。央视新闻、《人民日报》、新华社等中央媒体刊稿200余篇，香河对外形象和知名度、美誉度进一步提升。深入学习贯彻《宗教事务条例》，普及宗教知识，规范清真食品市场，开展“双创”“四进”活动，宗教治理整顿成效显著。

与此同时，坚持总揽全局、协调各方，支持人大、政府、政协履行职责和开展工作，高度重视人民武装和国防教育工作，有力开展老干部工作。充分发挥工人阶级主力军、青年生力军、妇女半边天作用，深化群团组织改革，支持群团工作创新开展，党的执政基础和群众基础更加稳固。可以说，我们的美丽幸福新香河建设往前推进了一大步，经济社会各项事业取得了长足发展。按照省全面建成小康社会考核体系进行自评，我县已完成主要考核指标。

看似寻常最奇崛，成如容易却艰辛。2018年，县委常委会既要面对宏观经济下行、房地产管控，又要完成中央和省委巡视、中央环保督察“回头看”、蓝天保卫战强化督查等整改任务，还要高质量开展好问题楼盘化解、“两违”整治、“扫黑除恶”专项斗争、村（社区）“两委”换届、脱贫攻坚等急难险重工作。在多重压力下，县委常委会坚定信心、科学谋划、统筹兼顾，各项重点工作在解决问题、破除阻碍、化解矛盾中得以创新深化、扎实开展，既保质保量完成了上级部署的各项任务，又有力推进了全县经济社会各项事业持续健康发展。一年来，香河的变化是深刻的，工作有力有为，进步有目共睹。人民群众从亲身经历的变化中看到了香河的美好未来，发自内心地支持我们、拥护我们！这一局面来之不易，是上级党委正确领导、大力支持的结果，是全县上下团结协作、奋力拼搏的结果，是社会各界关心支持、鼎力相助的结果。

回顾过来一年的工作，县委常委会深刻体会到，这些成绩的取得：

最核心在于坚持党对一切工作的领导，在于习近平新时代中国特色社会主义思想的科学指引。只要县委常委会坚持正确的政治方向，树牢“四个意识”，增强“四个自信”，落实“两个维护”，就一定能够保持政治定力，增强发展动力，抓住机遇，战胜困难，解决问题。

最关键在于坚持既定思路毫不动摇，实事求是、把握县情，找准符合香河实际的发展路径。只要县委常委会按照县第十一次党代会制定的任务书、路线图，坚持一张蓝图干到底，咬定目标不放松，狠抓落实不懈怠，就一定能够建设好高质量的美丽幸福新香河。

最重要在于群众的支持与理解。只要县委常委会坚持以人民为中心的发展思想，始终满怀对人民群众的质朴情怀，把为人民谋幸福作为一切工作的追求，将政绩更多地转化为民生福祉，不采华名，不兴伪事，把当前的事做好，把长远的事做对，为民解忧愁，为民谋实事，就一定能够凝聚起强大合力，形成不竭动力。

最根本在于拥有一支忠诚、为民、务实、清廉的干部队伍。只要县委常委会坚持正确的选人用人导向，营造风清气正的选人用人环境，真正把好干部选出来、用起来，就一定能够逢山开路、遇水搭桥、无往而不胜。

在肯定成绩的同时，县委常委会也清醒地认识到，香河经济社会发展中还存在诸多不容忽视的矛盾和问题：思想解放还不够深入，一些干部的执政理念和本领与新形势新任务还不相适应；抢抓京津冀协同发展机遇还不够精准，发展潜力还没有得到充分释放；转型升级步伐还不够快，实体经济困难依然较多，经济下行压力加大；公共服务还有一定差距；城乡治理水平有待提高，尤其是农村基层组织作用发挥不够，基层基础还显薄弱。这些问题，都需要我们在今后的工作中着力加以解决。

2019 年的目标与任务

2019年，全县发展的指导思想和总体要求是：坚持以习近平新时代中国特色社会主义思想为指导，全面贯彻党的十九大和十九届二中、三中全会精神，深入落实中央经济工作会议和省委九届八次全会、市委六届六次全会部署要求，继续深化“坚持创新驱动、加快转型升级、强化基层基础、实现绿色崛起”战略举措，立足“四个坚持”，实现“四个加快”，努力打造“现代高端产业聚集区，功能完善首都卫星城，和谐幸福宜居新家园，基层党的建设新高地”，坚定不移加快建设美丽幸福新香河，以优异成绩向建国 70 周年献礼。

根据上级安排和香河县实际，确定 2019 年全县经济社会发展目标是：地区生产总值增长 6.5%左右，一般公共预算收入增长 8%左右，固定资产投资增长 7%左右，规模以上工业增加值增长 3%以上，高新技术产业增加值增长 10%左右，城乡居民人均可支配收入分别增长 7%和 8%左右。确定这样的发展目标，考虑了国家宏观调控政策的拉动效应和一些不确定因素，考虑了香河地处京津冀协同发展最前沿的区位优势和与北京城市副中心实现错位发展、融合发展、一体化发展的有利条件，考虑了我县实施“十三五”规划特别是加快发展、保障民生的现实需要。

通州与北三县协同发展规划即将出台，省委提出了“推动廊坊北三县与通州区统一规划、统一政策、统一标准、统一管控，加快一体化和高水平发展”等具体要求，香河多年来积蓄的强大势能必将充分释放、集中迸发。2019 年香河县应当大有可为，也必须大有作为。县委常委会要立足新时代，谋划新思路，争创新业绩，持之以恒，全力以赴，坚定不移加快建设美丽幸福新香河。

一、坚持改革创新，加快转型升级，打造现代高端产业聚集区

认真贯彻新发展理念，以供给侧结构性改革为主线，以改革创新为根本动力，以转型升级为根本途径，以壮大实体经济为重点任务，加快形成以高端制造业和现代服务业为主的现代产业体系，不断提高发展的质量和效益。

要坚持不懈推进科技创新。充分发挥县科技创新服务平台和机器人小镇、国安创客等平台载体作用，借助太库全球资源优势，着力引进北京及全球“大智移云”科技资源、项目、技术、人才，培育壮大高新技术产业。大力实施科技型中小企业成长、创新资源及创新主体引育、科技成果转化、知识产权优势培育四大工程，支持引导企业加大研发投入。鼓励企业同京津高校和科研院所的交流对接，共建科技成果孵化转化基地，加速技术成果转化，打造更多创新型领军企业。全面优化创新环境，着眼于用好京津创新要素，全方位引进人才，推进产学研一体化发展，做好财税、金融、投资、户籍、社保等政策与科技创新政策的衔接配套，形成有效的创新激励机制，让创新的活力充分释放。

要坚持不懈加快转型升级。以信息化改造提升传统产业，推动家具制造、钣金等产业整合重组、技术改造，促进物联网、大数据、云计算等技术应用。稳步推进企业优胜劣汰，清理僵尸企业，巩固拓展“散乱污”企业整治成果。培育发展动能，重点引进培育智能制造、大数据、食品加工、商贸配送、新闻出版、影视传媒、文化创意、休闲旅游、健康养老等产业。加快传统商贸物流向智慧物流产业转型，全力推进韵达快递电商结算中心、稻香村食品生产基地、北京二商城市生活保障基地等项目快落地、快建设、快见效。大力开展全域旅游工作，完善基础设施，增加服务功能，丰富产品供给，构建全域旅游主框架。

保持自然景观，加快实施运河生态文化项目，完成潮白河综合治理工作 PPP 项目申报，着力打造五大乡村旅游片区，构建美丽休闲乡村精品线路，推动文化游、生态游、民俗游和乡村游向更深层次、更广空间迈进。打造特色鲜明、内涵丰富、具有田园野趣乡韵乡愁的旅游产品，促进文化、旅游、创意、农业观光体验等产业融合发展。坚持“房住不炒”定位，坚决落实房地产市场调控政策，严厉打击违法违规销售行为，促进房地产市场平稳健康发展。

要坚持不懈发展实体经济。扎实开展精准招商。以 500 强企业、行业领军企业、科技研发机构为重点，有的放矢地开展洽谈招商，精准引进一批创新型、龙头型、补链型项目。广泛挖掘社会资源，发挥“乡友”、工商联和园区平台公司潜能，领导干部带头走出去招商，面向全国发达地区，特别是承接引进北京“容不下、离不开、走不远”的高端制造业和现代服务业项目，推动产业规模化、集群化发展。认真评估项目投资强度、科技含量、市场潜力和纳税贡献，建立准入退出机制，提高项目质量。全面优化营商环境。坚定贯彻习近平总书记关于支持民营经济发展的重要指示精神，大力弘扬企业家精神，鼓励引导民营企业走提升产业层次的转型发展之路，增强市场竞争力。持续深入推进“双创双服”活动，深化政银企对接，做大做强全县经济总量、创业主体、市场主体。深入企业协调解决发展中的难题，对重点企业建立工作服务专班，实行一站式、保姆式服务。优化政策环境、政务环境、市场环境、法治环境、人文环境，大力构建亲清新型政商关系，努力营造重商、安商、稳商、富商的浓厚氛围。着力强化平台支撑。以“一区三园”为抓手，切实理顺园区开发管运机制，优化管理服务，夯实项目建设的平台支撑。立足科技引领、特色发展、融合发展，围绕园区主导产业，完善产业链条，切实增强对高端项目的吸引力、承载力。深入研究、用足用好中央和省市相关政策，破解土地要素制约，通过腾笼换鸟、嫁接改造、转让、股份合作等形式盘活闲置和低效土地，为项目建设腾出更多用地空间。

要坚持不懈深化各项改革。围绕推进京津冀协同发展，探索要素市场一体化、公共服务一体化改革，努力突破协同体制机制障碍。围绕营造良好投资和营商环境，对标先进地区，在推进“放管服”等改革上下功夫。高水平推进智慧城市建设，加快推广智慧政务、智慧产业、智慧民生应用。以便民服务中心为重点，依托“互联网+政务服务”平台，积极推进行政审批规范化、标准化建设，大力推进“智能化”“管家式”“不见面”审批模式，转变政府职能，压缩审批时限，提高行政效能，激发各类市场主体活力。全力抓好各项改革试点工作，主动创建一批可复制可推广的改革经验模式，为全县发展提供不竭动力。

二、坚持全面协调，加快城乡统筹，打造功能完善首都卫星城

坚持统一标准、统筹兼顾、协调推进，注重城乡建设管理质量、经济发展质量、生态环境质量，强化以城带乡、以乡促城、城乡互动，积极打造特色鲜明、布局合理、功能完善、生态宜居的首都卫星城。

要在协同发展上下功夫。促进与北京城市副中心协调发展、融合发展、错位发展、一体化发展，努力将香河打造成服务支持北京城市副中心的先行区、示范区。修订完善县域城乡总体规划、重点区域控制性详细规划和土地利用、路网交通、城市设计、地下空间、文化娱乐等专项规划。主动融入京津冀大交通格局，积极服务京唐铁路项目建设，大力提升交通基础设施建设水平。加快与北京城市副中心路网对接，同步推进给排水、能源保障、污水处理、垃圾处置等基础设施重点领域对接，全方位推进互联互通。积极引入北京优质教育、医疗、文化、体育等资源，建设优质

共享的公共服务设施。采取联合办学、建立分校等方式，促进北京优质教育资源向我县转移。探索完善区域资源共享、双向医疗转诊、异地结算等机制，加快建设服务北京的健康医疗养老服务设施。严格落实规划管控要求，科学划定城市开发边界，控制开发强度。强化与北京交界地区及潮白河、北运河两侧规划、土地、项目、生态管控力度，促进土地依法依规、节约集约利用。

要在完善城镇功能上下功夫。优化城市布局，拉开发展框架。以提升城市功能和品位为重点，高标准实施城区棚户区改造、小街小巷改造、雨污分流等工程。提高城区园林绿化水平，完善城市水电通讯、污水处理、停车场（位）和垃圾处理等市政基础设施，补齐公共服务短板。支持城区周边镇主动承载城市部分功能，加快建设一批宜业宜居宜游特色小镇。积极推进以“村改居”为主的中心村建设，打造一批中心村、特色村，盘活集体存量用地，为新型城镇化和推进经济高质量发展腾出空间。推动运河大道北延、平香线南延等县域大外环工程全面提速，加快实施新开大街、大辛路等城乡公路升级改造，严格落实农村公路“路长制”责任，提升公交管理水平，构建城乡一体化的大交通格局，创建全国“四好农村路”示范县。加大治违、治脏、治乱、治堵工作力度，重拳整治私搭乱建行为，大力实施“绿化、美化、亮化、净化”工程。深入推进综合执法管理体制改革，打造数字化城市管理平台，不断提升城管精细化、规范化、科学化水平。加强自然灾害防治能力建设，有序开展人防工程建设，保障人民群众生命财产安全。

要在乡村振兴上下功夫。围绕实现“产业兴旺促增收，优化环境促宜居，治理有效促文明”目标，坚持都市现代农业发展定位，着力增加优质绿色农产品供给，加快一二三产业融合发展。在全县所有保留村街实施农村人居环境整治工作，以农村垃圾、厕所粪污、生活污水治理和村容村貌提升为主攻方向，不断完善农村公共设施和基础功能，确保所有保留村街年内完成“硬化、绿化、亮化、美化”，实现美丽乡村全覆盖。以教育、医疗、饮水安全、道路畅通、文化娱乐等为重点，提升农村公共服务水平，促进城乡公共资源均衡配置、生产要素优化组合。加强乡村治理体系和治理能力建设，强化党支部领导作用，引导农村基层组织、社会组织和村民个人有序参与农村发展事务。发挥“四位一体”村级组织自治体系及各类人才、新乡贤等在解决矛盾纠纷、发展农村经济等方面的作用，提升农民群众自我管理、自我服务水平。

三、坚持惠民利民，加快民生改善，打造和谐幸福宜居新家园

着眼于满足人民日益增长的美好生活需要，完善制度，守住底线，精心做好各项民生工作，不断提高公共服务供给的层次和质量，让群众生活更美好、更幸福。

要推动生态建设上品质。坚定不移走生态优先、绿色发展之路，加快打造良好的自然生态，厚植环境优势。加大环保执法力度，严厉打击环境违法行为。持续强化“散乱污”企业整治、扬尘治理、禁燃禁烧等常态化管控，严格落实重污染天气应急响应和错峰生产等减排措施，实现科学研判，高效精准管理，全面完成大气污染治理目标任务。严格落实河长制，深入开展全县重点河流、城市黑臭水体及坑塘沟渠综合整治，提高河道水系自净能力，确保县域河渠水质全面提升。深入开展土壤污染详查和治理工作，加快垃圾焚烧发电厂和建筑垃圾处置设施建设，深入推进城乡生活垃圾分类试点工作，引导城乡居民尽快养成垃圾分类投放习惯，最大限度减少垃圾总量，实现垃圾循环资源化综合利用。提高造林绿化水平，推进生态廊道建设，高标准完成造林任务，实现由扩规模向上品位的转变。加快建设一批精品景观园林和郊野公园，积极助推林下经济发展。

倡导绿色生活方式，大力创建绿色机关、绿色学校、绿色企业、绿色社区、绿色庭院。

要推动社保服务上层次。坚持把更多财力投向公共服务、社会事业等民生领域，扎实办好民生实事，完善多层次、广覆盖、保基本、可持续的社会保障体系。按照中央和省市部署，全力做好退役军人管理服务工作，落实退役军人优抚安置相关政策，提高管理服务水平。落实一对一精准帮扶政策，确保建档立卡贫困户全部实现脱贫。统筹推进扶老、助残、救孤、济困、优抚等福利事业发展，筑牢以社会救助为重点的兜底保障制度，及时足额发放各项救助生活补贴。规范居民养老机构建设。加快建设民政事业服务中心综合楼，确保年内竣工投入使用。

要推动群众生活上台阶。坚持教育优先发展战略，创新教育理念，结合教育实际和生源变化，科学谋划学校发展布局，统筹配置教育资源，稳定解决中小学“大班额”等问题，提高教育水平，努力实现高质量教育均衡。树立“大卫生、大健康”理念，深化县级公立医院综合改革，深入实施“医共体”建设，提升管理规范化水平。重点加强村级卫生室和社区卫生服务站建设，做好分级诊疗、乡村医生规范化培训等工作，努力让人民群众少花钱、看好病。夯实公共文化服务体系，全面优化以县文化艺术中心为龙头、镇级文化站为骨干、村级文化中心为阵地的三级公共文化服务格局，提高公共文化服务水平，进一步提升县、镇、村图书馆（农家书屋）建管水平和利用效率。组织开展庆祝建国70周年系列活动，继续深入开展“幸福香河大家唱”、“六进”文艺演出、全民阅读等各类文化活动。大力实施全民健身计划，加快县体育中心等健身场地设施建设，组织举办全民运动会等群众乐于参与、喜闻乐见的体育活动。

要推动社会治理上水平。以坚持发展新时代“枫桥经验”为引领，探索和创新社会治理新路子，进一步提高社会治理社会化、法治化、智能化、专业化水平。严格抓好安全稳定各项工作，着力防范化解各类风险，不断提升社会治理水平，确保社会大局和谐稳定。严格落实信访工作责任，深入开展信访积案集中化解行动，加大矛盾排查处置力度，推动历史遗留问题解决，确保全县信访量持续下降，干群关系更加和谐。巩固“全国平安建设先进县”五连冠成果，持续推进扫黑除恶专项斗争，保持严打高压态势，增强群众安全感。深入开展安全隐患大排查大整治，严格落实安全生产责任制，坚决防范和遏制各类安全生产事故发生。扎实做好食品药品安全监管工作，加快构建严密高效、社会共治的食品药品安全治理体系。坚持广泛发动、全民参与、统筹联动，推动省级文明城市创建工作开展制度化、规范化、常态化。深入推进“法治香河”建设，以“法律九进”为依托，大力开展法律宣传活动，严格落实领导干部学法用法制度，不断深化司法体制综合配套改革，进一步规范行政执法行为，营造法治公平正义的良好环境。全力支持人大、政协依法依章程履职，深入推进群团组织改革，充分发挥统一战线各界人士作用，认真做好民族宗教工作，鼓励引导人大代表、政协委员、党群机构、各界人士积极参与，打造共建共享、群防群治的社会治理新格局。

四、坚持从严治党，加快强基固本，打造基层党的建设新高地

深入贯彻新时代党的建设总要求，压实管党治党政治责任，把各级党组织建设得更加坚强有力，营造风清气正的政治生态。

要加强思想政治建设。深入学习贯彻习近平新时代中国特色社会主义思想，在学懂、弄通、做实上狠下功夫，切实用新思想武装头脑、指导实践、推动工作。进一步增强“四个意识”、坚定“四个自信”、落实“两个维护”，在政治立场、政治方向、政治原则、政治道路上同以习近平同志为核心的党中央保持高度一致。坚持把党的政

治建设摆在首位，严格落实各级党委（党组）书记抓党建的主体责任，坚持和加强党对一切工作的领导，严格遵守政治纪律和政治规矩。严格落实党委意识形态工作责任制，坚持党管宣传、党管意识形态，壮大主流舆论，强化风险管控，充分发挥网信办、融媒体中心职能作用，加快解决新媒体等领域突出问题，旗帜鲜明与一切错误思潮作斗争，坚定不移唱响主旋律、凝聚正能量。

要加强干部队伍建设。按照习近平总书记提出的“坚定理想信念、强化政治责任、全面增强本领、扎实改进作风”的要求，加强县委常委会建设，把县委领导集体建设得更加坚强有力。坚持新时代党的组织路线，加强各级干部队伍建设，以机构改革为契机，按照“看业绩、看能力、看表现、看公论”的选人用人导向，提拔重用忠诚干净担当的干部。贯彻落实新修订的《公务员法》，完善干部考核评价机制，健全完善激励机制和容错纠错机制，鼓励基层干部担当作为，为担当者担当，为干事者撑腰，充分调动各级干部干事创业的积极性，让大家想干事、会干事、能干事、干好事。把“效率、效益、效果”作为衡量一切工作的标准，着力解决、坚决抵制官僚主义、形式主义，形成“求真、务实、担当、高效”的工作氛围。加大党员干部教育培训力度，围绕增强“八个方面本领”加强理论学习，着力培养专业思维和专业精神，提高专业知识和专业能力，切实以政治上的坚定、理论上的精通创造性地抓好各项工作落实。

要加强基层党组织建设。全力以赴抓基层、打基础，把广大基层党组织建成坚定不移加快建设美丽幸福新香河的坚强战斗堡垒。突出政治功能，强化党组织领导核心和政治核心地位，把基层党组织建设成为宣传党的主张、贯彻党的决定、领导基层治理、团结动员群众、推动改革发展的“桥头堡”。加强农村基层组织建设，切实抓好村街社区“两委”班子建设、党员队伍管理等工作。以贯彻《党支部工作条例》为契机，以“两考三评一定”为抓手，增强广大农村干部责任感、主动性、执行力，确保基层党建各项任务落到实处。主动适应新形势新要求，进一步推行镇干部亲情代办、村干部轮流坐班等工作机制，不断提升基层党建工作的制度化、规范化、科学化水平。做好机关、学校、企业、社区、社会组织等党建工作，着力提升基层党建信息化水平，积极探索和推广“互联网＋党建”“微党建”等先进做法，不断提高基层党组织服务效能。

要加强党风廉政建设和反腐败工作。着眼于推动全面从严治党向基层延伸，引导各级党委（党组）严格履行主体责任，一级带一级，一级抓一级，层层传导压力。统筹推进巡视巡察整改工作，巩固好整改成果，紧紧抓住问题易发多发的重点领域和关键环节，把整改显性问题和整改隐形问题结合起来，把解决具体问题与破解普遍问题结合起来，把整改落地见效与长效机制建设结合起来，将全面从严治党不断引向深入。坚持无禁区、全覆盖、零容忍，深化作风建设，严格落实中央八项规定及实施细则精神，持续用力整治“四风”。全面加强警示教育，深入实践监督执纪“四种形态”特别是“第一种形态”，加强对党员领导干部的日常管理监督，抓早抓小，防微杜渐。支持纪检监察机关严格落实监督责任，严厉打击各类腐败行为，强化不敢腐的震慑，扎牢不能腐的笼子，增强不想腐的自觉，始终保持正风反腐的高压态势。

栉风沐雨奋进路，砥砺前行铸辉煌。县委常委会将更加紧密地团结在以习近平同志为核心的党中央周围，坚持以习近平新时代中国特色社会主义思想为指导，在省市委的坚强领导下，团结带领全县人民，万众一心，开拓进取，奋发作为，坚定不移加快建设美丽幸福新香河，以优异成绩向建国70周年献礼。

香河县人民政府工作报告

——在香河县第十五届人民代表大会第三次会议上

香河县人民政府县长　王文强

（2019 年 1 月 17 日）

2018 年工作回顾与总结

2018年是全面落实党的十九大精神的开局之年，也是香河发展史上任务繁重、压力巨大的一年，更是我们迎难而上、奋发有为的一年。一年来，县政府在县委的正确领导下，在县人大、县政协的监督支持下，团结和依靠全县人民，以习近平新时代中国特色社会主义思想和党的十九大精神为指导，以建设“美丽幸福新香河”为统揽，在应对挑战中攻坚克难，在直面压力中勇往直前，在破解制约中创新实干，有力推动了全县经济社会高质量发展，完成了全面小康社会考核体系主要指标。全县先后荣获“全国法治县创建活动先进单位”“全省新型城镇化与城乡统筹示范样板县”“全省盘活存量建设用地试点县”“全省财政管理综合绩效先进县”“全省双拥模范县”等国省级荣誉 50 余项，“美丽幸福新香河”建设向前推进了一大步。

过去一年，是综合实力不断增强、产业转型持续推进的一年。面对复杂严峻的经济形势，抓牢抓实协同发展机遇，克服困难、主动作为，千方百计稳增长、促发展。**主要指标持续增长。**全年财政收入完成 65 亿元，其中一般公共预算收入完成 36.76 亿元，同比增长 10.3%。预计地区生产总值同比增长 6%，规模以上工业产值同比增长 25.4%，高新技术产业增加值同比增长 15%，固定资产投资同比增长 13.9%，城镇和农村居民人均可支配收入分别达到 42708 元和 17892 元，同比分别增长 7%和 8%。增幅均处于全市上游水平。香河县成功入围绿色发展、科技创新首届全国百强，综合实力、投资潜力、新型城镇化质量第三次入围全国百强并实现连年进位。**园区设施更加完善。**全年完成基础设施投入 6.2 亿元。机器人研发大厦、系统集成产业园、环保产业园总部服务中心等启动建设，机器人运动公园建成开放，园区公交站点投入使用，污水处理厂建设、电力升级改造、供热站增容、路网提升等配套工程先后完成，园区承载力进一步增强。**产业升级步伐加快。**全年实施前景好、效益高的亿元以上重大产业项目 30 个。绿地未来科技城等 10 个项目争列为省重点，数量全市第一。松岛菱电智能输配电设备等 16 个项目争列为市重点，数量全市领先。重点项目投资完成率超过 130%，有力推动了县域产业加快升级，项目建设年度考核居全市首位。韩国安川都林、美国 ATI 等全球机器人领军企业投资项目竣工投产，机器人小镇入驻企业达到 135 家，被评为“中国优秀机器人产业园区”，机器人产业呈现集群发展的良好势头。瑞盛 3D 打印产业园完成一期主体建设，中国工程院卢秉恒院士工作站签约入驻。汇天威 3D 打印设备、云创智能科技等重点项目投产达效，3D 打印产业呈现产学研一体发展的喜人态势。香河国际家居文化节成功举办，“中广联影视音乐创制基地”落户第一城，国安新桥影视特效基地、国华影视基地成功申报省级影视产业园区，百灵鸟传媒等17家影视文化公司落户注册，大爱城加快建设，石材城销售额大幅增长，有力带动了现代服务业加速壮大。新发展农业产业化龙头企业12家、重点中介服务组织8家、农民专业合作社51家，农业升级步伐加快，我县被评为“全省农产品质量安全县”。**科技创新成效显著。**全市首家县级科技创新服务平台启动运行，中信国安孵化器、太库人工智能产业孵化器获批省级孵化器，全县新增企业技术研发中心5家、高新技术企业22家、科技型中小企业111家，科技型企业占工业企业的比重达到15.6%，同比提高2.5个百分点。**旅游经济显现活力。**蒋辛屯等五大精品旅游片区加快建设，万亩荷塘上档升级，乡村主题民宿蓬勃兴起，京津冀中华大庙会、香河荷花节、“吉祥运河”旅游推介会等特色活动成功举办，全年吸引接待国内外游客483万人次，实现旅游收入22.8亿元，同比增长38.5%，香河县获评“全国最佳休闲旅游目的地”称号，再次荣登“最美中国榜”。**“双创双服”成果喜人。**机器人小镇获评“全省小微企业创业创新示范基地”，全县“双创”基地数量达到4家。财政注资的鼎力担保公司先后为企业提供融资担保1.2亿元，政企对接为企业解决困难110余个，有力助推了企业发展。爱依瑞斯家具、天音乐器2家企业产品获评河北省名牌，贵都家具城等4家单位被评为省级服务名牌。全县净增市场主体3560余家，其中净增企业1737家，是全年目标的2倍多。

过去一年，是环境质量不断改善、生态品质持续提升的一年。针对多年累积的各类环保问题，坚定决心，铁腕治理，联合攻坚。**空气质量继续好转。**高标准完成3000余户“气代煤”扫尾工程，坚决淘汰35蒸吨及以下燃煤锅炉17台，治理取缔新发现“散乱污”企业146家，降尘、控车、除烟、禁燃等大气污染治理强化措施得到严格落实，各级督查巡查交办问题全部整改到位。全年空气质量综合指数5.74，同比下降6.8%；PM2.5浓度53微克/立方米，同比减少7%，超额完成上级下达任务。二级以上优良天数达到241天，同比增加6天；重污染天数11天，同比减少8天。我县被评为“全省2017—2018年秋冬季大气污染综合治理优秀县”。**水体质量明显改善。**县、镇、村三级河长全面设立，巡河检查实现常态化、全覆盖。东干渠、五一渠完成治理，困扰群众多年的城市黑臭水体彻底根除。小友垡排干渠综合治理、平安污水处理厂改造、城区污水处理厂扩容提标等水污染治理工程相继竣工，340个纳污坑塘全部完成整治，4座水质自动监测站建成投入使用，北运河香河段提前一年达到五类水标准。**土壤污染治理有序推进。**治理与修复规划启动编制，农用地土壤污染状况详查全面展开，农业面源污染得到有效控制，土壤环境承载力逐步提高。**生态优势更加巩固。**高质量完成全国第二次污染源普查。深入开展生态环境“大排查大整治”等专项行动，依法查处各类环保案件1700余件。高标准营林造林7666.67公顷（11.5万亩），运河文化公园等一批精品绿化景观建成开放，全县林木绿化率提高到43.2%。中央电视台乡村大世界栏目组再次走进香河录制节目，“荷香香河”生态品牌的知名度和美誉度进一步扩大。

过去一年，是基础设施不断完善、城乡面貌持续改观的一年。坚持统筹兼顾，既注重解决眼前问题，更注重打基础、利长远。**路网建设扎实推进。**全年新建改建公路168.7千米。谋划多年的平香线南延工程取得实质性突破，一期工程道路基础全面完成。潮白河大桥新建、义井大桥重建工程完成桩基施工，“两河”堤顶路实现全线贯通，密涿高速连接线北段、蒋北路新建、倪李线和香北线拓宽改造等工程先后竣工，城乡道路通行能力进一步提升，香河县被评为“四好农村路”

省级示范县。**城市功能日臻完善。**智慧香河数据中心、展示中心、指挥调度中心建成运行，立体地图管理平台投入使用，55家单位完成政务网络接入，公共免费Wi-Fi覆盖范围不断扩大，香河县向着国内一流的县级智慧化城市加速迈进。克服重重困难，完成矬口方沟改造和五一渠污水方沟新建工程，重点排水管网得到清淤，城市防洪排涝能力进一步增强。安洁垃圾填埋场得到彻底整治，多年的“老大难”问题得到妥善解决。生活垃圾分类试点启动实施，城市环境进一步改善。闲置多年的香河汽车站正式投入运营，重点街路亮化工程扎实推进，20座城区标准化公厕完成建设，五一公园改造、家具大道绿化提升等景观升级工程先后完工，13个老旧小区完成设施改造，城市宜居指数进一步提高。**新民居建设稳步推进。**钳屯镇双安新城、钱旺镇潮东新村、蒋辛屯镇佰闻花园实现回迁，做到了“成熟一个、回迁一个、满意一个”。镇区发展同步跟进，淑阳、安平、钳屯、五百户等4镇入围“2018年全国综合实力千强镇”榜单。**农业基础更加坚实。**533.33公顷（8000亩）高标准农田改造项目顺利通过上级验收，病死畜禽无害化处理厂完成建设，荒凌庄扬水点、头百户闸等重点农田水利工程先后竣工，香河县被评为“全省农业综合开发资金和项目管理先进县”。**美丽乡村加快覆盖。**26个市级重点村完成建设，66个自主创建村建设有序推进。城乡垃圾治理一体化水平不断提高，新建垃圾中转站和收集池570余个，累计清理垃圾杂物25万立方米。同步硬化道路73万平方米，绿化美化26.6万平方米，建设分散式污水处理设施718座，改造农村厕所9000余个，香河县被评为“全省农村人居环境整治全域完成示范县”。

过去一年，是民生保障不断加强、群众福祉持续增加的一年。坚持把人民对美好生活的向往作为奋斗目标，着力推动补短板、惠民生的利民便民实事落地落实。**脱贫攻坚取得阶段性成果。**实行领导分包、台账管理、专班推动，全部59户125名建档立卡贫困人口逐一制定精准脱贫方案，危房改造、产业就业等各项扶贫政策实现应享尽享，93名贫困人口稳定脱贫，年度任务圆满完成。**惠民力度不断加大。**全面完成城乡客运公交一体化改革，100辆新能源智能化公交车投入运营，城乡客运一体化水平达到AAAAA级。实行全程2元票价，发行了交通卡，香河县成为全省首个实现与全国公交、地铁“一卡通”的县级城市，群众出行更加便捷。发放“煤替代”用气用电补贴1.3亿元，城乡居民养老保险基础养老金再次提标，医疗保险覆盖面再次扩大，百姓得到更多实惠。339套经济适用房、122套公共住房分配到户，3000余万元城乡低保金、特困人员和残疾人补贴及时发放到位，困难群众基本生活得到更多保障。**社会事业繁荣发展。**总投资3.3亿元的54项教育工程全面推进，县直第三幼儿园、二中西校区等26项工程竣工投入使用，景山大爱分校、富力新城学校招生运行，义务教育阶段“大班额”问题稳步解决。高考本科上线率达到83.1%，同比提高3.3个百分点，香河县考生夺得全市文科状元和理科榜眼，实现了连续三年有学子考入清华或北大。医疗、医保、医药“三医联动”深入推进，“医共体”建设全面覆盖，香河县再次被评为“全国中医药工作先进县”，成为全市唯一的“省级医共体建设试点县”，基本公共卫生服务工作考核全省第一。挂牌成立全市首家融媒体中心。建成投用全省首家县级数字方志馆。县图书馆被评为国家二级图书馆。《香河年鉴（2017）》荣获第五届全国地方志优秀成果二等奖。“文明县城”创建活动扎实推进，文体惠民系列活动开展300余场，群众精神文化生活更加丰富多彩。**社会大局和谐稳定。**坚持“有黑扫黑、无黑除恶、无恶治乱”原则，强力开展“扫黑除恶”专项斗争，先后破获涉黑涉恶案件近百起，打掉涉恶团伙5个。深入实施“智慧护城河”工程，安检查控效能和精准打击能力全面增强，社会治安形势持续向好，群众安全感不断提升。认真落实《宗教事务条例》，扎实开展“双创四进”活动，清真食品市场不断规范，宗教治理整顿成效显著。严格落实安全生产责任制，全县较大以上事故保持为零。退役军人管理服务工作持续加强，“两站一中心”高标准建成，各项优抚政策全面落实。村级“两委”换届圆满完成，我县被评为“全省农村‘两委’换届工作先进县”。食品药品安全整治、打击传销等专项行动深入推进，各类信访矛盾纠纷得到妥善化解，社会大局更加和谐稳定。

同时，统计、物价、档案、气象、国防动员等工作也取得了新成绩。

过去一年，是政府建设不断加强、政务服务持续优化的一年。面对艰巨繁重的发展任务，以“钉钉子”的精神、“拼命干”的劲头，一个接一个推进。**突出政治引领。**坚持以习近平新时代中国特色社会主义思想武装头脑、指导实践，全面贯彻中共十九大精神，严格落实上级各项决策部署，坚决做到与党中央和省、市、县委思想同心、目标同向、行动同步。**突出改革创新。**大力推进“放管服”改革，全年取消下放行政许可事项29项，涉企证照事项实现“五十证合一”。制定出台了支持文化产业发展、壮大实体经济的一系列政策措施，民营经济活力得到有效激发。成功盘活存量建设用地158.67公顷（2380亩），有效保障了机器人小镇四期等一批大项目的用地需求。**突出服务优化。**整合35家县直单位和6家公共服务企业集中进驻便民服务中心，实行“一口收件、联合审批、信息共享”工作机制，全年办理各类事项30余万件，重点事项审批效率提高了80%，群众满意度超过99%。全面推行“互联网+政务”服务，520项服务事项进入网络审批系统，配套开发政务公开APP、政务微信公众号等服务系统，实现了让信息“多跑路”，群众“少跑腿”。**突出依法行政。**全面推行“双随机、一公开”和“标准化”行政执法，坚持政府常务会议会前学法制度，严格执行民主集中制，自觉接受县人大、县政协和社会各界监督，100件人大代表建议和政协委员提案全部妥善办理，满意率达到100%。**突出实干担当。**不畏艰难，强力开展“集中拆违”行动，拆除违法占地86.67公顷（1300亩）、违法建筑23.5万平方米，土地市场秩序进一步好转。不等不靠，积极与中规院对接规划编制，主动与通州区开展多项合作，积极引进北京外迁实力型企业，努力在协同发展中加快发展。精益求精，扎实开展电动三（四）轮车专项整治行动，全面清理户外广告，高速公路和国省干道沿线大型广告牌全部“清零”，城市管理明显加强。扛起责任，全力化解房地产“办证难”“拆迁难”“入住难”问题，多年遗留的“问题楼盘”妥善解决，群众利益最大限度地得到保障。**突出勤政廉政。**以上率下开展环保夜查、安全生产实地检查等活动，有力推动了工作落实。组织政、银、企三方面对面对接交流，扎实开展“大调研、大督导、大服务”活动，有效推动了一批热点难点问题解决。严格落实党风廉政建设责任制，深入开展巡视巡察整改和“一问责八清理”回头看专项行动，全面完成乡科级单位财务审计工作。针对问题狠抓整改、健全机制、堵塞漏洞，抓好源头防范，提升管理规范化水平，全县风清气正、干事创业的良好氛围愈发浓厚。

回顾过去一年的工作，任务重、难事多，标准高、要求严，压力前所未有，成绩来之不易。成绩的取得，是县委审时度势、总揽全局的结果，是县人大、县政协和社会各界监督支持的结果，是全县人民戮力同心、拼搏奋进的结果。

成绩固然令人欣喜，但县政府更清醒地看到，全县经济社会发展仍然存在诸多问题与不足：抢抓京津冀协同发展机遇还不够精准，发展潜力还没有完全释放；转型升级步伐还不够快，实体经济困难较多，经济下行压力加大；城乡治理水平还不够高，统筹发展格局尚未真正形成；优质公共服务供给还不够充足，尚不能完全满足群众对美好生活的需要；思想解放还不够深入，部分干部的执政理念和本领还不能适应新形势、新任务的要求。这些问题，县政府将在今后的工作中着力加以解决。

2019年工作思路和安排

2019年是新中国成立70周年，也是实施“十三五”规划的攻坚之年，建设“美丽幸福新香河”的关键之年。香河县既面临着资源环境制约突出、区域竞争压力加大、深层次社会矛盾凸显等一系列严峻挑战，又要坚决完成产业转型升级、各类污染治理、推进城乡建设、加快民生改善等一系列艰巨任务，工作十分繁重，责任尤其重大。全县上下必须统一思想、坚定信心，既要勇于正视困难，更要清醒看到，党中央和省、市、县委的正确领导，为香河县推动高质量发展指明了方向、明确了道路。京津冀协同发展加快推进、北京城市副中心建设不断提速，为香河县实现绿色崛起提供了难得的战略机遇。特别是北京“大七环”全线通车，北京市首批市级机关正式入驻城市副中心，香河的发展潜力和投资价值愈发凸显。中央经济工作会议确定了推动产业转型升级、深化改革开放、实施科技创新、壮大民营经济等一系列战略举措，必将给香河县带来实实在在的政策红利。全县广大干部群众历年来的不懈努力，更为香河县开创未来奠定了坚实基础。尤其是省委九届八次全会和市委六届六次全会提出了“推动廊坊北三县与通州区加快一体化和高水平发展”的明确要求，必将使香河多年积蓄的强大势能充分释放、集中迸发。机遇当前，大有可为。只要大家团结一心，就没有克服不了的困难；只要大家加油实干，就没有越不过去的险阻；只要大家接续奋斗，就一定能够实现“美丽幸福新香河”的美好明天。

根据县委十一届四次全会精神，今年县政府工作思路是：坚持以习近平新时代中国特色社会主义思想为指导，全面贯彻党的十九大和十九届二中、三中全会精神，深入落实中央经济工作会议和省、市委全会部署要求，继续深化“坚持创新驱动、加快转型升级、强化基层基础、实现绿色崛起”战略举措，努力打造“现代高端产业聚集区，功能完善首都卫星城，和谐幸福宜居新家园”，坚定不移加快建设“美丽幸福新香河”，以优异成绩向建国70周年献礼。

全年发展目标是：地区生产总值增长6.5%左右，一般公共预算收入增长8%左右，固定资产投资增长7%左右，规模以上工业增加值增长3%以上，高新技术产业增加值增长10%左右，城镇和农村居民人均可支配收入分别增长7%和8%左右，其他指标确保完成上级下达任务。

按照以上思路和目标，围绕县委十一届四次全会确定的“坚持改革创新、加快转型升级，坚持全面协调、加快城乡统筹，坚持惠民利民、加快民生改善”的任务要求，重点做好以下八方面工作。

一、抢抓京津冀协同发展机遇，加快对接融入北京城市副中心建设

按照“统一规划、统一政策、统一标准、统一管控”要求，坚决服从服务协同发展大局，全方位对标对表副中心建设，着力把香河打造为与副中心协调发展、融合发展、错位发展、一体化发展的先行区、示范区。

推动规划同频共振。对接北京通州区与廊坊“北三县”协同发展规划，高标准修订完成全县城乡总体规划、土地利用总体规划，做好总体城市设计，完善重点区域控制性详细规划和交通、产业等重点专项规划，努力构建“覆盖全域、上下贯通、功能协调、多规合一”的现代规划体系，

确保在顶层设计上与副中心有机衔接。科学调整城镇、产业、生态空间，合理划定生态保护红线、永久基本农田、城镇开发边界，注重节点设计、色彩搭配、建筑高度控制和天际线保护，确保空间布局与副中心协调统一。加强房地产管控，按照“房住不炒、因城施策、分类指导”要求，引导房地产业健康发展，为更好承接北京人口疏解创造条件。严格控制县域开发强度，强化开发边界和人口规模管控，严厉打击违法违规建设行为，坚决遏制贴边发展，确保规划蓝图“一绘到底”。

推动产业互动互补。围绕高端发展，严格落实产业禁限政策，建立完善县域产业“正面目录”和“负面清单”，切实把牢产业准入关口。围绕互补发展，盯准北京“容不下、离不开、走不远”的高端刚需产业项目，拉出清单，专班对接，力促首农集团、苏宁电子商务等北京外迁优质项目来香发展，推动北京二商城市生活保障基地、稻香村食品生产基地等协同发展重点项目加快建设。围绕错位发展，着力培育壮大高端装备制造、智能家居、文化创意、健康养老、休闲旅游等重点产业，全力构建与副中心错位互补、融合互动的现代产业格局。

推动交通互联互通。加快轨道交通建设。启动京唐高铁香河段拆迁补偿和站房调整工作，配合做好环京城际（廊坊至香河段）勘察设计等前期准备工作，推动“轨道上的京津冀”在香河加快实现。加强公路网络对接。启动新开大街西延工程，与通州区石小路相连，直通103国道，打造横贯东西的进京新通道。按照双向八车道标准，完成密涿高速联接线南段建设，畅通进入北京“大七环”的主动脉。完成潮白河大桥建设工程，确保平香线南延一期工程全线通车，加快形成“进京入卫”的纵向新干线。完善跨界公交体系。利用城乡公交一体化改革成果，优化进京公交线路，推进与武清公交互联互通，促进通武香三地无缝对接、便捷高效的一体化交通体系加快成型。

推动生态联防联治。对标京津，积极推进北运河、潮白河开展生态治理，恢复湿地、提升水质、建设景观，确保上下游、左右岸协调同步。以县域东南、西北边界为重点，开展大规模植树造林，建设大尺度生态绿楔，打造环京、环津高质量绿色生态走廊。完善区域协调机制，加强与周边京津区县合作，联动打击环境违法行为，统筹抓好各类污染治理，联合推进污水处理和垃圾处置，共同防治动植物疫病，最大限度地提升工作效果。

推动公共服务共建共享。拓展教育合作成果。继续组织县内中小学校长、教师进京轮训，鼓励县内学校与北京高水平学校开展联合办学，引进更多北京优质教育资源进入香河。深化医疗卫生协作。支持北京三甲医院在香河设立分院，吸引北京医疗专家来香河执业，推动全县医疗卫生水平持续提高。加快健康养老服务合作。支持大爱城等健康养老重点项目加快发展，不断健全健康养老服务设施，探索完善双向医疗转诊、异地结算等机制，提升我县在健康养老领域服务京津的能力。加强文化交流。借助“京津冀公共文化服务示范走廊”发展联盟等平台，与京津区县深入开展文化交流活动，促进文化共融，共同提高文化服务水平。

二、聚力园区项目建设，全力打造现代高端产业聚集区

坚持新发展理念，按照“县域经济特色化、特色经济产业化、产业经济集群化”思路，以园区为载体，以项目为抓手，大力开展“高质量项目建设年”活动，做强实体经济支撑，加快产业转型升级，为经济高质量发展提供强劲动力。

强力推进园区建设。投资14.8亿元实施园区设施提升工程，进一步升级路网，增强水、电、热、气保障能力，完善政务、商务、金融、生活等配套设施，夯实园区发展硬基础，提升对高端项目的承载力。立足“一区三园”总体框架，进

一步理顺园区管运机制，提升服务水平，优化园区发展软环境，提升对优质项目的吸引力。高水平谋划建设高铁商务新区，抓紧做好土地整理等前期工作，科学规划产业功能布局，吸引楼宇经济、总部经济等高端业态聚集，打造集高端商务、现代商贸、金融服务于一体的战略发展新平台。

强力实施项目攻坚。建立项目管理清单，探索实行“并联审批、容缺后补”审批机制，严格落实领导分包、跟踪服务、定期调度、观摩评比、督导考核制度，力促百纳信达电子芯片、华电燃气能源站、中欧商贸中心、腾云数字经济产业园等签约项目尽快开工建设，推动绿地未来科技城、韵达快递电商结算中心、奥特莱斯商业综合体、欧普光学仪器、伊贝格机械设备等在建重点项目早日竣工。加强竣工项目后续服务，严格亩均投资强度、税收贡献等控制性指标落实，推动可口可乐、海潮汽配等重点项目增资扩产，提高经济贡献度。加强重点项目储备。认真评估项目投资强度、科技含量和市场潜力，高标准严格筛选，建立重点项目储备库，切实形成“开工一批、建设一批、竣工一批、储备一批”的滚动发展格局。

强力开展招商引资。实施专题招商。以新一代信息技术、高端装备制造、节能环保三大战略性新兴产业和总部经济、数字经济、创意经济、休闲经济四大新型服务经济为主攻方向，制定重点企业、重点项目目录，开展“点对点”专题招商，着力提高招商精准性。实施产业链招商。依托智能制造等现有重点产业，发挥园区平台公司主体作用，利用入区企业开展以商招商，着力在推动产业“强链补链延链”、壮大产业集群上取得突破。实施会展招商。充分利用“5·18”廊坊经洽会以及广交会、进博会等国字头、重量级招商平台，广泛深入开展招商推介活动，着力吸引更多世界五百强企业和大型央企、民企在香河县落户发展，掀起“大上项目、上大项目、上好项目”的工作热潮。

强力培育支柱产业。围绕做强机器人产业，启动机器人小镇四期工程，加快机器人大厦、系统集成产业园建设，推动皓达谐波减速器、轩酷视觉识别设备、利和顺达控制器等重点项目竣工投产。围绕壮大3D打印产业，加快启动瑞盛3D打印产业园二期工程，扶持汇天威等重点企业发展，带动产业集群壮大规模。围绕繁荣现代商贸业，推进家具城、石材城实施“二次创业”，运用“互联网+”等现代技术扩张升级；加大物流结算中心引进力度，推动传统商贸、仓储、物流产业向现代商贸业加快转型。围绕发展文化创意产业，设立文化产业发展引导基金，全面落实文化产业扶持政策，积极引进知名文化企业落户入驻，推动新桥影视特效基地加快发展，推进国华影视基地向影视产业小镇转型升级。同步大力培育“大智移云”、总部经济等战略新兴产业，加快把香河打造为京津周边最具竞争优势的高端制造业大区、现代服务业高地。

三、大力发展民营经济，激发更强发展内生动力

坚持以供给侧结构性改革为主线，设立实体经济发展引导基金，大力开展“服务民营企业发展年”活动，全面落实国家和省、市发展民营经济的新政策、新要求，助推民营经济加快成长、做大做强，以民营经济的大发展实现县域经济的大繁荣。

着力优化营商环境。深化“双创双服”活动，继续推进“放管服”改革、商事制度改革和行政审批制度改革，促进“多证合一”扩容升级，实行民营企业“零限制”登记，推行“智能化”“管家式”“不见面”审批模式，让企业办事更加方便。大力开展“降本减负”专项行动，落实国家减税优惠政策，清理规范涉企收费，降低企业用地、用人、用能和物流成本，推动企业负担不断减轻。严格执行差异化环保政策，坚决不搞“一刀切”。严格规范部门检查执法行为，最大限度地减少对

企业生产经营的影响。坚决打击强买强卖、制假售假等违法违规行为，切实营造公平、开放、有序的市场环境，保障企业放心投资、安心经营、专心发展。

着力推进科技创新。积极培育创新主体。建立科技型企业重点培育库，实施科技型中小企业成长、创新资源引进等系列工程，力争全年新增高新技术企业 8 家、科技型中小企业 70 家。加强创新平台建设。设立专项奖励基金，支持企业与科研院校共建重点实验室、科技孵化器，确保全年新增众创空间 1—2 个、研发机构 5 个以上。全面优化创新环境。深入做好财税、金融、社保等政策与科技创新政策的衔接配套，形成有效的激励机制，让创新活力充分释放。加快创新成果转化。发挥机器人小镇、国安创客等"双创"平台作用，借助太库科技资源优势，精准对接引入京津创新资源和科技成果，促进关键性、原创性技术"京津研发、香河转化"，让更多的"技术盆景"转化为"产业风景"。

着力破解发展制约。破解用地制约。用足用好盘活存量建设用地试点政策，通过腾笼换鸟、嫁接改造、股份合作等多种方式，力争全年盘活已批未供和闲置用地 133.33 公顷(2000 亩)以上，开发低效用地 53.33 公顷（800 亩）以上。破解资金制约。设立企业续贷周转基金，常态化组织开展银企对接，鼓励金融机构开展金融创新，实施小微企业信贷普惠计划，放大县鼎力担保公司作用，完善中小企业政策性担保体系，合力解决企业融资难、融资贵问题。破解人才制约。充分利用京津智力资源，积极组织人才"引进来、走出去"。开展系列人才招聘活动，完善手机 APP 招聘平台，帮助企业解决"用工难"问题。建立人才服务绿色通道，优先解决其户籍落地、子女就学等现实问题，确保各类人才引得来、留得住、发展好。

着力壮大骨干企业。实施"千企转型"专项行动。运用大数据、云计算等信息技术推动家具制造、钣金制品等传统产业实施技术改造。设立转型升级专项资金，引导规下企业扩大生产升规上，支持重点企业开展技术升级提效益。加强品牌建设。以实施"质量强县和标准化战略"为抓手，支持企业对标国内外先进同行，提升研发设计、工艺技术和管理水平，努力打造一批"专精特新"品牌，培育一批"香河制造"样板企业。对首次获得中国质量奖和新认定中国驰名商标的企业给予重奖。鼓励企业上市。绘制上市后备企业路线图，针对性开展培训辅导，全方位给予资源倾斜，力争实现新的突破。强化政企对接。建立定期对接交流机制，完善重点企业领导包联制度，依法保护企业家人身财产安全，构建亲清新型政商关系。大张旗鼓表彰贡献突出企业家，给奖励、给荣誉、给待遇，让企业家创业发展的激情更加充分自由地释放。

四、坚持生态优先绿色发展，提升生态文明建设水平

持续用力、久久为功，坚定不移地继续改善环境质量、提升生态品质、推进绿色发展，做到干劲不松、力度不减、标准不降，让和谐幸福的新家园更加宜居。

坚决打好"蓝天保卫战"。强化源头管控。严格落实大气污染综合治理各项措施，全力抓好散煤、扬尘、餐饮油烟、机动车尾气、垃圾和秸秆焚烧等治理工作，深度整治"散乱污"和 VOCs 企业，完成 10 蒸吨以下燃气锅炉低氮改造，最大限度地从源头上减少污染排放。健全防治体系。选聘专业人员充实环保力量，完善专业检验检测设备，建立网格化信息管理平台，全面构建人防、物防、技防"三位一体"的防治格局。科学精准施治。依托智慧环保平台，对监测数据进行动态研判，精准定策，靶向落实治理措施，切实提高治理成效。强化应急响应。加强污染天气预报预警，刚性落实"一厂一策"等应急管控举措，

确保全年优良天数进一步增加，让群众看到更多蓝天。

坚决打好“碧水保卫战”。加快完成五百户、渠口两座镇级污水处理厂建设，有序推进现有污水处理厂提标改造，逐步全面达到京B排放标准。完成北运河综合治理一期工程和潮白河综合治理PPP项目申报，推进潮白河治污清淤，加快实施田贾庄排干渠湿地建设等重点治理工程，压实县、镇、村三级河长责任，落实“一河一策”治理措施，确保年内重点河流水质全部达到五类水标准。深入开展地下水超采综合治理，加强农村集中式饮用水水源地保护，切实保障群众饮水安全。常态整治黑臭水体，疏浚重点干渠支渠，统筹推进城乡水系综合性整治、全域化畅通、景观化改造，加快实现“河清渠畅、岸绿景美”的北方魅力水乡目标。

坚决打好“净土保卫战”。深入推进土壤污染状况详查，科学划定耕地土壤质量类别，分类进行治理。全面排查整治工业固废存放场所，加强重点企业监管，严防工业源污染。实施化肥农药使用“零增长”行动，推广测土配方施肥技术，强化畜禽养殖污染防治，减少农业面源污染。深化纳污坑塘治理，实施土地污染治理与修复计划，推进区域土壤环境质量不断改善。

坚决打好“绿色发展攻坚战”。大力实施植树造林。以建设“生态森林城市”为目标，高标准实施廊道绿化、村庄绿化、林果网片建设、森林质量提升等四大绿化工程，精心打造平香线（南延段）、蒋北线、唐通线、密涿高速等精品景观廊道，创建一批风景优美的绿美村庄，建设树种多样、集中连片的生态林带，形成多层次、多色彩的森林景观。大力推进低碳发展。加强能耗总量与强度控制，引导企业实施清洁生产改造，推广太阳能、天然气等清洁能源，倡导简约适度、绿色低碳的生活方式。大力开展环保执法。深入实施“利剑斩污”专项行动，以“零容忍”的态度严查严处环境违法行为，全面整治各类环境污染问题，全力守护好香河县和谐幸福宜居新家园。

五、创建省级全域旅游示范县，打造高质量发展新亮点

按照“一年打基础、两年出形象、三年上品质”的既定步骤，进一步加大投入、完善设施、丰富业态，充分挖掘好、培育好、整合好、经营好各类旅游资源，让全域旅游成为香河高质量发展的闪亮名片。

构建全域旅游格局。修订完善《全域旅游发展总体规划》。完成北运河重点河段生态驳岸建设，丰富房车营地、夜景照明等旅游元素，推动潮白河沿线景观提升，促进“北运河生态文化体验带”和“潮白河乡村田园体验带”出形象、见效果。加快蒋辛屯、安平、五百户、安头屯、刘宋等五大精品旅游片区建设，串联打造全域旅游百里大环线，推动文化游、生态游、乡村游和民俗游向更深层次、更广空间迈进。支持康养小镇加快建设，形成示范带动作用，催生更多产业特色鲜明、生态环境优美、旅游功能完备的特色小镇，带动“两带六环多小镇”的全域旅游格局加快成型，构建环京津市民休闲旅游度假带。

加强重点景区建设。引导第一城升级旅游设施，提高服务水平，争创国家AAAAA级景区。提升机器人小镇绿化美化水平，增设旅游设施，丰富旅游元素，争创国家AAAA级景区。加快锦绣潮白、水岸潮白景区建设，促进千年古葡萄庄园、杨家寨等景区提质升级，力争达到国家AAA级景区标准。支持溪香樱桃园、尚荷园等景点完善设施，创建高质量旅游示范点，让香河旅游更具吸引力和竞争力。

打造万亩荷塘田园综合体。按照“以产带业、以业兴旅”模式，运用市场化手段，抓紧完善规划设计方案，加快启动荷花主题展示区工程，高标准建设旅游集散中心，高水平打造荷花博览园和荷花文化主题商业街，高质量完善酒店、特色

民宿等配套服务设施，力争年内旅游度假休闲区和主题展示区初具形象、对外开放。

推动多业态融合发展。推动“旅游+文化”。挖掘县域历史文化资源，开发特色旅游项目，利用中幡、竹马等非物质文化遗产开展比赛、展演活动，加快运河文化带建设，让香河旅游更具文化内涵。推动“旅游+农业”。依托乐农美联生态农场等现代农业项目，建设“醉美田园”，创建一批农业旅游品牌。推动“旅游+工业”。利用可口可乐大世界等景点和景泰蓝制作等传统工艺，展示工业文明成果，实现工业与旅游的有机融合。推动“旅游+健康”。以大爱城为载体，开发集高端医疗、康复疗养、休闲养生于一体的健康旅游产品，打造京津周边最佳的健康旅游目的地。推动“旅游+会展”。借助香河国际家居文化节等展会活动，促进旅游观光、餐饮住宿、交通物流等相关产业发展，打造香河旅游“升级版”。

完善配套支撑体系。高标准建设旅游大数据中心和咨询服务中心，全面提升香河旅游的信息化水平。加强景区、景点周边环境整治，合理布局停车场、旅游驿站等配套设施，健全导览图、全景图等标识系统，推出一批新的精品旅游线路和特色旅游商品，实现“吃住行游购娱”一体化。举办全县旅游产业发展大会，继续办好香河荷花节、中华大庙会等品牌旅游活动，让“逛皇家园林、品香河肉饼、赏万亩荷塘、购精品家具”的特色旅游品牌更具知名度、更有影响力。

六、全面加强城市建设管理，打造功能完善的首都卫星城

站位首都世界级城市群，对标北京城市副中心，大力开展“基础设施加快建设年”活动，高标准推进城市建设，高品质完善城市功能， 高水平加强城市管理， 着力加快新型城镇化进程，全力打造“特色鲜明、布局合理、功能完善、生态宜居”的首都卫星城。

提升路网建设水平。投资 9 亿元，新建改建道路 110 千米，改造危桥 25 座，构建内畅外通、便捷高效的交通路网体系。完成潮白河义井大桥重建工程，实施大辛路养护改造，畅通城区与县域东部的交通主动脉。完成潮白河左侧堤顶路（大香线至大厂县界段）养护改造，进一步提高通行能力。启动香务线拓宽改造工程，改善县域南部交通条件。完成战备路新建工程，构建香武路连接香务线的新通道。抓紧办理运河大道北延工程手续，力争年内开工建设。实施农村道路提升工程，进一步便利群众出行。深入落实农村公路“路长制”，切实把农村公路“建设好、管理好、养护好、运营好”，争创“四好农村路”全国示范县。

完善城市基础设施。投资 10 亿元以上，加强市政设施建设，增强城市发展承载力。启动县委广场和迎宾路人防工程建设，按照“平战结合”原则，利用地下空间打造集购物、休闲、娱乐于一体的地下商城，同步建设停车场、增加停车位。按照城市道路标准，完成大香线双安新城至安运桥段综合改造工程，打造新的城市景观大道。高标准改建民兵训练基地，实现集武装部、党校、干部培训中心功能于一体。加快启动淑阳大街西延、建新路西延等工程，新建北环路中段，打通永盛路中段，改造新开大街、秀华大街、永明路、市场路等一批市政道路，改善城区交通条件。完成污水管网整体清淤，高标准实施小街小巷改造、雨污分流等工程，统筹增建市场、公厕、停车场等配套设施，让群众生活更加方便。完成天然气储气站建设，改造淑罗 110 千伏输电线路，提高城市用气、用电保障能力。启动建设垃圾焚烧发电厂、建筑垃圾处理厂，推广垃圾分类，妥善处置餐厨垃圾，实现垃圾无害化、减量化、资源化。同步推进城中村和老旧小区改造，着力实现群众居住条件和城市形象品质的“双提升”。

加力创建城市品牌。创建国内一流的智慧城市。围绕“强政、兴业、惠民”目标，启动智慧城市二期工程，建设城市信息处理中心、大数据

平台、智慧门户系统，完成旅游、交通、安防、应急管理等信息系统整合，加快推广智慧政务、智慧产业、智慧民生应用，不断提升城市的信息化、智能化水平。创建更高品质的园林城市。抓紧启动建设大型城市公园，实施重点区域绿化景观提升工程，打造花园式的社区、学校和机关单位，推进绿化向背街里巷和城市角落延伸，提高城区绿化覆盖率，让城市的外表更加赏心悦目，城市的里子更加便民温馨。创建和谐有序的文明城市。深化社会主义核心价值观宣传教育活动，积极开展公民道德建设、文明风尚培育等系列文明提升行动，着力培树一批文明典范、道德模范，让文明之风吹遍城乡，确保2020年香河县成功创建为省级文明县城，向着国家级文明县城目标加快前进。

改善城市服务质量。完善住宅小区物业管理体制，加强对物业公司的监管，严格规范物业收费行为，支持有实力、有信誉的物业公司接管老旧住宅小区，逐步实现所有小区规范化物业管理全覆盖。加强出租车管理，同步增加公交车辆、优化公交线路、改善公交服务，不断提高群众满意度。加强对供水、供热、供气、供电企业的监管约束，完善群众诉求快速处置机制，督促企业创新服务方式，提高服务质量，切实让广大群众用得更放心、生活更舒心。

深化城市综合治理。坚持以综合执法管理体制改革为抓手，以数字化城市管理平台为依托，全面提升城市管理的精细化、规范化、科学化水平。精细治脏。坚持“以克论净”，以“清边、清角”为重点，加大对城中村、城乡接合部和小街小巷的清扫保洁力度，确保覆盖城市各个角落，维护整洁干净的市容环境。长效治乱。探索建立“公安+城管”联勤联动机制，专项整治马路市场、店外经营、噪音污染等“痼疾顽症”，常态化治理乱写乱画、乱贴乱挂、乱堆乱倒、乱停乱放行为，维护整齐有序的城市面貌。科学治堵。推进重点路口渠化改造，加强对重点路段、重点时段的交通疏导，严厉打击交通违法违规行为，维护畅通高效的交通秩序。开发利用机关单位、商场超市、住宅小区的停车位资源，探索建立错峰停车机制，解决“停车难”问题。重拳治违。完善信息共享、联合执法机制，严打违法建设行为，坚决拆除各类私搭乱建，保持“两违”治理高压态势，维护土地市场良好秩序。

打造特色实力城镇。按照“经济发达、环境优美、功能完善”的目标定位，加快编制安平、蒋辛屯等重点镇的总体规划和控制性详细规划，完善镇区规划体系。支持镇区推进街道硬化、环境美化、夜间亮化，建设污水处理设施，增加休闲健身场所，改善人居环境，提高宜居指数。鼓励各镇利用自身优势，发展特色产业，打造商贸重镇、旅游名镇、经济强镇、宜居美镇，争取更多镇跻身省级重点镇、国家千强镇行列。

七、深入实施乡村振兴战略，大力推进城乡统筹发展

按照“产业兴旺促增收、优化环境促宜居、治理有效促文明”的要求，着力推动农业全面升级、农村全面进步、农民全面发展，加快形成“以城带乡、以乡促城、城乡互动”的统筹发展格局。

大力发展现代农业。完成新的533.33公顷（8000亩）高标准农田建设项目，启动韩庄闸、刘庄节制闸等一批农田水利建设工程，进一步夯实现代农业发展基础。支持产业化龙头企业升级壮大，大力发展规模化家庭农场和专业合作社，着力培育一批新型农业经营主体。实施农村青年创业致富“领头雁”培养工程，建设“爱农业、懂技术、会经营”的新型职业农民队伍。着眼一二三产业融合发展，推动农业与休闲旅游、文化体验、养生养老等产业深度融合，打造一批质量高、效益好的田园综合体。深化农业供给侧改革，设立专项资金，制定专门政策，鼓励农产品开展

"三品一标"认证，增加优质绿色农产品供给，全力争创"国家农产品质量安全县"。

着力提升"美丽乡村"建设水平。以农村垃圾、厕所粪污、生活污水三项治理和村容村貌提升为主攻方向，继续推进农村人居环境整治，开展村街硬化、亮化、绿化、美化，增建精品村、发展中心村、打造特色村，实现"美丽乡村"全覆盖。积极开展"空心村"治理，利用闲置农房和宅基地发展特色主题民宿，带动乡村旅游业发展，为"美丽乡村"建设提供产业支撑。进一步完善农村文体设施，规范村规民约，开展移风易俗活动，实现"环境美、产业美、生态美、精神美"四美同步。

扎实推进新民居建设。按照"产城结合、以人为本，村民自愿、集体申报，资格准入、公平竞争、集中回迁、跨区安置"原则，加快香安城、潮东新村二期等在建回迁社区建设，促成更多村街启动回迁。运用法律手段，依法解决"钉子户"问题，为新民居建设扫清障碍。完善拆迁补偿安置政策，统筹考虑村民回迁后续生活和养老问题，最大限度地维护群众合法权益，确保群众既住得上新房子，更过得上好日子。

持续深化农村改革。以农村集体产权制度改革为契机，全面审查清理村街集体经济合同，规范集体资产资源租赁、经营、处置行为，维护好集体经济利益。运用股份合作等多种方式，积极发展壮大集体经济，逐步消除集体经济空白村，培育更多集体经济强村。稳步实施农村土地改革，推进农村承包地"三权分置"，稳慎抓好农民宅基地"三权分置"改革。用好农村产权交易平台，规范农村土地流转行为，确保依法有序流转。加强村街"两委"班子建设，完善村街发展与班子成员工资、村街运转资金挂钩的绩效考核机制，充分调动村街班子工作的积极性、主动性和创造性，凝聚起推动乡村振兴的强大合力。

八、着力保障改善民生，加快建设和谐幸福宜居新家园

坚持以人民为中心的发展思想不动摇，着眼于满足群众日益增长的美好生活需要，持续加大投入力度，加快社会事业发展，加强民生保障改善，提升公共服务水平，切实让广大群众在和谐幸福宜居新家园的建设中感受更多温暖、得到更多幸福。

实施扶贫"助民"工程。全面打赢脱贫攻坚战，按照"两不愁、三保障"要求，深入实施健康、产业、教育、助残、社保、金融、科技、危房改造等八大脱贫专项行动，全面落实脱贫扶贫政策，完善"一户一策"帮扶举措，确保剩余建档立卡贫困人口年内全部脱贫。扎实开展已脱贫人口"回头看"工作，加大对"边缘户"的帮扶力度，完善防贫常态长效机制，确保"脱贫不返贫、非贫不致贫"，让所有群众共享幸福生活。

实施教育"为民"工程。坚持教育优先发展，加快推进三中教学楼、县直幼儿园教学楼、店子务小学改造等一批在建重点工程建设，抓紧启动七中教学楼、六中食堂、石虎小学二期等系列新建工程，谋划建设九年一贯制学校，促进办学条件不断改善，加快"大班额"问题彻底解决。开展多种形式的师资培训活动，提高教师教学水平，促进教育质量稳步提升。分批解决转正民办教师养老保险接续问题，三年内全部解决到位。加大对香河一中等重点学校的支持力度，做强香河教育品牌，打造一批一流名校。加快发展职业教育，推动普教、职教均衡发展。严格规范民办幼儿园，办好公办幼儿园，推广普惠性幼儿园，推动省定标准农村示范性幼儿园实现镇级全覆盖，让每个孩子都能享受到高质量的学前教育。

实施医疗"惠民"工程。坚持"大卫生、大健康"理念，推进医疗、医保、医药、医价"四医"联动，强化"医共体"建设，完善分级诊疗制度，扩大家庭签约医生覆盖面。深化县级公立

医院综合改革，谋划实施中医院新院区建设工程，推动县医院向三级医院迈进。加强村级卫生室和社区卫生服务站建设，加快完成刘宋、钳屯、五百户、安头屯等4所镇级卫生院改造升级工程，同步降低卫生院住院起付线标准，提高医疗费用报销比例，努力让群众少花钱、好看病、看好病。

实施文体“利民”工程。加强文化馆、图书馆建设，加快实现基层综合性文化服务中心全覆盖。广泛开展“庆祝建国70周年”“美丽幸福新香河大家唱”“六进”文艺演出等系列文化活动，满足群众精神文化需求。深入开展全民阅读活动，建设“书香香河”。落实全民健身计划，举办第三届全民运动会，推动全民健身与全民健康深度融合，让群众拥有健康体魄、尽享运动快乐。

实施社保“安民”工程。加大工伤、失业保险征缴力度，扩大城乡居民医疗保险、养老保险覆盖面，确保“应保尽保”。加大农村危房改造力度，做好保障性住房再分配工作，切实让所有群众都能“住有所居”。抓好高校毕业生、农村转移劳动力等重点群体就业工作，开展就业援助活动，确保城乡群众充分就业。完成民政事业服务中心综合楼建设，严格落实城乡低保、五保供养政策，统筹推进扶老、助残、救孤、济困、优抚等福利事业发展，把民生保障网织得更密、更牢，让每一名困难群众的基本生活都能得到更加可靠的保障。

实施平安“护民”工程。严格落实安全生产责任制，坚决遏制各类事故发生。完善应急救援体系，提高防灾减灾救灾能力。强化食品药品安全监管，着力构建严密高效、社会共治的食品药品安全治理体系。加强退役军人管理服务，落实优抚优待政策，提高“双拥”工作水平。完善群众工作中心运行机制，强化镇、村群众工作站建设，畅通群众诉求表达渠道。妥善化解各类信访矛盾纠纷，依法严厉打击缠访闹访行为，坚决维护好正常的社会秩序。以坚持发展新时代“枫桥经验”为引领，探索创新社会治理方式，提高社会治理的社会化、法治化、智能化、专业化水平，构建共建、共治、共享的社会治理新格局，巩固“全国平安建设先进县”五连冠成果。持续推进“扫黑除恶”专项斗争，全力做好重大活动安保工作，创造更加和谐稳定的局面，坚决当好首都政治“护城河”的排头兵。

持续加强政府自身建设
不断提升工作能力和水平

新一年，新任务，新征程，对政府工作提出了新的更高要求。县政府将牢记职责使命，以政府机构改革为契机，进一步在加强政府自身建设上狠下功夫，锲而不舍转作风、提素质，坚持不懈强本领、增效能，不断提高推动发展、为民服务的能力和水平，努力在新的一年里展现新作为、树立新形象、开创新局面。

加强政治建设，提升忠诚履职能力。旗帜鲜明地把政治建设放在首位。严守政治纪律和政治规矩，切实树牢“四个意识”、坚定“四个自信”、做到“两个维护”，坚决把推进全面从严治党落实到政府工作的全过程、各领域。加强政治学习，巩固拓展“两学一做”学习教育常态化制度化成果，更加自觉用习近平新时代中国特色社会主义思想武装头脑、指导实践、推动发展。强化政治担当，坚决落实好上级和县委各项决策部署，全力解决制约县域发展、关系群众切身利益的各类问题，让忠诚履职、发展为民成为广大干部的自觉追求。

加强机构建设，提升高效施政能力。坚持县委统一领导，按照“先立后破、不立不破”原则，积极稳妥完成政府机构改革。科学编制政府部门“三定方案”，优化职能配置，合理划分事权，理顺权责关系，创新运行机制，构建系统完备、科学规范、运行高效的机构职能体系。全面梳理、规范、精简行政处罚、行政强制事项，统筹配置行政执法职能和执法资源，推进跨领域跨部门综合执法，加快实现镇级“一支队伍管执法”。坚持机构改革与“放管服”改革相结合，实施权责清单管理，开展“减证便民”行动，优化审批办事流程，推动政府工作效能不断提高。

加强法治建设，提升依法行政能力。大力弘扬法治精神，强化法治观念，严格按照法定权限和程序行使权力、履行职责。完善法律顾问、专家智库和决策咨询制度，严格重大事项公众参与、专家论证、风险评估、合法性审查和集体讨论决定等法定程序，持续提升政府决策的科学化、民主化、法治化水平。深化政务公开，动态调整行政权力清单和责任清单，确保权力在阳光下运行。自觉接受县人大依法监督、县政协民主监督和监察监督，重视审计监督和舆论监督，高质量办理好人大代表建议和政协委员提案。强化执法人员教育培训，抓好县、镇、村三级法律服务平台建设，不断提高运用法律手段解决纠纷、化解矛盾、推进工作的能力和水平。

加强作风建设，提升担当落实能力。强化创新意识。大胆解放思想，全面深化改革，坚决破除因循守旧的条条框框，积极创建可复制、可推广的经验模式，为高质量发展提供不竭动力。强化实干意识。坚定不移地反“四风”、树新风，坚持说实话、干实事、求实效，一步一个脚印地抓好工作落实。强化争先意识。弘扬“唯旗是夺”精神，全力争创更多优秀和先进，以一己之光为全局添彩。强化服务意识。依托便民服务中心，提升“互联网+政务”服务水平，让群众办事“只进一扇门、只上一个网、最多跑一次”。强化效率意识。紧盯全年重点工作，构建目标任务清单化、执行过程痕迹化、跟踪督办台账化、超时问责制度化的落实机制，雷厉风行、一抓到底。强化担当意识。敢挑最重的担子，敢接最难的任务，坚决扛起肩负的职责和使命，永不懈怠，勇往直前，推动工作不断突破。

加强廉政建设，提升拒腐防变能力。深入推进全面从严治党，全面落实党风廉政建设责任，着力构建不敢腐、不能腐、不想腐的长效机制。开展廉政警示教育活动，深化“一问责八清理”，完善廉政风险防控机制，切实筑牢拒腐防变的思想防线和制度防线。牢固树立“过紧日子”思想，严控“三公”经费支出，把有限的资金集中用在加快发展、改善民生的“刀刃”上。聚焦侵犯群众切身利益的“微腐败”行为，紧盯行政审批、工程建设、资源开发、产权交易等重点领域和重点环节，坚决查处不正之风和腐败问题，做到有腐必惩、有贪必肃，以政府“清廉指数”的不断提高实现群众“满意指数”的持续提升。

拼搏成就幸福，奋斗成就未来。县政府将以习近平新时代中国特色社会主义思想为指导，在中共香河县委的坚强领导下，以更加坚定的信心、更加昂扬的斗志、更加务实的作风，开拓创新、拼搏进取、担当实干、接续奋斗，坚定不移加快建设“美丽幸福新香河”，以优异成绩向建国 70 周年献礼。

香河县人民代表大会常务委员会工作报告

——在香河县第十五届人民代表大会第三次会议上

香河县人民代表大会常务委员会主任　闫再兴

（2019 年 1 月 17 日）

2018 年的主要工作

2018 年，是全面贯彻党的十九大精神的开局之年。一年来，县人大常委会在县委的坚强领导下，坚持以习近平新时代中国特色社会主义思想为指导，按照习近平总书记关于人大建设“十个坚持”的要求，紧紧围绕全县工作大局，认真履行法定职责，主动服务改革发展，及时回应社会关切，自觉接受人民监督，为建设美丽幸福新香河做出了积极贡献。县人大常委会先后召开常委会议 7 次，主任会议 11 次，听取和审议“一府两院”工作报告 16 项，作出决议、决定 7 项，开展视察、调研、执法检查 21 次，任免国家工作人员 25 人次，圆满完成了县十五届人大二次会议确定的各项目标任务。

一、旗帜鲜明讲政治，坚持党的领导不动摇

县人大常委会始终坚持党对一切工作的领导，自觉把党的领导贯彻到人大工作的全过程、各方面。

不断提高政治站位。把党的政治建设摆在首位，坚持用习近平新时代中国特色社会主义思想统领人大工作，树牢“四个意识”，坚持“四个自信”，坚定“两个维护”，强化责任落实。始终坚持重大事项和重要工作及时报告制度，全力维护县委总揽全局、协调各方的领导核心地位，时刻保持与县委思想同心、目标同向、行动同步。

全面落实县委决策。做到县委有号召、人大有行动、代表有作为。紧紧围绕县委中心工作和重大决策部署，谋划和推进 2018 年人大工作，切实把县委的主张通过人大的法定程序变成全县人民的共同意志。同时，按照县委包联安排，在扶贫攻坚、项目建设、企业发展、信访维稳等重点工作中发挥了积极作用。

充分发挥党组作用。县人大常委会党组认真发挥把方向、管大局、保落实的作用。以习近平新时代坚持和完善人民代表大会制度的重要思想为指导，紧贴香河实际，立标杆、定思路、抓落实。按照全面从严治党要求，自觉扛起管党治党主体责任，严格落实“一岗双责”，认真做好巡视整改后半篇文章，激励党员、干部新担当、新作为，推动各项工作再上新台阶。

二、全力以赴谋发展，履职担当尽责任

县人大常委会聚焦县委有要求、群众有期盼、政府该做到的事项，精准发力，持续用劲。坚持监督与支持并重、常规与创新并举。

深入开展联动监督。开展扶贫脱贫攻坚、大气污染防治、优化营商环境三项联动监督，是省人大作出的重大部署。县人大常委会放大格局，将乡级人大吸纳进来，形成四级联动监督，增强了声势和实效。在开展联动监督中，坚持打好监督“组合拳”。组织百余名人大代表参与到活动中来，召开各类座谈会 5 次，开展代表视察 7 次，

对 5 个县直部门进行了工作评议，提出多项意见建议，有力推动了全县三项工作深入开展。

促进经济健康发展。县人大常委会密切关注我县经济运行态势，为破解经济下行难题、再创发展辉煌助力鼓劲、建言献策。着眼于发展大局，审议并批准县政府的预算调整方案，保障经济社会高质量发展。坚持支持发展与防控风险兼顾，审议批准了县政府提请的《关于 2018 年地方政府债券收支情况的报告》。密切关注、深入调研经济运行情况，对重点项目建设情况进行视察，重点审议了《2018 年上半年计划、预算执行情况》，助推政府壮大实体经济、加快转型升级、实现绿色崛起。听取和审议了《关于科技创新工作开展情况的报告》，建议政府坚持科技引领、创新驱动，精心打造经济发展新引擎。

助推积蓄发展后劲。县人大常委会积极推动政府把握京津冀协同发展机遇，抓对接、优布局、补短板、拉框架，着力提升软硬环境建设水平。对“大七环”引线、义井大桥建设、平香线南延等重点路网工程推进情况进行视察，督促政府定时限、立节点、压任务。对“四好农村路”建设暨《中华人民共和国公路法》贯彻实施情况进行了执法检查。对城乡公交一体化运行情况、便民服务中心工作开展情况进行视察。常委会视察纪要得到县委领导高度重视并作出批示，政府相关部门针对人大提出的意见建议积极整改，取得了较好效果。

聚焦生态不断好转。致力于打造天蓝、地绿、水清的新香河，积极推动政府和有关部门保护和扩大生态治理成果。听取和审议了《中华人民共和国森林法》贯彻落实情况的报告，对秸秆综合利用和秸秆禁烧情况开展执法检查，提出“深入宣传、强化执法、加大投入”等意见建议。审议了县政府关于《2018 年环境状况和环境保护目标完成情况的报告》，推动环境保护目标管理机制落地生根。

心系民生持续加力。把实现全县人民对美好生活的向往作为矢志不渝的奋斗目标，坚持“民有所呼，我有所应”，紧紧围绕群众最关切、最直接、最现实的民生事项精准发力，推动政府坚持问题导向、量化指标任务、补短板强弱项、兑现惠民承诺。组织代表先后对蒋辛屯镇新民居、美丽乡村、民宿旅游景点建设等情况进行视察，提出“合理规划提升品位、立足基础分类建设、及时跟进后续管理”等意见建议。对民办幼儿园规范化管理情况进行调研和视察，着力推动办“百姓放心、群众满意”的幼儿教育；对清真食品生产加工情况进行视察，督促相关部门强化责任意识，加大管理力度，确保食品安全；对全民健身工作和“煤替代”工程推进情况进行视察，提出合理化建议，努力让全县群众畅享发展红利。

尊崇法治维护和谐。以培育法治思维、深化法治进程、促进公平正义为己任，大力推进法治香河建设。先后 3 次对 11 名提请任命人员进行任前考试，检验拟任人员法律素养。开展“七五”普法中期检查督导，听取员额制法官、检察官履职情况报告并进行评议，组织代表旁听法院行政诉讼案件庭审。开展各种执法检查 5 次、调研 8 次，促进了法制宣传、依法行政、严格执法、公正司法。及时批转、跟进监督有关部门处理群众来信来访 25 件 60 余人次，积极维护了全县发展稳定大局。

三、持之以恒抓主体，代表工作显活力

县人大常委会秉持常规工作有特色、特色工作有创新、创新工作有突破的理念，尊重代表主体地位，提高代表履职能力，激发代表履职热情。

培树典型提素质。注重提升代表政治站位，组织代表深入系统地学习习近平新时代中国特色社会主义思想、中共十九大和十九届二中、三中全会精神，不断强化代表的政治意识和大局观念，凝聚正能量，传递好声音。开展宪法、代表法、监督法等常用法律和人大基本业务知识培训，不

断提升代表履职能力。注重树牢代表为民情怀，引领和推动代表顺承民意、为民代言。开展评比“先进人大代表”活动，树立样板标杆，提高代表履职尽责的能力水平。

搭建平台尽其用。按照“八有”标准，着力推动27个代表联络站的标准化建设，推行常态化管理和实效化使用。一年来，各站共开展联系选民、向选民述职、视察、调研、执法检查等活动160余次，接待各级代表和群众1180余人次，使代表联络站真正成了代表素质能力的“加油站”、反映民情的“直通车”、为民服务的“连心桥”、化解矛盾的“减压阀”。

督办建议重实效。代表建议集中体现民呼，汇聚主流民意。督办好代表建议，就是践行履职为民宗旨的重要方式。对县十五届人大二次会议期间提出的代表建议，县人大常委会及时督办、全程跟进、持续用力，督促承办单位提高代表建议办理质量，并对办理情况作出实事求是评价。在政府和承办单位的共同努力下，37件代表建议均得到妥善办理。

四、始终如一强内功，自身建设展新风

县人大常委会主动适应新常态、新任务、新要求，苦练内功，砥砺奋进，全面加强自身建设，不断提升履职能力和机关服务水平。

培元固本与开拓创新并重。坚持理论学习制度化，不断强化理论武装，狠抓意识形态，以思想自觉引领行动自觉，唱响主旋律，坚守主阵地，凝聚正能量。采取“请进来”与“走出去”相结合，加强法律知识和业务素质培训。规范工作流程，强化工作纪律，争创文明单位。加强对基层人大工作的业务指导，增设基层人大办公室，完善了基层人大的管理架构。

注重实效与勤勉履职并重。坚持高标准、严要求，以工作提速、服务提质、监督提效为目标，大力倡导求真务实的工作作风。坚持开短会、讲真话、出实招，部门会议合并开，法定会议精简开。大兴调查研究之风，大兴真抓实干之风，大兴勤俭节约之风，不断提升机关工作水平和服务效能。

遵规守纪与激励引领并重。深入贯彻从严治党要求，把纪律和规矩挺在前面，驰而不息加强作风建设。坚持用制度管权、管人、管事，制定工作规则、议事程序和管理制度，自觉把权力装进制度的笼子里。认真执行民主集中制，坚持重大事项集体决策。坚持“两学一做”学习教育常态化、制度化，提高“三会一课”和民主生活会质量和效果，激发机关同志拼搏干事、争当时代先锋的工作热情。

过去一年，县人大常委会取得的成绩，得益于县委的坚强领导和对人大工作的高度重视，得益于社会各界的大力支持，得益于全体代表和人大工作者的共同努力。

在肯定成绩的同时，县人大常委会也清醒地看到，常委会工作与县委要求、新时代的使命和群众期盼仍有一定差距，主要是：监督实效有待进一步强化；发挥代表作用机制有待进一步完善；基层人大工作水平有待进一步提升。对此，县人大常委会将在今后的工作中认真加以改进。

2019年的工作安排

2019年是新中国成立70周年，也是决胜全面建成小康社会的关键一年。新时代对人大工作提出了新的更高要求。县人大常委会工作的指导思想是：坚持以习近平新时代中国特色社会主义思想为指导，全面落实县委十一届四次全会决策部署，聚集“四个坚持”，助力“四个加快”，依法履职，担当作为，为加快建设美丽幸福新香河做出新的更大贡献！

一、高站位、树导向，突出政治建设新使命

坚持理论武装不放松，在学懂、弄通、做实习近平新时代中国特色社会主义思想上下功夫。深入贯彻习近平关于坚持和完善人民代表大会制度的重要思想，自觉把坚持党的领导贯穿于人大及其常委会依法履职的全过程。坚定维护县委总揽全局、协调各方的领导权威，始终与县委同心同德、步调一致。始终把纪律和规矩挺在前面，弘扬主旋律，凝聚正能量。

二、谋大局、扣中心，提升监督履职新实效

坚持围绕中心、服务大局、心系群众的履职理念，全力提升监督实效。重点听取和审议国有资产管理情况、医保资金使用情况、司法行政基层工作开展情况的报告。实现对财政预算执行情况的联网监督。对食药安全情况、智慧城市建设、文体场馆建设使用、特困群众救助、环境保护目标完成情况进行跟进督导。对交通路网建设和重大项目、重点工程推进情况、治安管理工作开展情况进行视察。组织代表旁听法院庭审，举办法律知识讲座。

三、强主体、增活力，争创代表工作新局面

继续在代表提升能力、增强动力、彰显活力上下功夫，调动各级代表工作的积极性、主动性和创造性，使他们成为党委决策的宣讲员、政策解读的辅导员、社情民意的信息员。建立并完善省市县乡四级代表梯形联系网络，形成联动工作格局。将乡级代表活动专项经费纳入政府财政预算，为基层代表履职提供资金保障。注重典型示范引领，总结推广代表联络站建设和管理使用的好做法，树“样板”、立“标杆”，激发基层人大探索创新活力，提升平台管理使用效能。进一步完善代表建议办理机制，提高办理质量，激励代表更好地汇聚民意、集中民智、为民代言。

四、提水平、优服务，凸显奋发有为新风貌

全面落实习近平总书记关于人大建设的“十个坚持”要求，以提升整体效能为根本，不断提高机关自身建设水平。县人大常委会党组将以党的政治建设为统领，自觉强化政治责任，把准政治方向，保持政治定力。坚持不懈推进全面从严治党，认真落实党风廉政建设“一岗双责”责任制，扎实做好意识形态工作，抓班子、带队伍、树正气，始终做到忠诚担当、廉洁自律、履职为民。坚持作风建设永远在路上，持之以恒抓作风建设，时刻保持奋发有为、务实开拓的奋斗姿态。

行稳致远须奋进，风鹏正举恰当时。县人大常委会在中共香河县委的坚强领导下，高举习近平新时代中国特色社会主义思想伟大旗帜，顺应改革开放再出发的时代强音和激情召唤，以更加饱满的政治热情、更加强烈的使命担当、更加优异的工作成绩向伟大祖国70华诞献礼，为建设美丽幸福新香河而努力奋斗。

中国人民政治协商会议香河县第九届委员会常务委员会工作报告

——在政协香河县第九届委员会第三次会议上

政协香河县委员会主席　马文龙

（2019年1月16日）

2018年，在中共香河县委的坚强领导下，在县政府的大力支持和社会各界的密切配合下，县政协常委会全面贯彻习近平新时代中国特色社会主义思想和中共十九大精神，坚持围绕团结和民主两大主题，认真履行政治协商、民主监督、参政议政职能，为加快建设美丽幸福新香河作出了积极贡献。

一、加强党的领导，政治方向更加坚定

一年来，县政协常委会坚持把夯实思想政治基础作为首要工作，紧紧抓在手上，实实扛在肩上，在党的领导下，构筑最大同心圆、汇聚最强正能量。

强化思想政治引领。围绕学习贯彻习近平新时代中国特色社会主义思想和中共十九大精神，组织集中学习、培训、研讨活动38次，团结带领广大政协委员和政协机关干部牢固树立“四个意识”，坚定“四个自信”，坚决做到“两个维护”，始终在思想上、政治上、行动上同中共中央保持高度一致。

把握政协工作方向。深入开展习近平总书记关于加强和改进人民政协工作的重要思想学习研讨活动，以理论大学习、思想大武装、工作大研讨，推动政协工作质量大提升。组织全体政协委员和机关干部参加各类培训10次，印发了《全县政协系统开展习近平总书记关于加强和改进人民政协工作的重要思想学习研讨活动方案》，召开了全县政协系统理论研讨会，并邀请市政协领导到会进行指导，形成了138篇高质量的理论研讨成果，研究制定了改进政协工作的23项具体措施，研讨活动的开展得到了市政协的充分肯定。

全面加强党的建设。自觉坚持和维护党的领导，认真贯彻落实全国政协系统党的建设工作要求，充分发挥县政协党组在政协工作中的领导核心作用，组织全体党员委员认真学习县委《关于加强新时代人民政协党的建设工作的实施意见》，紧扣全县中心大局谋划开展政协工作，确保与县委思想同心、目标同向、行动同步。

二、围绕中心大局，履职尽责扎实有效

一年来，县政协常委会紧扣中心，服务大局，把加强协商民主建设和推进民主监督工作作为政协履职的重要内容，整体谋划、深入研究、系统推进，为持续提升人民群众幸福感、获得感贡献政协力量。

协商民主稳步推进。充分发挥人民政协作为协商民主重要渠道和专门协商机构的作用，认真贯彻落实县委《关于加强人民政协协商民主建设的实施意见》，形成了以全体会议为龙头，专题议政性常委会议和专题协商座谈会为重点，提案办理协商、专委会对口协商、界别协商为常态的协商议政新格局。拟定了《2018年协商工作计划》，围绕推进香河县智慧城市建设、推进“互联网+政务服务”工作、加快推进医养结合养老模式和

加强小区物业管理4个重点协商议题，在充分调研的基础上，召开专题议政性常委会议2次，形成了《关于加快推进智慧城市建设的调研报告》《关于推进“互联网+政务服务”的调研报告》《关于加快推进“医养结合”养老模式的调研报告》和《关于加强小区物业管理的调研报告》，围绕全域旅游和大气污染综合治理两项工作，召开专题协商座谈会，并形成了专题报告，得到了县委书记李桂强的充分肯定，并批转县政府责成有关部门落实。

民主监督实效凸显。认真贯彻落实县委《关于加强和改进人民政协民主监督工作的实施意见》，在提案办理、视察调研等方面扎实开展监督工作。开展视察调研21次，交办政协提案69件，提交全会大会发言7篇。加大对民生工程建设的督导力度，乘坐绿色公交车实地视察了运河文化公园等重点民生工程，亲身体验了“城乡公交一体化”为市民出行带来的便利和实惠，并号召全体政协委员广泛宣传，针对存在的问题，提出了建设性的意见建议。积极开展委组调研视察活动，经济组赴雄安新区围绕新民居建设进行调研；民宗台侨组到蒋辛屯镇视察新民居建设和乡村主题民宿；农业组到安头屯镇对千年古葡萄庄园和乐农美联生态农场进行视察；群团组对我县路网建设进行视察，形成了专题调研视察报告，对相关工作的开展起到了积极推动作用。同时，积极推荐政治素质好、理论水平高、敢于提出批评意见的委员担任特邀监督员，参与党委、政府部门工作考评、专题座谈会等活动50余人次，为促进职能部门依法行政、依法履职发挥了重要作用。

三、广泛凝聚共识，团结合作氛围浓厚

一年来，县政协常委会始终把凝聚人心、汇聚力量摆在重要位置，发挥政协优势，搭建工作载体，大团结大联合作用充分体现。

发挥优势持续出力。充分发挥政协组织人才荟萃的独特优势，组织全体政协委员开展“传承好家风，奋进新时代”好家风好家训主题征集活动，助力我县文明城市创建工作。县政协领导班子成员积极投身全县重点工程、重点项目建设和信访维稳工作，加强协调指导，努力排忧解难，推动了重点工程和重点项目顺利推进，维护了社会稳定。结合脱贫攻坚工作，动员委员开展结对帮扶，助推产业扶贫、智力扶贫、就业扶贫、健康扶贫等工作。医药卫生组开展秋季义诊进乡村活动，《人民日报》予以报道。

联谊交流扩大影响。围绕推进政协系统党的建设、协商民主和民主监督等工作组织参加各种座谈会5次。为推进京津冀协同发展，加强政协间的交流合作，签署了蓟州区、平谷区以及北三县五地政协《友好合作框架协议》，各县间就新民居建设、大力发展乡村民俗旅游进行参观考察；与江西赣州、新疆巴州、河南鹤壁等25家友好政协进行了工作交流。通过相互学习交流，不仅沟通了信息、开阔了眼界、拓宽了思路，而且联络了感情、增进了友谊、宣传了香河。

文史宣传富有特色。组织编印了香河县政协文史资料集存第十八辑《香河历史名人》一书，在传承、挖掘、弘扬香河历史文化，宣传和扩大我县文化影响等方面发挥了积极作用。配合市政协完成《廊坊市历史文化村落撷珍》一书的编辑撰稿工作，在全县内精选10个文化底蕴深厚，内涵丰富的村落，完成了史料的收集编撰工作，极大促进了香河县文化文史工作交流。举办“盛世华夏 幸福香河—纪念改革开放40周年”画展，弘扬时代主旋律，展示政协新风采。

四、加强自身建设，履职基础更加坚实

一年来，县政协常委会主动适应新形势新要求，坚持用制度管人、用规范治事、用考核提效，全面提升政协工作的制度化、规范化、程序化水平。

加强委员队伍建设。按照“懂政协、会协商、善议政”，“守纪律、讲规矩、重品行”的要求，

扎实开展委员学习培训工作，组织部分政协委员和机关干部赴青岛全国政协培训中心举办学习习近平总书记关于加强和改进人民政协工作的重要思想专题培训班，进一步提高了委员政治把握能力、调查研究能力、联系群众能力、合作共事能力。坚持主席会议成员联系走访委员制度，积极解决困难和问题，让委员感受到政协大家庭的温暖。

加强委员会制度建设。健全完善了《中国人民政治协商会议香河县委员会常务委员会工作规则》和《中国人民政治协商会议香河县委员会专门委员会通则》，进一步规范了县政协常委会和专门委员会的工作程序。强化对口联系制度，加强专门委员会与党政部门工作衔接和协调配合，努力为委员知情明政、履职尽责提供更好服务。

加强政协机关建设。深入推进学习型书香政协建设，坚持落实每周五学习日制度，新建委员图书室，形成了书香常绕的良好氛围。加强机关内部管理，健全完善了机关学习、工作及会议制度，形成了按章程履职、依制度办事、用规矩管人的工作新常态。严格按照中央和省、市、县委要求，认真执行各项规定，切实加强党风廉政建设，务实清廉的良好政治生态在机关进一步形成。2018 年香河县政协被省政协评为学刊用刊先进单位。

县政协常委会工作所取得的成绩，是坚持以习近平新时代中国特色社会主义思想统领政协工作的结果，是县委正确领导的结果，是县政府大力支持的结果，是社会各界积极配合的结果，是全体县政协委员共同努力的结果。

在总结成绩的同时，也要清醒地认识到，与新形势、新任务和县委的要求相比，与人民群众的期盼相比，县政协常委会的工作还存在不足。比如，政协系统党的建设还需进一步加强，协商民主、民主监督的方式方法还需进一步探索，委员履职的能力还需进一步提升，这些都需要在今后工作中不断探索和改进。

2019 年县政协工作的指导思想是：坚持以习近平新时代中国特色社会主义思想为指导，全面贯彻落实党的十九大和十九届二中、三中全会精神，认真落实县委十一届四次全会决策部署，在中共香河县委的坚强领导下，着力加强政协系统党的建设，牢牢把握团结和民主两大主题，围绕中心，服务大局，聚焦打造“现代高端产业聚集区、功能完善首都卫星城、和谐幸福宜居新家园、基层党的建设新高地”，切实履行好政治协商、民主监督、参政议政职能，为坚定不移加快建设美丽幸福新香河积极贡献力量，以优异成绩向建国 70 周年和人民政协成立 70 周年献礼！

一、坚持政治引领，在思想建设上促深化。把深入学习贯彻习近平新时代中国特色社会主义思想作为首要政治任务，树牢“四个意识”，坚定“四个自信”，坚决做到“两个维护”，在政治立场、政治方向、政治原则、政治道路上与中共中央保持高度一致，夯实团结奋斗的共同思想政治基础。以习近平总书记关于加强和改进人民政协工作的重要思想为统揽，积极开展政协工作，确保政协事业始终沿着正确的政治方向健康发展。

二、坚持服务中心，在议政建言上多作为。始终把围绕中心、服务大局作为政协工作的基本遵循，认真贯彻落实县委十一届四次全会精神，聚焦京津冀协同发展、企业科技创新、产业转型升级、城乡统筹发展等重点内容，多献创新之策，多谋务实之举，多出助推之力。围绕全域旅游创建、交通基础设施建设、生态环境建设、社会保障服务等重点工作，深入开展调查研究，集思广益，务实建言。

三、坚持开拓创新，在协商民主上出新招。科学制定并组织实施年度协商计划，深入开展专题协商、对口协商、界别协商和提案办理协商。认真落实协商议题确定、协商活动组织、协商建议办理及协商成果反馈等工作机制。进一步加强和改进民主监督工作，把握监督的方向、原则、节奏和力度，不断强化监督的针对性、协商性和实效性，更好地发挥政协民主监督的独特作用。

四、坚持履职为民，在民主监督上求实效。围绕幼有所育、学有所教、劳有所得、病有所医、老有所养、住有所居、弱有所扶等与人民群众息息相关的问题开展专题调研，督促推动县委和政府增进人民福祉的举措落到实处。通过提案、社情民意信息等方式，及时反映群众诉求、回应群众关切。广泛动员政协委员参与助残济弱、扶危帮困、捐资助学等社会公益事业。

五、坚持团结联谊，在凝心聚力上下功夫。充分发挥政协联系广泛、包容性强的优势，不断扩大团结面，增进共识度，汇聚正能量。坚持和完善主席会议成员联系走访委员制度，进一步密切同无党派人士、党外知识分子、民族宗教界人士、非公有制经济人士等的沟通联系，做到志相同、心相通、情相融，最广泛地调动一切积极因素，形成促进发展的强大合力。

六、坚持严实标准，在自身建设上促提升。切实加强政协系统党的建设，以党的建设新成效带动政协自身建设取得新进展。加强常委会建设，探索制定政协常委年度履职工作办法、提案审查工作实施细则、委员履职工作规则、全体会议工作规则等制度机制，着力提高政协履职制度化、规范化、程序化水平。加强委员队伍建设，切实提高全体委员的政治把握能力、调查研究能力、联系群众能力、合作共事能力。

海阔潮涌千帆竞，乘风破浪启新程。县政协常委会将更加紧密地团结在以习近平同志为核心的中共中央周围，以习近平新时代中国特色社会主义思想为指导，在中共香河县委的坚强领导下，坚定信心、践行使命，不忘初心、砥砺前行，为坚定不移加快建设美丽幸福新香河作出新的更大贡献，以优异成绩向建国 70 周年和人民政协成立 70 周年献礼。

关于香河县2018年国民经济和社会发展计划执行情况与2019年国民经济和社会发展计划（草案）的报告

——在香河县第十五届人民代表大会第三次会议上

香河县发展改革局局长　冯国祥

（2019年1月17日）

一、2018年全县国民经济和社会发展计划执行情况

2018年，面对复杂严峻的经济形势和环保维稳、规划管控等艰巨任务，全县各级各部门以习近平新时代中国特色社会主义思想为指导，以建设“美丽幸福新香河”为统揽，深入开展“双创双服”活动，抢抓京津冀协同发展机遇，攻坚克难、主动作为，有力推动了全县经济社会高质量发展，较好的完成了年度计划任务，各项指标实现了稳步增长。

——地区生产总值预计增长6%；

——财政收入完成65亿元，其中一般公共预算收入完成36.76亿元，同比增长10.3%；

——固定资产投资预计增长13.9%；

——规模以上工业增加值预计增长3%；

——城镇居民和农村居民人均可支配收入预计分别达到42708元和17892元，同比分别增长7%和8%；

——实际利用外资、社会消费品零售总额等主要指标实现稳步增长，主要污染物减排指标完成较好；

——文化、教育、卫生、就业、住房保障等其他主要指标均完成目标任务。

二、2018年经济社会发展情况

（一）坚持高质量发展，产业升级步伐加快

紧抓协同发展机遇，大力推进项目建设。以高端制造业和现代服务业为导向，全年实施前景好、效益高的亿元以上重大产业项目30个，争列省重点项目10个、市重点项目16个，数量位居全市第一位，重点项目年内完成投资率达到130%以上，年度项目建设考核居全市第一位。北京二商城市生活保障基地、稻香村食品生产基地、奥特莱斯环球国际中心等一批重点项目加速建设。石材城、汽配城等一批面向京津，具有影响力和集聚效应的区中园、园中园正式运营。爱晚国家养老示范基地一期等项目建成运营，爱晚健康小镇成为香河承接医疗、养老、教育等非首都功能转移的核心平台。谋划洽谈中欧商贸中心、腾云（香河）数字经济产业园等一批重大项目，增强了发展后劲。

扎实开展“双创双服”活动，全面服务经济发展。深入开展“双创双服”活动，县四大班子领导分工包联企业及项目单位，共解决资金、用地需求、人才用工、行政审批、子女入学、材料成本等实际困难110余个。鼎力担保公司为19家企业提供信贷担保1.2亿元，有效缓解了中小企业融资难问题。全县净增各类市场主体3560余

户，其中企业净增1737户，是全年目标的2倍有余。开展观摩培训活动，组织重点企业和项目单位深入喜临门家具、中粮可口可乐等行业龙头企业进行现场学习观摩，交流经验，提振信心。开展企业家进高校培训周、工业设计推进周等系列培训活动，培训对接企业400家次。

充分发挥产业平台作用，做大做强重点产业。做大做强产业聚集平台，集中精力推动各类创新资源加速集聚。建立全市首家科技创新服务平台，全县新增企业技术研发中心5家、高新技术企业22家、科技型中小企业111家。机器人小镇成功入围河北省特色小镇创建类名单，获评“全省小微企业创业创新示范基地”，成为中国北方最具发展活力的机器人产业高地，先后吸引美国ATI、安川都林、德国尼玛克等135家全球知名机器人产业链企业落户。扶持壮大处于快速发展期的文化产业，制定培育壮大文化产业奖励办法，设立文化产业发展引导基金，发挥国安新桥影视特效基地、国华影视基地等龙头企业带动作用，支持文化产业集聚发展，百灵鸟传媒等17家影视文化公司落户国华影视城，“中广联影视音乐创制基地”落户第一城。

（二）突出绿色宜居，城乡面貌明显提升

坚持统筹城乡一体化发展，不断完善基础设施，强化环境综合治理，城乡面貌、品质得到显著提升。全年新建改建城乡路网168.7千米，密涿高速连接线北段、倪李线拓宽改造、香北线大修等工程先后竣工通车，城乡道路通行能力大幅提高，香河县被评为“四好农村路”省级示范县。智慧香河数据中心、展示中心、指挥调度中心建成运行，立体地图管理平台投入使用，打造国内一流的县级智慧化城市。城乡垃圾治理一体化工作高效运转，安洁垃圾填埋场完成彻底整治，启动生活垃圾分类试点，实施“厕所革命”，城乡面貌不断改善。扎实推进域内水环境治理，全面实行河长制，全覆盖常态化开展巡河工作。严格落实治企、抑尘、清煤、控车、禁燃等一系列防治措施，县域生态质量持续向好，全年空气质量优良天数达到241天。美丽乡村成绩显著。26个市级重点村完成建设，66个自主创建村有序推进，我县获得“全省农村人居环境整治全域完成示范县”荣誉称号。钳屯镇双安新城、钱旺镇潮东新城、蒋辛屯镇佰闻花园启动回迁，实现“成熟一个、回迁一个、满意一个”。

（三）优化政务服务，深化改革成效显著

认真贯彻“放管服”改革要求，不断深化行政审批制度改革，简化审批流程、优化审批程序、缩短审批时限，推进政务服务规范化、标准化，推出“一窗口收件、联合审批、信息共享”的工作机制，全年办理各类事项30余万件，重点事项审批效率提高了80%，群众满意度超过99%。全面推行“互联网+政务”服务，520项政务服务事项进入网络审批系统，配套开发政务公开APP、政务微信公众号等服务系统，真正做到了让信息“多跑路”，群众“少跑腿”。深入推进商事登记制度改革，全面整合优化涉企证照办理事项，成功实现了“五十证合一”。

（四）加快补齐短板，民生保障明显提高

坚持在保障民生上找不足，补短板，深入实施20项民心工程，不断提升公共服务能力。扶贫脱贫深入开展，各项扶贫脱贫政策全部落实到位，93名贫困人口稳定脱贫，圆满完成年度任务。投资3.3亿元的54项教育工程顺利实施。中高考成绩继续保持全市一流水平。深入推进医疗、医保、医药“三医联动”，3家县级医院与9家镇卫生院组建县域“医共体”，改造升级4家镇卫生院，基本公共卫生服务工作考核位居全省第一。“文明县城”创建活动扎实推进，文体惠民系列活动开展300余场，群众精神文化生活不断丰富。投资8500万元的城乡客运公交一体化改造全面完成，形成了政府主导、企业运营、财政补贴、定期考核的公交运营“香河模式”。坚持“有黑扫黑、无黑除恶、无恶治乱”原则，强力推进“扫黑除恶”专项斗争，重拳打击黑恶势力、捣毁传销组织，不断提升人民群众安全感。严格落实安全生产责任制，食品药品安全整治等专项行动深入推进。各类信访矛盾纠纷得到妥善化解，社会大局繁荣稳定。

在肯定成绩的同时，也清醒地认识到，香河经济社会发展中还存在诸多不容忽视的矛盾和问题：抢抓京津冀协同发展机遇还不够精准，发展潜力还没有完全释放；转型升级步伐还不够快，实体经济困难多，经济下行压力加大；城乡治理水平还不够高，统筹发展格局尚未真正形成；优质公共服务供给还不够充足，尚不能完全满足群众对美好生活的需要。这些问题，将在今后的工作中着力加以解决。

三、2019 年全县国民经济和社会发展主要预期目标

2019 年全县发展的指导思想和总体要求是：坚持以习近平新时代中国特色社会主义思想为指导，全面贯彻党的十九大和十九届二中、三中全会精神，深入落实中央经济工作会议和省、市委全会部署要求，继续深化“坚持创新驱动、加快转型升级、强化基层基础、实现绿色崛起”战略举措，努力打造“现代高端产业聚集区，功能完善首都卫星城，和谐幸福宜居新家园”，坚定不移加快建设“美丽幸福新香河”，以优异成绩向建国 70 周年献礼。

2019 年全县经济社会发展目标是：地区生产总值增长 6.5%左右，一般公共预算收入增长 8%左右，固定资产投资增长 7%左右，规模以上工业增加值增长 3%以上，高新技术产业增加值增长 10%左右，城镇和农村居民人均可支配收入分别增长 7%和 8%左右，其他指标确保完成上级下达任务。

（一）着力强化项目支撑，力促产业提质增效

坚持新发展理念，坚持高端制造业和现代服务业产业发展定位，做强实体经济，进一步加快产业转型升级。**严格落实产业禁限政策。**建立完善县域产业“正面目录”和“负面清单”，切实把牢产业准入关口。引进项目必须符合京津冀协同发展要求，必须符合美丽幸福新香河的发展定位，必须达到投入产出的硬指标；不符合产业发展目录的项目不准落地，不符合环保政策的项目不准落地，确保产业发展质效。**突出园区主战场地位。**继续加大园区基础设施投入，加强水、电、路、气、热等保障能力，筑牢园区基础。立足“一区三园”总体框架，进一步健全园区管理运营机制，有序推进园区产业高新化、特色化、集群化，力促园区上档次、增特色、提效益。**扎实做好项目管理。**开展“高质量项目建设年”活动，确保省市重点项目完成投资计划；健全重点项目包联服务制度，完善重点项目问题协调机制，定期调度、观摩评比、督导考核。力促韵达快递电商基地、绿地未来科技中心等重点在建项目竣工达效，百信达电子芯片、华电燃气能源站等项目启动建设。**坚持产城共建、职住合一。**统筹推进县域基础设施与生活商务设施建设，保证项目引得来，留得住。实施机器人研发大厦新建、双安水厂扩建等重点基础设施建设工程，丰富医院、学校、酒店、超市、专家公寓、公交车站等生活设施，增强县域发展承载力。**培育壮大传统产业。**开展“千企转型”专项行动，运用大数据、云计算等信息技术推动家具制造、钣金制品等传统产业实施技术改造。设立转型升级专项资金，引导规下企业扩大生产升规上，支持重点企业开展技术升级提效益。

（二）强化重点领域突破，推进与副中心一体化建设

加强规划衔接。按照“统一规划、统一政策、统一标准、统一管控”的要求，提升协同层次，拓展合作空间，在服从服务副中心建设中引进资源、发挥优势、加快发展，高质量创建京津冀协同发展示范区。对接通州区与北三县协同发展规

划，全面摸清县域土地储备、公有资产、基础设施等底数，调整优化县城城镇功能和生产、生活、生态空间布局，推进“多规合一”，为未来更好发展奠定基础。及时公布规划成果，严格规划执行，切实做到“一张蓝图绘到底”，让规划得到刚性落实。加强城镇开发边界管控，从严控制建设用地和城镇规模。**推动重点领域突破。**推动产业与副中心互动互补。择优承接北京“容不下、离不开、走不远”的产业项目，促进县内智能制造、现代物流、文创旅游、总部经济等高端产业集聚发展，加快形成与副中心分工明确、错位互补、协调共进的产业格局。推动交通与副中心互联互通。推动生态与副中心联防联控联治。

（三）继续开展“双创双服”，进一步优化营商环境

深化“双创双服”活动。强化政银企对接，把全县的经济总量、创业主体、市场主体做大做强。建立定期对接交流机制，完善重点企业、项目领导包联制度。深入企业协调解决发展中的难题，实行一站式、保姆式服务。进一步优化政策环境、政务环境、市场环境、法治环境、人文环境，大力构建亲清新型政商关系，努力营造重商、安商、稳商、富商的浓厚氛围。**深化“放管服”改革。**降低企业经营成本，提高政府服务效能。加快推进服务事项电子化、网络化，推动实体政务服务大厅与网上服务平台融合。扎实推进商事登记制度改革，全面整合优化涉企证照事项，深化“多证合一”扩容升级。加强举报投诉平台建设，严查不作为、慢作为、乱作为行为。结合“一问责八清理”，驰而不息纠“四风”、转作风、树新风，打造务实、规范、高效的政务环境。同时，着力推进科技服务、科技创新，全力破解发展瓶颈，发展壮大民营企业。

（四）坚持绿色发展理念，开创城乡协调发展新格局

坚持生态优先绿色发展战略。全力打好“蓝天保卫战”“碧水保卫战”“净土保卫战”，坚持不懈、持之以恒、坚定不移地进一步改善环境质量，提升生态品质，推进绿色发展。**加快推进全域旅游。**以创建省级全域旅游示范县为载体，整合县域各类旅游资源，加快构建全域旅游格局。在规划统筹、旅游公共服务设施建设、旅游景区示范点建设、旅游宣传推广等方面有序推进。推进“北运河生态文化体验带”“潮白河乡村田园体验带”“万亩荷塘田园综合体”建设，建设蒋辛屯、安平、五百户、安头屯、刘宋等五大精品旅游片区，打造全域旅游百里大环线。**大力实施乡村振兴战略。**全面落实乡村振兴战略规划，不断深化农业供给侧结构改革，促进农村产业融合发展，加快改善农村生产生活条件和生态质量，不断提高村集体收入和农民收入水平。加快发展现代农业，推进农业与休闲旅游、健康养生等深度融合，积极发展观光农业、体验农业和创意农业，推动一二三产融合发展，积极培育农业新动能。深化农业农村改革，扎实推进农村集体产权制度改革。稳步实施农村土地改革，推进农村承包地“三权分置”，加强土地流转指导管理和服务，规范农村土地流转行为，拓展农业农村发展空间。**不断强化城市建管水平。**大力开展“基础设施加快建设年”活动，加强路网建设，完善城市基础设施，启动智慧城市二期工程，改善城市服务质量，深化城市综合治理，全力打造“特色鲜明、布局合理、功能完善、生态宜居”的首都卫星城。

（五）强化民生保障，繁荣发展社会事业

全力推进脱贫攻坚。以“八大脱贫专项行动”为抓手，继续开展扶贫脱贫工作，完成剩余贫困人口脱贫任务，确保脱贫不返贫，加大对“边缘户”的帮扶力度，防止出现新的贫困人口。**提升公共服务水平。**优先发展教育。加快推进三中教学楼、县直幼儿园教学楼等一批重点工程建设，不断优化教育资源配置，切实解决“大班额”问题。加强公共文化服务体系建设，推进基层综合

性文化服务中心全覆盖。**加大社会保障力度。**继续深化县级公立医院综合改革，加强“医共体”建设，扩大家庭签约医生覆盖面。启动中医院新院区建设工程，加快推进刘宋、五百户等镇级卫生院改造升级，加强村级卫生室和社区卫生服务站建设。推进大爱医院建设，推动潞河医院香河医康院区项目落地，让群众足不出县就能享受北京优质医疗资源。加大工伤、失业保险征缴力度，努力实现城乡居民医疗保险、养老保险全覆盖。加大城乡居民住房保障力度，加快推进房屋租赁云平台建设。严格落实城乡低保、五保供养政策，做到“应保尽保”。**提升社会治理水平。**严格落实安全生产责任制，完善应急救援体系，提高防灾减灾救灾能力。加强食品药品安全监管，积极创建“国家食品安全示范城市”。继续开展质量提升行动，加快质量强县建设。同时做好退役军人事务管理、信访维稳、社会综合治理等方面工作，切实让广大人民群众感受到更多温暖、更多幸福。

做好 2019 年经济和社会发展工作任务艰巨、责任重大、使命光荣。让我们以习近平新时代中国特色社会主义思想为指导，在县委的正确领导下，自觉接受县人大的监督和指导，认真听取县政协的意见和建议，努力促进全县经济高质量发展，保持社会和谐稳定，加快建设“美丽幸福新香河”，以优异成绩向建国 70 周年献礼。

关于香河县2018年全县总预算及县本级预算执行情况和2019年全县总预算及县本级预算草案的报告

——在香河县第十五届人民代表大会第三次会议上

香河县财政局局长 刘宇

（2019年1月17日）

一、2018年预算执行情况

2018年，在县委的正确领导和县人大的监督、支持下，县财政部门战胜各种困难挑战，坚持稳中求进、改革创新，紧紧围绕稳增长、调结构、优生态、惠民生，认真落实积极的财政政策，着力推进发展方式转变，实现财政收入持续增长，财政支出保障有力，促进了我县经济建设和社会事业发展。

（一）一般公共预算执行情况

2018年，香河县全部财政收入完成650559万元。一般公共预算收入完成367553万元，占调整预算的103%。

按照上述收入完成情况和现行省对县财政管理体制计算，香河县全年一般公共预算可用资金645503万元，支出完成600467万元，占调整预算的99.9%，同比增长5.8%。安排预算稳定调节基金30000万元，结转下年支出7575万元，滚存净结余7461万元。

上述收支中不包含上级下达的专项转移支付资金21484万元。若加入，则可用资金为666987万元，支出为638734万元，结转下年支出13427万元，结余为7774万元。

（二）政府性基金预算执行情况

政府性基金收入完成172038万元，占调整预算的101.2%。

2018年，全县政府性基金预算可用资金99149万元，政府性基金支出91652万元，占调整预算的98.6%，同比下降43.3%。若加入上级专款252万元，则可用资金为99401万元，支出为92176万元，结转下年支出7582万元。

（三）社会保险基金预算执行情况

2018年，香河县社会保险基金收入完成36969万元，占预算的100.3%，同比增长87.3%；2018年支出35448万元，占预算的104.3%，同比增长149.1%。全县社保基金年末新增结余1521万元，滚存结余20465万元。

（四）国有资本经营预算情况

2018年，由于香河县没有国有资本经营项目，因此不涉及国有资本经营预算收支。

由于目前省对县财政结算事项尚未完成，以上收支情况若有变化，具体情况待省财政结算批复后，通过年度财政决算报告再行汇报。

（五）2018年主要工作

一是积极克服房地产调控、生态环保治理、营改增税制改革等不利影响，完善综合治税举措，增强了地方财政保障能力；**二是**优化调整支出结构，确保支出达到时间进度，并重点保障了人员经费按时足额发放和机关正常运转；**三是**民生投入进一步提高，支农惠农、社会保障、义务教育、生态环保等政策得到了全面落实；**四是**全面提升县级财政管理效能，实现了财政事业稳步健康发展；**五是**扎实做好小金库、专项资金、惠农资金、乱收费乱摊派、违规用车等“一问责八清理”牵头工作，充分发挥了财政监督问效职能；**六是**把握政策机遇，发挥财政杠杆作用，更为有力地促进了县域经济发展。

过去的一年，全县财政各项工作取得了长足进展，但距离全县人民的要求还有较大差距。当前，新的经济发展形势对财政工作提出了更高要求，我们将充分把握有利条件，努力化解不利因素，采取更加有效的工作举措，推进财政科学化、精细化管理，推动全县经济社会的全面发展。

二、2019 年财政预算草案

2019 年是新中国成立 70 周年，也是实施“十三五”规划的攻坚之年，建设“美丽幸福新香河”的关键之年，编制执行好 2019 年预算，做好各项财政工作，对推动全县科学发展、绿色崛起意义重大。2019 年全县总预算和县本级预算安排如下：

（一）预算收支安排情况

1.一般公共预算安排情况

2019 年，全县财政收入计划安排 730000 万元，同比增收 79441 万元，增长 12.2%；一般公共预算收入计划安排 397000 万元，同比增收 29447 万元，增长 8%。

按照财政收入计划和现行财政管理体制测算，2019 年全县一般公共预算可用资金预计 590026 万元。其中，县本级可用资金 506547 万元，镇区可用资金 83479 万元。

全年支出计划安排 590026 万元，其中：县本级支出计划安排 506547 万元，镇区支出计划安排 83479 万元。全县、县本级和镇区支出安排与当年可用资金数额一致，做到了收支平衡。

上述收支中不包括提前下达的专项转移支付资金 14727 万元。若包括，则全县一般公共预算可用资金和支出均为 604753 万元，不影响收支平衡情况。

2.政府性基金安排情况

政府性基金收入计划安排 206000 万元，综合可用资金为 176497 万元（含上年结转 7497 万元）。支出计划安排 176497 万元，做到了收支平衡。

上述收支中不包括提前下达的专项转移支付资金 357 万元。若包括，则全县政府性基金可用资金和支出均为 176854 万元，不影响收支平衡情况。

3.社会保险基金预算安排情况

社会保险基金预算收入当年计划安排 41923 万元，社保基金预算支出当年计划安排 39070 万元，滚存结余 24135 万元。

4.国有资本经营预算情况

2019 年，由于香河县没有国有资本经营收入项目，因此国有资本经营预算不做安排。

（二）2019 年预算安排指导思想和基本原则

根据 2019 年形势和改革要求，预算编制的指导思想是：全面贯彻党的十九大和十九届二中、三中全会精神，深入落实中央经济工作会议和省、市委全会部署要求，紧紧围绕县委、县政府决策部署，继续深化“坚持创新驱动、加快转型升级、强化基层基础、实现绿色崛起”战略举措，坚持稳中求进工作总基调，深化财税体制改革，充分发挥财政资源配置与调控作用，奋力推进经济发展、转型升级、生态建设、民生保障、维护稳定，坚定不移加快建设“美丽幸福新香河”。

预算编制遵循的基本原则：**一是**深化改革，依法理财，加强绩效预算管理，依据新《预算法》，改进预算编审程序，细化项目编制，硬化预算约束，推进预算公开。**二是**突出重点，突出支持协同发展、脱贫攻坚、民生保障、结构调整、化解产能、科技创新、生态治理等重点领域，更好发挥财政调控保障作用。**三是**积极稳妥，量力而行、尽力而为，综合考虑财政政策、事业发展的延续性，合理确定政策范围和政策力度，确保财政可持续。**四是**统筹兼顾，立足全县，着眼长远，盘活存量，用好增量，统筹考虑财力与支出需求，保障财政平稳运行。

根据上级相关要求和香河县实际情况，2019年全县支出预算安排主要以“保工资、保运转、保民生”为中心。“保工资”：保障人员工资支出，确保政策性增资所需资金到位。“保运转”：积极整合财政资金，牢固树立“过紧日子”的思想，严格执行中央八项规定，在全力保障各级各部门基本公用支出需要的情况下，努力降低行政成本，财政供养人员及“三公”经费只减不增。“保民生”：**一是**着眼于满足群众日益增长的美好生活需要，持续加大投入力度，加快社会事业发展，加强民生保障改善，提升公共服务水平，对城乡居民基本养老保险、城乡居民基本医疗保险、“五保户”供养、再就业人员补贴、城乡社会救济、残疾人生活困难救助等问题按政策给予全力保障，确保实现劳有所得、病有所医、老有所养、困有所助。**二是**深入实施乡村振兴战略，着力推动农业全面升级、农村全面进步、农民全面发展，加快形成“以城带乡、以乡促城、城乡互动”的统筹发展格局。**三是**注重向公共服务项目倾斜，加大公益性项目投入，确保人民群众更多地享受经济发展的实惠。

（三）政府性债务情况

2018年底，全县政府债务余额为65809万元，政府债务率8%，在合理区间内。按照偿还计划，2019年县本级应偿还债务本息共计7887万元，已在支出预算中予以足额安排。

（四）其他需说明的情况

本次人民代表大会批准预算前，参照上年同期的预算支出，县本级已产生一般公共预算支出4570万元，主要用于在职和离退休人员工资发放、单位运转等支出；政府性基金预算支出34901万元，主要用于征地和拆迁补偿支出。

2019年财政工作任务艰巨、使命光荣。我们将在县委的正确领导和县人大、县政协的监督支持下，认真落实本次人代会通过的各项决议，开拓创新、锐意进取，努力完成全年各项工作任务，为全力推进“美丽幸福新香河”建设做出新的贡献。

香河县2018年国民经济和社会发展统计公报

2018年以来，在县委、县政府的正确领导下，全县深入贯彻习近平新时代中国特色社会主义思想和党的十九大精神，全面落实省、市、县对经济和社会工作的部署，坚持稳中求进工作总基调，坚持以新发展理念引领高质量发展，积极抢抓京津冀协同发展重大机遇，攻坚克难、拼搏竞进，经济社会发展取得新成就。

一、综合

全县国民经济总体上运行平稳，保持了较快的增长态势，县域经济综合实力不断发展壮大。据初步测算，全县地区生产总值完成251.7亿元，同比增长6.1%，其中，第一产业实现增加值18.4亿元，同比增长1.1%；第二产业实现增加值117亿元，同比增长5.7%；第三产业实现增加值116.3亿元，同比增长7.2%。全县人均生产总值为66965元，同比增长4.8%。

经济结构进一步优化，运行质量不断提高。从三次产业结构看，第一产业所占比重略有上升，第二产业呈刚性支撑，第三产业快速发展，第一、二、三产业增加值占地区生产总值的比重由上年的6.9：50.4：42.7调整为7.3：46.5：46.2。

民营经济快速发展，2018年民营经济实现增加值177.5亿元，比上年增长6.3%，占地区生产总值比重的70.53%。民营经济实缴税金45.7亿元，同比下降6.3%，占全部财政收入比重的70.3%。

二、农业

全年粮食播种面积12560公顷，粮食总产量71454吨。其中，冬小麦播种面积4850公顷，产量28329吨。玉米播种面积7661公顷，产量42956吨。蔬菜及食用菌播种面积9002.3公顷，产量486208.3吨。油料播种面积15.33公顷，产量33.85吨。

全年肉类总产量8814.7吨，其中，猪肉产量4283.6吨，牛肉产量1239吨，羊肉产量599.3吨，禽肉产量2627.1吨。奶类产量5850.5吨，禽蛋产量28282.2吨。

全年淡水产品产量2086吨，淡水养殖面积267公顷。人工造林面积773公顷，森林抚育面积2300公顷，木材采伐4320立方米。

农业生产条件进一步改善。年末拥有农机总动力24.3万千瓦，当年机耕面积8849公顷，当年机播面积12561公顷，当年机收面积13733公顷，年末实有机电井6102眼，有效灌溉面积20410公顷。农用化肥施用量（折纯）19757吨，农村用电量22702万千瓦时。农业产业化经营率达到69.39%。

三、工业和建筑业

全年工业增加值同比增长0.9%。其中，规模以上工业增加值增长2.8%。规模以上工业企业实现利润6.8亿元，增长86.2%。规上工业主营业务收入利润率8.3%。规上高新技术产业增加值增长28.9%。

全年建筑业实现增加值19.1亿元，同比增长23.4%。其中，资质建筑企业房屋建筑施工面积同比增长17.8%。房屋建筑竣工面积同比下降14.9%。

四、固定资产投资

全年固定资产投资完成同比增长13.9%。第一产业投资增长722.3%；第二产业投资增长-17.5%。其中，制造业投资增长-18.1%，电力热力燃气业投资增长 3.2%；第三产业投资增长 31.2%。其中，商务服务业投资增长 153.4%。基础设施投资增长-10.6%，占投资比重为 5.3%；房地产投资增长 21.6%，占投资比重为 37.3%。

五、交通和电信业

交通运输业稳步发展。公路交通条件不断改善，公路里程 1021.39 公里，其中：国省道 83.1 公里，县公路 56.76 公里，乡公路 107.02 公里，堤顶路 76.04 公里，村级路 774.5 公里；大中桥 22 座，4313.7 米，小桥 113 座，2090.5 米。年末实有大型载货汽车 482 辆，中型载货汽车 200 辆，小型载货汽车 2585 辆，大、中型载客汽车 130 辆。

电信业发展迅猛。年末固定宽带用户数 115090 户，移动宽带用户数 346435 户；固定宽带家庭普及率 114.5%，移动宽带家庭普及率 103.4%；年末固定电话 29454 部，移动电话 455701 部。

六、国内贸易

2018年全县社会消费品零售总额实现93.1亿元，同比增长 9.0%。其中，限额以上企业（单位）消费品零售额 6.9 亿元，增长 11.6%。分城乡看，城区市场发展快于乡村市场，城镇市场实现零售额 38.9 亿元，比上年增长 5.7%；乡村市场实现零售额 54.2 亿元，比上年增长 11.5%，城区市场高于乡村市场 5.8 个百分点。按行业分：批发零售业实现零售额 79.2 亿元，同比增长 9.0%；住宿餐饮业实现零售额 13.9 亿元，同比增长 9.3%。

七、对外经济

全年实际利用外资 2806 万美元，同比增长 374.0%。其中：外商直接投资 1113 万美元，同比增长 88.0%

全年入统项目 4 个，超千万美元的大项目 1 个，合计到位外资 1693 万美元，占实际利用外资比重为 60.3%。

外贸进出口完成 7.5 亿元，同比增长 14.6%。其中，出口完成 6.9 亿元，增长 14.8%。

八、财政和金融

全年财政收入 65.1 亿元，同比增长-1.3%。其中：一般公共预算收入完成 35.8 亿元，同比增长 10.3%。全县公共财政支出 63.9 亿元，同比增长 8.7%。全县税金实际入库累计完成 52.1 亿元，同比下降 11.9%。

年末金融机构各项存款余额 471.5 亿元，比年初减少 37.2 亿元。其中：住户存款 302.9 亿元，比年初增加 19.2 亿元。金融机构各项贷款余额 606.2 亿元，比年初增加 3.9 亿元。其中，中长期贷款余额 451.6 亿元，比年初减少 1.4 亿元。

九、教育、文化、卫生事业

全县共有普通高中 3 所，招生 2438 人，在校生 7337 人，高中阶段毛入学率 93.5%；初中 11 所，招生 4512 人，在校生 119[illegible]5 人；小学 71 所，招生 7316 人，在校生 35076 人。我县师资力量雄厚，拥有专任教师 5166 人。

全县共有公共图书馆 1 个，文化馆 1 个，博物馆 1 个，村（社区）综合性文化服务中心 270 个。举办各种文艺活动 420 余次。广播、电视综合人口覆盖率达到 100%。

全县共有县级医院 3 个，中心卫生院 3 个，镇卫生院 6 个，疾病预防控制中心 1 个，妇幼保健院 1 个。医疗卫生机构共有床位 2100 张。全县拥有村级卫生组织 293 个，乡医士 298 人。拥有执业医师及执业助理医师 1247 人，注册护士 920 人。

十、人口和人民生活

年末户籍人口 374349 人，比上年末增加 2326 人，年末户籍户数 126976 户。常住人口 377863 人，比上年末增加 4202 人。常住人口城镇化率 62.06%，比上年提高 0.91 个百分点。

符合政策生育率 97.46%。出生人数 4600 人，出生率为 12.97‰，死亡人数 2122 人，死亡率为 5.98‰，自增人数 2478 人，人口自然增长率 6.98‰。

城乡居民收入持续增长，生活水平不断提高。2018年城镇居民人均可支配收入43067元，同比增长7.9%，农村居民人均可支配收入18042元，同比增长8.9%。从业人员平均工资86125元，同比增长14.4%。在岗职工（含劳务派遣）平均工资88532元，同比增长15.9%。年内享受低保户1015户，享受低保人数1674人，全年共发放低保资金1160万元。

大 事 记

责任编辑 闫振春

1月

1 日 即日起，香河县城区（东至潮白河右堤顶路、南至家具大道、西至通唐线、北至潮白河右堤顶路。其中，家具大道扩延至亚太城、经纬、中意、中唐、居然之家、明泰来、金钥匙、贵都等家具城展厅；迎宾小区、秀南小区、御湖湾、阳光家园、富泰家园、京汉君庭等居民小区；淑阳工业园区）内任何单位、任何个人，全年、全时段禁止销售、燃放任何种类的烟花爆竹。

5 日 香河县安全生产“利剑除患”专项整治行动动员会议在县委大楼七层大会议室召开，县委书记李桂强出席会议并做重要讲话，要求各级各部门立即行动、加大力度、强化措施、注重实效，迅速掀起安全生产“利剑除患”新高潮。

9 日 县长王文强先后到香河县驻军、武警中队、民兵训练基地进行工作调研，帮助解决部队发展遇到的困难和问题，进一步推进双拥共建、军民融合。县委常委、县人武部政委韩超，副县长郭建永陪同调研。

11 日 香河县扶贫工作会议暨扶贫开发领导小组全体会议在县委大楼七层大会议室召开，县委书记李桂强要求，坚决打赢扶贫脱贫攻坚战，让全县人民同步迈入小康社会。县长王文强主持会议时强调，各级各部门要切实把脱贫攻坚各项工作不折不扣落实到位，坚决打赢这场扶贫、脱贫攻坚战。

15 日 新落成的香河县便民服务中心正式为公众服务，进驻的行政权力事项和公共服务事项 315 项。该中心采取全新的“互联网＋审批＋监管”联动模式，依托微信公众平台、手机政务 APP 等载体，构建掌上行政审批服务平台。

17 日 市委意识形态工作专题督查考核组组长高慧聪率市督查组到香河县，专题考核意识形态工作，县委书记李桂强在汇报会上就 2017 年度县委意识形态工作开展情况进行专题汇报。高慧聪对香河县意识形态工作给予充分肯定和高度评价。

17—18 日 省卫生计生委党组成员、副主任尹爱东率省医改考核组就香河县 2017 年度深化医药卫生体制改革工作进行考核。副市长张春燕出席汇报会，县长王文强就 2017 年度全县医改工作进行专题汇报，尹爱东对香河县 2017 年度深化医改工作给予充分肯定和高度评价。

22 日 中国共产党香河县第十一届委员会第三次全体会议在县委大楼七层大会议室召开，县委书记李桂强代表县委常委会向大会作题为《以习近平新时代中国特色社会主义思想为统领，在推动高质量发展中加快建设美丽幸福新香河》的工作报告。

24 日 县委书记李桂强先后到淑阳镇宋家止

务村、县便民服务中心，就基层组织建设、气代煤安全和县便民服务中心建设与运行情况进行工作调研。县委常委、县委办公室主任田立军陪同调研。

25 日　省委督查组在县委书记李桂强、县长王文强等县领导陪同下，到香河县就重点工作开展情况进行督导检查。

26 日　香河县监察委员会成立，同时撤销香河县监察局和香河县人民检察院的反贪污贿赂局、反渎职侵权局、职务犯罪预防科。

是日　“我的书屋 我的梦”2018 年香河县践行中国共产党十九大精神读书朗读大会举行。

29—31 日　香河县第十五届人民代表大会第二次会议召开，县委书记李桂强出席会议并讲话，县长王文强、县人大常委会主任闫再兴、县人民法院院长刘君、县人民检察院检察长刘振华分别向大会作政府工作、人大工作、法院工作和检察院工作报告。县委常委、县纪委书记牛静当选县监察委员会主任，会议选举县十五届人大法制专门委员会，财政经济专门委员会，环境和资源保护专门委员会，教育科学文化卫生专门委员会主任委员、副主任委员、委员。

29—30 日　中国人民政治协商会议香河县第九届委员会第二次会议召开。县委书记李桂强出席会议并讲话，县政协主席马文龙向大会作工作报告，政协副主席苏宽向大会作提案工作报告。

29 日　香河县召开 2018 年老干部情况通报会议，与会的老干部先后到中粮可口可乐华北饮料生产基地、农家博物馆等地实地参观了解全县经济社会发展情况。县委书记李桂强在情况通报会上感谢老干部对全县经济社会各项工作的关心、关注和支持，县委、县政府将一如既往继续做好老干部工作。县长王文强介绍 2017 年全县经济社会发展情况。

30 日　中国环境监测总站党委书记陈善荣在市环保局局长冯学军、县委书记李桂强、县长王文强等领导陪同下，到县内就国家考核断面水质自动监测站建设工作进行调研。

31 日　香河县第十五届人民代表大会第二次会议选举牛静担任香河县监察委员会主任，任命香河县监察委员会副主任 2 名(张福东、袁德永)、委员 4 名(李永祥、张连瑞、崔振起、田兆泉)。

是日　副县长刘凤顺赴北京市通州区参加北三县公交线路开通协调会议。

是月　引导出租汽车行业从业人员践行行业道德规范，切实营造文明、和谐的出租客运环境，香河县交通运输局在出租汽车系统开展 2017 年度“十佳出租汽车驾驶员”和“优秀出租汽车驾驶员”评选活动，采取出租汽车公司推荐、驾驶员互相投票和管理部门审核把关的方式，最终刘志兵等 10 人被评为“十佳出租汽车驾驶员”，刘志坊等 20 人被评为“优秀出租汽车驾驶员”。

2 月

1 日　香河县军队退役人员代表座谈会在县委大楼三层大会议室召开，县委书记李桂强、县长王文强等领导出席会议，县民政局、人力资源和社会保障局等单位负责人及军队退役人员代表参加会议。

4 日　市委副书记、组织部部长李龙在县委书记李桂强、县长王文强等领导陪同下到县内走访慰问部分生活困难群众、老党员及退役军人，为他们送去慰问品、慰问金和节日的美好祝福。

4—8 日　县委书记李桂强，县长王文强，县人大常委会主任闫再兴，县政协主席马文龙，县委常委、组织部部长王宏民，县委常委、统战部部长董美辰赴市出席廊坊市人大七届二次会议和政协廊坊市七届二次会议。

6 日　2018 年香河县春节联欢晚会录制完成。精心编排的节目具有浓郁的地方特色，为全县人民呈现一场异彩纷呈、精美绝伦的文化盛宴。晚会于农历大年初一在香河电视台、香河广播电视台微信公众平台循环播放。

10日　省委第九巡视组巡视意见反馈会议在第一城召开。省委巡视办副主任王建兴对巡视整改工作提出要求，省委第九巡视组组长李寿松、副组长于峰向县委书记李桂强和县委领导班子分别反馈巡视情况。李桂强主持会议并作表态发言，县四大班子领导出席会议。

11日　中国共产党香河县第十一届纪律检查委员会第二次全体会议在县委大楼七层大会议室召开，县委书记李桂强出席会议并讲话。李桂强强调，要高质量推动全面从严治党向基层延伸，为加快建设美丽幸福新香河提供更加坚强的纪律保障。县委常委、纪委书记、监委主任牛静向大会作《工作报告》，大会审议并通过了《工作报告》和《全会决议》。县四大班子领导出席第一阶段会议。

13日　县委书记李桂强、县长王文强、县人大常委会主任闫再兴、县政协主席马文龙等领导先后到县环卫局、供电公司、广播电视台、公安局巡警特警大队慰问春节期间坚守在一线的广大干部职工和公安民警。

16—21日　2018京津冀中华大庙会在香河第一城举办。本届大庙会以“第一城里热闹多、红红火火过大年”为主题，呈现了中华绝技表演、民间花会表演、冰雪嘉年华、年货大集等多种民俗文化活动。6天时间共吸引游客27.8万人次，同比增长8%，实现综合收入1163.57万元。

22日　河北省“双创双服”活动动员大会、廊坊市“双创双服”活动动员大会在县委大楼七层大会议室集中收听收看。就贯彻落实省市会议精神，县委书记李桂强要求，各级各部门要严格按照上级的部署，扎实开展“双创双服”工作，以全心全意为人民服务为宗旨，服务发展服务民生，务实高效地开展好此次活动。县四大班子领导参加会议。

23日　河北省深入推进雄安新区规划建设暨京津冀协同发展工作电视电话会议在县委大楼七层大会议室集中收听收看，县副处级以上领导参加会议。

27日　县委书记李桂强对县内退役军人管理服务机构（“两站一中心”建设、包联、光荣牌悬挂）建设情况进行实地督导检查。县委常委、县委办公室主任田立军，县委常委、政法委书记郭建永陪同督导检查。

27—28日　省委督查室副主任张建华到香河县就退役军人管理服务机构建设和效能作用发挥情况进行督导检查。县委书记李桂强、县长王文强等领导陪同督导检查。

28日　香河县2017年度基层党（工）委书记抓基层党建工作述职评议会议在县委大楼三层大会议室召开。县委书记李桂强主持会议并就进一步抓好基层党建工作提出指导意见，县委常委、组织部部长王宏民通报全县2017年基层组织建设存在的突出问题；各镇、街道、园区党（工）委书记和县直工委书记逐一进行述职。县委各位常委、县人大常委会主任、政协主席出席会议，各镇、街道、园区及县直相关单位负责人参加会议。

3月

1日　香河县政法工作暨扫黑除恶专项斗争会议在县文化艺术中心召开，县委书记李桂强、县长王文强等领导出席会议。李桂强强调，切实维护社会公平正义，增进全县人民福祉，进一步巩固安定和谐的社会局面。王文强要求全县上下统一思想、明确责任、狠抓落实、确保实效，为加快建设美丽幸福新香河创造更加和谐稳定的社会环境。各镇、街道、园区及县直各单位负责人参加会议。

是日　香河县农业农村工作会议在县文化艺术中心召开。会议对全县农业农村工作进行全面安排部署，对美丽乡村建设、春季造林绿化工作进行具体安排部署。县委书记李桂强等领导出席会议。李桂强要求，各级各部门要站在乡村振兴的高度、全面建成小康社会的高度、建设美丽幸福新香河的高度，将农村工作作为一项基础性工程，抓紧抓好。各镇、街道、园区及县直各单位负责人参加会议。

6 日　县委书记李桂强到安平公安检查站及其他两个进京路口，督导检查全国“两会”期间安全稳定工作，实地查看软、硬件设施建设，安检查控登记台账等，并对坚守在第一线的公安民警和安保志愿者表示亲切慰问。

7 日　县长王文强到正大香河有限公司和安平镇公安执勤点督导检查全国“两会”期间安全稳定工作情况，就重大危险源安全管理进行详细查看，细致询问执勤民警和安保志愿者工作情况，确保安全稳定。

8 日　香河县中医医院妇产科荣膺 2017 年度“全国三八红旗集体”荣誉称号。

是日　香河县村街“两委”换届选举工作座谈会在县委大楼三层大会议室召开。县委书记李桂强出席会议并强调，坚持“党管换届”原则，做到换稳换好，质量为先。县委常委、组织部部长王宏民，县委常委、政法委书记郭建永出席会议。

是日　香河县召开“三八”国际妇女节表彰大会暨“巾帼心向党、颂歌新时代”诗歌朗诵会，表彰全县 2017 年度在各条战线做出突出贡献的优秀女性和先进妇女集体，讴歌新时代女性之美，展现香河县女性巾帼风采。

9 日　县委书记李桂强、县长王文强等领导到县新兴产业示范区进行工作调研。听取园区管委会、瑞盛公司 2017 年度工作完成情况及 2018 年工作计划相关情况汇报，并就下步工作进行安排部署。

12 日　香河县召开运河生态文化项目汇报会议，进一步推进运河生态文化项目建设。中信国安公司相关负责人汇报了北运河生态综合整治工程总体规划修改及项目进展情况，县委书记李桂强就项目规划设计及进展情况提出具体意见和要求。县长王文强，县委常委、县委办公室主任田立军，副县长刘雪艳出席汇报会。

13 日　县委书记李桂强、县长王文强等领导到香河经济开发区进行工作调研，听取开发区管委会、华夏公司 2017 年度工作完成情况及 2018 年工作计划相关情况汇报，并就下步工作进行安排部署。

是日　县长王文强等领导及相关部门负责人先后到密涿高速及引线、蒋辛屯千亩紫薇园、千亩潮白郊野公园，就造林绿化工作进行督导检查。

15 日　县委书记李桂强、县长王文强等领导先后到县内全国“两会”安保站点进行检查指导，并慰问值勤人员。

是日　县委书记李桂强、县长王文强等领导到县环保产业园区进行工作调研，听取环保产业园区管委会、国兴公司 2017 年度工作完成情况及 2018 年工作计划相关情况汇报，并就下步工作进行安排部署。

16 日　曾来德书画展藏馆规划汇报会在县规划展馆召开，县委书记李桂强，县委常委、县委办公室主任田立军，副县长刘雪艳出席会议，县文广新局等单位负责人参加会议。

19 日　县委书记李桂强到县人大、政协进行工作调研，李桂强通报了全县近期重点工作开展情况，并与县人大、政协班子成员进行充分的座谈交流。县委常委、县委办公室主任田立军陪同调研。

22 日　香河县组织开展 2018 年全县春季义务植树活动，县四大班子领导及各镇、街道、园区和县直各单位负责人参加义务植树活动。

是日　县城迎宾路人防工程项目汇报会在县政府大楼二层待客室召开，县长王文强、副县长闫明杰出席会议，相关单位负责人参加会议。

23 日　县长王文强、副县长刘凤顺带领相关部门负责人先后到龙凤减河、小友堡排干渠、正欣发养殖场，就两河水污染治理情况进行工作调研。

24 日　华欣纸业有限公司在上海股权托管交易中心 Q 板成功挂牌上市，成为香河县第三家上市的公司，标志着该公司正式迈入资本市场。

27 日　荷花小镇项目工作汇报会议召开，县委书记李桂强，县委常委、县委办公室主任田立军，副县长刘雪艳出席会议，刘宋镇、旅游局、国土局、规划局负责人参加会议。会议听取刘宋荷花小镇概念性规划方案，并就相关工作提出指导意见。

29 日　香河县举行重点项目集体开工仪式，市委副书记、组织部部长李龙出席并到部分项目企业进行工作调研，县委书记李桂强、县长王文强等领导出席集体开工仪式并陪同调研。

是日　在县文化艺术中心剧场举办香河县学习全国“两会”精神暨贯彻落实中共十九大精神专题培训班，县四大班子领导，各镇、街道、园区及县直各单位负责人参加培训。

30 日　县长王文强、副县长刘雪艳带领相关部门负责人到刘宋镇督导检查造林绿化工作情况。

是月　香河县人民医院入围全国县级医院 300 强榜单，位居第 206 名，在河北省 12 家入围全国县级综合医院 300 强中排名第 7 名，廊坊市仅此一家。

是月　香河县被省交通运输厅授予 2017 年度“四好农村路”省级示范县荣誉称号，并获得全市唯一专项奖励资金 150 万元。

4 月

3 日　省林业厅副厅长刘凤庭一行先后到香河县千亩紫薇园、红枫景观林实地督导造林绿化工作。副市长张秉舜、县长王文强、副县长刘雪艳陪同督导。

6 日　市长陈平利用清明节假期时间，到香河县调研指导造林绿化工作。陈平强调，要深入学习贯彻习近平总书记关于生态文明建设的重要讲话和指示要求，牢固树立社会主义生态文明观，抢抓黄金时节，集中力量攻坚，推动新时代廊坊生态建设水平再上新台阶。陈平实地查看了香河县运河文化带、潮白花海项目。

10 日　省人大常委会副主任王刚带领省人大执法检查组到香河县就农作物秸秆综合利用及露天焚烧情况进行执法检查。王刚对香河县相关工作给予充分肯定。县委书记李桂强、县长王文强、县人大常委会主任闫再兴等领导陪同检查。

是日　在县委大楼三层小会议室召开运河生态文化公园规划汇报会议。县委书记李桂强，县长王文强，县委常委、县委办公室主任田立军，副县长刘雪艳出席会议，相关单位负责人参加会议。

11 日　香河县精神文明创建工作动员暨宣传思想文化工作会议在县委大楼七层会议室召开。会议对香河县 2018 年省级文明县城创建工作和宣传思想文化工作进行安排部署，县委书记李桂强，县长王文强，县委常委、宣传部部长焦国强出席会议，各镇、街道、园区及县直各单位负责人参加会议。

是日　2017 年度香河县县直机关党建工作述职评议会议在县委大楼三层大会议室召开。会议听取县直机关党组书记抓基层党建工作述职，并进行现场评议。县书记李桂强，县委常委、组织部部长王宏民出席会议，县直各单位负责人参加会议。

13 日　县长王文强带领县食药监局、教育局、卫计局等单位负责人先后到县盛嘉童小饭桌、萌蔻托育中心，就“小餐桌”治理工作情况进行督导检查。县委常委、政法委书记郭建永陪同督导检查。

16日　县委书记李桂强先后到千亩红枫林、千亩紫薇园、密涿高速廊道、运河文化公园进行工作调研。县委常委、县委办公室主任田立军，副县长刘雪艳陪同调研。

19日　省林业厅厅长周金中到香河县蒋辛屯镇千亩红枫林就造林绿化工作进行观摩。市委副书记、组织部部长李龙，副市长张秉舜，县委书记李桂强，县长王文强，副县长刘雪艳陪同观摩。

是日　县长王文强、副县长刘雪艳带领县林业局、蒋辛屯镇负责人先后到千亩紫薇园、千亩红枫林，就造林绿化及全省造林绿化现场会观摩点准备工作进行督导检查。

24日　县委书记李桂强赴石家庄参加中国共产党河北省第九届委员会第七次全体会议。

25日　在廊坊日报社组织开展的“三个十”揭晓颁奖典礼上，香河县人民医院院长门德志再一次获评“廊坊市十大新闻人物”称号，这是门德志第九次获此殊荣。

27日　县委书记李桂强到刘宋镇昕然花卉种植合作社、万亩荷塘等地就乡村旅游工作进行工作调研。县委常委、县委办公室主任田立军陪同调研。

是日　香河县召开以“弘扬五四精神，激扬青春旋律”为主题的“五四”表彰大会，会议表彰了2017年度香河县青年先进集体和先进个人。

28日　县委书记李桂强、县长王文强赴市参加中国共产党廊坊市委第六届委员会第四次全体会议。

29日　由中国家具协会、河北省家具协会、香河家具城管委会共同主办的“2018中国·香河国际家具展览会暨国际家居文化节”开幕。开幕式上，国家发改委工业设计研究院与香河家具城管委会签订合作打造中国家具特色小镇的协议；月星家居集团京津冀大区落户香河签约仪式。本届展会以“‘俱’会香河·体验世界”为主题，到5月1日结束，共3天。中国家具协会副理事长刘金良、河北省家具协会理事长李凤婕、县长王文强等领导出席开幕式。

30日　省委常委、省政府常务副省长袁桐利到香河县就盘活存量建设用地和新型城镇化工作进行调研。县委书记李桂强、县长王文强、副县长闫明杰陪同调研。

5月

3日　省军区副司令员朱世海在县委书记李桂强、县长王文强等领导陪同下，到香河县就民兵整组工作进行督导检查。

4日　县委书记李桂强召集县水务局负责人就县域水系治理及县城污水管道并网等工作进行协调调度。

7日　县委书记李桂强先后到淑阳镇、环保产业园区、安头屯镇、刘宋镇及县城内部分治理点，就河渠水系环境治理工作进行督导检查，就做好相关工作提出指导意见。县委常委、县委办公室主任田立军陪同督导检查。

7日和9日　县长王文强、副县长闫明杰召集县新民居办、国土局负责人就盘活存量建设用地试点工作进行研究部署。

8日　世界喷涂机器人巨擘——安川都林机器人应用设备（北京）有限公司（以下简称安川都林）在香河机器人小镇举行新工厂入驻仪式，并正式投产运营。

10日　县委书记李桂强到县公交车站，对城乡公交一体化运营工作进行实地调研。县委常委、县委办公室主任田立军陪同调研。

是日　香河县委书记李桂强，县委常委、县委办公室主任田立军，到县新兴产业示范区对包联扶贫对象进行走访慰问。

11日　香河县“两违”治理暨城乡环境综合

整治动员大会在县文化艺术中心剧场召开。对违法用地，违法建设治理，农村环境综合整治，城区机动三轮车、电动三（四）轮车集中整治工作进行安排部署。县副处级以上领导出席会议，各镇、街道、园区及县直相关单位负责人参加会议。

11—12日　由省农业厅农经处研究院蔡建基带队的省验收组在县长王文强、副县长刘雪艳陪同下，到香河县就农村土地确权工作进行验收。

14日　香河县人民医院院长聘任仪式在县妇产医院会议室举行，县政府继续聘任门德志为香河县人民医院院长，聘期5年。县长王文强等领导出席聘任仪式。

18日　县委书记李桂强、副县长刘凤顺赴市参加2018年中国·廊坊国际经济贸易洽谈会相关活动。

是日　河北香河农村商业银行股份有限公司正式揭牌开业，改制完成。（2017年末，香河县农村信用联社获得省银监局批复，更名为河北香河农村商业银行股份有限公司，简称香河农商银行。）

22日　市委副书记、组织部部长李龙，副市长张秉舜，在县委书记李桂强、县长王文强等陪同下，到香河县调研包联重点项目，入户走访扶贫对象。

是日　北京市发改委党组成员、京津冀协同办副主任刘伯正一行到香河县就京津冀协同发展工作举行座谈会，县委书记李桂强，县长王文强，县委常委、常务副县长齐建光出席座谈会。

23日　省大督查检查组到香河县就重点项目建设情况进行实地督导检查，县委书记李桂强、县长王文强等领导陪同检查。督查组对香河县重点项目建设采取的各项积极措施及取得的成绩给予充分肯定。

25日　香河县2018年食品安全委员会全体会议在县政府大楼五层会议室召开，县长王文强，县委常委、政法委书记郭建永出席会议。县长王文强要求，食品药品安全直接关系到群众身体健康和生命安全，要把这项工作牢牢地放在心上、抓在手上、落实到行动上。

29日　县委书记李桂强先后到县住建局、科技局、工信局进行工作调研。县委常委、县委办公室主任田立军陪同调研。

是日　中央环保督察"回头看"问题整改和迎检工作会议在县委大楼七层大会议室召开。县委常委、常务副县长齐建光，副县长刘凤顺出席会议，各镇、街道、园区及县委办、政府办、环保局等单位负责人和县督导组各组组长参加会议。会议就全县"散乱污"整治工作、中央环保督察"回头看"反馈问题整改和迎检工作进行安排部署。

30日　香河县举办舆论引导及舆情应对培训班，进一步提高全县党员干部舆论引导和应对能力。县四大班子领导干部出席，各镇、街道、园区及县直各单位主要负责人参加培训班。

是月　香河县艾宝君家庭荣获全国"最美家庭"荣誉称号，李娜家庭荣获全省"最美家庭"荣誉称号。

6月

1日　香河县文化工作座谈会议在县规划展馆召开，县委书记李桂强，县委常委、宣传部部长焦国强出席会议。李桂强指出，美丽幸福新香河需要优秀的文艺作品、优秀的文化工作者，要求各级各部门及社会各界加大政策支持和保障力度，开创香河县文化事业繁荣发展新局面，为建设美丽幸福新香河积蓄正能量。

是日　即日起，香河县城区主要道路全天候24小时禁止机动三轮车、电动三（四）轮车行驶、停放。

4日　香河县中央环保督察"回头看"工作

会议在县委大楼七层大会议室召开，县党政班子领导干部及县人大常委会主任、政协主席出席会议，各镇、街道、园区及县直相关单位负责人参加会议。

5日　副省长夏延军一行到香河县就潮白河、北运河管理保护工作进行督导调研，副市长王凯军、县长王文强、副县长刘雪艳陪同调研。

7日　市委副书记、组织部部长李龙一行到香河县就生态环境保护、污染防治重点工作、高考工作进行督导检查。县委书记李桂强，县委常委、县委办公室主任田立军，县委常委、政法委书记郭建永，副县长刘凤顺陪同检查。

是日　香河县扶贫脱贫工作调度会议在县政府大楼五层会议室召开，县长王文强、县委副书记张玉林出席会议，各镇、街道、园区及县扶贫办、住建局、卫计局等单位负责人参加会议。

是日　香河县1路新公交环城线路正式开通试运营，1路新公交环城线路自香河汽车站发车，途经唐通线、绣水街、永泰路、新华大街，再经唐通线到达香河汽车站，运行线路总长16公里，共设26个站点。自6：35（首班）至20：00（末班）双向循环发车，日发总班次64班，单程运行60分钟，线路全程实行2元票价。7月初，开通城乡全部16条线路，总计投入100辆新能源公交车。

12日　县委广场及迎宾路人防工程工作汇报会议在县委大楼二层多媒体会议室召开，县委书记李桂强、县长王文强、政协主席马文龙等领导出席会议，相关单位负责人参加会议。

是日　智慧城市汇报会议在县委大楼二层多媒体会议室召开，县委书记李桂强，县长王文强，县政协主席马文龙，县委常委、常务副县长齐建光出席会议，相关单位负责人参加会议。

12—13日　省委常委、纪委书记、监委主任梁惠玲一行到香河县就防汛、“双创双服”、中央环保督察问题整改、扶贫领域问题整改及巡视巡察和“一问责八清理”问题整改“回头看”等工作进行调研。县委书记李桂强，县长王文强，县委常委、纪委书记、监委主任牛静陪同调研。

13日　香河县环保工作会议在县委大楼七层大会议室召开。会议对全县环保工作特别是蓝天保卫战进行再动员、再部署。县委书记李桂强、县长王文强等领导出席，各镇、街道、园区及县直相关单位负责人参加会议。

15日　中共香河县委与绿地控股集团京津冀事业部党委举行党建结对共建签约仪式，县委书记李桂强，县委常委、组织部部长王宏民及绿地控股集团京津冀事业部党委书记兼总经理欧阳兵出席签约仪式。王宏民与绿地控股集团京津冀事业部相关负责人签署《党建结对共建协议书》，并互赠党建共建牌匾。

20日　市委副书记、副市长胡晓军在县长王文强、副县长刘雪艳陪同下到香河县督导检查防汛工作情况。

21日　香河县城乡居民养老保险征缴暨重点群体参保扩面工作会议在县政府大楼五层会议室召开，县委常委、政法委书记郭建永出席会议，各镇、街道、园区及县人社局负责人参加会议。

22日　县长王文强、副县长刘凤顺带领县政府办、环保局、工信局、公安局环境安全保卫大队负责人先后到淑阳镇、渠口镇、钱旺镇、新兴产业示范区、环保产业园区，就中央环保督察“回头看”交办群众信访举报问题整改情况进行督导检查。

27日　省妇联主席贾玉英在县委书记李桂强、县委副书记张玉林、副县长刘雪艳陪同下，到香河县就妇联工作进行调研。

27—28日　省水利厅副厅长张宝全在县长王文强、副县副长刘雪艳陪同下，到香河县就潮白河治理工作进行督导调研。

28日　县长王文强、副县长刘凤顺带领相关部门负责人先后到淑阳镇、蒋辛屯镇、新兴产业示范区、环保产业园区，就中央环保督察交办群众信访举报问题进行督导检查。

29日　香河县万名党员重温入党誓词暨“香河智慧党建”APP（先锋在线）启动仪式在县文化艺术中心举办，县四大班子党员领导出席活动。县委书记李桂强领誓，并宣布“香河智慧党建”APP（先锋在线）正式启动。

7月

2日　香河县重点工作调度会议在县委大楼七层大会议室召开。会议对中央环保督查“回头看”问题整改、“双创双服”、安全生产等重点工作逐一进行调度分析，进行再安排再部署。县委书记李桂强、县长王文强等领导出席，相关单位负责人参加会议。

是日　生态环境部蓝天保卫战重点区域强化督查组在县长王文强、副县长刘凤顺陪同下，到香河县就蓝天保卫战相关工作进行督导检查。

3日　北京市发改委党组成员、副主任许春声一行到香河县，就打造京津冀区域协同发展示范区进行专题调研。县委书记李桂强，县委常委、县委办公室主任田立军，县委常委、常务副县长齐建光陪同调研。

5日　省委第六督察组组长赵增华在县委书记李桂强、县长王文强等领导陪同下，到香河县就“大班额”及校舍建设情况进行专项督查。

6日　山东聊城大学大运河学研究院、世界运河历史文化城市合作组织（WCCO）在香河县“第一城”召开《中国大运河蓝皮书》“运河城镇篇”编撰研讨会。来自北京、河北、山东、河南、江苏等省市的9座运河沿岸古镇代表汇聚一堂，梳理自身的千年运河文化渊源，交流新时期大运河文化发掘、发展经验。

9日　县域规划汇报会议在县委大楼二层多媒体会议室召开，县委书记李桂强、县长王文强、副县长闫明杰出席会议，相关单位负责人参加会议。

是日　香河县举行2018年防汛救灾实战演练，进一步提升防汛组织机构快速反应能力和抢险救灾队伍的实战能力。县防汛抗旱指挥部成员单位主要负责人、转移小组和安置小组等200余人参加演练。

10日　省安全生产第二巡查组在县委书记李桂强、县长王文强、副县长刘凤顺陪同下，到香河县就安全生产工作进行巡查。

是日　香河县深化安全生产大排查大整治攻坚行动动员会议暨第三季度安全生产工作例会在县政府大楼五层会议室召开。县长王文强，副县长、公安局长吴海斌，副县长刘雪艳出席会议，各镇、街道、园区及相关单位负责人参加会议。

11日　县委书记李桂强，县委常委、常务副县长齐建光，副县长刘雪艳带领相关单位主要负责人先后到潮白河、北运河实地督导巡查防汛抗旱及河长制工作。

12日　香河县巡视巡察整改暨“一问责八清理”专项行动整改“回头看”工作调度会议在县委大楼三层大会议室召开。县委书记李桂强、县长王文强等领导出席会议，相关单位负责人参加会议。

是日　在县委大楼七层大会议室举办香河县精准脱贫攻坚战专题培训班。县委书记李桂强，县委副书记张玉林，县委常委、政法委书记郭建永出席开班仪式，相关单位负责人参加专题培训班。李桂强要求，找准问题症结，补齐短板不足，确保精准脱贫攻坚决战决胜。

是日　县长王文强、副县长刘凤顺分别带领相关单位负责人，先后到刘宋、五百户、渠口、钱旺、安头屯镇，对“散乱污”企业整治和夜间偷产偷排情况进行突击检查。

是日　县长王文强、副县长刘雪艳到香河县病死畜禽无害化处理厂督导检查工程建设情况。

13日　国家发改委副主任林念修在县委书记

李桂强、县长王文强等领导陪同下，到香河县进行工作调研。

是日 县长王文强、副县长刘凤顺与北京金泽环境能源技术研究股份有限公司负责人，就潮白河（香河段）水生态治理工作进行沟通对接。

17日 在县委大楼三层大会议室召开香河县村（社区）“两委”换届准备工作调度会议。县委书记李桂强出席会议并强调，要把党的领导贯穿村街“两委”换届选举全过程，切实选优配强村街基层“两委”班子。县委常委、组织部部长王宏民，县委常委、政法委书记郭建永出席会议，各镇、街道、园区及县直相关单位负责人参加会议。

是日 “吉祥运河·游你游我”旅游推介会在北京市通州区西集镇阳光码头盛大举行，香河县和通州区西集镇分别推介了两地的旅游资源，向京津冀游客展示独具魅力的运河旅游文化。同时“2018香河荷花节”也在此正式开启，香河荷花节来到通州西集，打响香河荷花节知名度，为两地旅游共同发展掀开全新序幕。副县长刘雪艳、西集镇镇长陈洪波出席活动。

18—20日 县委书记李桂强赴承德市参加河北省第三届旅游产业发展大会。

18日 为纪念改革开放40周年，由县政协主办、县美协承办的“盛世华夏幸福香河”主题画展正式开幕。县政协主席马文龙、副主席盛泽良、李一超出席开幕式。

19日 县法院拍摄的微电影《执行内外》获全国法院第五届微电影微视频评选优秀奖。

20日 国家税务总局香河县税务局正式挂牌并召开座谈会，标志着香河县国家税务局与香河县地方税务局正式合并为国家税务总局香河县税务局。县委常委、常务副县长齐建光出席相关活动。

23日 县委书记李桂强赴石家庄参加河北省从严治党研讨班。

26日 香河县生态环境保护暨重点工作推进三级干部大会在县文化艺术中心召开。就全县村两委换届和基层干部绩效考核、生态环境治理、防汛和落实河长制、美丽乡村建设、“两违”治理、农村垃圾集中整治等重点工作进行安排部署。县副处级以上领导出席会议，各镇、街道、园区及县直相关单位负责人，各村街组织负责人和部分社区干部参加会议。

27日 中央农村工作领导小组副组长、农业农村部部长韩长赋到香河县就农村人居环境整治、美丽乡村建设工作进行实地调研。省委副书记赵一德，市长陈平，市委副书记、组织部部长李龙，副市长张秉舜，县委书记李桂强，县长王文强等领导陪同调研。

8月

1日 在中国人民解放军建军91周年之际，香河县在新城广场举办“军民鱼水情”庆“八一”主题文艺演出活动。

2日 香河县意识形态工作专题讲座在县委大楼七层大会议室举办。特别邀请中央党校一级教授、博士生导师王怀超主讲，县副处级以上领导出席，各镇、街道、园区及县直各单位负责人参加专题讲座。

是日 省委第六督查组组长赵增华到香河县督导检查开发区工作情况。县委书记李桂强，县长王文强，县委常委、县委办公室主任田立军，县委常委、常务副县长齐建光陪同督导检查。

3日 省京津冀协同发展办公室专家组到香河县就廊坊北三县高新高端产业规划情况进行工作调研。县委常委、常务副县长齐建光陪同调研。

是日 县政协主席马文龙主持召开香河县政协九届七次常委（扩大）会议，对政协下半年工作进行安排部署。县政协副主席李一超、苏宽出席会议，县委常委、常务副县长齐建光列席会议。

7日 召开全县省、市重点项目建设情况调

度会议，对重点项目建设工作进行专题调度，并安排部署下一步省、市重点项目申报工作。县委书记李桂强、县长王文强等领导出席会议，相关单位负责人参加会议。

8 日　香河县农村集体产权制度改革工作调度会在县委大楼三层大会议室召开，县委副书记张玉林出席会议。

9 日　香河县重点市政工程调度会议和规划工作汇报会议在县委大楼三层小会议室召开。县委书记李桂强、副县长闫明杰出席会议，相关单位负责人参加会议。

是日　省科技厅副厅长张永强带领国务院大督查省实地核查组到香河县，就 2017 年中央预算项目、2017—2018 年转移支付项目和亮点工作进行督导检查。张永强一行实地查看了机器人小镇、环保产业园区污水管网项目，全面了解香河县项目工作开展情况，并对香河项目落实情况给予充分肯定。

10 日　县委书记李桂强赴市参加北京通州区与廊坊北三县协同发展规划工作汇报会议。

是日　香河县组织观看反腐题材现代京剧《脚印》。县长王文强、县委副书记张玉林、县人大常委会主任闫再兴等四大班子领导观看了演出。

13 日　市委书记冯韶慧到香河县实地调研检查经济发展情况。冯韶慧强调，让最优营商环境成为竞争新优势，全力推动创新发展、绿色发展、高质量发展。市委常委、市委秘书长、政法委书记张金波，县委书记李桂强，县长王文强，县委常委、县委办公室主任田立军陪同调研。

14 日　香河县巡视巡察整改暨“一问责八清理”专项行动整改“回头看”工作调度会在县委大楼七层大会议室召开，对相关工作进行安排部署。县委书记李桂强，县长王文强，县委常委、县委办公室主任田立军，县委常委、组织部部长王宏民，县委常委、纪委书记、监委主任牛静出席会议，相关单位负责人参加会议。

是日　县委书记李桂强先后到钱旺镇、渠口镇就村（社区）“两委”换届、扫黑除恶等工作进行督导调研。县委常委、县委办公室主任田立军陪同督导调研。

17 日　中共中央政治局常委、国务院副总理韩正到香河县进行工作调研。县委书记李桂强等领导陪同调研。

20 日　首都地区环线高速公路（G95），俗称“北京大七环”正式全线通车。首都地区环线高速公路穿过县域西北部，在蒋辛屯镇北三百户村设有香河西出口。

22 日　省委书记、省人大常委会主任王东峰到廊坊市调研检查，实地考察香河县中信国安新桥影视基地、运河生态文化项目，详细了解北三县产业发展、生态环境建设等方面情况。省委常委、常务副省长袁桐利一同考察，县委书记李桂强、县长王文强等领导陪同考察。

23 日　县委书记李桂强、县长王文强，县委常委、县委办公室主任田立军，县委常委、常务副县长齐建光赴北京国安集团进行工作对接。

27 日　中国棋院国安棋牌博物馆在香河县中信国安第一城落成。该博物馆由中国棋院与中信国安城市发展控股有限公司共同策划筹建，以展示棋牌项目发展为宗旨，进一步丰富群众业余生活，弘扬中国优秀传统文化。

是日　县委书记李桂强到钳屯镇双安新城进行工作调研。县委常委、县委办公室主任田立军陪同调研。

28 日　县委书记李桂强在县委大楼三层小会议室听取国兴公司规划工作汇报。

29 日　县委书记李桂强在县委大楼三层小会议室听取县委政法委工作汇报。

30 日　县委书记李桂强到五百户镇进行工作调研。县委常委、县委办公室主任田立军陪同调研。

31 日　香河县规划汇报会议在县委大楼三层常委会议室召开，县委书记李桂强、县长王文强、副县长闫明杰出席会议，相关单位负责人参加会议。

9月

3日　香河县规划工作汇报会议在县委大楼三层小会议室召开，县委书记李桂强、县长王文强、副县长闫明杰出席会议。

2—4日　省委督导检查组到香河县就扶贫领域腐败和作风问题专项治理整改“回头看”工作进行督导检查，县委书记李桂强，县委常委、政法委书记郭建永，县委常委、纪委书记、监委主任牛静陪同检查。

5日　县委书记李桂强、副县长闫明杰赴北京中国城市规划设计研究院就香河县总体规划修编工作进行汇报对接。

7日　县委书记李桂强到蒋辛屯镇就交通路网建设、乡村旅游等方面进行工作调研，县委常委、县委办公室主任田立军陪同调研。

是日　香河县2018年欢送新兵入伍大会在县规划馆报告厅召开，县长王文强等领导出席会议，各镇、街道、园区及县征兵工作领导小组全体成员参加会议。

10日　香河县举行2018年教师节庆祝暨表彰大会，隆重庆祝第34个教师节。大会对全县教育战线涌现出的先进集体和个人进行表彰，总结教育成绩，分析教育形式，并对下一步工作进行安排部署。县长王文强、县委副书记张玉林、县人大常委会主任闫再兴，县政协主席马文龙，县委常委、政法委书记郭建永等领导出席会议。

是日　县委书记李桂强到安头屯镇就乡村旅游工作进行调研。李桂强强调，让优质生态环境的“绿水青山”，成为造福群众的“金山银山”。县委常委、县委办公室主任田立军陪同调研。

11日　省环保厅第四专员办副主任、监察二处处长李玉清到香河县就环保相关工作进行督导检查，县长王文强、副县长刘凤顺、闫明杰陪同检查。

12日　省教育厅副厅长王廷山到香河县就2018年秋季开学工作进行督导调研，县委书记李桂强，县委常委、政法委书记郭建永陪同督导调研。

13—14日　县委书记李桂强，县委常委、政法委书记郭建永赴张家口市宣化区、康保县、张北县分别就解决土地占补平衡指标、扶贫对口帮扶工作进行沟通对接。

15—16日　县委书记李桂强、副县长刘雪艳赴大厂县参加2018年廊坊市旅游产业发展大会。

17日　县委书记李桂强到刘宋镇进行工作调研，县委常委、县委办公室主任田立军陪同调研。

18日　质量强县和标准化战略工作会议在县政府五楼会议室召开，县长王文强，县委常委、政法委书记郭建永出席会议，各镇、街道、园区及质量强县战略领导小组成员单位主要负责人参加会议。

20日　湿地公园建设汇报会在县委大楼三层小会议室召开，县委书记李桂强、县长王文强等领导出席会议，相关单位负责人参加会议。

是日　在县委大楼三层小会议室召开垃圾焚烧项目汇报会议，县委书记李桂强、县长王文强、副县长闫明杰出席会议，各镇、街道、园区及县环保局等单位负责人参加会议。

26日　县委书记李桂强，县委常委、县委办公室主任田立军带领相关部门负责人到香河经济开发区，就园区项目建设、安全生产、“双创双服”等工作进行调研。

27日　香河县争创“四好农村路”全国示范县动员会议暨全域公交开通仪式在慧安公交公司召开，对全域公交和争创“四好农村路”全国示范县相关工作进行全面动员和部署，廊坊市交通运输局局长王辉云，县委书记李桂强，县委常委、县委办公室主任田立军，副县长刘凤顺出席活动。

29 日　香河县开始发行河北交通一卡通，刷卡乘坐县内公交车享受八折优惠，也可刷此卡在京津冀等全国 210 个城市乘坐公交车和地铁，外地带有交通联合标志的交通一卡通也可在香河刷卡乘坐县内公交，均享受当地同等优惠。香河县因此成为全省首个实现县域公交与全国 225 个城市公共交通互联互通的县级城市，这也是香河县大力推进京津冀协同发展的又一重要举措。

30 日　县长王文强，县委常委、常务副县长齐建光到国际建材交易中心就税收挖潜增效、拉动消费市场、解决企业实际困难工作进行督导调研。

10 月

8 日　香河县人民医院举行建院 68 周年庆祝大会，县委书记李桂强、县长王文强、县人大常委会主任闫再兴、县政协主席马文龙等领导出席庆祝大会。

9 日　县委书记李桂强对全县部分重点企业进行实地调研，深入了解企业经营情况，并对企业科技创新、转型升级等方面工作提出指导意见。县委常委、县委办公室主任田立军，县委常委、常务副县长齐建光，副县长刘凤顺陪同调研。

11 日　县委书记李桂强到县财政局、税务局进行工作调研。县委常委、县委办公室主任田立军，县委常委、常务副县长齐建光陪同调研。

12 日　省环保厅第四专员办副主任、监察二处处长李玉清到香河县就乡镇环保所建设工作进行督导检查。县委书记李桂强、副县长刘凤顺陪同督导检查。

15 日　县科技局、发改局等部门在香河机器人小镇联合举办主题为“高水平‘双创’、高质量发展”的“香河县 2018 年大众创业万众创新活动周启动仪式”。启动仪式上，县科技局、发改局、工信局、商务局介绍自身为企业服务的职能政策，县建设银行、工商银行、农商银行、廊坊银行 4 家金融机构介绍面向企业的金融服务产品。本次活动邀请 50 余家企业参加，发放各种政策宣传材料 200 余份。

16 日　县委书记李桂强到第一城国投公司进行工作调研，县委常委、县委办公室主任田立军陪同调研。

17 日　重阳节之际，香河县组织部分县离退休老干部到运河文化公园、蒋辛屯镇共享农庄、别处酣客民宿、李家大院等地参观，县委书记李桂强、县长王文强、县政协主席马文龙等领导陪同参观。在情况通报会上，李桂强代表县四大班子向老干部致以节日的问候和诚挚的祝愿，并通报了全县经济社会各项事业发展情况。

是日　香河县科技创新服务平台正式启动，该平台由香河县科学技术局建设、管理和运营。平台由线上网络信息云平台和线下实体公共服务中心组成。平台依托云计算、移动互联网、社交网络和大数据技术，全面聚合政府公共服务资源和第三方社会服务资源，为企业提供全方位、全流程、一体化服务的体系支撑。

18 日　香河县宣传思想工作会议在县委大楼七层大会议室召开，县委书记李桂强出席会议并强调，切实担负起“举旗帜、聚民心、育新人、兴文化、展形象”的使命任务。县委常委、宣传部部长焦国强，副县长刘雪艳出席会议，各镇、街道、园区及相关单位负责人参加会议。

是日　县政协主席马文龙带领县政协委员及县旅游、环保部门主要负责人到蒋辛屯镇开展协商议政视察活动，副县长刘雪艳，县政协副主席盛泽良、李一超、苏宽参加此次活动。

20 日　县委书记李桂强，县委常委、常务副县长齐建光带领相关单位主要负责人赴通州区，就城乡建设总体规划、产业疏解目录（需外迁企业、宋庄改造计划）、运河文化带建设、水污染治理及拆违工作进行沟通对接。

22日　香河县第四季度安全生产工作例会暨防范遏制重特大事故工作会议在县委大楼七层大会议室召开。县委书记李桂强、县长王文强等领导出席会议，各镇、街道、园区及县直相关单位负责人参加会议。

23—25日　县委书记李桂强带领县环保产业园区主要负责人及项目单位负责人先后赴上海虹桥、广东东莞市松山湖、深圳龙岗，就建设现代综合交通枢纽及产业新城进行学习考察。

26日　香河县召开政企面对面对接帮扶会议，深入推进对企业精准帮扶工作，进一步帮企业理思路、送政策、解难题，促进工业企业加快发展、转型发展。县委书记李桂强、县长王文强、副县长刘凤顺出席会议，各镇、街道、园区及县政府办、金融办、工信局等单位主要负责人，各金融机构主要负责人，60家企业代表参加会议。

是日　县委书记李桂强赴北京参加中共中央办公厅督查室组织的贯彻落实《中共中央办公厅关于统筹规范督查检查考核工作的通知》（中办发〔2018〕56号）精神座谈会。

29日　香河县召开全域旅游总体规划思路汇报会，听取规划编制单位关于香河县全域旅游总体规划编制成果相关汇报，现场征集各相关单位、部门建议，县委书记李桂强、县长王文强等领导出席会议，相关单位负责人参加会议。

是日　香河县举办为期4天的新一届农村“两委”主要干部培训班，县委书记李桂强出席开班动员会议并作重要讲话。李桂强强调，农村“两委”干部要主动提高政策执行、依法管理、服务群众和维护稳定4种能力，处理好党支部与村委会、科学决策与民主管理、对上负责与对下负责、局部利益与整体利益4种关系。县委常委、组织部部长王宏民主持开班动员会议。培训内容涉及党风廉政建设、农村土地政策、农村财经管理、乡村振兴战略、基层民主政治建设和反邪教工作等相关知识。

31日　香河县推进中央环保督查“回头看”及专项督察反馈意见整改落实工作会议和全县生态环境大排查大整治工作会议在县委大楼七层大会议室召开，县长王文强等领导出席会议，各镇、街道、园区及县直相关单位主要负责人，PM2.5专家组负责人参加会议。

是日　县长王文强、副县长刘雪艳召集各镇、街道、园区及县农业局负责人，就全县农村土地确权工作进行协调调度。

是月　《中国中小城市绿皮书2018》出炉，香河县荣登2018年度全国综合实力百强县、全国绿色发展百强县、全国投资潜力百强县、全国科技创新百强县、全国新型城镇化质量百强县榜单。

11月

1日　县委书记李桂强到县广播电视台，就县融媒体中心建设工作情况实地调研，县委常委、宣传部部长焦国强陪同调研。

6日　廊坊市县级融媒体中心建设现场观摩交流培训会暨香河县融媒体中心揭牌仪式在香河县广播电视台举行。市委常委、宣传部部长、统战部部长奚献军，县委书记李桂强、县长王文强等领导出席相关活动。此次活动，标志廊坊市首家县级融媒体中心正式挂牌运营。

是日　香河县召开2018年“双创双服”活动新闻发布会，县长王文强出席活动并介绍香河县“双创双服”工作开展情况，县委常委、常务副县长齐建光主持新闻发布会。中新社、中国网、河北日报、河北广播电视台等多家媒体参加发布会，县行政审批局、住建局、交通局主要负责人分别就“优化营商环境”“住建领域改革”“县域公交改造运营”等方面回答记者提问。

7日　县委书记李桂强主持召开县党政班子联席会暨重大事项、重点工程、重点项目和重点企业包联情况汇报会，听取各县级领导“大调研、大督导、大服务”活动分包工作汇报，进一步破解制约、解决难题。县党政班子领导、县人大常委会主任、县政协主席出席会议，相关单位负责人参加会议。

是日　河北省“四好农村路”建设和交通扶贫工作培训班在香河县第一城举办。省交通运输厅公路管理局局长军华、市交通运输局局长王辉云等省市交通系统领导，县长王文强、副县长刘凤顺参加相关活动。

9 日　县委书记李桂强、副县长闫明杰带领县规划局主要负责人赴北京中国城市规划设计研究院就香河县总体规划修编工作进行汇报对接。

11 日　县长王文强深入交警大队五百户中队督导检查农村道路交通安全管理工作，副县长、公安局局长吴海斌陪同督导检查。

12 日　香河县今冬明春造林绿化工作动员会议在县国土局会议室召开。按照全市“营造百万林 决胜森林城”的总体要求，对相关工作进行安排部署。县长王文强、副县长刘雪艳出席会议，各镇、街道、园区及县林业局、交通局等单位负责人参加会议。

13 日　省扫黑除恶专项斗争督导组到县内就扫黑除恶专项斗争开展情况进行督导检查。县委书记李桂强等领导陪同检查。

是日　香河县扫黑除恶专项斗争工作调度会议在县委大楼三层大会议室召开。县委书记李桂强，县委常委、纪委书记、监委主任牛静，副县长、县公安局局长吴海斌出席会议，各镇、街道、园区及县公安局、检察院等单位负责人参加会议。

15—16 日　县委书记李桂强先后到安平、钳屯、渠口镇就美丽乡村建设、冬季清洁取暖等工作进行实地调研。县委常委、县委办公室主任田立军陪同调研。

17 日　在第二十届中国国际高新技术成果交易会“2018 中国优秀机器人产业园区”颁奖典礼上，香河县机器人小镇凭借精准的产业定位、强大的创新能力和独特的生态体系，从全国 20 余家知名机器人产业园区中脱颖而出，荣获“2018 中国优秀机器人产业园区”称号。这是香河县机器人小镇连续第二届获此殊荣。

18 日　京东区域中医药协同发展论坛暨首都国医名师学术思想交流论坛在香河县中医医院举办。县委书记李桂强出席并致辞，县委常委、政法委书记郭建永一同出席。论坛上，国家级名老中医黄丽娟、冯建春的名老中医工作室在县中医医院建立学术传承基地。香河县中医医院与首都医科大学附属北京中医医院签订了技术合作协议。

19 日　第四届全国头颈部岛状皮瓣设计与颅底解剖高级培训班在香河县人民医院解剖中心隆重开班。本次会议由首都医科大学附属北京同仁医院头颈外科主办，北京解剖学会香河解剖基地、香河县人民医院耳鼻喉头颈外科协办，来自俄罗斯、尼泊尔以及北京同仁医院的知名专家学者与全国各地学员齐聚一堂。

21 日　县党政班子领导赴三河市福成国际大酒店参加廊坊北三县生态控制线贴边区违法建设整治专项行动动员会议。

22 日　香河县集中拆违暨农村环境整治工作动员大会在县文化艺术中心剧场召开。县委书记李桂强出席会议并讲话，讲话强调，以坚决的态度和有力的举措，打赢集中拆违和农村环境整治攻坚战。县副处级以上领导出席会议，各镇、街道、园区、县直相关单位负责人及全县各村街党支部书记、村委会主任参加会议。

23 日　香河县深化机构改革领导小组会议召开，县委书记李桂强、县长王文强等领导出席会议，相关单位负责人参加会议。

是日　由中国侨联副主席、河北省侨联党组书记兼主席包东带领省侨联调研组到香河县就中美德合作“国际生态节能环保新产品展示交易中心”项目进行工作调研，县委书记李桂强，县委副书记张玉林，县委常委、统战部部长董美辰陪同调研。

26日　荣盛公司关于刘宋镇荷花小镇总体规划汇报会议在县委大楼三层小会议室召开，县委书记李桂强、县长王文强、副县长刘雪艳出席会议，刘宋镇等单位负责人参加会议。

27日　县长王文强、副县长刘凤顺带领县交通局等单位负责人先后到密涿高速连接线、蒋北路，就路网建设工作进行督导调研。

28—29日　县委书记李桂强赴衡水市参加河北省实施乡村振兴战略暨农村人居环境整治工作现场观摩会议。

30日　市扶贫成效考核组对香河县扶贫工作开始为期5天的考核，县委书记李桂强、县长王文强等领导陪同考核。

12月

4日　中共河北省委第十一巡视组到香河就巡视整改工作进行督导调研。县委书记李桂强、县长王文强等领导陪同调研。

5日　大运河治理工作进展汇报会在县委大楼三层小会议室召开。县委书记李桂强，县委常委、县委办公室主任田立军，县委常委、宣传部部长焦国强，县人大常委会副主任周志广出席会议，相关单位负责人参加会议。

7日　香河县深化巡视巡察整改工作推进会议在县委大楼七层大会议室召开，县副处级以上领导出席会议，各镇、街道、园区及县直相关单位负责人参加会议。

是日　县委书记李桂强先后到新兴产业示范区、开发区相关企业就“双创双服”、安全生产工作开展情况进行实地调研，县委常委、县委办公室主任田立军陪同调研。

是日　11月“廊坊好人榜”发布仪式暨道德模范与身边好人（廊坊·香河）现场交流活动在县文化艺术中心举行。共同聆听好人故事，感受道德力量，推动香河公民道德建设迈上新台阶，同时公布了2018年香河道德模范名单人选。

8日　在县委大楼七层大会议室组织收听收看全省扶贫成效考核反馈问题整改电视电话会议。县委书记李桂强，县长王文强，县委副书记张玉林及县委常委、政法委书记郭建永出席会议，各镇、街道、园区及县直相关单位负责人参加会议。

10日　县长王文强到中信国安第一城就10—35蒸吨/小时燃煤锅炉淘汰工作和文化产业项目建设情况进行督导检查，副县长刘凤顺、刘雪艳陪同调研。

11日　县长王文强先后到环保产业园区、五百户镇就安全生产工作进行实地督导检查，副县长、县公安局局长吴海斌陪同督导检查。

12日　潮白河清淤工作协调会在县委大楼二层会议室召开。县长王文强、副县长刘凤顺出席会议，县环保局、水务局主要负责人及设计单位主要负责人参加会议。会议听取设计单位北京建工金源环保发展有限公司和北京金泽环境能源技术研究股份有限公司关于潮白河（香河段）污染底质修复及水生态系统重构技术方案的汇报。

13日　县委书记李桂强到县工信局就智慧城市工作进行督导调研，县委常委、县委办公室主任田立军陪同督导调研。

是日　县委书记李桂强到县便民服务中心就智慧城市建设事宜进行督导调研，副县长刘凤顺陪同督导调研。

18日　县四大班子领导在县委大楼七层大会议室，集中观看中共中央庆祝改革开放40周年大会。

是日　县委县政府领导班子在县委大楼三层大会议室，集中收看庆祝改革开放40周年文艺晚会。

19日　县委书记李桂强，县长王文强，县委常委、常务副县长齐建光带领县发改局、商务局等相关部门负责人赴北京市通州区张家湾韵达快递公司就韵达北方基地项目进行考察对接。

20日　中共河北省委第十一巡视组先后到香河县淑阳镇、汽车站、钳屯镇、中粮可口可乐华北饮料公司、垃圾填埋场，就巡视反馈意见整改落实工作进行督导调研。县委书记李桂强，县委常委、县委办公室主任田立军，县委常委、纪委书记、监委主任牛静陪同督导调研。

24日　中华全国总工会文工团走进香河，开展“当好主人翁 建功新时代”慰问演出活动，把党和工会组织的关爱及祝福送给全县广大职工群众。

26日　香河县举办理想信念和传统文化培训班，进一步强化全县广大干部和企业家理想信念教育和传统文化教育。县委书记李桂强作开班动员讲话，要求全县广大干部群众坚定理想信念、学习传统文化，树立正确人生观、价值观、世界观。重庆大学经管中心哲学博士、博士生导师杨异之教授以《走向文化深处——向传统文化求“智”问“道”》为题，对《易经》《道德经》等中华民族传统文化中的精髓进行深刻剖析讲解。县委书记李桂强、县委副书记张玉林、县人大常委会主任闫再兴、县政协主席马文龙等四大班子领导出席此次活动。

是日　香河张中行研究会召开第一次会员代表大会，选举产生第一届香河张中行研究会理事会、监事会班子及成员，尹寿生当选为研究会主席，马力当选为监事会主席。

27日　广州广蓉欧集团执行总裁陈雪峰一行到香河县进行投资考察，并就项目合作事宜进行洽谈、签约。县委书记李桂强，县长王文强，县委常委、常务副县长齐建光，副县长闫明杰出席相关活动。

是日　县长王文强带领相关部门主要负责人，先后到华联香百超市（家具城店）、新华街道办香城郦舍居民小区、烟花爆竹储存仓库就“两节”（元旦、春节）期间安全生产工作进行实地检查。副县长、县公安局局长吴海涛，县政协副主席、县政府办公室主任刘笑波陪同检查。

是月　香河县被中国计划生育协会确定为第三批全国计划生育基层群众自治示范县。

（何静　张建波　杨波　马静　孔庆军　魏静）

香河概况

责任编辑　闫振春

综　述

香河县地处河北省中部偏东，廊坊市东北部，为海河流域冲积平原，背燕山而面渤海，临首都而依天津，素有“京畿明珠”之美誉。总面积448平方千米，县人民政府驻地淑阳镇。公路交通便捷，逐步形成以高速公路（京哈高速公路编号G1、首都地区环线高速公路编号G95）、国省道干线公路（京津公路编号G103、唐通公路编号G509、通武公路编号G230、平香线编号S274）为骨架，县乡公路为支脉，县镇相通、村街相连的网格化公路交通格局。县域为海河流域冲积平原，地势西北高东南低，最高点海拔15.9米，最低点海拔4.9米，自然坡降1/3000。县域属于大陆性季风气候，为暖温带半湿润气候区，四季分明，秋短冬长，冷暖干湿变化较大。春季少雨多风，夏季炎热多雨，秋季天高气爽，冬季寒冷干燥。香河县多年平均气温11.6℃，年极端最高气温40.7℃，极端最低气温-21.2℃，年平均降水量为580.8毫米，年均日照2651.5小时，占可照时数的60%，太阳年辐射总量5186.3兆焦耳/平方米，年均风速2.2米/秒，无霜期206天。县境四面环河，属海河水系。过境河流主要有北运河、潮白河，青龙湾河、引泃入潮河等。水资源均为淡水，基本属于中等富水区。香河县多年平均地表水资源量8002万立方米，地下水资源量7573万立方米，多年平均可利用水资源总量1.9762亿立方米。土地多为壤质土，厚而宜耕。农业林业等发达。域内野生植物品种约计200余种。野生动物有兔、鼠、雀、鹰、蛙、蛇等50余种。陶用黏土分布广泛，且得到一定程度的开发利用。地热水资源丰富，较为适合开发利用。

优越的地理环境，丰富的自然资源，为县内各项事业的发展奠定了坚实的物质基础。

2018年是全面落实中共十九大精神的开局之年，面对复杂严峻的经济形势和艰巨繁重的发展任务，全县上下在县委、县政府的正确领导下，抢抓京津冀协同发展机遇，迎难而上、攻坚克难、奋发有为、勇往直前、创新实干，以建设“美丽幸福新香河”为统揽，有力推动全县经济社会高质量发展，完成全面小康社会考核体系主要指标。一批“老大难”“硬骨头”的历史遗留问题得到解决，一批打基础、利长远的重大工程取得实质性进展，一批前景好、效益高的产业项目发展势头强劲，一批补短板、惠民生的利民便民实事落地见效，“美丽幸福新香河”建设向前推进一大步。全年财政收入完成65.1亿元，其中，一般公共预算收入完成36.8亿元，比上年增长10.3%。地区生产总值同比增长6.1%，规模以上工业增加值增长2.8%，高新技术产业增加值增长28.9%，固定资产投资同比增长 13.9%，城乡居民人均可支配收入分别完成 43067 元和 18042 元，增长 7.9%和 8.9%。增幅均处于全市上游水平。香河县连续第三次入围全国综合实力、投资潜力、新型城镇化质量百强县榜单并实现连年位次提升，首次跻身全国科技创新百强县和绿色发展百强县行列。全县先后荣获“全国法治县创建活动先进单位”“全省新型城镇化与城乡统筹示范样板县”“全省盘活存量建设用地试点县”“全省财政管理综合绩效先进县”“全省双拥模范县”等国家级、省级荣誉 50 余项。科技创新方面，建成全市首家科技创新服务平台，机器人小镇被评为“中国优秀机器人产业园区”和“河北省创业创新示范基地”；全域旅游方面，五大精品旅游片区加快建设、亮点纷呈，香河县被评为“全国最佳休闲旅游目的地”；公共服务方面，开通全域公交，城乡客运水平全省领先，国内一流的智慧城市主体工程全面建成；基层组织建设方面，高质量完成村“两委”换届工作，香河县被评为“全省农村‘两委’换届工作先进县”，“两考三评一定”绩效考核办法成为省市创新经验成果。

园区建设不断加强、产业转型持续推进。园区设施更加完善。全年完成基础设施投入 6.2 亿元。机器人研发大厦、系统集成产业园、环保产业园总部服务中心等启动建设，机器人运动公园建成开放，园区公交站点投入使用，污水处理厂建设、电力升级改造、供热站增容、路网提升等配套工程先后完成，园区承载力进一步增强。产业升级步伐加快。全年实施前景好、效益高的亿元以上重大产业项目 30 个。绿地未来科技城等 10 个项目争列为省重点，数量全市第一。松岛菱电智能输配电设备等 16 个项目争列为市重点，数量全市领先。重点项目投资完成率超过 130%，有力推动了县域产业加快升级，项目建设年度考核居全市首位。韩国安川都林、美国 ATI 等全球机器人领军企业投资项目竣工投产，机器人小镇入驻企业达到 135 家，被评为“中国优秀机器人产业园区”，机器人产业呈现集群发展的良好势头。瑞盛 3D 打印产业园完成一期主体建设，中国工程院卢秉恒院士工作站签约入驻。汇天威 3D 打印设备、云创智能科技等重点项目投产达效，3D 打印产业呈现产学研一体发展的喜人态势。香河国际家居文化节成功举办，“中国广播电影电视社会组织联合会音乐工作委员会影视音乐创作制作基地”落户第一城，国安新桥影视特效基地、国华影视基地成功申报省级影视产业园区，百灵鸟传媒等 17 家影视文化公司落户注册。大爱城加快建设，石材城销售额大幅增长，有力带动了现代服务业加速壮大。新发展农业产业化龙头企业 12 家、重点中介服务组织 8 家、农民专业合作社 51 家，农业升级步伐加快，香河县被评为“全省农产品质量安全县”。科技创新成效显著。全市首家县级科技创新服务平台启动运行，中信国安孵化器、太库人工智能产业孵化器获批省级孵化器，全县新增企业技术研发中心 5 家、高新技术企业 22 家、科技型中小企业 111 家，科技型企业占工业企业的比重达到 15.6%，同比提高 2.5 个百分点。旅游经济显现活力。蒋辛屯等三大精品旅游片区加快建设，万亩荷塘上档升级，乡村主题民宿蓬勃兴起，京津冀中华大庙会、香河荷花节、“吉祥运河”旅游推介会等特色活动成功举办，全年吸引接待国内外游客 483 万人次，实现旅游收入 22.8 亿元，同比增长 38.5%，香河县获评“全国最佳休闲旅游目的地”称号，再次荣登“最美中国榜”。“双创双服”（创新创业、服务发展、服务民生）成果喜人。机器人小镇获评“全省小微企业创业创新示范基地”，全县“双创”示范基地数量达到 4 家，即“机器人小镇”“国安创客”“美家尽有”“太库科技”。财政注资的鼎力担保公司先后为 19 家企业提供融资担保 1.2 亿元，政企对接为企业解决困难 110 余个，有力助推了企业发展。爱依瑞斯家具、天音乐器 2 家企业产品获评河北省名牌，贵都家具城等4家单位被评为省级服务名牌。全县净增市场主体3560余家，其中，净增企业1737家，是全年目标的2倍有余。

环境质量不断改善、生态品质持续提升。空气质量继续好转。高标准完成3000余户“气代煤”扫尾工程，坚决淘汰35蒸吨及以下燃煤锅炉17台，治理取缔新发现“散乱污”企业（散：不符合当地产业布局规划，没有进驻工业园区的规模以下企业。乱：不符合产业政策的企业，应办而未办理相关审批手续的企业，存在于居民集中区的企业、工业摊点、工业小作坊。污：指无污染防治设施或污染防治设施不完备、不能对产生的污染物进行有效收集、无组织排放严重的企业，污染防治设施不具备达标排放能力的企业，没有治理价值的企业，不能实现稳定达标排放的企业）146家，降尘、控车、除烟、禁燃等大气污染治理强化措施得到严格落实，各级督查巡查交办问题全部整改到位。全年空气质量综合指数5.74，同比下降6.8%；PM2.5浓度53微克/立方米，同比减少7%，超额完成上级下达任务。二级以上优良天数达到241天，同比增加6天；重污染天数11天，同比减少8天。香河县被评为“全省2017—2018年秋冬季大气污染综合治理优秀县”。水体质量明显改善。县、镇、村三级河长全面设立，巡河检查实现常态化、全覆盖。聘请水污染防治专家和第三方治理公司，对潮白河、北运河等重点水域水污染防治工作进行指导、论证、治理，全县河渠水质实现改善提升。东干渠、五一渠完成治理，困扰群众多年的城市黑臭水体彻底根除。小友垡排干渠综合治理、平安污水处理厂改造、城区污水处理厂扩容提标等水污染治理工程相继竣工，340个纳污坑塘全部完成整治，4座水质自动监测站建成投入使用，北运河香河段提前一年达到五类水标准。土壤污染治理有序推进。农用地土壤污染状况详查全面展开，治理与修复规划启动编制，土壤污染防治方案编制完成，有效实施综合整治。农业面源污染得到有效控制，土壤环境承载力逐步提高。生态优势更加巩固。高质量完成全国第二次污染源普查。深入开展生态环境“大排查大整治”等专项行动，依法查处各类环保案件1700余件。启动垃圾焚烧发电项目，餐厨垃圾处理项目即将建成，医废处理项目投入使用，逐步实现垃圾减量化、资源化、无害化处理。高标准营林造林7666.67公顷（11.5万亩），打造了17个超6.67公顷（100亩）的精品园林景观，优质景观林果树种占比超过80%，运河文化公园等一批精品绿化景观建成开放，全县林木绿化率提高到43.2%。中央电视台乡村大世界栏目组再次走进香河录制节目，“荷香香河”生态品牌的知名度和美誉度进一步扩大。

基础设施不断完善、城乡面貌持续改观。路网建设扎实推进。全年新建改建公路168.7千米。谋划多年的平香线南延工程取得实质性突破，一期工程道路基础全面完成。潮白河大桥新建、义井大桥重建工程完成桩基施工，“两河”堤顶路实现全线贯通，首都环线高速公路连接线北段、蒋北路新建、倪李线和香北线拓宽改造等工程先后竣工，“路长制”责任明确落实。城乡道路通行能力和管护水平大幅提升，香河县被评为“四好农村路”省级示范县。城市功能日臻完善。智慧香河数据中心、展示中心、指挥调度中心建成运行，立体地图管理平台投入使用，55家单位完成政务网络接入，公共免费Wi-Fi二期投入使用，覆盖范围不断扩大，城市管理服务的现代化、信息化水平实现质的飞跃。香河县向着国内一流的县级智慧化城市加速迈进。聘请国内一流的上海康恒公司对垃圾填埋场进行改造升级，垃圾处理效果得到明显提升，多年的“老大难”问题得到妥善解决。对现有污水处理厂进行提标扩容，污水处理能力由2万吨提升到4万吨，处理标准提高到北京标准。克服重重困难，完成五一渠污水方沟新建工程和矬口方沟改造工程，实现城市雨污分流。重点排水管网得到清淤，城市防洪排涝能力进一步增强。生活垃圾分类试点启动实施，城市环境进一步改善。闲置多年的香河汽车站正式投入运营，重点街路亮化工程扎实推进，20座城区标准化公厕完成建设，五一公园改造、家具大道绿化提升等景观升级工程先后完工，13个老旧小区完成设施改造，城市宜居指数进一步提高。新民居建设稳步推进。钳屯镇双安新城、钱旺镇潮东新村、蒋辛屯镇佰闻花园实现回迁，做到了“成熟一个、回迁一个、满意一个”。镇区发展同步跟进，淑阳、安平、钳屯、五百户等4个镇入围“2018年全国综合实力千强镇”榜单。农业基础更加坚实。533.33公顷（8000亩）高标准农田改造项目顺利通过上级验收，病死畜禽无害化处理厂完成建设，荒凌庄扬水点、头百户闸等重点农田水利工程先后竣工，香河县被评为“全省农业综合开发资金和项目管理先进县”。美丽乡村建设成效显著。投资5亿元，实施硬化村街道路、清理垃圾杂物、改厕、建设分散式污水处理设施、铺设集中污水处理管网等工程，26个市级重点村完成建设，66个自主创建村建设有序推进。城乡垃圾治理一体化水平不断提高，新建垃圾中转站和收集池570余个，累计清理垃圾杂物25万立方米。同步硬化道路73万平方米，绿化美化26.6万平方米，建设分散式污水处理设施718座，改造农村厕所9000余个。农村环境面貌大为改观，香河县被评为“全省农村人居环境整治全域完成示范县”和“全省新型城镇化与城乡统筹示范样板县”。

民生保障不断加强、群众福祉持续增加。脱贫攻坚取得阶段性成果。实行领导分包、台账管理、专班推动，对全县59户125名建档立卡贫困人口逐一制定精准脱贫方案，危房改造、产业就业等各项扶贫政策实现应享尽享，全年42户93名建档立卡贫困人口稳定脱贫，完成年度任务，顺利通过省市考核验收。惠民力度不断加大。全面完成城乡客运公交一体化改革，100辆新能源智能化公交车投入运营，城乡客运一体化水平达到AAAAA级。实行全程2元票价，面向社会办理发放交通卡，香河县成为河北省首个县域公交与全国公交、地铁互联互通的县级城市，群众出行更加便捷。发放“煤替代”用气用电补贴1.3亿元，城乡居民养老保险基础养老金再次提标，医疗保险覆盖面再次扩大，百姓得到更多实惠。339套经济适用房、122套公共住房分配到户，城乡低保、特困救助实现动态管理，3000余万元城乡低保金、特困人员和残疾人补贴及时发放到位，困难群众基本生活得到更多保障。社会事业繁荣发展。总投资3.3亿元的54项教育工程全面推进，县直第三幼儿园、二中西校区等26项工程竣工投入使用，景山大爱分校、富力新城学校招生运行，义务教育阶段“大班额”问题稳妥解决。高考本科上线率83.1%，同比提高3.3个百分点，香河县考生夺得全市文科状元和理科榜眼，实现连续三年有学子考入清华大学或北京大学。医疗、医保、医药“三医联动”深入推进，“医共体”建设全面覆盖，3家县级医院与9家镇卫生院组建县域医共体，对4家镇级卫生院进行改造升级，镇村医疗机构公共卫生服务能力不断提升。开展家庭医生签约服务，已签约居民12万余人。与北京优质医疗服务资源开展深层次医联合作，不断提高医疗水平，让患者在家门口享受知名专家的诊疗服务。香河县再次被评为“全国中医药工作先进县”，成为全市唯一的“省级医共体建设试点县”，基本公共卫生服务工作考核全省第一。全市首家县级融媒体中心——香河县融媒体中心挂牌成立，廊坊市县级融媒体中心建设现场观摩交流培训会在香河县成功召开。全省首家县级数字方志馆—香河县方志馆建成并投入使用。县图书馆被评为国家二级图书馆。《香河年鉴（2017）》荣获第五届全国地方志优秀成果二等奖。“文明县城”创建活动扎实推进，文体惠民系列活动开展300余场，群众精神文化生活更加丰富多彩。社会大局和谐

续表1

镇（街道办、园区）	所辖行政村	所辖居民委员会
刘宋镇（辖25个行政村）	刘宋、东张庄、倪庄、马庄、程官屯、庆功台、王家务、八户、德辛庄、小刘庄、西太平庄、幞头屯、吴庄、尹庄、北村、北务屯、辛立屯、中营、刘庆庄、小陈庄、荆庄、大田、东王各庄、西王各庄、南孙家庄	—
安头屯镇（辖21个行政村）	安一、安二、安三、安四、西口头、北口头、前口头、东口头、韩营庄、杨营庄、孙营庄、赵营庄、顾家屯、黄庄、东兴隆庄、东太平庄、商汪甸、前独立庄、后独立庄、大青庄务、小青庄务	—
渠口镇（辖48个行政村）	渠口、北渠口、金庄、许庄、王刘圈、邵庄、店子务、康庄、宣教寺、荣各庄、戴家阁、牛济河、小高坨、小河各庄、魏家滩、孙各庄、温庄、小圈、西梨园、东梨园、三岔口、卢庄、邱庄、韦各庄、高山庄、炭户庄、石虎辛庄、固庄、韩庄、躲各庄、窦庄、阎胡套、卸甲庄、黄沙务、蔡庄、谭家务、大鲁家口、东鲁家口、大七里庄、小七里庄、渔阳院、东魏各庄、西魏各庄、北张庄、西河头、唐屯、青寺、青户庄	—
钱旺镇（辖21个行政村）	土堡子、马房顶、北刘庄、袁庄、田贾庄、焦康庄、义井、达古庄、大高坨、袁官屯、大六王庄、小六王庄、大河各庄、富各庄、东马家窝、西大街、后大街、和平街、姜吴街、成自务、钱旺村	—
蒋辛屯镇（辖18个行政村）	王店子、苍头、岭子、梁家务、河北吴村、闻庄、北三百户、北六百户、北头百户、大窑上、杨簸箕庄、北李庄、北五百户、大马坊、小马坊、后场、小祁庄、蒋辛屯	—
新开街道办事处（辖8个行政村、8个社区居民委员会）	西南街、东南街、南台、阎乔各庄、安抚寨、周园、段乔各庄、前店子	新开社区居民委员会、新绣社区居民委员会、安抚社区居民委员会、段庄社区居民委员会、永泰社区居民委员会、康宁社区居民委员会、绣水社区居民委员会、五一社区居民委员会
新华街道办事处（辖8个行政村、6个社区居民委员会）	白庙、胡庄子、万福辛庄、北岗子、刘庄、西北街、东北街、西店子	新华社区居民委员会、永兴社区居民委员会、迎宾社区居民委员会、城西社区居民委员会、珠光社区居民委员会、城北社区居民委员会
平安街道办事处(辖4个社区居民委员会。2018年8月撤销，并入安平镇政府)		民安社区居民委员会、新城社区居民委员会、正阳社区居民委员会、安泰社区居民委员会
新兴产业园(辖17个行政村)	百家湾、前建各庄、后建各庄、王庄子、北四百户、小尹庄、挠子庄、祈羊店、姬庄、匠庄、小朱庄、前骆驼港、后骆驼港、双营、打鶄户、大荒庄、程辛庄	—
环保产业园(辖15个行政村)	小店子、前彭家务、后彭家务、南王庄子、南刘庄、黄院、前井亭、中井亭、后井亭、孙家庄、铁佛堂、石辛庄、庞营、东延寺、李辛庄	—

自然环境

【地质地貌】

地质

地层　根据中国地层区划，香河县属华北地层大区，东北部西马家窝至西延寺以东，后马房至荆庄以北属燕山分区唐山小区，其他部分属华北平原分区冀中小区。全县均为第四纪地层覆盖。

地质构造　香河县大地构造位置属华北地台区，横跨两个二级构造单元，后马房至荆庄以北属燕山台褶带，以南属淮河台向斜。

岩浆岩　香河县境内岩浆活动主要有两期：一为燕山期。以火山岩、火山碎屑岩为主，分布在大厂凹陷与武清凹陷中；在境东部宝坻凸起区，以煌斑岩脉侵入基岩中。二为喜山期。以安山玄武岩为主，夹在第三系地层中，分布在大厂凹陷区。

地貌　香河县地处华北平原北部燕山南麓，属冲洪积扇缘向冲积平原过渡的交接地。受北运河与潮白河影响，全境为海河流域冲积平原。地势西北高东南低，最高海拔15.9米，最低4.9米，自然坡降1/3000，地势平坦。

地貌形态分两种类型：

山前冲洪积扇前缘地貌　位于香河县西马家窝至西延寺一线以西，大致以海拔10米等高线为界，为潮白河前冲洪积扇的前缘，地面高程10—15.9米，坡降0.4‰左右，河道尚有微弱的侵蚀下切能力，呈现为地下河。

山前冲洪积扇前洼地地貌　位于西马家窝至西延寺一线以东，地面高程4.9—10米，坡降0.2‰—0.3‰。河流以缓流淤积作用为主，形成一系列洼地和较厚的黏土层。河道易淤塞，呈现地上河。

因此在扇缘向冲积平原上，从水平到垂直，都表现出河流冲击的特点，下层中心属于湖泊静水沉积物，质地黏重。全县地势西北高，东南低，海拔（黄海）高程4.9—15.9米，自然坡降1/3000。西北部蒋辛屯镇高程10—15.9米，中部及北运河两岸高程7—10米，东部东南部的刘宋镇、渠口镇、安头屯镇东部，高程为4.9—7米。

【气候】　香河县属于大陆性季风气候，为暖温带半干旱半湿润气候区，具有四季分明、寒暑交错、秋短冬长，夏暑冬寒，温差较大，冷暖多变，干湿界限明显的气候特点

【气温】　2018年平均气温为12.1℃，较历年平均12.1℃持平；年极端最高气温39.5℃，出现在6月29日，年极端最低气温-17.1℃，出现在1月24日。

【降水】　2018年降水量为689.8毫米，比历年平均545.9毫米偏多143.9毫米。

【日照】　2018年日照时数2539.8小时，比历年平均2558.6小时偏少18.8小时。

【异常天气】　夏季降雨量空间分布差异大，局地暴雨频发。2018年7月24日凌晨，受台风“安比”影响，香河县出现强降雨天气过程，县域内普降大暴雨，平均降雨量130.6毫米，最大降水量出现在刘宋镇186.8毫米，安平镇最小92.4毫米，北运河、潮白河、青龙湾减河等主要行洪河道水势平稳、行洪安全，其他河渠水位正常、排沥顺畅。城市内涝及农田渍涝严重，对交通出行、市民生产生活及设施农业等有较大不利影响，无人员伤亡。

（赵春森）

【水文 水系】　水文包含水文地质、地上水和地

下水。

水文地质。香河县地处潮白河冲洪积扇的中下游，地下水主要赋存于松散岩类孔隙水含水岩组中。松散岩类孔隙水含水岩组主要由第四系松散沉积物组成。根据成因类型可将第四系地层自上而下划分为四个含水组。

第Ⅰ含水组（全新统 Q4）：含水层组底板平缓，埋藏深度 30—40 米，局部 50—60 米，含水层厚度一般 5—10 米，局部大于 10 米，该层沉积较薄，颗粒较细。岩性以细砂、中细砂为主，单井单位出水量为 2.5—5 立方米/（小时• 米），局部 5—10 立方米/（小时• 米）。地下水水力特征为潜水。地下水矿化度一般小于 2 克/升。

第Ⅱ含水组（上更新统 Q3）：底板深度 140 米左右。含水层厚度 20—30 米，局部 30—50 米，含水层岩性以细砂及含砾中砂为主。单井单位涌水量 10 立方米/小时• 米左右，矿化度一般小于 1 克/升。水力特征属微承压水。

第Ⅲ含水组（中更新统 Q2）：底板埋藏深度 300 米左右，含水层厚度一般 40—60 米，岩性以中砂、中细砂为主，单井单位出水量为 5—10 立方米/（小时• 米）。地下水水质良好，矿化度小于 1 克/升。水力特征属承压水。

第Ⅳ含水组（下更新统 Q1）：底板埋藏深度 420 米左右，含水层厚度 40—60 米。岩性以中粗砂、细粉砂、粉砂为主，单井单位出水量为 5—10 立方米/（小时• 米）。地下水水质良好，矿化度小于 1 克/升。水力特征属承压水。

地上水。香河县四面环河，地处海河流域中上游，属海河流域北三河水系，有潮白河、北运河水系，东部和北部为潮白河水系，西部和南部为北运河水系。

过境河流多，主要有潮白河、北运河、青龙湾减河、引泃入潮河等，年径流量为 5.9203 亿立方米，还有风港减河、窝头河、牛牧屯引河等季节性河道。香河县境内河道建筑物共计 8 座，分别为潮白河吴村闸、引河牛牧屯闸、青龙湾土门楼闸、北运河木厂闸、北运河曹店橡胶坝及潮白河 1、2、3 号橡胶坝。引水口 4 处，设计引水能力为 36 立方米/秒，通过调度，曹店跌水橡胶坝可一次性拦蓄地上水 2180 万立方米，岭子、杨百庄、潮南进水闸、南刘庄四座引水闸年平均引水量达 5600 万立方米。

全县有干支渠 142 条，其中，干渠 26 条，总长 221.4 千米，支渠 116 条，全长 298.9 千米，干渠建筑物（闸）40 座。全县拥有国营扬水站 8 座，装机总容量 8375 千瓦，排水能力约 89.19 立方米/秒。万亩以上灌渠两个（潮南、潮北），设计灌溉面积 22333.33 公顷（33.5 万亩）。有深 2.5 米的坑塘 670 个，渠道坑塘蓄水能力 900 万立方米。有农村生活和生产机井 6173 眼，其中，深井 229 眼；主要用于城乡生活用水，浅井 5944 眼，主要用于农业灌溉和工业生产用水。

1. 潮白河

潮白河发源于承德市丰宁县、张家口市沽源县，上游由潮河、白河两大支流汇成。潮河发源于承德市丰宁县西黑山嘴，白河发源于张家口市坝上沽源县丹花岭，两河在密云水库下游河槽村汇流后，称潮白河。潮白河从蒋辛屯镇岭子村北进入香河县，流经香河县蒋辛屯、淑阳、钱旺、安头屯、渠口 5 个镇，通过潮白新河于渠口镇荣各庄村南进入天津市宝坻区，在宁车沽入永定新河入海，流向东南。该河是香河县主要行洪和供水河道，境内河道长 26.48 千米，流域面积 183.95 平方千米，防洪设计标准 20 年一遇，行洪能力 2850 立方米/秒，级别 2 级，河底纵坡吴村闸上 1/4000，吴村闸下至宝坻界 1/4500。左堤 26.485 千米，右堤 20.25 千米，堤顶硬化 46 千米。河流平均宽度 1475 米，最宽在淑阳镇赶水坝村 2500 米，最窄在钱旺镇达古庄村 450 米，堤顶宽度 8 米。

2. 北运河

北运河发源于北京市昌平区军都山居庸关附近，有大小支流数十条，主要有南沙河、北沙河、东沙河，三条河流于昌平区的沙河闸处汇流。通州区北关闸以上称温榆河，以下称北运河。北关闸至土门楼枢纽区间又有通惠河，凉水河和凤港减河纳入。北运河由香河县安平镇鲁家务村西北入境，流经香河县安平、淑阳、钳屯、五百户 4 个镇，在木厂闸以下，沿香河、武清两县界到五百户镇双街村南出境，进入天津市武清区入永定河，从辛庄子桥入子牙河进海河入海，流向东南。北运河除汛期行洪外，平时主要为天津市输水河道，该河在香河县境内流程 20.378 千米，流域面积 237.52 平方千米，防洪设计标准 20 年一遇。行洪能力 1330 立方米/秒，级别 3 级。河道平均宽度 2125 米，扬洼闸至橡胶坝河道纵坡 1/14150，橡胶坝至木厂闸 1/15000。左堤长 23.808 千米，右堤长 8.289 千米，堤顶硬化 0.5 千米，堤顶平均宽度 8 米。为减轻北运河负担，在入境处赶水坝上游建有牛牧屯引河，汛期分泄北运河洪水至潮白河，出口处分为北运河和青龙湾减河。

3. 青龙湾减河

青龙湾减河是北运河的主要分洪河道，自香河县五百户镇土门楼闸起，沿香河县钳屯、五百户、刘宋等镇南部边界东流，于刘宋镇庆功台村扬水站东进入天津市武清区，至里自沽农场止。香河县境内河道长 18.20 千米，境内堤防总长度 23.69 千米，行洪能力 1330 立方米/秒，防洪设计标准 20 年一遇。

4. 引泃入潮河

引泃入潮河是为减轻泃河与蓟运河汛期行洪压力人工开挖的一条减河，引泃河水入潮白河，上起泃河的辛撞闸，下至宝坻区郭家庄，汇入潮白新河，从罗村渡槽进入香河县，于黄家集进入天津市宝坻区，香河县境内流程 7.885 千米，境内堤防总长度 15.77 千米，设计行洪能力 20 年一遇，行洪能力 830 立方米/秒。

地下水。香河县地处北三河下游平原潮白河冲洪积扇中下游区，水位地质条件相对简单，地下水全部为淡水。地下水水质良好，矿化度小于 1 克/升。香河县浅层水的天然水化学类型主要为碳酸盐类钠组 I 型水，其中，东延寺为碳酸盐类钙组Ⅲ型水，淑阳镇为碳酸盐类钠组 I 型水。年内水位的变化规律：浅层地下水埋藏浅，其动态年变化受降水和人工开采控制。年初至 3 月中旬为相对稳定期，此期开采量不大，地下水水位升幅很小；3 月中旬至 6 月中旬为春采水位下降期，农业灌溉集中开采，造成浅层地下水区域性水位下降，下降幅度因开采强度不同而异。5 月中旬至 6 月中旬，出现年最低水位；6 月中旬以后，由于降水量增加，开采量锐减，地下水得到降水的入渗补给，水位大幅度回升，到 8 月上旬至 9 月中旬，达到年最高水位；进入秋冬开采期，农业开采量相对较小，但仍使地下水位再度下降，11 月底秋冬采停止，地下水位回升进入相对稳定期。

（黄云龙　白瑛彪）

【土壤】 土壤包括土壤类型、质地、土壤肥力等基本要素。

土壤类型。香河县土壤类型受地貌类型影响，差异较大。据 1982 年 3 月土壤普查结果，分 3 个土类，8 个亚类，10 个土属，56 个土种。有褐土类、潮土类和风砂土类。根据分布特点，北部主要是褐土，西部、东部和南部主要是潮土，沿河两岸分布有风砂土。

褐土类型（K）及其分布

香河县褐土面积 5000.03 公顷（75000.4 亩），占总土地的 11.55%，分布在香河县北部原梁家务、蒋辛屯、城关、大罗屯、金辛庄等公社。其亚类有褐土亚类、潮褐土亚类、褐土性土亚类。

潮土类型（L）及其分布

潮土是香河县分布面积最大，耕性良好的主

要土壤类型，总面积38259.78公顷(573896.7亩)，占总土壤面积的88.38%，其亚类有潮土亚类、褐土化潮土亚类、盐化潮土亚类、沼泽化潮土亚类。分布在香河县东部、东南部和南部，等高线5—10米之间。

风砂土（E）类型及其分布

香河县风砂土类，只有一个土属——砂质风积物，以流动、半流动砂丘存在。全县风砂土面积30.59公顷(458.9亩)，占总土地面积的0.07%。分布在潮白河、运河两侧。风砂土类利用不充分，尚需防风固砂。在香河县沿河两侧都有分布，如原大罗屯、王家摆、五百户、钱旺村等公社。

1982年香河县土壤类型分布特点统计表

表2

土类	亚类	面积（公顷）	占总面积（%）	分布特点
褐土	褐土	18.77（281.6亩）	0.05	洪积冲积扇平原，10米等高线以上，分布在香河县北部梁家务、蒋辛屯、中部大罗屯、城关、金辛庄
	潮褐土	3954.97（59324.5亩）	9.13	
	褐土性土	1026.29（15394.3亩）	2.37	
	合计	5000.03（75000.4亩）	11.55	
潮土	潮土	35390.95（530864.3亩）	81.75	分布在潮白河、运河、青龙湾河冲积形成的冲积平原上，包括西部安平、王家摆、中部钱旺、钳屯，大罗屯、金辛庄、城关一部分，东部渠口、鲁口、石虎，南部五百户、香城、李庄、安头屯、刘宋
	褐土化潮土	1718.71（25780.7亩）	3.97	
	盐化潮土	1085.09（16276.3亩）	2.51	
	沼泽化潮土	65.03（975.4亩）	0.15	
	合计	38259.78（573896.7亩）	88.38	
风砂土	风砂土	30.59（458.9亩）	0.07	分布在近河两侧
共计		43290.4（649356.0亩）	100	—

土壤质地。土壤土质按五级划分，即砂土、砂壤、轻壤、中壤、黏土（重壤以上）。砂质土共计1263.7公顷（1.89554万亩），砂壤土8771.4公顷（13.15711万亩），壤质土（包括轻壤和中壤）31776.5公顷（47.66477万亩），黏质土1478.8公顷（2.21818万亩）。

根据香河县农业局2018年12月编制的《香河县2017年耕地质量等级评价报告》耕地质量等级评价结果，利用县域耕地资源管理信息系统采用层次分析法求取香河县耕地综合评价指数在0.750422—0.916912范围内。按照河北省耕地质量10等地划分标准将香河县耕地划分为2、3、4、5、6五个等级，其中面积最大的为2等地，面积为15580公顷（23.37万亩），占到总耕地面积的58.41%；面积最小的为6等地，面积为14.39公顷（0.02万亩），占到总耕地面积的0.05%。

通过加权平均求得香河县的耕地质量平均等级为2.52。

评价结果显示：香河县2、3、4、5、6等地面积分别为15580公顷（23.37万亩）、8420公顷（12.63万亩）、2466.7公顷（3.70万亩）、193.3公顷（0.29万亩）和14.39公顷（0.02万亩），分别占全县总耕地面积的58.41%、31.56%、9.26%、0.72%和0.05%。

香河县耕地总面积26673.87公顷（40.01万亩），占廊坊市总耕地面积的7.46%。

通过对香河县各乡镇耕地等级分布情况统计结果显示，刘宋镇耕地面积最多，为4574.1公顷

（6.86 万亩），镇内有 2、3、4、5、6 等地的分布。耕地面积分布最少的为安平镇，为 1498.76 公顷（2.25 万亩），区域内有 2、3、4 等地的分布，具体情况详见下表。

2017年香河县耕地质量等级乡镇级统计表

表3

镇名称	耕地质量等级					总计	
	2	3	4	5	6	公顷	万亩
安平镇	666.40	701.34	131.02	—	—	1498.76	2.25
安头屯镇	1358.75	1576.42	280.11	7.05	—	3222.33	4.83
蒋辛屯镇	2709.77	366.19	3.68	—	—	3079.64	4.62
刘宋镇	3416.66	596.50	431.94	114.61	14.39	4574.10	6.86
钱旺镇	879.44	1048.97	16.82	—	—	1945.23	2.92
钳屯镇	1076.62	562.69	263.67	21.84	—	1924.82	2.89
渠口镇	2065.75	1439.34	617.82	—	—	4122.91	6.18
淑阳镇	1302.31	565.98	47.98	—	—	1916.27	2.87
五百户镇	2103.64	1559.72	676.74	49.70	—	4389.80	6.58

由表 3 可以看出，香河县 2 级地在各个乡镇均有分布。

3 级地在各个乡镇均有分布，集中在钱旺镇、渠口镇、安头屯镇和五百户镇。

4 级地主要分布在香河县南部及东部，集中在刘宋镇、五百户镇和渠口镇。

2017 年香河县耕地质量等级图

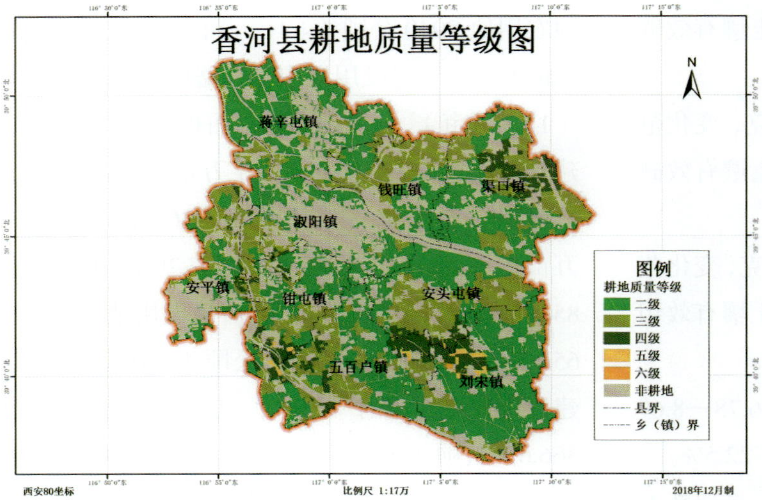

5 级地主要分布在香河县东南部，集中在刘宋镇。

6 级地主要分布在香河县东南部，集中在刘宋镇。

土壤肥力。根据香河县农业局 2018 年 12 月编制的《香河县 2017 年耕地质量等级评价报告》可知，利用国土二调农用地地块图、行政区划图和土壤图，按照《河北省耕地质量等级划分技术规范》（2016 年 5 月试行）样点确定原则，选择香河县评价样点，填写每个样点基本情况调查表，建立数据库，布点要求覆盖耕地主要土种。香河县耕地总面积 26673.87 公顷（40.01 万亩），共确定 40 个调查点。

香河县有机质平均含量为 14.77 克/千克，变化范围在 7.78—23.10 克/千克之间，[illegible]的调查点有机质含量超过 20 克/千克，有机质含量处于较低水平。

有效磷平均含量为54.12毫克/千克，变化范围在5.75—149毫克/千克之间，97.5%的调查点有效磷含量超过10毫克/千克，有效磷含量处于中等水平。

速效钾平均含量为182.18毫克/千克，变化范围在78.1—527毫克/千克之间，其中超过100毫克/千克的速效钾调查点数量占到90%，香河县速效钾含量处于较高水平。

香河县耕地有效铁平均值为16.4毫克/千克，变化范围在12.3—24.4毫克/千克之间，耕地土壤有效铁处于中等水平。

土壤有效锰平均值为23.53毫克/千克，变化范围在17.3—33.0毫克/千克之间，耕地土壤有效锰处于中等水平。

土壤有效铜平均值为1.65毫克/千克，变化范围在1.29—2.25毫克/千克之间，耕地土壤有效铜含量丰富，不需要专门施铜肥料。

土壤有效锌平均值为2.63毫克/千克，变化范围在1.18—4.77毫克/千克之间，耕地土壤有效锌含量丰富，不需要专门施锌肥料。

土壤有效硫平均值为26.28毫克/千克，变化范围在17.10—38.7毫克/千克之间，耕地土壤有效硫处于高等水平，不需要专门施硫肥。

土壤有效硼平均值为0.10毫克/千克，变化范围在0.54—1.44毫克/千克之间，耕地土壤有效硼处于中等水平。

土壤有效硅平均值为458毫克/千克，变化范围在364—593毫克/千克之间，耕地土壤有效硅处于较高水平。

土壤有效钼平均值为0.07毫克/千克，变化范围在0.03—0.10毫克/千克之间，耕地土壤有效钼处于低等水平。

香河县耕地质量调查点酸碱度在6.78—8.69之间，隶属度在0.8的点占总点数量的22.5%。

（陈淑伶　苏绍辉）

自然资源

【概况】 香河县自然资源丰富，2018年，全县土地总面积67.19万亩，县域内多年平均地表水资源量8002万立方米，地下水资源量7573万立方米（《香河县水资源评价 2016》），域内野生植物品种约计200余种，野生动物有160余种，县内地热水资源丰富，较为适合开发利用。

【土地资源】 2018年，全县土地总面积44793.33公顷（67.19万亩）。其中，耕地26093.33公顷（39.14万亩），园地26.67公顷（0.04万亩），林地900公顷（1.35万亩），草地273.33公顷（0.41万亩），城镇村及工矿用地11373.33公顷（17.06万亩），交通运输用地1893.33公顷（2.84万亩），水域及水利设施用地3873.33公顷（5.81万亩），其他土地360公顷（0.54万亩）。其中，农用地29960公顷（44.94万亩），占总面积的66.88%；建设用地13106.67公顷（19.66万亩），占总面积的29.26%；未利用地1720公顷（2.58万亩），占总面积的3.84%。农用地中，耕地26093.33公顷（39.14万亩），占农用地总面积的87.09%；园地26.67公顷（0.04万亩），占农用地总面积的0.08%；林地900公顷（1.35万亩），占农用地总面积的3.00%；其他农用地2940公顷（4.41万亩），占农用地总面积的9.81%。建设用地中，公路用地953.33公顷（1.43万亩），占建设用地总面积的7.27%；水工建筑用地773.33公顷（1.16万亩），占建设用地总面积的5.90%；建制镇用地2266.67公顷（3.4万亩），占建设用地总面积的17.29%；村庄用地8540公顷（12.81万亩），占建设用地总面积的65.15%；采矿用地206.67公顷（0.31万亩），占建设用地总面积的1.59%；风景名胜及特殊用地366.67公顷（0.55万亩），占建设用地总面积的2.80%。未利用地中，河流水面746.67公顷（1.12

万亩），占未利用地总面积的 43.41%；内陆滩涂 700 公顷（1.05 万亩），占未利用地总面积的 40.70%；其他草地 273.33 公顷（0.41 万亩），占未利用地总面积的 15.89%。

（马冬伟）

【水资源】 香河县多年平均地表水资源量 8002 万立方米，地下水资源量 7573 万立方米。(《香河县水资源评价 2016》)

2017 年，用水总量 10974 万立方米（指标 12907），其中，地下水用水量 4300 万立方米（指标 4361），年平均浅层地下水埋深 7.18 米，深层地下水埋深 30.88 米。

2018 年，用水总量 11230 万立方米（指标 12960），其中，地下水用水量 3750 万立方米（指标 4252），年平均浅层地下水埋深 6.6 米，深层地下水埋深 31.57 米。

香河县农业用水定额 303 立方米/亩·年。以电折水系数为 5.6（1 千瓦时电 5.6 吨水）。

（黄云龙　白瑛彪）

【地热资源】 经香河县国土资源局于 2016 年委托廊坊市新源地热技术研究所对香河县多地块勘察发现，香河县地热水资源丰富，较为适合开发利用。可开发利用水层为中上元古界蓟县系雾迷山组热储层、古生界奥陶系—寒武系热储层、新近系馆陶组热储层，开采深度 2000—4500 米不等，出水温度 60—90℃不等。具体数值根据地块不同有所变化。

根据石油部门地震勘探及区域地热勘查资料，香河县自上而下有价值的热储层及其特征简述如下：

新近系热储明化镇组热储。新近系热储明化镇组热储层是大厂断凹广泛分布的热储层。岩性特征由上至下由细变粗，主要为白色砂岩与紫红色泥岩互层，下部为粗砂岩，底部为砂砾岩。热储层厚度 89—278 米；砂厚比 26.3%—73.8%；单层砂层最大厚度 31—45 米；孔隙度 26%—30%，热储中部温度 40—81.1℃。单井涌水量一般 1000—1800 立方米/天，井口水温 45—76℃，矿化度 2.122—3.352 克/升，水化学类型 HCO_3-Na 和 HCO_3-Cl-Na 型，pH 值 7.2—8.4。富水性好，但埋藏较浅，地温较低，一般不作为热储层开发。

寒武—奥陶系裂隙岩溶热储。区内寒武—奥陶系地层，主要分布于开滦台凹的北部、大厂断凹西北部，被新生界地层直接覆盖。顶板埋深一般 710—2300 米、底板埋深 1533—3000 米。热储层主要为奥陶系的马家沟组、亮甲山组、冶里组及寒武系府君山组构成，主要岩性为灰岩、白云质灰岩、鲕状灰岩。热储层因所处的构造位置不同，其裂隙发育差别较大，临近断裂的比远离断裂的其裂隙、溶隙发育好。区内热储厚度 7.5—426 米，热储中部温度 25—38℃。单井涌水量 960—1890 立方米/天，井口水温 30℃左右，矿化度 2.06—7.612 克/升。香河境内一般不作为有效热储层进行开发。

蓟县系热储。蓟县系热储层为区域性热储层，岩性为白云岩，性硬脆，裂隙缝洞发育，富水性好。据大厂断凹夏热 1 井地热井资料统计，储水层主要为雾迷山组裂隙岩溶热水。井深 3150 米，成井段 2311—2956 米，单井涌水量 950 立方米/天，井口水温 62℃，水化学类型为 HCO_3-Na 型，矿化度 0.667 克/升，总硬度 [illegible]3 毫克/升，含氟 9.6 毫克/升，偏硅酸 40.66 毫克/升，偏硼酸 5.0 毫克/升。水中含有多种对人体有益的微量元素，是很好的浴疗用水。依据区域上该热储地热水开发利用经验，可作为医疗矿水用于医疗和休闲度假业的开发，也可用于地板采暖和种养植业等供热之需求。含水层的利用段应定位在 3000—3500 米。

（马冬伟）

【生物资源】 生物资源包括野生植物、野生动物。

野生植物。县域内植物种类较丰富，多为人工栽培，野生植物较少。据初步调查有木本植物38科140余种，其中，乔木17科80余种，落叶乔木主要有国槐、刺槐、青桐、银杏、合欢、臭椿、栾树、火炬、垂柳、毛白杨、小叶杨、速生杨、金枝槐、香花槐、核桃等树种；常绿乔木有油松、雪松、樟子松、侧柏、桧柏等树种。花灌木14科40余种，主要有绣线菊、榛子、锦带、迎春、红叶小檗、沙地柏、平枝荀子、连翘等。草本植物主要是禾本科、菊科、蔷薇科、毛茛科、莎草科等。主要常见杂草种类有：越年生杂草主要有荠菜，播娘蒿、芦苇；一年生杂草主要有藜、灰菜、打碗花、麦家公、刺儿菜、马唐草、苋菜、牛筋草、铁苋菜、马齿苋、狗尾草、反枝苋、泥胡菜、离子草、茼麻、稗草、田旋花、车前草、香附子、鸭跖草、苣荬菜、猪殃殃、蒲公英等。禾本科杂草主要是雀麦、节节麦。香河县野生植物品种约计200余种，其中，被子植物品种最多，达150余种。蕨类（节节草）、裸子类（银杏）、苔藓类（墙藓、地藓）、藻类（水绵、小球藻）、菌类（木耳、蘑菇）等有20余种。植被类型：按《中国植被》分类系统，香河公园内地带性植被类型有落叶阔叶林、灌草丛。

野生动物。县域内野生动物有160余种，具有较高观赏、保护价值的有白鹭、苍鹭等，它们春季从南方飞来，筑巢繁衍。经常出没于湿地、湖面，时而展翅飞翔，时而捕食嬉戏，引来众多游人驻足观赏。县域内生态环境良好，植被类型多样，生长茂密，植被覆盖率在90%以上，为动物的繁衍生息创造了条件。经不完全调查，县域内野生动物有兽类7种，禽类34种，鳞类19种，介类8种，虫类25种。其中，兽类有狗獾、野兔、田鼠、仓鼠、蝙蝠、狸子、黄鼬、刺猬等，主要分布在草木较深的林地。鸟类有苍鹭、白鹭、野鸭、啄木鸟、猫头鹰、乌鸦、喜鹊、灰喜鹊、燕子、布谷鸟、麻雀、百灵、黄鹂、画眉等，种群较多，正常游览时间可闻可见。特别是每年的春夏秋季节，可见成群的苍鹭、白鹭，时而盘旋水面，时而栖息沼泽。爬行类有蜥、蛇、蜥蜴、壁虎、龟、鳖等。两栖类有青蛙、虎纹蛙、沼蛙等。鱼类有鲤鱼、草鱼、白鲢、鲫鱼、鲶鱼、鳝鱼、黄瓜鱼、胖头鱼、黑鱼、石鲢鱼、泥鳅等。富足类有田螺、蜗牛、钉螺等。甲壳类有虾、蟹、潮虫、水蚤等。昆虫类有蝴蝶、蜜蜂、螳螂、蟋蟀、蚱蜢、瓢虫、蚯蚓、蜻蜓等，随处可见。

（吕　剑　苏绍辉）

自然灾害

【概况】 香河县自然灾害主要有气象灾害和生物灾害。生物灾害包括森林病虫害和农作物病虫草害。2018年，香河县境内未发生较大气象灾害，全县发生森林病虫害累计约16646.67公顷（24.97万亩），农作物病虫草害发生面积69066.67公顷次（103.6万亩次），防治面积23353.33公顷次（35.03万亩次）。

【气象灾害】 2018年，香河县境内未发生较大气象灾害。

（赵春森）

【生物灾害】 生物灾害包括森林病虫害和农作物病虫草害。

森林病虫害。成灾率：2018年，全县森林病虫害发生面积累计约16646.67公顷(24.97万亩)。其中，美国白蛾11180公顷（16.77万亩）〔村庄、小区发生面积9120公顷(13.68万亩)，河堤、路、片林等发生面积2060公顷(3.09万亩)〕、春尺蠖2666.67公顷(4万亩)、蛀干害虫666.67公顷(1万亩)、杨扇舟蛾1333.33公顷(2万亩)、病害发生 800 公顷（1.2 万亩），成灾面积 0 公顷（0 万亩），成灾率 0‰。春尺蠖调查：3 月 26 日，春尺蠖幼虫开始孵化，孵化时间比 2017 年推迟 6 天。4 月 5 日，春尺蠖幼虫全部孵化完成，全县平均虫口密度 26.4 条/50 厘米标准枝，发生最为严重的最高虫口密度达 132 条/50 厘米标准枝，发生面积约 2666.67 公顷（4 万亩）。美国白蛾越冬蛹调查：1 月上中旬，工作人员利用 8 天的时间对 12 个调查标准地，240 株调查标准株进行了挖蛹调查，挖蛹 129 头，平均蛹密度 0.54 头/株。其中，活蛹 74 头，死蛹 55 头，寄生蛹 13 头，死亡率 42.6%，寄生率 10.1%。美国白蛾幼虫期调查：在各代美国白蛾幼虫发生期，组织技术人员在全县范围内随机抽取一定数量的标准地，以杨树、椿树、榆树、桑树、槐树、柳树等树种为主的美国白蛾喜食树种，开展美国白蛾疫情调查。调查结果为：第一代美国白蛾平均有虫株率 2.1%，第二代美国白蛾平均有虫株率为 1.8%，第三代美国白蛾有虫株率为 0.5%。草履蚧虫情调查：为及时掌握杨树草履蚧虫情发生动态，做好防治工作，4 月下旬，森防站技术人员对潮白河大堤、运河大道、大香线、驻军片林、鲁务村南片林等地段进行详细调查，调查 8 个样地，每个样地调查杨树 20 株，共调查 200 株。根据调查，全县草履蚧发生与危害有上升趋势，发生面积约 56.67 公顷（850 余亩）。悬铃木方翅网蝽虫情调查：8 月 22—30 日，森防站技术人员对县域内所有种植悬铃木的堤、路、园区及种苗繁育基地进行了悬铃木方翅网蝽虫情调查。此次调查，选取县域内种植悬铃木比较集中的安平镇平安大街、经济开发区、新通唐线、潮白河大堤大王庄段、双安路钳屯段、刘宋法桐种植基地、刘宋镇区、家具大道等 16 个地块进行详细调查。调查面积约 100 公顷（1500 亩），抽取调查悬铃木 400 株，调查标准枝 1600 枝。从调查结果看，悬铃木方翅网蝽在县内各镇均有不同程度发生，全县平均有虫株率为 15.7%，平均虫口密度 18.7 只/百叶。

农作物病虫草害。2018 年，香河县农作物病虫草害发生面积 69066.67 公顷次（103.6 万亩次），防治面积 23353.33 公顷次（35.03 万亩次），挽回损失 5091.9 吨。实际损失 387.1 吨。专业化统防统治覆盖面积 6266.67 公顷（9.4 万亩）。

小麦病虫草害。小麦病虫草害发生面积 11013.33 公顷次（16.52 万亩次），防治面积 14600 公顷次（21.9 万亩次）。专业化统防统治面积 7666.67 公顷次（11.5 万亩次）。发生危害特点：一是病虫害总体上属中度偏轻发生年份，虫害重于病害；二是红蜘蛛接近常年；三是蚜虫普遍发生接近 2017 年；四是吸浆虫从 3 月开始，植保站对全县麦田进行拉网式取样，调查结果是小麦吸浆虫在全县发生面积 600 公顷（0.9 万亩），发生地块最高密度 2 头/样方，虫量逐年下降；五是白粉病比 2017 年轻。由于年内气候干旱，白粉病发生面积比 2017 年少 90%；六是禾本科杂草雀麦。县域内各乡镇均有发生，虽然发生范围广，但都是零星发生，约有 800 公顷（1.2 万亩），在冬前发现雀麦出土后用氟唑磺隆喷雾防治效果较好。

玉米病虫草害。玉米病虫草害发生面积 30466.67 公顷次（45.7 万亩次），防治面积 16420 公顷次（24.63 万亩次）。专业化统防统治面积 4086.67 公顷次（6.13 万亩次），玉米病害总体为中等偏重发生，虫害与上年相当，病害重于上年；7 月下旬至 8 月底为各种病虫危害盛期。

蔬菜病虫草害。蔬菜播种面积 10666.67 公顷（16 万亩），病虫草害发生面积 28333.33 公顷次（42.5 万亩次），病虫草害防治面积 44733.33 公顷次（67.1 万亩次），专业化统防统治面积 6000 公顷（9 万亩）。

（王　剑　苏绍辉）

居　民

【居民总量】　2018年末户籍人口374349人，比上年末增加2326人，年末户籍户数126976户。常住人口377863人，比上年末增加4202人。常住人口城镇化率62.06%，比上年提高0.91个百分点。

【居民构成】　2018年，香河县总人口374349人，其中，男性185339人，占49.51%，女性189010人，占50.49%，性别比98.06，比2017年上升了0.18个百分点。

【人口变动】　2018年，香河县出生人数4600人，出生率为12.97‰，符合政策生育率97.46%，死亡人数2122人，死亡率为5.98‰，自增人数2478人，人口自然增长率6.98‰。

经济和社会发展

【概况】　2018年，全县国民经济总体上运行平稳，保持了较快的增长态势，县域经济综合实力不断发展壮大。全县地区生产总值完成251.7亿元，同比增长6.1%。其中，第一产业实现增加值18.4亿元，同比增长1.1%；第二产业实现增加值117亿元，同比增长5.7%；第三产业实现增加值116.3亿元，同比增长7.2%。全县人均生产总值为66965元，同比增长4.8%。

经济结构进一步优化，运行质量不断提高。从三次产业结构看，第一产业所占比重略有上升，第二产业呈刚性支撑，第三产业快速发展，第一、二、三产业增加值占地区生产总值的比重由上年的6.9∶50.4∶42.7调整为7.3∶46.5∶46.2。

民营经济快速发展，2018年民营经济实现增加值177.5亿元，比上年增长6.3%，占地区生产总值比重的70.53%。民营经济实缴税金45.7亿元，同比下降6.3%，占全部财政收入比重的70.3%。

【农业】　全年粮食播种面积12560公顷，粮食总产量71454吨。其中，冬小麦播种面积4850公顷，产量28329吨。玉米播种面积7661公顷，产量42956吨。蔬菜及食用菌播种面积9002.3公顷，产量486208.3吨。油料播种面积15.33公顷，产量33.85吨。

全年肉类总产量8814.7吨，其中，猪肉产量4283.6吨，牛肉产量1239吨，羊肉产量599.3吨，禽肉产量2627.1吨。奶类产量5850.5吨，禽蛋产量28282.2吨。

全年淡水产品产量2086吨，淡水养殖面积267公顷。人工造林面积773公顷，森林抚育面积2300公顷，木材采伐4320立方米。

农业生产条件进一步改善。年末拥有农机总动力24.3万千瓦，当年机耕面积8849公顷，当年机播面积12561公顷，当年机收面积13733公顷，年末实有机电井6102眼，有效灌溉面积20410公顷。农用化肥施用量（折纯）19757吨，农村用电量22702万千瓦时。农业产业化经营率达到69.39%。

【工业和建筑业】　全年工业增加值同比增长0.9%。其中，规模以上工业增加值增长2.8%。规模以上工业企业实现利润6.8亿元，增长86.2%。规上工业主营业务收入利润率8.3%。规上高新技术产业增加值增长28.9%。

全年建筑业实现增加值19.1亿元，同比增长23.4%。其中，资质建筑企业房屋建筑施工面积同比增长17.8%。房屋建筑竣工面积同比下降14.9%。

【固定资产投资】　全年固定资产投资完成同比

增长 13.9%。第一产业投资增长 722.3%。第二产业投资增长-17.5%。其中，制造业投资增长-18.1%，电力热力燃气业投资增长 3.2%。第三产业投资增长 31.2%。其中，商务服务业投资增长 153.4%；基础设施投资增长-10.6%，占投资比重为 5.3%；房地产投资增长 21.6%，占投资比重为 37.3%。

【交通和电信业】 交通运输业稳步发展。公路交通条件不断改善，公路里程 1021.39 千米，其中，国省道 83.1 千米，县公路 56.76 千米，乡公路 107.02 千米，堤顶路 76.04 千米，村级路 774.5 千米；大中桥 22 座，4313.7 米，小桥 113 座，2090.5 米。年末实有大型载货汽车 482 辆，中型载货汽车 200 辆，小型载货汽车 2585 辆，大、中型载客汽车 130 辆。

电信业发展迅猛。年末固定宽带用户数 115090 户，移动宽带用户数 346435 户；固定宽带家庭普及率 114.5%，移动宽带家庭普及率 103.4%；年末固定电话 29454 部，移动电话 455701 部。

【国内贸易】 2018 年，全县社会消费品零售总额实现 93.1 亿元，同比增长 9.0%。其中，限额以上企业（单位）消费品零售额 6.9 亿元，增长 11.6%。分城乡看，城区市场发展快于乡村市场，城镇市场实现零售额 38.9 亿元，比上年增长 5.7%；乡村市场实现零售额 54.2 亿元，比上年增长 11.5%，城区市场高于乡村市场 5.8 个百分点。按行业分：批发零售业实现零售额 79.2 亿元，同比增长 9.0%；住宿餐饮业实现零售额 13.9 亿元，同比增长 9.3%。

【对外经济】 全年实际利用外资 2806 万美元，同比增长 374.0%。其中，外商直接投资 1113 万美元，同比增长 88.0%

全年入统项目 4 个，超千万美元的大项目 1 个，合计到位外资 1693 万美元，占实际利用外资比重为 60.3%。

外贸进出口完成 7.5 亿元，同比增长 14.6%。其中，出口完成 6.9 亿元，增长 14.8%。

【财政和金融】 全年财政收入 65.1 亿元，同比增长-1.3%。其中，一般公共预算收入完成 36.8 亿元，同比增长 10.3%。全县公共财政支出 63.9 亿元，同比增长 8.7%。全县税金实际入库累计完成 52.1 亿元，同比下降 11.9%。

年末金融机构各项存款余额 471.5 亿元，比年初减少 37.2 亿元。其中，住户存款 302.9 亿元，比年初增加 19.2 亿元。金融机构各项贷款余额 606.2 亿元，比年初增加 3.9 亿元。其中，中长期贷款余额 451.6 亿元，比年初减少 1.4 亿元。

【教育、文化、卫生事业】 全县有普通高中 3 所，招生 2438 人，在校生 7337 人，高中阶段毛入学率 93.5%；初中 11 所，招生 4512 人，在校生 11915 人；小学 71 所，招生 7316 人，在校生 35076 人。香河县师资力量雄厚，拥有专任教师 5166 人。

全县共有公共图书馆 1 个，文化馆 1 个，博物馆 1 个，村（社区）综合性文化服务中心 270 个。举办各种文艺活动 420 余次。广播、电视综合人口覆盖率 100%。

全县有县级医院 3 个，中心卫生院 3 个，镇卫生院 6 个，疾病预防控制中心 1 个，妇幼保健院 1 个。医疗卫生机构有床位 2100 张。全县拥有村级卫生组织 293 个，乡医士 298 人。拥有执业医师及执业助理医师 1247 人，注册护士 920 人。

【人口和人民生活】 年末户籍人口 374349 人，比上年末增加 2326 人，年末户籍户数 126976 户。常住人口 377863 人，比上年末增加 4202 人。常住人口城镇化率 62.06%，比上年提高 0.91 个百分点。

符合政策生育率 97.46%，出生人数 4600 人，出生率为 12.97‰，死亡人数 2122 人，死亡率为 5.98‰，自增人数 2478 人，人口自然增长率 6.98‰。

城乡居民收入持续增长，生活水平不断提高。2018 年城镇居民人均可支配收入 43067 元，同比增长 7.9%，农村居民人均可支配收入 18042 元，同比增长 8.9%。从业人员平均工资 86125 元，同比增长 14.4%。在岗职工（含劳务派遣）平均工资 88532 元，同比增长 15.9%。年内享受低保户 1015 户，享受低保人数 1674 人，全年发放低保资金 1160 万元。

（张　鑫）

党政机关、人民团体、直属事业单位、企业单位及领导名单

中国共产党香河县委员会

书　记　李桂强
副书记　王文强
　　　　张玉林
　　　　杨　波（挂职任至 4 月）
常　委　韩　超
　　　　田立军
　　　　王宏民
　　　　郭建永
　　　　齐建光
　　　　樊亚峰（任至 1 月）
　　　　焦国强
　　　　董美辰
　　　　牛　静

中共香河县委办公室

主　任　田立军
副主任　康国民（常务）
　　　　李红亮
　　　　李　莉
　　　　赵振兴

中共香河县委组织部

部　长　王宏民
副部长　周向伟（常务）
　　　　郭凤娟
　　　　杨金刚
　　　　孙宏伟（兼）
　　　　田　义（兼）

中共香河县委组织员办公室

主　任　盛淑俊

中共香河县委宣传部

部　长　焦国强
副部长　王立生（常务）
　　　　张建军
　　　　陈　彬
　　　　张文颖
　　　　史长承（兼）

香河县精神文明建设委员会办公室

主　任　张建军

中共香河县委统战部

部　长　董美辰
副部长　赵立志（常务）
　　　　马灵君
　　　　李文伯
　　　　赵志清（兼）
　　　　孟繁华（兼）

香河县台湾工作办公室

主　任　马灵君

中共香河县委政法委员会

书　记　樊亚峰（任至 1 月）
　　　　郭建永（1 月任）
副书记　陈宝全（常务）
　　　　朱宝栋
　　　　吴海斌（兼）

中共香河县委农村工作部

部　长　杨金宝
副部长　张翔宇

张艳齐

中共香河县直属机关工作委员会

书　记　　孙玉茹

香河县机构编制委员会办公室

主　任　　石克松

副主任　　赵永生

　　　　　张雪松

中共香河县委信访局

局　长　　梁建伟

副局长　　王艳明

　　　　　张　玲

　　　　　张金虎

中共香河县委老干部局

局　长　　田　义

副局长　　石文焘

　　　　　任永涛

中共香河县委党校

校　　长　　李桂强（兼）

第一副校长　王宏民（兼）

副 校 长　　杨福林（常务）

　　　　　　薛福巨

　　　　　　杨立刚

中共香河县委党史办公室

主　任　　夏亦飞

中共香河县委档案局（馆）

局　长（馆长）　肖凤双

副局长（副馆长）吴国际

香河县广播电视台

台　长　　史长承

副台长　　陈洪全

　　　　　孙红霞

中共河北香河经济开发区工作委员会（7月撤销）

书　记　　高宏伟（任至7月）

副书记　　张金武（任至7月）

　　　　　杜文洪（任至7月）

中共香河县农业高新技术园区工作委员会（7月撤销）

书　记　　（缺职）

副书记　　杨振亮（任至7月）

　　　　　安国亮（任至7月）

中共香河县家具城工作委员会

书　记　　王占栋

副书记　　揣柏文

　　　　　王学仕

中共香河环保产业园区工作委员会（7月撤销）

书　记　　张显民（任至7月）

副书记　　冯　勇（任至7月）

　　　　　李术国（任至7月）

中共香河新兴产业示范区工作委员会（7月撤销）

书　记　　许胜永（任至7月）

副书记　　曹国藩（任至7月）

　　　　　焦玉明（任至7月）

河北香河经济开发区（新建）

工委书记　　李桂强

管委会主任　王文强

副 主 任　　冯　勇

　　　　　　曹国藩

　　　　　　张金武

香河县人民代表大会常务委员会

主　任　　闫再兴

副主任　　宋品仲

　　　　　张浩波

　　　　　周志广

　　　　　张云华

办公室

主　任　　周学军

代表联络科

科　长　　王　雨

政法科

副科长　　高建平

经济科

负责人　　许燕海

文卫科

负责人　　张君铭

香河县人民政府

县　长　　王文强
副县长　　齐建光（常务）
　　　　　郭建永
　　　　　吴海斌
　　　　　刘凤顺
　　　　　刘雪艳
　　　　　闫明杰
　　　　　刘洪涛（援疆，任至 10 月）

香河县人民政府办公室

主　任　　刘奖波
副主任　　崔大鹏
　　　　　李向生
　　　　　任宏伟
　　　　　马洪磊
　　　　　佟咏卉
　　　　　周易祥
　　　　　刘　颖

中国人民政治协商会议香河县委员会

主　席　　马文龙
副主席　　盛泽良
　　　　　李一超
　　　　　苏　宽
　　　　　刘奖波（不驻会）
秘书长　　张天亮

办公室

主　任　　张天亮（兼）

提案委员会

主　任　　刘铁山

科技经济委员会

主　任　　张春来

社会发展委员会

主　任　　王伟峰（任至 4 月，后缺职）

中国共产党香河县纪律检查委员会

书　记　　牛　静（1 月任）
副书记　　张福东
　　　　　袁德永
常　委　（不含书记、副书记）
　　　　　王　辉
　　　　　王东利
　　　　　崔振起
　　　　　田兆泉

香河县监察委员会（1 月成立）

主　任　　牛　静（1 月任）
副主任　　张福东（1 月任）
　　　　　袁德永（1 月任）
委　员　　崔振起（1 月任）
　　　　　田兆泉（1 月任）
　　　　　李永祥（1 月任）
　　　　　张连瑞（1 月任）

香河县监察局（1 月撤销）

局　长　　张福东（任至 1 月）
副局长　　孙志坚（任至 1 月）

人民团体

香河县总工会

主　席　　阮艳霞
副主席　　韩智慧

李宏振

共青团香河县委员会

书　记　　马　路
副书记　　王若璎

香河县妇女联合会

主　任　　刘秀平
副主任　　李姝瑾
　　　　　杨立梅

香河县科学技术协会

主　任　　陈建功
副主任　　杨洪海
　　　　　王健康

香河县工商业联合会

主　　席　　魏紫峰
常务副主席　　孟繁华
副 主 席　　李志海

香河县残疾人联合会

理 事 长　　孔立民
副理事长　　王艳茹
　　　　　　王雪山

香河县文学艺术界联合会

主　席　　张　勇
副主席　　张玉清
　　　　　路咏梅

香河县计划生育协会

副会长　　彰景文（常务）
　　　　　佟艳华
秘书长　　贾金红

法治　军事

香河县公安局

局　长　　吴海斌
政　委　　马小杰
副局长　　王建华（任至1月）
　　　　　冯向东（任至1月）
　　　　　肖广平
　　　　　李长海
　　　　　刘国东（1月任）
　　　　　张子来（1月任）
副政委　　刘国东（任至1月）
　　　　　陈光华
　　　　　李树忠
　　　　　张子来（任至1月）
党委委员　梁建伟（1月任）

香河县人民检察院

检 察 长　　刘振华
副检察长　　丁福才
　　　　　　李宏伟（1月任）
　　　　　　张金路
　　　　　　曹宏艳

香河县人民法院

院　长　　刘　君
副院长　　侯东祥
　　　　　丁福才
　　　　　李宏伟（任至1月）

香河县司法局

局　长　　郭宏伟
副局长　　侯会文
　　　　　任春艳

香河县人民政府法制办公室

主　任　　朱红京
副主任　　李晓勇

香河县人民武装部

政　　委　　韩　超
部　　长　　陈润彬
副 部 长　　周海滨（任至8月）
　　　　　　毕永胜（12月任）
政工科长　　吕洪斌

香河县国防教育办公室

主　任　　（缺职）
副主任　　罗文龙（常务）

后瑞新

香河县人民防空办公室

主　任　　张年台

县政府工作部门、直属机构、垂直管理部门

香河县发展改革局

局　长　　冯国祥

副局长　　马广济

龚万林

许仕丰

王志强

香河县商务局

局　长　　佟明顺

副局长　　唐永志

李　刚

香河县粮食局

局　长　　李英辉（任至8月）

副局长　　王　宇（任至8月）

李　阳（任至8月）

赵德忠（任至8月）

香河县物价局

局　长　　刘宝明

副局长　　周贵友

王晓轩

香河县财政局

局　长　　刘　宇

副局长　　孟宪奎

李长青

张宝栋

香河县收费局

局　长　　李一民

香河县公有资产经营公司

经　理　　赵文林

香河县人力资源和社会保障局

局　长　　孙宏伟

副局长　　刘长林

吴　凤

香河县行政审批局

局　长　　王艳文

副局长　　闫立国

崔文杰

香河县统计局

局　长　　康会伟

副局长　　勾连卉

香河县审计局

局　长　　沈雪松

副局长　　杨秀华

姬德富

香河县国土资源局

局　长　　张锦山

副局长　　马松柏

董金明

李鹤鸣

赵万华

张　浩

李长旭

香河县工商行政管理局

局　长　　李　月

副局长　　张建军

贾建民

香河县食品药品监督管理局

局　长　　张　涛

副局长　　张　江

胡振山

李金明

王瑞广（11月任）

香河县质量技术监督局

局　长　　王　瑛（9月任）

副局长　　刘毅力

康子良

香河县安全生产监督管理局

局　长　成英杰

副局长　张洪伟

孙振河

高振宇

李增旺

香河县住房和城乡建设局

局　长　高立军

副局长　张年台

祁洲沙（任至8月）

周君林（任至8月）

赵　松（8月任）

香河县住房保障和房产管理局

局　长　马宝生（任至8月）

副局长　赵　松（任至8月）

香河县规划局

局　长　李爱兵（任至8月）

副局长　张海军（任至8月）

孙　永（任至8月）

香河县园林绿化管理局

局　长　周国良

副局长　王秀丽

王国利

香河县环卫局

局　长　肖　鹏（任至8月）

香河县支油支铁办公室

主　任　高文鹏（任至8月）

副主任　计凯丰（任至8月）

张金权（任至8月）

香河县城市管理综合行政执法局

局　长　陈宝东

副局长　张晓伟

李际明

香河县林业局

局　长　魏国龙

副局长　任宏伟

戴金锋

张建新

香河县农业局

局　长　赵树军

副局长　印秀义

杨建国

刘继承

香河县农经局

局　长　后瑞富

香河县畜牧兽医局

局　长　王德嵩

副局长　王铁成

勾丽红

香河县农业开发办公室

主　任　安国亮

副主任　路春艺

赵建新

香河县水务局

局　长　李德军

副局长　李永亮

王银瑞

张凤霞

香河县交通运输局

局　长　白颖浩

副局长　王廷刚

韩凤龙

王立臣

孙瑞生

香河县交通战备办公室

主　任　孙艳东

廊坊市环境保护局香河县分局

局　长　刘全顺

副局长　徐凤兰

朱宏昌

香河县工业和信息化局

局　长　　石宝智
副局长　　黄书惠
　　　　　王宏然
　　　　　张东生

香河县教育局

局　长　　姜建明
副局长　　吴贺伟
　　　　　韩艳明

香河县文化广电新闻出版局

局　长　　李朝民
副局长　　刘兰芳
　　　　　王艳林
　　　　　周海燕

香河县旅游局

局　长　　何永齐
副局长　　程志伶
　　　　　赵　爱

香河县卫生和计划生育局

局　长　　王立强
副局长　　刘金宝
　　　　　李德玺

香河县科学技术局

局　长　　姚立民
副局长　　田海春
　　　　　屠秀东

香河县民族宗教局

局　长　　赵志清

香河县地方志办公室

主　任　　高景全
副主任　　李志楠

香河县供销合作社联合社

主　任　　张玉宝
副主任　　王宏伟
　　　　　高红云

香河县国家税务局（7月撤销）

局　长　　赵福强（任至7月）
　　　　　李宝良（任至1月）
　　　　　臧德会（任至7月）
　　　　　聂天昌（任至7月）

香河县地方税务局（7月撤销）

局　长　　李和海（任至7月）
副局长　　侯重庆（任至7月）
　　　　　杨立民（任至7月）
　　　　　岳景奇（任至7月）
　　　　　秦福民（任至7月）

国家税务总局香河县税务局（7月成立）

局　长　　赵福强（7月任）
副局长　　李和海（7月任，任至12月）
　　　　　侯重庆（7月任）
　　　　　臧德会（7月任）
　　　　　聂天昌（7月任）
　　　　　杨立民（7月任）
　　　　　岳景奇（7月任）
　　　　　张育才（7月任）

香河县气象局

局　长　　宋仕峰
副局长　　马春平
　　　　　李学军

香河县烟草专卖局（营销部）

局长（经理）白文涛
副局长　　　蔡志清
副经理　　　马　淳（任至2月）
副经理　　　陈芃漪（2月任）

廊坊市住房公积金管理中心香河县管理部

主　任　　　佟永国

企事业单位

河北省香河县第一中学

校　　长　　李树峰

党总支书记　武宝旺
副　校　长　果艳青
　　　　　　翟　艳
　　　　　　张建军
　　　　　　王春明
　　　　　　张浩江

香河县教师进修学校

校　长　马万里（任至6月）
副校长　白元石
　　　　李志良
　　　　王冬梅

河北省香河县职业技术教育中心

校　　长　王文强（兼）
常务副校长　董建国
党总支书记　赵建强
副　校　长　田金泉
　　　　　　杜振龙
　　　　　　周　李
　　　　　　宋　明

香河县人民医院

院　　长　门德志
党总支书记　白连营
副　院　长　殷建伟
　　　　　　韩兆山
　　　　　　艾志国
　　　　　　金永钢
　　　　　　崔建国
　　　　　　董建卓

香河县中医医院

院　　长　李瑞峰
党总支书记　赵伟东
副　院　长　李世强
　　　　　　王立强
　　　　　　张长华
　　　　　　路志鹏

香河县气管炎哮喘医院

院　　长　尹志光
党总支书记　李俊东
副　院　长　董树江
　　　　　　何建涛

国网冀北电力有限公司香河县供电分公司

经　　理　刘会生
党委书记　于　涛
副 经 理　王智永（任至1月）
　　　　　庞宝松
　　　　　陈大志
　　　　　王跃杰（11月任）

中国石化销售股份有限公司香河分公司

经　理　杨春林
副经理　韩凤嵬（任至3月）
　　　　薛福永（3月任）

中国邮政集团公司河北省香河县分公司

总 经 理　赵鹏初（任至1月）
　　　　　齐建民（1月任）
副总经理　张庆玲

中国移动通信集团香河分公司

经　理　李显忠
副经理　于淑云
　　　　郝　鹏

中国联合网络通信有限公司香河分公司

经　理　付育红

金融、保险行业

中国人民银行香河支行

行　长　樊振华
副行长　侯玉江
　　　　杨松龄

中国银行股份有限公司香河支行

行　长　廉　涛
副行长　李松林

庞建斌

中国工商银行股份有限公司香河支行

行　长　　宋　琳

副行长　　康　强

　　　　　李宝顺

中国农业银行股份有限公司香河支行

行　长　　王从新

副行长　　韩春兵

　　　　　韩　伟

中国建设银行股份有限公司香河支行

行　长　　张殿刚

副行长　　张晓洁

中国农业发展银行香河支行

行　长　　杨万涛

副行长　　郑铁龙

河北香河农村商业银行股份有限公司

董事长　　张　斌

监事长　　王　健

行　长　　张永康

副行长　　朱建功

　　　　　郑存利

　　　　　李玉春

中国邮政储蓄银行股份有限公司香河支行

行　长　　庄维宝

副行长　　魏文彬

兴业银行股份有限公司香河支行

行　长　　张立军

副行长　　李红霞

河北银行股份有限公司香河支行

行　长　　石学成

　　　　　杨　静

副行长　　田德良

　　　　　杜　治

廊坊银行股份有限公司香河支行

行　长　　王立军

副行长　　帅增春

　　　　　李　维

沧州银行股份有限公司香河支行

行　长　　李会民

副行长　　潘志春

　　　　　吴　铭

　　　　　张晓霞

　　　　　翟　莉

张家口银行股份有限公司香河支行

行　长　　孙学谦

副行长　　乔海洋

香河益民村镇银行股份有限公司

行　长　　张　杰

副行长　　刘国庆

　　　　　张　彬

中国人民财产保险股份有限公司香河支公司

经　理　　韩艳青

副经理　　王二永

　　　　　孙大宝

中国人寿保险股份有限公司香河支公司

经　理　　彰井霞

副经理　　韩雪春

中华联合财产保险股份有限公司香河支公司

经　理　　赵子斌

中国太平洋财产保险股份有限公司廊坊市香河支公司

经　理　　殷宝义

中国大地财产保险股份有限公司廊坊中心支公司香河营销服务部

经　理　　崔丽超

名阳保险销售有限责任公司香河分公司

经　理　　李　烨

中国移动通信集团香河分公司

经　理　　李显忠

副经理　　于淑云

　　　　　郝　鹏

中国联合网络通信有限公司香河分公司

经　理　　付育红
副经理　　苏学武
　　　　　盖天宇

中国电信集团有限公司香河分公司

经　理　　王雪峰
副经理　　张艳涛

镇（街道）、园区、家具城

淑阳镇

党委书记　　凌少金
镇　　长　　卢英俊
党委副书记　李国栋
人大主席　　池晓伟（任至7月）
　　　　　　范金良（7月任）
副 镇 长　　张金丰
　　　　　　史建国
　　　　　　张立明

安平镇

党委书记　　杜文洪
镇　　长　　任振宇
党委副书记　王亚东
人大主席　　张少军
副 镇 长　　李东明
　　　　　　张　文
　　　　　　张　男

钳屯镇

党委书记　　张占春
镇　　长　　崔福军
党委副书记　孙爱军
人大主席　　赵立军
副 镇 长　　李颖杰
　　　　　　王辉军

五百户镇

党委书记　　李洪波
镇　　长　　吴立春
人大主席　　赵立强
副 镇 长　　王立国
　　　　　　韩　宇
　　　　　　冯　健

刘宋镇

党委书记　　刘爱军
镇　　长　　张铁兵
党委副书记　石明辉
人大主席　　刘洪来（任至7月）
　　　　　　董　扬（7月任）
副 镇 长　　佟永强
　　　　　　薛　雷

安头屯镇

党委书记　　何振龙
镇　　长　　孙宏杰
党委副书记　王建国
人大主席　　刘海军
副 镇 长　　高广玉
　　　　　　闫春生

渠口镇

党委书记　　绳　军
镇　　长　　李永涛
党委副书记　张殿超
人大主席　　刘　健
副 镇 长　　康亚东
　　　　　　李　晨
　　　　　　蒙超鹏

钱旺镇

党委书记　　张继田
镇　　长　　孟繁章
党委副书记　闵爱国
人大主席　　崔新宇（任至7月）
　　　　　　程　杰（7月任）
副 镇 长　　甄仲奎
　　　　　　何春明

蒋辛屯镇

党委书记　高金刚
镇　　长　刘　斌
党委副书记　谢　静
人大主席　高大勇
副 镇 长　阮思琪
　　　　　刘辅臣

新开街道办事处

党委书记　韩景丰
主　　任　李文建
党委副书记　崔　磊
人大主席　贺金龙
副 主 任　王宝华
　　　　　王凤丽
　　　　　齐宏亮

新华街道办事处

党委书记　王　强
主　　任　路洪亮
党委副书记　程淑伟
人大主席　姜宝良
副 主 任　祁宝兴
　　　　　杨月慧

平安街道办事处

党委书记　李洪波
主　　任　王大为
党委副书记　刘振清
人大主席　刘秀华
副 主 任　吴克强
　　　　　张淑敏
　　　　　崔向明

智能制造产业园管委会

主　　任　高宏伟（任至8月）
副 主 任　王治军（任至8月）

环保产业园管委会

主　　任　张显民（任至8月）
常务副主任　冯　勇（任至8月）
副 主 任　刘洪涛（任至8月）
　　　　　王建军（任至8月）

新兴产业示范园管委会

主　　任　许胜永（任至8月）
常务副主任　曹国藩（任至8月）

香河县农业高新技术园区管委会

主　　任　安国亮（任至8月）
常务副主任　杨振亮（任至8月）
副 主 任　薛福艳（任至8月）
　　　　　田建鑫（任至8月）

香河县家具城管委会

主　　任　王占栋
常务副主任　揣柏文
副 主 任　张树合
　　　　　李万青
　　　　　高东武

（闫振春）

中国共产党香河县委员会

责任编辑　陈述龙

综　述

2018 年，中共香河县委坚持以习近平新时代中国特色社会主义思想为统领，学习宣传贯彻中共十九大和十九届二中、三中全会精神，落实中央和省市委各项决策部署，抢抓京津冀协同发展机遇。面对复杂严峻的经济形势和艰巨繁重的发展任务，团结带领干部群众创新务实、主动作为，较好完成了县委十一届三次全会确定的目标任务。全年财政收入 65.1 亿元，其中，一般公共预算收入 36.8 亿元，同比增长 10.3%。规模以上工业增加值同比增长 2.8%，高新技术产业增加值同比增长 28.9%，固定资产投资同比增长 13.9%，城镇和农村居民人均可支配收入分别为 43067 元和 18042 元，同比增长 7.9%和 8.9%。增幅均处全市上游。坚持稳增长、促改革、调结构、惠民生、防风险，既突出重点，又统筹兼顾，城乡建设步伐加快，人民生活明显改善，社会大局持续稳定，做到在科技创新、全域旅游、公共服务、基层党建上争一流。香河县被评为“全省农村‘两委’换届工作先进县”，创新推出“两考三评一定”〔半年考核、年终考核，村街党员评议、执法执纪部门评审、基层党（工）委评鉴，确定村街干部星级等次〕绩效考核办法。香河县连续三次入围全国综合实力、投资潜力、新型城镇化质量百强县，榜单，并实现位次提升，首次跻身全国科技创新百强县和绿色发展百强县行列。中共中央政治局常委、国务院副总理韩正，省委书记、省人大常委会主任王东峰，中央农村工作领导小组副组长、农业农村部部长韩长赋等领导到香河县视察调研时，对香河县域绿化、楼市稳控、环境治理、公共服务等工作给予充分肯定。

化解楼盘问题，维护群众利益，诸多历史遗留问题得到妥善解决，涉房信访量大幅下降。开展“两违”（违法占地、违法建设）整治，腾出发展空间。全年拆除违法占地 217 宗 87.25 公顷（1308.78 亩），拆除违法建设 23.47 万平方米。解决停滞多年的钳屯镇双安新城、钱旺镇潮东新村、蒋辛屯镇佰闻花园项目回迁问题，实现“成熟一个、回迁一个、满意一个”的目标。聘请上海康恒公司对垃圾填埋场进行改造升级，垃圾处理效果明显提升，对现有污水处理厂提标扩容，污水处理能力由 2 万吨提升到 4 万吨，处理标准提高到北京标准。扎实开展“双创双服”（创新创业，服务发展、服务民生）活动，全力推动县域产业转型升级、提质增效。抓牢抓实京津冀协同发展机遇，不等不靠，与中国城市规划设计研究院对接规划编制，与通州区开展多项合作，到京沪粤洽谈引进项目。以高端制造业和现代服务业为导向，大力承接引进北京“容不下、离不开、走不远”的高端项目，全年重点谋划实施亿元以上项目 30 个。争列省重点项目 10 个、市重点项目 16 个，重点项目年内完成投资率达 130%以上。加快推进“机器人小镇”“国安创客”“美家尽有”“太库科技”4 个“双创”示范基地建设，集中精力推动各类创新资源加速集聚。2018 年，加速探索绿色发展道路，推进城乡融合发展，进一步改善城乡人居环境。造林绿化，探索建立大户承包、公司化运作、股份合作、家庭自营 4 类造林模式，全年造林 7673.33 公顷（11.51 万亩），超额完成任务。坚持以人民为中心，坚持把扶贫脱贫作为一项重要政治任务。成立工作专班，对全县 59 户 125 人建档立卡贫困户逐户制订精准脱贫方案，建立三级工作台账，明确四大班子领导分包责任。年终通过省市考核验收，42 户 93 人建档立卡贫困户按进度实现脱贫。

深入开展纠正“四风”和作风纪律专项整治工作，推进全面从严治党向纵深发展。扎实开展巡察工作，全方位支持纪委监委工作，进一步加大执纪问责力度。把学习宣传贯彻中共十九大精神作为首要政治任务，突出理论武装和党性教育，牢牢掌握意识形态工作的主动权和领导权，坚持守正创新，开创宣传思想工作新局面，县委中心组连续两年被评为“全省先进县级党委理论学习中心组”。

（张建波）

县委机构

【中共香河县委领导机构】 2018 年，中共香河县委在第十一届任期内。年内，常委会设县委书记 1 名，县委副书记 2 名，县委常委 9 名（不含书记、副书记）。

【中共香河县委工作机构】 2018 年，县委工作机构有县委办公室（含县机要局、县保密局，对外保留名称）、组织部（含组织员办公室，对外保留名称）、宣传部（含精神文明建设委员会办公室，对外保留名称）、统一战线工作部（含县委台湾工作办公室、县政府台湾事务办公室挂靠）、政法委员会（含综治办、防范办）、农村工作部、县直属机关工作委员会、机构编制委员会办公室。纪检机关为中共香河县纪律检查委员会（含监察委）。7 月，撤销中共河北香河经济开发区工作委员会、中共香河县农业高新技术园区工作委员会、中共香河县环保产业园区工作委员会、中共香河县新兴产业示范区工作委员会，合并为中共河北香河经济开发区工作委员会。县委管理机构有信访局、老干部局、国防教育办公室。县委直属事业机构有县委党校、党史办公室、档案局（馆）、广播电视台。

【基层党组织】 2018 年，基层党（工）委、党总支部、党支部数量同比均有增加，党（工）委增加 6 个，党总支部增加 19 个，党支部增加 105 个。

中共河北香河经济开发区工作委员会、中共香河环保产业园区工作委员会、中共香河县农业高新技术园区工作委员会、中共香河县新兴产业示范区工作委员会于 7 月合并为中共河北香河经济开发区工作委员会，原结构和名称同时撤销。

2018年香河县基层党组织一览表

表4

单位：个

<table>
<tr><th>组织机构</th><th>合计</th><th>机关</th><th>事业</th><th>企业</th><th>其他</th></tr>
<tr><td>党（工）委</td><td>29</td><td>28</td><td>—</td><td>1</td><td>—</td></tr>
<tr><td>党总支部</td><td>56</td><td>—</td><td>3</td><td>1</td><td>52</td></tr>
<tr><td>党支部</td><td>810</td><td colspan="2">307</td><td>92</td><td>411</td></tr>
</table>

县委重要会议

【全委会议】 中国共产党香河县第十一届委员会第3次全体会议，于2018年1月22日在香河举行。

全会由县委常委会主持。会议听取审议县委书记李桂强代表县委常委会所作的工作报告，书面印发《省委九届六次全会、市委六届四次全会精神传达提纲》和《中共香河县委关于构建大督查机制推动工作落实的意见》。

会议认为，2017年是香河发展进程中极不平凡、极为特殊的一年。这一年，是县委班子换届后的开局之年，肩负着落实新理念、谋划新思路、展示新气象、推进新作为的历史使命。这一年，也是大事难事急事密集纷至、贯穿始终的一年。既要处理好一系列历史遗留问题、扫清障碍，又要抢抓协同发展机遇、审时度势、谋划未来；既要完成上级交办的急难险重任务，又要解决好群众急需解决的突出问题。

会议指出，2017年，县委常委会在市委正确领导下，坚持以习近平新时代中国特色社会主义思想统揽经济社会发展全局，认真贯彻落实党中央和省市委决策部署，本着“把当前的事做好、把长远的事做对”的工作理念，积极抢抓机遇，直面严峻挑战，在把握大势中谋篇布局，在保持定力中精准发力，在聚力攻坚中狠抓落实，提出了一个新的奋斗目标，处理了一系列历史遗留问题，实施了一批重点项目，推进了一系列改革任务的落实，兴办了一批惠民实事，解决了一些影响社会治理的关键问题，创新了一系列党建工作机制，夯实了意识形态工作责任，有力推动了全县经济社会持续健康发展。

会议强调，2017年，县委常委会坚持党领导一切的原则，充分发挥党委总揽全局、协调各方的核心作用，不断提高科学执政、民主执政、依法执政水平，在困难面前不退缩，在压力面前稳住神，在责任面前敢担当，取得了宝贵的经验：一是始终坚持强化“四个意识”。二是始终坚持以人民为中心的发展理念。三是始终坚持打基础、利长远，注重效率、效益、效果。四是始终坚持统筹兼顾抓重点。五是始终坚持高标准抓班子带队伍。

会议明确，2018年工作总的要求是：深入学习贯彻中共十九大和中央经济工作会议、中央农村工作会议精神，全面落实省委九届六次全会、市委六届四次全会工作部署，坚持以习近平新时代中国特色社会主义思想为统领，坚持以人民为中心，坚持新发展理念，大力推进协同发展，大力实施乡村振兴战略，牢牢把握创新驱动、转型升级、基层基础、绿色崛起工作主旋律，全面完成上级党委下达的目标任务，在科技创新、全域旅游、公共服务、基层党建上争一流、出亮点，整体工作上水平，全面建成小康县，在推动高质量发展中加快建设美丽幸福新香河。

会议要求，全县上下必须立足新时代，谋划新思路，争创新业绩，持之以恒，全力以赴，高质量建设美丽幸福新香河：一是高质量推进经济建设，打造创新创业的“美丽幸福新香河”。二是高质量推进城乡统筹，打造品位高端的“美丽幸福新香河”。三是高质量推进民生事业，打造共享共融的“美丽幸福新香河”。四是高质量推进生态建设，打造绿色发展的“美丽幸福新香河”。五是高质量推进从严治党，打造风清气正的“美丽幸福新香河”。

会议号召，全县上下要更加紧密团结在以习近平同志为核心的党中央周围，高举习近平新时代中国特色社会主义思想伟大旗帜，在省市委的坚强领导下，团结带领全县人民，不忘初心，牢记使命，以造福人民为最大政绩，以高质量发展为第一要务，为美丽拼搏，向幸福出发，为加快建设“美丽幸福新香河”、实现全县人民对美好生活的向往而努力奋斗。

【常委会议】 1月9日，县委书记李桂强在县委大楼三层常委会议室主持召开十一届县委第1次常委会议。会议研究审议县委组织部提交的《关于县监察委员会副主任、委员人选的意见》。会议原则通过了县委组织部提交的《关于县监察委员会副主任、委员人选的意见》。

会议议定：张福东、袁德永为县监察委员会副主任人选；崔振起、田兆泉、李永祥、张连瑞为县监察委员会委员人选。由县委组织部负责，按照上级要求履行相关程序，并将县监察委员会副主任、委员人选呈报市纪委审批。对市委组织部下派香河县挂职干部进行任职，会议决定：徐卫征挂职任淑阳镇党委副书记；彭智宏挂职任平安街道办事处党委副书记；张玉柱挂职任安平镇副镇长。挂职期限一年，挂职起始时间从正式到岗工作之时算起。

会议传达学习《中共河北省委关于张家口市及蔚县、康保县扶贫领域突出问题责任追究情况及其教训的通报》。会议议定：全县各级各部门要进一步统一思想、提高认识，准确把握新形势下全面从严治党的新内涵新要求，积极转变工作作风，坚决整治和纠正侵害群众利益的不正之风和腐败问题，持之以恒反对“四风”，不断加强基层基础工作，着力改善民生，切实解决涉及群众切身利益的问题。全县各级各部门要认真吸取张家口市及蔚县、康保县扶贫领域问题教训，举一反三，引以为戒，切实把思想和行动统一到党中央和省、市委决策部署上来，细化帮扶措施、夯实帮扶责任，扎实推进精准扶贫和精准脱贫工作。由县委副书记张玉林牵头，认真梳理近3年的信访工作台账，对受理的信访案件精心分类、仔细研判，将问题逐类分解到相关部门，从体制、机制、政策措施上研究办法，切实解决群众反映集中的生产生活问题。要强化监督执纪问责，将财务审计与巡察监督紧密结合，利用购买社会服务等方式，对各镇、街道、园区及县直各部门全面开展财务审计工作，主动查找微腐败、财务运转等方面问题的线索，健全完善相关制度，弥补体制机制漏洞，确保财务管理规范有序。

1月18日，县委书记李桂强在县委大楼三层常委会议室主持召开十一届县委第2次常委会议。会议传达学习全省农村工作会议、全省扶贫开发工作会议精神。会议要求全县各级各部门要深入学习贯彻中央农村工作会议和全省农村工作会议精神，切实把思想和行动统一到中央和省委重大决策部署上来，增强实施乡村振兴战略的紧迫感、使命感和责任感，抓好乡村振兴战略重点任务的落实，切实推动香河县农业全面升级、农村全面进步、农民全面发展。全县各级各部门要深入学习贯彻全国和省扶贫开发工作会议精神，坚决贯彻落实习近平总书记扶贫开发战略思想，贯彻落实中央和省、市委关于精准脱贫的部署要求，摸清底数、落实政策、建立台账，加大工作力度，严格监督考核，扎实推进脱贫攻坚，确保香河县圆满完成精准扶贫任务。全县各级各部门要认真做好当前六项重点工作：一是由县长王文强牵头，县委常委、常务副县长齐建光参与，相关部门具体负责，加大金融领域风险排查处置力度，对融资平台、各种社会集资、民间小额信贷等认真筛查，有效防范化解金融风险，切实维护金融秩序和社会稳定；二是要坚持问题导向，强化责任担当，深入开展纪律作风整治，特别是窗口单位要认真做好自查整改工作，进一步转变工作作风，切实提高工作效率、工作水平，坚决防止“四风”问题反弹回潮；三是要高度关注群众冬季取暖、农民工工资拖欠、困难群众生活保障、春节期间物资供应等问题，深入推进全县公交一体化改革，切实解决好群众出行问题；四是要把城乡垃圾一体化处置项目摆上重要日程，进一步加快推进，并按照上级要求尽快将安洁垃圾填埋场整改到位；五是要加大春季造林绿化工作力度，提升植树造林品质，确保国、省干道两侧绿化带实现闭合；六是要高度关注退役军人服务工作，及时与市民政局请示沟通，尽快成立香河县退役军人管理服务中心，挂靠县民政局，由局长任主任，主管副职任常务副主任，人社局、武装部等部门主管副职兼任副主任，各镇、街道、园区要尽快成立退役军人管理服务站，由党（工）委副书记任站长，主管副镇长（主任）、武装部部长任副站长，包括有退役军人的村街也要尽快成立退役军人管理服务站，由村支部书记任站长，同时要实行领导包联，制定包联计划和清单，并在春节前召开退役军人座谈会，要通过印发慰问信、发放慰问品等方式对优抚对象和困难户及时进行慰问。

会议研究审议县委办公室提交的《县委十一届三次全会的安排方案》《县委十一届三次全会报告（审议稿）》《中共香河县委关于构建大督查机制推动工作落实的意见》。会议原则通过县委办公室提交的《县委十一届三次全会的安排方案》《县委十一届三次全会报告（审议稿）》〔以下简称《报告（审议稿）》〕《中共香河县委关于构建大督查机制推动工作落实的意见》（以下简称《意见》）。会议议定：定于1月22日上午，召开中国共产党香河县第十一届委员会第三次全体会议，会期半天；由县委办负责，精心组织，周密安排，切实做好会议各项筹备工作，确保会议圆满成功；由县委办负责，结合与会领导意见建议，对《报告（审议稿）》进一步修改完善后，提交县委十一届三次全会审议，会后以县委文件形式印发；《意见》在县委十一届三次全会上印发。

会议研究审议县委组织部提交的《2017年度县委常委民主生活会工作方案》。会议原则通过县委组织部提交的《2017年度县委常委民主生活会工作方案》（以下简称《工作方案》）。会议议定：由县委组织部牵头，相关部门负责，本着高度重视、严谨认真的原则，按照《工作方案》，严格落实民主生活会规定动作，从严从实做好各环节工作。各位县委常委要认真查摆问题、深刻剖析原因，认真撰写领导班子对照检查材料和个人发言提纲，突出主题，求真务实，避免空话套话，确保开出高质量的民主生活会；县人大常委会党组、县政府党组、县政协党组及县法院党组、检察院党组要参照《工作方案》开展好民主生活会。

会议研究审议县委组织部提交的《关于补选县人大代表的情况报告》。会议原则通过了县委组织部提交的《关于补选县人大代表的情况报告》。会议议定：按照政策规定，根据工作需要并结合香河县实际，提名牛静、郭福利为县人大代表补选候选人；由县人大负责，将候选人安排到相应选区，履行补选程序。

会议研究审议县委组织部提交的《关于设立香河县第十五届人民代表大会专门委员会的意见》《关于香河县第十五届人民代表大会专门委员会组成人员的建议名单》。会议原则通过了县委组织部提交的《关于设立香河县第十五届人民代表大会专门委员会的意见》《关于香河县第十五届人民代表大会专门委员会组成人员的建议名单》。会议议定：在县第十五届人民代表大会第二次会议上按法定程序，设立法制、财政经济、环境和资源、教育科学文化卫生4个专门委员会，各专门委员会由5—9人组成，设主任委员1名、副主任委员1—3名，委员3—5名；各专门委员会主任委员、副主任委员、委员人选，由县第十五届人民代表大会第二次会议主席团在代表中提名，经各代表团酝酿后，提请全体会议表决。会议还研究了组织工作相关事宜

1月26日上午，县委书记李桂强在县委大楼三层常委会议室主持召开十一届县委第4次常委会议。会议研究审议县委组织部提交的《关于在县“两会”期间成立临时党委的意见》《香河县十

五届人大二次会议选举办法（草案）》《香河县第十五届人民代表大会第二次会议监察委员会主任候选人建议名单》。会议原则通过了县委组织部提交的《关于在县“两会”期间成立临时党委的意见》《香河县十五届人大二次会议选举办法（草案）》《香河县第十五届人民代表大会第二次会议监察委员会主任候选人建议名单》。会议议定：由县委组织部负责，按照有关规定，严格履行选举程序，认真做好县监察委员会主任选举各项工作；按照国家深化监察体制改革试点工作要求，县纪委书记兼任县监察委员会主任。经1月5日市委常委会研究决定，牛静为县监察委员会主任候选人人选，提请十五届人大二次会议主席团审议通过，经代表充分酝酿后，组织全体代表依法选举。

会议研究审议县人大党组提请审议的《关于召开香河县第十五届人民代表大会第二次会议的请示》《香河县人大常委会工作报告（讨论稿）》。会议原则通过了县人大党组提请审议的《关于召开香河县第十五届人民代表大会第二次会议的请示》和《香河县人大常委会工作报告（讨论稿）》（以下简称《报告（讨论稿）》）。会议议定：定于1月29—31日，在第一城召开香河县十五届人大二次会议，会期三天；由县人大办公室负责，相关部门参与，精心组织，周密安排，认真做好会议各项筹备工作，确保会议圆满成功；由县人大办公室负责，结合与会领导意见建议，对《报告（讨论稿）》进一步修改完善后，提交香河县十五届人大二次会议审议。

会议研究审议县政协党组提请审议的《关于召开政协香河县第九届委员会第二次会议的请示》《香河县政协常委会工作报告（讨论稿）》。会议原则通过了县政协党组提请审议的《关于召开政协香河县第九届委员会第二次会议的请示》和《香河县政协常委会工作报告（讨论稿）》〔以下简称《报告（讨论稿）》〕。会议议定：定于1月29—30日，在第一城召开政协香河县九届二次会议，会期两天；由县政协办公室负责，相关部门参与，精心组织，周密安排，认真做好会议各项筹备工作，确保会议圆满成功；由县政协办公室负责，结合与会领导意见建议，对《报告（讨论稿）》进一步修改完善后，提交政协香河县九届二次会议审议。

会议研究审议县政府党组提请审议的《香河县人民政府工作报告（讨论稿）》《香河县2017年国民经济和社会发展计划执行情况与2018年国民经济和社会发展计划（草案）的报告》《关于香河县2017年全县总预算及县本级预算执行情况和2018年全县总预算及县本级预算草案的报告》《关于2018年全县及县本级收支预算草案情况的汇报》。会议原则通过县政府党组提请审议的《香河县人民政府工作报告（讨论稿）》《香河县2017年国民经济和社会发展计划执行情况与2018年国民经济和社会发展计划（草案）的报告》《关于香河县2017年全县总预算及县本级预算执行情况和2018年全县总预算及县本级预算草案的报告》《关于2018年全县及县本级收支预算草案情况的汇报》。会议议定：由县政府办公室负责，结合与会领导意见建议，对上述文件进一步修改完善后，提交香河县十五届人大二次会议审议；各个报告要统一口径和标准，确保文字和数据权威可靠、准确无误；同时，编制2018年预算工作要实事求是、科学合理、切实可行。

会议研究审议香河县人民法院党组提请审议的《香河县人民法院工作报告（讨论稿）》。会议原则通过了香河县人民法院党组提请审议的《香河县人民法院工作报告（讨论稿）》〔以下简称《报告（讨论稿）》〕。会议议定：由香河县人民法院负责，结合与会领导意见建议，对《报告（讨论稿）》进一步修改完善后，提交香河县十五届人大二次会议审议。

会议研究审议香河县人民检察院党组提请审议的《香河县人民检察院工作报告（讨论稿）》。

会议原则通过了香河县人民检察院党组提请审议的《香河县人民检察院工作报告（讨论稿）》〔以下简称《报告（讨论稿）》〕。会议议定：由香河县人民检察院负责，结合与会领导意见建议，对《报告（讨论稿）》进一步修改完善后，提交香河县十五届人大二次会议审议。

会议研究审议县编办提交的《关于核定部分事业单位和交通局、水务局领导职数的意见》《关于县人民法院设置审判委员会专职委员的意见》《关于调整县委政法委内设机构及职责的意见》《关于调整香河县红十字会管理体制的意见》《关于成立香河县扶贫开发领导小组办公室的意见》《关于增设广播电视节目总编辑和副总编辑职位的意见》《关于县公安局领导职数调整的意见》《关于调整香河县委巡察机构设置的意见》《关于香河县监察委员会组建方案的意见》。会议原则通过了县编委办提交的《关于核定部分事业单位和交通局、水务局领导职数的意见》《关于县人民法院设置审判委员会专职委员的意见》《关于调整县委政法委内设机构及职责的意见》《关于调整香河县红十字会管理体制的意见》《关于成立香河县扶贫开发领导小组办公室的意见》《关于增设广播电视节目总编辑和副总编辑职位的意见》《关于县公安局领导职数调整的意见》《关于调整香河县委巡察机构设置的意见》《关于香河县监察委员会组建方案的意见》。会议议定：由县编办负责，按照上级有关要求，结合香河县实际，对部分单位编制进行调整，确保被调整单位编制和职数科学合理、精简高效。

会议研究审议县纪委提交的《人民检察院拟转隶人员情况报告》。会议原则通过了县纪委提交的《人民检察院拟转隶人员情况报告》。会议议定：香河县人民检察院拟转隶到县监委人员为11人，分别为李永祥、方楠、孙海东、王威（女）、王璧合、张连瑞、赵光举、李志超、吕金顺、孙令敏（女）、古玉红（女）。会后，由县委组织部、编委办、财政局等有关部门负责，为拟转隶人员办理调动手续。

会议还听取了县人大常委会党组、县人民政府党组、县政协常委会党组、县人民法院党组、县人民检察院党组2017年度工作汇报。会议研究了组织工作相关事宜。

2月9日上午，县委书记李桂强在第一城会议室主持召开十一届县委第5次常委会议。会议研究审议县委办公室提交的《2017年度县委常委班子对照检查材料》《关于贯彻执行中央八项规定精神、加强作风建设情况的报告》。会议原则通过了县委办公室提交的《2017年度县委常委班子对照检查材料》（以下简称《对照检查材料》）和《关于贯彻执行中央八项规定精神、加强作风建设情况的报告》（以下简称《报告》）。会议议定：由县委办公室负责，结合与会领导意见建议，对《对照检查材料》和《报告》进一步修改完善后，在2017年度县委常委民主生活会上报告。

会议研究审议县委组织部提交的《2016年度县委常委民主生活会整改措施落实情况和本次民主生活会征求意见情况的报告》。会议原则通过了县委组织部提交的《2016年度县委常委民主生活会整改措施落实情况和本次民主生活会征求意见情况的报告》（以下简称《报告》）。会议议定：由县委组织部负责，结合与会领导意见建议，对《报告》进一步修改完善后，在2017年度县委常委民主生活会上报告。

会议研究审议县政府党组提请审议的《关于第一城酒业有限公司奖励扶持政策设立过渡期的建议》。会议原则通过了县政府党组提请审议的《关于第一城酒业有限公司奖励扶持政策设立过渡期的建议》。会议议定：要严格贯彻落实《国务院关于税收等优惠政策相关规定的通知》（国发〔2015〕25号）文件精神，并按照省审计组关于县委原书记任职期间履行经济责任情况审计报告中提出的整改要求，本着把握节奏、确保稳妥的原则，对第一城酒业有限公司奖励扶持政策设立过渡期，在过渡期内继续执行优惠政策，过渡期不超过10年。

会议研究审议县民政局提交的《关于退役军人管理服务机构建设情况的报告》。会议原则通过了县民政局提交的《关于退役军人管理服务机构建设情况的报告》。会议议定：全县各有关单位和部门要统一思想、提高认识，坚决贯彻落实中央和省、市委决策部署，严格执行“六有四化”标准，切实抓好退役军人管理服务工作；要加强组织领导，强化责任担当，加强政策宣传，坚守政策底线，把握工作尺度，切实做好退役军人思想工作；要尽快完善全县“两站一中心”建设工作，将组织机构、宣传标语等统一制式、统一标准，同时，选配讲政治、顾大局、懂政策、有经验的军队退役转业人员，充实到工作一线，切实发挥好“两站一中心” 服务保障、政策宣传、沟通联系、规范管理等职能作用。

会议传达学习中央纪委十九届二次全会、省纪委九届三次全会、市纪委六届三次全会精神，研究审议县纪委提交的《县纪委十一届二次全会工作报告（审议稿）》《关于县纪委十一届二次全会的安排方案》

会议听取了牛静传达的中央纪委十九届二次全会、省纪委九届三次全会、市纪委六届三次全会精神，原则通过了县纪委提交的《县纪委十一届二次全会工作报告（审议稿）》〔以下简称《报告（审议稿）》〕《关于县纪委十一届二次全会的安排方案》。会议议定：由县纪委负责，结合与会领导意见建议，对《报告（审议稿）》进一步修改完善后，提交县纪委十一届二次全会审议；县委书记在县纪委全会上的讲话要体现政治性、主动性、专业性，要求全县各级各部门要提高政治站位、认清形势任务，积极主动履职尽责，同时，要积极主动探索工作新思路、新举措，创新方式方法，树标杆、塑亮点、出经验、成典型，推动香河县纪检监察工作再上新台阶；定于2月11日下午，召开中国共产党香河县第十一届纪律检查委员会第二次全体会议，会期半天。由县纪委负责，精心组织，周密安排，切实做好会议各项筹备工作，确保会议圆满成功。

会议传达学习中央政法工作会议、全国扫黑除恶专项斗争电视电话会议及省、市政法工作暨扫黑除恶专项斗争电视电话会议精神，研究我县贯彻落实意见。会议议定：拟于近期，对扫黑除恶工作进行专项调度和安排部署，并适时召开香河县政法工作暨扫黑除恶专项斗争会议。要尽快成立领导机构，制订工作方案，由县委政法委负责，精心组织，周密安排，切实做好会议各项筹备工作，确保会议内容务实、主题突出，迅速形成扫黑除恶强大声势和阶段性成效；全县各有关部门要提高思想认识、加强组织领导，全面贯彻落实习近平总书记重要指示和中央、省、市政法工作暨扫黑除恶专项斗争电视电话会议精神，增强使命感、责任感、紧迫感，进一步加强队伍建设、提升队伍形象，强化举措、高效协作、综合治理，为扫黑除恶专项斗争奠定坚实基础。会议还研究了组织工作相关事宜。

2月12日上午，县委书记李桂强在县委大楼三层大会议室主持召开十一届县委第 6 次常委（扩大）会议。会议通报县委常委民主生活会情况，会议议定：全县各级各部门要深入贯彻落实市委副书记李龙讲话精神和指示要求，以2017年度县委常委民主生活会为契机，牢固树立“四个意识”，不忘初心、牢记使命，锐意进取、狠抓落实，聚焦问题整改，敢于担当负责，推动香河经济社会又好又快发展；要及时召开本单位、本部门的组织生活会，深入对照检查，深刻剖析原因，认真开展批评和自我批评，切实把组织生活会开好。

会议传达学习市委办公室印发的《关于推进巡视巡察问题整改常态化长效化的实施办法》文

件精神。会议认真听取县纪委传达的《关于推进巡视巡察问题整改常态化长效化的实施办法》文件精神。会议议定：全县各级各部门要进一步增强思想自觉、压实主体责任，按照文件要求，结合省委巡视组反馈的巡视意见，全力推进巡视巡察问题整改常态化长效化全覆盖，把落实全面从严治党贯穿到主动查纠的全过程，真管真严，敢管敢严，长管常严，注重解决苗头性倾向性问题，持续优化净化党内政治生态；县委巡察办要根据上级有关要求，结合香河县实际，制订实施方案，健全完善共性问题前置整改机制，通过公布问题清单、压实责任主体、认真对照整改、强化督导问责等措施，确保巡视巡察问题整改到位、取得实效。

会议研究审议县委办公室提交的《九届省委巡视反馈意见整改任务和责任清单》。会议原则通过了县委办公室提交的《九届省委巡视反馈意见整改任务和责任清单》。会议议定：由县委办公室负责，结合与会领导意见建议，对《九届省委巡视反馈意见整改任务和责任清单》进一步修改完善后，以县委文件形式印发；由县委主体办负责，及时将省委巡视意见整改情况上报上级有关部门；全县各级各部门要高度重视、主动认领、对号入座，按照整改任务和责任清单，认真落实巡视反馈意见，把解决问题作为当前工作的重中之重，真抓实改，标本兼治，强力推进整改任务落实。

会议研究部署香河县当前重点工作。会议议定：全县各级各部门要认真做好以下工作，一是做好关心困难群众生活工作，要强化责任、精心安排，广泛开展走访慰问、帮扶救助、送温暖等活动，让人民群众有更多的获得感、幸福感；要及时开展农民工工资支付情况专项检查工作，摸清底数、抓紧清欠，严厉打击恶意欠薪行为。二是切实保障节日期间市场供应和平稳运行，发挥市场机制调节和行政监管手段作用，保证重要农副产品市场正常供应，加强价格监管，维护市场秩序；加强食品药品安全风险排查和专项治理，严防发生区域性、系统性食品安全问题。三是丰富群众精神文化生活，采取多种形式和手段深入宣传中共十九大精神，使十九大精神深入人心；要深入开展“扫黄打非”工作，坚决抵制庸俗、低俗、媚俗之风，净化节日文化市场。四是狠抓安全生产责任落实，牢固树立安全发展理念，深入开展安全生产专项整治，突出抓好危险化学品、烟花爆竹、水电气热等重点行业领域安全隐患排查整治，严格落实人员密集场所、易燃易爆场所等重点区域安全防范措施，严防发生重特大安全事故。五是全力维护社会和谐稳定，深入开展社会矛盾纠纷排查化解，妥善处理各类矛盾，及时就地解决信访问题，坚决杜绝群体性事件的发生；加强社会面整体防控，按照“扫黑除恶”工作要求，加大对黑恶势力的打击力度，保障人民群众生命财产安全。六是倡导勤俭文明过节新风尚，坚持理性、文明、健康的消费观和人情观，尚俭戒奢、移风易俗，自觉抵制铺张浪费等不良风气；严肃财经纪律，严禁违反规定发放津贴、补贴、奖金和实物。七是认真做好值守应急工作，严格落实岗位责任、领导外出报备制度，严格执行24小时专人值班和领导干部带班制度，确保节日期间各项工作正常有序运转。会议还听取了县长王文强传达廊坊市七届人大二次会议和政协廊坊市七届二次会议精神。

2月26日下午，县委书记李桂强在县委大楼三层大会议室主持召开十一届县委第7次常委会。会议传达学习省委书记王东峰关于巡视整改工作的指示精神、省委书记王东峰在廊坊调研时的讲话精神。会议议定：全县各有关部门要深入学习贯彻省委书记王东峰关于巡视整改工作的指示精神，增强政治自觉，提高政治站位，紧紧围绕中央第六巡视组巡视河北省提出的“六围绕一加强”要求，进一步强化责任担当，认真抓好省委第九巡视组反馈意见的整改落实，对于巡视移交的违纪问题线索要及时查办，同时要加强巡视问题整改督查，对各方面问题的整改情况及时跟踪督办，督促责任单位对照整改任务和责任清单，深刻剖析原因、严格落实整改，确保各项问题对账销号、逐项落实，并建立常态化、长效化机制，切实将巡视成果转化好、运用好、拓展好；全县各级各部门要进一步统一思想认识、提高政治站位，立足京津冀协同发展大局，积极融入、主动沟通、密切配合，坚决服从主动服务北京城市副中心建设，在对接北京、服务北京中不断推动香河县经济社会各项事业持续健康发展。

会议研究审议县委办公室提交的《关于落实九届省委巡视反馈意见的整改方案》。会议原则通过了县委办公室提交的《关于落实九届省委巡视反馈意见的整改方案》（以下简称《整改方案》）。会议议定：全县各有关部门要高度重视巡视反馈意见整改工作，结合单位工作实际，开展专题调研，深入查摆问题，深刻剖析原因，坚决抓好巡视反馈意见整改落实。要本着近治远防、标本兼治的原则，强化整改措施的针对性、操作性、可行性，不断充实完善整改方案，确保在规定时限内按照上级要求完成各项整改任务。整改任务牵头领导对巡视反馈问题要主动认领、对号入座，落实整改措施要亲自研究、严格把关、认真负责，确保整改工作取得实效。全县各级领导干部要坚持以习近平新时代中国特色社会主义思想为指导，不断强化党的意识、责任意识、规范意识、落实意识，切实推进思想观念转变，更加注重解决重经济、轻党建，重结果、轻过程，重业务、轻管理等方面问题，健全体制机制，创新工作方式方法，以巡视整改工作为契机，不断提升香河县各项工作水平。由县委主体办负责，结合与会领导意见建议，对《整改方案》进一步修改完善后，向上级有关部门呈报。

会议听取副县长刘雪艳汇报香河县春季植树造林安排部署情况。会议议定：全县各有关部门要结合上级目标任务和香河县造林现状，本着科学规划、提升品质的原则，统筹谋划、层层分解，明确造林绿化重点，优化空间布局，进一步提升香河县造林绿化的档次和水平；要将造林绿化工作与交通路网闭合、全域旅游、美丽乡村建设统筹考虑，同时，最大限度保持与北京相连道路绿化带树种和宽度的统一；要积极探索创新造林绿化新模式，本着政府主导、市场运作、全民参与的原则，坚持经济效益、生态效益、社会效益并重，广泛吸引社会资金和资源，形成多主体参与、多种经济成分并存的造林绿化新格局。

会议听取县委农工部汇报 2018 年美丽乡村建设的思路及重点举措。会议议定：明确香河县以新型城镇化建设为抓手、着力加强新民居建设的发展方向，把美丽乡村建设与乡村振兴战略、基层党建、全域旅游等统筹考虑，本着求真务实、实事求是的原则，对近期内不启动新民居建设的保留村街，要尽快完成美丽乡村建设标准整体提升工作，全面提高农村基础设施建设和公共服务设施建设水平，加大农村改厕力度和环境整治力度，进一步营造优美整洁、文明有序的农村环境；由县委副书记张玉林牵头，县委农工部负责，相关部门参与，抓紧制订全县 2018 年美丽乡村建设实施方案，要细化目标任务、明确时间节点、强化工作举措、严格落实责任，确保香河县美丽乡村建设走在全省前列。

会议听取县委常委、政法委书记郭建永汇报全县“两站一中心”（镇、村管理服务站，县退役军人管理服务中心）建设情况、涉军家庭悬挂光荣牌工作情况、重点人员稳控情况。会议议定：全县各有关部门要进一步统一思想、提高站位，高度重视军队退役人员权益保障和政策落实，尽快完成“两站一中心”建设和烈属、军属、退役军人等家庭悬挂光荣牌工作，完善退役军人数据信息采集，建立健全退役军人包联制度，切实把服务军队退役人员各项工作做深、做细、做实；各级领导干部要按照确定的包联制度，尽快与所包联人员进行见面沟通，了解思想动态，宣传有关政策，确保所包联人员不漏管、不失控；退役军人管理服务机构建设要严格按照上级标准，做到硬件完善、人员过硬、资料齐全、制度完备、载体丰富。会议还对乡村振兴工作进行了安排部署。由副县长刘雪艳牵头，充分研究上级有关政策及现代农业新动态，对香河县农业发展情况和流转土地大户利用情况进行调研，并结合香河县实际，对农业产业化、现代化发展重点和方向形成专题报告。

4 月 12 日上午，县委书记李桂强在县委大楼三层大会议室主持召开十一届县委第 8 次常委（扩大）会议。会议听取县长王文强通报香河县 2018 年第一季度经济社会发展情况，安排部署当前重点工作。会议议定：

全县各级各部门要正确对待巡视整改，积极推进相关工作。一是要端正态度、提高认识，继续强化整改落实。对于巡视组反馈的问题，要进一步提高站位、认真对待，按照属人属事的原则，持续深入推进整改工作，高标准、高质量全面落实整改任务。二是要标本兼治、举一反三，建立健全长效机制。要坚持近治远防、破立并举，既注重“当下改”，又注重“长久立”，在集中解决巡视发现突出问题的同时，推动形成解决问题的长效机制，防止问题反弹回潮、卷土重来。三是要巩固成果、放大效应，严格落实主体责任。要以巡视整改为契机，不断强化全面从严治党和党风廉政建设的主动性、创造性，严格落实党委（党组）主体责任，坚持党要管党、从严治党。同时，要结合巡视整改，启动对全县乡科级单位审计全覆盖，涉及的部门要正确认识、高度重视、积极配合，决不能有抵触情绪，发现问题要立足自我、及时整改。每个专项审计组至少要配备一名审计局人员监督相关工作，审计完成后要形成审计报告，由政府相关部门依据审计报告督促整改，整改工作不积极不主动不到位的，要把有关问题、整改情况、督促整改情况列入县纪委巡察重点内容。全县各级领导干部要继续强化“四个意识”，坚定政治信仰，从善于看清事物本质、善于把握发展方向、明辨是非对错、顾全大局、保持定力五个方面进一步提高政治能力，强化自我约束，严于律己，增强政治敏锐性、敏感性、鉴别力，切实做到忠诚、干净、务实、担当。全县各级领导干部要注重加强作风修养、道德修养和能力修养，坚决反对自由主义、官僚主义、形式主义、本位主义，始终坚持担当干事、鼓励干事、保护干事，带头树正气、讲团结、亘形象，成为正能量的践行者、引领者和传播者。全县各级各部门要进一步集中精力干事，抢抓机遇发展。一是要统一思想、放下顾虑，在谋事干事成事上下功夫。在等待上级统一部署机构改革的同时，提前进入角色，本着精简高效、加强“放管服”的原则，调整工作理念、创新方式方法、完善体制机制，积极努力推进改革。各单位主要领导要做好干部职工的思想引领工作，把声音传导下去，解疑释惑、凝聚共识，确保思想不乱、工作不断、队伍不散、干劲不减。二是要丰富载体、真抓实干，在科技创新、全域旅游、公共服务、基层党建四个方面争一流、出亮点。三是要明确职责、传导压力，在加强督促落实上下功夫。县级领导要根据工作需要、分包事项、工程进度等，牵头进行调度，定期报送进度，推动各项工作落实。各单位主要负责人要按照职责分工，运用好督查工作机制，深入一线、亲自上手，明察暗访、严督实查，认真完成开会议定事项、上级交办任务。会议还传达学习了全国“两会”精神、习近平总书记关于国家安全观的论述、市委关于机构改革期间严肃有关纪律的通知精神，听取县委常委、纪委书记、监委主任牛静介绍纪委处理信访件的方式和程序

4月12日上午，县委书记李桂强在县委大楼三层常委会议室主持召开十一届县委第9次常委会议。会议研究审议县委办公室提交的《2018年县级领导分包重大事项、重点工程和重点项目表》。会议原则通过了县委办公室提交的《2018年县级领导分包重大事项、重点工程和重点项目表》。会议议定：由县委办公室负责，结合与会领导意见建议，对《2018年县级领导分包重大事项、重点工程和重点项目表》进一步修改完善后，以县委办公室文件形式印发执行；各分包县领导要切实担负起责任，集中精力，主动作为，牢固树立“一盘棋”思想，在做好日常分管工作的基础上，对相关重大事项、重点工程、重点项目进行协调、调度、督导，全力以赴抓好分包工作推进。

会议研究审议县政府党组提请审议的《关于推进安全生产领域改革发展的实施意见》。会议原则通过了县政府党组提请审议的《关于推进安全生产领域改革发展的实施意见》。会议议定：由安监局负责，结合与会领导意见建议，对《关于推进安全生产领域改革发展的实施意见》进一步修改完善后，以县委、县政府文件形式印发执行；全县各有关部门要深入贯彻落实上级有关精神，结合香河实际，加强组织领导，落实工作责任，明确时间节点，确保安全生产领域改革发展各项举措和工作要求落实到位。

会议研究审议县政府党组提请审议的《关于继续聘任门德志同志为县人民医院院长并实行目标管理责任制的请示》。会议原则通过了县政府党组提请审议的《关于继续聘任门德志同志为县人民医院院长并实行目标管理责任制的请示》。会议议定：继续聘任门德志为县人民医院院长，聘期5年（2018年3月26日至2023年3月26日），实行任期内目标管理责任制。

会议研究审议县政府党组提请审议的《香河县新建住宅配套建设教育设施管理办法》。会议原则通过了县政府党组提请审议的《香河县新建住宅配套建设教育设施管理办法》（以下简称《管理办法》）。会议议定：由县教育局负责，结合与会领导意见建议，对《管理办法》进一步修改完善后，以县政府文件形式印发执行；由县教育局负责，具体抓好以下工作，一是严格落实《管理办法》有关规定，督促新建住宅开发建设单位及时、无偿移交验收达标的配套建设教育设施，教育局接收后，要按生源入学需求，有序组织开办中小学校、幼儿园。二是相关部门参与，对《管理办法》印发前的房地产项目配建教育设施用途去向进行清查，未用于教育事业的，要尽快制定移交管理使用意见和制约机制，并形成专题报告，同时督促建设单位将配建教育设施尽快移交给相关部门，用于公办教育。

会议研究审议县政府党组提请审议的《香河县公务用车使用管理制度》。会议原则通过了县政府党组提请审议的《香河县公务用车使用管理制度》。会议议定：由财政局负责，对《香河县公务用车使用管理制度》进一步修改完善后，以县委办公室、县政府办公室文件形式印发执行。

会议研究审议县政府党组提请审议的《关于普通商品住房项目配建公共住房比例的请示》。会议原则通过了县政府党组提请审议的《关于普通商品住房项目配建公共住房比例的请示》。会议议定：按照上级有关文件精神，将香河县普通商品房配建公共住房比例提高至3%，其中，配建总量的20%可适当放宽单套面积控制。此后配建的公共住房，在满足保障需求的情况下，可用于棚户区（危房、城中村）改造等安置用房或周转用房。

会议研究审议县委组织部提交的《全县村（社区）“两委”换届工作实施方案》。会议原则通过了县委组织部提交的《全县村（社区）“两委”换届工作实施方案》。会议议定：由县委组织部负责，结合与会领导意见建议，对《全县村（社区）“两委”换届工作实施方案》进一步修改完善后，以县委办公室文件形式印发执行；由县委组织部负责，县委宣传部、县民政局参与，在充分做好换届前期准备工作的基础上，加强政策宣传，切实为全县村（社区）“两委”换届工作营造良好的舆论氛围；要精心谋划、深入调研，细化方案、统筹安排，做好选举环节衔接和细节把握，确保村（社区）“两委”实现最大化交叉任职；要按照“难易难”的顺序，对急需调整的村（社区）“两委”班子先行启动试点，积累经验，总结完善，确保圆满完成换届选举任务。

会议研究审议县委组织部提交的《关于规范和加强党组工作的意见》。会议原则通过县委组织部提交的《关于规范和加强党组工作的意见》。会议议定：由县委组织部负责，对《关于规范和加强党组工作的意见》进一步修改完善后，以县委文件形式印发执行。

会议研究审议县委组织部提交的《关于违法、违纪、违规、违信党员的处置办法》。会议原则通过县委组织部提交的《关于违法、违纪、违规、违信党员的处置办法》。会议议定：由县委组织部负责，对《关于违法、违纪、违规、违信党员的处置办法》进一步修改完善后，以县委文件形式印发执行。

会议研究审议县委组织部提交的《2018年全县人才工作要点》。会议原则通过县委组织部提交的《2018 年全县人才工作要点》。会议议定：由县委组织部负责，对《2018 年全县人才工作要点》进一步修改完善后，以县委办公室文件形式印发执行。

会议研究审议县委组织部提交的《关于 2017 年度乡科级领导班子和领导干部考核结果的情况报告》。会议原则通过县委组织部提交的《关于 2017 年度乡科级领导班子和领导干部考核结果的情况报告》。会议议定：由县委组织部负责，将考核结果以县委干部考核领导小组文件形式通报全县，并履行相应奖励措施；待 2017 年度省、市对县考核各单项指标成绩确定并公布后，再依据《香河县乡科级领导班子和领导干部考核评价激励奖惩的意见》规定，对承担省、市对县考核指标的县直部门领导班子和主要负责人予以奖励；由县委组织部负责，根据 2018 年全县发展形势变化需要，继续完善乡科级领导班子和领导干部考核办法，在治理违法占地、违法建筑等方面，制定科学合理的考核评价指标体系，同时强化村干部考核，确保基层干部切实发挥作用。

5 月 4 日下午，县委书记李桂强在县委大楼三层常委会议室主持召开十一届县委第 10 次常委会议。会议研究审议县委农工部提交的《关于深入推进乡村振兴战略的实施意见》《香河县 2018 年美丽宜居乡村建设实施方案》。会议原则通过县委农工部提交的《关于深入推进乡村振兴战略的实施意见》（以下简称《实施意见》）、《香河县 2018 年美丽宜居乡村建设实施方案》（以下简称《实施方案》）。会议议定：《实施意见》所定目标要结合实际，切实可行，并将财政资金适当向农村倾斜，以镇、街道、园区为单位，用于“三农”事业；要尽快完善审批程序，规范资金拨付，加快推动乡村振兴战略实施。由县委农工部负责，结合与会领导意见建议，对《实施意见》进一步修改完善后，以县委文件形式印发执行。由县委副书记张玉林牵头，进一步加大美丽乡村建设力度，要本着实用、经济、统一、高效的原则，继续推进农村“硬化、亮化、绿化、美化”建设，并将建筑风貌、建设标准、标志标识相统一，完善审批程序，提高工作效率，降低资金风险，确保年底实现美丽乡村建设全覆盖。由县委农工部负责，结合与会领导意见建议，对《实施方案》进一步修改完善后，以县委文件形式印发执行。

会议研究审议县发改局提交的《关于 2018 年在全县开展“双创双服”活动的实施意见》。会议原则通过了县发改局提交的《关于 2018 年在全县开展“双创双服”活动的实施意见》（以下简称《实施意见》）。会议议定：由县发改局负责，结合与会领导意见建议，对《实施意见》进一步修改完善后，以县委文件形式印发执行。全县各级各部门要统一思想、提高站位，深入贯彻落实省、市“双创双服”活动各项部署要求，结合香河实际，探索创新、务实担当，加快推动香河县实现高质量发展，具体抓好以下工作。一是要把“双创双服”活动和日常工作紧密结合，争一流、出亮点，确保各项工作上水平、上档次。二是县发改局要充分发挥参谋助手作用，及时提醒、协调、督促各牵头单位、责任单位按时完成各项任务目标。三是要加强舆论宣传，相关部门要通过多种方式，及时向社会、服务对象宣传“双创双服”活动相关政策、举措和成效，同时，要及时总结并向上级有关部门反馈香河县“双创双服”活动开展情况。

会议研究审议县纪委提交的《香河县巡视巡察整改暨“一问责八清理”专项行动整改“回头看”实施方案》《香河县扶贫领域腐败和作风问题专项治理整改“回头看”实施方案》。会议原则通过县纪委提交的《香河县巡视巡察整改暨“一问责八清理”专项行动整改“回头看”实施方案》《香河县扶贫领域腐败和作风问题专项治理整改“回头看”实施方案》。会议议定：由县纪委负责，结合与会领导意见建议，对上述文件进一步修改完善后，以县委办公室文件形式印发执行；由县纪委负责，各责任单位参与，按照上级有关要求，结合香河县实际，对省委巡视组巡视反馈意见整改、“一问责八清理”专项行动整改、扶贫领域腐败和作风问题专项治理整改情况开展“回头看”，要认真对照检查，强化责任担当，巩固深化巡视和专项治理成果，确保上级重大决策部署落地见效。

会议听取县环保局提交的关于省委第六督查组交办环保问题整改情况的汇报。会议议定：由县监委负责，根据省委第六督查组交办环保问题性质，对相关单位和责任人提出问责意见；县政府要尽快制订城乡环境大整治集中行动实施方案，将上级有关安排部署、美丽乡村建设、垃圾清理、“散乱污”企业治理、水污染治理等统筹结合，积极动员各方力量，加快补齐香河县城乡人居环境短板，为建设美丽幸福新香河奠定坚实基础；要加快雨污分流、小友垡排干渠治理、污水处理厂等治污工程施工进度，同时深入推进“散乱污”企业治理，严格落实责任，始终保持高压态势，严防“散乱污”企业死灰复燃；要全面落实“河长制”，加大巡查力度，细化任务分工，加强河道整治和河流保护工作，全面推动“河长制”各项措施落实见效；由县水务局负责，在污水治理基础上，制订全县水系治理方案，将全县沟渠坑塘联结成网，打造岸绿景美水清的“北方水乡”；会后，由县委办公室、县大督查办公室负责，将县委常委会议研究议定环保问题情况向省委第六督查组进行反馈。

会议听取县扶贫办关于全县扶贫工作情况的汇报。会议议定：全县各有关部门要高度重视扶贫脱贫工作，精心组织，周密部署，强化举措，力争年底前实现全部脱贫。工作中要切实做到“三个到位”：一是责任到位。各包联县领导要在一周内到所分包贫困户家中进行走访，了解实际情况，宣传解读相关政策，制订精准脱贫方案；各牵头单位要强化扶贫职责，发挥职能作用，运用行业资源，落实扶贫政策；各帮扶工作组要履职尽责，克服畏难情绪，深入扎实细化实施各项扶贫举措。二是宣传到位。要在精准把握扶贫政策的基础上，及时向社会、扶贫对象宣传扶贫政策、举措及成效，教育引导贫困户转变观念，增强脱贫工作的积极性和主动性。三是措施到位。由县民政局负责，镇、街道、园区及村、街参与，针对致贫原因，尽快制订切实可行的“一户一策”脱贫方案。

会议研究审议县委办公室提交的《关于印发县委书记、副书记、常委工作分工的通知》《关于印发县领导分包镇、街道、园区的通知》。会议原则通过县委办公室提交的《关于印发县委书记、副书记、常委工作分工的通知》《关于印发县领导分包镇、街道、园区的通知》。会议议定：由县委办公室负责，结合与会领导意见建议，对《关于印发县委书记、副书记、常委工作分工的通知》《关于印发县领导分包镇、街道、园区的通知》进一步修改完善后，分别以县委、县委办公室文件形式印发执行。

6月14日晚，县委书记李桂强在县委大楼三层常委会议室主持召开十一届县委第11次常委会议。会议传达学习省委常委、纪委书记、监委主任梁惠玲在香河调研时的讲话精神。会议议定：全县各级各部门要认真学习领会梁惠玲在香河调研时的讲话精神，紧密结合县委、县政府有关工作要求，制定具体落实举措。由县纪委负责，总结香河县村级财务审计和巡察工作的经验做法，形成报告，上报上级相关部门；由县委常委、常务副县长齐建光牵头，对乡科级单位财务审计聘请的审计机构加强监管，促其以严谨负责的态度认真查找问题，切实将全面从严治党要求落实到“账本”上；由县委副书记张玉林，县委常委、政法委书记郭建永牵头，对扶贫领域解决报销目录以外药费救助机制进行探索，切实完善大病兜底保障机制，解决好因病致贫问题；全县各级各有关部门要落实防汛责任，加强分析研判，强化防汛措施，确保全县安全度汛。

会议研究审议县委办公室提交的《中国共产党香河县委员会工作规则》《中共香河县委常委会议事决策规则》。会议原则通过了县委办公室提交的《中国共产党香河县委员会工作规则》(以下简称《工作规则》)、《中共香河县委常委会议事决策规则》(以下简称《议事决策规则》)。会议议定：要统一思想、提高站位，深入学习贯彻习近平新时代中国特色社会主义思想和中共十九大精神，认真落实全面从严治党要求，加强和改进县委及常委会工作，不断提高议事决策的科学化、民主化、制度化和法治化水平。领导干部要带头遵守和执行《工作规则》和《议事决策规则》，按照职责分工，及时提醒、定期研究有关工作；由县委办公室负责，结合与会领导意见建议，对《工作规则》《议事决策规则》进一步修改完善后，以县委文件形式印发执行。

会议研究审议县委办公室提交的《中共香河县委全面深化改革领导小组2018年工作要点》《中共香河县委办公室关于贯彻落实党的十九大精神推进全面深化改革的实施意见》。会议原则通过了县委办公室提交的《中共香河县委全面深化改革领导小组2018年工作要点》(以下简称《工作要点》)、《中共香河县委办公室关于贯彻落实党的十九大精神推进全面深化改革的实施意见》(以下简称《实施意见》)。会议议定：全县各级各部门要以习近平新时代中国特色社会主义思想为指导，强化改革意识、创新意识，坚决贯彻党中央和省、市委各项改革决策部署，补齐重大制度短板，抓好改革任务落实，巩固拓展改革成果，为新时代率先全面建成小康县、建设美丽幸福新香河提供强大动力；《工作要点》《实施意见》既要认真贯彻落实上级改革精神，又要紧密结合香河实际，确保内容务实、丰富、有特色、操作性强，创造性地把上级政策落地落实；由县委改革办负责，结合与会领导意见建议，对《工作要点》《实施意见》进一步修改完善后，分别以县委全面深化改革领导小组文件、县委办文件形式印发执行。

会议研究审议县委办公室提交的《中共香河县委关于落实全面从严治党和加强党风廉政建设主体责任的实施意见》。会议原则通过了县委办公室提交的《中共香河县委关于落实全面从严治党和加强党风廉政建设主体责任的实施意见》(以下简称《实施意见》)。会议议定：全县各级领导干部要认真贯彻落实中共十九大精神、习近平总书记关于全面从严治党和党风廉政建设的系列重要讲话精神，进一步落实全面从严治党和加强党风

共香河县委巡察工作实施办法》进一步修改完善后，以县委文件形式印发；要在乡科级单位审计全覆盖基础上，强化党内监督，严肃党内政治生活，净化党内政治生态，推进全面从严治党向纵深发展；要进一步提高香河县巡察工作科学化、制度化、规范化水平，突出政治巡察，边查边改，立行立改，实现巡察常态长效。

会议研究审议县委组织部提交的《香河县关于深化人才发展体制机制改革助力创新驱动、促进转型升级的实施意见》《香河县关于实行人才工作目标责任制的实施意见》《香河县县管优秀专家和县域特色人才选拔管理办法》。会议原则通过了县委组织部提交的《香河县关于深化人才发展体制机制改革助力创新驱动、促进转型升级的实施意见》《香河县关于实行人才工作目标责任制的实施意见》《香河县县管优秀专家和县域特色人才选拔管理办法》。会议议定：由县委组织部负责，结合与会领导意见建议，对原则通过的三个文件调整充实完善后，以县委文件形式印发执行；要充分调动各级各部门做好人才工作的积极性、主动性和创造性，凝聚人才工作齐抓共管的合力，促进人才工作各项目标任务的落实；要坚持党管人才原则，实施人才强县战略，调动各类人才的积极性和创造性，发挥香河县各行业领军人才聪明才智，保护、弘扬县域传统特色文化，加速构建充满生机和活力的人才选拔管理机制。

会议传达学习全市村（社区）“两委”换届推进会议精神，研究香河县贯彻落实意见。会议议定：定于7月17日（星期二）下午，召开全县村（社区）“两委”换届工作调度会议。要按照上级有关要求，高度重视、立即启动，坚持稳定、有序的基本原则，严格程序、严格标准，高标准推进村（社区）“两委”换届工作。要把村街“两委”换届作为全面加强党的建设、推动全面从严治党向基层延伸、构建新型基层治理体系、推进治理体系和治理能力现代化的重要环节。要进一步强化党的领导，切实发挥镇、街道、园区党（工）委的主导作用，牢牢把握换届工作的主动权，用正确思想观念教育引导群众，不断强化党组织的核心领导地位，切实发挥农村基层党组织的战斗堡垒作用。

会议研究审议县委组织部提交的《香河县乡科级领导班子和领导干部年度综合考核评价办法》。会议原则通过了县委组织部提交的《香河县乡科级领导班子和领导干部年度综合考核评价办法》。会议议定：由县委组织部负责，结合与会领导意见建议，对《香河县乡科级领导班子和领导干部年度综合考核评价办法》进一步修改完善后，以县委文件形式印发执行；要认真贯彻落实习近平总书记关于干部考核工作系列重要讲话精神和上级有关要求，着力改进和完善干部考核评价机制，健全科学合理、有效管用的干部综合考核评价体系，充分发挥考核工作“指挥棒”和“风向标”作用，为激励干部干事创业提供制度保障。

会议研究审议县委宣传部提交的《2018年上半年意识形态工作情况》。会议原则通过了县委宣传部提交的《2018年上半年意识形态工作情况》。会议议定：全县各级各部门要高度重视意识形态工作，深入学习贯彻习近平总书记关于意识形态工作重要指示精神，树牢和践行“四个意识”，提高政治站位和政治自觉，完善工作措施，强化责任担当，有力有效提升意识形态工作水平，按照创新、务实的原则，形成上下联动、齐抓共管的工作格局，推动中央和省、市委重大决策部署落地见效。

会议研究审议县委农工部提交的《关于稳步推进农村集体产权制度改革试点的实施方案》。会议原则通过了县委农工部提交的《关于稳步推进农村集体产权制度改革试点的实施方案》。会议议定：由县委农工部负责，结合与会领导意见建议，对《关于稳步推进农村集体产权制度改革试点的实施方案》进一步修改完善后，以县委文件形式印发执行；由县委副书记张玉林牵头，立即启动，全面安排部署农村集体产权制度改革工作。要高度重视、认真负责、依法依规、稳妥推进，按照先易后难的原则，把农村集体产权制度改革与法规政策宣传相结合，与清理出租承包合同相结合，与完善村民自治制度相结合，既突出重点又统筹兼顾，确保此项工作扎实有序推进。

会议研究审议县委组织部提交的《关于省委巡视反馈问题涉及组织工作整改进展情况报告》《关于进一步加强退出领导岗位科级干部管理的暂行办法》。会议原则通过了县委组织部提交的《关于省委巡视反馈问题涉及组织工作整改进展情况报告》《关于进一步加强退出领导岗位科级干部管理的暂行办法》。会议议定：由县委组织部负责，严格按照省委巡视问题整改的有关要求，坚持问题导向，完善制度机制，从细从严从实抓好党建工作，高质量完成整改工作任务。针对私设机构、超职数配备科级领导干部、干部选拔任用不规范、个别干部“三龄两历一身份”存疑等问题进行认真核实，严格制定整改措施，按有关规定和程序及时沟通上报，按时完成整改。同时，建立相应机制，巩固整改成果，保证巡视整改工作常态长效。

会议还原则通过了县人大党组提交的《关于建立县政府向县人大常委会报告国有资产管理情况的办法》。传达了市委对整改“回头看”工作责任落实不力进行提醒约谈的有关精神。研究了组织工作相关事宜。

7 月 30 日上午，县委书记李桂强在县委大楼三层大会议室主持召开十一届县委第 13 次常委（扩大）会议。会议传达学习习近平总书记在十九届中央政治局集体学习时的讲话、全国生态环境保护大会和全省生态环境保护大会精神、河北省经济发展推进会议精神、河北省全面从严治党专题研讨班精神，全县各级各部门要坚持学习。县领导要根据上级要求和工作实际，认真学习贯彻落实上级政策文件、规章制度。要教育引导下级党员干部认真学习、深刻领会，严格落实各项制度规定和纪律要求，确保上级党委和县委各项重大决策部署落地落实。全县各级各部门要切实增强政治意识，把党的政治建设摆在首位，推进全面从严治党。各级领导干部要带头旗帜鲜明讲政治，坚定不移加强党的全面领导，坚持不懈推进党的建设。要把准政治方向，牢固树立“四个意识”，不断增强“四个自信”，始终做到“四个服从”，把坚持正确的政治方向贯彻到谋划思路、部署任务、推进工作的实践中，学好政治理论，坚定政治方向，夯实政治根基，严明政治纪律，履行政治责任。要站稳政治立场，践行以人民为中心的发展理念，坚持问题导向，深入调查研究，着力解决好群众关心的热点难点问题，让人民群众的获得感、幸福感、安全感更加充实、更有保障、更可持续。要加强能力建设，坚持用马克思主义世界观方法论武装头脑、指导工作，提升政治能力，增强“八个本领”，善于从政治的高度研究问题、分析问题、解决问题。要突出政治标准，坚持正确选人用人导向，以忠诚为核心，为民为宗旨，务实为关键，清廉为底线，选优配强各级领导班子，打造高素质干部队伍。要推进正风肃纪，认真落实“两个责任”，不断深化省委巡视问题整改、巡视巡察“回头看”、乡科级财务审计等工作，坚持把党建和中心工作一起谋划、一起部署、一起督查。

会议学习《关于新形势下党内政治生活的若干准则》《中国共产党党内监督条例》《中国共产党巡视工作条例》《被巡视党组织配合中央巡视工作规定》《中央巡视工作规划（2018—2022 年）》。会议要求：全县各级各部门要高度重视，开好高质量的巡视整改专题民主生活会和组织生活会。要认真研读《关于新形势下党内政治生活的若干准则》《中国共产党党内监督条例》等文件，深刻领会精神实质。要坚持读原著、学原文、悟原理，坚持联系思想和工作实际，确保学习质量，为开好专题民主生活会和组织生活会打牢思想基础。要按照省委要求，深入学习领会习近平新时代中国特色社会主义思想和中共十九大精神，重点学习领会以习近平同志为核心的党中央关于巡视工作的新部署新要求，深刻领会省委巡视反馈意见和整改要求，切实做到认识到位、整改到位。要对照“八个方面问题”，深刻剖析，认真撰写个人对照检查材料，做好批评与自我批评。

会议传达学习《地方党政领导干部安全生产责任制规定》，研究香河县贯彻落实意见。会议议定：全县各有关部门要切实做好安全生产工作，认真履职尽责，查漏补缺、补齐短板，认真学习《地方党政领导干部安全生产责任制规定》，坚持把安全生产工作摆上重要议事日程，切实抓深抓细抓实。要推动建立健全“党政同责、一岗双责、齐抓共管”的安全生产责任体系，坚持“安全第一、预防为主、综合治理”的安全生产基本方针，抓好宣教培训、开展安全生产大检查、提高应急处置能力等重点工作，不断强化事前预防，有效杜绝安全隐患。

会议传达学习第三届河北省旅游产业发展大会精神，研究香河县贯彻落实意见。会议议定：全县各有关部门要深入贯彻落实全省旅游产业发展大会精神，切实做好全域旅游工作，围绕“八个突破”，不断完善旅游基础设施，着力加大重点旅游项目建设力度，确保香河县全域旅游工作走在全省前列。要抓紧推进 2019 年“两河”湿地公园验收，打造全域旅游重要风景线。要把乡村旅游与美丽乡村相结合，打造精品片区。要将旅游环线建设与公交一体化统筹考虑，点、线、面结合，全方位推进全域旅游。

会议传达学习省“两办”《关于深化统计体制改革提高统计数据真实性实施意见》，研究香河县贯彻落实意见。会议议定：全县各有关部门要准确把握上级要求，理清思路，突出重点，进一步加强基层统计标准化、规范化建设，夯实源头数据质量，做到源头数据统准统实、数出有据。要强化执法意识，加强统计执法，切实做到依法统计。

7 月 31 日下午，县委书记李桂强在县委大楼三层常委会议室主持召开十一届县委第 14 次常委会议。会议听取县委办关于《省委巡视整改及整改“回头看”工作相关情况》汇报。会议议定：全县各级各部门要高度重视省委巡视反馈问题整改工作，进一步提高政治站位、强化政治担当，把巡视整改作为一项严肃的政治任务、政治责任，高度负责尽责、抓紧抓实抓好。要按照上级有关要求，与省委巡视办积极沟通对接后续有关事项，继续深入推进整改工作落实。全县各有关部门要严格按照《香河县巡视整改“回头看”工作方案》要求，扎实推进省委巡视反馈意见整改落实情况“回头看”工作，确保省委巡视反馈意见整改取得实效。对 4 个大类 14 个方面问题中，已整改完成的 25 个问题，要举一反三，建立长效机制。对基本完成的 6 个、未完成的 4 个问题，要集中精力攻坚克难，推动问题尽快整改到位。对巡视移交的问题线索要认真核查处置，做到“件件有着落”。

会议听取县委宣传部传达全市网络安全和信息化工作会议精神及全县网信工作开展情况。会议议定：全县各有关部门要高度重视网络安全和信息化工作，完善工作机制，强化队伍建设，加大设备投入，加强网络监管，及时处置违法行为，切实提高全县网络安全和信息化工作水平。县网信办要在原有工作基础上，积极探索创新，加大网络宣传力度，提高网络安全防护能力，做好网络舆论方向性引导，不断加强自媒体管理，为香河县经济社会发展提供安全的网络环境和舆论支持。由县委常委、常务副县长齐建光牵头，要加大智慧城市建设力度，充分发挥信息化创新引领作用，加强基础设施建设，实现信息网络城乡全覆盖；要加强资源整合和创新应用，推进大数据产业与实体经济融合，优化完善县行政审批服务中心网上审批与服务系统建设；要实施网络惠民工程，确保市民可享受到网络化一站式服务。由县政府牵头，县委常委、宣传部部长焦国强，副县长闫明杰负责，对香河县近期出现的垃圾填埋场相关舆情进行处置。要迅速成立专门班子，积极应对问题，加强舆情监控，避免恶意炒作，防止舆情蔓延扩大。同时，组织相关单位做好群众工作，及时梳理发布正面信息。要深入挖掘事件背后组织策划者，依法严厉打击造谣者，净化舆论环境。

会议研究审议县委组织部提交的《县委常委巡视整改专题民主生活会工作方案》。会议原则通过了县委组织部提交的《县委常委巡视整改专题民主生活会工作方案》(以下简称《方案》)。会议议定：由县委组织部负责，结合与会领导意见建议，对《方案》进一步修改完善后，报上级相关部门审核。要按照上级有关要求，严格落实民主生活会各项规定动作，从严从实做好各环节筹备工作。县委常委要立即着手安排，对照“八个方面问题”，结合思想和工作实际深刻剖析，认真撰写个人对照检查材料，确保开出高质量的民主生活会。会议还研究了组织工作相关事宜。

8 月 13 日下午，县委书记李桂强在县委大楼三层大会议室主持召开十一届县委第 15 次常委（扩大）会议。会议传达学习《习近平同志在全国组织工作会议上的讲话》。会议议定：全县各有关部门要充分学习领会新时代党组织路线的科学内涵和实践要求，全面贯彻落实全国组织工作会议精神，加强政治建设、基层组织建设、干部工作体系建设、人才队伍建设和优秀年轻干部选拔培养，积极探索创新，切实担负起责任，把每条战线、每个领域、每个环节的党建工作抓具体、抓深入，把每一个基层党组织都打造成坚强的战斗堡垒。

会议传达学习《中宣部关于正确认识妥善应对中美经贸摩擦的学习资料》。会议议定：全县各级各部门要正确认识妥善应对中美经贸摩擦，严格落实党委（党组）意识形态工作责任制，结合实际做好舆论引导和解疑释惑工作，及时准确传达党中央精神，广泛凝聚正能量。对网上出现的噪音杂音，要坚决拦截过滤、及时清理删除，为经济社会又好又快发展营造良好的舆论环境和社会环境。

会议传达学习《省委关于进一步规范党员干部网络行为的意见》。会议议定：全县各级党员干部特别是领导干部要以身作则，牢固树立“四个意识”，坚决落实文件要求，在网络上严守政治纪律和政治规矩，发挥党员的模范带头作用，规范网络行为，防范杜绝一切网络不当行为的发生。

会议传达学习市扶贫工作会议精神，研究香河县贯彻落实意见。会议议定：全县各级各部门要进一步提高政治站位，切实发挥好扶贫工作专班作用，落实好帮扶第一责任人制度。坚决做好相关问题整改，做实做细产业就业扶贫、健康扶贫、助残扶贫、教育扶贫、社保兜底扶贫、危房改造扶贫等各项工作。要全面增强工作主动性，积极与上级相关部门沟通对接，切实提高工作的针对性和有效性，坚决按照国家和省市相关要求，不折不扣完成香河县扶贫脱贫任务。

8 月 16 日下午，县委书记李桂强在县委大楼三层常委会议室主持召开十一届县委第 15 次常委会议。会议听取县委组织部提交的《2017 年度县委常委民主生活会整改措施落实情况和本次民主生活会征求意见情况的报告》。会议议定：由县委组织部负责，结合与会领导意见建议，对《2017 年度县委常委民主生活会整改措施落实情况和本次民主生活会征求意见情况的报告》进一步修改完善后，由县委常委、组织部部长王宏民在县委常委巡视整改专题民主生活会上报告。

会议传达学习省、市村（社区）“两委”换届工作动员会议精神。会议议定：全县各有关部门要高度重视香河县村（社区）“两委”换届工作，按照上级有关要求，强化党的领导，严把政治标准，严肃换届纪律，严格组织程序，切实把村（社区）“两委”班子选优配强。要协调联动，将村（社区）“两委”换届工作与扫黑除恶工作相结合，把法治、政策宣传贯穿始终，高标准、高质量推动村（社区）“两委”换届工作，确保换稳换好。要优化村（社区）“两委”班子队伍结构，确保村党组织书记年龄、学历、致富带头人等结构比例达到上级要求。

会议研究审议县委办公室提交的《县委常委班子巡视整改专题民主生活会对照检查材料》。会议原则通过县委办公室提交的《县委常委班子巡视整改专题民主生活会对照检查材料》（以下简称《对照检查材料》）。会议议定：由县委办公室负责，结合与会领导意见建议，对《对照检查材料》进一步修改完善后，由县委书记李桂强代表县委常委班子在县委常委巡视整改专题民主生活会上报告。

会议传达中央第十五巡视组向河北省委反馈意见主要精神，研究审议香河县《落实中央巡视组反馈意见整改工作方案》。会议认真听取了中央巡视组向省委反馈意见主要精神，原则通过了香河县《落实中央巡视组反馈意见整改工作方案》（以下简称《工作方案》）。会议议定：全县各级各部门要高度重视中央巡视反馈意见整改落实工作，严格按照上级要求部署，把整改落实作为重大政治任务和政治责任来推动。要聚焦问题、深查彻改，深刻对照反思、举一反三，逐项梳理分解，确保事事有着落、件件有回音。要以上率下、各负其责，县领导带头落实整改任务，直接抓部署、抓协调、抓落实，形成上下联动、合力整改的工作格局。要正本清源、标本兼治，用改革的方法、创新的思维建章立制，健全完善立长远、管根本的体制机制。要统筹推进、协调联动，将整改落实工作与环境保护、纠正“四风”、扫黑除恶等工作有机结合，确保各项问题整改到位，推动全面从严治党向纵深发展；由县委办公室负责，结合与会领导意见建议，对《工作方案》进一步修改完善后，以县委文件形式印发执行。

会议听取县委办公室关于《全县纠正“四风”和作风纪律专项整治工作开展情况》汇报。会议议定：全县各级各部门要高度重视纠正“四风”和作风纪律专项整治工作，坚持问题导向，紧密结合实际，切实担当尽责，深刻查摆自身存在的问题，推动专项整治工作取得扎实成效。县领导要对所分管部门加强教育管理和监督，确保各相关单位及时认真受理各方举报、诉求、意见、建议。要结合“双创双服”工作，进一步规范所受理事项办理程序，完善工作机制，转变机关作风，确保专项整治各项工作扎实推进。

会议研究审议县编委会提请审议的《关于香河县超审批权限设置机构问题的整改意见》的请示。会议原则通过了县编委会提请审议的《关于香河县超审批权限设置机构问题的整改意见》（以下简称《意见》）的请示。会议议定：全县各有关部门要严格按照巡视整改和整改“回头看”的要求，高度重视超审批权限设置机构问题整改工作，按照《意见》所明确的整改措施立即进行整改。由县委常委、政法委书记郭建永牵头，县民政局负责，立即向上级民政部门申请设置新开、新华街道办事处。由县委常委、常务副县长齐建光牵头，县编委办负责，按照“建一撤一”的原则，立即向市编委办申请设置县家具城管委会，撤销科级事业单位县教师进修学校。新撤并机构和人员，由县政府分管领导和组织部门分头做好后续工作，确保思想不乱、工作不停，确保实现既定任务目标。会议还研究了组织工作相关事宜。

8 月 17 日下午，县委书记李桂强在县规划展览中心一层会议室主持召开第 17 次常委会议。会议传达学习中共中央政治局常委、国务院副总理韩正一行到香河县视察时的指示精神。会议指出：8月17日，中共中央政治局常委、国务院副总理韩正到香河县视察工作，先后了解香河县基本县情及便民服务中心、文化艺术中心、机器人小镇、大香线绿化美化、潮白河大运河生态治理等项目情况。视察期间，韩正对香河县工作给予了充分肯定和高度评价，对相关工作提出明确要求，为香河县开展工作指明了方向、提供了遵循。他指出：北运河治理要最大程度保持自然生态风貌，体现自然野趣，降低建设运营成本，不断提升治理水平。会议要求：全县各级各部门要深入学习领会中共中央政治局常委、国务院副总理韩正到香河县视察时的指示精神，进一步统一思想认识、提高政治站位，立足京津冀协同发展大局，积极融入、主动沟通、密切配合，坚决服从主动服务北京城市副中心建设，在对接北京、服务北京中不断推动香河县经济社会各项事业持续健康发展。

8月24日下午，县委书记李桂强在县委大楼三层大会议室主持召开十一届县委第18次常委（扩大）会议。会议传达学习省委书记王东峰到香河县调研时的指示精神。会议指出：8月22日，省委书记王东峰到香河县进行工作调研，先后了解中信国安新桥影视基地、大运河生态文化项目相关情况。调研期间，王东峰对香河县工作给予了充分肯定和高度评价，对相关工作提出明确要求，为香河县今后工作开展指明了方向、提供了遵循。会议要求：全县各级各部门要深入贯彻落实王东峰重要指示精神，树牢“四个意识”，强化大局观念，提高政治站位，坚决服从服务重大国家战略。要勇于担当，主动作为，抢抓京津冀协同发展重大机遇，按照上级统一部署，加强组织领导，完善工作机制，高质量做好协同发展各项工作。要优化产业布局，积极承接非首都功能疏解，构建与北京城市副中心分工明确、协调发展的产业格局，推进香河县与北京城市副中心协同发展、错位发展。要加强与北京的沟通协调力度，健全完善重大事项协调、日常信息沟通、项目联审等机制，进一步提高工作质量和效率。要坚持科学有效管控，依法依规治理贴边发展，全面排查贴边发展现状，切实摸清底数，列出清单台账，分类采取措施，对违法违规的坚决进行整治。要积极构建政策体系，研究承接北京非首都核心功能疏解的产业发展、人才引进等政策。要加强和创新社会治理，认真做好群众工作，深入开展扫黑除恶专项斗争，大力加强生态文明建设，切实保障和改善民生，确保社会和谐稳定。

会议传达学习全市贯彻落实省委、省政府主要领导在廊坊市北三县调研工作会议指示精神。会议要求：全县各级各部门要认真学习领会全市贯彻落实省委、省政府主要领导在廊坊市北三县调研工作会议指示精神，切实把思想和行动统一到上级要求部署上来，本着先内后外、先下后上原则，不等不靠，主动作为，狠抓落实，确保高质量完成各项工作任务。由副县长闫明杰牵头，相关部门负责，本着尊重历史、立足现实、面向未来、实事求是的原则，按照“多规合一”及总规要求，立即对香河县已经编制完成的19项专项规划进行调整完善。同时，相关部门要与编制北京城市副中心、廊坊市北三县规划的相关部门进行深入对接，主动沟通，不等不靠，优化香河县城市空间布局，切实提升城市功能品质。

会议研究审议县政府办提交的《省领导调研重点任务分解表》。会议原则通过县政府办提交的《省领导调研重点任务分解表》。会议议定：全县各级各部门要切实提高政治站位，高度重视省领导调研重点任务落实工作，抢抓京津冀协同发展重大机遇，把思想和行动统一到上级决策部署上，勇于担当负责，积极谋划工作，按时限、要求完成各项重点任务。要善于学习，不断提高专业知识水平，深入调查研究，广泛听取意见，加强分析研判，务实高效地开展好各项工作。分包县领导和相关单位要落实工作责任，主动作为，不等不靠、不推不拖，本着对历史负责的态度，结合工作实际，积极主动出主意、想办法、当参谋，务实推进各项重点任务落实。

会议研究部署巡视巡查整改暨“一问责八清理”专项行动整改“回头看”工作。会议议定：县委宣传部、县纪委专项办等相关单位要迅速做好宣传工作，注重实效，营造氛围，将宣传内容具体化，切实提高群众知晓率和满意度。要在原有工作基础上查漏补缺，规范工作流程，积极与上级部门和检查组沟通对接，切实做好整改“回头看”各项迎检准备工作。全县各级各部门要扎实掌握《巡视巡察整改暨“一问责八清理”专项行动整改“回头看”应知应会》相关内容，将整改“回头看”工作和“双创双服”活动相结合，总结、宣传先进典型，并及时上报县纪委专项办。

会议研究部署香河县广告牌（塔）拆除工作。会议议定：全县各相关部门要高度重视广告牌（塔）拆除工作，深刻认识拆除工作的重要性和紧迫性，一把手要亲自督导、协调、调度，确保拆除工作强力推进。要强化保障措施，进一步明确拆除工作的具体任务，向业主讲清政策，拒不拆除的要依法依归强制拆除。县交通部门要积极协调省高速管理局，做好香河县高速公路沿线控制区域的大型广告牌拆除工作，确保高速公路沿线广告牌拆除工作有序推进。要加强督导通报，及时反馈工作进展。在拆除工作完成前，各责任单位要在每天下午 5 点前将当天工作进展报县交通局，县交通局汇总后于每天下午 6 点前上报县委、县政府，确保广告牌拆除工作按时完成。要妥善安排拆除工作。相关部门要严格落实各项安全保障措施，制订工作方案，完善应急预案，规范操作流程，避免出现安全事故。要加强舆情管控，全力做好舆情应对工作和信访稳定工作，确保拆除工作安全有序。

9 月 19 日下午，县委书记李桂强在县委大楼三层常委会议室主持召开十一届县委第 19 次常委会议。会议研究审议县纪委监委提交的《关于深入学习贯彻〈中国共产党纪律处分条例〉的工作方案》。会议原则通过了县纪委监委提交的《关于深入学习贯彻〈中国共产党纪律处分条例〉的工作方案》（以下简称《工作方案》）。会议议定：由县纪委监委负责，结合与会领导意见建议，对《工作方案》进一步修改完善后，以县委办文件形式印发执行；全县各级党组织和党员领导干部要深入学习宣传贯彻《中国共产党纪律处分条例》，严格落实中央和省、市委决策部署，切实担负起全面从严治党政治责任，加强纪律教育，强化纪律执行，推动全面从严治党不断向纵深发展。

会议传达全省巡察工作推进会议精神，研究香河县贯彻落实意见。会议议定：全县各有关部门要深入学习贯彻全省巡察工作推进会议精神，本着结合实际、积极推进、探索创新的原则，深刻领会上级有关要求，准确把握政治巡察方向，发挥巡察工作政治监督、政治导向作用。要结合机构改革，健全巡察机构人员配备，统筹安排常规巡察，深化专项巡察，强化“机动式”巡察，不断提高巡察工作水平。要严格按照上级文件精神，结合香河县实际，充分利用全县乡科级单位审计发现问题线索，深入开展自查自纠工作，制订全县巡察工作整改实施方案。

会议研究审议县委政法委提交的《关于中央扫黑除恶第 1 督导组反馈意见的整改落实方案》。会议原则通过了县委政法委提交的《关于中央扫黑除恶第 1 督导组反馈意见的整改落实方案》（以下简称《方案》）。会议议定：由县委政法委负责，结合与会领导意见建议，对《方案》进一步修改完善后，以县委文件形式印发执行；全县各有关部门要切实提高政治站位，坚持问题导向、法治思维、标本兼治，认真抓好中央扫黑除恶第 1 督导组反馈意见的整改落实。要层层传导压力，压紧压实责任，进一步推进重点难点问题的解决，确保攻坚克难、除恶务尽。要把专项治理和系统治理、综合治理、依法治理、源头治理相结合，把打击黑恶势力犯罪和反腐败、基层“拍蝇”相结合，把扫黑除恶和加强基层党组织建设相结合，在有力打击震慑黑恶势力犯罪的同时，铲除黑恶势力滋生土壤。

会议听取县人民法院《关于推进基本解决执行难工作情况的汇报》。会议议定：县人民法院要把“基本解决执行难”作为重大政治任务和政治责任，切实把思想和行动统一到上级各项部署要求上来，不断提高思想认识和觉悟，坚决如期打赢“基本解决执行难”这场硬仗。要发挥主导作用，不断提升工作能力，创新工作方法，积极主动开展各项工作。要规范执行行为，细化执行信息，精准实施执行，切实提升执行效率。要加大失信惩戒和强制执行力度，强化执行联动，形成工作合力，切实维护人民群众合法权益和法律尊严。

会议研究审议县政府党组提请审议的《关于香河县党政领导干部安全生产责任制实施细则》的请示。会议原则通过了县政府党组提请审议的《关于香河县党政领导干部安全生产责任制实施细则》(以下简称《实施细则》)的请示。会议议定：由县安监局负责，结合与会领导意见建议，对《实施细则》进一步修改完善后，以县委办文件形式印发执行。全县各级领导干部要切实提高政治站位，增强“四个意识”，强化底线思维，树牢红线意识，按照高质量发展要求，坚持安全发展、依法治理，强化属地管理，完善体制机制，有效防范安全生产风险，坚决遏制各类安全生产事故，为建设美丽幸福新香河营造良好的安全生产环境。

会议研究审议县政府党组提请审议的《关于普通商品住房项目配建公共住房比例》的请示。会议原则通过了县政府党组提请审议的《关于普通商品住房项目配建公共住房比例》的请示。会议议定：按照省委巡视组和上级相关部门要求，将普通商品房配建公共住房比例由3%提高至5%，其中，配建总量的20%可适当放宽单套面积控制。今后配建的公共住房，在满足保障需求的情况下，可用于棚户区（危房、城中村）改造等安置用房或周转用房。

会议研究审议县司法局提交的《香河县开展宪法学习宣传实施自查工作方案》。会议原则通过了县司法局提交的《香河县开展宪法学习宣传实施自查工作方案》(以下简称《工作方案》)。会议议定：由县司法局负责，结合与会领导意见建议，对《工作方案》进一步修改完善后，以县委办文件形式印发执行。全县各相关部门要认真贯彻落实上级决策部署，精心谋划、周密安排，高效务实推进宪法学习宣传实施自查工作。要坚持问题导向，实事求是、严肃认真、全面深入地开展好自查工作。要实施跟踪问效，对自查、督察发现的问题，实时跟踪、及时整改，确保各项问题整改到位。要加大宣传力度，积极宣传开展宪法学习宣传实施工作的好做法和新成效，推动形成宪法学习宣传实施的新高潮。要加强协调配合和工作指导，确保自查、督察工作衔接顺畅，推进有序、扎实有效。

会议传达学习河北省委部署宗教自查工作会议、廊坊市委部署宗教自查工作会议、全省宗教工作专题会议、市委统一战线工作领导小组（扩大）会议精神，研究审议县委统战部提交的《香河县关于开展宗教自查工作方案》《关于认真贯彻落实习近平总书记重要批示精神依法加强宗教事务管理和治理违法违规宗教活动的实施意见》。会议原则通过了县委统战部提交的《香河县关于开展宗教自查工作方案》(以下简称《工作方案》)和《关于认真贯彻落实习近平总书记重要批示精神依法加强宗教事务管理和治理违法违规宗教活动的实施意见》(以下简称《实施意见》)。会议议定：由县委统战部负责，结合与会领导意见建议，对《工作方案》《实施意见》进一步修改完善后，分别以县委办文件、县委文件形式印发执行。全县各相关部门要认真贯彻落实上级会议精神，强化开展宗教自查工作的责任感和使命感，增强自查整改的政治自觉、思想自觉、行动自觉，对照《工作方案》中自查内容，结合工作实际，认真查找宗教工作和宗教领域存在的突出问题，及时制定整改措施，确保自查整改工作取得实效。要按照《实施意见》要求，全面贯彻党的宗教工作基本方针和有关法律法规，突出目标需求导向和问题导向，依法加强宗教事务管理和违法违规宗教活动治理，全力维护香河县宗教领域和谐稳定。

会议研究审议县委组织部提交的《关于贯彻落实新时代党的组织路线实施意见》。会议原则通过了县委组织部提交的《关于贯彻落实新时代党的组织路线实施意见》（以下简称《实施意见》）。会议议定：由县委组织部负责，结合与会领导意见建议，对《实施意见》进一步修改完善后，以县委文件形式印发执行。全县各党委（党组）要认真贯彻落实全国、全省和全市组织工作会议精神，扎实践行新时代党的组织路线，准确把握组织工作方向，不断提高党的建设和组织工作质量，为全县各项事业发展提供坚强的组织保证。

会议研究审议县委组织部提交的《关于设立中共香河县行政审批局党组的意见》。会议原则通过了县委组织部提交的《关于设立中共香河县行政审批局党组的意见》。会议议定：批准设立中共香河县行政审批局党组，设党组书记1名，由局长王艳文担任，副局长闫立国、崔文杰担任党组成员。会议还研究了组织工作相关事宜。

10月17日下午，县委书记李桂强在县委大楼三层常委会议室主持召开十一届县委第20次常委会议。会议传达全市纠正“四风”和作风纪律专项整治推进会议精神，研究香河县贯彻落实意见。会议议定：全县各级各部门要深入贯彻落实上级会议精神，进一步提高政治站位，认真查找“四风”方面突出问题，加大“四风”整治力度。要健全完善工作机制，创新整治方式，压紧压实责任，狠抓工作落实。“纠风办”要全程跟踪工作进展情况，及时发现问题，严肃督促整改，务求工作实效。由县委副书记张玉林牵头，县委常委、县委办公室主任田立军，县委常委、县委组织部部长王宏民，县委常委、常务副县长齐建光，县委常委、县委宣传部部长焦国强，县委常委、县纪委书记、县监委主任牛静参与，县委办、县纪委、县委组织部、县宣传部负责，起草香河县纠正“四风”和作风纪律专项整治工作方案。专项整治工作要结合香河县实际，扩大范围，突出重点，增强针对性，务实创新，突出实效，做到以下四个方面：一是结合香河县巡察工作中发现的作风问题，举一反三，进行全面排查整改。二是聚焦工作落实，对2016年以来推进缓慢的重点项目、重点工程进行梳理，明确责任单位和解决时限，突出问效问责，切实解决懒政怠政、不作为、慢作为等问题。三是结合“双创双服”活动，查摆工作中思想作风问题，全方位深化机关作风整顿。四是坚持群众路线，通过明察暗访、群众举报、电视问政、召开座谈会等方式，接受群众监督，切实做到开门整改；适时召开全县纠正“四风”和作风纪律专项整治动员部署会议，对纠正“四风”和作风纪律专项整治工作进行安排部署。

会议传达全市巡察工作推进暨市委“提级巡察”，县级“交叉互巡”动员部署会议精神。会议议定：全县被巡察单位要高度重视、全力配合此次市委“提级巡察”，县级“交叉互巡”工作，在积极搞好自查的同时，及时提供巡察相关材料，做好各项准备工作，并以此次巡察为契机，切实提高各项工作水平。

会议传达省委常委、省纪委书记、省监委主任梁惠玲在全省惩治涉黑涉恶腐败和“保护伞”工作视频调度会议上的讲话精神。会议议定：全县各相关部门要认真学习贯彻梁惠玲讲话精神，切实提高政治站位，强化责任担当，坚定扫黑除恶、斩草除根的信心和决心，以时不我待、只争朝夕的紧迫感，以决战决胜的战斗姿态和科学的工作方法，把惩腐打“伞”工作推向深入，确保如期完成扫黑除恶和惩腐打“伞”工作任务。

会议传达全市宣传思想工作会议精神，研究香河县贯彻落实意见。会议议定：定于 10 月 18 日上午，召开全县宣传思想工作会议，对香河县宣传思想工作进行安排部署。县委宣传部要结合实际，务实创新，切实抓好各项宣传思想工作任务的落实。要进一步突出工作重点，把围绕中心、服务大局作为基本职责，自觉承担起“举旗帜、聚民心、育新人、兴文化、展形象”的使命任务。要压紧压实党委（党组）意识形态工作责任，不断加强对宣传思想领域工作的分析研判和统筹指导，切实推动全县宣传思想意识形态工作再上新水平。

会议听取县政府办公室关于 2018 年《县政府工作报告》重大项目工程建设进展情况的报告。会议议定：全县各级各部门要进一步统一思想，攻坚克难，紧盯各自承担的任务目标，加强形势研判和协调督导，采取超常举措，千方百计抢时间、抓进度、保质量，确保各项重点项目工程圆满完成既定目标。各牵头单位要深入分析原因，查找不足、研究对策，有效化解瓶颈制约因素和困难阻力。要加强协作配合，积极与上级部门沟通对接，进一步简化审批手续、压缩审批周期，确保项目工程如期推进。要强化考核问责，将项目工程建设纳入各单位考核内容，对于不作为、慢作为，推诿扯皮、久拖不决影响项目工程建设进度的，由纪检监察部门给予问责。

会议听取县住建局关于新型城镇化与城乡统筹示范区试点工作情况的报告。会议议定：全县各有关部门要统一思想、提高认识，积极推动新型城镇化试点有关工作。要积极探索创新、先行先试，将新型城镇化试点工作与盘活存量建设用地、旧城改造、新民居建设结合起来，不断优化空间布局，完善基础设施建设，保障改善民生，为建设美丽幸福新香河奠定良好基础。由县委办公室、县政府办公室负责，将工作进展情况上报市委、市政府。

会议听取县国土局关于盘活存量建设用地试点工作情况的报告。会议议定：全县各有关部门要进一步加大工作力度，压紧压实责任，细化工作方案，量化盘活工作任务，明确责任单位、责任人和完成时限，切实加快推进试点工作开展。要建立健全相关配套政策，完善基础要素，加快土地征收和增减挂钩组卷，加快完成指标周剂，统筹协调推进试点工作。由县政府办公室负责，将工作进展情况上报市政府。

会议听取县协同办关于全县 2018 年协同发展工作情况的报告。会议议定：全县各级各部门要进一步统一思想、提高站位，积极融入京津冀协同发展重大国家战略，坚决服从服务于北京城市副中心建设，严格落实统一规划、统一标准、统一政策、统一管控要求，全力做好香河县与通州区协同发展各项工作。要紧紧围绕承接北京非首都功能疏解和北京城市副中心规划建设，不断优化产业定位和功能布局，加强基础设施互联互通，构建高效便捷交通网络，提升服务保障水平。要积极主动、不等不靠，强化与北京市协同办、通州区协同办的协调联动和沟通对接，有力有序推进各项任务落实，全力推动香河县与通州区协同发展、高质量发展。定于 10 月 20 日上午，由县委主要领导带队，赴北京市通州区就城乡建设总体规划、产业疏解目录（需外迁企业、村庄改造计划）、运河文化带建设、水污染治理及拆违工作进行考察对接。

会议传达全市重点项目建设经济指标调度会议精神，研究香河县贯彻落实意见。会议议定：全县各级领导干部要正确认识当前经济形势，保持清醒头脑，按照市委、市政府有关要求，讲政治、顾大局，全力以赴开展各项工作，竭尽全力保经济增长。在全县深入开展“大调研、大督导、大服务”活动。县四大班子领导牵头，带领相关部门，走访企业、项目单位，了解企业、项目运营情况和面临困难，答疑解惑，解决问题。要按照《2018年县级领导分包重大事项、重点工程、重点项目工作方案》要求，结合“双创双服”活动，对各项工作开展情况进行督导，及时发现工作中不作为、慢作为等问题，并立行立改，切实提高办事效能、改进服务水平、优化发展环境。同时，要突出工作重点，勇于担当、敢于作为，建立健全项目推进问责问效机制和容错纠错机制，压缩审批时限、简化办事程序，采取超常规措施手段，积极破解项目工程建设制约因素，确保项目早日投产达效。由县政府办公室负责，将香河县近期经济形势向县人大、县政协及离退休老干部通报。同时，将此次常委会议议定内容及下步工作计划形成经济工作专题报告，上报市委、市政府。

会议听取县委组织部关于香河县环北京党建示范带创建工作情况的报告。会议议定：全县各相关部门要统一思想、提高认识，增强自觉性和主动性，科学谋划、突出重点，积极完成上级各项工作任务要求，在加快推进7个环北京村街党组织达到创建标准的同时，全面加强淑阳镇、安平镇、蒋辛屯镇等与北京相连片区村街的“两室”建设和基层党建工作，切实建成高水平党建示范区、带。要本着实事求是的原则，把各项任务细化、量化、具体化，提高村街内基础设施硬件水平，统一内容形式，做到美化、亮化，长效保持。要加强领导、压实责任，严格按政策、规定和程序办事，以党建示范带创建为契机，全面提升香河县基层党建工作水平。

会议研究审议县委组织部提交的《乡科级领导班子和领导干部2018年度绩效管理考评工作方案》。会议原则通过了县委组织部提交的《乡科级领导班子和领导干部2018年度绩效管理考评工作方案》(以下简称《工作方案》)。会议议定：要认真落实上级文件精神，注重目标导向与问题导向相统一、从严管理与激励保障相统一、年度综合考评结果与绩效考评结果相统一，不断提高绩效管理考评工作科学化水平，充分发挥激励、约束和导向作用，进一步激励广大干部新时代新担当新作为，为推动中央和省、市委重大决策部署在香河落地见效提供坚强保障。会议还研究了组织工作相关事宜。

11月19日下午，县委书记李桂强在县委大楼三层常委会议室主持召开十一届县委第21次常委会议。会议研究审议县政协提交的《关于加强新时代人民政协党的建设工作的实施意见（审议稿）》《关于加强人民政协协商民主建设的实施意见（审议稿）》《关于加强和改进人民政协民主监督工作的实施意见（审议稿）》。会议原则通过了县政协提交的《关于加强新时代人民政协党的建设工作的实施意见（审议稿）》《关于加强人民政协协商民主建设的实施意见（审议稿）》《关于加强和改进人民政协民主监督工作的实施意见（审议稿）》。会议议定：县政协办公室负责，将三个文件分别以县委办公室文件形式印发执行。全县各级各部门要认真学习领会三个“实施意见”精神，充分认识加强党的领导和党的建设重要性，围绕中心、服从大局，按照同向同频同步的原则，形成合力开展工作。会议传达省委扫黑除恶督导组专项督查动员会议精神，研究香河县整改落实方案。会议议定：要认真抓好省委第六督查组专项督导提出问题的整改落实，进一步提高政治站位，在强化基层基础、破获重点案件、“一案三查”〔一查当事人违纪违法责任；二查党委（党组）主体责任；三查纪委监督责任。〕等方面持续用力，高标准、高质量、高效率完成各项整改任务；县住建局、国土局、工商局、交通局、水务局、金融办要围绕督查组指出的问题，拉出清单，制订整改方案，切实做到线索排查到位、压力传导到位、整改落实到位；县纪委监委和公安局要协调配合，深入实行“一案三查”和线索相互移交机制，力争在“破网打伞”上取得实效；全县各级各部门要深入推进扫黑除恶和社会治安综合治理工作，按照边打边治边改的原则，总结工作经验、完善工作机制，确保取得新突破。

会议研究审议县委宣传部提交的《关于落实党委（党组）网络意识形态工作责任制的实施方案》《关于进一步加强舆情处置引导工作的实施意见》。会议原则通过了县委宣传部提交的《关于落实党委（党组）网络意识形态工作责任制的实施方案》（以下简称《实施方案》）《关于进一步加强舆情处置引导工作的实施意见》、（以下简称《实施意见》）。会议议定：县委宣传部负责，结合与会领导意见建议，将《实施方案》和《实施意见》进一步修改完善后，以县委红头文件形式印发执行；全县各级各部门要认真落实网络意识形态工作责任制，切实加强科学性、前瞻性工作研判，不断强化信息预警和应急处置，进一步完善网络舆情工作机制，确保各项工作任务稳步推进、落实到位；全县各级各部门要进一步加强舆情处置引导工作，按照快速反应、准确考量、合力把控、资源共享的原则，增强政治意识、敏感意识和危机意识，提高舆情处置引导工作能力水平，为全县经济社会发展大局营造良好舆论环境。

会议传达中央深改委审议通过的《关于加强县级融媒体中心建设的意见》精神，听取香河县融媒体中心建设情况汇报。会议议定：县委常委、县委宣传部部长焦国强牵头，以中央深改委《关于加强县级融媒体中心建设的意见》为遵循，协调相关部门，借鉴外地成功经验，并结合香河县实际，积极探索，研究制订县融媒体中心建设实施方案。同时，由县委常委、县委组织部部长王宏民，县委常委、常务副县长齐建光参与，将机构、人事、编制、经费、办公场所与即将开展的县级机构改革统筹考虑。

会议听取县住建局（支油支铁办）关于京唐铁路香河段建设征收补偿工作情况汇报。会议议定：对于县政府研究审定的《京唐铁路香河段建设征收补偿实施方案》，由县住建局（支油支铁办）进一步修改完善后，以县政府名义上报。要参照三河市、大厂回族自治县补偿标准，力争口径一致，确保征收补偿工作顺利实施。

会议研究审议县政府办公室提交的《香河县集中拆违暨农村环境整治工作动员大会安排方案》《香河县集中拆违工作实施方案》。原则通过了县政府办公室提交的《香河县集中拆违暨农村环境整治工作动员大会安排方案》《香河县集中拆违工作实施方案》。会议议定：定于 11 月 [illegible] 日（星期四）上午，召开全县集中拆违暨农村环境整治工作动员大会；为进一步充实集中拆违工作指挥部力量，将县委常委、县委组织部部长王宏民，县委常委、县纪委书记、监委主任牛静，副县长、县公安局局长吴海斌列入指挥部，指挥部办公室设在县政府办公室；政府办公室负责，结合与会领导意见建议，将《香河县集中拆违工作实施方案》进一步修改完善后，以县“两办”文件形式印发执行。

会议听取县民政局关于退役军人服务管理工作汇报。会议议定：全县各级各部门要高度重视退役军人服务管理工作，加快推进信息采集工作，扎实做好迎检准备，全力做好信访维稳。特别是对照考核细则，逐项研究，查漏补缺，确保在考核中不丢分不落项。

会议听取县扶贫办关于扶贫脱贫工作近期情况汇报。会议议定：全县各级领导干部要深入了解香河县扶贫脱贫政策、实施进度和存在问题，切实做到心中有数。各镇、街道、园区要扎实做细扶贫脱贫工作，特别是基层基础工作，进一步提升工作规范化水平。会议还研究了组织工作相关事宜。

12月6日下午，县委书记李桂强在县委大楼三层常委会议室主持召开十一届县委第22次常委会议。会议研究审议县委办公室提交的《省委第十一巡视组反馈意见整改落实方案》。会议原则通过了县委办公室提交的《省委第十一巡视组反馈意见整改落实方案》（以下简称《方案》）。会议议定：由县委办公室负责，结合与会领导意见建议，对《方案》进一步修改完善后，以县委文件形式印发执行。全县各级各部门要高度重视省委巡视反馈意见整改落实工作，一把手亲自上手，带头认责领责、带头抓整改落实；要逐项分解任务，逐级压实责任，层层传导压力；要制定时间表、路线图，实行台账管理；要对照巡视反馈意见举一反三，认真整改，确保尽快见成效；要抓好机制建设，确保常态长效；要全力配合省委督导组工作，自觉接受督导，全力配合督导；要做好协调保障工作，以高度的政治自觉和强有力的措施，全力抓好省委巡视反馈意见整改到位。

会议研究审议县委办公室提交的《关于召开全县深化巡视巡察整改工作推进会议安排方案》。会议原则通过了县委办公室提交的《关于召开全县深化巡视巡察整改工作推进会议安排方案》。会议议定：定于12月7日上午，召开全县巡视巡察整改工作推进会议。会议对巡视整改各项工作进行安排部署，动员全县各级各部门迅速投入整改工作。

会议研究审议县政府党组提请审议的《香河县产业用地弹性年期出让暂行办法》。会议原则通过了县政府党组提请审议的《香河县产业用地弹性年期出让暂行办法》（以下简称《办法》）。会议议定：由县政府办公室负责，结合与会领导意见建议，对《办法》进一步修改完善后印发执行。要结合香河实际，以土地利用方式转变促进经济发展方式转变，灵活合理设定有偿使用类型和年限，进一步优化土地资源配置，提高产业用地利用效率，降低企业用地成本，切实满足土地市场变化需求。

会议研究审议县政府党组提请审议的《香河县培育壮大文化产业奖励办法》。会议原则通过了县政府党组提请审议的《香河县培育壮大文化产业奖励办法》（以下简称《办法》）。会议议定：由县政府办公室负责，结合与会领导意见建议，对《办法》进一步修改完善后印发执行；要结合香河实际，以提速文化产业集聚发展为目标，进一步提升文化产业总体实力，发挥文化产业在促进香河县产业结构调整、转变经济发展方式、增强城市文化软实力中的积极作用，为建设美丽幸福新香河提供有力支撑。

会议研究审议县政府党组提请审议的《香河县培育壮大实体经济奖励暂行办法》。会议原则通过了县政府党组提请审议的《香河县培育壮大实体经济奖励暂行办法》（以下简称《办法》）。会议议定：由县政府办公室负责，结合与会领导意见建议，对《办法》进一步修改完善后印发执行；要符合香河以高端制造业和现代服务业为发展方向的产业定位，把实体经济发展放在更加突出的重要位置，加大招商引资力度，支持企业创新发展，进一步优化营商环境，促进实体经济健康发展。

会议研究审议县政府党组提请审议的《香河县关于完善省市重点项目土地手续的办法》。会议原则通过了县政府党组提请审议的《香河县关于完善省市重点项目土地手续的办法》（以下简称《办法》）。会议议定：由县政府办公室负责，结合与会领导意见建议，对《办法》进一步修改完善后印发执行。要加强对重点项目审批监管，规范程序运行，完善手续审批，确保不再出现违法占地既成事实的现象。

会议听取县委巡察办巡察工作情况汇报。会议议定：要高度重视市委“提级巡察”和县“交叉互巡”，严格按照上级要求和制度规定，全力配合巡察工作。要尽快开展香河县第四轮巡察，强化常规巡察工作力度，加强对审计巡察发现问题整改的督导检查，对整改不及时、不到位、不彻底的严肃追责问责。县纪委、县委组织部要加强沟通，将审计巡察成果与班子考核、干部考核、机构改革、干部选拔任用统筹考虑。

会议传达《省扫黑办关于对中央督导组反馈意见整改落实督导检查情况的通报》《省第四督导组扫黑除恶专项斗争整改落实督导报告》《省督导整改工作组反馈的廊坊市及“北三县”督导整改问题清单》文件精神，研究审议县委政法委提交的《省扫黑除恶第四督导组指出问题的整改落实方案》。会议原则通过了县委政法委提交的《省扫黑除恶第四督导组指出问题的整改落实方案》（以下简称《方案》）。会议议定：由县委政法委负责，结合与会领导意见建议，对《方案》进一步修改完善后，以县委办文件形式印发执行。牵头县领导和责任单位要坚决落实整改主体责任，对照省督导组反馈的问题整改任务分解和责任分工，精心组织、强力推进，确保立行立改、见实见效。全县各级各部门要切实提高政治站位，高度重视、全面推进扫黑除恶专项斗争。要加强协调联动，实现资源共享、信息互通，把线索摸排核查作为扫黑除恶的突破口和着力点，确保发现及时、核查准确、行动统一。要突出工作重点，深挖彻查，重点突破一批典型案件，对涉黑涉恶人员起到震慑作用，形成扫黑除恶强大声势，维护香河县安全和社会大局和谐稳定。县住建局、国土局、工商局、交通局、水务局、金融办要深入学习领会上级文件精神，准确把握法律政策界限，树立正确导向，掌握工作尺度和节奏，切实落实好扫黑除恶工作要求和部门职责。县委政法委、扫黑办要搞好培训，解决部门和基层党组织不想、不会、不敢的问题，切实提升香河县扫黑除恶工作规范化、专业化水平。县纪委监委要强化监督执纪问责，健全完善追责问责机制，查办案件要实事求是，依法依规，实行“一案三查”，在保护干部队伍工作积极性的同时，严厉查处涉黑涉恶“保护伞”和“关系网”，推动扫黑除恶专项斗争向纵深发展。

会议传达全市宗教工作座谈会议精神，研究香河县贯彻落实意见。会议议定：全县各级领导干部要高度重视宗教工作，严格落实上级有关要求，层层传导压力，坚决落实主体责任，积极引导、规范管理香河县各类宗教活动，切实维护宗教领域和谐稳定。县委统战部、民宗局要加强宣传，普及宗教理论政策法规知识，提高领导干部认知，切实解决宗教事务领域中不敢管、不愿管、不会管的问题。要结合即将开展的县级机构改革，统筹考虑宗教工作在人员编制、办公场所、经费保障等方面问题。适时召开全县宗教工作座谈会，贯彻落实省、市宗教工作座谈会议精神，研究部署香河县当前和今后一个时期的宗教工作。

会议传达12月4日全市治理越级访工作推进视频会议精神，通报香河县信访形势，研究县贯彻落实意见。会议议定：全县各级领导干部要高度重视信访工作，强化忧患意识，增强做好信访工作的紧迫感和责任感，坚持维稳与信访工作不松懈，将矛盾隐患消除在萌芽、化解在基层。由县委副书记张玉林牵头，协调相关部门，研究制定矛盾纠纷排查调处机制，充分发挥基层党组织在一线的战斗堡垒作用。

12 月 25 日下午，县委书记李[illegible]在县委大楼三层常委会议室主持召开十一届县委第 23 次常委会议。会议研究审议县编办提交的《香河县机构改革方案》。会议原则通过了县编办提交的《香河县机构改革方案》（以下简称《方案》）。会议认为：深化机构改革，是以习近平同志为核心的党中央着眼党和国家事业发展全局作出的重大改革部署，有利于从机构职能上解决党对一切工作领导的体制机制问题，解决部门间职能交叉、权责脱节、职责不清问题，是坚持和加强党的全面领导、加强党的长期执政能力建设的必然要求，是完善社会主义市场经济体制的重要举措，同时也为推进“放管服”改革指明了方向、扫清了机制体制障碍，全县各级各部门要切实担负起改革的重大政治责任，高质量完成改革任务。会议议定：由县编办负责，将《方案》上报市委。待市委批复后，严格按照批复方案执行。全县各级各部门要讲政治、顾大局，把思想和行动统一到中央和省、市委关于机构改革的决策部署上来，坚决拥护、坚决服从、坚决支持党和国家机构改革决定。县委组织部、县编委办要尽快了解掌握省、市机构改革方案及进展情况，为解决职能整合、对口衔接、工作分工等做好准备。要提前谋划制订机构改革操作方案和机构“三定”方案，并将职能划转、职数配备、编制分配、干部调配与干部日常考察、年终考核、班子考核等因素统筹考虑。要充分研究事业单位机构改革方案，将机构职能划转、干部身份认定、干部调配等问题统筹考虑，为深化机构改革做好全面准备。由县委常委、政法委书记郭建永，县委常委、常务副县长齐建光牵头，县统计局、县民政局负责，加大与上级沟通协调力度，尽最大努力使街道办等机构设置合法化。

注：第 3 次常委会会议是常委会召集人会议，未出纪要。

县委重要决策

【加快宜居乡村建设】 制定出台《关于深入推进乡村振兴战略的实施意见》和《香河县 2018 年美丽宜居乡村建设实施方案》。明确全县以新型城镇化建设为抓手，着力加强新民居建设的发展方向，把美丽乡村建设与乡村振兴战略、基层党建、全域旅游等统筹考虑。本着求真务实、实事求是的原则，对短期内不启动新民居建设的保留村街，尽快完成美丽乡村建设标准整体提升工作，全面提高农村基础设施建设和公共服务设施建设水平，加大农村改厕力度和环境整治力度，进一步营造优美整洁、文明有序的农村环境。结合实际，切实可行，并将财政资金适当向农村倾斜，完善审批程序，规范资金拨付。加快推动乡村振兴战略实施，进一步加大美丽乡村建设力度，本着实用、经济、统一、高效的原则，继续推进农村“硬化、亮化、绿化、美化”建设，并将建筑风貌、建设标准、标志标识相统一，完善审批程序，提高工作效率，降低资金风险，确保年底实现美丽乡村建设全覆盖。

【“两站一中心”建设】 统一思想、提高站位，高度重视军队退役人员权益保障和政策落实，完成全县“两站一中心”（县级退役军人管理服务中心、乡村两级管理服务站）建设和烈属、军属、退役军人等家庭悬挂光荣牌工作，完善退役军人数据信息采集工作，建立健全退役军人包联制度，把服务军队退役人员各项工作做深、做细、做实。各级领导干部按照确定的包联制度，与所包联人员进行见面沟通，了解思想动态，宣传有关政策，确保所包联人员不漏管、不失控。

退役军人管理服务机构建设严格按照上级标准，做到硬件完善、人员过硬、资料齐全、制度完备、载体丰富。同时，要正向引导、准确宣传，防止引起军队退役人员思想波动。对于个人合理诉求，尽快解决，对于恶意串联、越级非法上访、借访施压等违法行为，依法严厉打击。

【县级领导分包工作机制】 2018 年，健全完善县级领导分包重大事项、重点工程和重点项目工作机制。制定印发县级领导分包重大事项、重点工程和重点项目表，要求各分包县领导要切实担负起责任，集中精力，主动作为，牢固树立“一盘棋”思想。在做好日常分管工作的基础上，对相关重大事项、重点工程、重点项目进行协调、调度、督导，全力以赴地抓好分包工作推进。大力开展“双创双服”活动，出台《关于2018年在全县开展“双创双服”活动的实施意见》，要求全县各级各部门要统一思想、提高站位，深入贯彻落实省、市“双创双服”活动各项部署要求，结合香河实际，探索创新、务实担当，加快推动县内实现高质量发展，具体抓好以下工作：首先是把“双创双服”活动和日常工作紧密结合，争一流、出亮点，确保各项工作上水平、上档次。其次是县发改局充分发挥参谋助手作用，及时提醒、协调、督促各牵头单位、责任单位按时完成各项任务目标。再次是加强舆论宣传，相关部门要通过多种方式，及时向社会、服务对象宣传“双创双服”活动相关政策、举措和成效。同时，及时总结并向上级有关部门反馈全县“双创双服”活动开展情况。

【培育壮大文化产业】 出台《香河县培育壮大文化产业奖励办法》，结合香河实际，以提速文化产业集聚发展为目标，进一步提升文化产业总体实力，发挥文化产业在促进全县产业结构调整、转变经济发展方式、增强城市文化软实力中的积极作用，为建设美丽幸福新香河提供有力支撑。

【扶贫攻坚战略】 全县各有关部门高度重视扶贫脱贫工作，精心组织，周密部署，强化举措，力争年底前实现全部脱贫。工作中切实做到“三个到位”：一是责任到位。各包联县领导在一周内到所分包贫困户家中进行走访，了解实际情况，宣传解读相关政策，制订精准脱贫方案；各牵头单位强化扶贫职责，发挥职能作用，运用行业资源，落实扶贫政策；各帮扶工作组履职尽责，克服畏难情绪，深入扎实细化实施各项扶贫举措。二是宣传到位。在精准把握扶贫政策基础上，及时向社会、扶贫对象宣传扶贫政策、举措及成效，教育引导贫困户转变观念，增强脱贫工作的积极性和主动性。三是措施到位。由民政局负责，镇、街道、园区及村、街参与，针对致贫原因，制订切实可行的“一户一策”脱贫方案。

【生态环境保护】 全县上下进一步统一思想，提高认识，认真学习领会习近平生态文明思想，切实担负起生态文明建设的政治责任，不折不扣地把上级决策部署落到实处。各相关部门要多形式多渠道做好环境保护宣传工作，营造声势，消除广大干部群众畏难厌战情绪，形成工作合力。加大环保执法力度，将执法与普法有机结合，取得群众理解与配合，形成人人参与环保监督和治理的良好氛围。

各相关部门按照《香河县2018年大气污染防治工作实施方案》要求，加强领导，保持空气质量持续向好。按照《香河县2018年水污染防治工作实施方案》要求，确保全县水环境质量持续改善。全面落实“河长制”，加强河道巡查、整治和河流保护工作。

【提高巡察工作水平】 审议通过《中共香河县委巡察工作实施办法》，在乡科级单位实现全覆盖基础上，强化党内监督，严肃党内政治生活，净化党内政治生态，推进全面从严治党向纵深发展。进一步提高全县巡察工作科学化、制度化、规范化水平，突出政治巡察，边查边改，立行立改实现巡察常态长效。

全县各有关部门要结合实际、积极推进、探索创新，准确把握政治巡察方向，发挥巡察工作政治监督、政治导向作用。统筹安排常规巡察深化专项巡察，强化“机动式”巡察，不断提高巡察工作水平。

【人才发展体制机制改革】 出台《香河县关于深化人才发展体制机制改革助力创新驱动、促进转型升级的实施意见》《香河县关于实行人才工作目标责任制的实施意见》《香河县县管优秀专家和县域特色人才选拔管理办法》，充分调动各级各部门做好人才工作的积极性、主动性和创造性，凝聚人才工作齐抓共管的合力，促进人才工作各项目标任务的落实。坚持党管人才原则，实施人才强县战略，调动各类人才的积极性和创造性，发挥全县各行业领军人才聪明才智，保护、弘扬县域传统特色文化，加速构建充满生机和活力的人才选拔管理机制。

【环京党建示范带创建】 全县各相关部门要统一思想、提高认识，增强自觉性和主动性，科学谋划、突出重点，积极完成上级各项工作任务要求，在加快推进7个环北京村街党组织达到创建标准的同时，全面加强淑阳镇、安平镇、蒋辛屯镇等与北京相连片区村街的“两室”建设和基层党建工作，切实建成高水平党建示范区、带。本着实事求是的原则，把各项任务细化、量化、具体化，提高村街基础设施硬件水平，统一内容形式。做到美化、亮化，长效保持。加强领导、压实责任，严格按政策、规定和程序办事，以党建示范带创建为契机，全面提升全县基层党建工作水平。

【机构改革全面完成】 深化机构改革，是以习近平同志为核心的党中央着眼党和国家事业发展全局作出的重大改革部署，有利于从机构职能上解决党对一切工作领导体制机制问题，解决部门间职能交叉、权责脱节、职责不清问题，是坚持和加强党全面领导、加强党长期执政能力建设的必然要求，是完善社会主义市场经济体制的重要举措，同时也为推进“放管服”改革指明了方向、扫清了机制体制障碍，全县各级各部门切实担负起改革的重大政治责任，高质量完成改革任务。县委制定出台《香河县机构改革方案》，要求全县各级各部门要讲政治、顾大局，把思想和行动统一到中央和省、市委关于机构改革的决策部署上来，坚决拥护、坚决服从、坚决支持党和国家机构改革决定。

（张建波）

县委综合协调

【概况】 作为县委综合协调部门，县委办公室在县委的正确领导下，深入学习贯彻中共十九大精神和习近平关于党委办公厅（室）工作重要指示批示精神，充分发挥县委办公室参谋助手、桥梁纽带作用，切实履行以文辅政、督促检查、综合协调、管理服务、机要保密等各项职能。县委办公室圆满完成全年各项工作目标任务，获得县委领导和上级主管部门的充分肯定，各项业务系统内考核均处先进行列。

【文稿起草工作】 建立严格文件审核印发制度，不断提高发文效率。全年共审核、办理县委及县委办各类文件200余件，印发《常委会议纪要》23期，编辑《每日工作安排》200余期。按照“严谨、求实、探索、创新”的工作方针，围绕全县经济社会发展大局，深刻领会县委、县政府决策意图，精雕细琢，反复揣摩，认真做好县委综合性文稿和主要领导重要文稿等材料起草服务工作。提高针对性、指导性和实效性，确保文稿正确传达上级精神、准确体现领导意图、如实反映基层情况。积极开展经济社会党建等方面调研工作，深入研究事关改革发展的重点问题、影响制约全县经济社会高质量发展的突出问题以及群众反映强烈的热点难点问题。既着力完成好县委主要领导交办的调研任务，又主动选题，积极建言献策。是年，先后起草讲话、汇报、总结、致辞、调研、体会文章等各类材料100余篇、43万余字，印发《香办通报》16期，上报中央和省、市各级机关稿件30余篇，被《河北日报》《廊坊日报》

及市委《调研专刊》等报刊采用发表 5 篇，获省市领导肯定性批示 10 余篇。

【信息工作】 突出“短、平、快”特点，将上报、下发、舆情监测等内容分派到个人，做到任务具体、职责明确，为县委决策提供及时准确的信息参考。是年，累计印发《香河信息》60 期，及时全面反映“美丽幸福新香河”建设过程中各条战线的工作动态和工作重点，得到县委书记李桂强批示 10 余次。上报省、市各类信息 1100 余篇，被省、市刊物采用 74 篇，信息上报、采用数量以及考核得分均居省市前列。其中，《香河县突出重点补齐短板深入推进乡村振兴》《七十家企业落户香河》《香河县打出“组合拳”助推民营经济高质量发展》等信息被省、市《信息专报》《情况交流》等刊物采用，得到市委书记冯韶慧等市领导 2 次批示。舆情监测方面，研究制定县委《社情民意工作机制》，研发并推广运用移动平台 App，整合县委信息中心、县政府信息中心、县委宣传部、县信访局等多方力量，拓宽信息搜集渠道，明确部门责任分工，打造专业化队伍，构建科学合理高效的社情民意工作新格局。排查网民留言和负面网络信息 1513 条，办理省、市社情民意交办件 20 件，均及时协调解决，得到省、市社情民意部门充分肯定。同时，为县级领导编发《社情民意专报》42 期，得到县委书记李桂强批示 4 次，向各单位下发“社情民意交办卡”48 个，有效推动网民关注度较高的水质监测、燃气补贴发放、儿童入学、大香线路灯开闭时间等热点问题的解决。

【深化改革推进】 县委改革办全面落实县委全面深化改革领导小组安排的各项工作，按年度起草全面深化改革工作要点和重点改革任务。建立改革信息报送制度。坚持对照年度改革工作要点，每月安排 3—4 个改革牵头部门进行约稿，形成常态化信息报送渠道，实现季度信息得分排名始终保持全市前三水平。建立改革督查制度。对改革试点任务和重点改革任务开展实地督查或书面督查，全面掌握改革进展情况。年内，全县 49 项改革任务接受市级督察。建立改革任务台账制度。坚持按季度建立工作台账，及时掌握工作动态，全县承担的改革任务均按照要求有序推进。县委深改组工作要点确定的 154 项改革任务全部扎实推进，其中放管服改革、城乡公交一体化、分级诊疗制度改革、互联网+政务服务等领域改革推进较快，在全市处于靠前位置。

【督导检查工作】 着眼于构建风清气正、务实高效、团结干事的大督查工作新格局，结合香河县实际，制定出台《关于新形势下推进大督查工作的实施办法（试行）》，明确督查内容、形式、流程、机制等方面内容，提升工作效率、效益、效果，有效推动全县各项决策部署落地落实。2018 年，重点督导县级领导分包重大事项、重点工程、项目建设、交通路网、省委巡视组反馈意见整改情况等 10 余项重点工作，印发《督查专报》6 期，承办省、市、县领导批示件 421 件。其中，省、市委主要领导批示件 23 件，县委主要领导批示件 398 件。县委主要领导批示件中，涉及群众来信 64 件，对 46 件群众信访批示件进行专卡督办，截至年底，全部按时限要求办结，办结率 100%。深入开展纠正“四风”和作风纪律专项整治行动，全面加强问题整改。清理相关问题 35 件，主要集中在服务窗口纪律松散、缺岗、空岗以及主动性不强等方面，全部完成整改。组织全县各单位领导班子签订《2018 年度落实党风廉政建设主体责任承诺书》，出台《关于落实全面从严治党和加强党风廉政建设主体责任的实施意见》，明确各成员单位职责，强化“签字背书”“三负责”“双报告”等制度保障，提高全面从严治党和党风廉政建设工作水平。其间，联合县纪委监委、组织部、宣传部等部门组成督导组，对全县83个单位的主体责任落实情况进行督导检查，有效推动全面从严治党和加强党风廉政建设主体责任真正落到实处、见到实效。

【会务接待工作】 牵头筹备组织全县性大型会议，承办各类会议100余场次。按照“规范、优质、高效”要求，积极做好接待工作。全年接待中央部委省市领导赴香河调研，及各类督导组、检查组、考核组和外省市考察团到香河参观考察等活动170余批次、2600余人次。完成县委十一届三次全会、县人大十五届二次会议、县政协九届二次会议、全县三级干部大会等会议的会务和接待工作。

【应急保障工作】 研究制定《关于进一步规范紧急突发事件重大事项报告等工作的通知》，下发全县各单位各部门参照执行。健全完善《紧急情况重大事件报处工作预案》《紧急情况重大事件报告工作流程》等制度机制。成立紧急情况重大事件报处工作领导小组，明确各单位和相关人员职责，确保紧急情况发生时联络畅通、反应迅速、协调有效、处置得力。针对县委、县政府合署办公后，县委办公楼前信访协调工作出现的新情况，制定《关于进一步规范县委县政府机关信访调处工作暂行办法》，有效保障信访协调工作有章可循。以提高紧急信息报送质量为目标，引导各单位加大值班人才培养和基础设施投入的工作力度，全县各单位值班室规范化建设水平得到有效提高。

【机关队伍建设】 积极打造学习型、服务型、创新型团队，不断增强机关干部的凝聚力、向心力、创造力。持续推进“书香机关”建设，利用周五集体学习日时间，以“好书”为媒介，以“分享”为手段，精心搭建学习交流平台，有计划地开展“好文分享”“读书心得”“我的工作不简单”等演说活动，激发机关工作人员多读书、读好书的内在动力，增进对彼此工作的理解与支持。为提高学习活动的成效和吸引力，更好地服务于本职工作，先后邀请基层工作者、教师等专业人员，围绕《如何做一名学习者、观察者、思考者》《标点符号的应用》《心理成长》等内容进行专题授课辅导，组织全办人员赴蒋辛屯、安头屯、环保产业园等单位，就新民居建设、生态农业发展以及企业文化构建等方面内容进行参观考察。是年，组织集体学习活动20次，学习交流活动5次，在纪念改革开放40周年主题征文活动中，县委办公室荣获县级优秀组织奖，2篇参赛作品摘得县级一等奖，1篇获得市级二等奖。

围绕中共十九大精神和习近平总书记系列重要讲话精神，深入推进强化基层组织建设的各项举措，为全县各机关做示范。围绕转变干部作风，协力推进机关党支部思想建设、组织建设、作风建设、制度建设、廉政建设以及机关行政效能建设，不断增强机关党组织的凝聚力和战斗力。时刻保持廉洁自律，高度重视自身党风廉政建设和反腐败工作，多频次召开专题会议，梳理总结工作进展，分条块层层分解任务落实。定期组织召开学习会，集中学习中央“八项规定”精神，深刻领会反“四风”和《中国共产党廉洁自律准则》《中国共产党纪律处分条例》精神实质，在工作、生活和社会交往中时时提醒、处处警示，严格按照上级要求和文件规定，规范办公室人员廉洁从政行为，干部职工的思想政治素质、拒腐防变能力得到显著提升。

（张建波）

组　织

【概况】 2018年，在县委的正确领导和上级组织部门的精心指导下，县委组织部认真学习宣传贯彻中共十九大精神，以习近平新时代中国特色社会主义思想为指导，深入贯彻落实全国和省市组织工作会议精神，认真践行新时代党的组织路线，以落实全面从严治党要求为主线，以推进巡视整改、强化干部监督管理、村级组织换届、优化党员队伍及人才队伍建设等为重点，围绕中心，服务大局，着力选干部、配班子，育人才、聚贤能，强基层、打基础，为全面建成小康县，加快建设美丽幸福新香河提供坚强的组织保证。“干部经常性考察”经验和做法被《人民日报》《中国组织人事报》刊载。农村干部“两考三评一定”绩效考核办法，荣获廊坊市组织人事工作创新成果一等奖。《一颗螺丝钉——共产党员范广义》《让爱，在路上》《我是共产党员》等电教片分获全省影视艺术“奔马奖”一、二、三等奖。在全市率先探索打造“互联网+党建”新平台，研发推出香河智慧党建 App“先锋在线”。按规定和要求，完成村级“两委”（支部委员会和村民委员会）换届，香河县被省委授予“全省农村‘两委’换届工作先进县”称号。申报的“惠才政策支撑工程”获批全市“人才兴廊”重点人才项目。

【省委巡视整改工作】 严格按照巡视整改要求，认真履行整改相关责任，深刻剖析，认真反思，强化举措，坚持从思想上找差距、根源上建制度、整改上见实效。

强化政治意识，加强组织领导。主动强化政治意识，把整改工作作为当前和今后一个时期组织系统的首要政治任务来抓，做到真抓严改，确保收到实效。根据巡视反馈意见，结合工作实际，研究制订组织系统整改方案，逐个问题明确整改目标、整改措施、整改时限，以及具体牵头领导、责任单位，强化责任下压，层层传导压力。成立整改工作领导小组，县委常委、组织部部长认真履行第一责任人职责，先后 5 次主持召开整改工作推进部署会、调度会，研究部署、协调推进整改工作。分管人员按照“一岗双责”要求，抓好分管领域的整改落实工作，形成齐抓共管的整改工作格局。

强化督促检查，推进立整立改。严格按照“见人见事见责任”要求，每半个月听取一次整改工作汇报，主要负责人每周组织召开一次整改工作协调会议，督促相关责任单位按照即知即改、立整立改要求，集中精力、强化措施，形成强有力的推动力和落实力。

强化建章立制，巩固整改成果。坚持把整改问题与建章立制工作有机结合起来，与全面深化党的建设改革结合起来，认真总结教训，深刻剖析原因，做到举一反三、建章立制、真督实改。注重从制度层面对相关问题进行整改，建立健全常态化、长效化的规章制度，切实把整改成效以制度的形式巩固下来。

【干部调配】 贯彻新时代好干部标准，全县风清气正，用人环境不断优化。先后组织完成县级纪检监察机构改革、省级园区改革、超职数配备干部整改“回头看”等重点任务，基本完成省委巡视以及县委书记离任审计反馈问题整改任务。同时，对县委组织部管理的干部档案进行再审核、再认定。研究制定《关于进一步加强县直领导岗位科级干部管理的暂行办法》，加大对县直领导岗位科级干部的教育管理。坚持好干部标准，认真贯彻省委“三坚持三重用”（坚持担当负责为重，提拔重用敢于担当、恪尽职守的干部；坚持改革创新为先，提拔重用勇于开拓、锐意进取的干部；坚持实干实政为要，提拔重用埋头苦干、业务突出的干部）选人用人导向，坚持看能力、看业绩、看表现、看公论。注重培养选拔优秀年轻干部，研究起草《关于加强优秀年轻干部发现培养选拔工作的实施意见》，进一步深化干部经常性考察，组织开展单位内部点评和“两违”治理跟踪考察。选派优秀年轻干部到信访部门挂职锻炼，完善量化评价数据库，切实提升年轻干部培养管理水平。

【干部培训】 强化理论武装和党性教育。把学习贯彻习近平新时代中国特色社会主义思想作为重中之重，纳入主体课程，重点讲解。举办“读书学习班”，重点引导党员干部学习用好《习近平谈治国理政》第二卷等权威读本，读书讲学、交流比学，开展优秀学习体会文章评选活动，提升学习效果。深入开展中共十九大精神教育培训。先后举办“香河县第二期学习贯彻中共十九大精神专题网班”、“学习全国‘两会’精神暨贯彻落实中共十九大精神专题培训班”、党员干部“春季集训班”等，实现干部应训尽训。党员干部红色教育有效进行。先后举办7期“不忘初心谋复兴、牢记使命筑伟业暨学习贯彻中共十九大精神（井冈山、延安、平山、兰考）主题研修班”，培训优秀科级干部、中青年后备干部、选调生等300余人次，县委书记李桂强出席第一期培训班，并进行开班动员。突出能力建设和素质培养。会同县委党校、人大、法制办、宣传部、统战部、纪委等部门，以科级干部为重点，开展短期精品专题培训。先后邀请新华社中国经济信息社舆情监测中心分析师杨茜、新华社河北分社李忠富、省社会主义学院王树臣等专家学者，围绕“舆论引导及舆情应对”“财会知识暨财经纪律”等主题现场授课，提升干部专业素养，补足能力短板和知识盲区。在此基础上，落实中央和省市委脱贫攻坚决策部署，研究制定《关于开展聚焦打好精准脱贫攻坚战专题培训的实施方案》，开展聚焦打好精准脱贫攻坚战专题培训，县乡党政领导干部、各级帮扶责任人、相关职能部门及村街“两委”等实现全员轮训。此外，圆满完成《中华人民共和国宪法》知识解读、《宗教事务条例》解读等规定内容的系统培训。全年累计组织各级各类培训23期，培训干部4500余人次。配合中央和省市有关部门完成上级调训任务39期，112人次。

【干部监督】 从严管理监督干部，从严治党“制度笼子”越扎越紧。针对省委巡视反馈问题和“一问责八清理”整改“回头看”工作部署，坚持建章立制、巩固整改成果，制定出台《香河县县管干部辞去公职审批暂行办法》，严格实行辞职考察制度，切实加强对辞职干部的监管。编印《领导干部守纪律、讲规矩应知政策汇编》，提高广大党员干部“红线”意识。开展违规经商办企业专项清理“回头看”工作，对领导干部及其亲属存在违规经商办企业情况的，按照相关规定给予组织和纪律处分。制定印发《关于进一步加强和规范乡科级领导干部因私出国（境）管理工作的通知》《关于开展违规办理和持有因私出国（境）证件专项治理工作的通知》，坚持“一请示两报告”（出国意向请示、实际出行报告、按期回国报告），从严审核领导干部因私出国（境）手续。严格做好领导干部违规兼职清理、退出现职领导干部监督管理、县处级干部个人事项填报、选人用人工作专项检查、提拔任用任前公示等工作，并建立干部监督信息日常联系通报制度，进一步强化对领导干部的日常监督管理。

【干部考评】 完成2017年度乡科级领导班子和领导干部考评工作，评出43个优秀领导班子和219名优秀乡科级干部。强化考核结果运用，向被考核单位印发《考核情况反馈单》，并按照《乡科级领导班子和领导干部激励奖惩的意见》兑现奖惩。配合市委完成对香河党政领导班子2017年度考核工作，被市委评为优秀等次，考核成绩列全市第一。在此基础上，进一步调优考核指标体系，修订完善《乡科级领导班子和领导干部年度综合考核评价办法》，突出对年度重点工作的考核。加强绩效管理考评，制定出台《2018年度乡科级领导班子和领导干部绩效管理考评工作方案》，组织全县乡科级领导班子和领导干部研究制定年度总体工作目标，通过定职责、定目标、定完成时限，实施过程监控、纪实化管理。组织实施季度、半年考核，突出考核乡科级单位工作目标完成情况以及在“两违”治理、信访维稳等重点工作中表现突出的干部，并将考核情况通报县党政班子成员。加强省市对县考核指标监控力度。同时，先后3次组织召开全县考核工作调度会议，对省市考核指标阶段性运行情况进行督导调度。组织相关部门研究制定香河县党政领导班子和香河经济开发区领导班子2018年度总体工作目标，并分解形成市管干部个人年度工作目标，作为市对县考核的重要依据。

【公务员管理】 2018年，吃透政策，增强服务意识，做好全县公务员管理工作。是年，通过省四级联考，为9个镇招录公务员9名，省市分配香河定向选调生、省委选调生4名。按照市委组织部统一安排，完成2018年调任人员调任审批及公务员登记工作。完成公务员年度统计工作、科级以下公务员和县委组织部管理干部年度考核以及工资福利审批工作。统筹做好援疆援藏及挂职干部管理等工作。

【人才工作】 2018年，紧抓人才工作不放松，深入实施人才“一把手”工程。研究制定《全县2018年人才工作要点》，明确人才工作思路、重点任务及责任分工。在圆满完成2017年度乡科级单位人才工作考核的基础上，研究制定适合县情发展的人才工作目标责任制实施意见。将考核指标责任明确到单位、落实到人，将人才工作目标完成情况作为领导班子评优、干部评先的重要依据，进一步夯实“一把手”抓“第一资源”的责任意识。印发《关于深化人才发展体制机制改革助力创新驱动、促进转型升级的实施意见》，破解束缚人才发展的思想观念和体制机制障碍，最大限度地激发人才创新、创造、创业活力，打造京东人才政策活地、发展高地。

强化域内人才管理使用，夯实人才队伍根基。继续落实专家人才政治、工作和生活待遇，组织开展县级领导走访慰问活动，听取意见建议，鼓舞工作热情；制定《县管优秀专家和县域特色人才选拔管理办法》，为选拔第二批县管优秀专家和县域特色人才提供政策依据；组织符合条件的县域高端人才申报廊坊市“燕赵英才服务卡”，高标准编制香河县《燕赵英才服务卡实施细则》；落实上级人才工作部署，完成全市人才工作先进集体、突出贡献优秀人才组织推荐工作；申报的“惠才政策支撑工程”成功获批全市“人才兴廊”重点人才项目，香河鼎泰园区建设有限公司成功入选全市人才工作先进集体。

聚焦京津高端人才，注入人才新鲜活力。以“一区三园”为主阵地，根据功能定位和产业布局，结合“通武廊”人才一体化发展示范区建设，重点扶持开发区机器人小镇、国安创客河北中心、华冷院士工作站等人才平台。截至年底，全县共有国家级众创空间、国家级示范生产力促进中心、国家级知识产权保护规范化市场等各类高水平人才平台载体53个，以香河机器人小镇为代表的人才发展聚集区先后入驻科技型企业150余家，世界名企安川都林等大批高新技术企业以“企业+人才”模式整建制转入香河，全县人才总量达到5.04万人，产业引才、平台聚才效应凸显。

搞好人才工作宣传，营造优质人才发展环境。拍摄制作县域特色人才系列专题片《传承》，对县域特色人才进行全面系统总结提炼。开展“人才工作宣传月”活动，深入宣传上级人才工作会议、“通武廊”人才一体化发展示范区建设等有关精神，选树6名优秀人才典型和1个平台类典型进行广泛宣传。配合市级媒体圆满完成廊坊市“人才工作宣传月活动”宣传对象——香河机器人产业孵化器的采访报道工作，充分展示全县人才工作成效。

【基层组织建设】 2018年，香河县有基层党组织889个，其中，党（工）委23个、党总支56个、党支部810个。在党支部中有机关党支部307个，社区党支部16个，非公有经济和社会组织党支部107个，农村党支部380个。有党员20666名，其中农村党员12485人、机关党员6570人、社区党员903人、非公经济和社会组织党员708人。

完成村级“两委”换届工作。组织各镇建立《选情台账》，摸清村情，将2000余名村街“能人”纳入选人视野，并组织县纪委、政法委、信访局及公检法等部门，按照“五选十不选”，旗帜鲜明地把符合五个条件的人员优先推选为村（社区）“两委”班子成员，即政治素质过硬，严格遵守政治纪律和政治规矩，认真贯彻执行党的路线方针政策；发展本领过硬，适应乡村振兴战略和城市化发展需要，有见识、有头脑、有闯劲，能够带领群众共创美好生活；协调能力过硬，作风民主，办事公道，善于做群众工作；服务水平过硬，有较强的宗旨意识，对群众有感情，热心为群众办实事好事；作风品行过硬，为人正派、品行端正，严于律己、遵纪守法，勇于负责、敢于担当，自身形象好。十类人员不能推选为村（社区）“两委”班子成员，即被判处刑罚、现实表现不好的；欺压群众、横行霸道、群众反映强烈，涉及“村霸”、宗族恶势力、黑恶势力的；参加邪教组织，从事地下宗教活动，组织封建迷信活动的；受到党政纪处分尚未超过有关任职限制期限，以及涉嫌严重违法违纪正在接受立案调查处理的；参与或指使他人以暴力、威胁、欺骗、贿赂等违法手段参选的；长期无理上访或组织、蛊惑群众上访，影响社会稳定的；有恶意失信行为被法院纳入失信被执行人名单的；道德品行低劣，在群众中影响较坏的；原村（社区）干部近3年内被责令辞职和民主评议连续两次不称职的；患有严重疾病，不能正常工作等其他不宜提名的。累计对4364人次村“两委”班子人选进行资格审查，以保证人选质量。

强化“党管换届”，突出“换稳换好”。县委先后组织召开5次常委会、2次座谈会、10余次调度推进会，专题研究和调度换届工作，各镇累计抽调630余名干部，参与村“两委”换届工作。落实换届“四个提上去、两个降下来”（把政治素质提上去、把学历层次提上去、把“一人兼”比例提上去、把致富带头人比例提上去，把年龄降下来、把乡镇下派干部兼职比例降下来）。印发《全县村（社区）“两委”换届工作实施方案》等15个制度文件，制作《组织换届工作流程》《村（社区）党组织换届工作60问》等7个指导性资料，为换届工作提供政策支持。截至2018年底，全县300个村街、16个社区全部完成“两委”换届工作，其中，216个村街实现村书记、村主任“一人兼”，占比72%；16个社区支部书记、居委会主任全部实现“一人兼”，各项指标均达到省市委要求，被评为全省村（社区）“两委”换届工作先进县。

农村党建工作机制进一步完善。印发《关于深化“六项工程”进一步加强基层党建工作责任的意见》，重点实施组织聚力、队伍优化、破难攻坚、夯实固本、典型引领、责任聚焦六项工程，统筹推进基层党建工作。深入落实“两考三评一定”〔半年考核、年终考核，村街党员评议、执法执纪部门评审、基层党（工）委评鉴，确定村干部星级等次〕绩效考核办法，差别落实经济待遇，激发村干部干事创业热情。积极构建以农村基层党组织为领导核心，村民（户代表）会议和村民代表会议为议事决策主体，村民委员会和村级经济组织及其他配套组织为执行和工作主体，村务监督委员会为监督主体的“四位一体”村级组织自治体系，300个村街全部建立村代会、村监会等民主组织及共青团、妇代会等群团组织。

基层党建工作责任得到强化。针对巡视反馈

香河县新一届农村“两委”干部培训班　　（县融媒体中心供稿）

中基层“重业务、轻党建”问题突出，研究制定《关于进一步强化基层党建工作责任的意见》，并配套建立党组织书记、副书记、组织委员抓基层党建工作责任清单，进一步强化主责主业意识；组织召开基层党（工）委书记、机关党组书记抓基层党建述职评议会，不断压实党建责任；建立《基层党建常态化督导检查机制》，推动全面从严管党治党向基层延伸，制定《关于进一步规范和加强党组工作的意见》，规范机关党建工作。

城市社区党建水平不断提高。落实中央和省市社区建设有关要求，实施社区活动场所提标工程，按照每个社区 30 万元的标准，落实社区无办公及服务用房补贴，分别按照每个社区每年不低于 10 万元和 20 万元的标准，分别列支社区工作经费和社区党组织服务群众专项经费，提高社区党组织有钱办事能力。是年，共完成新开社区、绣水社区、珠光社区、新华社区、正阳社区 5 个党建示范社区创建工作。

【党员教育】 扎实推进“两学一做”学习教育常态化制度化，深入学习领会习近平新时代中国特色社会主义思想和中共十九大精神。编印《党章党规学习读本》《宪法知识读本》等，引导党员干部读原著、学原文、悟原理，做到入脑入心、自觉践行。在开展常规学习的基础上，举办“书记讲堂”，组织县处级领导干部和各级党组织书记以“两学一做”学习教育为主题，为基层党员讲党课，累计讲授党课 210 余堂，听课党员 2 万余人次。深入落实“三会一课”等党内组织生活报备督查机制，认真落实“三会一课”、民主生活会、组织生活会、民主评议党员等基本制度，按月印发《基层组织生活补充学习要点》，推动党内组织生活规范化、常态化、制度化。积极运用互联网技术和信息化手段推动党建工作，推广使用香河智慧党建 App“先锋在线”，升级“香河党员 e 站”微信平台，方便全县党员在线学习、参加组织生活，不断丰富党员教育活动载体，提升党员教育水平。截至年底，App 平台累计发布中央和省市县各级各类信息动态 210 余篇。

【党员发展】 制定出台《香河县 2018 年发展党员工作计划》，细化分解发展党员指标，明确各基层党（工）委年度发展党员工作任务，坚持工作重点向基层倾斜，特别是向农村和生产经营一线倾斜，建强农村党员队伍。全面推行发展党员“四库”管理办法，建立“申请入党人员库”“入党积极分子库”“预备党员库”“党员信息库”，严格落实随时报送、定期公示、定期询问、定期检查及年度报告机制，规范发展党员各环节程序，提高发展党员工作质量。同时，采取定期约谈、定期通报、纳入绩效考核等方式，持续着力解决多年不发展党员村街“三年村”问题，对“三年村”党支部书记传导工作压力，推进工作落实。2018

香河县万名党员重温入党誓词暨香河智慧党建 App“先锋在线”启动仪式（县融媒体中心供稿）

香河县、镇、村三级党员领导干部重温入党誓词，县委书记李桂强（前）领誓（县融媒体中心供稿）

年，香河县 55 个“三年村”解决 32 个，发展党员 47 名，完成市委下达的工作任务。

【党员管理】 全面推行“违法、违纪、违规、违信”（简称“四违”）党员处置机制，落实约谈帮教机制，强化对“四违”党员的监督管理。规范落实失联党员停止党籍工作，做好逾期未转正预备党员转正工作。开展党员档案大审查、大整改活动，规范党员档案管理。积极探索“互联网+党建”做法，创新研发香河智慧党建 App“先锋在线”，不断丰富党员学习教育形式。同时，推行“三会一课”等党内制度，规范落实基层党建常态化督导检查机制，扎实组织开展民主生活会、组织生活会和民主评议党员等工作。

【机关自身建设】 突出建设“三个之家”（党员之家、干部之家、人才之家），组织部门自身建设进一步强化。

注重政治建设。深入贯彻落实全国和省市组织工作会议有关精神，坚持把“讲政治”作为组织部门自身建设的根本落脚点，深入学习中共十九大精神和习近平新时代中国特色社会主义思想，深入研究中央、省市有关重要会议精神和部署，突出政治学习和组织工作业务重点，以理论上的清醒保持政治上的坚定。推进机关“两学一做”学习教育常态化制度化，合理划分党小组，带头落实“三会一课”制度及“党员活动日”等组织生活，严格执行周五集中学习制度。在严格按规定召开 2017 年度领导班子民主生活会和支部组织生活会的基础上，针对省委巡视反馈意见，召开专题民主生活会和组织生活会，带头聚焦问题，坚持开门查摆，制定严密的问题清单和整改台账，做到真查实改，务求实效。

加强队伍建设。全面梳理组织工作各项制度，健全完善组织工作请示报告、工作运行、行文规

县四大班子主要领导为香河智慧党建App“先锋在线”按下启动键 （县融媒体中心供稿）

范等制度办法，规范各项工作流程，严格按程序办文、办会、办事，准确处理密级文件材料。认真执行机关股室和工作人员目标绩效管理考核制度，坚持工作每周有计划、每月有报告、半年有总结、年终有评比，传承好“一对一”帮带机制，营造比学赶帮的浓厚氛围。抽调干部参加市级巡查及选人用人专项检查，锤炼队伍的专业化能力。着眼于提高调研和分析总结能力，按照党的建设制度改革任务要求，开展重点课题调研，探索试行组工信息目标责任制，积极关注、监控和处置网络舆情，认真开展舆论引导，营造和谐稳定组工环境。2018 年，向上级组织部门上报信息 150 余篇，省市组织部门采用信息正刊 8 条，综合 3 条，领导参阅 4 条，发表国家级网评文章 923 篇。

提升服务能力。坚持紧紧围绕和服务县委工作大局推进组织工作，充分发挥县委参谋助手作用。结合巡视整改工作，制定出台制度机制类文件 10 余个，有效堵塞工作漏洞。注重在“两违”治理、大气环保、信访维稳、脱贫攻坚、“双创双服”等重点工作中考察班子、识别干部，用组织工作手段助推全县重点工作落实。着力打造好“三个之家”，更好地服务全县广大党员干部。

做好县大督查办综合协调各项工作。积极配合省、市督查组做好各项督查任务，先后陪同省、市督查组到县内各地各单位，就项目建设、“两委”换届、扶贫攻坚等工作进行督查。截至 2018 年底，配合省委第六督查组开展督查 12 次，配合市委第三督查组开展督查 32 次，涉及县直部门 60 多个，实现镇、街道、园区全覆盖。严格落实县大督查办工作运行机制，做好省、市督查组交办事项呈签、转交等工作。是年，接到省第六督查组交办信访事项 28 件，接到市督查组交办信访事项 92 件。高质量完成县大督查办日常工作，先后起草各类文字材料 20 余篇，组织召开各类会议 20 余次，实现工作零失误。

圆满完成《中共香河县组织史资料（第二卷）》（2011.8—2017.2）编纂及出版工作。按时完成《中共廊坊市组织史资料（第六卷）》（2011.9—2017.3）中香河县史料编纂上报工作。

（孙浩）

宣　传

【概况】　县委宣传工作在县委的正确领导下，按照“高举旗帜、围绕中心、服务大局、改革创新”的总要求，压实主体责任、守住主流阵地、强化舆论引导。在意识形态、舆情信息、理论宣传、文化建设、新闻等方面都呈现出良好发展态势。2018 年，香河县委围绕习近平新时代中国特色社会主义思想和中共十九大精神，采取发放宣传资料、集中辅导、文艺演出、网络宣讲等形式开展系列理论宣传活动。县委理论学习中心组坡

县委举办意识形态讲座　　（县融媒体中心供稿）

中央党校教授王怀超到香河县作意识形态报告　　（县融媒体中心供稿）

评为全省先进县级党委理论学习中心组，县委宣传部荣获全省舆情信息工作先进单位称号及廊坊市党员“五项竞赛”（优秀党课教员、优秀党课教材、优秀党员教育电视专题片、党员教育优秀文章、先进基层党校评比表彰）活动优秀组织奖、廊坊市“廊坊好故事”活动优秀组织奖、廊坊市千人学习朗读者优秀组织奖、廊坊市要情信息工作先进单位等2项省级荣誉和9项市级荣誉。

【意识形态工作】　香河县委切实履行意识形态工作主体责任，县委常委会先后5次专题研究部署意识形态工作，做到及时研究、靠前指挥，及时分析研判意识形态领域重大问题，把好全县宣传文化阵地导向。县委制定下发《关于认真贯彻落实省、市意识形态工作有关精神进一步加强和改进意识形态工作的通知》《加强意识形态工作十项措施》《县级领导意识形态工作联系点制度》，进一步明确工作责任，督促全县各级党委（党组）坚定扛起意识形态主体责任，推动中央和省、市、县委关于加强意识形态工作相关决策部署落实见效。坚持将意识形态工作纳入重要议事日程，纳入全县各级党委领导班子年度考核体系和执纪监督内容，纳入县委巡察组巡察内容，与其他各项工作紧密结合，一同部署、一同落实、一同检查、一同考核。在十一届县委第三轮巡察工作中将意识形态工作作为一项重要巡察内容，进行专项巡察。按照意识形态工作责任制“三清单四办法”（责任任务清单、监督责任清单、负面惩戒清单，考核评价办法、常态监督办法、分析研判办法、应急管控办法）的要求，于8月和年终对全县各级党委意识形态工作责任制落实情况进行专题督查、考核，进一步推动全县各级党委（党组）意识形态工作责任制的落实。

【理论宣传】　围绕习近平新时代中国特色社会主义思想和中共十九大精神、全国“两会”精神、宪法、乡村振兴战略、意识形态工作、改革开放等重点内容，采取发放宣传资料、集中辅导、文艺演出、网络宣讲等形式开展系列理论宣传活动，全方位阐释习近平新时代中国特色社会主义思想和中共十九大精神，确保习近平新时代中国特色社会主义思想和中共十九大精神进企业、进农村、进机关、进校园、进社区。是年，全县共举办集中宣讲 6 场次，网络宣讲 5 场次，进一步深化广大党员干部群众对习近平新时代中国特色社会主义思想的认识和理解，不断增强奋力建设美丽幸福新香河的信心和决心。充分运用《新时代面对面》《习近平新时代中国特色社会主义思想三十讲》等理论学习辅导用书，推动习近平新时代中国特色社会主义思想和中共十九大精神入脑入心。

制定下发《关于加强和改进党委（党组）理论学习中心组学习的实施意见》，进一步规范中心组学习的组织制度、学习内容、基本要求，把中心组学习纳入党建工作责任制，纳入意识形态工作责任制。严格执行中心组学习年计划、月推荐、半年通报制度，年初制定下发《2018 年全县党委中心组学习计划》，每月向各级党委（党组）中心组推荐学习专题，每半年通报各镇（街道、园区）和县直部门党委（党组）理论学习中心组学习情况。同时，积极做好县委中心组学习服务工作。是年，县委中心组共组织开展集中学习 13 次，交流研讨 4 次，邀请中央专家学者，围绕中共十九大精神、舆情应对、意识形态工作和宗教工作等主题开展集中学习培训 5 次。

组织开展“担当新使命 建设新香河”学习贯彻中共十九大精神、纪念马克思 200 周年诞辰、改革开放 40 周年等主题征文活动，举办“不忘初心、牢记使命——香河县学习贯彻十九大精神知识竞赛”活动。组织全县党员干部开展习近平新时代中国特色社会主义思想和中共十九大精神学习测试活动，进一步提升广大党员干部的理论水平和政治素质，推动习近平新时代中国特色社会主义思想入脑入心。完成全市哲学社会科学研究课题申报工作，申报的关于推动香河县文化事业和文化产业繁荣发展的研究课题，被市委确定为 2018 年度指令性研究课题。做好省委讲师团 2018 年度优秀宣讲案例申报工作，香河县宣讲工作案例被省委讲师团评为 2018 年度优秀宣讲案例。扎实做好党员教育工作，在全市组织开展的党员教育五项竞赛活动中，香河县被市委宣传部评为优秀组织单位。

【舆情信息工作】 2018 年初，制订年度舆情信息工作计划，做到舆情信息工作月月有计划、天天有目标。舆情信息工作按照“围绕大局 把握大势、关注大事”的要求，注重策划分析 努力提高上稿质量。坚持把“反映社情民意，服务工作大局”作为舆情信息工作的着力点，畅通舆情信息汇集渠道、加强舆情信息综合分析、扩大舆情信息涵盖范围。立足香河县工作实际，更新理念，提高思想认识，不断完善管理机制，创新工作方法，确保舆情信息及时有效向上传达。是年，共向省、市委宣传部报送舆情信息 3800 余条，要情信息 180 余篇。舆情信息工作连续三年荣获省、市双先进称号。自 2017 年 7 月被中宣部选定为全国舆情信息工作社会直报点以来，为服务大局、服务领导决策发挥积极作用。

强化培训提升工作水平，定期召开舆情信息工作培训会，提升舆情信息队伍的信息敏感性和业务水平。注重从权威新闻媒体收集提炼舆情信息，保证信息来源的可靠性和权威性。积极做好舆情深度分析，准确把握大政方针的重点、领导关注的焦点、民众关心的热点，做足文章、做好文章。同时，积极围绕中心工作、群众工作和前瞻性问题进行选题策划，写出真知灼见，进而更好地收集报送高质量的舆情信息，增强舆情信息工作的针对性、时效性和参考性。针对宣传思想文化工作面临的新情况、新问题、新挑战，提出有建设性的意见和建议。拓展舆情信息交流平台，加强舆情信息动态管理，通过QQ群、微信群，实现与域内网信办共享网络舆情分析数据，进一步提高舆情汇集分析报送能力，同时不断拓展舆情信息交流平台，利用平台让各单位信息员畅谈体会，交流经验，共同分析社会舆情走向、当前热点难点问题。对各单位舆情信息工作开展情况进行定期检查，逐步形成一级抓一级、层层抓落实的领导责任制和工作机制。完善舆情信息工作考核评比办法，明确工作职责、任务，吸引更多基层人士投身舆情信息工作，形成舆情信息工作强大合力。

【文化建设】 以节庆文化为载体，2018年元旦、春节期间共开展各项宣传文化活动49项，其中组织开展全县文化活动21项，基层文化活动28项，通过举办文艺演出、歌曲大赛、戏曲大赛、体育比赛、广场舞展演、文学艺术大奖赛、摄影展、文化下乡、游园会等活动，实现文体活动齐抓，为广大群众提供更多更好的精神文化食粮，"两节"期间文化活动丰富多彩。以"三下乡"（文化、科技、卫生）活动为载体，以送春联下乡、送图书下乡、送电影下乡、送文化活动下乡为主要内容，开展形式多样的文化下乡活动。以广场文化活动为载体，组织开展"欢乐城乡·文化惠民"系列群众文化活动，举办欢乐城乡"六进"系列文化惠民活动，推动中共十九大精神进企业、进农村、进机关、进校园、进社区、进网站。以核心价值观为载体，以"中国梦""双创双服"为主题，从5月底开始在全县农村、社区全面开展爱国主义影片农村巡映活动。累计放映红色电影40余部，近200场次，将红色经典送到百姓家门口。以特色文化宣传为载体，配合中央电视台7套乡村法制剧场栏目组完成7部乡村法制栏目剧的拍摄，协助中央电视台7套完成县委政法委综治题材微电影《上访风波》拍摄工作。以大型文艺演出为载体，成功举办2018年香河春节联欢晚会、少儿春节联欢晚会、2018年香河县元宵晚会、"梦"响童音少儿歌唱大赛，庆祝建党97周年"永远跟党走"系列文化活动顺利启幕，充分展示香河县经济社会文化等各项事业取得的丰硕成果。按照市委宣传部通知要求，协调县文广新局、文联等部门，整理香河县2018年重点文艺作品选题和重点文化活动安排，长篇小说《不讲故事睡不着》《懵懂童年》《童年记》及诗集《羞云斋诗稿》1—4卷、纪实文学《底层社会人物生活实录》等15个作品申报廊坊市2018—2019年文艺精品。

年初，下发《关于申报2018年香河县文化产业项目的通知》，对全县文化产业情况进行统计调查。筹备建立优质文化产业项目资源库，对相关信息实施动态管理，协调跟进行政服务，完成文化企业名录、规模以上企业名录、规模以下升规模以上企业名录工作。

【宣教工作】 2018年，围绕学习宣传习近平新时代中国特色社会主义思想和中共十九大精神、《中华人民共和国宪法》等内容，利用文艺创作、公益广告布设、演讲比赛等形式开展系列主题宣教活动；围绕培育及践行社会主义核心价值观，组织开展优秀家训家规和家风故事征集、社会主义核心价值观主题微电影征集展示、"香河好故事"征集宣讲及节俭养德全民节约行动等活动，持续推进社会主义核心价值观落细落小落实，县委宣传部在全市"传承好家风·奋进新时代"好家风好家训主题征集活动中荣获优秀组织奖；围绕深化爱国主义教育，突出抓好"升国旗、唱国歌，祖国在我心中"主题活动，引导社会各界在重大节庆时悬挂国旗，在重大活动中高唱国歌，增强干部群众的国家意识；组织开展学雷锋示范点和岗位学雷锋标兵创建工作，钳屯镇社会事务办公室被评为省级学雷锋活动示范点。

深入挖掘推介各行各业、各个层面的先进典

型，充分反映香河县经济社会发展成效，振奋精神、鼓舞士气、推动工作。是年，先后推出范广义、杨振、范国生等先进典型，在新华社、《人民日报》等国家级媒体报道5次，《河北日报》等省级媒体报道 8 次，《廊坊日报》等市级媒体报道15次。在全市举行的“廊坊好故事”活动中，县委宣传部被市委宣传部授予优秀组织奖，选手范广义获二等奖。在全市“不忘初心跟党走·砥砺奋进立新功”主题演讲比赛中，香河县选手葛明月获优秀奖，张树川、张文发、范广义、张玉珍四名先进模范入围第三届“最美廊坊人”提名奖。

【新闻工作】 2018年，新闻工作围绕县委、县政府中心工作，开展对外宣传，在《人民日报》《经济日报》《光明日报》《河北日报》《河北经济日报》等中央和省级媒体刊发稿件280余篇。其中，在《人民日报》发稿 20 篇，在新华社发稿30篇，在《廊坊日报》发稿200余篇；与新华网河北频道、河北新闻网、长城网等网络媒体合作，撰写反映香河县经济社会发展的稿件200余篇，在中央重点网站、知名商业网站首页首屏发稿50余篇。先后策划农村文化繁荣发展、生态环境改善、机器人产业发展、建设幸福美丽新香河、对接京津等系列主题，围绕这些主题在各级主流媒体上开展集中宣传。《搬家搬出新天地（点赞中国）》《2018 中华京津冀大庙会开幕》《新动能新模式：产业新城带动区域经济升级》等一批稿件先后在中央电视台、新华社及《人民日报》《光明日报》《经济日报》等中央媒体发表。

对接中央、省级等主流媒体，邀请《人民日报》《光明日报》及新华社等中央媒体人到香河采访，上半年邀请《人民日报》记者史自强，新华社记者王晓、鲁鹏到香河采访20余次。邀请和承接中央、省、市新闻媒体记者到香河县开展大型采访活动，不断提高香河县对外知名度和美誉度。省、市重点党报党刊和新浪、搜狐、网易等重点商业门户网站，对“中华京津冀大庙会”、长城新媒体报业集团“美丽乡村”主题采访、安川都林入驻香河机器人产业港以及ATI六大重点项目集体开工仪式等开展集中宣传活动8次。继续做好与中央媒体记者的联系，与中央各主流媒体驻河北分站的主要负责人密切关系，多次赶赴石家庄与记者洽谈宣传采访事宜。配合县政府做好全年度新闻发布工作，成功举办香河县首次新闻发布会，邀请10余家媒体到场进行采访，并刊发稿件。配合市委宣传部宣传“改革开放看廊坊”活动，策划该活动在香河县的新闻发布以及新闻采访活动。成功邀请中央电视台2套《回家吃饭》节目组，到香河县制作节目并播出，提高香河县知名度。

完善考核机制，规范媒体发稿月通报制度、通讯员轮训制度，出台《香河县关于新闻发布的暂行办法》，规范新闻发布机制，通过定期通报、宣委会等形式，有效整合全县外宣资源，深入挖掘宣传亮点，推出一批重点稿件。指导电视台围绕全县重点工作播发新闻800余条，在省级电视台播放宣传新闻20余次，在市级电视台播放宣传新闻100余条。

【融媒体中心建设】 2018年，县委宣传部主要领导带领县电视台相关负责人先后赴石家庄市辛集、衡水市武强参观考察，结合香河县实际制订融媒体中心方案，指导县电视台加强融媒体中心建设进度，香河县融媒体中心于11月6日正式挂牌，是全市首家正式运营的县级融媒体中心。市委常委、宣传部部长奚献军与县委书记李桂强共同为香河县融媒体中心揭牌。

【网络环境营造】 2018年，积极营造健康向上、和谐有序的网络舆论环境，加强同河北新闻网、新华网、中国网合作，努力提高发稿质量和数量。全年撰写反映香河县经济社会快速发展的稿件

奚献军（左）、李桂强（右）为香河县融媒体中心揭牌　　（县融媒体中心供稿）

1500余篇，先后在中央重点网站、知名商业网站首页首屏发稿120余篇，充分反映香河发展新面貌、经济发展新态势，凝聚传播正能量，不断提升香河县域外知名度和美誉度。紧紧围绕县委、县政府中心工作，以“香河头条”官方微信公众号为平台，开展网络宣传工作，是年，发布图文信息1000余条，先后开通民生诉求专栏、便民服务专栏、“5·18”直播专栏、扫黑除恶专栏、宪法宣传专区，通过互联网广泛收集群众意见，想民之所想，解民之所急，利用互联网服务百姓，有效利用现有资源为市、县重大活动做好宣传工作。“香河头条”粉丝数量已由8000余人提高到1.1万余人。调动相关政务平台、自媒体转发正面声音，通过正面宣传、舆论引导、线上互动，助力多项民生项目的实施。成功引导治理机动三轮车、电动三（四）轮车、香河新公交开通等网络舆论热点事件。围绕县委、县政府中心工作开展“一问责八清理”和“扫黑除恶”专项行动，配合组织部门、公安部门、环保部门做好“两委换届”“打击传销”“环保督查回头看”等行动宣传舆论引导工作，制作网络宣传标语50余条，展播次数达350余次。

开启网信工作“互联网+”模式，运用微信公众平台及H5、VR等技术手段，让网上群众路线做到实处、落到实处。开展4项H5主题活动，制作“汶川地震十周年！铭记！前行!主题纪念活动H5”“打击非法传销动漫版H5”“网络安全动漫版H5”“打击违法违规自媒体专项行动H5”。结合虚拟现实技术VR的特点，制作便民服务中心VR指南。通过VR技术360°全景展示，为广大市民更加清晰地呈现办理各项业务的具体位置，节省群众办理各项业务的时间，同时让老百姓真真切切地感受到网信工作便民、利民。

加强全县网络意识形态及舆情处置引导工作，制定出台《关于落实党委（党组）网络意识形态工作责任制的实施方案》《关于进一步加强舆情处置引导工作的实施意见》，强化党委（党组）主体责任，切实推动全县网络意识形态工作和舆情处置引导工作落细落实。严格按照市委网信办考核标准，扎实开展网信办日常工作、网评工作和网络社会工作。为加快网评队伍铁军建设，深入基层调研，先后制定《新媒体运行管理办法（试行）》《香河县网评员管理办法》。开展网评员轮训工作，每两月进行一次轮换，提升网评员工作能力，截至年底，有6个单位参加轮训，轮训人员已能够熟练掌握公众号编辑维护、H5制作、舆情事件分析、网络评论引导等网络宣传与敏感信息监测工作。开展“净网·2018”暨“清朗”系列专项行动，对县域内政府机关、企事业单位网站仔细排查，查处对涉及政务网站内容与网站备案不符、网站域名被其他企业或个人使用的单位6家，24小时之内整改完毕6家。针对自媒体微信公众平台违规投票现象进行逐一审查，责令停止

“2018年最美乡村评选”违规投票活动，对相关责任人进行约谈、教育，净化香河网络环境。

牢牢掌握网上舆论工作主动权，发挥网上舆论正面引导作用。及时有效处置网络舆情，对涉及县内舆情进行正面回应，回答网民疑问，引导涉及县内网络舆论热点，为香河社会、经济发展营造安全稳定和谐的舆论环境。全年布置网评任务47次，完成引导2820余条。针对涉及香河舆情和网民关注的热点问题进行采集、分析汇编，报送《舆情专报》15期、《舆情预警》1期。让县委、县政府主要领导及主管领导及时了解情况、应对处置。

【运河文化座谈会】 5月15日，召开香河县运河文化座谈会，市委宣传部常务副部长梁雪梅参加会议。会上，香河县运河文化研究会的专家、学者汇报关于大运河文化在文化设施、队伍建设、资金投入、文化活动形式等方面的相关情况，为香河县大运河研究奠定基础。

【党报党刊征订发行】 香河县将党报党刊征订作为宣传贯彻中共十九大精神重要内容，在2019年度党报党刊征订发行工作中，专门成立领导小组，各有关单位协调分工，全面确保订阅范围，确保发行量稳中有升。在严格公费订阅报刊的基础上，出台措施鼓励和动员各级文明单位、明星企业等社会力量订阅党报党刊。开展“文化扶贫”工程，确保订阅范围、订阅资金、完成期限“三到位”。2019年度的报刊订阅数量分别是《人民日报》1274份、《河北日报》1705份、《廊坊日报》3283份、《经济日报》300份、《光明日报》263份、《求是》杂志320份，全面完成重点党报党刊发行任务。

【《新香河》】 2018年，《新香河》出版发行50期，刊发各类新闻稿件3000余篇。《新香河》充分发挥三级党报有效延伸作用。通过新闻、专题专栏、评论、系列报道等多种形式进行宣传和报道。宣传报道主要以贯彻中共十九大精神、《中华人民共和国宪法》《中华人民共和国宪法（修正案）》、“双创双服”（创新、创业，服务发展、服务民生）、大气污染防治、扫黑除恶专项斗争、基本解决执行难、两委换届等全县重点工作为主要内容。《新香河》报刊让党的大政方针、惠民政策及时传达到基层，党的声音深入民心。

【宣传队伍建设】 完善和规范媒体发稿月通报制度、通讯员培训制度，通过定期通报、宣委会等形式，有效整合全县外宣资源，打造一支素质过硬的通讯员队伍。强化“大外宣”工作理念，要求部内“全员写稿”，在系统内营造“不甘落后，誓争一流”的良好风气。同时，建立网络舆情定期通报制度，确定处置方式，形成与相关单位联动、协调机制，共同应对网络舆情。规范网评舆情工作，加强党的方针政

香河县运河文化座谈会 （县融媒体中心供稿）

策和法律知识学习，提高网评员政策水平和理论功底，实现网评舆情工作规范化和制度化，牢牢把握舆论引导主动权。截至年底，香河县重新登记网评信息员1000余人，网评信息工作在全市排名居前。

（孙欣慰）

精神文明建设

【概况】 2018年，香河县围绕培育和践行社会主义核心价值观，大力倡导公民基本道德规范。在机关、学校、企事业单位、社区全面推动开展群众性精神文明创建活动，积极开展各项工作，提高市民素质，培育和践行社会主义核心价值观。

【文明校园创建】 2018年，把“文明校园”创建活动作为提升未成年人思想道德水平和创建省级文明县城的重要抓手，积极谋划，抓好落实。是年，香河县第二中学、第三中学、第四中学、第八中学、第十一中学、城内第一小学、刘宋中心小学、𫐐口中心小学8所学校被命名为廊坊市文明校园。韩国庆（四中）、胡立新（刘宋中心小学）、马永刚（三中）、孟庆伟（城内二小）、孙雪晴（城内一小）、王波（五中）、王淑琴（八中）、王梓煜（十一中）、张莉（𫐐口中心小学）、周春元（九中）10名教师被命名为廊坊市文明教师。陈美玉（刘宋中心小学）、纪秀荣（城内二小）、李莉（三中）、李雪平（十一中）、闵子亮（四中）、孙雪莲（𫐐口中心小学）6名教师被命名为廊坊市文明校园创建优秀工作者。

推进“乡村学校少年宫”建设工作，通过严格少年宫资金管理、完善少年宫机制建设、增强动态监管职能、打造品牌活动项目，完善教育阵地建设。是年，香河县有中央专项彩票公益金支持的乡村学校少年宫4个（钳屯中心小学、安头屯中心小学、蒋辛屯中心小学、石虎辛庄中心小学）；河北省乡村学校少年宫1个（五百户镇第二小学）；廊坊市级乡村学校少年宫4个（𫐐口中心小学、安平镇第一小学、刘宋中心小学、钱旺村小学），乡村学校少年宫管理平台于11月30日填报完成。

组织开展未成年人思想道德建设系列主题活动。开展“扣好人生第一粒扣子”主题活动。组织开展廊坊市“新时代好少年”评选推荐活动。香河县第二中学王晨阳同学、第二小学王慧丛同学、第一中学王欣荣同学分获第一届、第二届和第四届廊坊市“新时代好少年”荣誉称号。

开展优秀童谣征集推广活动。向市文明办推荐原创优秀童谣20首，并在全县中小学校范围内推广传唱，其中，有1首作品荣获二等奖，3首作品荣获三等奖，10首作品荣获优秀奖，县文明办荣获“市级组织工作先进单位”称号。开展“千所校园歌咏赛”活动，并将参赛视频上报市文明办，其中，县第二幼儿园报送的作品《我和祖国最亲亲》《只怕不抵抗》和县城内一小报送的《国家》《歌声与微笑》等作品荣获市级二等奖。县文明办、县教育局、县文广新局、县广播电视台、县妇联共同举办“我爱我家·同悦书香”亲子阅读家庭朗读大赛，为未成年人创造良好的读书氛围，在未成年人中大力弘扬爱国主义精神。组织开展廊坊市乡村学校少年宫优秀成果大赛，并将优秀作品报送市文明办，香河县安平镇第一小学少年宫、安头屯中心小学少年宫、五百户第二小学少年宫报送的作品分获市级一、二、三等奖。

开展规范汉字书写活动。县文明办与县教育局联合开展“2018规范汉字书写活动”，3幅作品荣获小学组市级三等奖，1幅作品荣获高中组市级二等奖，教师组作品分获市级一、二、三等奖。

在创建文明校园活动中，县文明办刘洋获“市级组织工作优秀个人奖”，县教育局获“市级优秀组织单位奖”。

【精神文明阵地建设】　县医院“农家博物馆”在建设中坚持保留中华民族的优秀传统文化，不同时代的展品反映了时代的变迁、社会的进步。2018年，农家博物馆举办爱国主义教育和社会主义核心价值观教育活动25次，免费接待未成年人参观1000余人次、退伍军人和离退休老干部参观180余人次、省级媒体记者参观5人次、其他社会人员参观580余人次。

【县级文明网站建设】　香河县文明网站和“两微”（微博、微信）客户端，主要发布宣传思想文化和精神文明建设重要信息，开展思想道德建设和精神文明创建活动，传播文明、引领风尚，促进全县社会文明水平和公民文明素质不断提高。要求窗口单位在显著位置张贴行业规范并遵照执行，同时对从业人员文明用语、礼貌待人和规范服务不定期进行暗访检查，截至年底，全县有50余个窗口单位公开张贴行业规范，近600名从业人员规范了行业服务。

【丰富志愿服务】　弘扬“奉献、友爱、互助、进步”的志愿精神，组织县直各单位、志愿者协会、企业、文明单位、社会各界爱心人士开展公益性志愿服务活动261次，参与活动总人数达5500余人次。其中，开展“周末文明行动”40余次，慰问贫困家庭14次，赴孤儿院看望孤儿18次，赴敬老院看望军属、老党员、孤寡老人27次，开展文明交通活动89次，义务清扫街道7次，为捐助失学儿童组织义卖活动9次，向贫困地区捐赠衣物28次，无偿献血1次，组织大型捐赠活动2次。

【乡村文明建设】　在全县开展打造文明乡村、文明示范街建设工作。制作宣传栏40个，投放公益广告400余幅。清理违法广告9000余处，清理卫生死角7500余平方米，发放文明乡村创建宣传材料4万余份。

【培树典型】　在雷锋标兵创建工作中，钳屯镇社会事务办公室被评为“省级学雷锋活动示范点”。深入挖掘推介先进典型，先后推出范广义、杨振、范国生等先进典型；张树川、张文发、范广义、张玉珍4名先进模范入围第三届“最美廊坊人”提名奖。

（刘洋）

文明城市创建

【概况】　2018年，香河县委、县政府带领全县广大干部群众，上下一心，积极作为，措施有力，效果显著，创建省级文明县城工作取得阶段性进展，较好完成年度测评工作。

【城区面貌改善】　组织各成员单位主要负责人对县城商业大街、主次干道、重要交通路口、背街小巷、公园广场、老旧社区、集贸市场、城乡接合部8个部分40余项内容进行专项督导调研。完成2万余平方米的新开街西段和北外环路铺设工作，完成1.8万余平方米的主要公路两侧便道维修加固工程。在大王庄村、大香线、淑阳工业园新增分类垃圾桶100余个。在绣水街、新华大街新增灯箱式果皮箱150个，更新、补充垃圾分类标识600个。公厕消杀率、保洁合格率达100%，城区公厕中无障碍设施覆盖率达90%。规范商贩占道经营12970处，拆除违建34处，取缔露天烧烤摊182处，拆除违规广告牌匾100余块，清理非法小广告37010处，摘除破损条幅2571条，清理僵尸车38辆，清除临时广告牌匾3830处。老旧社区、背街小巷、集贸市场的公益广告布设全部完成。完善隔离栏、红绿灯等必要交通设施，在城区主要街道新增机动车礼让行人示范点2

处，每月早晚高峰出动警力900人次，通过综合整治，县城区环境面貌明显提升。县图书馆、博物馆、爱国主义教育基地对未成年人免费开放，接待未成年人2.5万余人次。便民服务中心、长途客运站高标准投入使用。

【营造创建氛围】 2018年，全县升级改造街道道旗2100余面，户外大型公益广告牌10余个，临街建筑围挡1.9万余平方米，安装社会主义核心价值观造型9组，设置宣传栏50余个，宣传墙体1500余平方米。街路牌灯箱广告、公交站亭和公交车内公益广告更换工作全部完成，老旧小区、背街小巷新增高标准公益广告1100块全部到位。绣水街10块宣传栏公益广告全部更新，形成由新华、新开、绣水街和五一、迎宾、永泰路为重点示范街区的“三横三纵”宣传网络。发送创城微信头条60余条，创城简报9期，通报2期，印制创城宣传折页4万余册，模拟入户调查问卷3万余张，社会主义核心价值观宣传品1万件。县委广场、五一公园、新城公园、亚太园公益广告数量均达标。各大宾馆、商场、大型超市等测评点位学雷锋志愿服务岗、无障碍设施建设合格率达95%以上，各点位公益广告投放数量达标率98%以上。城乡接合部面貌整治提升工作取得阶段性进展，修建民俗文化墙和高标准围挡3.1万余平方米。医院、银行、移动、联通、电信所报测评网点的创建工作全部完成。截至年底，各中小学校累计制作创城公益宣传标语360余条，文明校园创建、爱国主义教育、善行功德榜等内容的宣传专栏300余个，校园内核心价值观公益广告400余处，学生守则展牌80余块，室内核心价值观、行为规范宣传牌1000余个。

【群众广泛参与】 印发《关于继续开展“周末文明行动”志愿服务活动的实施方案》，组织全县98个单位对133个小区开展“进千楼万户，创文明县城”活动，发放宣传折页2.2万份，入户填写模拟调查问卷1.1万余份。开展“我们的节日·清明节”主题活动，同时在《新香河》《香河头条》刊登、发布《2018年清明节文明祭祀倡议书》，倡导广大市民文明祭扫。开展“爱心端午·志愿服务”活动，呼吁广大市民要珍惜美好生活，携手共创文明县城。开展“文化端午·育民乐民”活动，举办书法比赛，在弘扬传统文化的同时感受汉字的博大精深。开展“和谐端午·传承文明”活动，组织文明礼仪、文明交通、文明环境、文明餐桌等形式多样的宣传教育活动。

【规范文件材料】 组织创城办工作人员，对《省级文明城市评测体系操作手册》逐条进行仔细研读，下发《关于报送创城工作档案材料的通知》（香创建〔2018〕5号）和《关于进一步完善创城档案材料的通知》（香创建〔2018〕6号）文件。对各责任单位提交档案材料的格式作出明确要求。材料组工作人员分别对上交的文件和照片认真审核，不符合要求的当场给予解释说明，限期整改。截至提交端口关闭，提交活动照片398张，说明报告179份，规范文件15份，涉及单位、部门58个。

【现场督导调研】 组织专题督导调研30余次，对发现的问题进行现场办公、现场解决。先后就宣传氛围到新华、新开街道办所辖老旧小区进行现场督导；就文明用餐、食品卫生、诚信经营、邮政营业厅及银行网点进行督导；就市容市貌整治提升到城区主次干道、背街小巷、城乡接合部、主要交通路口、公交站亭、云天国际商贸中心、新花园市场、福成肥牛饭店、速8酒店等地进行现场督导；就窗口单位创建到便民服务中心、移动营业厅、联通营业厅、电信营业厅进行调研。针对调研中发现的具体问题，创城办均下发督导通报并要求情况反馈。

【测评验收】 10月21—22日，省创城测评组一行6人，对香河县进行两天测评验收，分为申报点位测评和随机点位测评两类。包括主次干道、公园广场、中学、公共文化设施、长途客运站、爱国主义教育基地、景区景点、商业大街、医院、主要交通路口、避难场所、街道和所辖综合文化站、城区建筑围挡、社区和综合文化服务中心、生活小区、宾馆饭店、商场、超市、政务大厅、银行网点、邮政和移动联通电信营业厅、集贸市场、建成区外的乡镇和道路、未成年人心理健康辅导站等28类申报点位，以及出租车、公交线路、建成区外的行政村、背街小巷、经营性网吧、室外公共厕所等6类随机点位进行测评，测评结果在全省排第50名。

（刘　洋）

香居小筑主题民宿　　（县农业农村局供稿）

香溪樱桃园　　（县农业农村局提供）

农　村

【概况】 2018年，香河县农村工作以实施乡村振兴战略为统揽，推动乡村振兴战略、美丽乡村建设、村务公开、农村集体产权改革、综合调研等“三农”方面工作有序开展，成效明显。7月，中央农村工作领导小组副组长、农业农村部部长韩长赋到香河县调研，对香河县农村工作给予充分肯定。

【乡村振兴战略推动】 落实“五级书记”（省委、市委、县委、乡镇党委、村党支部书记）抓振兴，成立县委、县政府乡村振兴工作领导小组，县委书记任组长，办公室设在县委农村工作部。制定《关于深入推进乡村振兴战略的实施意见》，以县委、县政府文件形式下发，组织全县乡村振兴工作考核。香河县形成传统农业上档升级和现代农业集约发展并行格局，蔬菜、花木、林果、生猪、蛋鸡、肉鸭成为农业产业化经营六大主导产业。编制现代农业发展规划。是年，引进投资10亿余元，建设溪香樱桃园、水岸潮白共享农庄、绿野农庄、紫薇园等特色农业园项目近20个。其中，乐农美联、桑梓乐园农民专业合作社、沟河湾生态家庭农场、东昊家庭农场、东方古葡萄庄园、庆功台万亩荷塘6家农业园被认定为市级农业设施园或新型农场，形成现代农业产业集群。加快建设安头屯、五百户等五大精品旅游片区，特别是蒋辛屯片区做美、做强高档精品民宿项目。引进“香居小筑”和“别处潮白”2个精品民宿项目，松息别院、国粹堂等20余家特色民宿相继建成开放，生意火爆，乡村旅游正显现出强劲发展势头。10月，廊坊市委改革办组织乡村振兴战略督察，香河县在廊坊市排“优秀”档次。

【美丽乡村建设】 2018年，全县26个市级重点村和66个自主建设村各项工作有序推进，取得明显成效。7月，中央农村工作领导小组副组长、农业农村部部长韩长赋到香河县调研农村人居环境整治及厕所改造情况，对工作给予充分肯定。

制定下发《香河县农村人居环境整治三年行动实施方案（2018—2020年）》《香河县2018年美丽宜居乡村建设暨农村人居环境整治工作实施方案》等相关政策文件，成立县农村生活垃圾治理专项行动领导小组及办公室。全县“三清一拆”（清垃圾、清残垣断壁、清庭院，拆违章建筑）累计清理垃圾杂物25万立方米，拆违2.7万平方米。全县累计拨付农村人居环境整治专项资金5亿元，村街累计硬化道路47.6万平方米，植树绿化350亩，新安、更换、维修路灯6615盏，完成改厕7803座，铺设集中污水处理管网1.8万米，新建分散式污水处理设施585处。在建立完善农村生活垃圾治理长效机制基础上，遵循农村生活垃圾治理减量化、资源化、无害化原则，探索垃圾分类和资源化利用。印发《香河县生活垃圾分类实施意见》，在安平镇、蒋辛屯镇、钱旺镇、安头屯镇、钳屯镇5个镇15个村开展农村垃圾分类试点工作，推广“二级四分法”（二级指会腐烂和不会腐烂、能回收和不能回收，四分指70%的垃圾会腐烂，30%的垃圾不会腐烂。在30%不会腐烂垃圾中15%可以回收利用，15%需要处理），推进阳光堆肥房及镇级转运站的规划与建设。

以蒋辛屯镇、安头屯镇和刘宋镇为重点，围绕潮白河流域申报市级乡村旅游精品线。蒋辛屯镇在积极开展农村人居环境整治工作的基础上，以发展民俗民宿产业作为主打特色，成为各级领导督导考察美丽乡村建设必看的重点项目。蒋辛屯镇不断强化市场思维，在2018年中国（廊坊）农产品交易会成功签约“水岸潮白”田园综合体项目，规划建设菜园、果园、乐园“三园”式现代田园。安头屯镇农业科技示范片区以乐农美联、东方千年古葡萄庄园为龙头，辖区道路两侧12.68千米清场绿化工程基本完成，新建桥梁5座、2.5千米高标准景观墙。刘宋镇庆功台村推进东西民俗旅游一条街和南北特色美食一条街项目。

农业农村部部长韩长赋（左一）到香河县调研　（县融媒体中心供稿）

2018年香河县美丽乡村建设村街一览表

表5

乡　镇	市级重点村（26个）	县级自主创建村（66个）
安平镇	鲁家务、小友垡	孙家务、成辛庄、曹店、四街、周庄、后庄、延福屯二[illegible]
钳屯镇		起河屯、茅草店、红庙、西延寺、尚店、池屯、叶屯
安头屯镇	安四、兴隆庄、孙营庄、安一	黄庄、赵营庄、商汪甸
五百户镇	后土门楼、邢家营、骡子王、西张庄	十百户、前马房、八百户、四百户、三百户、南蔡庄、夏辛庄、兴隆庄、仉村、西七百户、前土门楼、东双街、吴打庄、南太平庄、荒凌庄、香椿营、田各庄
刘宋镇	东张庄、刘庆庄、南孙家庄	西王各庄、东王各庄、荆庄、倪庄、马庄、辛立屯、北村、中营、小陈庄、大田、刘宋、蹼头屯
渠口镇	青寺、炭户、韦各庄、卢庄、邱庄、高山、三岔口、青户	西河头、谭家务、王刘圈、石虎辛庄、卸甲庄、固庄、袁庄、寰庄、魏家滩、北渠口、躲各庄
钱旺镇	—	和平街、东马家窝、焦康庄
蒋辛屯镇	大窑上、北头百户	—
环保产业园区	后彭家务、前彭家务、南王庄子	黄院、前井亭、中井亭、后井亭、东延寺、小店子

【村务公开】　每个村街保持公开栏硬件水平不降低，完善村务公开制度。结合农村党风廉政和反腐倡廉工作，在全县各村街广泛宣传村务公开和民主管理制度，提高新任干部民主法治意识，将《村务公开程序》《民主决策程序》等制成展牌在公开栏内展出。镇村村务公开领导小组名单、举报电话等上墙公开，便于群众监督。各村街将村民关心的土地、村务等热点问题公开后，每季度由各镇将各村公开版面内容拍照存档，照片做到“村名清、时间清、内容清、群众清”，所拍照片实行镇、县两级存档备查。实行痕迹化管理，各镇（街道、园区）村务公开档案、公开照片每季度按时上报县级存档。

【农村集体产权改革】　2018年，香河县把农村集体产权改革作为全县农村工作重点。5月底，廊坊市农村产权制度改革领导小组办公室将香河县申报为省级试点县，7月12日，省农工办正式批复，要求2018年12月底完成清产核资任务，2019年12月底完成全部改革任务。县委、县政府随即制定《关于稳步推进农村集体产权制度改革试点的实施方案》，对实施方案进行细化完善，制定印发《香河县农村集体产权制度改革试点推进方案》《农村集体产权制度改革任务程序图》《农村集体产权制度改革档案资料清单》《宣传指导手册》等相关文件及通知20多个，对各个时间段具体任务进行明确和要求。镇村干部及人民群众充分了解农村集体产权改革的政策和意义，全县印发明白纸10389张，悬挂条幅323幅，大喇叭广播605次。

【综合调研】　加强调查研究和对农村干部培训指导，为“三农”发展建言献策，提供服务。完成《香河县百村千户乡村振兴调查报告》《香河县农村信访问题调研报告》《香河县一村一品发展情况调查报告》，并上报市委农工部。加强政策宣传，将中央乡村振兴战略的思路和精神传达到基层，总结撰写《中央对乡村振兴战略部署的相关内容要点》学习参考资料，与中共十九大、中央农村工作会议和全国春季农业生产工作会议精神等学习资料一并下发到镇村。在全县新一届农村“两委”干部培训班上，县委农工部专门就村务公开、民主决策和乡村振兴相关政策知识进行培训讲解，增强广大农村干部做好村务工作的法律意识和民主意识。深入推动省级农村股份合作制经济发展示范县建设，组织上报 6 家农民专业合作社申报市级财政资金扶持，其中 2 家获市级扶持。

（胡亚超）

统一战线

【概况】 2018 年，中共香河县委统一战线完成民族宗教、非公经济、对台、党外人士等方面工作。

【民宗领域和谐稳定】 健全完善三级宗教工作网络，按照属地管理原则，健全县、镇、村三级宗教工作网络和镇、村两级工作责任制，形成县委统战部、镇（街道、园区）、村街“三位一体”格局。建立健全宗教工作台账。对全县五大宗教（佛教、道教、天主教、基督教、伊斯兰教）教职人员、信教群众、宗教活动场所进行全面统计。分级分类建立重点人员、重点场所、重点部位、重要节点和重点问题工作台账，实行精细化管理。强化对宗教领域的政治引领，加强政策法规宣传，组织宗教人士参加市级举办的培训班 4 期，培训 70 余人次，县内举办培训班 3 期，培训 180 余人次，印制并发放《宗教事务条例》3000 册。9 月 28 日，组织召开县委理论学习中心组宗教工作专题培训班，聘请中央社会主义学院民族与宗教教研室主任、教授沈桂萍就如何做好基层宗教工作进行深刻剖析和解读。强化对宗教领域的信息反馈和指导。确定 16 名熟悉教务、信息灵通、鉴别力强的宗教人士为宗教工作信息员，从镇村干部及退休干部中，选拔 12 人担任“创建和谐寺观教堂”指导员，提高宗教工作应变能力。9 月 10 日和 13 日，联合县中医医院在香椿营村和安平一街村进行义诊活动。强化对宗教领域执法力度。依法处理影响宗教领域稳定的问题，对非法宗教活动形成有效震慑。处置突发和苗头性问题 5 起，处理非法宗教活动 4 起。7 月，在全县范围内大力开展宗教工作自查活动，各镇、街道、园区在全面自查基础上，制定整改责任清单，确保将问题化解在萌芽状态。

【非公经济发展工作】 2018 年，注重抓好对非公经济人士理想信念教育的实践活动。先后组织县内 30 余名优秀企业家，参加廊坊市企业家沙龙学习，了解当前的经济发展形势和国家的经济政策，坚定企业家抢抓机遇、敢于担当的信心和决心。5 月下旬，组织全县企业家学习观看中央电视台财经频道《对话》栏目《打造商业正能量》，进一步弘扬企业家精神，打造商业正能量，共建新时代新商业文明的社会担当。11 月 8 日，组织民营企业家代表 80 人，在县委分会场收听收看市委、市政府召开的廊坊市民营经济转型升级电视电话会议，学习贯彻习近平总书记在民营企业座谈会上的重要讲话精神，推进民营企业转型升级，优化营商环境，促进民营经济高质量发展。做好调研服务工作，先后到河北天域九五电气有限公司、香河华瑞气体有限公司、河北松岛菱电设备有限公司等 35 家重点非公企业走访调研，收集非公经济人士建议意见 23 条，撰写调研文章 3 篇。3 月，联合县人社局组织举办香河县“春风行动”大型招聘会，参会的 50 余家非公企业招聘员工近 300 人，切实解决企业用工难问题。为解决中小企业融资难问题，联系河北银行香河支行与 111 家中小企业进行银企对接，安排发放贷款 1.5 亿元。引导非公经济人士履行社会责任。1 月，组织香河温州商会开展“感恩改革开放四十周年送温暖”活动，为渠口镇、钳屯镇、钱旺镇、安头屯镇的贫困学生捐款捐物，帮助贫困户解决孩子就学难问题。6 月 1 日，组织光彩慈善会，与城内第一小学共庆“六一”儿童节，带去 3057 套文具作为孩子们的节日礼物。7 月，组织开展统一战线泛海助学活动，为县内 14 名应届贫困大学生完成申报审批，每名大学生获得 5000 元助学补贴。9 月 13 日，到张北县就对口帮扶工作进行深度对接，捐赠教育扶贫资金 25 万元，用于帮扶救助张北县建档立卡贫困户家庭的贫困学生。

【党外人士工作】 加强党外干部队伍管理。年初，重新对全县党外干部情况进行登记汇总，并将党外干部政治思想、工作能力、群众评价、廉洁自律等方面情况录入党外干部管理系统。扎实推进党外干部队伍建设。抓好统战理论和有关政策的学习和宣传，使各级党组织认识到做好党外干部工作的重要性和迫切性。5 月，邀请河北省社会主义学院王树臣教授以“学习中共十九大精神、做好参政议政”为主题对相关部门和党外干部进行培训。为更好地促进党外干部健康成长，建立健全《香河县县级党员领导干部与党外人士联谊交友制度》。5 月，在全县范围内深入开展新社会阶层人士统战工作专题调研活动，重点对民营企业和外商投资企业的管理技术人员、中介组织和社会组织从业人员及自由职业者进行调查摸底，并建立电子档案。7 月，开展新的社会阶层人士统战工作，成立新社会阶层人士联谊会。开展“一县一品”特色品牌创建工作，建立机器人小镇等 5 处实践基地，12 月，在全市深化改革工作督导评比中被评为优秀。

【对台工作】 做好台商考察接待工作。3 月 12 日，台湾旺旺集团董事长特别助理兼北京首席代表林天良一行到香河县就投资环境进行实地考察洽谈，与廊坊瑞盛投资股份有限公司召开项目对接座谈会，就合作事宜进行深入沟通交流。9 月 12—13 日，接待台湾青年精英交流考察团和台湾南投县现代农业、旅游产业交流考察团。11 月 23 日，中国侨联副主席、河北省侨联党组书记、主席包东带领省侨联调研组一行 4 人赴香河县进行工作调研。4 月 15 日，在香河新城广场开展“全民国家安全教育日”宣传教育活动，宣传《反分裂国家法》、“九二共识”的基本内容，号召广大人民群众积极行动起来与一切危害国家安全的行为作斗争。现场发放宣传彩页和手册 500 余份。

（常　晖）

县直机关党建

【概况】 2018 年，中共香河县委县直机关工作委员会（简称县直工委）围绕县委中心工作，全面提高党的思想、组织、作风和制度建设整体水平。在思想工作上，组织基层党组织和广大党员把深入学习贯彻中共十九大精神、习近平新时代中国特色社会主义思想作为“两学一做”（学党章党规、学系列讲话，做合格党员）学习教育重点内容。在组织工作上，进一步规范组织生活，建立支部书记党建述职制度，完善规范各单位党员活动室建设，配强班子、强化队伍，完成积极分子培训、发展党员工作。在宣传工作上，充分发挥县直基层党组织核心作用，推进“两学一做”学习教育常态化制度化，围绕六个方面问题（努力办好人民满意的教育、推动实现更高质量的就业、千方百计增加居民收入、统筹推进城乡社会保障体系建设、提高人民健康水平、加强和创新社会管理）深入开展纠正“四风”（形式主义、官僚主义、享乐主义、奢靡之风）和作风纪律专项整治工作。发挥互联网新媒体作用，利用微信平台做好基层党建宣传。利用“三会一课”、知识竞赛等多种形式加强理论武装，提高广大党员干部“不忘初心、牢记使命”的自觉性。

【组织建设】 县直工委推行工委委员包片制度，将县直 87 个单位分成 5 片，每个工委委员分包一片，负责包片单位党建工作的日常指导、阶段工作督察。通过包片，把工作触角向基层延伸，及时掌握基层情况，为基层党建工作决策部署提供准确依据。

发挥典型带动作用。通过培育党员活动阵地示范点，以点带面，推动各机关党组织达标升级，为基层广大党员提供完善的活动阵地。

加强基层内务管理。对《党支部手册》学习笔记等内容进行抽查，对存在问题限期整改。

推行“三会一课”报备制度。根据各单位报备学习时间、地点，进行不知会参加，激励“三会一课”制度依规开展。县直机关工委培养高素质的党务干部队伍，把既懂业务又会管理的“复合型”人才充实到机关党务队伍中，不断优化党务干部队伍结构，2018 年，新建机关党委 1 个，调整支部 19 个。

完善考评激励机制。健全党建考核机制，切实强化考核措施，细化考核内容，落实一把手管党责任，激发基层党务工作者的工作动力，对表现优秀的干部进行表彰奖励，真正使党建工作目标、任务落到实处。

按照中央“党要管党，全面从严治党”的总体方针，坚持高标准严要求，努力做好党员发展、教育和管理。严格按照发展党员“十六字”（控制总量、优化结构、提高质量、发挥作用）方针，保持和增强党员队伍先进性和纯洁性，严把“入口”，疏通“出口”，努力建设一支素质优良、结构合理、规模适度、作用突出的党员队伍。2018 年，接收新党员 70 名，预备党员转正 68 名。围绕提高党员思想政治素质，抓好党员教育管理，以“两学一做”学习教育为契机，坚持和完善理论学习等各项制度，通过集中培训、学习日、上党课等多种形式，增强广大党员干部学习实效。6 月底，在庆祝中国共产党建党 97 周年文艺演出之际，组织县直百余名新老党员集体宣誓，重温入党誓词。做好入党积极分子培养工作，在各基层支部落实积极分子培养人制度，组织积极分子参加党员活动，加强党的知识学习，使入党积极分子系统掌握党的基本理论知识，提高入党积极分子思想政治觉悟，端正入党动机。

围绕市、县委决策部署，创新工作思路，以提高党建工作吸引力为中心，开展机关党建活动。定期组织各基层党组织举办主题党日活动和新老党员谈入党感受活动，创新党员队伍教育管理和服务途径，增强党建工作亲和力、吸引力。开展“先锋支部”建设，总结推广县人民医院党总支部、县城市管理行政执法局党总支部、县供电分公司机关第一党支部、县公安局淑阳派出所党支部、香河县第一幼儿园党支部等一批党支部组织生活典型，使县直机关党支部组织生活学有标杆、做有榜样。

【思想作风建设】 2018 年，学习、贯彻中共十九大精神，重点围绕习近平新时代中国特色主义的新论断、中国社会主要矛盾发生变化的新特点、分两步走全面建设社会主义现代化国家的新目标、坚定不移全面从严治党新要求（新论断、新特点、新目标、新要求），把握精神实质，学懂弄通。要求各基层组织和全体党员切实从思想和行动上统一到中共十九大精神上来，统一到党中央各项决策部署上来，把学习贯彻中共十九大精神与做好机关各项工作紧密结合起来，真正把学习贯彻过程转化为坚定信念、推动发展、解决问题、激发动力的过程，确保取得实实在在成效，不断提高机关党的建设和各项工作水平。要求各基层组织利用各种宣传工具和宣传形式开展中共十九大精神宣传，把中共十九大精神传达到基层每一位干部群众，推动中共十九大精神贯彻落实。县直工委以“不忘初心、牢记使命”为主题开展学习中共十九大精神知识竞赛。比赛分为书面答题和现场答题两个阶段，1—2 月，在各单位、机关内部组织开展形式多样、内容丰富的中共十九大知识学习和竞赛活动。按要求统一组织书面答题，全县每名党员、入党积极分子都按要求进行书面答题。4 月初，经过层层选拔，县直工委从全县筛选出20支代表队进行预赛，选拔出6支代表队进入决赛。4月26日，举办中共十九大精神知识竞赛决赛。全县各镇、园区、街道、县直各单位500余名干部观看比赛，并决出一、二、三等奖，县四套班子领导出席比赛现场并为获奖选手颁奖。

推进“两学一做”学习教育常态化制度化。县直工委将中共十九大精神和习近平新时代中国特色社会主义思想作为“两学一做”学习教育的重要内容。工作中不断完善以党组（党委）中心组、中层干部读书班、党支部学习为重点的“三级联动”学习机制，利用微信公众号、QQ等新媒体及时推送学习内容。是年，各机关党委、党总支部、党支部组织政治理论和党的知识集中学习均达每月2次以上，平均参学率95%，组织党员干部通过河北干部网络学院和先锋在线展开网上理论学习。全年领导干部学习笔记达1万字以上，一般干部达6000字以上，网络学习全部达到课时要求。按照县纠正“四风”和作风纪律专项整治领导小组工作要求，县直工委召开专门会议，研究制订工作推进方案。要求各单位深入学习贯彻习近平总书记关于进一步纠正“四风”、加强作风建设重要批示，认真落实省、市、县委关于作风建设的决策部署，提高政治站位，突出问题导向，统一思想认识，领导做带头，党员做表率，深入查摆问题。建立整改台账，形成定期报告机制，促整改落实见实效。县直工委派出督导组，对县直单位各阶段落实情况进行督导检查，及时将一些倾向性问题和各单位经验做法归纳总结反馈给各单位，有效推进专项整治工作落实。

【基层党建督导检查】 推动全面从严治党向基层延伸，举办机关党组书记党建述职评议会，落实党建工作责任制，增强党组书记管党责任意识，提高履行“一岗双责”能力。4月11日，县直工委组织召开2017年度县直机关党组书记述职评议会。会上，县直工委书记孙玉茹通报县直机关党建工作存在的突出问题，县工信局、卫计局等12个单位的党组书记在会上述职，县委书记李桂强作重要讲话并对发言单位逐一点评。县委常委、组织部部长王宏民主持会议，并就贯彻好会议精神讲了意见。述职评议活动对推动和增强基层党组织管党责任意识，落实“一岗双责”，实现“党要管党，从严治党”发挥积极作用。6月14—15日，县直工委开展为期两天的县直机关党建相关重点工作互查互评，从县直机关抽调20名机关党务干部分成10组开展交叉互评，从党组履行管党职责、理论学习、《党支部工作手册》记录、组织生活会、党组织活动阵地、党员先锋指数管理、档案管理等方面，对县直各基层党组织进行全面细致公正的检查评比。通过互查互评，使基层党建中的问题和不足充分暴露，为今后有针对性地指导基层党组织工作提供方向。

【“七一”系列活动开展】 “七一”前夕，县直工委表彰先进基层党组织20个、优秀党务工作者30名、优秀共产党员60名。在县广播电视台开辟“先锋颂”专栏，对受表彰的部分优秀个人进行深入宣传报道。通过表彰基层党组织中涌现出的先进集体和优秀个人，在县直机关党组织中形成比学赶超的氛围，促进机关党建工作水平提升。“七一”和“十一”前夕，在县直机关单位开展“帮扶生活困难党员、慰问老党员”走访慰问活动。各基层党组织党员领导干部带队到党员家中，送去党组织的温暖和关怀，倾听他们的心声，了解党员对党组织的意见和建议，切实帮助困难党员解决生产生活实际问题。两次走访慰问发放困难党员慰问金2.6万元，米面油52份。召开庆“七一”党课报告会，广大党员和入党积极分子聆听报告，并组织座谈，结合实际回顾党的光辉历程，畅谈党的丰功伟绩，激发基层党员责任感、使命感。“七一”期间，在各基层党组织以支部为单位，举办全体党员重温入党誓词活动，促使党员牢记初衷牢记使命。年底，县直工委组织2018年新发展党员集体宣誓活动，以此强化党员的自豪感和荣誉感，增强党员干部的党性意识和服务大局、服务群众的自觉性。“七一”前夕，县直各基层党组织建立各自单位党员志愿服务队，组织党员志愿者深入街道、社区、基层单位、县光荣院、孤儿院、敬老院等地，开展党员志愿服务活动。同时，各机关党员志愿服务队根据服务对象需要，建立常态化志愿服务，推动志愿服务活动深入开展。

【党员档案管理】 按照县委《关于加强全县党员档案管理工作的通知》要求，从2月下旬起，在县直机关开展党员档案大审查大整改工作。组织各机关党委、党总支部、党支部对照三个分类五个方面审查内容，对管辖范围内每一名党员的档案进行严格审查，对查出的问题档案进行分类管理。

审查党员档案主要分为三类。A类，1990年8月31日前入党党员的档案。材料要求：若党员档案遗失或材料缺失，只要党员组织关系未中断过且能够核实其党员身份，可不再硬性要求补办相关档案材料，只需将“中国共产党党员基本情况登记表”存档即可。B类，1990年9月1日至2014年5月27日〔《中国共产党发展党员工作细则（试行）》出台后，新细则出台前〕期间入党党员的档案。材料要求：党员档案必备材料有入党申请书、入党积极分子培养考察材料、入党志愿书、政治审查材料、转正申请书。C类，2014年5月28日后入党党员的档案。党员档案审查内容主要包括五个方面：审查有无档案材料。有党员档案的，查看基本资料是否齐全；党员档案存入人事档案的，要责成专职党务干部按照干部人事档案查借阅有关要求，携带“干部档案借查阅审批表”，向相关组织人事部门申请协助审查。

审查基本材料的时间间隔是否符合要求。入党申请书落款时间和《申请入党的积极分子培养考察登记表》“支部意见”栏内落款时间的间隔是否达到6个月以上；确定入党积极分子时间与确定发展对象时间〔上级党（工）委备案时间〕间隔是否达到1年以上；《入党志愿书》中接收预备党员时间与党员转正时间间隔是否达到1年以上；注意《入党志愿书》内容各表栏之间的先后顺序，一般不能颠倒；支部大会通过预备党员转正时间与上级党（工）委审批时间的间隔不能超过3个月。

审查基本材料内容是否翔实准确。基本材料中的姓名、性别、民族、出生年月、籍贯、出生地、学历等个人基本情况是否全部如实填写；基本材料中发展对象姓名是否与身份证上的姓名一致；“申请入党积极分子考察簿”中“半年鉴定”栏内考察纪实是否每半年1次，内容不允许千篇一律；《入党志愿书》中“入党志愿”一栏是否着重填写本人对党的认识、思想发展过程和对加入党组织的态度，是否照抄照搬初次撰写的入党申请书内容。

审查材料书写和签名盖章是否规范。各类材料填写时，是否用蓝色或黑色墨水笔填写；需本人填写及签字的材料是否由本人填写，笔体是否一致；基本材料中所有人名相同的签字笔体是否完全一致；不同党组织负责人、培养联系人、入党介绍人的签字笔体是否存在一致的问题；不同党组织签署意见的笔体是否存在一致的问题；函调及证明材料是否加盖党支部和党（工）委印章并签署意见；其他入党基本材料是否加盖相关党组织印章，有无漏盖之处；党员档案是否存在明显涂改，相关印章是否模糊不清。

审查其他问题。是否存在未满18周岁入党问题，2014年5月28日以前，是否存在未满18周岁入党问题；2014年5月28日以后，是否存在未满18周岁递交入党申请书问题；是否执行公示制、票决制（公示制自2001年3月14日开始执行，票决制自2003年5月19日开始执行）；是否存在违反计生政策入党问题，违反计生政策并已接受处罚后，是否经 5 年以上培养；有无其他违反规定入党问题。

及时纠正档案不规范、不完善、不齐全等问题，并督促各单位按照党员隶属关系和党员档案管理权限认真负责地保存和管理好党员档案。同时进一步规范党员档案转接手续，杜绝党员在组织关系转接过程中审查不严，造成不规范不齐全，档案不经审查流入和档案遗失等现象。

（彰文娟）

参训学员在现场教学点合影留念　　（县委党校供稿）

香河县基层干部“不忘初心、牢记使命，坚定理想信念”（兰考）专题培训班开班仪式　（县委党校供稿）

党校教育

【概况】 2018 年，中共香河县委党校（简称县委党校）认真贯彻落实中共十九大精神、习近平新时代中国特色社会主义思想，紧紧围绕干部教育培训工作，大力加强党的思想建设、组织建设、作风建设、反腐倡廉建设、制度建设，充分发挥党组织战斗堡垒和党员先锋模范作用，引导广大党员干部以科学发展观为指导，在各自的岗位做好各项工作。发挥县委党校与社会各界广泛联系的桥梁纽带作用，把全部心思、一切力量凝聚到县委党校发展上。在开放办学中发挥县委党校主题教育作用，立足当前，放眼长远，以勇争一流的精神，把发展与创建统一起来，全面提升县委党校办学水平。按照县委干部教育工作领导小组的安排部署，年内，举办春秋两季股级及股级以下干部培训班 6 期，培训干部 1200 余名。

【干部培训】 4 月 19—20 日，举办 3 期全县股级及股级以下干部春季集训班，600 余名干部参加集训。培训内容有宣讲辅导县委十一届二次、三次全会精神；辅导县“两会”会议精神和政府工作报告解读；辅导全国“两会”会议精神和国务院总理李克强政府工作报告解读。4月23—26日，举办“不忘初心、牢记使命，坚定理想信念（平山）”专题培训班，培训县直单位股级干部学员50人。培训结束后，县委党校制作学习画册和学习视频，供学员继续学习交流。10月15—19日，举办“不忘初心、牢记使命，坚定理想信念（兰考）”专题培训班，培训学员40人。按照《2018年全县干部教育培训工作要点》安排，11月21—22日，举办两期股级及股级以下干部秋季集训班，培训内容有新修订的《中华人民共和国宪法》辅导、习近平新时代中国特色社会主义思想辅导、加强国防教育强化国防观念等。观看电影纪录片《永远的焦裕禄》，观后培训班学员写出学习体会，县委党校将学员学习体会集印成册，发给学员相互交流。

【宣讲活动】 县委党校组织骨干教师深入县直单位开展中共十九大精神巡回宣讲活动，先后深入县住建局、县职教中心等单位，把中共十九大精神宣讲深入基层党组织及党员干部之中，受到基层党员干部欢迎。

【专题培训】 县委党校与相关单位合作开展专题培训活动。与县气象局合作开展气象知识和气象信息员培训活动，对全县各单位信息员进行培训，制印发放气象知识手册等。与县财政局合作开展农村会计员培训，对全县300个行政村的500多名会计，进行会计知识培训。与县国防办共同举办国防知识培训班，讲授国防教育知识，强化国防观念，全县各单位相关干部和各镇武装部部长参加培训。

【教研工作】 2018年7月，陈海涛主持课题“营商环境问题和对策研究”，获得2018年度中共河北省委党校系统科研项目立项。课题组综合运用企业座谈会、问卷调查、实地调研、文献分析等研究方法对营商环境进行深入研究，该研究旨在

参训学员认真学习　　（县委党校供稿）

参训学员在现场教学点合影留念　　（县委党校供稿）

参训学员参观焦裕禄纪念馆　　（县委党校供稿）

全面、客观地反映投资环境，引导投资方向。该研究指出，中共十八大以来，党中央、国务院高度重视营商环境建设，推出一系列改革举措，营商环境优化成效显著，评价总体良好。营商环境建设虽取得显著成就，但仍有提高空间，并分析需要改善之处，对进一步优化营商环境，提出政策建议。帮助地方政府分析影响因素，探寻优化政策，提升投资便利化水平，促进经济社会稳定健康发展。

【工作亮点创新】　实行聘任兼职教师制度，邀请县内有关部门领导干部到县委党校兼任授课教师。2018年，邀请县委研究室张建波、县政府办公室程国松为学员讲解相关课题。邀请武警学院陈友谊讲授"加强国防教育强化国防观念"课题。是年，县委党校与通州区委党校加强教学经验交流，共同开展京津冀协同发展课题研究工作。举办"不忘初心、牢记使命，坚定理想信念（平山）"专题培训班和"不忘初心、牢记使命，坚定理想信念（兰考）"专题培训班，培训结束后，县委党校制作学习画册和学习视频，辑印学员心得体会，相互交流，并通过县委党校微信公众号和在香河电视台向全县播放。

【师资队伍建设】　提高县委党校教师和职工理论水平，县委党校坚持每周五集中学习制度。组织全体教职工参加理论学习。内容涉及中共十九大精神和习近平总书记系列讲话精神，以及《领导干部守纪律讲规矩应知政策汇编》《习近平新时代中国特色社会主义思想三十讲》《新担当新作为做新时代好干部》《党章党规学习读本》等必读书目。通过学习使全体教职工用最新的思想理论武装头脑，统一思想，形成合力。在教师队伍中继续开展解放思想大讨论活动，紧紧围绕香河县工作大局，查摆县委党校在党员干部培训工作中存在的问题。要求每位教师要积极思维、勇于进取，自觉把县委党校工作同全县工作大局联系起来，正确处理集体与个人、整体与局部、长远与当前的关系，增强主动性、减少盲目性、克服片面性。把以人为本的服务理念贯穿落实到师资队伍建设中，把师资作风整改的成效体现在解决好涉及县委党校事业发展和不断满足干部群众日益增长的培训需求上。利用县委党校远程教育和党员培训班有利条件，完成对县委党校全体党员学习培训任务。

（孟宪东　李志娟）

党史研究

【概况】　中共香河县委党史办公室，负责全县新民主主义时期与社会主义时期党史专题资料的征集、编写、研究工作，为资政育人、爱国主义和传统教育提供有关资料。指导全县党史工作，制定并组织实施全县开展党史宣传工作计划，搞好社会主义经济建设和改革开放的宣传。加强同宣传、广播等部门协作，用社会主义新思想占领意识形态阵地。

【大事记编写工作】 2018年，整理修改完善党史大事记（1949—1978），到档案局（馆）等有关部门查阅相关资料卷宗100余卷，复印并抄写文字10余万字，进行大事记（1956—1979）补充修改工作。

【相关文字工作】 编写《廊坊年鉴（2018）》相关资料三篇，计8000余字，报至市委党史研究室。整理完成《廊坊党史大事记（1949—1988）香河部分》征求意见稿8万余字并上报。

（张建波）

离退休干部管理与服务

【概况】 2018年，老干部工作在县委、县政府的正确领导和市委老干部局的具体指导下，紧紧围绕全县工作目标，认真落实省、市组织部长和老干部局长会议部署要求，坚持以习近平新时代中国特色社会主义思想为统领，坚持政治引领、强化政策保障、深化精准服务，把落实好老干部各项待遇、探索新形势下老干部工作新思路作为工作重点，以求真务实的工作作风，加强离退休干部服务工作，引导老干部为党和人民事业增添正能量，提高老干部工作质量和水平，圆满完成全年各项工作任务。是年，香河县委老干部局被中共河北省委组织部、河北省委老干部局、河北省人力资源和社会保障厅授予“全省老干部工作先进集体”荣誉称号。

【落实老干部政治待遇】 组织部分县级实职处级退休干部和离休干部参观香河县重点工程项目。针对老干部特殊群体，支部活动采取集中与分散相结合的方式，对身体条件允许的老干部采

重阳节之际，县领导陪同离退休老干部参观香河县发展成果（县融媒体中心供稿）

重阳节之际，县领导陪同离退休老干部参观景泰蓝工艺制品（县融媒体中心供稿）

取上站和会议方式，对于行动不便、因病住院的老干部，采取定期走访主动上门的方式，把支部活动延伸到家庭、延伸到病房。从而使支部活动参与率大大提高。2018年，采取集中和分散的形式组织老干部学习《中国共产党章程》《中华人民共和国宪法》及习近平总书记系列重要讲话精神等内容。县城内老干部集中上党课4次，老干部上站集中学习78次。3月，组织老干部党支部书记观看纪录片《厉害了！我的国》。4月，组织关工委老干部到易县红色革命教育基地狼牙山参观学习，缅怀革命先烈，增强党性观念。5月，组织部分离退休老干部收看《马克思诞辰200周年》纪录片。组织老干部党支部书记参观蒋辛屯镇河北吴村、王店子、苍头村新农村建设、民宿、花海等。7月，组织部分老干部赴崇礼、塞罕坝机械林场参观学习。10月，组织参观运河文化公园，蒋辛屯镇共享农庄、别处酣客民宿、李家大院等县域文化旅游产业。

深入学习宣传贯彻中共十九大精神，采取送学上门、支部学习、专题培训、老干部党校等多种形式，组织离退休干部学习领会中共十九大精神，树牢“四个意识”，坚定“四个自信”，严守“四个服从”。3—4月，县委老干部局领导班子成员分成4个小组，对全县离休及处级以上退休老干部进行回访，将中共十九大报告和全国“两会”精神以大字号印刷成明白折页，连同《习近平谈治国理政》（第一、二卷）一起送学到老干部手中。8—10月，县委老干部局领导班子成员分组对全县离休及处级以上退休老干部进行家访，通报全县政治经济情况，送去《习近平新时代中国特色社会主义思想三十讲》学习资料，确保宣传学习无遗漏全覆盖。

【落实老干部生活待遇】 春节前夕，县四大班子主要领导对全县离休干部和县级实职退休干部进行慰问，送去慰问信和慰问品，通报全县政治、经济、社会和文化发展形势。老干部局坚持“四必访一祝贺”（重大节日必访、有特殊困难必访、重要来信必访、生病住院必访，生日祝贺），结合老干部实际情况，加大对域外老干部家访慰问力度，发放联系卡，建立老干部情况档案。2018年，慰问家庭困难离退休老干部36人次，为老干部庆祝生日、看望生病老干部30名，家访105户。其中，走访异地安置老干部3名，走访居住在外地离休干部12名，及时准确掌握老干部生活、家庭、身体、两个待遇落实、发挥作用等方面情况，协调解决老干部提出的问题。

按照“规范化管理，高标准服务”要求，在县委老干部局门诊医护人员中开展“两个5分钟”服务，即“聊家常5分钟”“问诊时间5分钟”，拉近与老干部的距离。医务人员转变服务理念，把服务“关口”前移，达到老干部健康长寿、减少医药费开支的目的。全年为老干部报销医药费408万元。8月起，提前组织，精心安排，与县医院密切合作，历时近两个月对全县3000余名离退休老干部进行健康体检，及时了解老干部身体健康状况，做到早发现、早治疗，完善离退休老干部健康档案。

完善《领导干部联系老干部工作制度》《县委老干部局党总支成员分包老干部支部制度》《特困离退休干部帮扶制度》等，局领导班子成员与老干部建立分包管理和服务，通过走访、电话、微信等方式，倾听老干部所想、所盼、所需，及时减除思想疑虑。年内，对困难老干部和部分遗属发放帮扶资金5万元，为30名离休老干部申请增加护理费。

【老干部党支部工作】 为方便老干部参加活动，按区域和老干部意愿划分党支部，实现规定及时接转组织关系，依照“四就近”原则。2018年，转入党员14人，转出2人，支部之间调整党员30人。15名老干部党支部书记和30名支部委员个

香河门球队参加廊坊市重阳节老年人门球比赛　　（刘德明摄）

舞动庆重阳　　（陈卫彬摄）

个身体好、党性强、觉悟高，支部凝聚力、战斗力、创造力进一步提升。12月10日，县委老干部局组织召开离退休干部党支部书记会议，学习《中国共产党支部工作条例》，总结全年工作，谋划2019年党支部工作。

本着简便、易行、有效原则，建立学习制度、联系党员制度，坚持“三会一课”组织生活制度和民主生活会制度。针对新形势下充分发挥老干部在经济发展、社会管理等方面特殊优势和作用的工作机制进行专题调研，形成《关于进一步加强和改进离退休干部工作的实施意见》的调研报告。力促调研成果转化和老干部工作政策落地落实，增强老干部工作针对性和有效性。

【老年大学工作】 县老年大学、老年书画研究会全年授课32周，学员到课9000余人次，组织会员开展作品点评、笔会、学术研讨会、参展等活动。

【老年书画工作】 会员作品入展省、市纪念改革开放40周年书画展（省5幅，市13幅）、市第九届老年书画联谊会书画展（12幅），与北京东城区、天津崔黄口、河北玉田进行京津冀老年书画联谊活动，在河北玉田展出书画作品10幅，在天津崔黄口展出书画作品5幅。在县内举办纪念改革开放40周年老年书画展，编辑出版《书画作品集》。

【老年体育协会工作】 发挥县老年体育协会平台作用。开展北三县（香河县、大厂回族自治县、三河市）乒乓球、门球、象棋竞赛、交流活动，组队参加廊坊市老年人广场舞、健身秧歌、太极拳、持杖健步走比赛。加强对体育骨干的培训力度，选派老年飞镖、柔力球教练赴省、市进行培训。加大镇老体协组织及示范区创建指导。

【关工委工作】 2018年，县关心下一代工作委员会（简称县关工委）新创建基层“五老”（老干部、老战士、老专家、老教师、老模范）关工委服务中心5个，配备5000元的服务用品。5月29日，县关工委法制报告团成员走进香河县第七中学组织的“青少年思想道德建设暨法制教育报告会”，全校师生共1000余人参加。报告团成员从青少年思想道德的培养到法律法规做了深入浅出的讲解，使学生受到教育。7月9—10日，参加在北京梅地亚中心召开的“养成教育建设国际论坛暨国际感知觉统合学术研讨会”，香河县3所学校养成教育网络平台开通，免费服务，截至年底，举办养成教育专题报告4场。11月2日，香河县关工委组织一行15人赴天津市北辰区实验中学、天津市红桥区文昌宫小学进行考察学习，参观学校的心理教育专用教室以及部分心理诊治设备。通过深入研究两所学校的做法，拓展香河县中小学在习近平新时代开展德育教育、心理健康教育的途径和方法，把关心下一代工作落到实处。11月13日，赴香河县第五中学进行调研。是年，县关工委三大报告团（理想信念教育、法制教育、科技教育报告团）、家长学校共作报告50次，开设家长课堂34节，编辑出版《雨露报》4期，刊登小作者作品160余件，印发12000份。配合香河县诗词协会创建工作，在《雨露报》开辟诗词专题专栏。是年，香河县关工委被“全国养成教育科研中心”评为“先进单位”。

【老区发展简史编写】 成立《香河县老区发展简史》编委会，聘用有一定文字功底、有一定阅历人员从事此项工作。通过查阅史料、走访座谈，10月底，完成编写初稿和大事记20万字，系统反映香河县老区革命斗争和社会经济发展概况。11月，廊坊市召开老区发展简史编委会工作会议，香河县老干部局就编写工作作典型发言。6—7月，对全县老区情况进行全面梳理，上报老区重点村9个，重点示范村1个。

（陈卫彬）

信　访

【概况】 2018年，信访工作为维护全县社会稳定做出积极贡献。特别是在全国、省、市“两会”及上海合作组织峰会、中非合作论坛、香河“第七届国际家具文化节”、2018中国（廊坊）农产品交易会、中央巡视组驻冀巡视等大型会议及大型活动期间，以及期间，牵头组织各单位和部门组成值班工作组进京、赴省、到市值班，做了大量艰苦细致工作，及时稳妥协调处理各类群众信访问题，得到省、市主管部门肯定。年内，无发生非正常进京上访事件，越级集体上访得到有效控制，全市排位靠前；重信重访率控制在20%以内；市以上交办案件按期结案率95%以上；市以上交办案件年终结案率100%；按照上级要求完成群众工作站、群众工作室建设，并且设施齐全；定期对信访苗头和群体性事件隐患进行排查，到市以上上访排查率100%；省、市开展“四大攻坚战”（重点领域攻坚战、重点群体攻坚战、重点问题攻坚战、重点人员攻坚战）专项行动交办香河县14件，按期结案率100%，息诉息访率90%；严格落实省、市联席会议《关于建立领导干部大接访长效机制的意见》，各镇、街道、园区和县直部门党政领导干部按规定要求参加公开接访，做到进京赴省到市零上访和到县集体上访发生前，涉案单位领导接待率分别为100%和95%以上。

【信访渠道畅通】 在信访接待工作中，对访之有理的上访者，接待后及时向主管领导汇报，并与镇或部门联系沟通，做好督导，使上访人反映的问题能够及时接待，及时协调、及时解决。对反映问题解决难度大的、情绪激烈的，从思想工作入手，稳定上访人情绪，控制事态发展，协调相关部门做好稳控工作。对出现大规模围堵县委、县政府机关的集体访，坚持第一时间到现场疏导，耐心细致向上访群众讲解党和国家的方针、政策，动之以情，晓之以理。对于人民群众来信，信访局认真登记造册，逐件审阅批办，对反映群体意愿的联名信，及时报主管领导；对反映个人问题的信件，信访局提出解决意见或建议，批转相关部门予以落实。

【化解专项行动】 省、市部署信访攻坚化解专项行动以来，按照专项行动要求，逐案落实“五包一保”（包调节、包教育、包法律宣传、包回访、包跟踪服务，确保社会稳定，一方平安）工作机制。逐个建立台账，逐一明确责任，实行“一岗双责”，县委常委按照分包乡镇的安排，分包所辖乡镇信访案件，党政班子成员按照工作分工，各负其责、每人分包各自分管系统的信访案件。坚持每月一排查、一汇总、一刷新，由县信访局及时调整、梳理部署、动态分包，集中攻坚。2018 年，市联席办交办香河县 21 件案件全部办结。

【矛盾纠纷排查】 完善三级排调网络。在全县 300 个行政村建立以村“两委”班子成员为主的排调组织，及时发现纠纷和苗头，做到小矛盾及时疏导、大问题及时反馈；在各乡镇和县直部门、街道办事处均成立矛盾纠纷排查调处工作领导小组及办公室，对较大矛盾纠纷直接进行调处，及时登记分类，及时将调处、化解责任落实分包到分管领导和具体责任人；县信访局把各乡镇和县直信访接待任务较大的部门纳入排调网络，规定每月 5 日、20 日为自查日，并将排查情况由主管领导签字后上报信访局登记备案，对影响较大的信访矛盾隐患，信访局负责督导落实。坚持把“群众找”变为“找群众”。对摸排出的重点疑难、敏感期有可能发生越级上访问题的群众，主动进行约访或下访，最大限度把信访群众吸附在基层。结合开展“两学一做”学习教育活动，不断创新载体，组织全县党政机关干部进村入厂，协助党委、政府抓好信访工作，坚持做到人人都当排查员、人人都当信息员、人人都当调解员。利用亲情、乡情、友情沟通思想、排查隐患、化解矛盾。2018 年，全县排查 142 件信访矛盾隐患，化解 87 件。

【领导干部大接访】 2018 年，县委多次召开常委会议、联席会议，调度分析信访形势，通报信访情况，部署下步工作，切实把信访工作与全县发展同分析、同部署、同检查、同落实。畅通信访渠道，实行县四大班子主要领导及所有成员接访大排班，确保每个工作日都有 2 名县级领导在群众工作中心接访，并提前将接访县级领导、接访时间通过县电视台公布；各镇、街道、园区也都实行班子成员轮流坐班接访，切实有效解决信访问题，吸附上访群众。

【信访案件化解】 从根本减少重复信访发生，开展信访积案化解年活动。对全县久拖不决的信访积案进行摸底调查，逐案登记造册，明确包案领导和具体责任人，限期解决；加强督查督办，由县信访局督查室逐案对登记积案下发督办卡，并定期调度，确保信访积案及时有效化解；加大调处力度，对排查出的积案，责成相关涉案部门多渠道加大调处力度，以解决问题为主线，切实解决信访者生产生活中实际困难，从而促进息诉罢访。

【信访案件查办】 加大信访案件查办力度，对县级领导接待的重大疑难信访案件或较大规模集体上访案，县信访局坚持实行“信访案件交办卡”制度，明确办案时限、办案要求等，确保每件信访都有结果，每个问题都有回声。2018 年，中、省、市共交办访、信、邮要结果信访案件 50 件，年终办结 50 件，全部按要求办结，未出现退查退办案件，其他案件办理当中；国家信访局“四大”（信访重点领域、重点群体、重点问题、重点人员）攻坚活动交办案件 5 件，全部上报办结；市重点工作督查组督查香河县重点案件 18 件，全部按要求办结；省委第十一巡视组 3 次交办香河县重点信访案件 50 件次，全部按要求上报。中、省、市共转送访、信、邮各类网上信访案件 853 件次，通过督促各单位、各部门及时接收告知、按期办理答复意见，做好满意度评价工作。截至年底，按期受理率 100%，按期答复率 100%，对信访机构满意度评价达 98.3%，对有权办理机关满意度评价 98.4%。是年，国家信访局登记香河县进京集体访 8 件，省信访局登记香河县赴省集体访 4 件，退役军人事务部登记的涉军访 6 件，省巡视组交办案件 8 件，按照上级信访部门要求，全部及时报送信访台账及办理结果。年内，香河县收到市委书记冯韶慧批示信访案件 7 件，全部结案上报。

（李树明）

机构编制

【概况】 2018 年，香河县机构编制委员会办公室（简称县编委办）全面贯彻县委、县政府各项工作安排，学习贯彻中共十九大和十九届三中全会精神，坚持用习近平新时代中国特色社会主义思想统领和指导机构编制工作，贯彻中央和省、市有关机构编制管理政策规定，领会各项改革精神，推进各项改革工作。在加强部门自身建设工作的同时，完善机构编制管理，提高机构编制管理工作水平。在机构职能调整工作、机构编制信息年度统计工作、事业单位法人登记管理工作、中文域名管理工作、行政审批制度改革等方面工作均按中央、省、市、县有关文件精神，完成年度工作任务。

【行政单位管理体制改革】 2018 年，对纪检监察体制进行改革，做好县人民法院、县人民检察院管理上划工作，对县人民法院内设机构进行改革。

纪检监察体制改革。制定《关于香河县监察委员会组建方案的意见》，经 2018 年第一次县编委会研究，报县委常委会审议通过，印发《关于香河县深化国家监察体制改革涉及机构调整和人员转隶有关问题的通知》（香编委〔2017〕9 号）和《关于组建香河县监察委员会的通知》（香编委〔2018〕12 号），将香河县人民检察院的反贪污贿赂局、反渎职侵权局和职务犯罪预防科相关职能并入香河县纪委、监委，香河县监察委员会与香河县纪律检查委员会合署办公，实行一套工作机构、两个机关名称，履行纪检、监察两项职能。根据《关于河北省深化国家监察体制改革试点工作推进中有关问题的指导意见》，香河县纪委开展县委巡察机构组建工作，制定《关于调整香河县委巡察机构设置的意见》，经县编委研究，报县委批准，印发《关于调整香河县委巡察机构设置的通知》（香编委〔2018〕1 号），设立县委巡察工作领导小组办公室及 4 个县委巡察组，作为县委巡察工作领导小组的日常办事机构，负责巡察监督工作，不再实行县委巡察组与县纪委监督室一套人马、两块牌子的管理体制。2018 年初，香河县全面完成监察委员会和县委巡察机构组建工作，为全县党风廉政建设和反腐败工作新局面夯实组织基础。

县人民法院、人民检察院管理上划。做好县人民法院、人民检察院垂直管理上划工作，县编委办根据《河北省法院检察院机构编制实行省统一管理的实施意见》（冀机编办〔2017〕228 号）精神，对县人民法院、人民检察院“三定”方案中机构、领导职数、人员编制进行梳理，多次与县人民法院、人民检察院核对《机构编制台账档案册》。其中，机构编制情况报告、现有机构编制情况、机构编制情况台账、相关批复文件及在编人员信息等与县编委办掌握的情况核对一致，确保县人民法院、县人民检察院垂直上划工作顺利通过上级法院、检察院和编制部门审核，为县法院、检察院垂直上划做好基础性工作。

县人民法院内设机构改革。建立健全人民法院内设机构体系，更好履职尽责，根据中央编办、最高人民法院《关于积极推进省以下人民法院内设机构改革工作的通知》（法发〔2018〕8号）精神和要求，县编委办配合县人民法院推进内设机构改革工作。立足县人民法院实际工作需要，科学设置审判业务机构，优化审判职能，整合设置非审判业务机构，审核规范审判庭名称，对县人民法院内设机构数量、领导职数核定进行严格把关，8月，《香河县人民法院内设机构改革方案》（香法〔2018〕12号）经县人民法院修订完善，年底，方案报上级人民法院、编制部门。

【事业单位管理体制改革】 2018年，做好县内3所公立医院改革试点工作。根据工作需要，在个别单位增设事业机构。

县级公立医院改革。深化事业单位分类改革，根据廊坊市机构编制委员会办公室等五部门《关于扩大创新公立医院人员编制管理试点的通知》（廊编办〔2018〕82号）及转发河北省机构编制委员会《关于印发〈关于创新公立医院人员编制管理试点的意见〉的通知》（冀机编〔2016〕20号）要求，县人民医院、县中医医院、县气管炎哮喘医院3所公立医院开展香河县创新公立医院人员编制管理试点工作。为全面加强与卫生计生、组织、财政、人社等部门协调推动公立医院人员编制管理试点改革工作，县编委办向有关部门下发《关于〈香河县关于创新公立医院人员编制管理试点工作实施方案〉征求意见的通知》。在征求各相关部门意见后，结合省文件精神，印发县编委文件《关于创新公立医院人员编制管理试点工作实施方案》（香编委〔2018〕29号），报上级编制部门备案。同时，县人民医院、县中医医院、县气管炎哮喘医院按公立医院人员使用控制数要求研究制定工作实施方案，报县编委办备案。

事业机构增设。在9个镇设立镇安监站、环保所、退役军人管理服务站；在河北香河经济开发区设立安监站；在环保产业园和新兴产业园各设环保所；在县民政局设立县退役军人管理服务中心和县扶贫开发领导小组办公室；在县住建局设立县燃气供热管理办公室；在县直工委设立县级机关目标绩效管理办公室。

【县级机构改革工作】 稳步推进香河县机构改革工作，确保全县机构改革顺利实施，9月20日，由县编委办拟定，县委办印发《关于县委深化机构改革领导小组及其办公室组成人员的通知》（香办字〔2018〕35号），成立县委深化机构改革领导小组及其办公室。11月2日，参加廊坊市召开深化县级机构改革工作推进会。县编委办按会议精神，将机构改革列为重点工作，聚力改革与整改并进，全面考虑机构设置、编制调整、事业单位分类等各方面因素。11月5日，县编委办召开机构改革工作会议，部署工作，着手研究制定县级机构改革方案。12月30日，《香河县机构改革方案》经省委批准，市委、市政府批复，2019年将开展县级机构改革实施工作。

【行政审批制度改革】 2018年，按照上级文件要求，以县政府办名义先后印发《关于衔接落实国务院取消一批行政许可事项的通知》（香政办〔2018〕2号）《关于衔接落实省政府部门自行取消下放一批行政许可事项的通知》（香政办〔2018〕4号）和《关于衔接落实国务院取消一批行政许可等事项的通知》（香政办〔2018〕70号），衔接取消行政许可事项17项，承接下放12项；按照《廊坊市行政审批制度改革工作领导小组办公室关于委托县级实施部分市级行政许可事项的通知》（廊审改办〔2017〕11号）要求，承接市级委托下放行政许可事项2项。对上级明确取消的事项，停止相关审批，相关部门制定事中事后监管措施，按规定程序调整部门权力清单和责任清单，及时在政府网站等媒体上对外公开；对于国家、省、市下放的行政审批事项全部承接到位，并结合香河县实际情况制定相关审批办法。

在广泛征求县相关部门意见、建议基础上，结合省全面深化"放管服"（简政放权、放管结合、优化服务）电视电话会议和省市文件精神，县编委办研究起草香河县2018年"放管服"改革工作要点、指导意见、五年行动计划，对进一步统筹推进香河县"放管服"改革，提升政府办事效率和服务质量、改善市场营商环境、增强企业群众获得感等方面进行安排部署，明确工作总体要求、主要任务和保障措施。待政府常务会审议通过后正式印发。

完善行政审批局改革，创新和完善行政审批体制机制，放大"一枚印章管审批"的改革效应，县编委办起草印发《关于进一步深化设立行政审批局改革的意见》（香办字〔2018〕12号），对规范机构设置、规范行政许可事项、行政审批局依法行权、推进行政审批配套改革、加强政务服务体系建设、建立健全行政审批局运行机制、明确行政审批局改革保障措施7个方面提出改革意见，并按照改革意见抓好各项工作。

3月，县编委办下发《关于调整集中划转审批局行政许可事项清单的通知》（香政办〔2018〕20号），明确划转事项，要求相关部门及时调整本部门权力清单、责任清单、权力运行流程图和中介服务事项清单。明确划转事项同时，下发《香河县行政许可标准化实施方案》（香审改办〔2018〕3号），要求县行政审批局按照《标准化指引》对划转事项实施审批流程再造和标准化建设。按照上级取消下放的要求，及时调整行政许可事项通用目录，截至年底，《香河县行政许可事项通用目录》有298项。

【中文域名注册】 按照中央及省、市编委办关于规范政务和公益域名注册管理及挂标工作要求和部署，县编委办推进政务与公益域名注册管理工作。截至2018年底，全县申请注册域名441家，其中，政务79家，公益362家，完成机关事业单位中文域名注册全覆盖，全面通过中央编办审核复核，完成挂标工作，总挂标率100%。对已撤销的机构单位，域名也同时注销，对合并更名的机构，域名也同时变更并注册新的域名。坚持强化宣传，切实提高全县机关事业单位对中文域名工作的认知度。

【统一社会信用代码赋码工作】 按照中央编委办关于印发《机关群团统一社会信用代码赋码工作有关问题办理意见》的通知、中央编委办综合司关于国家税务总局系统所属行政机构统一社会信用代码赋码工作有关问题的通知、河北省编委办关于河北省地方税务局系统所属行政机构统一社会信用代码赋码工作的通知等文件要求，县登记局利用机构编制门户网站、QQ工作群、微信工作群等多种渠道广泛宣传，办理机关统一社会信用代码64家，群团统一社会信用代码8家。

【事业单位法人年度报告工作】 2018年，县事业单位登记管理局在"廊坊市香河县编委办·政务"集中公示了190家事业单位法人年度报告（保密局和机要局两家单位经举办单位保密审查同意不向社会公示）。办理事业单位法人变更28家，注销事业单位法人2家。

按照市编委办关于印发《关于对事业单位法人实施"双随机、一公开"监管工作的实施方案》

（随机抽取检查对象、随机选派执法检查人员，抽查情况及查处结果及时向社会公开）通知要求，县编委办研究制定《关于对事业单位法人实施“双随机、一公开”监管工作的实施方案》的通知，并将通知、方案、抽查事项清单、事业单位法人监督管理法律文书样本、实施细则等发到192家相关事业单位。

县编委办建立事业单位法人名录库、抽查对象名录库和检查人员名录库，通过随机检查和专项检查相结合的方式，对县内5家事业单位进行实地检查，抽查比例2.6%，完成市编委办交办的工作任务。

（刘颜）

香河县人民代表大会

责任编辑　陈达龙

综　述

2018年，香河县人大常委会在县委领导下，坚持以习近平新时代中国特色社会主义思想为指导，按照习近平总书记关于坚持和完善人民代表大会制度的“十个坚持”，即坚持中国共产党的领导、坚持中国特色社会主义政治发展道路、坚持和完善人民代表大会制度、坚持人民当家做主、坚持全面依法治国、坚持民主集中制、坚持全面贯彻实施宪法、坚持依良法促进发展，保障善治、坚持正确监督，有效监督、坚持民有所呼，我有所应，紧紧围绕全县工作大局，认真履行法定职责，主动服务改革发展大局，及时回应社会关切，自觉接受人民监督，为建设美丽幸福新香河做出积极贡献。常委会坚持用习近平新时代中国特色社会主义思想统领人大工作，树牢“四个意识”，坚持“四个自信”，坚定“两个维护”，强化责任落实。始终坚持重大事项和重要工作及时报告制度，全力维护县委总揽全局、协调各方的领导核心地位，做到县委有号召、人大有行动、代表有作为。按照县委包联安排，在扶贫攻坚、项目建设、企业发展、信访维稳等重点工作中发挥积极作用。常委会密切关注香河县经济运行态势，为破解经济下行难题建言献策。积极推动政府把握京津冀协同发展机遇，抓对接、优布局、补短板、拉框架，着力提升软硬环境建设水平。对首都地区环线高速公路引线、义井大桥建设、平三线南延等重点路网工程推进情况进行视察，督导政府定时限、立节点、压任务。对“四好农村路”建设暨《中华人民共和国公路法》贯彻实施情况进行执法检查。对城乡公交一体化运行情况、便民服务中心工作开展情况进行视察。围绕群众最关切、最直接、最现实的民生事项坚持“民有所呼我有所应”，精准发力。组织代表对蒋辛屯镇新民居、美丽乡村、民宿旅游景点建设等情况进行视察，提出“合理规划提升品位、立足基础分类建设、及时跟进后续管理”等意见建议。尊崇宪法维护和谐，以培育法治思维、深化法治进程、促进公平正义为己任，大力推进法治香河建设。凡新任命的国家工作人员均进行任前考法，以提升拟任人员法律素养。开展“七五”普法中期检查督导，听取员额制法官、检察官履职情况报告并进行评议，组织代表旁听法院行政诉讼案件庭审。常委会注重提升代表政治站位，组织代表深入学习习近平新时代中国特色社会主义思想及中共十九大和中共十九届二中、三中全会精神，不断强化代表的政治意识和大局观念，凝聚正能量，传递好声音。开展《中华人民共和国宪法》《中华人民共和国全国人民代表大会和地方各级人民代表大会代表法》《中华人民共和国各级人民代表大会监督法》等常用法律和人大基本业务知识培训，不断提升代表履职能力。人大常委会注重树牢代表为民情怀，引领和推动代表顺承民意、为民代言。

人大机构设置

【人大常委会领导机构】 2018年，香河县人大常委会为第十五届任期内。年内，人大常委会有主任1名，副主任4名，其中女性1名。

【人大常委会工作机构】 2018年，香河县人大常委会工作机构有办公室、代表联络科、政法科、经济科、文卫科。

县人大重要会议

【人民代表大会会议】 2018年1月29日，香河县第十五届人民代表大会第二次会议在第一城国际会议中心召开，参加会议代表应到179名，实到178名，会期3天。

会议听取和审议香河县人民政府县长王文强所作的《政府工作报告》；审议《香河县发展改革局关于香河县2017年国民经济和社会发展计划执行情况的报告》，审查和批准《香河县2017年国民经济和社会发展计划执行情况与2018年国民经济和社会发展计划》；审议《香河县财政局关于2017年县本级预算及县总预算执行情况和2018年县本级预算及县总预算草案的报告》，审查《2017年县本级预算及县总预算执行情况，批准2018年县本级预算》；听取和审议《香河县人大常委会工作报告》；听取和审议《香河县人民法院工作报告》；听取和审议《香河县人民检察院工作报告》；决定香河县十五届人民代表大会4个专门委员会的设立及其组成人员人选；选举香河县监察委员会主任。

【人大常委会会议】 1月18日，香河县第十五届人大常委会第5次会议在县人大政协办公楼四层会议室召开，县人大常委会主任闫再兴主持会议，会议通过补选县十五届人民代表大会代表的决定。根据《中华人民共和国全国人民代表大会和地方各级人民代表大会选举法》（简称《选举法》）和《河北省人民代表大会选举实施细则》有关补选代表的规定，县人大常委会由第25、26选区补选县十五届人大代表2名，补选后香河县第十五届人大代表名额为179名。

1月26日，香河县第十五届人大常委会第6次会议在县人大政协办公楼四层会议室召开，县人大常委会主任闫再兴主持会议。闫再兴介绍常委会组成人员变动情况，因工作变动，贾雷调离香河县，其代表资格自行终止。按照《选举法》相关规定，其县人大常委会委员职务也相应终止；会议审议批准了代表资格审查委员会副主任委员王雨所作的代表资格审查报告，确认出席县十五届人大二次会议的179名代表资格有效；研究召开县十五届人民代表大会第二次会议的有关事宜；会议审议通过召开香河县第十五届人民代表大会第二次会议的决定和大会主席团及秘书长建议名单、议案审查委员会建议名单、计划预算审查委员会建议名单。会议对县人大常委会报告进行认真讨论并责成县人大常委会办公室根据讨论意见作进一步修改。

1月31日，香河县第十五届人大常委会第7次会议在县人大政协办公楼四层会议室召开，县人大常委会主任闫再兴主持会议。会议任命县监察委员会副主任、委员。县委常委、县纪委书记、县监察委员会主任牛静作《关于提请张福东等同志任免职的报告》，并介绍拟任人员基本情况和任职理由。张福东作供职报告，经过表决，一致通过，任命张福东、袁德永为县监察委员会副主任，崔振起、田兆泉、李永祥、张连瑞为县监察委员会委员，通过任命的国家工作人员向宪法宣誓。闫再兴为通过任命人员颁发任命书，并代表县人大常委会表示祝贺。

闫再兴指出，县十五届人民代表大会第二次会议选举产生县监察委员会主任。根据县监察委员会主任的提名，本次常委会议依法任命县监察委员会副主任、监察委员会委员。这两项工作任务的完成，标志县监察委员会机构正式成立，标志全县深化国家监察体制改革工作和全面从严治党进入新阶段。

闫再兴希望县监察委员会领导班子要坚守政治站位，积极履职尽责，主动作为，勇于担当，发挥好反腐利剑作用。以铁一般的斗志，铁一般的纪律，铁一般的担当，坚定不移把党风廉政建设和反腐败斗争引向深入，为全县改革发展稳定提供坚强的纪律保障。要把牢政治方向，始终忠于党的领导。要在思想上、政治上、行动上同以习近平为核心的党中央保持高度一致，坚决维护党中央权威和集中统一领导，把全面加强党的领导贯彻到全过程，自觉在县委领导下开展工作；要弘扬法治精神，始终维护宪法权威。要牢固树立宪法意识，坚决维护宪法尊严，做遵守和维护宪法模范，增强人大意识，自觉接受人大监督，严格依法办事，不断提高运用法治思维和法治方式解决问题的能力；要加强自身建设，始终强化责任担当。要不忘初心、恪尽职守，时刻谨记肩负的使命和责任，密切联系全县实际，围绕全县经济社会发展稳定大局积极开展工作，努力开创香河县监察工作新局面。

5 月 31 日，香河县第十五届人大常委会第 8 次会议在县人大政协办公楼四层会议室召开，县人大常委会主任闫再兴主持会议。会议进行人事任免。县委组织部常务副部长周向伟代表县政府作《关于提请王艳文同志任职的报告》，并介绍拟任人员基本情况和任职理由，王艳文作供职报告。经过表决，一致通过，决定任命王艳文为县行政审批局局长，王艳文向宪法进行了宣誓。闫再兴为王艳文颁发任命书，并代表县人大常委会表示祝贺。

闫再兴希望王艳文在新的工作岗位上，围绕全县改革发展稳定大局，积极进取，开拓创新，恪尽职守，履职尽责，为加快建设美丽幸福新香河做出积极贡献。

会议听取和审议县政府关于《中华人民共和国森林法》（简称《森林法》）贯彻落实情况的报告。县林业局局长魏国龙代表县政府作报告，县人大经济科作专题发言，会议进行了认真审议。会议认为，近年来，县政府和林业主管部门深入贯彻实施《森林法》及相关法律法规，加强林业法制建设，全县森林资源持续增加，生态环境不断改善。肯定成绩的同时，会议指出了林地保护、资金投入、灾害防治等方面存在的不足。会议建议：提高思想认识，推进林业持续健康发展。森林资源是建设生态文明的重要物质基础，也是经济社会可持续发展的重要保障。县政府要把保护森林资源，发展林业作为贯彻落实“五位一体”总体布局的重要抓手，为香河县打造“生态宜居环首都卫星城”战略提供重要支撑，全方位提升城乡功能形象。要进一步深化对林业重要地位和作用的认识，切实担负起保护自然生态系统、构建生态安全格局、建设美丽香河、促进绿色发展等重大职责和任务，真正实现“青山变金山”；加大资金投入，发挥林业发展巨大作用。要强化资金保障，大力支持全县林业发展。要丰富绿化举措。结合美丽乡村、农村环境整治，因地制宜、见缝插绿。要积极推动转变林业发展方式，优化林业产业结构，在加大森林资源保护的同时，加快林业产业发展，巩固经果林、苗木花卉、林下经济、林业生态旅游的发展，大力促进林业增效、林农增收。要坚持改革创新、完善服务，发挥科技引领和市场作用，充分挖掘林业发展潜力，培育新的经济增长点；强化执法建设，提升林业生态安全水平。要加强执法队伍建设，要不断增加执法经费投入，改善执法装备、条件，加强林业执法和管理人员的学习培训，有计划地招录专业科技人才，确保执法机构的健全和执法队伍的稳定。要健全和完善相关制度。严格落实森林防火、病虫害防治目标责任制，维护生态安全；加大宣传力度，增强森林生态保护意识。县政府及主管部门要通过各种途径，宣传贯彻《森林法》，持续组织开展林业法律法规宣传活动，进一步拓展宣传的广度和深度，结合森林资源管理、植树造林、森林防火、林业产业项目实施等工作，有针对性地进行宣传普及教育，形成全社会植树、爱树、护林的共识，增强群众爱林、护林和生态保护意识，逐渐转化为群众自觉行动。

7月30日，香河县第十五届人大常委会第9次会议在县人大政协办公楼四层会议室召开，县人大常委会主任闫再兴主持会议。会议审议批准县政府《关于2018年地方政府债券收支情况的报告》。县财政局局长刘宇代表县政府作报告并进行具体说明。会议对报告进行认真审议。经过表决，一致通过，决定批准县政府《关于2018年地方政府债券收支情况的报告》；对部分县人民法院法官、县人民检察院检察官进行述职评议。县人民法院执行三庭周树斌、五百户法庭王海波，县人民检察院侦查监督科绳立健、公诉科王志新4人向会议作述职报告。县人大政法科作专题审议发言。会议认为，县人大常委会对法官、检察官进行述职评议，既是履行监督权的必然要求，也是推进严格执法、促进公正司法的有效手段。近年来，县人民法院、县人民检察院（简称“两院”）认真贯彻实施《中华人民共和国法官法》《中华人民共和国检察官法》，广大干警政治素质、业务素质显著提升，社会形象明显改善，“两院”发挥维护社会和谐稳定、促进经济健康发展的重要作用。但同时存在着工作作风和司法能力不足的问题。

会议建议：强化服务群众意识，树立执法为民理念。县“两院”要注重思想政治建设，树立执法为民理念，建设一支“听党指挥、服务人民、依法办案”的法官、检察官队伍。法官、检察官要增强大局意识、法治意识、责任意识和服务意识，把保障人民群众安居乐业作为根本目标，为人民群众安居乐业提供有力法律保障。法官、检察官要端正执法为民的思想，工作中要以忠实为本、干净为基、担当为能，为人民司法，让人民满意，全心全意为人民群众做好法、检工作，不辜负党和人民的重托，确保人民群众的合法权益得到有效保障；强化公正司法意识，维护社会和谐稳定。司法机关是维护社会公平正义的最后一道防线。法官、检察官要把维护社会公平正义作为工作的生命线和首要价值追求。法官、检察官要肩扛公正天平、手持正义之剑，以实际行动维护社会公平正义，公正廉明地办理好每一个案件，让人民群众切实感受到公平正义就在身边。法官、检察官要增强自我规范约束，正确对待手中的权力，强化公正司法意识，做到严格执法、公正司法，自觉抵制权利、关系、人情、利益等因素的影响和干扰，努力塑造良好的职业形象，维护社会和谐稳定；强化学习意识，不断提高自身素质。法官、检察官要注重业务能力建设，加强业务知识学习，不断提升工作水平，提高办案的质量和效率。在加强业务知识学习的同时，要不断提高政治素质和法学素养，提高对新情况、新问题的研判能力；要摆正位置，自觉接受人大监督，努力开创工作新局面，为推动全县经济社会发展做出应有的贡献。

会议听取和审议县科技局《关于科技创新工作开展情况的报告》。县科技局局长姚立民代表县政府作报告，县人大文卫科作专题发言，会议进行认真审议。会议认为，近年来，香河县全面贯彻落实创新驱动战略，积极发挥政府引导和服务作用，着力整合创新资源、优化创新环境、集聚创新人才，努力提升科技工作水平，逐步健全完善科技创新服务体系，科技创新驱动经济发展的作用日益凸显，全县科技创新工作取得了很好的成绩。肯定成绩的同时，会议指出了科技服务环境、科技资金投入、科技成果转化等方面存在的不足。会议建议：强化思想认识，提高全民科技素质。要进一步强化科技创新理念，牢固树立科学技术是第一生产力的思想，增强全民创新、创业意识；要进一步加大科技法律法规、科技创新成果及典型事迹宣传力度，弘扬科学精神，普及科技知识，传递科技信息，推介科技成果，提高全民科技素质，为科技工作深入开展营造良好社会环境；加大投入力度，完善科技投、融资机制，要不断加大科技投入力度，确保预算资金足额按时到位，投入资金要向重点科技企业倾斜；探索建立“政府投入为先导、企业投入为主体、信贷投入为支撑、社会筹资为补充”的新型科技投、融资机制，解决中小企业的融资难问题；要加强对科技工作的统筹，科学安排和使用科技创新经费，努力营造香河良好科技环境，促进科技工作健康稳步开展；增强人才观念，加强科技人才队伍建设。要做好科技人才管理、服务工作，落实和完善有关激励政策，在全社会形成尊重知识、尊重人才、尊重科技创新的良好氛围。要通过招考、引进等方式，招录一批“用得上、下得去、留得住”的专业技术人才和复合型人才。要加强对现有专业技术人员的培训，切实建立起一支结构合理、素质优良的人才队伍。要加强职业教育、继续教育与技能培训，培养适应香河县经济社会发展需求的各类应用技术人才；完善科技创新体系，提升科技成果转化率。要加快企业科技创新体系建设，建立以企业为主体、以市场为导向、产学研相结合的技术创新体系，着力围绕香河县支柱产业、特色产业、科技需求现状，增强企业创新能力，提高产品科技含量，延伸产业链条，不断提升香河县产业发展的科技水平和市场竞争力；要着力引进北京乃至全球的科技资源、项目和技术，培育壮大高新技术产业；要加快科研成果的转化，注重实用技术和科技产品推广应用，助推县域经济社会发展。

会议书面审议香河县人大常委会《关于县政府向县人大常委会报告国有资产管理情况的办法（草案）》。

10 月 30 日，香河县第十五届人大常委会第 10 次会议在县人大政协办公楼四层会议室召开，县人大常委会主任闫再兴主持会议。会议首先进行人事任免事项。县委组织部常务副部长肖向韦代表县政府作《关于提请刘洪涛同志免职的报告》；县人民法院院长刘君作《关于提请周晓明等同志任免职的报告》，并分别介绍拟任人员基本情况和任职理由，周晓明作供职发言。经过表决一致通过，决定免去刘洪涛县人民政府副县长职务，免去于向辉县人民法院副院长、审判委员会委员、审判员职务、李宏伟县人民法院执行局局长职务、周晓明县人民法院刑事审判庭庭长职务、吴金和县人民法院审判监督庭庭长职务。任命：周晓明为县人民法院副院长、李君为县人民法院执行局局长、吴金和为县人民法院刑事审判庭庭长、彭开全为县人民法院审判委员会委员，通过任命的人员向宪法庄严宣誓。

闫再兴为通过任命人员颁发任命书，并代表县人大常委会表示祝贺，并希望通过任命人员在新的工作岗位上，要时刻牢记誓言，忠于宪法，忠于人民，主动增强服务意识、大局意识，努力维护社会公平正义。要始终牢记使命和责任，加强业务知识学习，不断提高自身素质。要认真践行立党为公、司法为民宗旨，摆正位置，自觉接受县人大监督。要围绕全县大局，在县委坚强领导下，恪尽职守，履职尽责，不负众望，不辱使命，为建设美丽幸福新香河做出自己应有的贡献。

会议审议批准县政府《关于2018年度调整预算的报告（草案）》。县财政局局长刘宇代表县政府作报告并进行具体说明。会议对该报告进行认真审议。经过表决，一致通过，决定批准《2018年度预算调整方案》；会议听取和审议《县财政局关于2018年1—9月份财政预算执行情况的报告》。

县财政局局长刘宇代表县政府作了《2018年1—9月份财政预算执行情况报告》。会议对以上报告进行认真审议，县人大常委会经济科作专题发言。会议认为，1—9月份，县政府及财税部门按照县十五届人大二次会议确定的各项目标，面对复杂严峻的经济形势，积极加强财源建设，不断完善财税管理，加强督导调度，切实履行保稳定、促发展职能，为香河县经济社会高质量发展提供有力财政支撑。在肯定成绩的同时，针对香河县预算执行中存在的不足，会议建议：强化税源培植，增强香河县发展后劲。要培植壮大税源基础，推动传统产业转型升级，促进新兴产业、现代服务业快速成长，实现新旧动能转换。要重点打造环境，加快重点项目建设，确保建设进度，增强发展后劲。同时，要为企业做好服务，使企业安心生产，让企业为香河县经济贡献更大力量。县政府及财税部门要以更加积极主动的姿态、更加精准有力的工作、更加务实过硬的作风，强化税源培植，优化财税结构，进一步增强财政保障能力；提高工作质量，确保完成全年任务。县政府及财税部门要密切关注、科学分析和准确把握全县经济运行态势，加强财税部门协调配合，强化收入调度，确保应收尽收。要进一步深化预算管理改革，为预算顺利执行奠定良好基础。要进一步加强地方政府债务管理，严格增量控制，提高政府债务规范管理水平。要全面落实预算法和河北省预算审查监督条例，严格预算执行、调整、决算等法定程序，强化预算约束力；注重民生事业，增强人民群众获得感。县政府及财税部门要严格依法理财，优化财政支出，积极发挥财税职能作用，促进经济社会和谐发展。要集中财力支持教育、卫生等重点民生事业，让经济发展成果惠及民生，不断增强人民群众获得感，为加快建设美丽幸福新香河、实现全县人民对美好生活的向往贡献积极力量； 会议书面审议县发改局《关于2018年上半年经济社会发展计划执行情况的报告》、县政府《2017年财政决算报告》、县审计局《2017年财政预算执行情况的审计报告》、县政府《关于2018年地方政府债券收支情况的报告》。县政府常务副县长齐建光参加会议，并代表县政府就进一步做好以上几项工作作了表态发言。县政府将针对本次会议提出的意见建议，全面梳理汇总，抓好贯彻落实。

12月28日，香河县第十五届人大常委会第11次会议在县人大政协办公楼四层会议室召开，县人大常委会主任闫再兴主持会议。会议审议批准县政府《关于调整2018年县本级预算及全县总预算的报告》，县财政局局长刘宇代表县政府作了《关于调整2018年县本级预算及全县总预算的报告》并进行具体说明。会议对该报告进行认真审议，经过表决一致通过，决定批准这个报告；表决通过补选县十五届人民代表大会代表的决定。根据《中华人民共和国全国人民代表大会和地方各级人民代表大会选举法》和省《河北省县乡两级人大选举实施细则》有关补选代表的规定，结合香河县实际，决定由第4、9、16、73选区各补选一名县人大代表，补选后香河县第十五届人大代表名额为181名；听取和审议县政府《关于代表建议办理情况的报告》。县政府办公室副主任马洪磊代表县政府作《关于2018年政府系统承办人大代表建议办理情况的报告》，县人大代表联络科作专题审议发言，会议对该报告进行认真审议。会议认为，县十五届人大二次会议代表建议交办以来，县政府高度重视，改进办理方式，不断加大投入，精心组织实施，代表满意率不断提高。肯定成绩的同时，针对个别部门存在的思想重视不够、办理质量不高等问题。会议建议：强化组织领导，提高办理工作水平。县政府及各承办单位要进一步提高思想认识，强化组织领导，认真落实一把手亲自抓、负总责的办理机制。强化责任意识，规范办理程序，及时研究解决办理过程中存在的问题。要加强与代表及群众的联系沟通，本着对代表和人民高度负责的态度，认真办理好代表建议。要坚持以人为本，以代表满意、群众满意为最高标准，不断提高办理效率和工作水平；加大工作力度，提升代表建议办结率，办理代表建议，关键在落实。县政府及各有关部门，要利用年末有限的时间，对有能力办却还未办结的代表建议，加大工作力度，加快办理进度，提高办理质量，切实把代表建议落到实处。促进建议办理从重答复向重落实的根本转变，从过程满意向结果满意的根本转变。对正在办理过程中的建议，要限期办结；对确实办理不了的建议，要及时向代表进行解释说明；转变工作作风，确保建议办理取得新成效。县政府及各承办单位要进一步提高重视程度，将代表建议办理作为推进工作的重要抓手，在解决实际问题上出实招、下真功。要不断改进承办工作方式，做好建议办理情况的跟踪检查。要进一步转变作风，完善机制，真抓实干，更加主动地将代表建议办理好，确保建议办理工作取得新成效。

会议以书面形式审议县政府《关于全县环境保护现状及环境目标完成情况报告》。

人大工作与职能

【视察调研】 4 月 10 日，省人大执法检查组来香河县执法检查政府推进秸秆综合利用和秸秆禁烧工作开展情况；开展秸秆综合利用、推进秸秆禁烧网格化监管，查处露天焚烧秸秆违法行为情况；禁止露天焚烧工作中存在突出问题及研究整改措施；推进秸秆综合利用情况等。县委书记李桂强、县长王文强、县人大常委会主任闫再兴等领导及县农业局、县环保局负责人陪同检查。香河县对落实农作物秸秆综合利用和禁止露天焚烧问题高度重视，专项监督审议，制定相关措施，取得明显成效。省执法检查组对香河县落实情况给予充分肯定。

5 月 17 日，召开常委会议，听取和审议县政府关于《中华人民共和国森林法》贯彻落实情况的报告，了解全县生态林业建设、森林资源保护、林业产业经济发展情况。推动政府和相关部门要切实依法履行好森林资源的管理和监督职责，把林业发展与造福民生相结合、与生态建设相结合，努力实现林业生态、经济和社会效益的协调发展。

6 月 13 日，香河县人大常委会组成人员、县人大党组成员组成视察组，对香河交通路网建设、城乡公交一体化、便民服务中心工作情况进行视察。视察组先后视察义井大桥建设工程、平香线南延工程、公交公司以及便民服务中心。视察结束后，在县规划馆召开总结汇报会，会议由闫再兴主持。大家一致认为，2018 年香河交通路网建设稳步推进，城乡公交一体化顺利开展、便民服务中心高效运营。县政府及相关部门做了大量卓有成效的工作，希望再接再厉，更好为香河经济社会发展保驾护航。7 月 26 日，市人大执法检查组就香河县开展推进“四好农村路”建设暨《中华人民共和国公路法》贯彻实施情况到蒋辛屯镇岭子村、苍头村（余舍民宿）、紫薇园、义井大桥施工现场、香河公共汽车站进行实地检查。县领导周志广、刘凤顺及县交通运输局、县人大有关科室负责人陪同检查。检查结束后，在县规划馆召开座谈会，听取香河县政府开展推进“四好农村路”建设暨贯彻落实《中华人民共和国公路法》情况汇报。执法检查组对香河县所做的工作给予肯定，并针对检查中发现的问题提出意见和建议。10 月 30 日，县人大常委会议审议《国民经济和社会发展计划执行情况》、审议2018年《1—9月份县本级预算和全县总预算执行情况》。事先与计划预算委员会、财政经济预算审查监督专家咨询委员会一起，做好相关报告的预审工作，并多次深入到财政局、发展改革局、审计局、税务局等职能部门进行调研，起草相关审查报告。12月12日，县人大常委会主任闫再兴，县委常委、常务副县长齐建光，县人大常委会副主任宋品仲、佟永平、周志广及县住建局、县发改局、县安监局负责人、部分县人大代表组成视察组对安头屯镇西口头村和刘宋镇吴庄村就“煤替代”工作推进情况进行视察。视察结束后，在刘宋镇庆功台村召开座谈会，职能部门汇报相关工作。与会人员通过讨论，一致认识到“煤替代”既是一项重大的环保工程，更是一项民生工程，各级各部门要高度重视，形成推进工作强大合力，确保“煤替代”工作取得扎扎实实的成效。

【监督检查】 2018年，按照县人大常委会总体部署和年度工作安排，6月，组织部分人大代表和30多个行政执法部门主要负责人共120余人旁听、评议法院案件庭审。案件起因是房屋拆迁，原告对预测绘结果不服，请求房管部门重新审查确认的行政诉讼案件。现场公开庭审中，原、被告双方围绕法庭调查、法庭辩论等重要环节，就案件的调查取证、行政执法程序、适用法律依据等问题展开充分举证、质证和辩论。“以案释法”，旁听、评议法院案件庭审不仅促进法院的审判工作，也践行了人大代表对政府部门工作的监督。7月，组织开展对法官、检察官履职评议工作，引导法官、检察官牢固树立法治理念，践行“忠诚、为民、公正、廉洁”的核心价值观，推动法官、检察官队伍政治素质和业务能力的整体提升。政法科还进行跟踪问效，适时开展回访了解，并逐步实现员额制法官、检察官述职评议全覆盖。为进一步提高全县消防法制意识，深化政府及其职能部门消防安全监管，全面落实防火安全责任制，11月，政法科通过部门汇报、座谈了解、专题询问等形式，重点围绕消防宣传、消防队伍建设、装备建设、公共消防基础设施规划建设、消防安全责任落实及“九小”（小学校幼儿园、小诊所、小超市、小餐饮场所、小旅馆、小娱乐场所、小网吧、小美容洗浴场所、小生产加工企业）场所消防安全，隐患排查，整治工作等方面深入调研了解，查问题不足，提出意见建议，并跟踪监督隐患问题整改落实，确保人民群众生命和财产安全。按照常委会《关于开展三项攻坚联动监督的工作方案》要求，围绕《河北省农村扶贫开发条例》，紧扣“两不愁三保障”（不愁吃、不愁穿，基本医疗、义务教育、住房安全保障），充分发挥监督职能，精准监督问题导向，通过召开座谈、问卷调查、走访群众、专项评议等方式，开展有针对性的重点监督，增强监督实效，助力推进扶贫脱贫攻坚工作。开展扶贫脱贫攻坚、大气污染防治、优化营商环境“三项联动”监督，是省人大作出的重大部署。县人大常委会将乡镇级人大吸纳进来，形成“四级联动”监督。在开展联动监督中，坚持打好监督“组合拳”，组织百余名人大代表参与，召开各类座谈会5次，开展代表视察7次，对5个县直部门进行工作评议，提出多项意见建议，有效推动全县三项工作深入开展。

【来信来访处理】 完善涉法涉诉信访工作制度，认真办理群众来信来访，及时批转对口部门办理，并会同有关部门共同做好信访者思想工作。对社会影响较大、群众反映强烈的涉法涉诉信访问题进行重点督办，认真落实上级人大交办、转办的信访事项，切实帮助群众解决实际问题。2018年，县人大机关共受理群众来信来访25件次60余人次，按照信访案件办理程序转交并及时督促“一府两院”做好办理工作。常委会做到来访有接待、来信有登记、交办有落实、事后有回音，尽量让群众满意，防止矛盾激化和越级上访等问题出现，为化解社会矛盾、维护社会稳定、促进社会和谐起到积极作用。

【干部任前考法】 县人大常委会对被任命的国家工作人员进行任前法律知识考试。考试内容涉及《中华人民共和国宪法》《中华人民共和国地方各级人民代表大会和地方各级人民政府组织法》《中华人民共和国突发事件应对法》《中华人民共和国公务员法》《中华人民共和国行政许可法》《中华人民共和国行政处罚法》《中华人民共和国行政复议法》《中华人民共和国法官法》和《中华人民共和国检察官法》。2018 年，先后 3 次对 11 名提请人大常委会任命的国家工作人员进行任前法律考试。通过考法活动，进一步促进“一府一委两院”（人民政府、监察委员会、人民法院和人民检察院）人员带头学法、知法、懂法，增强法制观念，提高执法水平，树立自觉接受人大及其常委会监督的自觉性，更好为人民服务。

【代表工作】 为提升人大代表履职能力，按照省、市人大《关于进一步加强人大代表和人大干部教育培训工作的意见》要求，10 月 15—19 日，常委会举办“人大代表、人大干部赴湖南大学参加履职能力提升培训班”。培训以《中国特色社会主义进入新时代及当前新形势》《人大代表及其履职》《宪法最新修案解读》《从湖南革命到中国崛起——毛泽东思想的形成与发展》为主要内容。

全面推进“人大代表联络站”运行。“人大代表联络站”建设是省、市人大常委会部署的一项重要工作，是闭会期间丰富代表活动的重要方式，是代表联系广大人民群众最直接的平台和载体，是新时代社会主义民主政治生活的重要内容。结合香河县实际，按照就地就近、易于集中、方便活动的原则，全县创建“代表联络站”27 家。其中，精品站 3 家，普通站 24 家，涉及镇区、村街、企业等，实现区域全覆盖。“代表联络站”由省、市、县、乡四级人大代表构成，以县、乡两级人大代表为主体，每个“代表联络站”人数 15—30 名。按照工作要求，各站开展联系选民、向选民述职、视察、调研、执法检查等活动，加强对代表履职工作的管理，激发代表履职的能力。

【代表议案督办】 县人大常委会坚持把督办代表议案、建议作为支持代表行权履职重要工作来抓，健全办理机制，全面提高议案、建议办理质量和办理实效。做好交办工作，对会议及闭会期间代表提出议案、建议进行整理、分类，及时将这些议案、建议转交县政府及其他有关部门办理。加大督办工作力度，选择群众关心、涉及面广、落实难度大的议案、建议进行重点督办，有效提高议案、建议的办成率和代表的满意率。深入有关部门了解议案、建议办理工作情况，督促有关部门加快办理进度，注重办理实效，切实解决实际问题。全年收到议案及建议 37 件，截至年底，解决落实 26 件，完成全年任务的 70%。

【乡镇人大工作】 2018 年，是乡镇人大工作法制化、规范化、制度化建设年，按照省、市人大常委会要求，乡镇人大主席团要设立人大办公室。人大办公室要配备工作人员，有标牌标识，各项规章制度要上墙公示。乡镇人大主席团每 3 个月要举行一次会议；乡镇人大主席、副主席在闭会期间要组织人大代表听取和审议乡镇政府专项工作报告；要联系和组织人大代表开展活动，督办代表建议，组织代表向选民述职，落实各项法定职能。

【人大代表和人大工作者先进评选】 为加强代表工作，充分发挥代表作用，鼓励人大工作者发扬爱岗敬业精神，围绕县委、县政府中心工作积极建言献策，履职尽责。12 月，开展评选人民好代表和人大工作先进个人活动。评出人民的好代

表 26 名，人大工作先进个人 13 名。

【人事任免】 香河县人大常委会坚持党管干部和依法任免国家工作人员有机统一的原则，1 月 31 日，依法任命国家工作人员 6 人。5 月 31 日，依法任命国家工作人员 1 人。10 月 30 日，依法任命国家工作人员 4 人、免职 5 人。

（刘娅东）

香河县人民政府

责任编辑　陈述龙

综　述

2018年，县政府在县委的正确领导下，在县人大、县政协的监督支持下，团结和依靠全县人民，以习近平新时代中国特色社会主义思想和中共十九大精神为指导，以建设“美丽幸福新香河”为统揽，在应对挑战中攻坚克难，在直面压力中勇往直前，在破解制约中创新实干，有力推动全县经济社会高质量发展，完成全面小康社会考核体系主要指标。先后荣获“全国法治县创建活动先进单位”“全省新型城镇化与城乡统筹示范样板县”“全省盘活存量建设用地试点县”“全省财政管理综合绩效先进县”“全省双拥模范县”等国、省级荣誉50余项。

面对复杂严峻的经济形势，香河县人民政府抓牢抓实协同发展机遇，克服困难、主动作为，千方百计稳增长、促发展。主要指标持续增长，成功入围绿色发展、科技创新首届全国百强，综合实力、投资潜力、新型城镇化质量第三次入围全国百强并实现连年进位。园区设施更加完善。全年完成基础设施投入6.2亿元。机器人研发大厦、系统集成产业园、环保产业园总部服务中心等启动建设，机器人运动公园建成开放，园区公交站点投入使用，污水处理厂建设、电力升级改造、供热站增容、路网提升等配套工程先后完成，园区承载力进一步增强。产业升级步伐加快。全年实施前景好、效益高的亿元以上重大产业项目30个。绿地未来科技城等10个项目争列为省重点，数量全市第一。松岛菱电智能输配电设备等16个项目争列为市重点，数量全市领先。韩国安川都林、美国ATI等全球机器人领军企业投资项目竣工投产，机器人小镇入驻企业达到135家，被评为“中国优秀机器人产业园区”。瑞盛3D打印产业园完成一期主体建设，中国工程院卢秉恒院士工作站签约入驻。汇天威3D打印设备、云创智能科技等重点项目投产达效。香河国际家居文化节成功举办，“中广联影视音乐创制基地”落户第一城，国安新桥影视特效基地、国华影视基地成功申报省级影视产业园区，百灵鸟传媒等17家影视文化公司落户注册。新发展农业产业化龙头企业12家、重点中介服务组织8家、农民专业合作社51家，被评为“全省农产品质量安全县”。中信国安孵化器、太库人工智能产业孵化器获批省级孵化器，全县新增企业技术研发中心5家、高新技术企业22家、科技型中小企业111家。旅游经济显现活力，万亩荷塘上档升级，乡村主题民宿蓬勃兴起，京津冀中华大庙会、香河荷花节、“吉祥运河”旅游推介会等特色活动成功举办。全年接待中外游客483万人次，实现旅游收入22.8亿元，同比增长38.5%。全县“双创”（大众创业、万众创新）基地数量达到 4 家。财政注资的鼎力担保公司先后为企业提供融资担保 1.2 亿元，政企对接为企业解决困难 110 余个。环境质量不断改善，生态品质持续提升，高标准完成 3000 余户“气代煤”扫尾工程，治理取缔新发现“散乱污”企业 146 家，全年空气质量综合指数 5.74，同比下降 6.8%，被评为“全省 2017—2018 年秋冬季大气污染综合治理优秀县”。基础设施不断完善，城乡面貌持续改观。全年新建改建公路 168.7 公里。谋划多年的平香线南延工程一期工程道路基础全面完成，城乡道路通行能力进一步提升，被评为“四好农村路”省级示范县。智慧香河数据中心、展示中心、指挥调度中心建成运行，立体地图管理平台投入使用，55 家单位完成政务网络接入，公共免费 Wi-Fi 覆盖范围不断扩大。

淑阳、安平、钳屯、五百户 4 个镇入围“2018 年全国综合实力千强镇”榜单。农业基础更加坚实。533.33 公顷（8000 亩）高标准农田改造项目顺利通过上级验收。民生保障不断加强，群众福祉持续增加，着力推动补短板、惠民生的利民便民实事落地落实，脱贫攻坚取得阶段性成果。群众精神文化生活更加丰富多彩。社会大局和谐稳定。坚持“有黑扫黑、无黑除恶、无恶治乱”原则，强力开展“扫黑除恶”专项斗争，先后破获涉黑涉恶案件近百起，打掉涉恶团伙 5 个。深入实施“智慧护城河”工程，安检查控效能和精准打击能力全面增强，社会治安形势持续向好，群众安全感不断提升。

香河县人民政府大力推进“放管服”（简政放权，放管结合，优化服务）改革，全年取消下放行政许可事项 29 项，涉企证照事项实现“五十证合一”。制定出台了支持文化产业发展、壮大实体经济的一系列政策措施。成功盘活存量建设用地 158.67 公顷（2380 亩），有效保障机器人小镇四期等项目用地需求。突出服务优化。整合 35 家县直单位和 6 家公共服务企业集中进驻便民服务中心，实行“一口收件、联合审批、信息共享”工作机制，全年办理各类事项 30 余万件，重点事项审批效率提高 80%，群众满意度超过 99%。全面推行“双随机、一公开”（随机抽取检查对象、随机选派执法检查人员，抽查情况和查处结果及时向社会公开）和“标准化”行政执法，坚持政府常务会议会前学法制度，严格执行民主集中制，自觉接受县人大、县政协和社会各界监督，100 件人大代表建议和政协委员提案全部妥善办理，满意率达 100%。突出实干担当。主动与通州区开展多项合作，积极引进北京外迁实力型企业，努力在协同发展中加快发展。

（杨波）

县政府机构

【政府领导机构】 香河县第十五届人民政府，领导班子由 8 名成员组成，其中县长 1 名，常务副县长 1 名，副县长 6 名。

【工作机构】 县政府工作部门有香河县人民政府办公室（挂香河县民族宗教事务局、法制办公室、金融工作办公室牌子）、香河县发展改革局（挂香河县工业和信息化局、香河县科学技术局、香河县商务局、香河县粮食局牌子）、香河县教育局、香河县公安局、香河县监察局、香河县民政局、香河县司法局、香河县财政局（挂香河县农业开发办公室牌子）、香河县人力资源和社会保障局、香河县国土资源局、香河县环境保护局、香河县住房和城乡建设局（挂香河县地震局牌子）、香河县城市管理行政执法局、香河县交通运输局、香河县水务局、香河县农业局（挂香河县林业局牌子）、香河县卫生和计划生育局、香河县审计局、香河县市场监督管理局（挂香河县工商行政管理局、香河县食品药品监督管理局、香河县质量技术监督局、香河县食品安全委员会办公室牌子）、香河县安全生产监督管理局、香河县统计局。县政府直属事业机构有香河县文化广电新闻出版（版权）局（挂香河县旅游局、香河县体育局牌子）。

县政府重要会议

【县政府常务会议】 2018 年，县政府共召开 13 次常务会议。

1 月 24 日，县长王文强在县政府大楼五层大会议室主持召开第 1 次县政府常务会议。会议传达学习《中共河北省委河北省人民政府关于落实中发〔2017〕26 号文件精神支持北京城市副中心建设的实施意见》、省领导在《关于吸取容城“11·3”较大交通事故教训开展道路交通秩序大整治的情况报告》上的批示精神、《关于印发〈河北省京冀交界地区新增产业的禁止和限制目录〉的通知》、省领导关于确保群众温暖过冬的批示精神，审议通过《香河县镇（街道、园区）安全生产监管规范化建设工作标准》。

2 月 3 日，县长王文强在县政府大楼五层大会议室主持召开第 2 次县政府常务会议。会议传达学习省领导关于中央电视台曝光省环境违法问题有关批示精神，审议通过《关于制定阳光馨城经适房基准价格的请示》。

4 月 4 日，县长王文强在县政府大楼五层大会议室主持召开第 3 次县政府常务会议。会议传达落实廊坊市第二季度安全生产工作例会暨防范遏制重特大事故工作会议精神；审议通过《关于推进安全生产领域改革发展的实施意见》《香河县生产安全事故灾难应急预案》《香河县危险化学品生产安全事故灾难应急预案》《关于继续聘任门德志同志为县人民医院院长并实行目标管理责任制的请示》《香河县新建住宅配套建设教育设施管理办法》《香河县公务用车使用管理制度》《关于工业用水实行差别水价和工商企业、服务业等用水实行超额累进加价的实施意见》《关于普通商品住房项目配建公共住房比例的请示》《关于协调解决永明路相关问题的请示》《关于涿密高速香河段两侧廊道绿化工程实施方案》。

5 月 7 日，县长王文强在县政府大楼五层大会议室主持召开第 4 次县政府常务会议。会议听取《关于行政事业单位国有资产使用管理专项检查工作情况的报告》；审议通过《关于政府投资项目评审审批等相关问题的意见》《香河县气代煤工程建设和安全运营资金管理办法》《香河县城区机动三轮车、电动三（四）轮车集中整治实施方案》《香河县 2017 年食品药品安全总体情况及 2018 年工作要点》《关于香河县第一中学与香河县实验中学联合办学的请示》《关于五一渠污水方沟绕嘉亿隆工程施工内容变更跟踪评审的请示》《关于新建蝉口排水管网项目新问题明确纳入跟踪评审的请示》《关于拨付北京至香河 810、938 客运班线车辆高速公路通行费的请示》《香河县政府公物仓资产管理暂行办法》。

6 月 22 日，县长王文强在县政府大楼五层大会议室主持召开第 5 次县政府常务会议。会议审议通过《关于成立香河县政府投资项目材料价格信息委员会的请示》《关于将运河文化中心项目费用列入北运河香河段生态综合整治 PPP 项目成本的请示》《关于推进永明路（新华大街—新开大街段）道路综合改造工程实施 EPC 工程总承包招标模式的请示》《关于确定我县公交票价及优惠政策的请示》《关于预拨公交运营补贴的请示》《关于建设病死畜禽无害化处理厂的请示》。

6 月 29 日，县长王文强在县政府大楼五层大会议室主持召开第 6 次县政府常务会议。会议研究部署省委第六督查组周末暗访发现问题整改事宜；听取《关于河长制和防汛工作的情况报告》《关于生态环境保护工作情况的报告》《关于扫黑除恶工作的情况报告》《关于打击传销专项行动的情况报告》《关于全县扶贫工作情况的报告》。

8月27日，县长王文强在县政府大楼五层大会议室主持召开第7次县政府常务会议。会议听取《2018年规模以上工业经济指标情况的报告》；审议通过《香河县管道天然气配气价格、销售价格及价格联动机制的实施方案》。

9月10日，县长王文强在县政府大楼五层大会议室主持召开第8次县政府常务会议。会议传达落实全市“双创双服”（创新、创业，服务发展、服务民生）活动推进暨主要经济指标调度电视电话会议精神；研究部署生态环境部蓝天保卫战重点区域强化督查发现问题整改及汽车维修行业VOC污染整治相关工作；听取《扫黑除恶工作开展情况汇报》《关于全县扶贫脱贫工作情况汇报》《关于启动香河县建筑垃圾资源化再利用一体化项目的报告》；审议通过《香河县党政领导干部安全生产责任制实施细则》《关于开展质量提升行动加快质量强县建设的实施意见》《关于协调解决103国道两侧绿化工程相关问题的请示》《关于普通商品住房项目配建公共住房比例的请示》。

10月16日，县长王文强在县政府大楼五层大会议室主持召开第9次县政府常务会议。会议传达学习《中共廊坊市委办公室关于认真学习落实省委办公厅〈关于涞水县、沙河市事业单位违规进人问题的通报〉精神的通知》；听取《关于全县1—3季度国民经济运行分析及落实全市重点项目建设经济指标调度会议精神的报告》《关于2018年县〈政府工作报告〉重点工程进展情况的报告》《关于全县2018年协同发展工作进展情况的报告》《关于盘活存量建设用地试点工作情况的报告》；安排部署非洲猪瘟疫情防控工作。

10月24日，县长王文强在县政府大楼五层大会议室主持召开第10次县政府常务会议。会议传达学习《廊坊“北三县”扫黑除恶专项斗争形势分析报告》；听取《关于全县扶贫脱贫工作近期情况汇报》《关于2018年度退役军人管理服务工作情况报告》；研究协同发展重点项目和事项；审议通过《香河县关于中央环境保护督察“回头看”及大气污染防治专项督察反馈意见整改落实方案》《香河县生态环境大排查大整治实施方案》《香河县人民政府关于深化“放管服”改革加快转变政府职能的意见》《香河县深化“放管服”改革五年行动计划（2018—2022年）》《香河县2018年“放管服”改革工作要点》。

11月21日，县长王文强在县政府大楼五层大会议室主持召开第11次县政府常务会议。会议听取《关于省委第六督查组反馈问题整改情况的报告》《冬季清洁取暖工作情况汇报》《关于打好金融风险防范化解攻坚战的工作报告》；审议通过《关于2018—2019年度煤替代运行补贴政策的请示》《香河县国有建设用地批后监管工作暂行办法》《香河县产业用地弹性年期出让暂行办法》《关于植物医院职工处置意见的请示》《关于解决公交车及公交信息化管理平台招标中设备重复问题的请示》《香河县人民政府工作规则》。

12月4日，县长王文强在县政府大楼五层大会议室主持召开第12次县政府常务会议。会议听取《关于传达张家口“11·28”爆燃事故后国家、省、市有关会议精神的报告》；审议通过《香河县培育壮大文化产业奖励办法》《香河县培育壮大实体经济奖励暂行办法》。

12月20日，县长王文强在县政府大楼五层大会议室主持召开第13次县政府常务会议。会议传达落实《中共河北省委河北省人民政府关于大力促进民营经济高质量发展的若干意见》；听取《关于省级全域旅游示范县创建情况报告》《潮白河、北运河“一河一策”方案》汇报，《关于2018年食品药品安全总体情况及2019年工作谋划的报告》；审议通过《香河县“电代煤”工程2018—2019年度运行补贴发放办法》《关于2017年度县级机关目标绩效奖励工资发放办法（试行）》。

【县长办公会议】 2018年，县政府共召开25次县长办公会议。

1月4日，县长王文强主持召开第1次县长办公会议。会议审议通过《潮源养殖场、正欣发养殖场关闭补偿方案》；就近期重点工作作出安排部署。

1月15日，县长王文强主持召开第2次县长办公会议。会议审议通过《香河县农村管道燃气设施管理暂行办法》；就农村气代煤工程安全运营、全县安全生产及烟花爆竹禁放等工作进行安排部署。

1月18日上午，县委常委、政法委书记、副县长郭建永主持召开第3次县长办公会议。会议就突发疑似犬感染狂犬病毒强制免疫工作进行安排部署。

1月22日，县长王文强主持召开第4次县长办公会议。会议传达落实全市煤替代工程安全专题调度会议、农村工作暨扶贫开发工作会议、精神文明创建工作动员会议、金融工作会议和纠正“四风”暨作风纪律专项整治推进工作会议精神；就政府系统作风纪律建设及政府近期重点工作进行安排部署。

1月12日，县委常委、政法委书记、副县长郭建永主持召开第5次县长办公会议。会议就驻香河部队基础设施建设工作进行专题研究。

3月5日，县长王文强主持召开第6次县长办公会议。会议传达国家、省市关于做好全国“两会”期间有关工作的文件和上级领导相关批示精神；就信访维稳、安全生产、大气污染防治等近期重点工作进行安排部署。

3月16日，县长王文强主持召开第7次县长办公会议。会议就阳光馨城经适房基准价格、蒋辛屯中心小学迁址、2018年造林绿化奖励办法、延长2017—2018年采暖期供暖时间等相关事宜进行研究部署。

4月8日上午，县长王文强主持第8次县长办公会议。会议就加强污水处理厂管理、五百户镇部分项目企业扶持、淘汰35蒸吨燃煤锅炉等事宜进行研究部署。

4月24日上午，县长王文强主持召开第9次县长办公会议。会议传达学习省委省政府廊坊市督察组环境保护督察“回头看”工作汇报会议精神；就做好全县环保督察反馈问题整改工作进行安排部署。

5月18日上午，县委常委、政法委书记、副县长郭建永主持召开第10次县长办公会议。会议就香河一中宿舍楼续建工程建设事宜进行专题研究。

5月16日，副县长闫明杰主持召开第11次县长办公会议。会议就垃圾焚烧发电项目工作进行安排部署。

5月21日上午，县长王文强主持召开第12次县长办公会议。会议就近期环保、安全生产以及其他重点工作进行安排部署。

6月28日，副县长闫明杰主持召开第13次县长办公会议。会议就解决国隆府（碧盛家园二期）项目问题进行研究部署。

8月6日下午，县长王文强主持召开第14次县长办公会议。会议通报自然资源部副部长王广华到香河县调研相关情况；审议通过《关于香河便民服务中心建设项目免于处罚的请示》；就近期重点工作进行安排部署。

5月25日，县长王文强主持召开第15次县长办公会议。会议就三强污水处理厂提标改造、安洁垃圾填埋场评估收购等相关事宜进行研究部署。

7月6日，县长王文强主持召开第16次县长办公会议。会议就全县35蒸吨及以下燃煤锅炉淘汰情况进行研究部署。

8月29日，县委常委、常务副县长齐建光主持召开第17次县长办公会议。会议就注销香河县荷香城乡建设开发有限公司有关事宜进行研究。

9月13日，县长王文强主持召开第18次县长办公会议。会议就解决香城壹号、香公馆、壹城公馆项目有关问题进行安排部署。

9月7日，副县长闫明杰主持召开第19次县长办公会议。会议就站西供热站连网并入北外环供热站管网工程施工方案进行研究部署。

8月29日，县委常委、常务副县长齐建光主持召开第20次县长办公会议。会议专题研究县农业园区职能划转、清产核资、法人注销等机构撤销相关事宜。

8月20日，县长王文强主持召开第21次县长办公会议。会议就奥莱（香河）房地产有限公司违法占地有关情况进行研究部署。

9月30日，副县长闫明杰主持召开第22次县长办公会议。会议就我家公坊小区别墅区供热管网有关情况进行研究。

11月29日上午，县委常委、政法委书记、副县长郭建永主持召开第23次县长办公会议。会议就民兵训练基地改扩建工程建设事宜进行研究部署。

12月5日，副县长闫明杰主持召开第24次县长办公会议。会议就安平镇东庄村土地征收工作有关情况进行安排部署。

12月5日上午，副县长刘凤顺、闫明杰组织召开第25次县长办公会议。会议就城镇污水处理设施日常管理职责划转工作进行研究部署。

施政辑要

【概况】 2018年，县政府按县委决策依法依规施政，针对多年积累的环保等各类问题，坚持治理联合攻坚，环境质量不断改善，生态品质持续提升，空气质量继续好转。高标准完成3000余户“气代煤”扫尾工程，淘汰35蒸吨及以下燃煤锅炉17台，取缔新发现“散乱污”企业146家。小友垡排干渠综合治理、平安污水处理厂改造、城区污水处理厂扩容提标等水污染治理工程相继竣工。340个纳污坑塘全部完成整治，北运河香河段提前一年达到五类水标准。城乡垃圾治理一体化水平不断提高，新建垃圾中转站和收集池570个，建设分散式污水设施718座，改造农村厕所9000余个，被评为“全省农村人居环境整治全域完成示范县”。社会大局和谐稳定，坚持“有黑扫黑、无黑除恶、无恶治乱”原则，强力开展“扫黑除恶”专项斗争。开展“集中拆违”行动，拆除违法占地86.67公顷（1300亩）、违法建筑23.5万平方米，土地市场秩序进一步好转。化解房地产“办证难”“拆迁难”“入住难”问题，多年遗留的“问题楼盘”得以解决，群众利益得到保障。

【“煤替代”工程】 县政府始终把做好“煤替代”和冬季清洁取暖工作作为重中之重的民生工程，抽调专人成立了保供、保暖两个工作专班，严格按照上级要求，落实各项措施，全力推进工作开展。

全面完成“煤替代”工程。10月底前，完成2018年3114户储备户的“气代煤”改造和安全验收等工作。截至年底，“煤替代”工程覆盖286个村街90862户正常投入使用。为保障“气代煤”工程运行，全县配套建设低压、中压、高压管网1495千米。为保障“电代煤”运行，配套建设蒋辛屯220千伏变电站4座，同步架设供电线路945千米，建设基塔205基，建设配套变压器498台。

全面开展隐患排查治理活动。抽调千余名干部，开展“三送、三查、三提升”（送温暖、送技术、送政策，查工程进度、查隐患整改、查巡查员协管员制度落实，提升村容村貌、提升运营水平、提升应急能力）活动，逐村逐户进行检查，对排查出的530余个问题隐患及上级检查发现的问题全部建立问题台账并整改到位。

全力做好天然气保供工作。制定《2018年采暖季天然气保供方案》《天然气迎峰度冬应急预案》，督促百川公司与中石油增签冬季供气合同。完成刘宋、蒋辛屯门站备用线路增容改造工程，新建蒋辛屯、安平门站 LNG 卸载点，增强日供气能力。钱旺门站、武三线、廊燕线等重点门站管网管道压力稳定，无气量缺口，全县燃气供应正常。

扎实推进电力保供工作。对煤改电线路加强监控，制定多项应急预案，并设专人通过 PMS2.0、用电采集等系统进行实时负荷监测，成立 11 支抢修队伍，备足维修更换备件，确保在第一时间完成抢修并恢复送电。加大线路通道内树障、违建清理力度，对变电站出口线路、电缆分接箱等关键部位进行红外测温，发现隐患及时整改。是年，发现并消除安全隐患 48 处，减少停电次数 48 次。

集中开展教育培训活动。在做好“三送、三查、三提升”活动的基础上，聘请专家开展 4 次“两员”（巡查员和协管员）队伍安全培训，共培训“两员”1100 余人次，所有人员全部经考试合格后持证上岗。完善“两员”日常巡查、值班值守等相关工作制度，对运行中发现的问题随查随改，特别是对鳏寡孤独和高龄老人等特殊群体，由村街安排专人每天查看，严防问题发生。

做好维修保障工作。全县设立 6 个燃气维修服务站，6 个“电代煤”维修服务站，每站配备了 6—8 名工作人员，实行 24 小时全天候应急值守。维修服务站座机和维修人员手机号码全部制成便民服务卡，发放到了群众手中。

严格做好散煤管控工作。10 月初，在全县组织开展散煤管控“百日会战”行动，严格落实网格化管理责任，建立镇村干部日常巡查、部门联合检查监管机制，公布举报电话。同时，对集中供热企业使用的燃煤，严格煤质检验制度，确保质量达标。

【问题楼盘整改】 县委、县政府坚决贯彻落实省市指示精神，狠抓问题楼盘扫尾攻坚，始终坚持问题导向，一事一议、特事特办，不断加大工作力度，强化日常督导，勇于担当负责，集中精力，攻坚克难，创新举措，在房地产开发建设遗留问题指导意见、补充意见基础上，制定出台了补充意见（二），破解疑难问题瓶颈制约，提速手续办理，提高办证效率，全力化解房地产“办证难”“拆迁难”“入住难”问题，多年遗留的“问题楼盘”得到妥善解决，群众利益最大限度得到保障。

【维稳安保】 按照“拱卫首都安全，北戴河核心区安全”的政治要求，不断完善环京护城河安检工作机制。圆满完成全国“两会”、“5·18”中国廊坊国际经贸洽谈会、“上海合作组织”（简称“上合组织”）青岛峰会、中非合作论坛、暑期安保等重大安保任务。县公安局获得“暑期工作先进集体”等多项荣誉称号，得到各级领导充分肯定。2018 年，安保工作检查车辆 236068 辆、检查人员 531386 人、办理安检证 11702 张，抓获网上逃犯 4 人，核查涉毒人员 200 人、吸毒人员 3 名，劝返上访人员 69 名，精神病人 1 名，查获烟花爆竹 197391 头，危险化学品 2394 件，仿真枪 9 支，管制刀具 13 件，确保首都北京、北戴河核心区安全。深入开展“两打两控”（打击制毒犯罪、打击贩毒犯罪，管控制毒物品、管控吸毒人员）、“三打击一整治”（打击网络贩枪、电信网络诈骗和传统盗、抢、骗三类犯罪，集中整治地域性职业犯罪重点地区）等专项行动，多措并举，重拳出击，全年破获各类刑事案件 244 起，抓获犯罪嫌疑人 394 人，刑拘 343 人；查处治安案件 384 起，处罚违法嫌疑人 761 人，治安拘留 384 人。

【大气污染治理】 2018 年，香河县委、县政府深入贯彻落实中央和省、市关于生态环境保护决策部署，坚持把大气污染综合治理工作列为全县重点工作，强化监管，严格执法，以强有力措施扎实推进大气污染综合治理，县域空气质量显著提升。全县优良天数为241天，同比增加10天，达标率为67.7%，全市排名第一；重污染天数为11天，同比减少6天。空气质量综合指数为5.74，同比下降7.87%，在全市排名第四。PM2.5浓度为53微克/立方米，同比下降7.02%，完成任务目标，在全市排名第五。

落实“党政同责、一岗双责”要求。定期对大气污染防治工作进行研究部署和协调调度，制定出台《香河县2018年大气污染防治工作实施方案》等一系列文件，各单位、各部门协调联动、形成合力，严格落实县、镇、村三级网格监管职责，充分发挥镇包村干部和村两委干部作用，扎实推动全县大气污染防治工作高效开展。完成318家涉VOCs排放工业企业治理验收工作任务。全面加强建筑工地、道路遗撒、环卫清洁及城区街道、国省干线清扫保洁力度。组织开展餐饮业油烟污染专项整治行动，取得明显整治效果。多次召开会议进行协调部署，完成17台10—35蒸吨/小时燃煤锅炉淘汰任务。严控热力供热锅炉达标运行，最大限度减少烟尘排放。全力做好重污染天气预警和应急响应工作，确保秋冬季期间重污染天气应急响应及时、高效。

高标准完成9个镇级市控小型空气站和二中省控空气监测站建设，新增建14个城区微型监测点，为大气治理提供有力数据支撑。聘请专家指导，定期会商，重点时段坚持实行夜查、晨查，每日调度制度，全面提高治理成效。

【“散乱污”企业整顿】 在对2017年台账内“散乱污”企业进行“回头看”基础上，进一步强化督查和执法检查，严格落实“散乱污”企业整治长效管控十项措施，即加强网格化管理责任制；强化市场准入防控机制；严防严控取缔类企业死灰复燃；严把整改提升类企业复产关；实施有序退出和搬迁；促进传统产业疏解转移；健全有奖举报制度；实行整治常态化巡查；严格责任追究问责；加强舆论引导宣传。对新排查出的“散乱污”企业予以严厉打击，长期保持高压态势。严格落实电力部门与镇园区“双备案”制等一系列管控措施，从源头上卡死“散乱污”企业回流和反弹。全年完成146家“散乱污”企业治理工作。

【“两违”治理】 “两违”（违法用地、违法建设）治理工作，以省市“两违”治理、“一区三边”（县城区，铁路边、高速路边、国省干道边）集中整治和遏制廊坊北三县地区贴边发展精神为指导，制定《香河县违法用地违法建设集中拆除工作方案》和《香河县集中拆违工作实施方案》，对影响重点民生工程建设、京唐高铁沿线、“两河”（北运河、潮白河）水务用地等10方面违法建设进行全面摸排，以生态控制线贴边区、限期整改类问题和“一区三边”违法建设为重点，强力开展“集中拆违”行动，全县共组织开展集中拆除行动40余次，整改违法占地86.67公顷（1300亩），拆除违法建筑23.5万平方米，为城市建设发展腾出空间创造条件。

【北运河综合整治】 北运河香河段生态综合整治工程位于北运河堤线以内，北起北运河京冀界，南至北运河冀津界，全长21.7千米，工程占地约26平方千米，总投资38.84亿元。以“生态引领城市发展”模式为指导，以北运河香河段生态综合整治和沿线文化产业建设为抓手，牢牢把握“保护好、传承好、利用好”要求，通过实施防洪工程、河道岸线修复及生态湿地、河堤景观绿化、环境物联网系统等，将北运河打造成为自然景观优美、文化脉络清晰、人文风景独特的生态景观带、旅游观光带和产业集聚带。该工程于2015年9月入选财政部第二批PPP示范项目，由香河县人民政府与中信国安投资有限公司、香河公有资产经营公司共同签订 PPP 项目合同。2015 年 12 月，成立的中信国安（香河）环境工程有限公司，具体负责项目设计、建设、运营维护等工作，2016 年 9 月，正式开工建设。截至 2018 年底，该工程一期（曹店橡胶坝—土门楼枢纽）完成 8.6 千米河道清淤疏浚、3.55 千米岸坡防护、5 千米滨河步道和运河文化公园建设，新增绿化面积 24 万平方米，正在推进剩余段水利工程施工和运河文化元素植入，计划 2019 年 5 月 1 日前出效果、见形象，6 月底前完成该期工程；二期工程可研报告已获省水利厅批复并完成初设工作，正在推进初设报批事宜。

县政府综合协调

【概况】 县政府办公室是县政府综合协调部门。县政府办公室牢固树立服务理念，切实发挥上传下达、综合协调作用。精心服务领导日常工作，加强工作主动性与超前意识，做到预先熟知、适时提醒、拾遗补阙，确保政府工作有序推进。强化与政府部门和基层单位间的对接联系，对需要沟通衔接的工作积极协调、研究办法、统筹安排，确保县委、县政府各项决策部署高效落实。其中，农业产业化办公室被市产业办评为“农业产业化‘一村一品’工作先进单位”，法制办公室被省法制办、省人社厅授予“河北省‘三项制度’先进集体”荣誉称号。

【政务信息】 及时搜集整理各条战线重点亮点工作信息，充分展示全县经济社会发展成绩。全年共编辑上报政务信息 500 余条，编辑刊发《香河政务信息》18 期，为领导全面了解工作动态、促进部门工作交流提供便利。同时，做好政府门户网站运行管理工作，聘请专业技术公司对政府网站进行改版升级，进一步丰富内容设置，全年网站发布政府信息 600 余条，切实保障公众对政府工作的知情权和监督权。

【调查研究】 围绕领导关心、群众关注的焦点、难点问题，深入基层一线，摸实情，找对策，撰写调研文章。其中，《关于我县社区物业管理工作的调研报告》《关于城区道路环境和停车秩序综合治理工作的建议》两篇调研报告得到县委书记李桂强充分肯定，并作出重要批示，很多工作建议纳入了领导决策的参考范畴。

【办文办会】 文稿草拟坚持契合上级精神与领导思想，科股长、主管主任分级审核，严把政策关、事实关、语言关、格式关。全年高标准起草领导重要讲话及大型汇报材料 350 余篇，印发各类政府公文 240 余件。严格执行公文处理各项规章制度，规范流转程序，提高传文效率，全年处理请示报告、电报传真等来文 6400 余件，做到传签及时，归档有序。组织会务注重细节、周密部署，全年共组织召开各类电视电话会议和现场会 150 余次，迎接国家省市督导检查及考核验收 100 余次，均圆满完成任务。

【政务督查】 抓好《政府工作报告》细化分解重点目标任务的督查督办。建立台账、倒排工期、责任到人，月总结、季通报，全年印发目标任务完成情况通报 4 期，全面推动政府各项中心工作优质高效开展。做好重点工作专项督查。对土地卫片、河道拆违、安全生产、燃煤锅炉淘汰、污水处理厂改造以及垃圾焚烧发电、畜禽无害化处理厂建设等项目，进行专项督查 100 余次。抓关键环节，找症结所在，提改进意见，确保政府各项重点工作稳步推进。对政府会议议定事项以及领导批示落实情况开展督查，专人盯办、一事一报。全年印发督查通报 5 期、专报 7 期，会议议定事项落实情况报告20余期，督办领导批交事项12期150余件，做到事事有结果、件件有回音。抓好省市重要决策部署落实情况督查。为迎接国务院第五次大督查及省市工作督查，会同相关单位开展政策落实情况全面督导检查，制定方案、明确举措、加强调度，有力保障上级政策措施在全县落地见效。

【建议提案承办】 认真梳理人大代表建议和政协委员提案内容，及时召开承办工作会议，明确承办单位和办结时限。严格把好回复关，对承办件数量多、难度大的单位定期给予业务指导，跟踪办理进度，主动联系走访提件人，认真听取代表委员的意见建议，切实做好解释沟通工作，不断提高建议提案办理质量。2018年，政府系统承办35件人大代表建议和65件政协提案全部办理完毕，回复率和满意率均100%。

【应急管理】 健全重污染天气应急管理机制，提高应对处置能力。全年共启动重污染天气预警13次，有力保障公众健康与安全。加强县应急联动机制建设，完善防洪、突发地质灾害等多个应急预案，确保应急处置有计划、有步骤、有方法。健全镇、村、企业“三位一体”应急管理队伍，开展食品药品、防灾减灾、地震灾害、校园及公共场所应急培训，组织消防、武警等部门在学校、超市等人员密集场所开展应急演练，提高群众安全防范意识。全年开展应急演练30次，发放宣传单3000余份。

【金融信用】 对全县6家金融机构和520余家重点单位进行风险隐患排查，并对省督导组移交的3条疑似风险线索进行现场检查，有效筑牢金融安全“防火墙”。利用悬挂标语、发放材料、现场讲解等形式，引导、鼓励广大群众举报涉嫌非法集资线索，切实增强广大群众风险意识和辨别能力。全年发放宣传彩页1万余张，悬挂张贴海报、展板、条幅330余条。鼓励金融机构开展金融创新，拓宽企业融资渠道，由财政注资成立的鼎力担保公司，先后为50余家企业提供贷款担保7.7亿元，缓解企业融资难、融资贵问题。加强小额贷款公司监管，引导小额贷款公司向小微企业、发展型中小企业投放贷款，助力县域经济发展。多次组织有关部门对小额贷款公司经营情况开展实地检查，把握资金投向，严防非法集资、非法催收和高利贷行为发生。

【农业产业化】 全年新认定县级重点龙头企业12家、重点中介服务组织8家，组织20余家龙头企业、合作社参加省市专题推介活动和市农交会，香河县农产品知名度进一步提升。重点谋划推进潮白花海、稻香村食品、晟隆奶牛、东方千年古葡萄庄园等一批规模大、标准高、带动力强的农业产业化项目，及时协调土地、发改、金融等部门，帮助企业解决具体问题，进一步促进企业做大做强。推进现代农业产业化发展模式，全县肉鸭养殖加工现代农业产业化联合体被认定为首批廊坊市农业产业化联合体，形成以正大公司为核心，以20家养殖合作社、50余家专业大户为基础的商品鸭养殖基地，取得良好经济和社会效益。重点培树农业品牌，指导龙头企业、合作社积极争创无公害农产品、绿色食品、有机食品、地理标志农产品。培树“荷情荷礼”藕荷产品、“桑梓乐园”蔬菜、“盛年华”香菇等一批名特优农产品品牌。

【政府法制】 推进行政执法规范化，采取网络授课方式，对全县900余名行政执法人员进行培训考核，执法人员依法行政素质和能力得到整体提高。对全县38个行政执法单位的行政处罚及行政许可案卷进行评查，并对卷宗问题进行针对性指导。做好“三项制度”（行政执法公示制度、执法全过程记录制度、重大执法决定法制审核制度）改革试点工作，推进14项工作任务、32项工作措施，明确完成时限。组织各行政执法单位对“三项制度”改革试点工作开展自查整改，改革试点任务圆满完成。做好行政应诉工作，完善行政复议听证质证、集体讨论、调解和解制度，快速、彻底化解行政争议。全年受理行政复议案件13件，行政诉讼案件15件，均得到妥善处理。全年为政府规范性文件、行政决定等提供法律意见建议50余条，保障政府决策依法合规。为重大合同、协议起草出具法律意见书16份，维护政府合法权益。

（杨　波）

人力资源和社会保障

【概况】　人力资源和社会保障工作在县委县政府的正确领导下，全面贯彻落实中共十九大精神，深入学习习近平新时代中国特色社会主义思想。按照省、市人力资源和社会保障工作会议和县委决策部署，深化改革谋创新，依法行政转职能，简政放权促转型。是年，城镇职工养老保险、城乡居民养老保险、城镇职工基本医疗保险、城乡居民医疗保险、就业与再就业、人才工作等各项工作成效显著。2018年，县人力资源和社会保障局被评为“全省就业服务工作先进集体”“全省人力资源社会保障系统先进集体”“先进基层党组织”等荣誉称号，局领导班子连续五年被县委考核为“实绩突出领导班子”。

【城镇职工养老保险费征缴】　2018年，香河县城镇职工养老保险参保人员累计33510人，同比新增1600人。完成市下达2018年新增1550人任务目标，征缴养老保险费2.25亿元。离退休人员5715人，支付离退休人员养老金1.58亿元，离退休金发放率达100%。

【机关事业单位养老保险费征缴】　2018年，香河县机关事业单位共有参保单位262家，在职职工参保人员11795人。共收缴养老保险费1.67亿元，离退休人员4854人，支付离退休人员统筹内养老金2.07亿元。离退休费社会化发放率达100%，机关事业单位养老保险金征缴率达100%。

【城乡居民养老保险费征缴】　2018年，香河县城乡居民养老保险参保204503人，完成任务目标的100.6%。城乡居民养老保险参保率为99.8%。征缴个人保费1762万元。9月，为领取养老金待遇人员在原基础上每人每月提高18元，并补发了1—8月提高部分。是年，香河县城乡居民基础养老金每人每月168元。

【城镇职工基本医疗保险】　2018年，香河县城镇职工医疗保险参保人数为37872人，基本医疗基金征缴14918万元，大病基金征缴492万元；基本医疗基金支出11011万元，其中住院费用4219万元，特种病1935万元，个人账户5532万元，另外大病基金支出119万元。

【城乡居民医疗保险】　2018年，香河县城乡居民医疗保险参保人数280970人，完成全年28万人任务的100%。住院34204人次，统筹支付10989万元。门诊74024人次，统筹支付2068万元。生育1858人次，统筹支付281万元。意外伤害982人次，统筹支付735万元。

【工伤保险】　2018年，参保单位726家，在职参保33589人，完成全年3万人参保任务的112%。收缴工伤保险费1431万元（其中建筑业项目参保27个，收缴220万元），完成全年1300万元征缴任务的110%。发放工伤保险待遇364人，共计支付1467万元；

【失业保险】 2018年，失业保险参保职工总数1.5万余人，参保单位310余家，征缴失业保险金814.94万元，完成全年任务的100%。

【人才与培训】 2018年，引进人才任务目标80人，年终实际引进人才113人，完成任务目标的141.3%。其中，高级人才27人，中级人才86人，集中于教育、医疗、电子信息、自动化、建筑机械等领域。职业技能培训各类人员年初任务目标1160人，年终实际培训1266人，完成109.1%，其中956人通过技能鉴定考试，取得初、中级职业资格证书，150人取得专项职业能力证书，160人取得培训合格证书。

【创业创新工作推动】 贯彻执行“就业是民生之本”原则，围绕就业再就业这条主线，拓展就业渠道和劳动力资源。2月20日至3月30日，组织开展“春风行动”活动。针对春节后农民工返城就业比较集中的实际，组织人员上街发放宣传材料5.2万余份。在“春风行动”人才交流会上，169家企业参加招聘会，提供就业岗位4000余个，进场求职人员约700余人，达成就业意向500余人。4月16日至4月22日，集中开展“民营企业活动月”活动，组织香河县各民营企业提供空岗信息，让各类有就业意愿的劳动者尽快实现更高质量的就业。与张家口机电学校、怀来县、内蒙古赤峰、邯郸永年县、魏县联系，为企业输送外来劳动力。10月，开展“金秋招聘月”活动，以去产能企业分流职工、未就业高校毕业生、建档立卡农村困难劳动力为重点，面向各类劳动者提供求职服务。

推动以创业带动就业战略。年初，按照省、市“双创双服”（创新、创业，服务发展、服务民生）活动总体部署，把促进创业带动就业作为主要工作，深入推动香河县创业就业孵化基地建设。以美家尽有电子商务有限公司为母体，延伸母体产业链条，涵盖电子商务、VR技术、3D影像技术、家具产业、空间设计、平面设计等项目，2018年，入驻在孵企业40家，带动就业200余人。中信国安孵化器面积1.5万平方米，现拥有APP平台和PC客户端，开辟了国安创客微信公众号、订阅号、微博等新媒体渠道，有入驻在孵企业63家，带动就业834人。中信国安孵化器已入选省级示范创业就业孵化基地，推荐美家尽有创客空间有限公司参加省级返乡创业园评选。

年度城镇新增就业任务目标6540人，全年完成8821人，完成任务目标的135%；年度城镇登记失业率任务目标值控制在4.5%以内，年终实际登记失业率为1.14 %，在全市名列前茅；农村劳动力向非农转移任务目标3000人，实际转移3216人，完成任务的107.2%；下岗失业人员再就业全年任务550人，实际再就业634人，完成任务的115%；就业困难人员再就业全年任务190人，实际再就业243人，完成任务的128%。

【网上缴费推进】 在传统缴费的基础上，不断完善网上缴费平台建设，6月20日至8月31日，全面开展“网上缴纳城乡居民基本养老保险保费”。2018年，通过网上自助缴费87010人，城乡居民医疗保险网上缴费稳步推进。为更好地服务参保人，推出城镇职工医疗保险个人账户为直系亲属缴纳医疗保险费的功能，深受参保人认可。

【机关事业单位人员考核】 完成2017年度对政府系统657名公务员和参公人员年度考核。优秀120人，占总考核人数18%，其中，三等功12人，占优秀比例11%，嘉奖98人，占优秀比例89%，称职537人，占总考核人数82%，基本称职0人，不称职0人；对全县56个单位7734名科级以下人员和机关工勤人员进行考核，其中，管理人员1539人，专业技术人员5218人，事业工勤792人，机关工勤185人，考核结果：优秀人员1210

人，合格人员6483人，不合格5人，不定等次人员36人（其中，病事假超过半年31人，处分期间未定等次5人）。

【职工工资福利调整】 根据冀政〔2006〕88号文件精神，从2018年1月1日起，为机关事业单位在职人员进行工资普调，涉及11568人，人均月增77元。根据河北省人力资源和社会保障厅、河北省财政厅《关于2018年调整退休人员基本养老金有关问题的通知》（冀人社发〔2018〕28号）的文件精神，从2018年1月1日起，为企业和机关事业单位退休人员同步调整待遇，其中企业退休人员5609人，人均月增127元；机关事业单位退休人员4165人，人均月增164元。完成全县机关事业单位职工住宅取暖补贴核准工作，涉及15814人，人均5220元/年。

【预防劳动纠纷】 从2017年11月13日至2018年3月31日，在全县范围内开展保障农民工工资支付情况专项检查。首先，梳理本行政区域内的用人单位，分片、分行业建立检查台账，对“双代”（电代煤、气代煤）工程和发生过欠薪问题的用人单位作为重点检查对象。深入用人单位逐户查阅职工花名册、工资发放表、劳动合同等资料。建立清欠工作台账，对存在欠薪问题的项目和企业，摸清涉及人数及欠薪金额并逐一登记造册，将清欠责任落实到具体部门和具体人员，实现新增案件动态清零。省督办的重点欠薪案件，按照省督办通知要求限时清零，涉嫌拒不支付劳动报酬犯罪的及时移送公安机关。在此次专项检查中，县人力资源和社会保障局牵头协调解决“双代”工程工人工资208200元，涉及劳动者23人。专项检查用人单位26家，补签劳动合同550余份。

在全县范围内组织开展用人单位遵守劳动用工和社会保险法律法规情况专项检查。着重检查招用农民工较多的制造、餐饮等劳动密集型企业社会保险缴纳、申报情况。在餐饮、洗车行业主要检查违法使用童工情况。对在检查中发现的违法行为，作出相应整改措施，规范用人单位遵守劳动用工和社会保险法律法规情况。

【劳动仲裁】 2018年，受理劳动争议案件258起，（不予受理案件24起）按争议类别划分，工伤赔偿争议案件51起，工亡案件1起，非法用工案件1起，确认劳动关系案件18起，解除劳动关系经济补偿案件33起，工资福利待遇案件205起。从用人单位的性质来划分，国有企业4起，私营企业234起，机关事业单位5起，全民所有制单位9起，其他6起。立案率同比增长53%。其中，期限内结案203起（调解126起，裁决60起，撤诉17起），正在处理之中31起（其中，中止案件10起），期限内结案率100%。涉案金额612.33万元。

【窗口服务质量提升】 以作风建设为抓手，结合“放管服”（简政放权、放管结合、优化服务）改革，不断优化窗口服务，扎实推进系统行风建设，以优质、高效的服务质量赢得群众的满意。全面梳理行政审批权限，整合科室业务，优化机关科室工作流程，13项同类业务实现一个窗口受理、科室内部流转，一次性审批送达，最大限度方便群众办事，对3项重点业务实行集中办理。消除隐性权力、具化模糊条款、优化业务流程、公开服务事项，对照80项权力清单，全面进行梳理、优化、明确，凡是不在权力清单范围的“台面下”“脑袋里”的各种隐性权力全部取消，不得办理，对29项标注“其他材料”“有关材料”的流程全部具体化。为方便群众查询业务，丰富完善“香河人社局”微信公众号，安装触摸屏，养老保险业务查询机进行“晒权”，养老、医疗、工伤、失业等31项业务，企业和群众可以实现网上信息提交、内容修改、结果查询等相关操作，大幅降低企业和群众的办事成本，网上业务办理占比80%。

【扶贫工作】 县人力资源和社会保障局将所承担的就业、医保、养老三方面工作与扶贫工作紧密结合。对有创业愿望的建档立卡人员进行就业扶贫。结合当地特色和自身特长，推荐门槛低、投入少、风险低、易操作、较熟悉的领域创业。有资金需求的人员可给予最高10万元的创业担保贷款，合伙经营的可给予最高40万元的创业担保贷款，三年之内给予贴息。对通过市场确实难以实现就业的大龄建档立卡人员，由政府购买开发公用设施维护、公共卫生、养老服务等辅助性公益岗位，安排就业。2018年，全县建档立卡人员中，49人有劳动能力和就业愿望，全部实现就业，其中有21名建档立卡人员通过公益性岗位安置实现就业。对有就业创业愿望建档立卡人员进行一次有针对性的职业技能培训，使其达到企业用工标准，实现就业脱贫。落实职业技能培训和职业技能鉴定补贴政策，建档立卡贫困劳动力可享受一次最高不超过2200元技能培训补贴。对农村建档立卡贫困人员进行医保扶贫。农村建档立卡贫困人员开展门诊特殊疾病鉴定工作，为建档立卡人员开辟绿色通道，可随时申报、随时鉴定发证。是年，鉴定通过门诊大病5人、门诊慢性疾病55人，及时鉴定发证60人。是年，开始对建档立卡贫困人口（含已脱贫和未脱贫人口）、低保对象、特困人员等困难群体参加城乡居民基本养老保险的，政府为其代缴100元养老保险费。

【劳动监察】 持续开展“双随机一公开”（随机抽查检查对象、随时选派执法检查人员，抽查情况及查处结果及时向社会公开）抽查计划，在执法检查的不同阶段进行“双随机”抽查活动。开展用人单位遵守劳动和社会保障法律法规专项检查活动。着重检查用工在30人以上的用人单位，检查社会保险缴纳、申报情况，在餐饮、洗车行业中，检查违法使用童工情况。切实做好对中小企业劳动合同签订检查工作，开展各类政策法规宣传，上门指导服务企业，及时避免各类劳资纠纷的发生。在受理投诉、举报案件时，建立“先受理，后审查，再移交”的工作程序规定，积极创造“劳动创造生活，监察维护你我”的社会环境。

【打造技能大师工作室】 为充分发挥高技能人才在带徒传技、技能攻关、技艺传承、技能推广等方面的重要作用，香河县以盛隆景泰蓝制品厂技能大师张向东为技术核心，成立“张向东技能大师工作室”。主要承担景泰蓝制品的设计、研发、培训、交流等工作。旨在创新高技能人才培养模式，提高技能人才培养能力，发挥高技能领军人才在技艺传承、技能攻关与推广等方面的重要作用。大师工作室，基础设施和工作区域已基本建成，并以大师获奖产品和“一带一路”产品为基础，建成“珍宝馆”。各项运行制度编审完成，通过省级评审，被确定为香河县首家“省级技能大师工作室”项目单位。

（杨连永）

民族宗教管理

【概况】 2018年，香河县民族宗教工作在县委、县政府的正确领导和上级民宗部门的具体指导下，自我加压，严格贯彻落实习近平总书记关于民族宗教工作重要讲话及指示精神，按照省市关于民宗工作的系列部署，深入发掘民族宗教发展规律，仔细剖析自身存在问题，落实目标责任，夯实工作基础，大力营造民族团结宗教和谐的良好氛围，推动民族宗教工作新发展。

【特色村寨建设推进】 香椿营回民村自2015年被列为全省少数民族特色村镇试点以来，累计争取少数民族发展专项资金近200万元，带动吸纳社会及各方资金近亿元投入特色村寨创建工作。村内道路基本硬化，自来水管道，污水管道和雨水管道入户出村。主要道路夜间照明全部实现太阳能亮化，清真寺改造升级按期完成，村内面貌焕然一新。2018年，进一步提升少数民族群众生活环境、饮水安全和出行条件，在香椿营村新建四处纯净水过滤站，修建6处垃圾池，购置运输存储式垃圾集装箱2台，铺设1200平方米水泥路，受到群众好评。县民宗局不断强化思想宣传教育，在健康水站上喷绘“翻身不忘毛主席 幸福不忘共产党”的标语，激发少数民族爱党爱国，不忘本的民族情感。

【民族团结创建活动】 以“民族团结一家亲 同心共筑中国梦”为主题，实现六进（进乡镇、进街道、进学校、进机关、进社区、进场所）。制作印发《民族团结进步宣传笔记》2000本，组织香椿营回民小学学生上好“民族团结第一课”。在民族团结承诺墙上签字，设立民族团结宣传站，摆设民族团结宣传展牌，发放知识手册、民族团结宣传环保袋，在县城人口聚集区、少数民族村的醒目位置悬挂民族团结宣传标语26幅，走访慰问少数民族困难户15户，联合县医院、中医院医护人员到民族村开展义诊，为少数民族群众查体看病，增强民族大团结的浓厚氛围。

【清真食品监管】 贯彻落实《河北省清真食品管理条例》，不断强化香河县伊斯兰教协会桥梁、纽带作用。加大香河县清真食品义务监督员市场巡查力度，分片负责，责任到人。实施清真企业摊点进入退出机制，做到清真企业经营户动态管理，实时更新台账。截至年底，香河县清真市场共有各类商铺摊点164家，其中，餐饮95家，清真牛羊肉副食店45家，清真牛羊屠宰加工24家。按照特需商品有关政策，为河北华香清真肉类有限公司申报“十三五”少数民族特需商品定点生产企业，享受贷款贴息政策。仅2017年，就为该企业申请贴息资金63万余元，助推清真食品餐饮业快速发展。

【宗教事务管理】 2018年，完成省市宗教工作部署，县民宗局分别组织县佛教协会、县伊斯兰教协会学习“习近平总书记关于宗教工作的重要论述”，学习中共十九大精神，制定出台《关于认真贯彻落实习近平总书记重要批示精神依法加强宗教事务管理和治理违法违规宗教活动的实施意见》；抓好农村思想文化建设，普及国家宗教政策法规，爱国守法，移风易俗；讲文明、树新风，大力弘扬社会主义核心价值观。

【和谐稳定氛围创造】 开展“双创四进”（创建和谐寺观教堂、创建先进宗教团体，引导和推动宪法、国旗、社会主义核心价值观、中华优秀传统文化进活动场所）活动。全县11处宗教活动场所全部安装国旗、发放《中华人民共和国宪法》《习近平治国理政》等书籍，制作宗教条例、社会主义核心价值观、中华优秀传统文化展牌。加强隐患巡查，定期检查宗教场所的消防设备、危旧房屋、烧香燃火等方面的安全情况，购置配送消防器材，讲解应急情况处置知识，编辑印发《宗教活动场所安全知识手册》书籍2000余册。强化对宗教领域的信息反馈和指导。确定15名宗教工作信息员，选聘12人担任“创建和谐寺观教堂”指导员，提高宗教工作的应变能力。强化宗教领域执法力度，依法处理影响宗教领域稳定问题，对非法宗教活动形成有效震慑。引导发挥宗教正能量，弘扬社会主旋律。倡导宗教界以“慈善救助、奉献社会”为宗旨，开展公益慈善活动。“九九”重阳节，县民宗局组织佛教法师、居士20余人，到渠口镇敬老院，为广大老人送去崭新棉被和慰问金，并与老人促膝长谈，嘘寒问暖。此次活动，展现宗教界人士热心公益、服务社会的精神风貌，树立宗教界良好社会形象。

（刘文彪）

行政审批

【概况】 香河县行政审批局于2017年4月底正式挂牌，核定行政人员编制40名，领导职数1正3副。设置9个内设机构，即办公室、综合股（监察室）、踏勘股、投资项目股、企业设立股、文教卫事务股、社会事务股、涉农事务股和交通城管股。下设政务服务中心和公共资源交易中心，核定事业编制35名。

2018年，以筹建县行政审批局为契机，围绕相对集中行政许可权改革重点，统筹抓好县行政审批局组建、政务服务管理体制创新两条主线。突出革除障碍、突出改革创新，精准施策，重点发力，各项改革工作稳步推进、成效凸显。在市对县改革督查情况通报中，“互联网+政务服务”推进情况、政务服务平台向基层延伸情况和公共资源交易全过程电子化推进情况皆评为优秀。

【行政许可权改革】 本着先易后难、稳中求进的原则，采取“成熟一批，划转一批”的模式分批进行划转。2018年，第一批划转事项112项，并在县便民服务中心二层设立了24个办事窗口，集中、公开办理各项相关审批。是年，办理各项审批业务5795项。县行政审批局对112项划转事项按照省级60个要素要求，重新梳理流程，完成事项审批层级设置，除未真正下放的个别业务，全部在审批局实现独立办理，无需专网办公单位的事项全部使用行政审批局内部审批系统办理，实现网上审批，大幅提高行政审批效率。推行“统一受理、多图联审、联合踏勘”。设立投资项目窗口，统一受理项目建设单位提交的项目基本材料，一次性告知评估材料清单和工作要求，对各类图纸进行联合审查，实现看现场“一车前往”。是年，已办理建筑施工许可证15个。

在依法依规前提下，实现信息共享，避免重复报送申报材料，由工作人员在系统中提取打印并组卷存档，如固定资产投资项目核准环节，减

县委书记李桂强（中）到便民服务中心调研　　（县融媒体中心供稿）

香河便民服务中心一楼大厅　　（县行政审批局供稿）

免营业执照及开发资质两项材料的重复提交。共享模式打破审批环节之间的壁垒，累计减免12项材料，较改革前提交材料减少近40%。全面梳理完成投资项目审批服务事项的60项要素，完成与省级平台系统顺利对接，落实“缩短办结时限，限时办结制”，将审批事项的法定办结时效大幅度缩减，如将商品房预售办结时限由法定的20个工作日缩短到2个工作日内，审批时限同比缩短近70%。贯彻落实企业登记全程电子化，提高企业登记智能化水平，打造线上线下功能互补、纸质执照和电子执照相辅相成的企业登记新模式。通过全程电子化登记企业47户，所有企业都签发了电子营业执照。

开展“标准提升服务质量行动”，对大厅的标识导视、景观小品、公共空间、人车分流等“硬环境”进行优化升级；对服务人员行为严格要求，规范着装，举止有素，规范文明用语，做到微笑服务；对办公窗口及桌面物品摆放进行规范，整齐摆放必备的办公用品，基本实现了“人有工作标准，物有管理标准”的格局；建立水吧休闲区，方便办事群众。对已划转事项按照省规定全面规范；对进驻中心的各单位每一项事项申请、受理、审查、决定等办理程序，进一步简化环节、消减材料，建立可预期、可操作、可考核、可监督的运行机制；召开培训会议，多次对各单位、各乡镇（园区、街道办）的每一项政务服务事项的材料清单、法定时限、办理地点、审批流程等60要素进行重新梳理，修改不精确和有错误的信息，录入网络审批系统平台。建立首问负责、一次性告知、责任追究、限时办结等56项工作制度，形成“行为规范、运转协调、公正透明、廉洁高效”的运行机制，真正做到用制度管人、管事、管物，提高内部运作效率和质量，实现从“管理”到“服务”和从“官员”到“服务员”的角色转变，从根本上改进工作作风，树立良好的政务服务形象。

为优化发展环境，便民服务中心设置便民服务区、社会保险服务区、办税服务区、房产交易服务区、联合审批服务区和公安户籍服务区5个服务区。本着“能进则进、应进必进”的原则，进驻县直单位16家，企业6家，可集中办理各类事项416项，是年，办理各类事项26万件，群众满意度达99%以上。

【互联网+政务融合发展】 按照“一号申请、一窗受理、一网通办”的政务服务模式，着力建设智慧政务系统平台，涵盖应用支撑云平台、事项动态管理、网上审批服务、电子证照管理、审管互动平台等13个体系。实现服务大厅Wi-Fi全方位、全时段有效覆盖，配齐5台排队取号机、6台自助查询终端、26台智能办税终端等配套设备，窗口前电子显示屏实时显示单位名称、可办理事项、排队叫号等信息，在预约、取号、网上申报、获取办事信息等各个流程实行全网一体化管理，提高了平台为民服务便捷化水平。制定了《关于加快推进“互联网+政务服务”工作的实施方案的通知》《2018年香河县推进“互联网+政务服务”平台建设工作方案》等文件，要求各相关单位立即行动，高度重视，明确责任人，全力抓好落实。将全县35家县直单位和14家乡镇、园区、街道办的520项政务服务事项全部进驻网络审批系统，企业和办事群众可以实时进行事项网上咨询、申报、预审、受理、办理、监督、投诉等“一站式”网上服务。打造“一网通”智慧政务新格局，让服务更贴心、群众更放心，在全市范围内首推移动办公，变“网上大厅”为“掌上大厅”。开发政务公开APP，集办事指南、咨询投诉、网上申报、热点应用等于一体的对外公开客户端，实现了申报、查询、咨询等多种功能；开发用章审批系统，对用章进行统一管理，电子版存档，推行无纸化办公。开发移动审批APP，支持手机办公，审批人员可以通过移动审批APP随时随地实现手机办公，有效解决服务人员因出差、请假、开会等因素造成审批延误等问题，一些事项审批时效从原来法定15—20个工作日逐步缩短到2个工作日，工作效率提高80%，真正实现“让数据多跑路、让群众少跑腿”目标；开通微信公众号，将微信取号、微信评价、微信办事、微信咨询等功能集于一体，真正将审批装进了群众的口袋；开发平面立体3DVR政务服务中心全景软件并加载到微信公众号上，企业群众能够直接获取要去办理事项窗口的位置信息，并通过VR界面获取所办理事项的办事指南；设立企业登记自助服务区，配齐电脑、高拍仪等一系列办公设备，并安排专人引导办事企业和群众来自助服务区进行业务网上申请并宣传，同时进行操作指导，让群众真正体会网上审批的便捷。

香河便民服务中心税务局自助办税服务区（县行政审批局供稿）

香河县便民服务中心自助终端（县行政审批局供稿）

【公共资源交易平台建立】 大幅提升交易中心各功能科室硬件配置，配齐大屏、查询一体机、门禁系统、变声电话、专家随机抽取和高清监控等设施，实现交易全流程电子化管理，并按照省交易中心要求，将交易项目采用分段式流程管理，即受理—组织—评审—见证四个阶段。在全市公共资源交易全过程电子化推进情况督查过程中，香河县交易中心在电子交易系统建设和应用、电子服务系统应用、交易数据上传和硬件设备配备四个方面名次皆排在前列，在中共廊坊市委改革办《关于公共资源交易全过程电子化推进情况的督查通报》中被评为优秀。是年，交易中心完成交易481项，涉及资金43.83亿元。

（崔文会）

公共资源交易

【概况】 在县委、县政府的正确领导下，香河县公共资源交易中心以“深入学习贯彻中共十九大精神”为抓手，以优化服务为主线，积极开展“两学一做”学习教育活动。全面加强内部管理，创新服务举措，规范工作行为，以更高的效率，更优的环境，整体推进公共资源交易服务工作再上新台阶，为香河县各方交易主体提供快捷高效的服务平台，保障各类交易活动“公开、公正、公平”进行。

【强化观念提高效率】 2018年，中心在全面学习各类文件精神的基础上，深入群众征求意见，千方百计为群众解决实际问题。按照“能快则快、能简则简、能优则优”的原则，对所有进场公共资源交易项目做到“主动办、现在办、马上办”。建立完善重点工程、民生工程项目“绿色通道”制度，扎实推进项目进场交易即顺利完成。坚持原则性与灵活性相结合，协助招标人做好项目招标范围、招标方式、招标组织形式等招标方案确定工作，并根据项目具体情况，制定详细的招标计划，使重点项目招标得以顺利推进。是年，公共资源交易中心共完成交易 485 项，涉及资金 43.83 亿元，为各方交易主体节约资金 5204.7 万元，增加财政收入 1473.2 万元。其中，建设工程类项目 110 项，总投资 11.62 亿元，中标金额 11.29 亿元，为投资主体节约资金 3359.11 万元。政府采购 252 项，总投资 3.77 亿元，成交金额 3.59 亿元，节约资金 1845.58 万元。土地公开出让 73 宗，起拍价 28.73 亿元，成交金额 28.81 亿元，增加财政收入 786.65 万元。产权交易类项目 50 项，涉及资金 1559.51 万元，增加财政收入 686.55 万元。

【流程化管理】 遵循统一交易登记、统一信息公告、统一时间场所安排、统一专家抽取、统一保证金代收代退、统一服务资料保存、统一电子监察监控的要求，按照标准化服务流程，实现流程化管理。

业务受理。进入统一平台的各类交易项目分类登记。设立受理部，按各类交易项目的规定，认真核对交易项目实施主体提交的有关材料。材料齐全的予以登记，材料不全的一次性告知交易项目实施主体进行补正。

交易组织，场所安排。中心通过一体化交易平台建立便捷的服务场所预约系统。交易项目需使用开标、评标等现场活动场所的，由交易项目实施主体或其委托的代理机构根据项目实际需要，通过该系统自助登记预约。

保证金统一收退。应用建设银行保证金系统，依据相关规定，统一通过银行转账收取和退付保证金。

抽取专家。设立专家抽取终端，交易项目实施主体通过抽取终端从省综合评标评审专家库中抽取评标、评审专家。

交易评审。将公共资源交易开标情况、资格审查结果、交易过程信息、成交信息等及时录入一体化平台。

交易见证。对进场交易项目服务过程中产生的电子文档、纸质资料以及音视频等，按规定的期限归档保存。

【交易项目有效运行】 交易中心在候标区设置大屏查询一体机、市场主体库注册一体电脑及高拍仪等相关设备。在开评标区均配备大功率手机信号屏蔽器、投影仪、调音台、扩音设备、监控设备、拾音器、开标计算机、评标计算机、独立摄像头、耳麦等电子辅助设备。中心评标区设置门禁系统，质询室配置专业变声电话，专家抽取室配置有专用计算机实现评标专家随机抽取、自动语音、短信通知。监控室配置有数字高清大屏监控系统，并提供多路供电及大容量 UPS 电源，保障交易项目在中心顺利、高效开展。

（张小章）

政协香河县委员会

责任编辑　陈述龙

综　述

2018年，政协香河县委员会在中共香河县委的坚强领导下，在县政府的大力支持和社会各界的密切配合下，县政协常委会全面贯彻习近平新时代中国特色社会主义思想和中共十九大精神，坚持围绕团结和民主两大主题，认真履行政治协商、民主监督、参政议政职能，为加快建设美丽幸福新香河献计献策。县政协常委会坚持把夯实思想政治基础作为首要工作，构筑最大同心圆、汇聚最强正能量。强化思想政治引领。围绕学习贯彻习近平新时代中国特色社会主义思想和中共十九大精神，县政协常委会组织广大政协委员和政协机关干部集中学习、培训、研讨活动38次。使政协委员和政协机关干部牢固树立“四个意识”，坚定“四个自信”，坚决做到“两个维护”（坚决维护习近平总书记党中央的核心、全党的核心地位，坚决维护党中央权威和党集中统一领导），始终在思想上、政治上、行动上同党中央保持高度一致。以理论大学习、思想大武装、工作大研讨，推动政协工作质量大提升。组织全体政协委员和机关干部参加各类培训10次，印发《全县政协系统开展习近平总书记关于加强和改进人民政协工作的重要思想学习研讨活动方案》，召开全县政协系统理论研讨会，并邀请市政协领导到会指导，形成138篇理论研讨成果，研究制定改进政协工作23项具体措施，研讨活动得到市政协肯定。

充分发挥人民政协作为协商民主重要渠道和专门协商机构的作用，贯彻落实县委《关于加强人民政协协商民主建设的实施意见》，形成以全体会议为龙头，专题议政性常委会议和专题协商座谈会为重点，提案办理协商、专委会对口协商、界别协商为常态的协商议政新格局。贯彻落实县委《关于加强和改进人民政协民主监督工作的实施意见》，在提案办理、视察调研等方面扎实开展监督工作。充分发挥政协组织人才荟萃的独特优势，组织全体政协委员开展“传承好家风，奋进新时代”好家风好家训主题征集活动，助力香河县文明城市创建工作。县政协领导班子成员投身全县重点工程、重点项目建设和信访维稳工作，加强协调指导，努力排忧解难，推动重点工程和重点项目顺利推进，维护社会稳定。结合脱贫攻坚工作，动员委员开展结对帮扶，助推产业扶贫、智力扶贫、就业扶贫、健康扶贫等工作。医药卫生组开展秋季义诊进乡村活动，《人民日报》予以报道。

政协机构设置

【政协常委会领导机构】 2018年，政协香河县第九届委员会有主席1名，副主席4名。在4名副主席中有非中共人士2名、女性1名、未驻会1名。

【政协常委会工作机构】 2018年，政协常委会工作机构有办公室、提案委员会办公室、科技经济委员会办公室、社会发展委员会办公室，各室设主任1人。社会发展委员会办公室4月后主任空缺。

县政协重要会议

【县政协委员会会议】 1月29—30日，政协香河县第九届委员会第二次会议在第一城举行。会议听取和审议《中国人民政治协商会议香河县第九届委员会常务委员会工作报告》；听取和审议《中国人民政治协商会议香河县第九届委员会常务委员会提案工作报告》；列席县十五届人大二次会议第一次全体会议，听取并协商讨论《政府工作报告》，协商讨论其他报告；通过大会政治决议。

【县政协常委会议】 1月26日，县政协九届四次常委扩大会议在县人大政协办公楼三层会议室召开。会议讨论县政府2017年全县经济社会发展情况的通报和关于县政协九届一次会议提案办理情况的通报；会议决定政协香河县第九届委员会第二次会议于1月29—30日在一城召开，会期两天。会议审议通过《政协香河县第九届委员会第二次会议议程（草案）》《政协香河县第九届委员会第二次会议日程（草案）》；会议审议《中国人民政治协商会议香河县第九届委员会常务委员会工作报告（讨论稿）》《中国人民政治协商会议香河县第九届委员会常务委员会提案工作报告（讨论稿）》，并协商确定两个报告的报告人；协商讨论政协香河县第九届委员会第二次会议期间秘书长建议名单草案；大会副秘书长建议名单草案；提案审查委员会主任、副主任、委员建议名单草案；对政协全会工作做出安排。

1月30日，县政协九届五次常委扩大会议在第一城福安宫第11会议室召开。县政府领导及有关部门负责人听取政协委员对政府工作报告及其他报告协商讨论情况的汇报；听取各组对县委书记李桂强讲话及政协常委会工作报告、九届一次会议以来提案工作报告讨论情况的汇报；审议通过本次会议政治决议（草案），会议一致同意提交第四次全体会议审议。

3月30日，县政协九届六次常委扩大会议在县人大政协办公楼三层会议室召开。会议审议通过政协2018年工作要点及常委会、委组活动安排；审议通过政协香河县委员会2018年协商工作计划；审议通过关于表彰优秀提案者和先进承办单位的通报。

8月3日，县政协九届七次常委扩大会议在县人大政协办公楼三层会议室召开。会议听取并讨论县政府关于全县经济社会发展情况的通报；听取并讨论县政府关于政协九届二次会议提案办理情况的通报；围绕“加强小区物业管理”进行协商议政；围绕“推进香河县智慧城市建设”进行协商议政。

11月16日，县政协九届三次常委会议在县人大政协办公楼三层会议室召开。会议围绕“推进‘互联网+政务服务’工作”进行协商议政；围绕“加快推进‘医养结合’养老模式”进行协商议政；审议通过《中国人民政治协商会议香河县委员会常务委员会工作规则》和《中国人民政治协商会议香河县委员会专门委员会通则》两个讨论稿。

政协工作与职能

【政治协商】 发挥人民政协作为协商民主重要渠道和专门协商机构的作用，贯彻落实香河县委《关于加强人民政协协商民主建设的实施意见》，形成以全体会议为龙头，专题议政性常委会议和专题协商座谈会为重点，提案办理协商、专委会对口协商、界别协商为常态的协商议政新格局。拟定《2018 年协商工作计划》，围绕推进香河县智慧城市建设、推进“互联网+政务服务”工作、加快推进医养结合养老模式和加强小区物业管理4 个重点协商议题，在充分调研的基础上，召开专题议政性常委会议 2 次，形成《关于加快推进智慧城市建设的调研报告》《关于推进“互联网+政务服务”的调研报告》《关于加快推进“医养结合”养老模式的调研报告》《关于加强小区物业管理的调研报告》。围绕全域旅游和大气污染综合治理两项工作，召开专题协商座谈会，并形成专题报告，得到县委书记李桂强肯定，并批转县政府责成有关部门落实。

【民主监督】 县政协常委会着力构建提案办理工作协调有序运行机制，贯彻落实县委《关于加强和改进人民政协民主监督工作的实施意见》，在提案办理、视察调研等方面开展监督工作。

开展视察调研 21 次，交办政协提案 69 件，提交全会大会发言 7 篇。加大对民生工程建设督导力度，乘坐县域绿色公交车实地视察运河文化公园等重点民生工程，亲身体验“城乡公交一体化”为市民出行带来的便利和实惠，并号召全体政协委员广泛宣传香河巨大变化，针对存在问题和不足，提出建设性意见和建议。开展委、组调研视察活动。经济组赴雄安新区，围绕新民居建设进行调研；民宗台侨组到蒋辛屯镇，视察新民居建设和乡村主题民宿；农业组到安头屯镇，对千年古葡萄庄园和乐农美联生态农场进行视察；群团组对香河县路网建设进行视察，形成专题调研视察报告，对相关工作开展起到推动作用。推荐政治素质好、理论水平高、敢于提出批评意见的委员担任特邀监督员，参与党委、政府部门工作考评、专题座谈会等。年内，参与上述活动有50 余人次，为促进职能部门依法行政、依法履职发挥监督作用。

【参政议政】 县政协坚持把服务发展、改善民生作为参政议政重点。政协九届二次会议期间，组织全体委员围绕县第十一次党代会确定的工作目标和政府工作报告，与县委、县政府同频共振，共商发展大计，共谋转型良策。针对香河县加快推进工业企业转型升级、田园综合体建设、文化创意产业园区建设、路网建设工作等方面提出意见建议 20 余条，得到党政领导和有关部门高度重视，协商成效明显。

【广泛联谊】 香河县政协与天津市蓟州区政协、北京市平谷区政协、河北省三河市政协、大厂回族自治县政协共同协商研讨，共同签署 5 地政协友好合作框架协议，以推进京津冀协同发展，促进五地人民政协之间工作交流、相互沟通和地区经济发展。与江西赣州、新疆巴州、河南鹤壁等25 家友好政协进行工作交流。通过相互学习交流，沟通信息、开阔眼界、拓宽思路、联络感情、增进友谊、宣传香河。

【政协委员队伍建设】 县政协常委会坚持用制度管人、用规范治事、用考核提效，全面提升政协工作制度化、规范化、程序化水平。

加强委员队伍建设。按照“懂政协、会协商、善议政”“守纪律、讲规矩、重品行”的要求，开展委员学习培训工作。组织部分政协委员和机关干部赴青岛全国政协培训中心举办学习习近平总书记关于加强和改进人民政协工作的重要思想专题培训班，进一步提高委员政治把握能力、调查研究能力、联系群众能力、合作共事能力。坚持主席会议成员联系走访委员制度，积极解决困难和问题，让委员感受到政协大家庭的温暖。

加强委员会制度建设。健全完善《中国人民政治协商会议香河县委员会常务委员会工作规则》和《中国人民政治协商会议香河县委员会专门委员会通则》，进一步规范县政协常委会和专门委员会工作程序。强化对口联系制度，加强专门委员会与党政部门工作衔接和协调配合，努力为委员知情明政、履职尽责提供更好服务。

加强县政协机关建设。深入推进学习型书香政协建设，坚持落实每周五学习日制度，新建委员图书室，形成书香常绕的良好氛围。加强机关内部管理，健全完善机关学习、工作及会议制度，形成按章程履职、依制度办事、用规矩管人的工作新常态。严格按照中央和省、市、县委要求，认真执行各项规定，切实加强党风廉政建设，务实清廉的良好政治生态在机关进一步形成。

【文史资料编辑】 充分发挥文史资料“存史、资政、团结、育人”的作用，做好文史资料集存编撰工作。组织编印香河县政协文史资料集存第十八辑《香河历史名人》一书，在传承、挖掘、弘扬香河历史文化，宣传和扩大香河县文化影响等方面发挥积极作用。为展示香河特色文化，启迪教育后人，凝聚各界力量，宣传和扩大香河县文化影响起到积极推动作用。

配合市政协完成《廊坊市历史文化村落撷英》一书的编辑撰稿工作，在全县内精选10个文化底蕴深厚，内涵丰富的村落，完成史料收集编撰工作。举办“盛世华夏 幸福香河——纪念改革开放40周年”画展，弘扬时代主旋律，展示政协新风采。

（付震）

纪检监察

责任编辑 陈述龙

综 述

2018年，香河县纪检监察工作按照省、市纪委监委安排部署，在县委的正确领导下，扎实推进“两学一做”学习教育常态化、制度化建设。县纪委常委会带头践行“两个维护”（维护习近平总书记党中央的核心、全党的核心地位，维护党中央权威和集中统一领导），引导全县纪检监察系统提高理论思维、战略谋划、精准落实水平。对全县108家单位落实党风廉政建设责任制“签字背书”和“双报告”（党委及主要负责人每年初以书面形式向上级党委和纪委报告上一年度履行主体责任和第一责任人的情况，党委和纪委根据各部门年度报告情况，有针对性了解和质询有关问题。各级领导每年年初以书面形式，向党委和纪委报告履行监督责任情况和党政领导班子成员党风廉政建设情况）制度情况进行督导，确保主体责任落细落实。与县委组织部联合组成10个督导组，以参会的方式对全县各单位民主生活会制度执行情况进行督导检查，确保民主生活会方向不偏、内容不空、程序不漏、作风不虚。扎实推进纠正“四风”和作风纪律专项整治，组织开展节前“1+3”（指落实中央“八项规定”精神，纠正“四风”工作；集中拆违、扫黑除恶专项斗争、扶贫领域腐败和作风问题）重点工作监督检查，印发“作风建设明白纸”，压紧压实党风廉政建设主体责任，推动党风政风持续好转。是年，县纪委监委作为全省唯一县级纪检监察机关代表，在全省纪检监察信访举报工作会议上作典型发言，工作经验先后被中省纪检监察网站、《河北日报》刊发转载。扎实开展巡视整改暨“一问责八清理”专项行动整改“回头看”及扶贫领域腐败和作风问题专项治理工作。协同推进在县委第三轮巡察中探索先审计后巡察监督新机制，审计从业务角度查问题、提建议，巡察从政治角度促整改、建机制。被审计的55家乡科级单位发现28类529个问题进行整改。纪委监委合署办公，实现定位向监督聚焦，责任向监督压实，力量向监督倾斜。

纪检监察机构

【纪律检查委员会领导机构】 2018年，中共香河县第十一届纪律检查委员会由21名委员组成，其中，书记1名、副书记2名、常委7名。

【监察委员会领导机构】 2018年1月26日，撤销香河县监察局，撤销香河县人民检察院的反贪污贿赂局、反渎职侵权局、职务犯罪预防科等部门，设立香河县监察委员会。香河县监察委员会是行使国家监察职能的专门监察机关，由县人民代表大会选举产生，对县人民代表大会及其常委会和市监察委员会负责，并接受监督。香河县监察委员会与香河县纪律检查委员会合署办公，实行一套工作机构、两个机关名称，履行纪检、监察两项职能。县监察委员会的主要职责是：对所有行使公权力的公职人员进行监察；调查职务违法和职务犯罪；开展廉政建设和反腐败工作，维护宪法和法律的尊严。

1 月 31 日，香河县第十五届人民代表大会二次会议选举产生香河县监察委员会主任 1 名，香河县第十五届人大常委会任命香河县监察委委员会副主任 2 名，委员 4 名。

【纪委监委工作机构】 2018 年 1 月，不再实行县委巡察组与县纪委监督室一套人马、两块牌子的管理体制，监督室不再承担县委巡察工作领导小组交办的巡察任务，原第一至第五监督室更名为第八至第十二纪检监察室；另增设第五纪检监察室、第六纪检监察室、第七纪检监察室。12 月，县纪委监委内设机构 20 个：办公室、组织部、宣传部、党风政风监督室、信访室、案件监督管理室、第一纪检监察室、第二纪检监察室、第三纪检监察室、第四纪检监察室、第五纪检监察室、第六纪检监察室、第七纪检监察室、第八纪检监察室、第九纪检监察室、第十纪检监察室、第十一纪检监察室、第十二纪检监察室、案件审理室、纪检监察干部监督室。

【县纪委派出机构】 2018 年 11 月，将河北香河经济开发区纪检组更名为河北香河经济开发区纪工委，撤销河北香河经济开发区已设立的监察室。由县监察委员会向河北香河经济开发区派出监察组，与纪工委合署办公，履行党的纪律监察和国家监察两项职能，实现纪检监察全覆盖。到 12 月，园区纪工委 3 个，各设书记 1 名。主要职责：负责对园区贯彻执行党的路线方针政策和决议，遵守国家法律法规和政府决定、命令情况进行监督检查；负责对园区和其托管的乡镇党委、政府领导班子及其成员履行职责情况进行监督检查；负责对园区发生违纪违法案件进行调查，解决损害群众利益的突出问题，优化发展环境；负责协助督促园区党政领导班子开展党风廉政建设和反腐败工作；负责受理园区直接管理的党员、行政监察对象的检举、控告以及不服处分的申诉工作；负责对园区内纪检监察组织开展反腐倡廉工作进行领导和指导；负责党工委、管委会“三重一大”事项、国有资产管理、政府采购、国有独资企业和国有控股企业干部任免、招投标等监督检查工作；负责协助党工委、管委会加强对有关部门派驻（派出）机构和入区企业人员的廉洁教育工作。

【县纪委派驻机构】 2018 年，县纪委派驻机构为政法委纪工委。机构规格为正科级，所需编制由县纪委机关内部调剂解决。主要职责：负责监督检查驻在部门及下属单位贯彻执行党的路线方针政策和决议，遵守国家法律、法规和政府决定、命令等情况，对发现苗头性、倾向性问题随时提醒；负责监督检查驻在部门党政领导班子及其成员维护党的政治纪律，贯彻执行民主集中制，尤其是重要决策制定、干部任免、重要事项安排和大额度资金使用情况，切实严格把关；负责监督检查驻在部门党员干部执行廉洁自律规定、贯彻落实中央“八项规定”精神、纠正“四风”问题以及执行省、市、县相关规定的情况，督促驻在部门按照党纪条规的规定依法行政，正确履行部门职能作用，切实规范行为；负责将受理的对驻在部门党组织、党员、行政监察对象的信访举报和监督过程中发现的违纪违法问题，向县纪委、监委报告；承办县纪委、监委交办的其他事项。

【县委巡察机构】 2018年1月，不再实行县委巡察组与县纪委监督室一套人马、两块牌子的管理体制，监督室不再承担县委巡察工作小组交办的巡察任务，专门成立县委巡察机构，专司巡察监督职责。设立4个县委巡察组，承担巡察任务，机构规格为正科级。组长由正科级巡察专员担任，副组长由副科级巡察专员担任。

县委巡察工作领导小组办公室主要职责：承担县委巡察工作的综合协调、组织指导、制度建设，及对巡察组的监督管理、服务保障等工作；贯彻落实县委和县委巡察工作领导小组作出的决策和部署，向县委巡察工作领导小组报告巡察工作情况；督促本县有关部门和所属镇（街道、园区）做好省委巡视机构和市、县委巡察机构反馈意见的整改落实；协调配合有关部门调配、培训、考核、监督和管理巡察工作人员；负责与省委巡视工作领导小组办公室、市委巡察工作领导小组办公室的日常联络，承办省委巡视机构和市委巡察机构交办的事项；负责本部门干部日常管理和监督，承办领导交办的其他事项。

县委巡察组主要职责：对所辖乡（科）级及以下地方、单位党组织领导班子及其成员进行巡察监督。常规巡察着力发现违反“六项纪律”方面问题和线索，专项巡察重点发现以权谋私、作风不实、侵害群众利益等方面存在的突出问题；报告巡察情况，包括巡察情况全面报告、巡察期间的阶段性报告、巡察过程中的重大情况报告、普遍性倾向性问题专题报告等；巡察工作结束后，经批准，及时向被巡察党组织及其主要负责人反馈巡察情况，并会同巡察办督促其认真抓好整改落实；对派出巡察组党组织决定的事项及时分类移交，会同巡察办做好跟踪督办工作；办理巡察工作领导小组交办的其他事项；负责本巡察组干部日常管理和监督，承办领导交办的其他事项。

县纪委重要会议

【纪委全委会议】 中国共产党香河县第十一届纪律检查委员会第二次全体会议，于2018年2月11日在县委七楼会议室召开。出席全会的县纪委委员16人。全会由中共香河县纪律检查委员会常务委员会主持。县委书记李桂强出席全会并讲话。县委常委、纪委书记、监委主任牛静代表县纪委常委会作《以习近平新时代中国特色社会主义思想为指导，以全面从严治党的新成效为加快建设美丽幸福新香河提供更加坚强的纪律保障》的工作报告。县委、县人大、县政府、县政协和县人民法院、县人民检察院领导出席会议，有关方面负责人参加会议。全会以习近平新时代中国特色社会主义思想为指导，全面贯彻落实中共十九大精神，按照中纪委十九届二次全会、省纪委九届三次全会、市纪委六届三次全会要求，总结2017年全县纪检监察工作，部署2018年任务。全会认真学习了李桂强讲话，一致认为，讲话站在全面从严治党的战略高度，认真学习贯彻习近平总书记、省委书记王东峰和市委书记冯韶慧讲话精神，提出了符合香河实际的工作任务和要求，为全县做好当前和今后一个时期党风廉政建设和反腐败工作指明了方向。全县各级党组织和纪检监察机关要认真学习领会，坚决贯彻落实。会议审议通过牛静代表县纪委常委会所作的工作报告。全会认为，2017年，新一届县纪委常委会认真学习宣传贯彻中共十九大精神和习近平新时代中国特色社会主义思想，按照中、省、市纪委全会和县第十一次党代会的部署要求，全面履行党章赋予的职责，强化监督执纪问责，当好政治生态的“护林员”，全系统同心同力同向，推动全县党风廉政建设和反腐败工作迈出新步伐。

全会强调，2018年是贯彻中共十九大精神的开局之年，是改革开放40周年，是决胜全面建成小康社会关键一年，做好2018年纪检监察工作意义重大。要以习近平新时代中国特色社会主义思想为指导，贯彻落实中共十九大和中央纪委、省、市纪委、县委的决策部署，不忘初心，牢记使命，忠诚履行党章和宪法赋予职责，把党的政治建设摆在首位，深化国家监察体制改革试点工作，巩固拓展落实中央“八项规定”精神成果，充分发挥巡视巡察利剑作用，全面加强党的纪律建设，加大对群众身边腐败问题的整治力度，深入推进反腐败斗争，强力推动全面从严治党责任层层落实到位，强化自我监督、自觉接受监督，建设忠诚干净担当的纪检监察干部队伍，为加快建设美丽幸福新香河提供更加坚强的纪律保障。

【工作会议】 2018年，中共香河县纪律检查委员会召开4次工作会议。

2月1日，在县委大楼七层大会议室召开监察体制改革后首次县纪委、监委机关干部大会。县委常委、纪委书记、监委主任牛静就监察体制改革后纪委监委工作如何开展作重要讲话。

7月12日，召开全县巡视巡察整改暨“一问责八清理”专项行动整改“回头看”工作调度会。会议由县委副书记、县长王文强主持，出席会议的有县委书记李桂强，县委常委、办公室主任田立军，县委常委、组织部长王宏民，县委常委、常务副县长齐建光，县委常委、纪委书记、监察委员会主任牛静。各镇、街道、园区党工委书记，整改“回头看”领导小组成员单位一把手，“3+2”（房地产开发遗留问题、违法建设和违法用地；扶贫领域腐败和作风问题、懒政怠政不作为乱作为两个群众反映强烈的突出问题）集中攻坚行动牵头单位一把手，整改“回头看”办公室全体成员和各督导组全体成员参加会议。会上，县委常委、纪委书记、监察委员会主任牛静通报了整改“回头看”督导工作情况。

10月26日，召开全县巡视巡察共性问题整改工作推进会议。县委书记李桂强，县委常委、纪委书记、监委主任牛静出席会议。各镇、街道、园区党（工）委书记，县直各单位主要负责人，县委巡察办、县委第一至五巡察组工作人员参加会议。会上，牛静宣读《香河县巡视巡察共性问题整改工作方案》。

11月7日，召开全县深化巡视巡察整改工作推进会议。县委常委、纪委书记、监察委员会主任牛静就开展好县本级巡察整改工作讲了话。

纪检监察工作与职能

【落实“两个责任”】 强化监督责任，夯实主体责任。协助县委主体责任办公室对全县108家单位落实党风廉政建设“签字背书”和“双报告”制度落实情况进行督导。与县委组织部联合组成10个督导组，以参会方式对全县各单位民主生活会制度执行情况进行督导检查。县纪委书记、监委主任对各镇、街道、园区党（工）委书记、纪（工）委书记开展两轮“一对一”约谈，结合推动“三转”（转职能、转方式、转作风）、扫黑除恶、信访举报等问题，面对面督促其切实扛起管党治党主体责任和监督责任，共同抓好基层党风廉政建设。

强化作风监督，坚持一节一通知，一节一检查。2018年，共开展各类明察暗访90余次，发现问题18件，使用第一种形态处置21人，给予党纪处分3人。紧盯重要节点，重申纪律要求，向县四大班子领导及全县各镇、街道、园区和县直各单位主要领导推送廉政短信5000余条（次），提醒廉洁注意事项。加强对重点工作落实中形式主义、官僚主义问题的监督，组织专门人员对县域内125名建档立卡贫困户逐一开展“家访”式监督。全年共开展各类监督检查50余次，发现问题21件，使用第一种形态处置21人，给予党纪处分 8 人。

2018 年，县纪委共查处扶贫领域腐败与作风问题 11 件，给予党纪处分 1 人，运用第一种形态处理 23 人次，为打赢脱贫攻坚战提供坚强纪律保障。聚焦办公用房超标等顽固性问题，印发《关于对办公用房违规问题进行清理整改的通知》，对全县各单位办公用房清理整改情况进行专项检查。在防止干部“带病上岗”“带病提拔”的同时，开展村（社区）组织换届候选人任职资格审查和全县新当选村（社区）“两委”班子成员资格审查，截至年底，共审查人员 4171 人次，全力防止问题党员侵蚀基层党组织。

【整改“回头看”工作】 开展巡视巡察整改暨“一问责八清理”专项行动整改“回头看”工作，扶贫领域腐败及作风问题专项治理整改“回头看”工作。整改“回头看”工作还包括对省、市委巡视巡察反馈意见整改落实情况进行全面检查；对县委巡察反馈意见整改落实情况进行全面检查；对 2016 年、2017 年“一问责八清理”专项行动发现问题整改情况进行全面检查；对 2017 年基层“微腐败”专项整治发现问题整改情况进行全面检查；对 2017 年“1+3”专项清理发现问题整改情况进行全面检查五项任务。

【案件查办】 2018 年，全县纪检监察机关立案 104 件，结案 100 件，处理 98 人，其中乡科级干部 14 人，同比分别增长 13.1%、9.9%、7.1%和 55.6%。全县纪检监察机关运用党内关系要正常化，批评与自我批评要经常开展，让咬耳扯袖、红脸出汗成为常态（第一种形态）；党纪轻处分和组织处理要成为大多数（第二种形态）；对严重违纪的重处分，做出重大职务调整应当是少数（第三种形态）；而严重违纪涉嫌违法立案审查的只能是极少数（第四种形态）依法、依规处理 281 件。运用第一种形态处理 183 件，第二种形态处理 84 件，第三种形态处理 2 件，第四种形态处理 12 件，其中办理市纪委指定管辖留置案件 2 件，均查结并移送司法机关。开展巡视整改暨“一问责八清理”专项行动整改“回头看”及扶贫领域腐败和作风问题专项治理，查处扶贫领域腐败与作风问题 11 件，给予党纪处分 1 人，运用第一种形态处理 23 人次，通报曝光 10 起整改“回头看”工作中的典型案例。

【信访工作】 2018 年，县纪委监委受理举报线索 623 件，召开信访问题线索分析会议 11 次，分析处置问题线索 605 件，提级交办 212 件，办结率 85%，回复实名信访举报 432 件。县纪委监委作为全省唯一县级纪检监察机关代表，在全省纪检监察信访举报工作会议上作典型发言，工作经验先后被中央和省纪检监察网站、《河北日报》刊发转载。

【巡察工作】 2018 年，县委第二、三轮巡察圆满完成，发现问题 217 件，移交问题线索 38 件，其中，涉及乡科级以上干部 20 人。在县委第三轮巡察中，探索先审计后巡察“审计+巡察”监督新机制，审计从业务角度查问题、提建议，巡察从政治角度促整改、建机制。被审计的 55 家乡科级单位发现的 28 类 529 个问题进行整改。做好巡视巡察整改“后半篇文章”，压实整改主体责任，推进共性问题前置整改，有效解决屡巡屡犯、边改边犯问题。中央和省委巡视组移交问题线索 66 件，全部办结。县委巡察机构对第一批审计整改完成的 8 家单位进行巡察工作。相关工作经验被省纪检监察网和《河北日报》刊发报道。

【涉黑涉恶线索排查】 将扫黑除恶与反腐败斗争和基层“拍蝇”（反腐）结合起来，深挖黑恶势力“保护伞”，香河县纪委监委制定《关于在扫黑除恶专项斗争中强化执纪监督问责的实施方案》，成立县纪委监委扫黑除恶工作领导小组，先后召开会议15次，专题研究扫黑除恶工作。截至年底，县纪委监委已梳理和获取涉黑涉恶问题线索共计51件次，办结45件次，移送公安机关立案审查4件次，2件次在核查中。

【党风廉政宣传工作】 紧盯元旦、春节、“五一”等重要节点，全年向县四大班子领导及全县各镇（社区）、园区和县直各单位主要领导推送廉政短信5000余条次，重申纪律要求，提醒廉洁注意事项。组织全县党员干部集中观看大型反腐现代京剧《脚印》，精心办好“清廉香河”微信公众平台，全年共推送60期，200余条党风廉政新闻、信息。在全省率先开通抖音账号，录制快板《过年千万别收礼》、歌曲《欢乐中国年》等短视频，传播廉政好声音，点击率达27000余人次。中央及省市级媒体推介全县纪检监察工作报道近70余篇，在廊坊市名列前茅。

【监察体制改革】 2月1日，县监察委员会正式挂牌成立，县检察机关11名工作人员转隶到县纪委监委工作，转隶人员与县纪委原有人员重新组合，交叉配备，实现优势互补。改革后，针对监察对象范围扩大、执纪监督任务加大的实际，县纪委监委新增设3个纪检监察室，纪检监察室增至12个，县纪委监委内设机构增至20个，进一步加强执纪执法一线力量。以党的建设带动各项工作，开出全市首份“政务处分”决定书，用20余天完成全市首例“指定管辖”留置案件办理工作，全年下发《监察建议书》16份，提出监察建议30余条，监察体制改革活力不断释放。

【纪检监察队伍建设】 组织全县纪检监察干部赴市法治宣教中心进行廉政警示教育，开展全县纪检监察业务大讲堂活动。重点围绕学习《中华人民共和国监察法》和新修订的《中国共产党纪律处分条例》等业务知识深入学习，并邀请市纪委、县人民法院等部门业务骨干及心理学专家到机关授课，全年开展培训15场次。

（郑肃然）

人民团体

责任编辑　王树春

综　述

2018年，香河县总工会、共青团香河县委员会、香河县妇女联合会、香河县科学技术协会、香河县文学艺术联合会、香河县工商业联合会、香河县残疾人联合会等人民团体创新工作思路，探索服务新路径，研究确立新方法，拓宽服务新领域，充分发挥自身职能和党联系群众的桥梁纽带作用。年内，共青团香河县委员会荣获本年度“全市县级团委综合考评第一”荣誉称号，在共青团河北省十五届二次全委（扩大）会议上，团县委荣获2018年度省级“优秀团县委”和“优秀县少工委”荣誉称号，是廊坊市唯一获奖且获得双项荣誉的团组织；香河县妇联被评为“河北省妇女讲习所示范单位”“廊坊市妇联系统信息工作先进单位”；香河妇联巾帼爱心汇被市文明办评为“廊坊市最佳志愿服务项目”；香河县工商联被廊坊市工商联评为2017年度“信息工作先进单位”“组织建设先进单位”“精准扶贫行动先进单位”。

香河县总工会

【概况】　2018年，香河县总工会围绕中心、服务大局，积极探索新时期工会发展道路，发挥好桥梁与纽带作用，以服务职工为宗旨，始终把维护广大职工的根本利益作为自己的历史使命。坚持以职工为本的工作理念，努力为职工办好事、办实事，着力抓好工会基层组织建设、推行普惠化服务、职工建功立业、劳动关系和谐企业创建、困难职工帮扶、“职工互助一日捐”活动、民主管理等重点工作，圆满完成任务目标。

【基层组织建设】　2018年，不断扩大工会组织和工会工作有效覆盖，县总工会将建会重点放在新型农业合作组织和物流货运行业，在香河东泰缘种植专业合作社、香河县香荷藕荷种植专业合作社、香河八方物流有限公司建立工会组织。在全县开展100人以上非公企业、外资企业建会专项行动，秉承着“哪里有职工，哪里就有工会”的原则，通过实地走访等方式，对全县未建会企业进行摸底调查，消除建会空白点，推动工会组织向新领域延伸。全县新增工会组织或因工作需要更换法人、换届的工会组织19家，新增工会会员364人。截至年底，各类法人单位建会率和25人以上单位建会率均100%；各类法人单位职工入会率96%；基层工会规范建设达标率95%。

【扶贫济困活动】　县总工会将困难职工帮扶和弱势群体救助作为工作重点。采取集中救助和平时救急的方式，对全县困难职工家庭和到县总工会求助的困难职工进行帮扶。春节期间，慰问困难职工 84 户，给困难职工送去春节慰问品和慰问金。4 月，按照新的认定标准在全县范围内对困难职工进行摸底，把已经脱困的人员建档脱困，新增 3 名困难职工录入帮扶系统。深入开展“金秋助学”全程化，全面落实全程助学育才，即入学救助—在校帮扶—就业安排，为品学兼优的贫困大学生提供全程助学和就业安排。7 月，通过对全县在档困难职工摸底调查，救助 1 名困难职工子女上学，发给救助金 0.7 万元。开展“职工医疗互助”活动，合理筹集使用 2018 年度“职工医疗互助”资金。年内，收到 121 个单位的互助款，捐款人数 12017 人，筹集资金 608650 元，救助 36 人，救助金额 25.2 万元。开展劳动就业培训，为下岗职工、困难职工、返乡农民工进行职业培训。培训内容包括基本知识（安全生产的概念、方针及法律法规）、专业知识（焊工、电工、钳工专业操作技能）。通过职业培训提高培训对象的创业、就业能力。年内，县总工会联合香河县为民职业培训学校举办培训班 4 次，参加培训职工 826 人次。

【职工文化生活】 2018 年，县总工会在全县开展职工迎新春系列文娱活动。活动包括中国象棋比赛、乒乓球比赛、书画作品展、迎新春演唱会等多种形式，全县 200 余名职工群众参与活动，赢得广大职工一致好评。不断丰富广大职工业余文化生活，深化职工素质提升工程，提高职工身体素质，县总工会先后举办书法、太极拳、瑜伽等多种形式的培训班 100 余期，在全县兴起学习书法、太极拳、瑜伽等文体活动的热潮，赢得广大职工的欢迎和支持。聘请刺绣传人开展女职工刺绣培训班，对全县 93 名无业、失业女职工进行手工刺绣培训，为其就业、创业开辟新渠道。县总工会举办“中国梦 劳动美”职工演讲比赛，在全县掀起热爱劳动、尊重劳动新风尚，推荐优秀选手参加廊坊市“中国梦 劳动美”职工演讲比赛，由香河县总工会推荐的潘欣仪荣获“二等奖”，香河县总工会获“优秀组织奖”。提升职工幸福指数，解决大龄青年单身问题，县总工会协同北京市通州区开展“情系副中心，牵手通武廊”青年联谊会活动，本次活动全县有 36 名单身职工报名参与，有 3 对青年达成牵手意向，联谊活动再次得到青年职工朋友欢迎和拥护。县总工会开展“书香三八”征文、女职工关爱等活动，组织救助因病致困女职工王秋伶。推荐国网冀北电力有限公司香河县供电分公司参与河北省总工会关于推进女职工权益保护专项集体合同工作典型经验交流活动。在香河第一城酒业有限公司、香河华联香百超市有限公司、香河华香商贸有限公司新建三处“爱心妈妈小屋”场所。组织文化进企业活动，丰富企业职工业余文化生活，7 月，县总工会联合县文广新局为中粮可口可乐华北饮料有限公司等 19 家企业送上精彩演出 19 场，观看人数 3000 余人次。

【劳动模范】 2018 年，全面贯彻中共十九大精神，弘扬劳模精神和工匠精神，营造劳动光荣的社会风尚和精益求精的敬业风气，激励广大职工以习近平新时代中国特色社会主义思想为统领，切实增强新时代工人阶级的自豪感和使命感，爱岗敬业、拼搏奉献，2 月，按照省、市总工会通知要求，县总工会认真做好“全国五一劳动奖”“工人先锋号”和“河北省五一劳动奖”推荐评选工作。县农业开发办公室主任安国亮荣获“全国五一劳动奖章”，国网冀北电力有限公司香河供电分公司经理刘会生荣获“河北省五一劳动奖章”，县医院耳鼻喉科荣获“河北省工人先锋号”称号。“五一”前夕，获奖者参加廊坊市总工会组织的庆祝“五一”国际劳动节暨劳动模范座谈会并接受表彰。

落实党和政府以及工会组织关心关爱劳模的政策精神。5 月，按照河北省总工会通知要求，对全县省部级劳模困难情况进行调查摸底，为省级劳模赵文福进行困难补助申报。10 月，对全县各级劳模开展生活困难调查摸底和申报工作，确保生活困难的劳模能够得到及时救助。做好全县省部级劳动模范困难帮扶工作，4 月，下发省部级困难劳模调查摸底和困难申报的通知，经过摸底调查，省部级以上困难劳模 5 人；10 月，下发全国劳模和特别困难省部级劳模调查摸底和申报困难补助的通知，经过摸底调查，将 3 名困难劳模上报市总工会；11 月，下发市级劳动模范生活困难救济金申报工作的通知，经过摸底调查，将 2 名困难劳模上报市总工会。

全面准确掌握全县劳模身体健康状况，5 月 13—18 日，为全县 173 名劳动模范免费进行身体健康检查，完善劳模健康档案，健全劳模定期健康体检机制。根据《河北省总工会关于进一步组织动员广大职工争当高质量排头兵的十项措施》重点工作实施方案和目标任务分解台账的安排部署，8 月和 10 月，分别安排部分劳模到杭州和温塘参加专题疗休养活动。

【普惠化服务】 按照市总工会“提质、扩面、严管”的要求，扎实推进普惠化服务工作，将提高普惠化服务质量作为 2018 年工作重点。年内，全县新开工会会员卡 1500 余张，印制下发普惠知识（台历）共 2 万余册。与廊坊银行香河支行共同设计印制宣传资料 5000 份，深入机关、企业宣传 23 次，现场激活工会会员卡 4 次，提高基层职工对工会会员卡的知晓率。制定四个“凡是”和“必须”措施（凡是来中心办事的职工必须出示工会会员卡、凡是新建立工会组织的企业必须全员办理工会会员卡；凡是要求返还工会经费的企业必须全员办理工会会员卡、凡是登记或变更工会法人资格的企业必须全员办理工会会员卡），工会会员卡扩面工作有效开展。全县确定会员特约服务单位 117 家，县总工会不定期深入特约服务单位督查普惠化工作开展情况，不按协议对工会会员提供服务的单位采取摘牌处理。开展工会会员持卡到“字里行间香河工会店”阅读，可免费领取咖啡等热饮 1 杯或爆米花 1 份专享活动。实现服务职工群众方式由“特惠”服务向“普惠”服务的重要转变，提高工会会员获得感、幸福感。香河县 2 家特约服务单位荣获“市级最佳服务单位奖”；2 项特约服务单位活动获得“市级最佳项目奖”；4 家特约服务单位荣获“市级优秀服务单位奖”；香河县职工服务中心荣获“市级优秀组织奖”。

（周梦洁）

中国共产主义青年团香河县委员会

【概况】 2018 年，共青团香河县委员会（简称团县委）全面深入学习中共十九大精神、共青团十八大精神及习近平总书记对青少年提出的一系列重要指导思想，紧紧围绕县委中心工作，团结带领广大团员青年，求真务实、锐意进取、扎实工作，为加快建设美丽幸福新香河做出新的努力和贡献。

团县委荣获本年度“全市县级团委综合考评第一”荣誉称号，在共青团河北省十五届二次全委（扩大）会议上，团县委荣获 2018 年度省级“优秀团县委”和“优秀县少工委”荣誉称号，是廊坊市唯一获奖且获得双项荣誉的团组织。截至年底，全县有基层团委 38 个，县直团支部 20 个，团员总数 8523 人。其中，发展团员 451 人。

【主题教育实践活动】 2018 年，团县委始终把深入学习宣传贯彻中共十九大精神作为首要政治任务。团县委党支部班子严格贯彻落实团干部带头学的要求，在自学的基础上，组织支部成员开展集体学习12次，支部书记讲党课1次，集中开展批评与自我批评的民主生活会3次，切实增强了党支部战斗力、凝聚力和党员的先锋模范作用。并按照全团“青年大学习”行动部署，在全县团员青年中开展中共十九大精神网络知识竞赛，以赛代训、以赛促学，使中共十九大精神在广大团员青年中入脑入心。

共青团十八大召开以来，团县委以县青年中心为依托，第一时间将精神传达给50余名基层团干部，要求各团组织要深入学习贯彻精神，切实引领广大团员青年敢于担当、有所作为，以更加饱满的精神状态和奋斗姿态在新时代征程中贡献青春力量。

2018年9—10月，团县委集中开展系列宣传活动。将宪法精神列入机关学习计划，开展自学4次，集体学习2次。以“创城”（创建省级文明县城）活动为契机，在周末文明志愿服务活动中走进社区，发放《中华人民共和国宪法修正案》宣传手册300余份，在县级青年中心阵地设立宣传标语，安排志愿者为群众讲解其实质内涵。

【落实县委中心工作】 2018年，团县委贯彻落实省委关于实施乡村振兴战略、举全省之力坚决打好打赢精准脱贫攻坚战的工作部署以及团省委《“脱贫攻坚 乡村振兴·团青建功”行动方案》相关文件要求，经向县委分管领导和团市委主要领导请示同意后，团县委于8月15日组织香河县优秀青年代表一行赴张北县二台镇地局子村开展对口扶贫系列活动，为42名贫困中小学生捐赠了价值2万余元的现金及学习用品。通过此次脱贫攻坚系列行动，两地青年及团干部共同学习借鉴彼此发展经验，交流共融双方实践成果，进一步夯实深入合作基础。

赴张北县扶贫活动　　（胡炜东摄）

燃气知识进校园活动　　（胡炜东摄）

6月21日，联合县教育局，在城内第四小学行"燃气安全进校园"宣传教育活动（百川燃气有限公司具体承办），通过以"一个学生带动一个家庭"的方式，号召更多的家庭参与燃气安全教育，了解燃气安全知识，排除燃气安全隐患。授课结束后，还为300余名师生代表发放了安全用气手册及小礼品。

8月中旬至10月上旬，团县委全体机关人员每周末走进所分包的裕龙小区，助力开展创建文明城市活动，用实际行动深入推进香河县省级文明县城创建工作。向小区居民积极普及创建省级文明县城的主题、内容和意义，引导社区居民知礼仪、重礼节、讲文明、树新风，共同参与到创建文明城市活动中来。活动发放宣传册400余张，宣传纪念品400余份。

11月7日"全县千名干部下基层动员会"结束后，团县委第一时间与分包镇村对接，利用两天时间，全面开展走访调查360余户，给广大群众送去县委、县政府的关怀，为群众度过一个温暖、安全、洁净的冬季尽一份青春力量。

【特色志愿服务活动】　2018年3月20日，团县委组织县中医医院的"青年文明号"集体，开展"双创双服·青年文明号与新时代共奋进"义诊活动。义诊现场，"青年文明号"志愿者们为咨询的患者测量血压、测血糖、做心肺听诊检查，耐心解答问题、讲解健康知识，对用药、保健、饮食等方面都给予指导，此次活动惠及100余人。

4月底，团县委在"五四"青年节到来之际，组织开展以"弘扬五四精神，激扬青春旋律"为主题的"五四"表彰大会暨新团员入团仪式，对香河县2017年度39家共青团先进集体和149名先进个人进行表彰。44名新团员面向团旗庄严宣誓，表示要时刻牢记自己是一名共青团员，不断

开展创建文明城市活动　　（胡炜东摄）

“五四”青年节表彰活动　　（胡炜东摄）

学习、不断努力、不断提高，永远保持共青团员的先进性和光荣感，充分展现新时期“五四”精神时代内涵和当代青年时代风貌。

5月25日，组织县环卫局的团员青年们携带垃圾分类宣传资料走进社区，对垃圾分类的相关知识进行宣传，为居民讲解垃圾分类知识，鼓励居民从自身做起，坚持做好垃圾分类，努力带动身边的人共同维护美好家园，此次活动发放宣传手册300余份。

6月6日，在第23个全国“爱眼日”，组织大明眼镜店的青年志愿者们在县委广场开展“美丽‘视’界 健康生活”志愿服务活动。志愿者们为市民普及科学用眼、预防眼部疾病的生活小常识，提供免费眼部健康筛查、眼睛雾化、眼部清洗护理等服务项目。发放创建文明城市宣传小册150余份，发放眼镜用品150余套，呼吁广大市民全面参与文明城市创建活动，进一步提高广大市民爱眼护眼意识。

开展重阳节慰问活动。大力弘扬中华民族尊老敬老传统美德，团县委组织基层团委开展“九九”重阳节慰问活动。县环保产业园、香河县第九中学等团组织开展以“营造敬老爱老社会氛围、纪念改革开放40周年”为主题的走访慰问送温暖活动，为敬老院的老年人献爱心、送健康，践行敬老爱老优良传统，让老年人共享改革发展成果。

团县委通过“志愿汇 APP”平台，发动全县基层团组织，多次开展各式各样的线上线下志愿服务活动，总活动次数200余次，总信用时长12000余时，志愿者注册人数52000余人，整体志愿服务活动在全市排名均列前茅。

【少先队工作】 2018年6月1日，组织开展“情暖童心—红领巾微心愿圆梦行动”。通过各校少先队大队收集少先队员的微心愿，并向青联委员集中发起认领微心愿的倡议，共帮助20名少先队员

开展“情暖童心—红领巾微心愿圆梦行动”活动　　（胡炜东摄）

实现了儿童节心愿，涵盖图书、背包、自行车、电话手表等十余种价值5000余元的儿童节礼物。

“六一”儿童节期间，联合县教育局共同评选2017年度香河县少先队工作先进集体17家、优秀少先队辅导员65名、星星火炬奖章18名、优秀少先队员100名，进行集中表彰，总结2017年少先队工作经验，树立和宣传少先队事业先进典型，在广大少先队员、少先队辅导员和少先队集体中形成人人争先的浓厚氛围。

6月5日，团县委以庆祝改革开放40周年为契机，联合县教育局共同开展“你好，新时代”主题课外实践活动，少先队员代表29人和少先队辅导员代表14人先后到香河县城市规划展览馆、县人民医院农家博物院和中粮可口可乐华北饮料有限公司进行参观学习。此次活动激励广大少先队员从小学习立志，从小学习创造，长大以后报效祖国建设家乡的情怀，推动社会主义核心价值观在广大青少年中内化于心、外化于行，更加坚定不移听党话、跟党走。

【青年创业活动】 2018年，香河县以太库创业孵化器为基础，助推全县青年创新创业成果，切实提高创业成功率和有效率，团县委针对香河县实际情况，通过京冀创新创业云平台开展农村致富领头雁培训课程，就农村土地政策、农业现代化、农村电商的发展对创业青年进行培训，因地制宜地对全县农村“双创”工作进行指导。

团县委分别于9月19日和10月30日，组织香河县农村致富领头雁代表、青年创业先进个人等创业先锋人物参加农村青年电商培训活动，每场30余人参加培训。

（胡炜东）

“你好，新时代”主题课外实践活动　　（胡炜东摄）

香河县妇女联合会

【概况】 香河县妇女联合会（简称县妇联）是中共香河县委领导下的社会群众团体，是党和政府联系妇女群众的桥梁和纽带，是国家政权的重要社会支柱，最基本的职能是代表和维护妇女权益，促进男女平等。主要职责是团结、教育全县广大妇女同党中央在思想上、政治上、行动上保持高度一致；紧紧围绕县委、县政府中心任务开展工作，团结、动员和组织妇女群众投身经济社会发展，为维护改革、发展、稳定的大局服务；宣传马克思主义妇女观和男女平等思想，教育引导妇女树立正确的世界观、人生观、价值观，弘扬“自尊、自信、自立、自强”精神，积极推动和开展对妇女科技文化及生产劳动技能培训，全面提高妇女素质；坚持为妇女儿童服务、为基层服务，加强与社会各界联系，协调推动社会为妇女儿童办实事、办好事。内设3个科室，分别是办公室、权益部、妇儿部，人员编制6人。

2018年，县妇联被评为“河

北省妇女讲习所示范单位”“廊坊市妇联系统信息工作先进单位”；香河妇联巾帼爱心汇被市文明办评为“廊坊市最佳志愿服务项目”；县妇联在省妇联组织的美丽庭院创建工作会上代表廊坊市做典型发言；全年撰写并向省市县各级媒体报刊推送宣传信息213条，其中《中国妇女报》1篇，《河北日报》3篇，《河北经济日报》1篇，长城网3篇。

【宣传思想教育工作】 2018年，县妇联实施政治学习引领，组织引导广大妇女群众听党话、跟党走。加强学习，打造“书香妇联”。健全完善学习制度，通过每周五“党员集中学习日”、每月一次全县妇联干部集体学习，微信平台及时推送重点学习内容，提高政治修养和理论水平，统一思想，坚定信心，凝聚合力，形成发展共识，增强妇联干部责任感和使命感，增强唯旗誓夺的创先争优意识。积极打造学习型、服务型、创新型妇联组织，全面提升基层妇联干部业务能力和综合素质。以书香妇联建设活动为载体，组织开展妇联系统理论业务知识培训班，提升“妇女之家”“儿童之家”“妇女讲习所”建设水平，组织9次观摩学习。置身大局，学习宣传贯彻中共十九大精神。通过县妇联领导班子带头学、妇联干部原汁原味学等学习形式，加强机关作风建设，锤炼信仰坚定，奋发有为，实干担当的干部队伍。

公益讲座　　（县妇联供稿）

公益育儿讲座　　（县妇联供稿）

是年，县妇联开展多层面培训。组建“巾帼志愿宣讲团”，面向全县妇联干部开展多形式、分层次、全覆盖的全员培训，深入村街、社区、校园、企业，面对妇女群众开展互动式的宣讲；创新开展特色宣讲，深入持续开展“巾帼心向党 建功新时代”和“不忘初心 牢记使命”专题学习活动，结合寻找最美家庭，创建美丽庭院，巾帼脱贫，妇女创业创新，志愿服务和“网上妇联”等香河妇联品牌工作，丰富活动载体创新提升妇联工作影响力；创新有声诵读学习100期，各级妇联干部、各界女性代表100人以诵读接力的形式，学习宣传贯彻中共十九大精神的做法得到省妇联主席贾玉英的表扬；择优录制

2期“巾帼百千万大宣讲进基层”视频报送全国妇联；在全县范围开展“学习十九大 说说心里话”有奖征文活动，共评选出16篇优秀作品；举办“跟党说句心里话”演讲比赛，“巾帼心向党 诵读新时代”妇联干部诗词朗诵会等全方位、多角度、深层次的主题活动。县妇联新媒体宣传工作成绩显著，微信公众号被省妇联试点运营；形式多样，深入贯彻落实全国及省妇代会精神。组织召开全县基层妇联干部和巾帼志愿讲师学习座谈交流会，开展形式多样的传达学习活动，深入贯彻落实全国及省妇代会精神并在“香河姐妹之家”微信公众号设置活动专栏，分期进行展播。

【创新妇联改革】 2018年，县妇联深入贯彻落实妇联改革，推动基层组织建设科学化、制度化、规范化，进一步夯实基层基础，激发基层组织活力。做好镇级妇联改革工作。坚持“党建带妇建”原则，积极与县委组织部协调，制定下发《关于做好乡镇妇联换届选举工作的意见》通知，积极争取乡镇党委支持，切实把换届工作摆上议事日程，确保乡镇妇联换届工作顺利开展。县妇联派出一名副主席和业务负责人到各镇区指导换届选举工作，确保镇区妇联换届选举工作依法依规有序进行。积极与县委组织部沟通联系，对各镇党委推荐出来的主席、副主席建议人选从德、能、勤、绩等方面进行严格把关，形成“党委领导、政府支持、妇联牵头、各方参与”的镇妇联换届工作氛围，有效促进换届选举工作顺利进行。对全县各镇妇联换届选举工作人员进行集中培训，并现场观摩乡镇换届选举工作全过程，规范有序推动全县镇妇联换届选举工作有序开展。做好村级妇联会改联工作。结合农村“两委”换届，采取试点先行的思路，以点带面，全面铺开。在基层组织坚强有力的省、市“示范妇女之家”刘宋镇刘宋村、蒋辛屯镇潮北新城、渠口镇小圈村进行会改联试点，典型引路，整体推进， 4月，在全市率先完成村街会改联工作。选举产生村（社区）妇联主席310名，兼职副主席550人，妇联执委1359人，比上届妇代会新增1288人。同时做到“四个大幅提升”（“两委”中有妇女成员村的比例大幅提升、村“两委”中妇女成员比例大幅提升、女性村“两委”正职数量大幅提升、女村民代表比例大幅提升），310个行政村、社区选举产生的“两委”成员中女性成员193名，比上届增长13%；女书记19名，比上届增长19%；女村（社区）主任16名，比上届增长33%；村（社区）妇联主席进“两委”102名，比上届增长3%，女性参政议政意识明显提升。是年，淑阳镇妇联被评为“省级妇联组织区域化建设示范点”；刘宋镇、五百户镇、淑阳镇凌家吴村妇联均被评为省级“三有两突出”（有人干事、有阵地做事、有钱办事，服务基层妇女作用突出、参与和谐社会建设能力突出）基层妇联组织。

【双学双比活动】 2018年，县妇联围绕“巾帼脱贫”和“双创双服”，增强妇女创业信心，提升创业能力，组织实施巾帼创新创业行动，积极引导妇女在服务业中实现创业就业；开展民宿、乡村旅游等技能知识培训。依托市巾帼现代农业示范基地、省级巾帼乡村旅游示范点——刘宋镇万亩荷塘、省市级巾帼现代农业科技示范基地——五百户镇桑梓乐园蔬菜种植基地、渠口镇东泰缘种植专业合作社、省级巾帼巧手脱贫示范基地——荣生工艺制品厂，有针对性地开展7批次农家乐、民宿旅游，莲藕、无公害蔬菜及苗木花卉种植培训活动。开展4场次手工文化大赛、家政服务、月嫂及育婴师技能比赛，激发广大女性的创业热情，增强创业自信心，通过培训，实现扶智扶志，增强贫困妇女脱贫内生动力，让妇女姐妹在家门口就能赚钱，增强存在感、获得感和幸福感。

廊坊市妇联参观香河县巾帼创业基地　　　　　　（县妇联供稿）

【巾帼建功活动】 2018年，县妇联继续深化“巾帼文明示范岗”创建活动，激励妇女创业建功，鼓励女职工立足岗位创新建功。广泛开展以“巾帼创业行动”主题活动，通过开展演讲比赛、座谈会、先进事迹报告会、诗歌朗诵会等活动，展示妇女爱岗敬业、拼搏争先、无私奉献的良好风采，引导职业女性争做知识型、创业型、创新型女性。年内，开展岗位练兵、技能比武、技术交流等创建活动30场次，参与女职工1万余人。

【家庭文明创建活动】 2018年，县妇联认真贯彻省、市妇联的工作部署，紧紧围绕全县工作大局，年初制定下发《香河县妇女联合会关于开展寻找、培树、表彰“最美家庭”活动的实施方案》，以改革为动力，采取寻找、培树、表彰等举措，争取党政支持、动员群众参与，推动寻找“最美家庭”活动取得显著成效。广泛调动各镇、街道办事处、园区积极性，实现县镇村三级协调联动，通过组织动员家庭自荐、群众互荐，村街（社区）评议，镇、街道办事处、园区集中表彰，形成百姓寻找参评学习争做最美的良好社会氛围。共评选表彰县级“最美家庭”95户，其中5户被评选为廊坊市“最美家庭”，李娜家庭被评为省级“最美家庭”，艾宝君家庭被评为全国“最美家庭”。

全县各级妇联组织立足于“弘扬普通家庭闪光点，凝聚促进发展正能量”，自下而上精心组织开展廉洁文化促家风，举办“当好廉内助、守牢幸福门”倡议、“好家规家训家风故事”征集、开展燕赵好家风征文、晒晒我的家书等活动，征集家规家训500余条，优秀家风故事60篇，家书40封；民风淳化助家风，举办“家风家文化”讲座、“我们的未来取决于孩子”大型育儿讲座、“家国情怀畅谈会”“最美家庭”事迹巡讲、“爱在左　感恩在右”母亲节感恩活动、倡导“书香润家，做魅力女性”、举办“我爱我家　同悦书香”亲子阅读家庭朗读大赛；良好校风伴家风，开展“传文明家风、做

刘宋镇“最美家庭”暨“好母亲”表彰大会　　　　　（县妇联供稿）

渠口镇十佳“最美家庭”表彰大会 （县妇联供稿）

美德少年”教育活动、“经典诵读”和“我的家风”征文比赛等系列活动。

【美丽庭院创建活动】 2018年，县妇联实施美丽庭院创建，为美丽乡村建设注入新动力。围绕省、市、县确定的“乡村振兴”战略，在全县范围内开展以“人美”为核心的“美丽庭院”创建活动，助推美丽乡村建设，引领农村妇女立足家庭，带动家人，养成低碳、生态、环保的生活方式，营造和谐、优美、整洁的生活环境。强化宣传引导，在县妇联微信公众号平台、县电视台循环播放“争创美丽庭院，共建美丽幸福新香河”的倡议书及举办美丽庭院创建知识竞赛，通过走村入户，印发“美丽庭院”创建明白纸、宣传画册，制作发放印有“创建美丽庭院、争当最美家庭”的围裙、茶具、凉扇和可循环利用的无纺布宣传袋、激发妇女姐妹的创建热情，营造浓厚创建氛围。创新活动载体，举办“美丽庭院”创建暨庭院经济实用技术培训班，实地指导农村妇女在日常生活中做到“物品堆放整齐美、卫生清洁环境美、花木茂盛绿化美、身心健康生活美”。丰富活动内容，在省级美丽乡村重点片区、村街主要街道文化墙、村务公开栏、阅报栏，集中展示征集到的好家规家训、道德模范和最美家庭先进事迹。宣传身边好人、树立道德标杆，增加美丽乡村、美丽庭院的文化内涵，更好地传播家庭美德和弘扬社会主义核心价值观。展示创建成果，开展“秀秀我的美丽庭院”和“美丽庭院随手拍”图片展，举办3场美丽庭院擂台赛。坚持宣传教育，示范引领，实践养成，美丽庭院“三位一体”实践路径，广泛地亲子阅读家庭朗读大赛培树寻

安平镇最美家庭暨美丽庭院创建表彰大会 （县妇联供稿）

美丽庭院创建　　（县妇联供稿）

美丽庭院创建　　（县妇联供稿）

“国家宪法日”集中宣传活动　　（县妇联供稿）

找宣传美丽庭院示范户，讲好美丽庭院故事，挖掘美丽庭院文化内涵，培树美丽庭院示范户 100 个，美丽庭院中心户 320 个，有 12 户“十佳百优”美丽庭院受到市妇联表彰；3 户美丽庭院示范户荣获全省“十佳百优”美丽庭院称号。县妇联代表廊坊市参加全省美丽庭院创建工作交流会并做典型发言，创新工作得到省妇联领导高度认可和好评，奖励香河县 300 个美丽庭院创建垃圾桶。年内，接待其他市县妇联来香河县现场观摩 200 余人次。

【妇女维权工作】 2018 年，县妇联以普法宣传为基础，着力发挥妇联信访窗口作用，共接待来访 12 件，有效化解妇女婚姻家庭矛盾纠纷，完成年度信访分析、平安家庭创建和“七五”普法自评、县妇联典型案例分析等，组织“三八”维权周、“11·25”国际反家暴日、“12·4”宪法日进行网上答题、“木兰有约”法律宣讲，大力学习宣传《中华人民共和国宪法》《中华人民共和国妇女权益保障法》《中华人民共和国未成年人保护法》《中华人民共和国反家庭暴力法》及《两纲》〔《中国妇女发展纲要（2011—2020）》《中国儿童发展纲要（2011—2020）》〕等法律法规，深入社区、村街广泛开展宣传教育活动，采用发放宣传单、制作宣传展牌、播放幻灯片、现场咨询、维权座谈会等形式，教育引导广大妇女增强依法维权意识，提升法律素质，让维权服务真正接地气、下基层、贴民心。

关爱儿童健康 （县妇联供稿）

慰问淑阳镇儿童 （县妇联供稿）

【儿童工作】 2018年，县妇联实施爱心传递行动，为病困儿童送温暖。春节期间，县妇联对全县近百名孤困儿童进行走访慰问，送去节日礼品及新年祝福；对孤残病困儿童进行建档管理，开展“一对一”“多对一”常态化结对帮扶救助，70余名妇联干部积极参与“爱心代理妈妈”活动，受到留守儿童喜爱。树立贫困儿童自强自立精神，激励儿童不畏困难，做积极乐观的生活强者，县妇联携手各镇区党（工）委及社会爱心人士，开展面向困境儿童走访慰问活动。淑阳镇、安平镇、钱旺镇、渠口镇、蒋辛屯镇、钳屯镇、新兴产业示范区和新华街道办事处等妇联组织结合本地实际对辖区内的困境儿童进行不同形式慰问。看望慰问救助困境儿童90名，给孩子们送去精美的适龄图书、文具、玩具和慰问“红包”，总金额76000元，巾帼志愿者们亲手为孩子们烘焙制作糕点，送上“六一”儿童节的祝福。

【妇儿民生工作】 2018年，县妇联深入开展“下基层、访妇情、办实事”活动。坚持工作重心下移，倾听妇女心声，解决妇女实际问题，5月，组织300余人参加的“木兰有约法律宣讲”活动；全年共开展“妇女讲习所”和“美丽庭院大讲堂”讲座27场次。精心做好适龄妇女“两癌”（宫颈癌、乳腺癌）筛查工作，渠口镇、蒋辛屯镇、安头屯镇和新兴产业示范区有3000名妇女参检。开展粉红丝带关爱女性健康公益宣讲3场次，为全县100名贫困妇女申报“国寿关爱女性生殖健康”团体疾病保险，联合开发区医院面向贫困妇女开展耳鼻喉疾病免费诊疗活动。

“感恩重阳 老幼同乐”活动　　（县妇联供稿）

爱心捐赠衣物活动　　（县妇联供稿）

亲子阅读家庭朗读大赛　　（县妇联供稿）

扎实做好巾帼志愿服务，组织培养85名县级巾帼志愿讲师，组建35人的省级巾帼志愿讲师团；联合县中医院、县妇幼保健院组成巾帼志愿讲师团队分别深入各村街社区妇女讲习所宣讲妇儿保健、女性成长、环境保护等知识36场次，受益妇女群众8000余人；组建600余人的香河妇联“巾帼爱心汇”志愿服务团队，有组织常态化开展志愿服务活动。“六一”儿童节前，县妇联携手女企业家协会爱心人士走访慰问困境儿童20人，巾帼志愿者们亲手为孩子们烘焙制作糕点，送上“六一”儿童节的祝福；酷暑期为光荣院、敬老院老人送去解暑西瓜5000余斤；香河妇联“巾帼爱心汇”志愿服务团队联合睿子国学幼儿园开展“大手拉小手 敬老庆重阳”活动、联合慧德爱婴幼儿园走进淑阳敬老院开展“感恩重阳 老幼同乐”主题庆祝活动。开展爱心救助、敬老孝老等活动67次。香河妇联巾帼爱心汇被评为“廊坊市最佳志愿服务项目”。

（刘新梅）

香河县科学技术协会

【概况】　香河县科学技术协会（简称县科协）是全县科技工作者的组织，是在中共香河县委领导下的人民团体，是县委、县政府联系广大科技工作者的桥梁和纽带。业务上受廊坊市科学技术协会（简称市科协）指导。主要任务是普及科学知识，开展科技教育，推广先进技术，组织学术交流，维护科技工作者权益，充分发挥桥梁和纽带作用。

2018年，县科协按照县委、县政府总体要求和部署，坚持“协同发展、转型升级、又好又快”主基调和“生态优先、绿色发展”理念，扎实开展科协工作。开展科普工作，抓好科普示范基地和科技示范学校创建工作，加强对农民特别是农村党员、干部、在乡青年的科技培训教育，努力为农村经济发展提供智力支持。认真履行桥梁纽带职责，建好“科技工作者之家”。突出以人为本的思想，不断健全和完善科技工作者联系制度，及时了解和掌握科技人员的需求动态，反映科技工作者的呼声和要求，做好为科技工作者排忧解难工作。

【科普基地建设】 县科协不断探索市场经济体制下开展农村科普工作的运行机制，在农村建立多种形式的科普示范基地，以示范方式普及农村先进技术和农业新成果、新品种，传播现代农村科技信息以及先进管理方法，成为提高社会公众科技文化素质和技能水平、带动农村群众科技致富的重要载体和科普设施，在促进农业科技成果转化、农村和农业经济结构调整、农业效益和农民收入增加等方面发挥重要作用，显现良好的社会效益和经济效益。县科协为建成的科普示范基地、村街定期更新科普宣传内容。

【开展青少年科技活动】 开展青少年科技创新大赛活动。在第33届河北省青少年科技创新大赛中获得少年竞赛项目一等奖4项、二等奖6项、三等奖6项；科技创意项目一等奖3项、二等奖3项；优秀科技实践活动项目三等奖1项；优秀科学幻想画项目一等奖2项、二等奖2项、三等奖1项。在第26届河北省青少年科技辅导员成果项目中获得一等奖2项、二等奖3项、三等奖2项。在第33届廊坊市青少年科技创新大赛中获得市级创新成果竞赛项目奖一等奖15项、二等奖6项、三等奖8项；获得科技创意项目奖一等奖5项；优秀科技实践活动获得一等奖1项；优秀科学幻想画一等奖5个、二等奖24项、三等奖19项；青少年科学三等奖1项；获得优秀辅导员21名。在廊坊市2018年青少年机器人竞赛创意比赛项目中获得二等奖2项。

【科普日系列活动】 扩大“全国科普日”活动的影响力和覆盖面，贯彻实施《全民科学素质行动计划纲要》，宣传落实《中华人民共和国科学技术普及法》，根据中、省、市科协通知要求，9月中旬，县科协联合县防范办、县科技局、县教育局、县老科协、县医学会、县中医学会、县药械学会、县畜牧兽医学会、县水利学会、县林学会、县农学会和县反邪教协会，在县新城广场组织开展以“创新引领时代，智慧点亮生活”为主题的“2018年全国科普日”系列活动。活动现场发放宣传图书1500册、印有活动主题的环保手提袋10000个；为群众免费义诊200余人次，接受农

全国科普日宣传活动　　（刘雪至摄）

香河二中科普 e 站参观活动　　（李会娟摄）

民朋友技术咨询 200 余人次，发放农药 500 余袋，肥料 300 余袋，消毒液 5 箱；出动宣传车 1 台。参加活动科普志愿者 150 余人，受益群众 15000 余人次。科普日活动准备充分，组织有力，取得令人满意的效果。

【老科协活动】　2018 年 10 月 30 日，香河老科学技术工作者协会（简称老科协）组织召开常务理事会议。全体与会人员，统一乘车参观考察新建立的科普示范基地和香河县美丽乡村项目。参观考察"河北绿德肥业科普示范基地"，该基地主要经营粗颗粒状有机肥料等。通过利用微生物发酵技术组织生产，对当地及周边村民的社会效益、生态效益和经济效益起到很好的示范带动作用。参观考察香河县美丽乡村项目——五百户镇香椿营村，该村是香河县最大的少数民族（回）聚居村，村民多以牛羊养殖屠宰加工为主，产品主供北京、天津市场。通过美丽乡村建设，实现村庄布局优化、民居美化、道路硬化、村庄绿化、路灯亮化、饮水净化、卫生洁化、垃圾无害化、产业强化、服务优化等目标。

【科协系统深化改革】　根据《廊坊市科协系统深化改革实施方案》的通知要求，结合香河县实际情况，深入调研，讨论研究，制定《香河县科协系统深化改革实施方案》，以香办字〔2018〕43 号文件下发，认真组织实施。

【科普 e 站建设】　加快推进科普信息化产业化建设工作，结合本地实际，实施省科协科普 e 站"135 建设计划"，按照有网络、有场所、有终端、有活动、有人员"五有"基本要求，推动科普 e 站建设发展，实现科普服务精细分类和精准推送，让科普 e 站成为科普信息化主要载体。建成河北省科普 e 站基础站 18 个，重点站 5 个。3 月 30 日，廊坊市科协副主席一行参观香河县第一中学、第二中学省级科普 e 站建设和使用情况，对科普 e 站工作给予表扬和肯定。4 月 25 日，大厂县科协组织学校、街道办事处一行 8 人到香河县学习科普 e 站使用情况。

（卢雨莲）

香河县工商业联合会

【概况】　2018 年，香河县工商业联合会（简称县工商联）紧紧围绕"两个健康"（非公有制经济健康发展和非公有制经济人士健康成长）工作主题和全县发展大局，积极履行职责，在参政议政、协调服务、思想政治工作、党的建设、光彩事业等方面发挥积极作用，为香河县经济社会发展作出应有贡献。县工商联被廊坊市工商联评为 2017 年度"信息工作先进单位""组织建设先进单位"

"精准扶贫行动先进单位"。

【参政议政】 贯彻落实"双创双服"（创新创业、服务发展、服务民生）活动精神，推动全县民营企业高质量发展。5 月，与廊坊市民营经济调研组一起，组织全县部分民营企业家代表和商协会会长召开"民营企业高质量发展"专题调研座谈会，调研组根据民营企业家反映的情况形成专题报告，向河北省工商联反馈。注重发挥工商联组织和会员中人大代表、政协委员作用，提出有价值建议和提案。对新当选人大代表和政协委员积极引导，为美丽幸福新香河发展建言献策。

【政策宣传与培训教育】 工商联作为党和政府的宣传员、传声筒，加大企业信息反馈，做好优秀商会、会员及企业家先进典型事迹宣传报道，2018 年，在工商联网站、微信公众平台系统发布各类宣传稿件 160 余篇，宣传国家有关非公经济政策法规和工商联亮点工作。提高企业家创业创新能力和企业管理能力，组织县优秀企业家到廊坊市安次区龙河园区科技成果孵化园，参加廊坊市企业家沙龙培训班，学习《新形势下的廊坊产业发展及政策考量》，参观廊坊市宣教法制中心；组织县部分民营企业家到苏州工业园区和重庆大学，参加廊坊市民营企业家经营管理能力提升专题培训班，学习先进地区管理理念和发展经验，民营经济发展增添新动力；5 月，以各镇、街道、园区、家具城基层分会为单位，组织县企业家学习 CCTV2《对话》栏目《打造商业正能量》节目，学习如何弘扬企业家精神，打造商业正能量、共建新时代新商业文明。11 月，组织民营企业家代表 80 人，在县委分会场收听收看廊坊市委、市政府召开的廊坊市民营经济转型升级电视电话会议，学习贯彻中共中央总书记习近平在民营企业座谈会上的重要讲话精神，积极培育民营经济发展新动能，努力推进民营企业转型升级，优化营商环境，促进民营经济高质量发展；年底，举办香河县理想信念和传统文化培训班，坚定企业家理想信念，凝聚发展共识，增强发展信心。

【千企帮扶工作】 贯彻落实精准扶贫精准脱贫工作，推动"千企帮千村"精准扶贫行动，2018 年 9 月 13—14 日，香河县与张家口张北县就对口帮扶工作进行对接。香河县工商联与张北县工商联签订帮扶协议，捐赠教育扶贫资金 25 万元，用于帮扶救助张北县建档立卡贫困户中的贫困学生。

【光彩事业】 2018 年 1 月，县工商联携手香河温州商会开展"感恩改革开放四十年送温暖"活动，向渠口镇、钳屯镇、钱旺镇、安头屯镇部分贫困学生捐款捐物，帮助贫困户解决孩子就学难问题；6 月 1 日，工商联携手光彩慈善会，与城内第一小学共庆"六一"儿童节，给孩子们送去价值 122280 元的文具（3057 套）作为节日礼物，祝福孩子们健康成长，鼓励孩子们努力学习。4 月，助推全县扶贫攻坚，县工商联召开专题会议，制定下发《香河县工商业联合会关于非公有制经济人士参与精准扶贫工作的实施方案》，号召全县优秀民营企业家，对县建档立卡贫困户进行自愿扶贫救助。5 月，香河县兴强建筑有限公司积极响应会议精神，为新兴产业示范区前建各庄村贫困户果德有家送去米、面油等慰问品和救助金 1 万元。

【基层商会建设】 加强对各镇、街道办事处、园区、家具城基层分会及行业商会的服务和指导，推动商会工作上新台阶。县工商联加强指导与商会发挥主体作用相结合，典型引路与整体推进相结合，按照"四好"（班子建设好、团结教育好、服务发展好、自律规范好）商会标准，认真开展理想信念、守法诚信、“两学一做”（学党章党规、学系列讲话，做合格党员）学习教育实践活动，引导企业转型升级、创新发展，规范商会建设。12月，召开工商联基层分会和行业商协会工作会议，就如何创新服务方式，提高服务水平进行座谈。工商联围绕企业所思所盼及困惑进行研究，开展培训活动，满足广大中小企业意愿，让企业在培训中受益，促进全县民营经济转型升级高质量发展。

（高洁平）

香河县残疾人联合会

【概况】 香河县残疾人联合会（简称县残联）是中国残疾人联合会的地方组织，是经县委、县政府批准和国家法律确认的将残疾人自身代表组织、社会福利团体和事业管理机构融为一体的残疾人事业团体，具“代表、服务、管理”职能。代表残疾人共同利益，维护残疾人合法权益；开展各项业务和活动，直接为残疾人服务；承担县政府委托的部分行政职能，发展和管理残疾人事业。机关的主要职责是：听取残疾人意见、反映残疾人需求、维护残疾人权益、为残疾人服务；团结、教育残疾人遵守法律，履行应尽的义务，发扬乐观进取精神，自尊、自信、自强、自立，为社会主义建设贡献力量。弘扬人道主义，宣传残疾人事业，沟通政府、社会与残疾人之间的联系，动员社会理解、尊重、关心、帮助残疾人。开展残疾人康复、教育、劳动就业、扶贫、文化、体育、科研、用品供应、福利、社会服务、无障碍设施和残疾预防等工作。协调落实对残疾人的各种优惠政策，创造良好的环境和条件，扶助残疾人平等参与社会生活。协助县政府研究、制定和实施残疾人事业的法规、政策、规划和计划，对有关业务领域进行指导和管理；承担县政府残疾人工作协调委员会的日常工作，做好综合、组织、协调和服务；负责对各类残疾人社会团体组织进行监督管理；指导各镇、街道办事处残联工作；承担县委、县政府交办的其他工作。

【残疾人康复】 2018年，做好辅助器具发放工作，方便肢体残疾人出行，投资12.24万元，免费为肢体残疾人发放轮椅175台，座便椅79台，浴椅29台，腋杖15副，手杖34副，盲杖7副；投入资金9万元，为44名听力残疾人适配助听器；投入资金9.2万元，为12名肢体残疾人安装假肢。

4月2日，县残联与县卫计局联合制定《香河县残疾人家庭医生签约服务实施方案》（简称《方案》），按照《方案》要求，县卫计局安排各镇卫生院有序开展此项工作，完成全县精准康复需求残疾人和建档立卡贫困残疾人家庭医生签约工作。

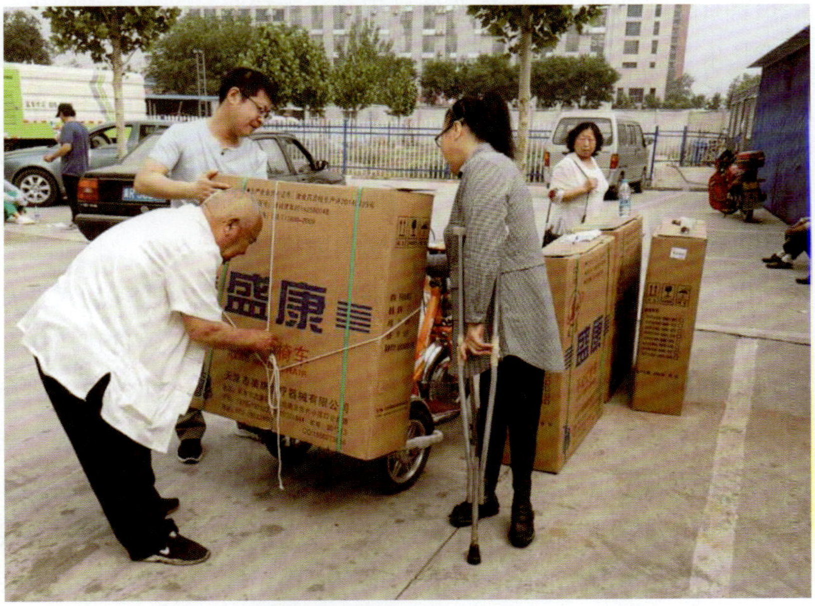

县残联为残疾人士免费发放辅具　（崔文生摄）

推进残疾人精准康复服务工作，按照《廊坊市残疾人精准康复服务行动实施方案》要求，对402名有康复需求的残疾人进行康复服务。

是年，对22名16周岁以下贫困脑瘫儿童和贫困听力障碍儿童实施康复救助，发放救助资金32.4万元。

【残疾人教育】 2018年，县残联与县教育局、县特殊教育学校密切配合，完成全县未入学儿童调查工作和残疾儿童少年义务教育招生入学核查工作；完成对符合条件的5名残疾人子女考生和残疾人考生资助工作。

是年，协助教育部门完成残疾学生及残疾人子女学生的统计工作，与县特殊教育学校开展未成年儿童送教上门工作，完成7名贫困残疾人子女考生做好资助统计工作，完成全国残疾人服务机构人员业务提升远程培训报名工作，完成残联系统残疾人就业指导员统计申报工作。

做好"扫盲日"活动，结合残疾人基本服务状况和需求信息数据动态更新工作，掌握残疾人基本情况和文化程度，通过调查，全县有残疾青壮年3287人,其中文盲和文化程度较低者140人。"扫盲日"活动当天，中残联领导程磊、省残联理事长朱丽杰以及省、市、县相关领导莅临现场参观指导，并对全县扫盲工作给予高度赞扬。

【残疾人救助及社会保障工作】 2018年，做好残疾人应急救助工作，全面解决残疾人因病、因灾、因子女入学等原因造成的各种困难，本着侧重低保户、建档立卡残疾人并兼顾其他残疾人的原则，加大救助的审批力度，截至年底，对42户贫困残疾人发放救助款28万元。

是年，做好重度残疾人两项补贴统计工作。根据省、市残联要求，完成全县享受低保的残疾人生活补贴和重度残疾人护理补贴统计工作。截至年底，全县享受生活补贴残疾人676人，享受护理补贴残疾人3605人，其中，新增享受生活补贴残疾人60人,新增享受护理补贴的残疾人1040人，统计资料移交县民政局等相关部门。

做好残疾人托养工作，香河县残联投入资金63万元，依托淑阳镇卫生院精神病专科对24名精神残疾人进行集中托养，并采取托养加治疗相结合的康复治疗方法，疗效显著。精神类残疾人托养工作既减轻了患者家庭负担，又一定程度上维护了社会稳定。是年，对142名持证精神类残疾人免费发放价值9.39万元药品。

【残疾人职业技能培训工作】 2018年，根据市残联下达的任务指标，完成9期残疾人职业技能培训，培训450人次。其中，3期珐琅工艺制作，2期电子商务，2期中式面点制作，1期职业技能提高班及1期大鹅养殖技术培训班。组织7名视力残疾人参加市残联举办的盲人按摩培训班。上半年，组织15名残疾人参加"廊坊市第六届残疾人职业技能竞赛"，残疾人职业技能进一步提高。

【残疾人就业工作】 2018年，全县以各种形式安排、扶持100名残疾人就业，并帮助10名残疾人实现网络就业；完成"残疾人就业援助月"工作；完成对10名个体创业残疾人市级补贴资金统计申报工作；完成盲人就业和培训需求调查工作。廊坊市残联为香河县300余户残疾人家庭免费发放35000只鹅苗，实现养殖就业，增收致富。

【残疾人扶贫工作】 2018年，出台《农村因残致贫建档立卡家庭帮扶行动实施方案》，完成全县建档立卡残疾人统计、帮扶工作，为两名建档立卡残疾人家庭子女完成大学生资助申报工作，为7户9名建档立卡残疾人发放鹅苗850只，为28户建档立卡残疾人户免费安装有线电视，为30名建档立卡残疾人免费购买人身意外伤害保险。

【"互联网+"就业创业工作】 2018 年，加强"互联网+"基地建设，加大对从事"互联网+"残疾人的扶持力度。县残联依托"香河县景泰蓝珐琅制品厂"，为"互联网+"就业创业平台投入资金15 万元，其中 10 万元为从事互联网工作的 10 名残疾人上缴社会保险；5 万元用于"互联网+"平台的场地费、从事互联网工作的残疾人餐费、住宿费及从事互联网创业的优秀残疾人的奖励资金。

【残疾人保障金年审工作】 2018 年，完成重点企业及安排残疾人就业的企业残疾人保障金年审工作，征收残疾人就业保障金 424.97 万元。

【残疾人基本情况动态更新及系统录入工作】 2018 年，完成全县 10540 名残疾人的基本情况和需求动态更新工作的调查、统计、录入工作。完成残疾人教育、就业、培训系统实名制录入工作，完成残疾人事业年报、快报、台账录入工作，完成建档立卡残疾人帮扶台账建立工作。

【残疾人维权工作】 2018 年，全县继续实施贫困残疾人家庭无障碍改造工作。为 19 户贫困残疾人家庭进行无障碍改造，改造项目为安装低位灶台、太阳能热水器、房门、坡道及各种无障碍扶手等基础设施，改造工程全部完成，投资总额 10 万元。改善残疾人生活条件，方便残疾人出行，深受残疾人好评。

【残疾人信访工作】 2018 年，做好残疾人信访工作。接待残疾人来访 10 人次，经过工作人员的努力，残疾人的实际需求和困难得到圆满解决和答复。

【燃油补贴工作】 2018 年，完成 12 名残疾人机动轮椅车燃油补贴申报工作。

【残疾人证件办理工作】 2018 年，做好残疾证办理工作，全县完成承接残疾人证审批权下放工作，办理残疾人证 1120 例。为不便离家的贫困残疾人上门办证 100 余例，并为其承担复印、照片等费用，同时了解其生活状况及需求，为精准扶贫和精准康复提供翔实数据。

【残疾人基层组织建设工作】 2018 年，按照省市要求，上半年，县残联重点对镇、街道办事处、园区残联专职委员进行选聘，选聘采取乡镇上报、县残联党组研究确定，报经县政府批准的程序，选出 14 名专职委员，全部上岗并落实工资待遇。

【残疾人宣传文体工作】 2018 年 4 月，做好残疾人特奥运动员选拔工作，香县残联推荐 7 名残疾人赴廊坊特教学校参加残疾人特奥运动员初选，香河县 2 名运动员通过预选，位列全市前列。

【助残日工作】 5 月 20 日，是第二十八次全国助残日，县残联围绕"全面建成小康社会，残疾人一个也不能少"活动主题，组织残联全体干部到县委广场进行宣传，发放宣传册 3000 册，宣传品 3500 件。

（周海川）

香河县文学艺术界联合会

【概况】 香河县文学艺术界联合会（简称县文联），是全县群众性的文学艺术工作者联合组织，是县委、县政府联系广大文艺工作者的桥梁和纽带，其主要职能是团结引导、联络协调、服务管理、自律维权。主要职责是：团结广大文艺工作者，坚持文艺为人民服务，为社会主义服务的方针，办好文学刊物，扶植文艺新人开展国内外文学艺术交流活动，为社会主义精神文明建设服务，

香河县学习宣传贯彻中共十九大精神书法展开幕式（县文联供稿）

香河县学习宣传贯彻中共十九大精神书法展（县文联供稿）

为实现社会主义现代化而努力。

2018年，县文联编辑出版《香河文艺》4期，举办庆祝中共十九大书法展、筹办“香神杯”香河首届临书临画作品展、举办“淑阳八景”诗书画展、组织讴歌中共十九大主题创作活动、举办改革开放40周年征文活动、文学进校园等活动10次，组织专家讲座7次，组织协会建设、学习、研讨会11次。

【文学艺术创作】 2018年，县文联主办的文艺刊物《香河文艺》全年出版4期，发挥文学正能量作用，丰富群众文化生活，为广大文学爱好者提供一个交流学习平台。庆祝中共十九大胜利闭幕，县文联举办“不忘初心、牢记使命——学习贯彻中共十九大精神书法展”，艺术家以书法的形式，歌颂中国共产党的领导，回顾党的光辉历史，展示中共十八大以来取得的丰硕成果，集中反映香河县艺术家热爱党、热爱祖国、热爱人民、热爱生活的高尚情怀，是香河县书画艺术水平的集中展示、精品展示和全景展示。举办“香神杯”香河首届临书临画作品展，展示全县书画爱好者对艺术经典作品的学习和研究成果。收集作品70余件，这些作品在观念、形式、手法上呈现出丰富性和多样性，活动评选入展作品45件，活动另邀请县内外艺术名家友情参展作品10余件，为此次展览增添光彩。挖掘香河县历史文化，组织美术家协会、诗词协会、书法家协会等成员对香河县“淑阳八景”进行绘画、诗词和书法创作。“淑阳八景”绘画作品长卷，由香河县山水画家李建波历时三年创作完成，作品长40米，高0.7米，生动再现“淑阳八景”的历史风貌及当时群众生产生活状况。诗词协会成员创作描写“淑阳八景”诗词近百首，从中精选9首，连同8首古诗，由书法家抄录装裱后在靓涌轩展出，吸引广大群众参观。积极开展讴歌中共十九大主题创作活动。组织作家协会、曲艺家协会、书法家协会、诗词协会，创作一批宣传中共十九大精神的文艺作品。创作小说（随笔）8篇，诗词40首，大鼓书、快板各2篇，书法作品38幅。修改充实后辑印成册，发到机关、学校、社区、农村，以文艺形式宣传中共十九大精神。举办“纪念改革开放四十周年”征文活动，全面回顾和深刻认识改革开放40年来波澜壮阔的伟大历史进程，真实反映和生动刻画40年来城乡社会生活和人民群众精神风貌的巨大变化。活动中，征集优秀作品40余篇（首），修改充实后辑印成册，发放到各机关单位。对2007—2017年10年间，香河县作家在全国省级以上刊物上公开发表过的作品进行收集整理，编辑出版《小说、散文精选》（香河卷），该书共收录香河县10余位作家的50余篇作品，被中国图书馆等多家机构收藏。是年12月，在文化艺术中心组织以京剧、评剧为主要内容的戏剧大赛活动，共有130余名戏剧爱好者参加大赛，群众观看比赛演出1000余人次。通过两天比赛，京剧、评剧分别评出一、二、三等奖和优秀奖，对获奖选手给予表彰。此次活动，在弘扬传统文化基础上，为戏剧爱好者提供一个展示自我、互相交流学习的机会，丰富广大群众文化生活，受到戏剧爱好者和群众的欢迎和好评。

【文学艺术辅导】 提高全县文学爱好者写作热情和创作水平，县文联聘请浙江师范大学教授、博士生导师、中国作家协会儿童文学委员会副主任方卫平、《人民文学》编辑李兰玉、《青年文学》主编张菁和《燕南诗词》主编刘宗群，来香河县为广大文学爱好者进行创作辅导。专家与广大文学爱好者进行面对面的辅导交流，受到文学爱好者广泛欢迎。

【文艺进校园】 2018年，县文联与县教育局联合开展“书法进校园”活动。组织学校书法爱好者，以书法为载体，书写中共十九大和香河县委十一次全会精彩篇章。县书法家协会骨干人员每周到县城内第三小学、县第二中学为广大师生免费辅导书法，广大师生深入了解书法传统文化，书写水平也得到较大提高。4月7日，在香河县第二中学举办书法知识讲座，对书法爱好者、中小学书法教师进行培训，取得良好效果。传承中华优秀传统文化，提高全县中小学生书法水平，县文联与县教育局联合举办全县中小学生书法大赛。征集到书法作品300余幅，评出一、二、三等奖18名，优秀奖30名，对获奖学生和指导老师进行奖励。

开展“文学进校园”活动。推动全县文学事业的发展和繁荣，促进文学经典在中小学校园推广传播。在中小学校园中培养和发现优秀教师作者、学生作者，结合省市文联开展文艺志愿者服务基层活动，在部分中小学校中开展“文学进校园活动”，推进素质教育，激发学生创作热情。活动以专家讲座、交流会为主要形式，聘请知名作家、评论家对学生创作进行指导，与学生面对面交流创作经验，解答学生在文学创作方面遇到的

在香河县第二中学举办书法知识讲座　　（县文联供稿）

问题。聘请中国作家协会儿童文学委员会副主任、浙江师范大学教授方卫平，儿童文学作家、诗人王立春分别到香河县城内第一小学、第二小学和安平镇第一小学为广大师生进行文学创作辅导。

【制定文化艺术精品奖励暂行办法】 弘扬社会主义核心价值观，激发广大文化艺术工作者创作热情，促进涌现更多文化艺术人才和文化艺术精品，推动香河县社会主义文化大繁荣、大发展，在县委主要领导的关心、支持下，2018 年 3 月，县委宣传部、县文广新局和县文联联合制定《关于对文化艺术精品进行奖励的暂行办法》，对全县文化艺术工作者，获得有较大影响（省级及以上奖项、在全国重要报刊、省级以上出版社和文化部、文联下属单位公开发表、出版作品和获奖等）的作品进行奖励。对宣传香河本地文化的重大作品、香河县作者在全国省级以上刊物（出版社）公开发表（出版）的原创作品也相应给予奖励。这项政策出台，在文化艺术工作者、爱好者中引起强烈反响，广大文化艺术工作者、爱好者表示会努力创作出无愧于时代的优秀作品，不辜负县委期望。

【中华诗词之乡创建活动】 以促进文化强县建设为目标，传承优秀诗教传统，弘扬中华诗词文化。2018 年 8 月，组织筹备“中华诗词之乡”创建活动，确定蒋辛屯镇、刘宋镇、安头屯镇、五百户镇、新开街道办事处及两所学校为创建点。11 月 30 日，省市诗词协会有关领导到五百户镇进行指导检查，对创建工作给予肯定。

（周月如）

军　事

责任编辑　王树春

综　述

香河县人民武装工作在中共廊坊军分区党委和中共香河县委、香河县人民政府的坚强领导下，坚持以党在新形势下的强军目标和习近平系列重要讲话为指导。全面贯彻落实中共十九大精神，增强“四个意识”，坚定“四个自信”，做到“两个维护”，紧紧扭住听党指挥、履行使命、安全稳定等工作重点，完成各项工作任务。2018 年，香河县人民武装部被廊坊军分区授予“安全管理工作先进单位”称号

香河县人民武装部

【概况】　2018 年，中国人民解放军河北省香河县人民武装部（简称县人武部）以党在新形势下的强军目标为指导，完成民兵、预备役部队的组织建设、军事训练、武器装备、兵役登记、兵员征集和政治思想等方面工作。香河县人武部是县委的军事机关，是县政府的兵役机关，受廊坊军分区和香河县委、县政府的双重领导。

【思想政治建设】　县人武部始终把政治理论学习摆在突出位置，强化理论武装，筑牢思想政治防线。深入学习贯彻中共十九大精神和开展主题教育，采取理论学习、授课辅导、讨论辨析、通读抄写原文、领导宣讲解读、个人撰写心得、基层交流互动等形式，开展“传承红色基因、担当强军重任”主题教育，注重在渗透上下功夫，科学制定学习计划，利用周一交接班、周四党委中心组理论学习和周五党（团）日活动时间，严密组织实施。注重开展经常性政治教育。结合兵役登记、民兵整组、征兵宣传有利时机，采取走出去、请进来的方式，组织全体干部职工、专武干部进行思想教育宣传；结合参加县委、县政府组织的千名干部进村入户“三送、三清、三查”活动，对广大民兵宣讲中共十九大精神和国防建设新理论新思想；利用党课时间集中组织全体干部职工观看爱国题材影视《厉害了，我的国》和《红海行动》，结合学习“两会”精神和个人本级岗位职责，撰写影片观后感；组织全体干部职工开展“学习王继才先进事迹、争做新时代奋斗者”大讨论，引导大家学身边典型，在岗位建功；围绕学习《关于加强新时代军队党的建设的决定》，采取多种配合活动，灵活组织方式、强化学习效果、推动实践转化；8 月 30 日，在纪念抗日战争胜利 73 周年之际，对全县健在的 5 名抗日战争老兵进行逐一走访慰问，送去组织关心关怀，走访人员重温抗日战争老兵光辉历史、感受战争气息、再次进行精神洗礼。

【双拥工作】 双拥工作顺利开展。“八一”期间，县四大班子领导分别慰问驻军官兵、军休所老干部，转达地方党委政府和全县人民对驻军官兵、军休所老干部的关心和节日问候；各镇、园区、街道办事处武装部对所辖区内退伍军人进行慰问；县书法家协会成员走进驻军，开展“军旗飘扬翰墨飘香”庆“八一”军民书画联谊活动。

（后瑞新）

香河县国防教育办公室

【概况】 香河县国防教育办公室（简称县国教办）坚持以增强全民国防观念，提高全民国防意识为目标，圆满完成全年各项工作任务，国防教育工作扎实稳步推进。2018年，香河县国防教育办公室被河北省国防教育办公室授予“河北省全民国防教育先进单位”称号。后瑞新被廊坊市国防教育办公室授予“廊坊市全民国防教育先进个人”称号。

【加强党员干部的国防教育】 充分利用县委党校作为国防教育宣传主阵地，11月21日，聘请中国人民警察大学教授陈友谊到香河县给200名中层干部讲了一堂题为《加强国防教育，强化国防观念》的国防教育课，强化全民国防意识和国防观念。

【加强青少年的国防教育】 积极组织学校中小学生开展各类国防教育活动，加强青少年国防教育。开展“国防知识宣传周”活动，在校园广播站、橱窗、黑板报开辟国防历史、国防知识的宣传专栏，在校园内播放滚动标语口号，增强学生履行国防义务的责任感；开展“清明祭英烈，传承中华魂”活动，通过微信为先烈送寄语、颂古诗、读佳作革命传统教育，利用班会课开展主题班队会等活动，引导学生尊重传统、继承传统、弘扬传统，增进爱党、爱国、爱社会主义情感。

【加强广大群众的国防教育】 以民兵整组工作为契机，组织全县专职武装干部、民兵预备役人员，学习国防教育法律法规。通过悬挂条幅张贴标语，大喇叭广播等多种形式，加大对村街群众的宣传教育。通过文艺演出，电视台播放爱国影片和国防教育公益广告，在主要街道、路口、市场的LED显示屏播放宣传片等形式，广泛开展国防教育。

【开展国防教育宣传活动】 4月28日是《中华人民共和国国防教育法》颁布17周年纪念日，在县委人民广场设立宣传站，发放国防教育资料2500余份，手提袋200余个。制作国防教育展板10块，既有国防教育法律法规，也有香河主要革命事件和革命人物的内容，让广大群众既增强国防教育，又接受革命传统教育。国华影视基地成功申报省级国防教育基地。充分挖掘全县国防教育资源，精心打造国华影视国防教育基地，并积极向省政府申报。9月5日，省国教办主任梁金堂一行3人到国华影视基地进行考检验收。香河县国华影视基地成功获批省级国防教育基地。在此基础上，利用国华影视基地的影视资源，与国华影视基地共同拍摄军事儿童微电影《红缨行动》第一、第二部。并参加全国国防教育影片展评大赛。积极开展征兵宣传，征兵期间共悬挂宣传条幅150余幅，张贴兵役登记公告和宣传海报500余张，印制宣传T恤1000余件，宣传单15000余份；每日黄金时段在县电视台、电台滚动播出兵役登记公告、征兵宣传标语口号，实时报道征兵工作最新动态，为顺利完成全县征兵工作提供浓厚的舆论氛围。组织开展第18个全民国防教育日系列活动。以“传承红色基因，汇聚强军力量”为主题，制作悬挂条幅35幅，印发宣传单15000

份，并在县委广场设立宣传站，大力宣传国防教育法规和知识，增强国防教育氛围。组织参加全国、省、市最美军嫂评比活动。按照上级要求，全县共推选15名军嫂参加评选，其中有8名军嫂被授予第二届“共筑钢铁长城，寻找最美军嫂”称号，《廊坊日报》先后对香河县推选的军嫂先进事迹进行宣传报道，其中香河县军嫂武光俊作为典型在全市重点宣传。

（后瑞新）

人民防空

【概况】 2018年，香河县人民防空工作稳步推进，做好人防工程建设，加大人民防空教育，收取易地建设费，加强人民防空设施维护。

【人民防空工程建设】 2018年，香河县共审批工程项目9个，其中，就地建设工程4个，易地建设工程5个。

【人民防空宣传教育】 2018年，香河县建设一个人民防空宣教社区，在县城内两所初级中学开展人民防空教育课。在人民防空警报试鸣日和法制宣传日进行人民防空法律、法规宣传，发放宣传材料1000册，发放印有人民防空宣传标语的围裙及手提袋5000个，受教育群众15000人次。

【人民防空设施维护】 2018年，香河县对投入使用的人民防空工程进行巡查，督促使用单位对人民防空设施进行定期维护管理，形成检查记录，确保人民防空设施使用效能。

（张滢）

法 治

责任编辑 王树春

综 述

2018年，香河县认真落实中央和省、市政法工作会议部署，深入开展“扫黑除恶专项斗争”，加强社会治安综合治理，推进平安建设、法治建设和队伍建设，人民群众安全感和满意度不断提升，社会大局持续稳定。6月，香河县被全国普法办评为“第四批全国法治县（市、区）创建活动先进单位”。

公安工作加强“维稳处突”“严打整治”“扫黑除恶”“治安防控”“安全保卫”“行政监管”“队伍管理”等工作。县公安局有15个单位分别受到河北省公安厅、廊坊市公安局、县委县政府的表彰，香河县公安局被评为“全省执法质量考评达标单位”，国内安全保卫大队被市公安局记集体三等功，卢宝丰被河北省政府评为先进个人，黄海涛、李继军、顾建生等8人被河北省公安厅评为先进个人，黄建生、李永会等4人被廊坊市公安局记个人三等功。

县人民检察院全面推进各项检察工作的开展，队伍素质建设、执法观念提升、工作作风改进及职能全面发挥，均取得明显成效。县人民检察院被省委省政府评为“文明单位”“优秀青少年维权岗”，被县委县政府评为“实绩突出领导班子”。

县人民法院牢牢把握公正司法、司法为民主线，深入开展“扫黑除恶专项斗争”和“基本解决执行难”攻坚行动，全面推进新时代人民法院工作实现新发展。县法院司法改革、文化建设等工作步入全省先进，荣立集体二等功。

香河县司法行政工作充分发挥司法行政职能作用，全力参与“扫黑除恶专项斗争”，扎实做好各项工作。县司法局受到先进集体表彰6个，先进个人10人次。

县人民政府法制办围绕依法行政、建设法治政府的目标，谋划部署，全面安排法治政府建设工作，认真落实《法治政府建设实施纲要（2015—2020年）》的总体要求，围绕县委、县政府中心工作，按照《香河县法治政府建设实施意见》的各项目标任务，严格从依法全面履行政府职能、完善依法行政制度体系、坚持严格规范公正文明执法等7个方面对推进依法行政、加快法治政府建设。

政法及综治

【概况】 2018年，中共香河县委政法委员会（简称县政法委）贯彻落实中央、省、市政法工作会议精神，以“扫黑除恶专项斗争”为龙头，排查化解矛盾纠纷，打击、预防、震慑各类违法犯罪，持续推进平安香河、法治香河建设，提升政法队伍建设水平，有效维护全县社会和谐稳定，为经济社会发展做出贡献。6 月，香河县被全国普法办评为“第四批全国法治县（市、区）创建活动先进单位”。

【扫黑除恶专项斗争】 以扫黑除恶专项斗争为契机，始终保持严打高压态势，切实加大各类不稳定因素排查整治力度，持续强化反邪教创建工作，强力净化社会环境，圆满完成重要时段安全保卫任务。截至年底，全县查处治安案件 384 起 761 人，治安拘留 384 人，刑事立案 855 起，破获案件 244 起，抓获犯罪嫌疑人 394 人，刑事拘留 343 人，抓获网上逃犯 101 人，打掉犯罪团伙 20 个，批捕 162 件 227 人，公诉 205 件 175 人，审结 180 件。

强势推进扫黑除恶专项斗争。本着“有黑扫黑，无黑除恶，无恶治乱”的原则，坚持打早打小，露头就打，依法严厉打击黑社会性质组织、恶势力犯罪集团以及带有涉黑涉恶苗头的犯罪团伙和人员，将黑恶势力消灭在萌芽状态。专项斗争开展以来，累计破获涉恶案件 85 起，抓获嫌疑人 114 名，刑事拘留 91 人，逮捕 61 人，取保候审 23 人，治安处罚 1 人，移送起诉 74 人。打掉涉恶团伙 5 个，抓获涉恶团伙成员 45 人，从中破获案件 30 起；打掉痞霸团伙 7 个，涉及团伙成员 26 人，破案 10 起，查扣涉案财物价值 110 万元。提起公诉涉恶类型案件 3 件 23 人。审结涉恶类型案件 2 件 6 人。

以中央扫黑除恶第 1 督导组反馈意见整改落实为重点，落实省委约谈会议精神为动力，以提前销账摘牌为目标，坚持问题导向，周密部署，狠抓落实，促进工作整体进度，取得较好成效。全县受理中央督导组转办线索 48 件次〔第一批 4 件，第二批 1 件，第三批 12 件，第四批 31 件（电话线索）〕，经甄别，16 件属于重复线索，实有线索 32 件，核查完毕 30 件（40 件次），剩余 2 件（8 件次）。受理上级移交线索 41 条，办结 32 条，办结率 78%，自行摸排线索 37 条，办结 37 条，办结率 100%。发放举报奖励资金 6.2 万元，涉及 6 条线索。全县 300 个村街“两委”全部完成换届，新当选的“两委”成员均不存在涉黑涉恶问题。

【维护社会稳定】 做好重要时期社会稳定工作，在全国“两会”、“5·18”中国廊坊国际经济贸易洽谈会等重要时期，围绕上级安排部署，坚持“五注重、五结合”（注重宣传教育与责任督导相结合，绷紧“弦”；注重全面摸排与重点预防相结合，盯紧“人”；注重专人值守与科技防范相结合，管住“物”；注重有限警力与无限民力相结合，守住“点”；注重严厉打击与强力整改相结合，控住“面”）为抓手，不惜一切代价、不讲任何理由、不打半点折扣，狠抓各项工作措施落实，举全县之力，集全民之智，妥善处置群体重点人进京集体访和赴省集体访活动等 8 次，确保各时期全县社会和谐稳定。

【防范工作】 深入开展反邪教创建工作，将在册重点人员进行梳理、分类，以 2017 年“敲门”行动为基础，开展“回头看”行动。年初，廊坊市中级人民法院对 2017 年涉“2·14”参与邪教活动案件的 3 名犯罪嫌疑人进行宣判。破获参与邪教活动散发反宣品案 2 起，抓获涉案人员 2 人，1 人刑事拘留，1 人行政拘留。不断创新宣传形式，编创拍摄动漫作品《最后的晚餐》和沙画作品《迟到的幸福》在“中国反邪教网”上进行展播。10 月 10 日，在中央政法委主办的“第三届平安中国微电影、微视频、微动漫”评比中获得“十大微动漫奖”“优秀原创音乐奖”“优秀动漫创作奖”三项大奖。

【社会治安综合治理】 补短强基，加快平安香河建设步伐。增强人民群众安全感，提高预测、预警、预防各类风险能力，加强综治中心建设，着力加强规范化建设，高标准如期完成省、市确定的任务目标，在全市安全感满意度测评中，香河县群众安全感满意度位居全市第二名。推进完善城乡社区治理体系。以综治中心为抓手，实行网格化、精细化管理，完善城乡社区治理体系，提升社会治理现代化水平。以中央和省市关于推进综治中心建设等文件精神为指导，集中精力合力攻坚，大力推进县、镇、村三级综治中心规范化建设，10 月 31 日，县级综治中心平台设备完成招投标，镇级综治中心达标率 100%，村级综治中心全部达到“三有五规范”（有场所设施、有工作力量、有规章制度，规范职责任务、规范工作架构、规范数据应用、规范业务流程、规范保障标准）建设标准。健全社会治安联防、矛盾纠纷联调、重点工作联动、突出问题联治、基层平安联创、社会事务联办“六联”工作机制，使实战功能得到完善。推进社会治安综合治理智能化建设。坚持实战导向，加快“数字综治”建设。共录入基础信息 370588 条，超额完成上级规定任务，录入率达 108.3%。如期完成 1276 名严重精神障碍患者信息录入工作，为后期服务管理实际应用奠定坚实基础。推进“雪亮工程”（是以县、镇、村三级综治中心为指挥平台、以综治信息化为支撑、以网格化管理为基础、以公共安全视频监控联网应用为重点的“群众性治安防控工程”。它通过三级综治中心建设把治安防范措施延伸到群众身边，发动社会力量和广大群众共同监看视频监控，共同参与治安防范，从而真正实现治安防控“全覆盖、无死角”。因为“群众的眼睛是雪亮的”，所以称之为“雪亮工程”）及综治视联网建设，“雪亮工程”平台完成建设，预留接入视频数量 5000 路，完成接入 1100 路；全县各镇、街道、园区综治视联网平台全部建成，完成所有单位综治视联网平台安装调试。

推进矛盾纠纷多元化解规范化建设。围绕提升“预测预警预防”能力，深化完善分类排查、分级防控工作机制，确保矛盾纠纷发展变化每个环节都有力量介入，及时预警处置，截至年底，全县未发生“民转刑”案件。严格落实日排查制度，在每季度开展一次重点领域矛盾纠纷专项排查，重要时期开展矛盾纠纷专项排查，切实把所有问题全部纳入视野，掌握翔实情况，牢牢把握工作主动。建立医患、劳资、教育、家具、婚姻家庭、交通事故、土地流转、环境保护、消费者权益保护、物业管理、食品药品安全等 11 个行业性、专业性人民调解委员会，着力做好矛盾纠纷高发领域的排查调处工作。年内，县医疗纠纷调解委员会化解医疗纠纷 15 件，涉及金额 70 余万元。

【法治建设】 统筹协调，稳步推进法治香河建设。以法治政府建设为切入点，教育引导广大干部群众运用法治思维、法治方式干事创业，不断提升全民法治意识、法制观念。努力提升依法执政能力，认真贯彻落实上级关于党政主要负责人履行推进法治建设第一责任人职责的规定，组织各级党委（党组）学法 4 期，聘请法律专家开展法律法规知识讲座，组织开展“领导干部带头学法、领导机关带头学法”集中学法活动，灵活学习方式，健全学法制度，形成领导干部带头学法用法的长效机制。提升依法行政水平，推进法治政府建设，制定《进一步完善政府系统领导干部学法制度的意见》《2018 年度县政府领导干部集中学法计划》等文件，建立起常务会前班子成员轮流讲法的学习制度，聘请 7 名经验丰富的律师作为县政府法律顾问。加强法律法规执行监督，做好内部监督管理，规范干警言行，加强案件廉政巡查，查处各类违法违纪行为；推进外部监督机制建设，发挥县人大监督作用，组织部分人大代表旁听人民法院庭审和人民检察院公诉。开展宪法学习宣传活动，县委把深入学习宣传宪法作为一项重要工作纳入重要议事日程，明确要求各级各部门将《中华人民共和国宪法》列入年度理论学习中心组专题学习计划，作为学习专题和要点，切实加强组织领导，制定具体措施，积极推进落实；抓住关键少数做表率，紧紧抓住领导干部这个“关键少数”，县委领导带头学，各部门跟进学，村街社区全覆盖，形成示范带动、层层跟进的“大学习”氛围；依托媒体平台广泛宣传，充分发挥“报、台、站、网”等宣传阵地的优势和特色，开展“宪法进万家”活动，发放宪法文本（口袋书）5000余册，宣传折页20000余册，通过“香河头条”“香河发布”等官方网络平台推送宪法相关知识，营造“人人学宪法、人人懂宪法”的学习氛围。

【政法队伍建设】 锐意进取，磨砺英勇善战政法队伍，开展教育培训工作。落实理论中心组学习制度，抓好中心组集体学习，每周五下午集体学习，每次学习突出一个主题，认真策划，精心组织，创新学习形式和方法，加大专题讲座、重点辅导、理论研讨、重点发言力度，增强学习的实用性和针对性。

抓好机关普通党员干部的理论和业务知识学习，制定具体学习计划，确保集中学习有记录，个人学习有笔记，有心得，有效提高学习效率，坚定理想信念。做好政法委干部选拔配备工作，按照干部管理权限，不断规范干部任免管理工作，特别是严把职数、任职资格、任职程序“三关”。对于超职数配备干部、未经事前沟通、任职资格存在问题、干部选拔任用程序不规范、有反映问题未查实等“五种情况”的主管干部一律不提交书记办公会研究。

加强政法工作宣传力度，制定全年政法宣传工作计划，实行“月报告、季通报”制度，不断将政法宣传工作引向深入。2018年，全县政法部门在市级以上媒体刊发各类稿件980篇，其中，国家级媒体刊发51篇，省级媒体刊发498篇，市级媒体刊发400余篇。

做好特困干警资助工作。按照《河北省政法系统牺牲、伤残、特困干警资助金管理使用办法》，结合2018年度省市特困干警申报和特困干警资助金发放情况，组织完成全县政法部门申报县级特困干警工作。

（董浩）

公 安

【概况】 2018年，香河县公安局上下一心，砥砺前行，强化“人、地、事、物、网”的源头管控，夯实首都政治安全防线，确保全县政治稳定、社会安定。

香河县公安局有15个单位分别受到河北省公安厅、廊坊市公安局、县委县政府的表彰，香河县公安局被评为“全省执法质量考评达标单位”，国内安全保卫大队被市公安局记集体三等功，卢宝丰被河北省政府评为先进个人，黄海涛、李继军、顾建生等8人被河北省公安厅评为先进个人，黄建生、李永会等4人被廊坊市公安局记个人三等功。

【安全保卫】 2018年，香河县公安局在河北省公安厅、廊坊市公安局统一部署下，按时启动安保活动，在国家有重大活动期间，对途经香河进京入秦人员、车辆和危险物品逐一核查，确保首都北京和秦皇岛绝对安全，成功实现“五个不发生”（不发生政治性事件、重大群体性事件、重大安全生产方面的事故、特种刑事案件和特种重大治安案件、不实舆情炒作）工作目标。年内，共检查车辆236068辆（次）、检查人员531386人

（次）、办理安检证 11702 张，抓获公安网在逃人员 4 人，核查涉毒人员 200 人、吸毒人员 3 名，劝返上访人员 69 名、精神病人 1 名，查获烟花爆竹 197391 头、危险化学品 2394 件、仿真枪 9 支、管制刀具 13 件、“低慢小”（高度低、速度慢、目标小一类的飞行器，统称“低慢小”飞行器）飞行器 31 台，最大限度将不安全、不稳定因素过滤在首都外围。市委书记冯韶慧、副市长兼公安局长赵晋进先后深入一线，对香河县工作给予充分肯定。

京哈高速公路（G1） 香河北口检查站 （田海松摄）

京津公路（G103 国道）安平检查站 （周瑞杰摄）

公安干警开展擒敌技能训练 （县公安局供稿）

等场所建立定期报告制度，全力做好在册吸毒人员监管工作，年内，社区戒毒3人，新发现吸毒人员1人，破获容留吸毒案件1起，强制戒毒2人。在环境污染和食品安全方面，围绕“蓝天保卫战”“餐桌保卫战”等专项行动，先后侦办公安部督办的杨某等人生产销售有毒有害食品案、省厅督办的朱某涛等人涉嫌生产销售假药案等多起案件，刑事拘留犯罪嫌疑人27名；破获系列生产销售假酒案，打掉制假窝点5个；全年破获污染环境类刑事案件5起，刑事拘留9人；查处治安类案件52起，行政拘留59人。

【打击刑事犯罪】 2018年，刑事案件立案855起，破获244起，抓获犯罪嫌疑人394人，刑拘343人，逮捕233人，起诉370人，抓获网上逃犯101人，打掉犯罪团伙20个。

县公安局把开展扫黑除恶专项斗争作为政治任务来抓，借助电视、广播、报刊以及微信公众号、微博等新媒体广泛宣传发动，开辟专栏52处、制作宣传板237块、张贴标语480条、悬挂条幅570幅、发放宣传材料2.2万份，全方位、多角度开展宣传，激励群众举报案件线索，年内，累计破获此类案件91起，抓获嫌疑人123人，刑拘100人，逮捕71人，起诉90人；打掉犯罪团伙5个，抓获团伙成员41人，从中破获案件49起。在打击经济领域犯罪方面，明确重点区域重点人员，利用辖区电子屏、“平安香河”微信平台广泛宣传，对易于藏匿传销人员的小区进行拉网式排查，集中清查7次，清查村街社区73个、出租屋182个，检查宾馆旅店75家、废弃厂房27处；捣毁传销窝点33个，遣散传销人员367人，打掉传销团伙3个，刑拘传销骨干31人，上网追逃9人，冻结资金52.6万元。在涉毒领域，加大对医院、学校、企业等单位的排查力度，严防易制毒化学品落入非法渠道，在全县歌厅、洗浴、宾馆

【治安管理】 2018年，全年查处治安案件384起，查处违法嫌疑人761人，治安拘留384人。做好重点行业、重点部门安全防范工作，全县企事业单位、重点单位全部录入警综平台，全面落实人防、物防、技防措施，检查机关内部单位28家，发现隐患19处，当场整改4处，限期整改15处，内部单位安全防范进一步加强；督促全县189所中小学幼儿园安装技防设施、配备保安力量，技防设施和保安力量达100%；全县所有金融机构和押运公司开展枪支大检查，逐一清点枪支弹药，并对所有金融网点、重要部位的人防、物防、技防措施全面检查；对辖区陕京（陕西—北京）四线天然气管线、盘通（蓟县盘山—通州）电网等重点要害部位落实安保措施，发现隐患全部整改到位；对全县所有快递、物流企业加强管理，共查获物流寄递业未落实实名收寄案5起。全面梳理重点人、重点群体，将不放心人员全部落实“五包一”〔分别由党政领导、政法干部、派出所民警、镇联村（社区）干部、村（社区）干部共同包一名不放心人员〕管控措施，全年无一

人失控滋事。预防街面犯罪，深入推进“安澜行动”、社会面“大清查”等专项工作，广泛开展“脚板+鼠标”立体化巡控工作，全年出动警力巡逻81983人（次），警车17711辆（次），盘查人员72855人（次），盘查车辆60321辆（次），抓获违法犯罪人员220人。

【社会管理】 加强社会公共安全管理，为全县经济发展、社会稳定保驾护航。

加强交通安全管理。以“防事故、保畅通”为主线，不断强化道路交通安全监管，相继开展“四大攻坚战”（隐患歼灭战、路面防控战、宣传攻势战、共治合成战）、“交通秩序大整治”“严重交通违法行为集中整治百日行动”、农村地区道路交通秩序整治、道路交通安全隐患排查、“双创双服”（创新、创业、服务发展、服务民生）交通秩序大整治等一系列专项整治行动，严查交通违法行为，组织集中行动82次，查处各类交通违法376841起（其中，酒后驾驶604起，无证驾驶612起，伪造变造机动车号牌68起，涉牌涉证4793起，其他违法行为370764起），行政拘留422人；加大交通隐患排查力度，排查道路交通隐患204处，检查道路运输企业14家，走访国省道沿线村庄、企业等2200处，教育驾驶人13000余人。

加强消防管理。以开展“攻坚系列”、春夏火灾防控、“平安系列”等专项工作为抓手，以家具城、超市、歌厅、宾馆饭店、养老院、医院、学校等人员密集场所、易燃易爆企业为重点，进行“拉网式”火灾隐患排查，实地督导各项防火措施落实，检查单位7614家，发现并整改火灾隐患8991处，查封31家，“三停”（停产停业，停止使用，停止施工）27家，处罚单位193家，拘留59人。

加强危爆物品管理。对私制、私藏、贩运爆炸物品的出租房屋、废弃窑洞、闲置厂房、物流企业等场所进行全面清查，有效杜绝安全隐患。查处涉枪治安案件5起，行政处罚5人；涉枪刑事案件2起，刑事处理2人；非法储存烟花爆竹治安案件20起，拘留19人，处罚1人；非法燃放烟花爆竹案4起，处罚4人；非法储存爆炸物罪1起，刑事处理1人；收缴各类枪支15支，铅弹836发，军用弹35发，管制刀具6把；收缴烟花639箱，爆竹5046891头，双响13322个。

加强人口管理。香河县常住人口374349人，在常住人口和流动人口管理方面，实施“分类、分籍、分层”管理。对常住人口实行“分类”管理，根据常住人口的属性和特点，分三类进行管理。对身份清楚、无前科劣迹、有固定生活来源和固定居住地的普通人员，做好信息采集和一般管理；对七类重点人员以其居住房屋为点，落实管控措施，进行重点管控；对容易受到侵害人员、弱势群体人员，建立定期联系和回访制度，及时掌握他们的工作和生活情况，提供必要的服务和帮助。对流

交警指挥交通 （王倩摄）

动人口实行“分籍”管理，按照地域性犯罪的籍贯特征，将流动人口分为高危地区人员和一般地区人员两类，通过掌控出租房屋来管理辖区的流动人口。

对房屋出租户实行“分层”管理。将房屋出租户分为放心户、普通户和重点户三类进行管理，将出租屋具有保安、物业管理、安全保障措施完备、承租人员非重点人口的列为放心户，以主动服务为主，每季度走访两次；将硬件设施能满足安全需求、承租人员非重点人员的列为普通户，以日常管理为主，每月走访一次；将硬件设施不完善、房主履行治安责任缺乏主动、承租人员为重点人员的列为管控户，每半月登门走访一次，及时发现问题，消除隐患，确保安全。年内，清查流动人口 26821 人，排查出租房屋 7034 处，办理居住证 9744 张。

出入境管理。提升证件受理的科技化、智能化，缩短办证时间。年内，受理证件 15643 证次，其中，护照 8095 证次。

往来港澳台管理。年内办理港澳通行证 6133 证次、台湾通行证 1415 证次、自助签注受理 4537 证次，接待群众 16000 余人次。

【科技信息化建设】 2018 年，香河县公安局全面铺开以智能感知为核心，以大数据分析为依托，以技术保障为基础的“廊眼”（廊坊市全时空、全市域的公安智能感知网络）、“廊智”（廊坊市新型智慧警务体系）工程建设，先后启动 18 项科技信息化重点项目建设，全面推进公安科技信息化转型升级，实现“数据警务”“智慧警务”。在“天网”1200 个视频监控点位基础上，新增智能卡口 14 套、智能微卡口 200 套、警务站高点监控 9 套，真正实现“人过留痕、车过留号”。对视频监控平台进行升级，利用大数据系统深度挖掘等技术，实现快速智能检索，为快速侦查破案提供精准信息，提高办案效率，通过该平台实现公安天网监控系统与智慧交通系统对接，实现全局科技信息化手段合理整合。提升信息化、实战化水平，全面加强移动警务建设，全局民警、辅警配发移动警务核查终端，实现全局无线数字通信全覆盖。

【队伍管理】 2018 年，香河县公安局充分发挥政治工作的教育引导和激励保障作用，坚持政治建警、条令治警、训练强警、从优待警，持续提升广大民警的警务技能和维稳创安能力。制定《党委书记抓基层党建工作责任清单》和《党支部书记抓基层党建工作责任清单》，确保做到有职责、有任务、有措施、有标准，细化到人、量化到岗。以演讲比赛、知识竞赛、党支部书记讲党课、党规党纪考试、“戴党徽、亮身份”等活动，营造浓厚的学习氛围。做好安保等中心工作，组织岗前培训，开展“岗位送教”，对民警进行现场教学。认真落实从优待警政策，为 6 名干警申领省市政法系统特困干警救助金，开展春节、大病、战时、子女入学等慰问活动，累计慰问 71 人次，发放慰问金 16.6 万元。完成职务与职级并行套改、工资普调、巡防队员招录培训、退役士官安置接收工作。宣传公安战线先进事迹，刊发各类稿件 387 篇，其中，国家级 20 篇、省级 231 篇、市级 136 篇，“平安香河”微信、微博等自媒体平台刊发信息 1016 条。

（马静）

检　察

【概况】 2018 年，香河县人民检察院全面推进各项检察工作的开展，队伍素质建设、执法观念提升、工作作风改进及职能全面发挥，均取得明显成效。被省委省政府评为“文明单位”“优秀青少年维权岗”，被县委县政府评为“实绩突出领导班子”。

【控告申诉检察】 2018年，控告申诉检察工作认真贯彻落实最高人民检察院和河北省人民检察院的工作部署，紧紧围绕“强化法律监督，维护公平正义”的工作主题，积极开展“不忘初心，牢记使命”的主题教育活动，以开展社会主义法制理念教育活动为契机，以处理涉法访工作为重点，积极办理刑事申诉、赔偿案件，全面履行法律监督职能，防止进京到省上访案件发生，为维护社会和谐稳定，做出积极贡献。

年内，受理来信来访58件，接受法律咨询108件，办理国家司法救助案件1件，受理立案监督案件6件，移送扫黑办案件线索5件，协调并落实县群众服务中心值班200余人次，国家信访局值班10人次，在市、县门户网站发表宣传稿件4篇。实现涉检赴省、进京“零上访”，有力维护地方稳定，切实保护当事人合法权益，获得社会各界一致好评。

【刑事检察】 年内，认真履行批捕、起诉职能，依法惩治刑事犯罪，批准逮捕各类刑事犯罪298人，提起公诉366人。强化刑事诉讼监督，监督侦查机关立案8件，撤案2件，纠正侦查活动中违法情形54件，追捕漏犯8人，追诉漏犯11人，追加漏罪1件1人。

【行政审判监督】 强化民事行政审判监督。办理审判程序违法监督案件4件，执行监督案件3件，提出行政督促履职检察建议31件。

【刑事侦查监督】 2018年，受理审查逮捕案件213件295人，其中批准逮捕195件269人，不批准逮捕18件26人，追捕8件8人；办理立案监督案件13件，其中监督立案6件，监督撤案2件。发送书面纠正违法通知书45件；向公安机关发送书面检察建议14件；重大案件信息公开4件；逮捕案件公开审查2件；召开检察官联席会议12次。及时积极撰写信息宣传，7篇被上级采用，其中，“扫黑除恶宣传”被《廊坊日报》、廊坊市人民检察院公众号、廊坊长安网刊载；“让铁面变柔情”“涉农检察宣传”被廊坊长安网刊载。

开展对公安派出所专项监督，对新华街道派出所、蒋辛屯派出所开展刑事执法活动监督。调取案件材料156件；立案监督案件3件3人；口头纠正违法20件次，发出书面纠正违法通知书4件。

【刑事执行监督】 强化刑事执行监督，加大监管场所安全防范检查力度，提出纠正违法通知并被采纳20件。办理羁押必要性审查案件21件，变更强制措施的建议均被相关单位采纳。

【社会治理创新】 贯彻宽严相济政策，决定不批捕17件25人，不起诉15件20人，努力增加社会和谐因素。结合办案开展类案分析，设立专

香河县人民检察院“12309”检察服务中心揭牌仪式　（县检察院供稿）

香河县人民检察院走进县城内第四小学开展法治护航　（县检察院供稿）

门综治工作机构，完成交办工作及各专项活动，按时总结报告工作情况。深化落实“谁执法谁普法”责任制，检察长副检察长分别兼任中小学法治副校长，带头开展法制教育。组织“反校园欺凌”等主题宣讲活动6场，受教师生1500余人。深入推进社会矛盾化解，坚持“检察长接待日”“接访首办负责”等制度，积极建设12309检察服务中心，共受理来信来访58件，法律咨询108件，办理国家司法救助案件1件。保持涉检涉诉进京赴省“零上访”。

【推进公益诉讼】 2018年，推进公益诉讼工作。与三河市、大厂县、天津市宝坻区人民检察院共同会签《关于建立潮白河区域生态环境和资源保护联动协作机制的意见》。办理公益诉讼案件36件，办结27件。

【“扫黑除恶”专项斗争】 2018年，开展“扫黑除恶”专项斗争，成立专门工作领导小组。案源方面深入线索摸排，对2013年以来所办案件开展案件倒查工作，深挖涉黑涉恶和黑恶势力“保护伞”线索，重点审查认定“三人三起”的刑事案件有无涉黑涉恶犯罪。年内，受理提请批准逮捕涉恶案件19件39人，批准逮捕17件37人，移送审查起诉涉恶案件8件35人，提起公诉6件30人，办理监督立案涉恶案件1件。

【司法责任制改革】 科学设置办案组、制定岗位职责清单，细化员额检察官办案职权，严格落实办案责任制。完善绩效考核办法、员额检察官司法办案工作考评方法，将工作业绩、效率与评先评优挂钩。认真落实入额院领导办案制度，全年办理案件112件，充分发挥示范引领作用。

【阳光检察】 2018年，香河县检察院建成全市首家高标准未成年人犯罪检察“一站式”办案区，利用心理测试仪等科技设备为青少年开展心理救助。运用网络技术、软件技术管理实体档案和电子数据，建成全县首家通过“AAAAA”级认证的档案室。投入145万余元建成视频整合系统。严格规范司法行为，运用“案件质量评查系统”评查各类案件268件，逐案制作评查台账和问题清单，并及时核查整改。积极打造“阳光检察”，通过门户网站公开法律文书221份，发布案件程序性信息373件。通过微信、微博等新媒体发布检察信息264篇，在各级报纸、杂志等传统媒体发表检察工作信息89篇。

【法警工作】 2018年，由于司法体制改革，自侦部门转隶，法警工作重心发生变化。及时调整工作重点，重新进行部署。法警加强与检察业务部门配合，保护检察官开庭公诉48人次，协助检察官提审56人次，送达各类法律文书95次，参与维护上访秩序2次，维护宪法宣传日现场秩序

1次，领导交办其他任务19次；协助纪委监察委办案部门使用警务区32次。

【检察机关队伍建设】 强化思想教育，做到政治过硬。扎实推进“两学一做”主题教育常态化、制度化。建设标准化党员活动中心和“党员之家”。强化人才培养，做到业务过硬。组织各类培训23次，网络在线考试3批114人次，提高新形势下开展检察工作能力。强化党风廉政建设，做到作风过硬。组织检务督察13次，继续保持干警违纪违法零纪录。

（李林繁）

法　院

【概况】 2018年，香河县人民法院牢牢把握公正司法、司法为民主线，深入开展扫黑除恶专项斗争和“基本解决执行难”攻坚行动，全面推进新时代人民法院工作实现新发展。县人民法院司法改革、文化建设等工作步入全省先进，荣立集体二等功。

开展扫黑除恶宣传活动　　（乔惠摄）

【刑事案件审判】 受理刑事案件271件，审结269件，结案率99.26%。始终站在讲政治高度，增强责任感和使命感，对涉黑恶案件与推进以审判为中心的刑事诉讼改革紧密结合，实现快审、快判；对审结案件全面排查涉黑恶势力犯罪线索及“保护伞”线索；开展扫黑除恶专项斗争宣传实现全覆盖，制作明白纸、口袋书，发动并引导群众主动参与到扫黑除恶专项斗争中来。受理审结涉恶案件8件，判处罪犯36人。适用“3+4”（“3名法官+4名陪审员”）大陪审模式公开审理郑某、李某等非法拘禁、故意伤害、毁坏财物、寻衅滋事、强迫交易案，增强人民群众获得感、幸福感、安全感。

【民商事案件审判】 受理民商事案件5094件，审结4899件，结案率96.17%。全面贯彻平等保护不同所有制主体要求，审结合同纠纷2200件，推动形成平等有序、充满活力的营商环境；审结家事纠纷652件，营造和睦、健康的家庭关系和社会关系；妥善处理重大项目纠纷推进过程中的涉案纠纷，开设绿色通道，审结某房地产公司诉某村委会、王某房屋拆迁安置补偿案及其他商品房买卖、物业服务等涉房地产案件540余件，促进市场经济正常健康发展。

【行政案件审判】 坚持监督、支持行政机关依法行政与保护行政相对人合法权益并重，受理行政案件45件，审结45件；受理非诉行政执行案件264件，全部执结，为全县“两违”（违法用地、违法建设）整治提供优质法律保障；建立健全与行政机关良性互动，加强沟通交流，开展业务指导，邀请执法人员观摩庭审200余人次，提升依法行政意识，促进法治政府建设。

【执行工作】　举全院全员之力，做好案件执行工作。受理各类执行案件 2957 件，执结 2520 件，执结率 85.22%，“基本解决执行难”第三方评估“四项核心指标”（有财产可供执行案件法定期限内实际执结率、无财产可供执行案件终结本次执行程序合格率、执行信访案件办结率不低于 90%、近三年执行案件整体执结率不低于 80%）全部达标。开展“燕赵利剑”专项行动，对有能力履行而逃避执行的“老赖”（专指欠了别人钱迟迟不还的人。法律意义上的“老赖”，一般是指在民商领域中的一类债务人，其拥有偿还到期债务的能力，但是基于某种原因拒不偿还全部或部分债务）挥“重拳”，组织集中执行 49 次，拘留 56 人次，拘传 120 人次，罚款 8 万元，查询工商、房产、车辆等信息 4 万余次，冻结资金近 3 亿元，查封不动产资产近 4 亿元，网络查控申请 380 余万次；强化联合惩戒机制，1032 名被执行人被纳入失信名单，121 人嵌入行政审批平台，实现行政审批、投资置业限制；移送 1 件拒不执行生效判决案，维护司法权威。邀请人大代表、政协委员深入一线见证执行。在县电视台、《新香河》及新城广场大屏幕等媒体和设施曝光失信被执行人信息，在中国法院网等媒体刊发多篇向“老赖”亮剑为主题的文章；联合县检察院、公安局发布惩治拒执罪通告，在全县 300 余个村街、社区张贴；拍摄微电影《执行内外》，在最高人民法院、省高级人民法院微电影评选活动中荣获“优秀奖”，增进社会各界对执行工作的理解和支持。

【深化司法改革】　完成法官单独序列职务套改、三大类人员分类管理，健全司法人员职业保障等改革举措，设置审判团队 25 个，遴选优秀法官担任合议庭主审法官，确保员额法官、法官助理、书记员权责清晰，办案质效稳步提升；落实司法责任制，制定《审判权力责任清单》《院庭长办理案件暂行规定》等制度，在繁简分流、简案快审、类案同审、繁案精审等工作上下功夫，坚持院庭长带头办理重大、疑难案件，逐级压实责任，发挥示范效应；深化陪审员制度改革试点。在实践中不断摸索，确保陪审员制度改革试点在良性轨道上发展。全县 164 名人民陪审员参审、调解案件 210 件 350 人次，普通程序案件陪审员参审率 100%，推进了司法民主。推行“2+3”“3+4”大陪审模式，打造陪审员制度改革“香河模式”，受邀参加由全国人大组织的《人民陪审员法（草案）》评估会、最高院主办的中英陪审员制度研讨会，并做典型发言。

【阳光司法】　强化外部监督，主动接受人大、政协监督，主动向县人大常委会报告工作，走访人大代表、政协委员 30 余人次，邀请人大代表、政协委员视察法院、旁听观摩 100 余人次；庭审直播案件 1313 件，公开审判流程信息 6400 条，裁判文书上网 2844 份，实现阳光司法。

【司法为民】　坚持把司法为民理念体现在司法办案的每一个细节，充分展示人民法院和法官良好形象。加强诉讼服务中心窗口建设，推行诉讼引导、立案查询、网上立案缴费等“一站式”服务；加大对困难群众司法救助力度，缓减免诉讼费近 60 万元，司法救助 200 余万元。

【多元调解】　推行律师、调解员进驻法院参与调解新模式，减轻当事人诉累。开展“送法进企业”活动，了解企业司法需求；开展“送法进社区”活动，选择典型案件就地开庭、巡回审判，实现“审理一案、教育一片”；多措并举，畅通信访监督渠道，健全责任制，明确责任主体，接访当事人 232 人次，化解信访案件 57 件，实现积案基本化解、新的信访案逐渐减少。以创建无诉讼乡镇村街为抓手，签署《无诉讼乡镇村街共建协议》，形成庭、站、点、员“四位一体”便民网络；深化诉调对接，构建以法庭为中心，派出所、司法所、人民调解委员会等协同参与的“1+N”多元纠纷化解机制，凝聚司法调解、人民调解、行政调解合力，诉前化解案件400余件，努力实现“小事不出村、大事不出镇、矛盾不上交”，促进社会和谐。

县法院青年志愿者进行普法宣传活动　（王春蕾摄）

【审判机关机构与队伍建设】加强意识形态工作，召开党风廉政建设和反腐败工作会议，组织中共十九大精神及廉政知识测试，筑牢防腐底线；强化党建工作，建设标准化党员活动室，打造党建长廊，通过院长讲党课、重温入党誓词、集体宣誓、慰问老党员等，营造良好政治生态；强化文化建设，将文化建设融入审判各个领域，加强教育培训，改建图书室、乒乓球室，开展演讲比赛、摄影展等活动，丰富文化生活；成立学雷锋志愿者服务队，开展创城宣讲，展示干警积极向上的精神风貌，提高队伍凝聚力和战斗力。强化执纪问责，严格落实“两个责任”（党委负主体责任、纪委负监察责任）、“一岗双责”（“一岗”就是一个领导干部的职务所对应的岗位；“双责”就是一个领导干部既要对所在岗位应当承担的具体业务工作负责，又要对所在岗位应当承担的党风廉政建设责任制负责），切实把纪律严起来，无一干警违法违纪。

香河县人民法院内设机构31个，含办公室、民一庭、民二庭、民三庭、执行局（执行实施庭、申诉审查庭、执行裁决庭、综合管理办公室）、刑庭、立案庭、法警队、政治处、法医鉴定技术室、行政庭、审监庭、书记官处、监察室、调解庭、未成年人案件综合审判庭、信访办公室、审判管理办公室、安平法庭、安头屯法庭、渠口法庭、五百户法庭、蒋辛屯法庭、淑阳人民法庭、刘宋人民法庭、钳屯人民法庭、钱旺人民法庭、新兴产业示范区人民法庭、家具城人民法庭、经济技术开发区人民法庭、环保产业园区人民法庭。其中，派出法庭5个，一乡一庭8个。有正式干警105人，政法专项编制82人，中共党员120人，3人取得硕士学位，35人通过司法考试，5人取得三级心理咨询师资格。

（王春蕾）

司法行政

【概况】2018年，香河县司法行政工作充分发挥司法行政职能作用，全力参与扫黑除恶专项斗争，扎实做好各项工作。香河县司法局受到先进集体表彰6个，先进个人10人次。其中，香河县被全国普法办授予第四批“全国法治县（市、区）创建活动先进单位”称号，县司法局被河北省司法厅、河北省人力资源和社会保障厅评为“河北省司法行政系统先进集体”，安平司法所被河北省司法厅评为“全省优秀司法所”，陈杰被司法部授予全国人民调解工作先进个人称号，钱旺司法所所长边海宇被省司法厅授予“全省优秀司法所长”称号。

【普法宣传】 2018年，香河县多角度推进全民普法，构建良好的法治环境，完善领导干部、公务员学法用法工作。加强党委（党组）中心组集体学法、政府常务会议会前学法、领导班子集中学法制度，健全完善领导干部法治培训、法治讲座、学法档案制度，推进政府法律顾问制度。联合组织部门，利用党校阵地，聘请法律专家和教授对全县股级以上干部进行法律培训，取得良好效果。组织实施干部法律知识合格证考试制度，把学法、考法成绩作为干部奖惩、晋级、任免及公务员考核的重要依据。开展主题为“尊崇宪法、学习宪法、遵守宪法、维护宪法、运用宪法”的专题活动，组织全县各单位各部门在职干部参加2018年宪法知识考试，考试成绩均为优秀，发放《中华人民共和国宪法》宣传海报等资料2000余份。

是年，香河县加强青少年法制宣传教育工作，县司法局与县教育局共同协商制定全县中、小学法制教育谋划。深化“依法治校示范校”创建工作，完善法制副校长制度，强化专兼职法制副校长和法制辅导员作用，定期开展法制教育培训。积极开辟法制教育第二课堂，采取法院庭审旁听、法律故事大家讲、法律知识竞赛、矫正人员现身说法等法制实践活动，对学生进行生动、直观的法制教育。是年3月，县普法办和县教育局组织县城第四小学、县第二中学在校生开展晨读《中华人民共和国宪法》和《中华人民共和国宪法》主题班会活动，受到广大学生教师和家长好评。9月中旬，以县第二小学为龙头，聘请宝成律师所孙颖律师为在校师生开展以《中华人民共和国宪法》为主题的法治讲座。年内，全县共开展法制讲座26期。

是年，香河县开展形式多样的法制宣传活动，按照“谁执法谁普法”的工作要求，开展形式多样的法制宣传活动。通过组织开展“法律九进”（“法律九进”是普法宣传教育的一种形式和活动，主要指法律进机关、进乡村、进社区、进学校、进企业、进单位、进监所、进中介、进军营。）活动，利用“香河普法”微信工作平台、户外广告屏等平台和设施，普法范围覆盖全民，普法形式喜闻乐见，普法效果入脑入心。利用各种活动开展宣传，在“三八”妇女节、消费者权益日、“安全生产月”等重大节日之际，联合工商局、县政府金融办、教育局、民政局等单位，组织各司法所在城区主要街道和各镇人员密集场所开展法律宣传活动。共发放宣传资料10000余份，接受法律咨询380余人次，群众参与积极性高，获得良好社会效果和法律效果。

香河县城内第二小学《中华人民共和国宪法》知识讲座（县司法局供稿）

是年，香河县圆满完成宪法督

普法宣传活动 （县司法局供稿）

察和“七五”普法中期验收。10 月 10 日，廊坊市宪法学习宣传实施督察组对香河县宪法学习宣传实施工作进行督察，并对香河县宪法学习宣传给予肯定。10 月 23 日，廊坊市“七五”普法中期联合检查组对家具城居然之家展厅、县人民医院及爱依瑞斯有限公司等宣传点进行验收，对香河县“七五”普法工作给予高度好评。

【司法鉴定工作】 2018 年，香河县司法鉴定工作稳步推进，县人民医院司法鉴定各项软硬件设施齐全，鉴定人员 12 名均为本科学历，其中，包括 2 名副主任医师，10 名主治医师，鉴定人员均接受省级业务培训后上岗。年内，受理酒精检测业务 738 件。

【人民调解】 2018 年，加强基层基础建设，发挥人民调解工作作用，积极开展矛盾纠纷排查调处工作。

以调委会建设为抓手，不断促进人民调解工作深入开展。开展专业性人民调解工作督导；开展医疗纠纷人民调解工作，县医疗纠纷调解委员会成功调解医疗纠纷 15 件，2 件调解中；对医疗纠纷调解委员会工作制度进行完善，对上墙制度标牌进行更换。是年 4 月，大厂回族自治县政协主席冯幸一行 17 人对香河县医疗纠纷调解委员会进行学习调研；中央司法警官学院法学院副院长蒋若微等 2 人就基层人民调解工作进行调研，分别到香河县家具城调委会、香河县医疗纠纷调解委员会和新华司法所进行调研；召开广阳、香河、大厂、三河 4 个县（市）24 名工作人员参加的人民调解工作座谈会。4 月 26 日，涿鹿县司法局局长闫捍东一行 5 人到香河县参观学习，分别到香河县医疗纠纷调解委员会、淑阳社区矫正基地、淑阳司法所和新华司法所进行实地参观。

是年，全县组织各类排查 408 次，预防纠纷 280 件；排查出各类民间矛盾纠纷 1933 件，成功调处 1892 件，调解率 100%，成功率 97.9%，没有调处成功的全部落实相关措施，有效维护全县和谐稳定。

【司法所规范化建设】 2018 年，香河县夯实基层基础工作，不断加强司法所规范化建设，香河县司法局指导 6 个司法所开展省级规范化司法所创建工作，通过河北省司法厅验收组验收，全县省级规范化司法所达 100%。

【法律服务】 2018 年，香河县加强监督管理，规范基层法律服务市场。全县基层法律服务工作以规范管理、巩固提高为重点，推动基层法律服务工作深入开展。对全县基层法律服务所整体情况进行全面巡查，指出不足并进行整改。在全县各基层法律服务所部署开展纠正“四风”加强法律服务行业作风建设工作。按照省司法厅、市司法局《关于集中开展规范整顿基层法律服务工作的通知》要求，部署开展集中规范整顿基层法律服务工作活动。

是年，全县基层法律服务所担任法律顾问38家，办理各类案件474件；代写法律文书1233件；解答法律咨询3955人次。提供法律援助48件，受援人数60人。

以公共法律服务为平台，深入推进公共法律服务中心建设，拓展律师工作服务范围，以村（居）法律顾问为依托，全面推进村（居）公共法律服务站工作。严格落实省、市《关于建立村（居）公共法律服务工作站和法律顾问微信群》文件精神，在村（居）法律顾问工作全覆盖基础上，全力推进“村（居）公共法律服务工作站”工作扎实开展。与各镇、村（居）进行协调对接，公共法律服务工作站办公场所设在村（居）委会，在村（居）委会显要位置统一悬挂“公共法律服务工作站”标牌并规定和细化公共法律服务工作站工作职责和制度，建章立制，规范运行。发挥村（居）法律顾问作用，建立《公共法律服务工作站工作台账》，确保法律服务质量，防止“图形式，走过场”，推进村（居）法律顾问工作规范化、制度化，为公共法律服务工作站工作开展奠定良好基础。建立包括司法所长、村（居）法律顾问、包村干部、村两委干部、部分党员代表组建的法律顾问工作微信群，收集群众法律需求，解答群众法律问题，做好法律引导。

【律师工作】 2018年，香河县全力组织律师做好参与涉法涉诉案件化解工作。重新整合资源，制定月度值班表，组织律师严格值班制度参与涉法涉诉信访案件化解，协助县领导接待各类上访，调处各种矛盾纠纷。规范工作台账，建立通报机制，形成规范化运行管理。

引导律师积极参与社会公益活动。是年5月，组织律师参与廊坊市“木兰有约”公益宣讲活动，为广大妇女群众宣讲婚姻家庭中妇女权益保护和反家暴法律知识。5月28日，联合县老干部局关心下一代工作委员会，组织律师在香河县第七中学开展预防青少年犯罪和做好未成年人保护法制讲座。律师义务为“今日香河”栏目每周提供案例分析，多角度、多层次宣传法律知识，提高全民法律素质。在《新香河》报纸刊发“婚前房屋，婚后加上对方名字是否属于夫妻共同财产？”“无民事行为能力人在学校受伤，学校是否要担责？”“房价上涨引纠纷”等70余期，取得良好社会反响。

年内，4家律师事务所（河北宝成律师事务所、河北正昊律师事务所、河北王文成律师事务所、河北薛凤元律师事务所）办理各类案件639件，其中，刑事案件36件，民事案件408件，经济案件53件，行政案件6件，劳动仲裁2件，非诉讼法律事务102件，法律援助案件32件，担任企事业法律顾问61家，解答法律咨询1900余人次。

【法律援助】 2018年，香河县扩大法律援助范围，降低法律援助门槛，夯实法律援助工作基础。抓牢精准扶贫，推行法律援助贫困人口全覆盖。做好重点人群法律援助工作，重点做好农民工、残疾人、老年人、军人军属、农村留守儿童、下岗失业人员法律援助工作，夯实农民工讨薪“绿色通道”。加强刑事法律援助工作，认真贯彻执行修改后的刑事诉讼法，完善与公安、检察、法院协作配合，加强对被害人、申诉人法律援助工作。升级法律援助平台建设，利用便民服务窗口、电话服务热线等咨询平台，构建法律援助咨询服务网络，推进服务网络向城乡社区延伸。年内，接待来访805人次，电话咨询1680余次，办理案件252件，有效化解天意幕墙有限公司百人群体方，指派有经验专业律师提供法律援助。撰写司法信息《香河县司法局打造法律援助升级版》，受到县委主要领导肯定和批示。

【公证工作】 2018年，香河县强化公证工作，服务民生。公证处办证500余件，公证工作始终坚持严控公证质量，服务于县委政府中心工作及社会民生。扎实做好常态公证并勇于创新。通过定制身份证指纹识别仪、人像识别仪及自行开发办证系统，做到定制、高效办证，且案卷质量在多次评比中得到好评。在信息化、数字化建设上取得突破，公证处凭借自行开发办证系统，做到在全国第一个实现档案数字化，第一个实用身份证指纹识别仪，第一个采用证据标贴，第一个实现继承权公证书自动生成。进行公证文书改革，在繁简分流上、实用、易用上不断进行尝试。实现无现金收费，开通拉卡拉收费系统，由当事人去银行存款缴费，转为银行卡刷卡、微信支付宝扫码等无现金支付方式，收费直接通过收费系统存入公证处账户。优化服务质量，对于委托等类公证，当事人证件齐全基本当时出具公证书。对于继承权等类公证，减少当事人办事次数，当事人到齐情况下，做到当时出具公证书。在最多只跑一次活动中不断进行尝试，多次得到当事人好评。严格执行司法部公证执业“五不准”（ 一、不准为未查核真实身份的公证申请人办理公证。二、不准办理非金融机构融资合同公证。三、不准办理涉及不动产处分的全项委托公证。四、不准办理具有担保性质的委托公证。五、不准未经实质审查出具公证书）等文件，涉及“五不准”范围内的公证向当事人解释清楚，绝不违规办理。

【社区矫正】 2018年，香河县强化特殊群体管控工作，着力维护社会稳定。抓好社区矫正指挥中心二期建设，解决监管难题。针对社区服刑人员增多，监管难度加大情况，香河县申请专项资金，开展指挥中心二期工程建设，添置视频监控系统、会议终端等设备，二期工程顺利完成，实现全方位无死角对社区服刑人员进行监管，社区矫正监管工作力度进一步提升。

年内，接收社区服刑人员120人，解除矫正134人，在矫社区服刑人员185人。口头警告16人，警告20人，治安处罚2人，撤销缓刑1人，拒绝接收矫正人员2人，收监执行2人。

争取多方支持，争取部门配合，形成推动工作合力。与公安机关进行多层面、细致沟通，建立从领导层面到工作层面顺畅的沟通机制，香河县司法行政机关在与公安机关的协调中，从调查到处罚，均能顺利实现；争取人民检察院对县司法局工作的监督与支持；县司法局与人民法院进行沟通，人民法院对拟判处缓刑人员进行矫前教育，对调查以及收监执行上，给予县司法局很大支持。年内，为各级、各地法院开展审前调查、居住地调查60件，收监执行3人，意见采纳率98%以上。

强化多项举措，加强日常监管，提高教育管控质量。加强社区矫正工作队伍执法培训工作。组织开展全县社区矫正司法所长及矫正工作人员培训，积极参加廊坊市司法局组织的集中培训，全县社区矫正工作人员素质得到提高；严格把好“入口关”，做好社区矫正适用审前调查评估、入矫审核及事后监管工作；发挥科技手段作用，做好社区服刑人员监控。不定期对定位平台进行抽查，发现问题通过电话及微信群及时通知司法所进行协查，与公安、检察、法院三个部门进行联合执法检查，促进社区矫正工作开展；加强对重点人员、重点时期、重点时段的监督管理。每逢重要节点，矫正工作人员都进村入户进行走访和开展安全排查，确保重大节日和活动期间社会稳定；加强集中教育劳动，严把教育劳动关；强化档案管理，严把档案管理关。审前调查档案、社区矫正执行档案、社区矫正工作档案、社区矫正培训档案全部扫描输入电脑，分类管理，方便查询、避免档案灭失。

【安置帮教】 2018年，香河县做好安置帮教工作，采取刑满释放必接机制，对刑释解教人员开展“四个接触”（与刑释解教人员相接触，开展经常性回访教育和走访谈心，掌握其思想动态和活动情况，防止刑释解教人员思想滑坡，行为走样；与监狱、劳教警察相接触，听取监管人员对服刑人员改造情况的意见反馈，沟通了解服刑人员情况，预防服刑人员走极端出现脱逃脱管的现象，与刑释解教人员家属相接触，沟通掌握刑释解教人员思想状况和生活情况，实施亲情感化帮教；与有关部门和社会各界相接触，积极争取各级各部门的支持，寻求各方面对帮教工作的理解和帮助，帮助刑释解教人员解决生产生活和劳动就业方面存在的问题）帮教工程，引导、扶持刑释解教人员自谋职业。积极帮助刑释解教人员就业，创办安置基地3个，对刑释解教人员进行帮教和管理，重新犯罪率低于3%。安置帮教共有刑满释放人员427人，年内，接收监狱释放人员52人，解矫转安置帮教134人。

【“扫黑除恶”专项斗争】 2018年，香河县扎实开展“扫黑除恶”专项斗争。开展扫黑除恶宣传活动，扶正祛邪，弘扬正气，努力营造扫黑除恶专项斗争的浓厚法治氛围。聚焦重点时间、重点区域、重点人群，出动大型宣传车进行宪法和扫黑除恶专项斗争宣传活动，现场不间断地播放扫黑除恶宣传片，向群众赠送扫黑除恶宣传手册，详细讲解扫黑除恶专项斗争重要性，广泛宣传《中华人民共和国刑法》《中华人民共和国刑事诉讼法》《中华人民共和国治安管理处罚法》等与深化扫黑除恶专项斗争密切相关法律法规。

是年，香河县引导律师积极参与扫黑除恶专项斗争工作，组织律管人员，对受理涉黑涉恶高危人群、事项进行深入排查，及时挖掘有效信息，为公安机关打击违法犯罪提供帮助。引导广大律师结合村（居）法律顾问参与涉法涉诉工作，将“扫黑除恶”专项行动作为法治宣传的重要内容，积极开展“以案释法”宣讲，并加强与公安、检察、法院的联动，建立定期会商通报机制，着力推动刑事案件律师辩护全覆盖。成立律师专项斗争监督管理领导小组，与司法局签订责任状。建立律师参与扫黑除恶案件辩护代理工作报备制度与登记台账制度，涉及重大、紧急事项第一时间请示，并逐级向上级报告。建立健全律师工作督察机制，明确督查任务、责任。确保扫黑除恶专项工作不折不扣地完成。

是年，香河县加强对社区服刑人员扫黑除恶专项斗争宣传教育。每月教育培训中增加扫黑除恶专项斗争内容，鼓励社区服刑人员揭发“涉黑涉恶”案件线索，预防社区服刑人员被黑恶势力引诱、拉拢。对重点人员加强日常管理。对重点人员开展个别谈话，通过手机定位等信息技术手段，准确掌握社区服刑人员实时行踪。加强手机定位管理，要求社区服刑人员24小时开机，发现越界、关机、定位异常等情况立即进行查验，作出相应处置。

（陈强）

政府法治建设

【概况】 2018年，香河县人民政府法制工作围绕依法行政、建设法治政府的目标，谋划部署，全面安排法治政府建设工作，认真落实《法治政府建设实施纲要（2015—2020年）》的总体要求，围绕县委、县政府中心工作，按照《香河县法治政府建设实施意见》的各项目标任务，严格从依法全面履行政府职能、完善依法行政制度体系、坚持严格规范公正文明执法等七个方面对推进依法行政、加快法治政府建设做出总体安排，研究制定2018年法治政府建设工作要点，细化各项工作任务，明确责任分工，督导推动工作落实。

香河县便民服务中心　　（王树春摄）

【行政审批制度改革】 深化行政审批制度改革、全面提升行政效能。加强政务服务平台建设，优化服务流程，经县委、县政府研究决定，香河县行政审批局挂牌（2017 年 8 月成立），下设政务服务中心和公共资源交易中心。审批局设立办事窗口 24 个，第一批 112 项审批事项划转到位，办理各项审批业务 5795 项。推进审批服务标准化，建立首问负责、一次性告知、限时办结、责任追究等 56 项工作制度，形成“行为规范、运转协调、公正透明、廉洁高效”的运行机制。建成高标准香河县便民服务中心，本着“能进则进、应进必进”的原则，进驻县直单位 16 家，企业 6 家，可集中办理各类事项 416 项。年内，办理各类事项 21 万件，群众满意度 99%。公共资源交易中心推进一体化建设，实现交易全流程电子化管理。交易中心完成交易 326 项，涉及资金 19.27 亿元，为各交易主体节约资金 3957.27 万元，增加财政收入 313.59 万元。香河县交易中心在中共廊坊市委改革办《关于公共资源交易全过程电子化推进情况的督查通报》中被评为优秀。

【行政规范性文件管理】 加强行政规范性文件管理。完善行政规范性文件前置审查和备案审查管理制度，落实规范性文件“三统一”（统一登记、统一编号、统一发布）规定，保证行政行为合法性和科学性。香河县制定印发《认定规范文件的指导意见的通知》《合法性审查档案管理工作规范（试行）的通知》《做好规范性文件三统一工作的通知》等文件，全县规范性文件的起草制定、备案审查更加规范化。按照《廊坊市规范性文件制定管理规定》要求，制定规范性文件按时归档上报、定时清理公布。在规范性文件评估清理工作中，清理出规范性文件 66 件，其中，拟保留 59 件、拟废止 1 件、拟宣布失效 5 件、拟修改 1 件。

【行政决策机制】 健全行政决策程序和内部决策规则。重大决策、决定严格按照《香河县重大行政决策程序规定》实行公开征求意见、专家论证、听证和合法性论证等制度。对社会涉及面广、与人民群众利益密切相关的决策事项，及时向社会公布，或通过座谈会、听证会、论证会等形式广泛听取意见，切实保障广大群众对政府重要决策的知情权、参与权和监督权；从程序上保证科学决策、民主决策和依法决策。加强对全县重大行政决策执行情况的跟踪、调查与反馈，提高决策的科学性和民主性。完善重大决策终身责任追究制度及责任倒查机制。

【清单管理制度】 完善清单管理制度。继续加强行政权力清单、责任清单、监管清单、负面清单等清单管理，形成较为完善的综合清单管理体系。制定印发《关于调整集中划转审批局行政许可事项清单的通知》，明确划转事项，要求相关部门及时调整本部门权力清单、责任清单、权力运行流程图和中介服务事项清单，推进行政许可流程标准化建设。制定印发《香河县行政许可标准化实施方案》，要求县行政审批局按照实施方案对划转事项实施审批流程标准化建设，及时调整行政许可通用目录。做好中央和省、市取消下放行政审批事项衔接落实工作，按照上级取消下放的要求，及时调整行政许可事项通用目录，年内，《香河县行政许可事项通用目录》有 298 项。

【三项制度改革】 推进三项制度（行政执法公示制度、执法全过程记录制度和重大执法决定法制审核制度）改革试点工作。按照国务院和省、市政府推行行政执法三项制度改革试点工作的要求，根据《香河县推行行政执法公示制度执法全过程记录制度重大执法决定法制审核制度试点实施方案》，对 14 项工作任务、32 项工作措施积极推进，落实责任及完成时限。坚持行政执法三项制度试点工作联系机制和月报制度。2018 年，根据《关于深入开展三项制度改革工作回头看的通知》要求，各行政执法单位对三项制度改革试点工作情况再次开展自查自纠，对存在的问题逐项整改，巩固深化行政执法“三项制度”试点成果，圆满地完成三项制度各项改革任务。香河县被河北省人民政府法制办公室、河北省人力资源和社会保障厅授予“河北省三项制度先进集体”称号，也是廊坊市唯一获此称号的县级单位。

【规范行政执法行为】 严格执法行为，推进行政执法规范化。严格执法主体资格管理，采取集中审核方式，对香河县罚没许可证进行年检，确认罚没主体 40 个。完善执法人员档案，持证人员网上公开制度，接受监督和查询，对不符合执法条件人员进行清理。加强执法人员法律培训考核，县法制办采取网络授课方式对全县 917 名行政执法人员进行培训考核，从整体上提高执法人员依法行政素质和能力。健全行政执法监督机制，严格开展案卷评查活动，根据行政处罚案卷标准，对全县 38 个行政执法单位行政处罚案卷及行政许可案卷进行仔细评查，对卷宗中存在问题单位进行指导。

【专门监督和司法监督】 强化专门监督和司法监督。加强行政执法与刑事司法衔接工作，建立健全行政执法机关与检察、公安机关协作配合机制，香河县打击侵权假冒“两法衔接”平台联网率 100%。人大、政协、监察、审计等部门创新工作方式，加大工作力度，形成监督合力，将党内监督、民主监督、专门监督和司法监督落到实处。开展党风廉政建设，加强对政府投资项目、工程建设领域突出问题的监督检查和专项治理，严肃查处涉及拆迁拆违中的违法违纪行为。建立行政权力规范运行预警机制，惩治和预防腐败体系建设深入推进。

【行政复议行政应诉】 加强行政复议、行政应诉工作。认真贯彻国务院《行政复议法实施条例》以及省、市行政复议会议精神，依法积极受理、办理行政复议案件。创新办案理念，完善行政复议听证质证、集体讨论、调解和解制度；快速、彻底化解行政争议，促进案件办理效果与社会效果相统一。加强行政复议、行政诉讼案件统计，县法制办印发《进一步加强行政应诉案件统计工作的通知》。年内，受理行政复议案件 13 件，其中，维持 6 件，撤销 2 件，驳回 1 件，审理中 4 件。行政诉讼案件 15 件，其中，胜诉 12 件，败诉 1 件，未审结 2 件。在 2018 年行政复议案卷评查中，香河县被廊坊市法制办评定为优秀单位。

【政府法律顾问】 发挥政府法律顾问作用。根据中央及省、市文件关于“普遍建立法律顾问制度”的规定，按照香河县《进一步建立健全法律顾问制度实施意见》要求，经县政府领导研究决定，聘请张克锋等6名经验丰富的律师为香河县人民政府法律顾问。年内，提供法律意见建议50余条，出具法律意见书20余份，提高政府依法行政、依法决策的能力和水平。组织全县律师参与涉法涉诉信访案件化解工作，协助县领导接待各类上访、调处各种矛盾纠纷、接待法律咨询100余人次。在村（居）法律顾问工作全覆盖基础上，推进“村（居）公共法律服务工作站”工作，确保村（居）法律顾问工作规范化、制度化。

【法治宣传培训】 注重学习宣传，提高干部法律素质。严格落实《香河县人民政府进一步完善政府系统领导干部学法制度的意见》，制定印发《2018年度县政府领导干部集中学法计划》，加大领导干部学法力度，不断提高领导干部法治思维和依法行政水平。年内，完成政府常务会议前学法5次，组织依法行政讲座1次。形成领导干部带头学法用法的长效机制，切实增强领导干部学法意识和用法水平。按照“谁执法谁普法”的要求，开展形式多样的法治宣传活动，发放宣传资料10000余份，接受法律咨询380余人次。围绕推进依法行政、建设法治政府中工作亮点和工作成绩，积极向省市报送法制信息30余篇，其中，《香河县委书记带头学习宪法》信息被《河北法制报》进行刊登报道。

（孙建永）

综合管理

责任编辑　王树春

综　述

香河县制定并分解下达《香河县2018年国民经济和社会发展计划》和《香河县2019年国民经济和社会发展计划》，全县10个项目列为省重点建设项目，16个项目列为市重点建设项目。与京津协同发展进入实质性推进阶段，协同发展成效逐步显现。香河县加强统计队伍建设，推动统计改革，加大统计执法力度，开展统计调查研究，提高统计数据质量，优化统计服务，为经济社会发展提供统计服务。审计工作坚持“全面审计、突出重点”原则，认真履行审计监督职责，搞好审计服务，促进“稳增长、促改革、调结构、惠民生”系列政策措施取得实效。加强自然资源管理，严格国土资源保护，突出抓好耕地保护，严厉打击国土资源违法行为，推进生态环境治理，加强地质灾害防治；严格土地规划计划管理，强化土地供应，合理开发利用土地；做好不动产登记和农村宅基地管理；完成地理信息测绘采集工作。物价管理全面完成收费管理、价格管理、政府定价、价格认证、价格检查等工作。工商行政管理，继续实施“多证合一”商事制度改革；开展“四个专项行动”；优化市场经济秩序；实施商标品牌战略；加强大气污染防治工作；加强质量监管；增强消费维权效能工作。食品药品监督加大监督检查力度、加大食品药品抽样检验频次、开展专项整治、组织宣传教育活动、开展食品安全示范创建活动、加大违法行为查处等措施，确保全县饮食用药安全。香河县质量技术监督全面强化标准化、计量、质量、特种设备安全检查监督管理。安全生产管理开展乡镇安全监督规范化工作；开展“安全生产月”活动，对各类从业人员进行安全生产培训；加强应急救援体系建设；加强安全生产大检查和安全生产专项整治活动。城市综合治理加强网格化管理，进行全面管控，户外广告规范化管理，开展大气污染防治工作，加大建筑领域和市政设施监管力度，全面完善数字城管体系。

发展和改革

【概况】　香河县发展改革局是综合研究拟定全县经济和社会发展政策，指导总体经济体制改革的县政府工作部门。香河县发展改革局下设办公室、固定资产投资股、项目股、重点项目股、外资利用股、综合计划股、节能股、体改股、农业区划股、能源股10个股室，人员编制28人。

2018年4月，香河县发展改革局被市委、市政府通报2017年度“项目考核第二名”，被县委、县政府评为“优秀等次领导班子”；12 月，被县委、县政府评为“创优争先领导班子”。

【年度计划编制与实施】 制定并分解下达《香河县 2018 年国民经济和社会发展计划》和《香河县 2019 年国民经济和社会发展计划》，认真做好国民经济和社会发展计划执行情况跟踪和反馈，不定期走访相关部门，及时掌握全县经济运行态势。完成《香河县 2018 年国民经济和社会发展计划执行情况与 2019 年国民经济和社会发展计划草案》的报告。

【项目建设】 2018 年，省、市重点工作圆满结束，全县 10 个项目列为省重点建设项目，16 个项目列为市重点建设项目。省重点项目数量居全市第一、全省前列；香河县发展改革局服务项目的新做法在《廊坊日报》刊发。

是年，严格遵守和履行项目审批、核准、备案相关规定，提高工作效能，出台“优化经济社会发展软环境”政策措施，实行“一日备案制”和“限时办结制”。年内，备案项目 41 个，审批项目 40 个。

【招商活动】 2018 年，香河县按照《2018 中国·廊坊国际经济贸易洽谈会承办工作方案》，发展改革局会同有关部门和企业单位，促使美国 ATI 公司投资 3100 万美元的工业机器人末端执行工具研发制造项目、韩国安川都林机器人公司投资 1000 万美元的工业喷涂机器人系统集成项目、华电国际电力公司燃气能源站项目、爱晚投资公司香河健康特色小镇项目、北京万盛恒投资公司科技创新谷项目、北京山威瑞泰科技公司机器人精密检测研发及生产项目、3D 打印设备研发项目、东城安迪科同位素诊疗药物（河北）中心项目、半导体清洁剂搬运机器人项目、景泰蓝工艺品制作项目等 10 个项目签约。其中，签约内资项目 8 个，总投资 189.18 亿元，拟引进资金 132.58 亿元；签约外资项目 2 个，总投资 4100 万美元，拟引进资金 4100 万美元。

【特色小镇创建培育】 河北省特色小镇规划建设工作联席会议办公室确定《河北省特色小镇创建类和培育类名单（2018）》，廊坊市入围创建类和培育类特色小镇分别有 6 个和 2 个，香河县机器人小镇入围创建类，健康小镇入围培育类，数量并列全市第一。年内，廊坊市委改革办对全市特色小镇培育情况进行督查，香河县督查档次为优秀。

【“双创双服”活动】 深入落实省委、省政府聚焦创新创业和服务发展、服务民生，认真实施 20 项民心工程，大力优化投资发展和营商环境，坚持以“创新、强企、解难、惠民”为主题全面开展“双创双服”活动，香河县第一时间成立领导小组，把县“双创双服”领导小组办公室设在发展改革局，负责统筹协调推动全县“双创双服”活动开展。县发展改革局充分发挥“双创双服”活动领导小组办公室的职能作用，确保活动办高效运转。

【“电代煤”后续工作】 做好运行补贴拨付工作，供暖季结束前，根据县财政局拨款，县发展改革局分 2 批次，将前 3 个月的补贴资金，即每户 1700 元，预拨至 8 个电代煤乡镇（园区）。经测算，资金足够发放补贴，第四个月补贴资金不再预拨。做好补贴资金监管工作，县发展改革局联合县煤替代审计组对运行补贴资金的发放情况进行全程监管，指导各镇、园区严格按照《香河县村街“煤替代”运行补贴方案》，进行统计、核算、公示、发放等工作流程。做好迎接省、市抽检验收工作，在供暖季前，省、市两级聘请有资质的第三方机构，采取现场核验、电话核验和书面审核等多种形式，对全县“电代煤”工程进行抽检验收。做好电代煤日常管理工作，按照廊坊市发改委、香河县委、县政府的通知要求，及时上报电代煤工程相关材料，同时配合环保督察、大气污染治理等专项工作，做好工作档案组档报送工作。

【京津冀协同发展】　2018年，县发改、水务、规划等职能部门与京津对口部门建立常态化沟通协调机制；“通武廊”“平蓟三兴”多次期召开协同发展会议，通过了《平蓟三兴协同发展备忘录》和《协同地区共建机制方案》；香河县委、县政府主要领导多次赴国家部委、京津等地进行对接协调，就城乡建设总体规划、产业疏解、运河文化带建设、水污染治理、拆违等方面工作进行交流，达成诸多共识。香河县分别迎来国家发改委副主任林念修、北京市发改委副主任许春声、北京市协同办副主任刘伯正带队的调研组，在调研中香河县充分表达诉求、建议，先后提交《关于协同发展中需北京解决问题的报告》《关于管控政策对香河影响及意见建议的情况报告》《香河县承接北京非首都功能疏解需求情况报告》《关于整合规划的工作安排和设想》等多份报告，标志着香河县与京津协同发展进入实质性推进阶段，协同发展成效逐步显现。

是年，香河县强管控、优结构、迎项目，共谋合作新机制。强化土地市场管控，统筹用好土地指标，坚持“布局集中、产业集聚、用地集约”，按照土地供应向园区集中的原则，工业项目不在园区外规划和供应土地，防止无序发展，盲目圈地现象；强化城镇开发边界管控，从严控制建设用地和城镇规模，从严控制潮白河、北运河两侧开发建设，坚决防止贴边连片发展、“摊大饼”式扩张；强化房地产管控，严格容积率、绿化率等指标约束，鼓励房地产开发企业参与城中村改造和新民居建设；限制新增建设用地指标用于房地产开发，限制工业用地改变用途用于房地产开发，引导房地产企业向工业地产、商业地产、楼宇经济转型；强化生态红线管控，大力提高生态空间比例，划定生态红线面积245平方千米，占县域面积54.68%。在严格执行管控措施的同时深入开展拆违行动，查处违法占地114宗60.82公顷（912.32亩），拆除77宗45.67公顷（685.06亩）。开展违法建设专项整治行动，严厉打击私搭乱建行为，累计拆除违法建设22.53万平方米。

是年，香河县主动承接京津高端产业外溢和辐射，严格执行《河北省京冀交界地区新增产业的禁止和限制目录》，提高产业准入门槛，明确重点承接对北京“容不下、离不开、走不远”的高端项目，明确发展高端制造业和现代服务业的产业发展方向，形成特色鲜明的智能制造、健康养老、食品加工、商贸物流、文化旅游五大优势产业集群。智能机器人产业港、爱晚国家养老示范基地、国安创客、国际建材交易中心、京津冀汽车零部件交易中心、奥特莱斯环球国家中心、新桥影视基地等10余个产业承接载体建成运营，萨克森建材、中粮可口可乐华北饮料项目、苏州稻香村香河生产基地、北京二商集团城市生活保障基地等14个北京转移项目有序承接。

是年，香河县抓机遇、打基础，生态环境得到改善，潮白河综合治理工程启动规划设计；运河生态文化项目一期工程完成8.6千米河道清淤疏浚、2千米岸坡防护和2.6万平方米景观绿化工程；完成植树造林2000公顷（3万亩），县域林木绿化率42.4%，同比提高2.4个百分点；空气质量总体持续改善。

是年，100辆新能源公交车正式运营，公交卡全国联网，香河成为河北首个实现京津冀等全国公交、地铁互联互通的县级城市；投资1.8亿元的涿密高速香河出口引线工程开工建设。北京景山学校香河分校竣工投入使用（新校址通过规委会审批）；县职教中心通过合作办学模式，成功引进北京商鲲教育集团，为副中心输送更多专业技术人才；北大培文学校、首都师范大学附属香河实验学校签订入驻协议。香河县人民医院、香河县中医医院和香河县气管炎哮喘医院3所县级公立医院，通过组建联合体医院等方式，分别与北京同仁医院、首都儿科研究所、解放军总医院、北京积水潭医院等10余家高水平医疗机构开展深层次合作，每年定期到香河县进行坐诊和业务指导的专家达120余位。

（杜振江）

统　计

【概况】 2018年，香河县加强统计队伍建设，推动统计改革，加大统计执法力度，深入基层开展统计调查研究，提高统计数据质量，优化统计服务，为全县经济社会发展提供前瞻性统计服务。

【统计内容】 2018年，香河县统计局负责的专业统计有综合、农业、工业、能源、固定资产投资、对外经济、建筑业、房地产业、保障性安居工程、国内贸易、国民经济核算、劳动工资和社会保险业、科技、金融业、服务业、城市化监测、民营经济、文化相关产业、社会物流统计调查与核算、统计从业资格管理与继续教育、价格调查、基本单位名录库、普查1项，有年报统计表65种、定期报表53种。

【统计培训】 贯彻中央、省、市关于反对和制止在统计上弄虚作假的系列指示精神，采取积极措施，从各方面加大治假求实力度。深入学习和宣传《中华人民共和国统计法》《中华人民共和国统计法实施条例》和中共河北省委办公厅、河北省人民政府办公厅下发的《关于深化统计管理体制改革提高统计数据真实性的实施意见》等法律法规，印发宣传条幅300余条，统计宣传手册2000余份，组织开展统计法律法规知识大规模培训2次，培训基层统计人员2000余人次，在全社会营造知法、学法、守法的浓厚氛围。

【基层统计建设】 积极维护县乡统计网络，实际解决乡镇统计站计算机网络技术操作难题，负责对乡镇统计站计算机日常保养和维护，确保县乡网络畅通。全县基层乡镇统计人员均能熟练使用网络完成统计数据传输，做到每日浏览省、市、县局网页。健全和完善乡镇、村街统计机构和专职统计人员配置，实现乡镇统计站规范化管理，达到“四有”（有房、有牌、有章、有制度），且规范有序、工作运转良好；统计站工作制度、网络管理制度等各项制度健全，并装裱上墙；农业基础数据、分村台账健全，按时整理归档。召开由基层统计主管负责人和统计从业人员参加的业务会议，定期组织人员对乡镇统计报表质量进行专项审核、检查和监督，确保表间逻辑关系准确无误，严格执行报表时间和规定的报送程序，做到不迟报、不漏报、不错报。

【第四次全国经济普查】 2018年，香河县第四次全国经济普查前期准备工作、普查清查工作和入户登记工作如期开展。及时成立普查领导小组及其办公室，对各镇人民政府、街道办事处、县直机关各单位下发《香河县人民政府关于做好第四次全国经济普查的通知》，明确普查时间节点、各阶段主要工作任务及要求，确保普查工作质量。对清查工作进行集中培训，重点讲解清查工作的实际操作和出现问题的解决办法；充分调动人力、物力，保证法人和产业单位清查上报率100%；对上报的个体户数量每天进行统计，通报全县各镇、街道办事处、园区，树立时间观念，增强紧迫感；将此次清查结果与第三次经济普查的户数、人数进行比对，考虑当前县域个体经济发展所受环保治理力度加大给生产企业带来的影响等因素，增强清查数据可信度；按专业成立编码小组，明确各自职责分工，各小组分别对自己分管区域和分管行业的编码工作负总责，做到录入、审核、修改、编码工作“一条龙”。入户登记工作，组织精干力量，深入基层、企业、乡镇社区，对普查登记中存在的问题进行现场指导，对每个乡镇登记的普查表进行不定量的抽查，严把登记质量关，对业务不熟练的 PDA（PDA，Personal Digital Assistant，指的是掌上电脑、手持数字终端）操作员和登记普查员进行现场陪同登记培训，确保普查数据真实可靠。

【统计监测】 加强经济运行趋势的分析，全面、及时、准确地掌握全县的经济运行情况，了解目标任务完成进度和经济运行质量，掌握全县经济运行现状。紧密结合县委、县政府的工作部署，密切配合、协同工作，多方收集数据，加强与上级统计部门、其他经济管理部门沟通和联系，做好经济形势分析预判。不断创新工作思路，积极探索新形势下统计工作新方法，切实做到应统尽统，积极做好与县内相关部门和上级统计部门业务衔接，确保各项考核指标任务顺利完成。加强对报表数据收集、审核和汇总，强化结构性分析，注重数据间逻辑关系和匹配性，对数据进行横比、环比和同期比较，提出切实可行建议措施，提高统计预警监测水平。及时掌握经济社会发展动态第一手资料，加强数据匹配性，准确掌握经济运行情况，提高统计分析准确性和针对性。加强对重点项目、重点企业、重点行业统计数据监管和质量抽查力度，对基层统计工作进行有针对性检查指导，切实做好数据审核、分析和评估工作。

【统计调查】 认真开展新兴现代农业、战略性新兴产业、高技术产业、新兴现代服务业、互联网经济等重点领域统计调查。继续深化现代服务业统计改革，做好互联网经济、电子商务等统计调查。抓调研，力促全县经济转型，针对全县近年来因经济迅速发展带来的诸多问题，组织力量对全县现代服务业、文化产业，以及汽配城、石材城等新兴产业进行专项调查，对产业发展带来的经济效益与整个发展阶段和人均收入应达到的水平存在的差距进行对比，揭示问题主要原因，用精准的统计数据、客观公正的统计判断和实事求是的分析论证提出一系列合理化建议。

【统计服务】 加强统计预测、预警机制，搞好统计服务。制定统计报表相关工作制度，规范基础统计和原始记录台账，加强对统计资料审核和管理，强化统计工作预测、预警功能，确保统计数据真实性、准确性、匹配性和全面性。

坚持数据质量评估制度，定期组织专业人员深入基层，实地考察，摸清情况，加强指导，在对数据进行全面、深入、有联系的比对、分析、评估基础上，对国民经济和社会发展计划主要指标进行全面分析论证，系统预测主要经济指标运行趋势，集中解决主要经济指标间数据不匹配和存在漏报、漏统问题。

提供优质高效统计服务，全面提升新常态下统计服务水平，聚焦省、市、县重点工作任务，将统计监测、统计评价和统计预警有机结合，加大对综合性、关联性、行业性经济数据的分析研究力度，加强对县委、县政府关键性改革和政策实施效果跟踪监测，扎实开展有关京津冀协同发展、生态文明建设、县域经济增比进位、战略性新兴产业、农业产业化、特色小镇和企业创新等方面的统计监测，加强经济形势分析和预警预判，为县委、县政府科学判断形势、加强宏观调控提供参考依据。

【统计改革】 继续推进统计制度方法改革，做好基本单位名录库动态维护和管理，加强与编办、工商、税务、民政等部门的密切配合，搭建共用的基本单位数据库信息平台，实现信息资源共享。

推进统计管理体制改革，把贯彻落实好中央和省、市深化统计管理体制改革的有关文件精神作为首要任务，进一步强化改革意识，强力推动统计管理体制改革各项目标任务的贯彻落实。

【统计执法】 继续强化统计执法，深入学习和宣传《中华人民共和国统计法实施条例》，明确统计活动的主体权利和义务。与税务、财政、发改、工商等部门沟通协调，分批次集中开展统计执法检查，净化统计工作环境。

规范统计执法检查程序，加大执法力度，完善各项检查制度，做到层层把关，逐级负责。加强对重点项目、重点企业、重点行业的统计数据监管和质量抽查力度，对基层统计工作进行有针对性检查指导，切实做好数据审核、分析和评估工作。针对因县域内环保治理力度加大给生产企业带来的影响展开重点调查，提出合理化建议。坚持数据质量评估制度，定期组织专业人员深入基层，实地考察，摸清情况，加强指导，在对数据进行全面、深入、有联系的比对、分析、评估基础上，对国民经济和社会发展计划主要指标进行全面分析论证，系统预测主要经济指标运行趋势，集中解决主要经济指标间数据不匹配和存在的漏报漏统问题。

（邵亚海）

审　计

【概况】 香河县审计局始终坚持“依法审计、服务大局、围绕中心、突出重点、求真务实”的工作方针，以审计创新为动力，以提升审计质量为核心，以加强业务管理为基础，以机关建设为抓手，全面忠实履行审计监督职责，提高依法审计能力和水平，加大对违法违纪问题查处力度，在保障财政资金安全、维护人民群众利益、推进廉政建设等方面发挥重要作用，为经济社会平稳较快发展做出贡献。

2018年，按照审计工作计划，紧紧围绕县委、县政府中心工作，坚持“全面审计、突出重点”原则，认真履行审计监督职责，搞好审计服务，促进“稳增长、促改革、调结构、惠民生”系列政策措施在全县落地生根，取得实效。完成审计项目619个，在审项目121个。审计金额791303.63万元，管理不规范资金1984.96万元。通过审计监督，强化对公共资金、国有资源、工程建设等重点领域审计监督力度，为财政增收节支做出贡献，有效维护经济秩序，履行审计监督职能，强化责任，高标准完成重点领域审计监督。

【政策落实审计】 对重大政策措施落实情况跟踪审计。根据审计署统一安排，组织对国家重大政策措施落实情况进行跟踪审计。重点关注“三大攻坚战”（防范化解重大风险、精准脱贫、污染防治）相关政策落实、“三去一降一补”（去产能、去库存、去杠杆、降成本、补短板）任务落实、“放管服”（简政放权、放管结合、优化服务）改革推进、京津冀协同发展、创新驱动发展等国家重大战略实施、地方政府隐性债务、利用外资、中央八项规定精神和国务院“约法三章”贯彻落实、“三公”经费和会议费管理使用情况等，严肃揭示“四风”问题，促进政令畅通，推动政策落地和发挥实效。根据项目性质，认真进行梳理，注重“四严”（严把审计项目关、严把审计内容关、严把审计程序关、严把审计质量关），推动重大政策贯彻落实，促进经济平稳运行、健康发展。其中，退役士兵政策落实情况专项审计、扶贫政策措施落实及扶贫资金分配使用情况审计、全县债务清理统计和化解情况专项审计、世界银行贷款河北大气污染防治项目审计、全县占地实物补偿和被占地农民社会保障情况调研等项目全部完成。

【预算执行和税收征管审计】 2018年，对县本级2017年度预算执行和税收征管情况审计。以推动建立现代财政制度、提高财政资金使用绩效、维护国家财政安全为目标，在掌握县本级预算执行和税收征管总体情况基础上，重点关注县本级预算收支的完整性、财政财务收支真实合法效益、专项资金统筹整合、财政存量资金管理使用、决算草案编制、网络安全建设和绩效、中央八项规定精神和国务院“约法三章”贯彻落实、“三公”经费和会议费管理使用情况等。围绕贯彻执行国家税收政策，揭示税收征管中存在的突出问题和薄弱环节；围绕改善营商环境，审查各项税收优惠政策贯彻落实情况，减税降费落实到位情况。重点关注房地产企业在“营改增”后税负、效益增减变化情况，并进行系统分析，为政府宏观决策提供依据。年内，完成对县财政局县本级预算执行及其他财政收支情况以及县地税局2017年度预算执行、其他财政收支及税收征管审计，审计金额531096万元。10月30日，提请香河县第十五届人大十次常委会审议并通过《香河县审计局关于香河县2017年度县本级预算执行及其他财政收支情况的审计工作报告》。

【经济责任审计】 对党政领导干部经济责任审计。以促进地方政府科学发展和领导干部守法守纪、守规尽责、廉洁用权、干净干事为目标，重点关注领导干部贯彻执行党和国家有关经济方针政策和决策部署，推动本部门、本单位科学发展，重大经济决策和重要事项管理，贯彻落实中央八项规定精神以及领导人员遵守有关廉洁从政规定等情况，按照“三个区分开来”的要求，客观评价，准确定责。受县委组织部委托，开展对县管领导干部经济责任审计。截至年底，对2名主要领导分别进行经济责任审计，全面、客观、公正地评价县中层主要负责人任期经济责任，规范有关部门的财务管理，规避审计风险。

【社会保障资金审计】 对保障性安居工程跟踪审计。根据审计署统一安排，重点对2017年度保障性安居工程进行跟踪审计，重点关注保障性安居工程政策落实和资金筹集管理使用情况，揭示安居工程建设管理和住房分配管理中重大违纪违法、重大损失浪费和重大风险隐患等问题，揭示影响重大政策落实的体制机制问题，提出完善住房保障制度和加强管理的建议。审计金额1288.82万元，发现保障房房源闲置192套、危房改造档案不齐全问题，并就存在问题进行监督整改。

【行政事业单位审计】 开展行政事业审计。重点检查行政事业单位预算内外财政财务收支、内控制度及其经济活动的真实、合法和效益。对县医院、县中医院和县哮喘医院2017年度经营情况审计，完成供销合作社联合社—盐业专营有限公司2017年度经营成果审计、县幼儿园财政财务收支情况审计、县第六中学财政财务收支情况审计；2018年12月底，完成16家基层卫生院债权债务情况审计、香河县2016年至2018年上半年社会保险基金筹集管理使用情况审计。

【固定资产投资审计】 对政府投资建设项目的审计监督。依法开展竣工决算审计。严格执行国家和现行工程造价政策及法律法规，坚持现场办公、实事求是、客观公正。依法开展工程量结算计价招标及标底预算审计。按照“抓住源头、审计关口前移”的原则，积极开展工程发包前工程量结算及预算控制价和标底预算审计，预防高估冒算、多计工程量等问题。依法开展建设项目投资效益审计。分别从立项程序、项目合同、招投标环节、资金流向等方面进行客观评价，促进固投效益的提高。重要和重大项目由县审计局业务股室负责审计，其余项目安排中介审计，县审计局负责做好指导和监督。加强投资平台建设。根据《廊坊市审计局关于廊坊市政府投资审计平台客户端硬件采购与部署的通知》的规定，按照高标准、严要求原则，加强投资审计平台软硬件建设。投资审计平台投入使用，开展的安次区交通局码得线大修工程项目竣工决算审计项目基本完成。认真贯彻落实《廊坊市审计局关于全市审计机关使用中介库分配审计项目试行办法》《廊坊市审计局关于聘请中介机构参与政府投资审计工作计费试行办法》《廊坊市审计局关于规范各县（市、区）审计机关使用中介库的通知》，加强全县中介库管理，在原有中介库到期后，使用廊坊市中介机构备选库。

【财政财务收支审计】 2018年，对全县各行政和事业单位财政财务收支审计。规范全县各行政和事业单位经济和业务活动，3月27日，开始对全县55家行政和事业单位财政财务收支情况开展全面审计工作。严把政策原则，严守政策底线，截至9月18日，全县列入审计的55家单位的财政财务收支审计全部完成，并出具审计报告。发现问题529个，涉及28类，提出审计建议12条。其中，第一批8家单位（团县委、县进修学校、县发改局、县科协、县志办、县委农工部、县委党校、县工商联）、第二批9家单位（县法院、县旅游局、县信访局、县委宣传部、县水务局、县畜牧局、县政府办、县总工会、县委统战部）、第三批14家单位（县直工委、县编办、县工商局、县文联、县农业开发办、县农业园区、县农业局、县供销社、县司法局、县民宗局、县药监局、县支油支铁办、县残联、县一中）、第四批14家单位（县公安局、县卫计局、县教育局、县职教中心、县委办、县执法局、县文广新局、县国土局、县房管局、县粮食局、县家具城、县人大办、县商务局、县质监局）基本完成整改。通过审计，各单位财政财务工作进一步规范。各单位领导干部经济责任意识、遵守财经纪律的自觉意识、从事经济行为的规范意识明显提升，加大对领导干部权力运行经常性、有效性的制约和监督。

【上级抽调审计】 2018年，认真做好上级抽调审计。根据上级审计机关统一部署，年内，先后派出14名业务骨干参加外出审计。1月15日至2月3日，抽调2人参加张家口市崇礼扶贫审计工作；3月、7月抽调2名业务骨干分别参加省委巡视组对张家口、固安县巡视工作；6月4—29日，由一名副局长带队，抽调5名业务骨干参加三河市债务清理统计及化解情况专项审计工作；1月、4月、6月，抽调3人分别配合市、县纪委完成市、县巡查工作；7月，配合大厂审计组完成香河县债务清理统计及化解情况专项审计；6月，由一名副局长带队，抽调1名工作人员对全县大气污染进行巡查督导。以外出审计为契机，认真学习，查找不足，提升审计水平。

【审计队伍建设】 召开专题会议制定年度工作计划，开展党组中心组学习、班子民主生活会、批评与自我批评等思想教育，努力提高班子整体政治素质和理论水平。班子成员充分发挥“关键少数”的示范和表率作用，坚持做到以身作则、率先垂范、精诚协作、配合默契。建立健全和完善基层党组织自身建设制度、以民主集中制为核心的党内生活制度、以目标管理为主导的基层组织工作制度。通过制度形成工作规范，做到“四个到位”（领导重视到位、责任落实到位、服务措施到位、组织保障到位），在全局上下形成党组主要领导亲自抓、分管领导具体抓、职能部门协同抓的工作格局，保证各项工作有序开展。始终围绕“内强素质、外树形象”两个主题，扎实开展创建学习型审计机关活动。从提高队伍的凝聚力和战斗力入手，制定下发《香河县审计局机关规章制度》，健全完善机关人员外出审计抽调制度、请销假制度、值班制度，从机关考勤、业务培训、外出审计等方面进行规范，营造遵守纪律的良好氛围，推动机关规范化建设，做到工作有标准、做事有规则、管事有规章、办事讲程序、干事讲效率。提升干部素养，组织学习中办国办下发的有关审计政策文件。参加上级组织的各种业务培训班，鼓励干部参加专业技术职称考试，干部专业知识结构明显改善。通过组织开展自学、互学、在线学、以老带新、业务培训等，干部队伍整体素质明显提高，做到提笔能写、开口能讲、见帐会查、遇案能处。提质提效，推动审计工作上档升级。从规范审计工作角度，认真按照市审计局法制办要求，分别提升审计质量、审计效率、审计形象、风险防控等方面。做到既要保证审计质量，又要提高效率，优质高效完成各项审计工作任务。把惩治和预防腐败体系建设和落实党风廉政建设责任制作为重要工作抓紧抓实，认真落实党风廉政建设责任制，以改进工作作风、密切联系群众为重点推进作风建设，以“把权力关进制度的笼子里”为要求推进制度建设，以完善惩防体系为抓手推进党风廉政建设。严格履行“一岗双责”，认真遵守中央“八项规定”、审计署“八不准”和审计廉政准则。坚持集中教育与经常性教育相结合、示范教育和警示教育相结合、法纪教育和荣辱观教育相结合、重要岗位教育和廉政管理教育相结合，对审计人员在审计执法、内部管理和日常生活中可能发生的思想道德、业务流程、岗位职责、制度机制和外部环境等腐败风险进行排查预防、适时监控、纠错处置、综合管理的事前防控，筑牢廉洁从审的思想防线，增强自觉抵制腐朽思想的入侵，提高党员干部的宗旨意识和法律水平。

（王海秋）

土地资源管理

【概况】 2018年，香河县行政区总面积448平方千米。其中，耕地26093.33公顷（39.14万亩）；园地26.67公顷（0.04万亩）、林地900公顷（1.35万亩）、草地273.33公顷（0.41万亩）、城镇村及工矿用地11373.33公顷（17.06万亩）、交通运输用地1893.33公顷（2.84万亩）、水域及水利设施用地3873.33公顷（5.81万亩）、其他土地360公顷（0.54万亩）。其中，农用地29960公顷（44.94万亩），占总面积的66.88%；建设用地13106.67公顷（19.66万亩），占总面积的29.26%；未利用地1720公顷（2.58万亩），占总面积的3.84%。农用地中，耕地26093.33公顷（39.14万亩），占农用地总面积的87.09%；园地26.67公顷（0.04万亩），占农用地总面积的0.08%；林地900公顷（1.35万亩），占农用地总面积的3.00%；其他农用地2940公顷（4.41万亩），占农用地总面积的9.81%。建设用地中，公路用地953.33公顷（1.43万亩），占建设用地总面积的7.27%；水利建筑用地773.33公顷（1.16万亩），占建设用地总面积的5.90%；建制镇2266.67公顷（3.4万亩），占建设用地总面积的17.29%；村庄8540公顷（12.81万亩），占建设用地总面积的65.15%；采矿用地206.67公顷（0.31万亩），占建设用地总面积的1.59%；风景名胜及特殊用地366.67公顷（0.55万亩），占建设用地总面积的2.80%；未利用地中，河流水面746.67公顷（1.12万亩），占未利用地总面积的43.41%；内陆滩涂700公顷（1.05万亩），占未利用地总面积的40.70%；其他草地273.33公顷（0.41万亩），占未利用地总面积的15.89%。

【土地综合规划】 在土地利用总体规划调整完善工作中，全面落实国家发展改革委等七部委《关于印发加强京冀交界地区规划建设管理的指导意

大香线绿化工程 （吕剑摄）

运河文化公园 （吕剑摄）

见》和省政府办公厅《关于加强京冀交界地区规划建设管理实施方案》，坚决打破“一亩三分地”思维定式，强化统一规划、统一标准、统一政策、统一管控。

按照省、市下达关于支持北京城市副中心规划建设有关要求，严格控制城镇开发强度，科学划定城市开发边界，严禁城区规模摊大饼式发展，尤其是与通州区相邻乡镇，在安排新增建设用地规模时杜绝贴边发展。支持环首都绿化带建设，严格与北京交界地区、潮白河、北运河两侧生态用地管控，科学划定生态保护红线。在优先保障生态用地、“十三五”期间重大项目用地需求前提下，结合香河县永久基本农田保护成果和建设用地扩展边界，划定永久基本农田保护红线。全县在《通州区与廊坊北三县地区整合规划》正式完成后，对土地利用规划调整完善工作进一步衔接完善。

【耕地资源保护】 2018 年，香河县贯彻执行“十分珍惜和合理利用每一寸土地，切实保护耕地”的基本国策，实行最严格的耕地保护制度。省、市规定香河县年度耕地保有量目标 20850 公顷（312750 亩），基本农田保护目标 17354.51 公顷（260317.65 亩）。

建立耕地保护共同责任机制。县政府与 9 个镇及新开街道办事处、新华街道办办事处、环保产业园区、新兴产业示范区、县国土局及国土所签订耕地保护责任书。按照部、省考核办法要求，逐级开展耕地保护责任目标履行情况考核。全面建立“纵向到底、横向到边”共同责任机制。明确各级政府为耕地保护责任主体、政府主要负责人为耕地保护第一责任人。将耕地保护责任延伸到集体经济组织和农户，落实到每个地块，形成县、镇、村和农户齐抓共管的责任体系。

将耕地保护目标纳入政府年度考核评价体系，建立土地违法违规政府领导干部问责制、政府领导干部耕地和基本农田保护离任审计制度。明确各镇及新开街道办事处、新华街道办事处、新兴产业示范区、环保产业园“一把手”作为第一责任人，对本行政区域内耕地保有量和基本农田保护面积负责。规定在各类考核、评优中，实行耕地保护“一票否决”。

贯彻落实《中共中央 国务院关于加强耕地保护和改进占补平衡的意见》（中发〔2017〕4号）精神。改进管理方式、落实耕地占补平衡是适应耕地保护形势发展需要。改进耕地占补平衡管理，建立以数量为基础、产能为核心的占补新机制，通过“算大账”的方式，落实占一补一、占优补优、占水田补水田，促进耕地数量、质量和生态三位一体保护。国土资源主管部门高度重视、深刻领会，掌握要求、精心部署，更加科学、务实、高效地做好补充耕地工作，确保耕地占补平衡落实到位，严守耕地红线，保障国家粮食安全。

完善基本农田保护各项制度。2011年12月20日，香河县在乡镇基本农田保护区设立15块标志牌。根据国家、省关于基本农田保护有关法律、法规和规定，全县建立以责任制为龙头的各项保护制度，包括保护责任制度、基本农田保护区制度、占补平衡制度、基本农田保护监督检查制度、禁止破坏和闲置荒芜基本农田制度，形成基本农田保护长效管理制度体系。

【土地利用】 2018年，香河县供应国有土地73宗，面积125.71公顷（1885.65亩），出让金总额288064.92万元。其中，住宅用地供应19宗，面积20.81公顷（312.15亩），占全年总量的16.55%，出让金113360万元；商业用地供应22宗，面积39.89公顷（598.35亩），占全年总量的31.73%，出让金112332万元；其他用地供应7宗，面积12.85公顷（192.75亩），占全年总量10.22%，出让金23521万元；工业用地供应25宗，面积52.17公顷（782.55亩），占全年总量的41.5%，出让金38851.92万元。

【地籍管理】 稳步推进农村集体土地及宅基地“房地一体”调查工作。全县农村集体建设用地、宅基地“房地一体”调查工作，分三个标段，共计16个工作组同时开展工作，2018年上半年，以召开协调会形式，积极与各镇沟通，督促作业单位保质保量开展调查工作。截至年底，应开展地籍权属调查72851宗，完成开展地籍权属调查72599宗，占全部工作量的99.65%，房屋补充测量工作完成总工作量90%。

开展土地变更调查工作，全县2018年度土地变更调查宗地数为795宗，总面积283.53公顷（4253亩）。795宗地块通过实地调查举证，建立变更数据库，按照省厅意见两次修改上报，通过省厅初步审核并上报。香河县第一次海洋经济调查工作完成外业调查工作，上报相关产业名录，进入档案整理阶段。香河县第三次全国土地调查工作，按照上级部门要求和指示，开展香河县第三次全国土地调查工作。成立香河县第三次全国土地调查领导小组，制定香河县第三次全国土地调查工作实施方案，完成项目招投标工作，开展外业调查举证及香河县第三次全国土地调查数据库建设工作。

【农村宅基地管理】 2018年，发放宅基地不动产权证书1545本。其中首次登记20本，补证登记237本，转移登记1269本，更正登记4个，变更登记15个。办理注销登记25个。

【土地储备开发】 形成一套较为完善的收储工作流程，成功完成5宗存量建设用地收储工作，面积为6.35公顷（95.23亩）。

【土地执法监察】 按照省自然资源厅关于2017年度土地卫片6月底违法占用耕地比例降到15%以下的要求，经过半年整改，通过省自然资源厅验收，违法占用耕地比例降至9.77%，完成省自然资源厅要求6月底违法占用耕地比例降到15%以下的目标。

全县有3支执法巡查队，负责全县土地巡查工作。全年出动执法人员1200余人次，出动执法车500余辆次，主要巡查工业聚集区、基本农田保护区和村庄周围，尤其对基本农田保护区、村庄重点周围，加大巡查的力度，提高发现违法占地的效率。2018年，全县新增违法用地45宗，面积4.28公顷（64.2亩），全部拆除。

【服务项目建设】 2018年，香河县累计争取用地指标35.8公顷（537亩），其中重点建设项目用地指标17.8公顷（267亩）。是年，全面出具建设项目用地预审2宗，其中工业项目1宗，仓储物流项目1宗。

【不动产登记】 2018年，香河县不动产登记中心发出不动产权证书24881本，不动产登记证明16855张。

【地理信息工作】 地理信息完成测绘备案43宗，测绘汇交32宗，测绘综合执法巡查10次，未发现测绘单位违法从事测绘活动。认真按照要求上报本县内测绘地理信息行业的统计数据。

数字城市是指利用空间信息构筑虚拟平台，将包括城市自然资源、社会资源、基础设施、人文、经济等有关的城市信息，以数字形式获取并加载上去，从而为政府和社会各方面提供广泛的服务。完成基础地理信息数据生产与入库、基础地理信息数据库管理系统、地理信息公共平台、应用示范建设和支撑环境建设建设任务，系统通过河北省基础地理信息中心测试，完成市国土资源局预验收工作。向省自然资源和规划厅提请验收申请并等待省自然资源和规划厅验收。

（马冬伟）

物价管理

【概况】 2018年，香河县物价管理工作，把稳定物价、促进发展、惠及民生作为工作主线。在收费管理、价格管理、政府定价、价格检查、价格认证、价格服务等方面工作拓宽工作思路，提高工作效能，保证了全县物价总体稳定，为香河县政治、经济及各方面发展做出贡献。

【收费管理】 2018年，根据河北省物价局、河北省财政厅《关于开展2017年度收费报告和收费统计工作的通知》文件要求，对全县实施行政事业性收费的单位、公立医疗机构及实现政府定价管理的经营服务性收费单位开展2017年收费情况报告工作，并通过“全国收费动态监管系统—网上申报系统”进行网上填报。

按照《河北省幼儿园收费管理暂行办法实施细则》和廊坊市物价局、财政局、教育局《关于我市公办幼儿园保教费实行分类按级收费的通知》文件要求，同意香河县第三幼儿园收取保育费、教育费，并核定其收费标准。

开展“两个专项清理”整改“回头看”工作，县物价局与县财政局联合印发《香河县乱收费乱摊派问题清理整改“回头看”工作方案》，督促各责任单位认真做好自查自纠工作，按时间节点及时上报自查情况。

【价格管理】 2018年，认真落实国务院总理李克强《政府工作报告》关于降低工商业电价10%的目标要求，县物价局先后转发省、市相关文件，并组织全县物业公司、商业综合体等主要负责人召开提醒告诫会，宣传电价政策，督促行业自律，降价清费措施落实到位。

【政府定价】 2018 年，根据《国家计委、建设部关于印发经济适用住房价格管理办法的通知》《经济适用住房管理办法》《香河县经济适用房管理办法》文件有关规定，联合香河县住房保障和房产管理局共同制定阳光馨城经济适用房销售指导价格。

深化资源性产品价格改革，充分发挥市场在资源配置中的决定性作用，促进天然气供储销体系建设和行业持续健康发展。根据《国家发展改革委关于理顺居民用气门站价格的通知》、河北省物价局《关于理顺居民用气门站价格的通知》等文件精神，结合香河县实际，制定《香河县管道天然气配气价格、销售价格及实行价格联动机制的实施方案》。方案经县政府 2018 年第七次常务会议通过，并印发执行。

【价格检查】 2018 年，加强市场价格巡查，规范明码标价行为。继续加强价格举报投诉工作，维护群众利益，针对群众反映强烈的燃气接口费、有线电视初装费等问题进行调查，责令各房地产开发公司进行整改。对药店、诊所进行集中检查，有效规范医疗行业收费行为，对不合理的行为进行纠正。

【价格认证】 2018 年，价格认证中心认真履行价格认定工作职责，坚持依法、公正、科学、效率的价格认证原则，严格按照规定的标准程序和方法扎实有效地开展价格认证工作，配合司法机关工作，打击刑事犯罪和维护社会稳定。

（张卫新）

工商行政管理

【概况】 香河县工商行政管理局（简称县工商局）派出机构 6 个，即城区分局、家具城分局、开发区分局、渠口分局、刘宋分局和经济检查大队，机构规格为副科级。有内设机构 8 个，即办公室、人教科、注册科、市场科、企监科、法制科、商广科和监察室，机构规格为股级。有事业单位 4 家，即香河县个体劳动者协会、香河县私营企业协会、香河县消费者协会和香河县民用品维修行业协会，机构规格为股级。

【商事制度改革取得新进展】 2018 年，香河县全面执行全国统一“多证合一”改革涉企证照事项目录， 4 月 1 日，开始将全省尚未纳入的粮油仓储企业备案、保安服务公司分公司备案、物业服务企业及其分支机构备案、分公司营业执照备案、交通运输部门船舶交易服务机构备案等五项事项整合到营业执照上，在全省范围内实行“四十三证合一、一照一码”；依照冀工商〔2018〕45 号、冀工商〔2018〕54 号文件精神， 6 月 30 日，全省开始在“四十三证合一”的基础上，进一步将资产评估机构及其分支机构备案、劳务派遣单位设立分公司备案、房地产经纪机构及其分支机构备案、农作物种子生产经营分支机构备案、外商投资企业商务备案受理、气象信息服务备案等 6 项涉企证照整合到营业执照上，报关单位注册登记证书（进出口货物收发货人）信息交换在中央层面以“总对总”方式进行，按照国家市场监管总局和海关总署部署要求统一实施，实行“五十证合一、一照一码”。

创新完善工商登记制度，提升市场主体登记便利度。推进落实“互联网+”登记服务。10 月 1 日，个体工商户登记开始全面推行“云窗办照”系统，通过手机 APP 完成手机全程电子化登记，实现个体工商户注册登记“审批服务零见面、纸质材料零提交、手机办理零距离”，使个体工商户注册登记从“面对面”线下单一办理模式转变为“键对键”线上办理与“面对面”线下办理双模式并行，市场主体注册登记速度大幅提升。

11月10日，开始对国务院明确的第一批106项涉企行政审批事项，分别按照直接取消审批、审批改为备案、实行告知承诺、优化准入服务等四种方式实施“证照分离”改革。

解决申请人办理执照时遇到的提供住所证明难问题，着手制定《香河县进一步放宽市场主体住所（经营场所）登记条件规定》，经政府办审核下发。

压缩市场主体开办时间。能当场办结的当场办结，不能当场办结的，5个工作日内发照。（《个体工商户条例》规定：申请材料齐全、符合法定形式的，当场予以登记；需要对申请材料的实质性内容进行核实的，依法进行核查，并自受理申请之日起15日内作出是否予以登记的决定；予以注册登记的，登记机关应当自登记之日起10日内发给营业执照。）

【企业信用监管工作】 2018年，全面推行“双随机、一公开”（ 在监管过程中随机抽取检查对象，随机选派执法检查人员，抽查情况及查处结果及时向社会公开）监管。年内，完成国家工商行政管理总局、省工商行政管理局、市工商行政管理局组织实施的双随机抽查工作8次，抽查企业319家、农专20家和个体工商户1137家。通过抽查，有效规范企业登记事项、经营行为和信息公示，提高企业守法经营意识。

认真开展市场主体年报公示工作。利用多种媒介和方式广泛宣传年报公示工作，印发年报宣传单2500份，《消费广场》《时讯传媒》两家广告纸媒刊登大幅年报公告1个月，“香河工商”微信公众号每周一期推送年报公告、年报方法、密码重置文书及未年报企业名单等内容，发送覆盖香河境内所有移动、联通电话号码的年报短信36万条，2月，举办一次企业信息公示培训班，全县注册的财务、会计公司和新注册企业代表85人参加培训，4—5月，每周针对未年报企业发送催报短信10000条，针对未年报农专发送催报短信3期，共1000条。

【“四个专项行动”】 2018年，力促市场主体增量，截至年底，全县市场主体总数为32077户，比2017年（28686）净增3391户，完成目标任务（3200）的105.97%，其中，企业净增1649户，个体净增1742户（2017年底企业户数为6468户，个体户数为22218户）。

深入开展商标兴企行动，全县拥有驰名商标1件（香河天音乐器有限公司“爱迪牌”注册商标），河北省著名商标3件（香河第一城酒业有限公司“第一城”注册商标、中冶长城重型机械制造有限公司“CCLT”注册商标、河北华香清真肉类加工有限公司“京华香”注册商标），新增注册商标124件，注册地理标志商标意向1个，注册集体商标意向1个、注册驰名商标意向2个。采取动产抵押、股权质押、商标权质押等方式帮助企业发展，年内，县工商局办结3家企业的动产抵押登记，融资额达到874.51万元。为香河县恒硕彩钢钢结构有限公司、廊坊金戈安金属制品有限责任公司和廊坊栢林三优家具有限责任公司申报市级重守企业。扎实组织开展党建促企专项行动，全县建立非公党组织114个，覆盖非公企业233个。

持续加大监管执法力度。开展集中整治不正当竞争、打击侵犯商标专用权、整治虚假违法广告、网监执法等专项行动。

按照市工商局和县政府金融办的要求，工商部门承担投资公司、投资咨询公司、资产管理公司的金融风险排查工作，采取列清单、建档案，建立完整健全的投资类公司台账。组织相关科室分局，5月，开展一次集中筛查，7—8月，开展一次复查，具体对照台账逐片逐街逐户现场走访，从主体登记情况、店内广告、门头牌匾等多方面筛查非法金融风险。截至年底，全县登记在册投资类企业39户。通过排查及监控，有冠群投资咨询等13户企业因在登记注册地无法取得联系被列入经营异常名录，该13户中的黄金佳、金吉通等7户企业，因连续三年被列入异常名录，按规定列入严重违法黑名单。以上列入异常及列入严重违法黑名单情况均通过河北省经济户籍系统对外公示。在排查及复查中，发现有晶生资产管理、鸿坤资本、“香河金乾升企业管理咨询服务有限公司”3户涉嫌从事非法金融活动，违法线索移交相关部门处理。

推动全县打击传销攻坚行动深入开展。制定打击传销工作实施方案，明确工作程序、重点以及各部门职责。督促各镇、街道办事处、园区签订打击传销承诺书，层层传导压力；印发关于开展打击传销专项行动的通告，通过电台电视台向社会传播并通过各小区村街张贴等方式，宣传传销的危害以及参与传销可能产生的法律后果。积极协调县委政法委、县公安局，就打传专项行动进行督导，促进全县打传专项行动全面有序开展。年内，县工商局分别于6月21日和7月4日开展两次集中清理打击，两次行动捣毁涉嫌传销窝点75个，查扣记载有“自愿连锁经营”“五级三晋制”等内容笔记本、便签1700余份，入会订购合同80余份，查扣手机、笔记本电脑107部（台），宝马汽车2辆，银行卡31张，现金4万余元，冻结资金52.6万余元，27名嫌疑人被公安机关刑事拘留，网上追逃9人，300余名涉嫌传销人员在教育后予以遣返。涉传居室由所在地镇政府会同物业公司予以断电处理。

按照《廊坊市2017网络市场监管专项行动实施方案》，认真落实国家工商总局、省工商局《2017网络市场监管专项行动方案》，创新监管手段，提升执法能力，以网络交易平台和网络商标侵权、销售假冒伪劣商品、虚假宣传、刷单炒信等突出违法问题为整治重点，查办一批大案要案，公布一批典型案例，特别是对屡查屡犯的违法经营者，依法实施更严格的市场监管、更严厉的行政处罚、更有效的失信惩戒。截至年底，县工商局检查网络主体133户，核实网站信息133条，为企业申请电子标识2件。

根据廊坊市政府下发的《关于进一步加强非洲猪瘟防控工作的紧急通知》和香河县《关于做好2018年秋季动物疫病防控工作的通知》的通知，县工商局高度重视，下发《香河县工商行政管理局关于进一步加强非洲猪瘟防控工作加强市场监管的紧急通知》。县工商局与各分局签订责任状，各分局按照属地管辖原则，加强生猪交易市场监管，严格对进入市场的猪肉制品经营主体进行检查，建立《香河县农贸市场统计台账》《猪肉制品经营户统计台账》，与各农贸市场主办方签订承诺书。截至年底，县工商局出动执法人员264人次，执法车辆133辆次，检查香河县域内生猪交易市场，未发现违法生猪交易行为。

【大气污染防治工作】 2018年，加强散煤治理，推进“限塑”专项行动。根据《廊坊市工商行政管理局关于落实省委政府和市委政府要求认真做好环保督察整改“回头看”和迎检各项各工作的紧急通知》的要求，县工商局对已取缔（变更）的散煤、型煤经营户开展回头看专项行动，出动执法车辆60车次，出动执法人员180人次，查处散煤销售案件4起，查扣散煤52.8吨，罚款12712元。6月8日，根据《廊坊市工商行政管理局2018“红盾治污”行动方案》《香河县工商行政管理局关于开展“限塑”专项行动的实施方案》要求，工商局在香河县浙加都超市，开展“限塑”专项行动主题宣传活动。发放《倡议书》300份，发放购物袋200个，对主城区大型超市、集贸市场塑料购物袋有偿使用情况进行检查，并与市场开办者、超市经营者签订责任书。责成各分局按照属地管辖原则加大“限塑”活动宣传力度，对销售、使用不符合国家标准的塑料购物袋进行查处。

【产品质量管理】 2018年，加强品牌建设，指导22家企业申报河北省名牌产品等质量奖项；县委、县政府印发《关于调整香河县质量强县战略领导小组成员的通知》《关于开展质量提升行动加快质量强县建设的实施意见》，对质量强县工作进行分工；召开全县质量强县和标准化战略大会，48家质量强县战略领导小组成员单位主要负责人、13个镇（街道办事处、园区）主要领导及县域内20家重点企业高管或质量负责人参会；发放河北省名牌、优质产品企业奖励资金50万元；组织辖区内30家获得省、市各类质量奖企业参加廊坊品牌展示交流会；组织建安特、一城酒业、天亚木业、天音乐器、凯华齿轮5家企业参加廊坊市“企业质量提升培训班”和2018年第二期企业首席质量官任职培训暨先进质量管理模式交流会。

【产品质量认证】 2018年，组织10家生产许可证企业、2家机动车安检机构、11家实验室开展年度自查；对全县登记在册的规模以上工业企业进行筛选，对41家有代表性的企业上门开展产品质量等级率和质量管理体系认证率指标收集整理工作。组织辖区内11家检验检测机构参加省质监局组织的RBT214—2017宣贯标准培训会；组织辖区内环境、食品、工程领域7家检验检测机构开展检验检测机构开放日活动；开展“世界认可日”活动，发放宣传材料200份，咨询服务群众51人次。

【规范市场秩序】 2018年，加大监督检查力度，开展专项监督检查10次，未发现“缺斤短两”和假冒伪劣违法行为；配合市质量技术监督局开展国抽和省抽工作，抽查家具23家，板材1家，涂料3家，眼镜4家，食品相关产品3家，对2017年度国抽、省抽不合格的4家企业进行处理和重点监管。

【计量监督检查】 2018年，重点对夏粮收购保障计量器具、环境监测用计量器具、重点排污单位计量器具开展计量监督检查，检查8家单位72台件在用计量器具，未发现计量违法行为；开展成品油市场秩序专项整治行动，检查成品油销售企业43家，对在用加油机主板、计量芯片铅封状况和计量检定情况进行逐一检查，未发现计量违法行为；组织企业计量需求大调研活动，对香河国瑞智测试设备有限公司和香河县一城酒业有限公司两家企业的计量器具配备、使用情况以及企业在产品研发、制造、质量提升、工艺控制、产品检验等方面的计量需求进行调研。

【特种设备安全监察】 2018年，全县特种设备领域实现“零事故、零死亡”工作目标。开展各类专项整治12次，检查特种设备使用单位288家次，检查特种设备1815台，与13家气瓶充装单位和62家特种设备使用单位签订承诺书；开展电梯专项治理，检查电梯使用单位20家次，检查电梯620台，对存在问题的16台电梯下达《特种设备安全监察指令书》，张贴或悬挂220块电梯公示牌；开展起重机械集中整治，以石材城为重点，检查起重机械使用单位78家，设备188台，检查出技术资料缺失设备7台，发现安全隐患6个，全部整改完毕；开展“安全生产月”“电梯安全宣传周”活动，发放各类电梯安全知识、法律法规等宣传资料1200份，群众答疑100人次，组织现场宣传6场次。

（周凤伟）

安全生产监督管理

【概况】 香河县安全生产监督管理局（简称县安监局）是香河县人民政府管理全县安全生产工作的职能部门。担负着监督管理全县安全生产工作，分析预测全县安全生产形势，发布安全生产信息、重大事故隐患问题及防范对策；对安全生产行使国家监督监察职权，组织协调重大安全事故的处理级和应急救援工作；负责对全县伤亡事故统计分析，提出防范措施。内设6个业务股室（办公室、综合协调股、监督管理一股、监督管理二股、安全生产应急救援办公室、职业卫生安全监督管理股）和1个执法监察大队（内设3个股级执法队），核定事业编制39人。

【落实安全生产责任制】 2018年，县委、县政府高度重视安全生产工作，多次召开县委常委会和政府常务会。年初、半年均召开安全生产工作会、每季度召开安全生产委员会工作例会，专题研究全县安全生产工作，坚持将安全生产责任目标考核纳入全县目标管理考核范畴。强化主体责任，在安全生产责任制上抓落实，继续坚持层层签订安全生产责任状，形成主要领导亲自抓、分管领导具体抓、一级抓一级、层层抓落实的安全生产目标责任体系。落实安全责任，定期开展安全生产形势通报，及时对有关辖区或部门进行安全生产提示告诫。建立县领导包联镇（街道、园区）和县直部门工作制度，严格落实督导、检查、调度、帮扶、建议、宣传等职责，实现一级包一级、一级对一级负责。建立安全生产提示卡制度，及时提示提醒县领导及各镇(街道办事处、园区)、各相关部门落实安全生产监管责任、督导检查责任和法规政策措施等，确保工作实效。

【乡镇安全监督规范化】 以乡镇安监站规范化建设为抓手，全面提升基层监管水平。县编办正式行文，按照统一标准和要求在全县所有镇、街道办事处、园区设立安监站，安监站均为事业单位，编制3—4名，站长由副科级干部兼任，并设副站长1名。投入103万元，为各镇、街道办事处、园区安监人员配备执法服装、防护服装、摄像机、便携式气体检测仪及电脑、打印机等装备设施，切实保障基层办公执法需要。安排240万元购置20辆执法用车，在全市率先落实乡镇安监人员每人每月220元岗位津贴，有效保障基层安监人员稳定工作。

【安全生产规范化建设】 加强安全生产规范化建设，县编办正式下发《关于加强行业主管部门安全生产管理机构建设的通知》，在住建局、交通局、教育局、质监局等19个安委会主要成员单位，全部设立安全生产管理办公室内设机构，核定编制2—3名，全部落实到位，确保所有行业领域都有机构履职、都有人员干事。加大投入，全县安全生产经费1318万元，同比增长44.8%。以政府购买服务方式拨款400万元，对全县中小学、幼儿园、医院、敬老院等场所进行用电安全检测，消除用电安全隐患，获得中共廊坊市委书记批示，并在全市推广。

【开展“安全生产月”活动】 2018年6月16日，开展“安全生产月”咨询日活动。组织县公安、交通、住建、质监等20家安委会相关成员单位，在金钥匙家具城北侧开展“安全生产月”咨询日活动。通过设置安全宣传咨询台，发放各类安全知识材料，耐心解答安全生产问题等方式，大力宣传安全生产知识，受到群众广泛称赞。印刷宣传品83种、设立宣传图板58块、悬挂各类宣传横幅100条，发放安全生产知识手册、法律法规手册等各种宣传资料13560份、发放宣传品3850份，接受群众咨询3500余人（次），不断提高群众安全生产意识，营造浓厚安全氛围，使安全生产深入人心。

开展安全生产知识竞赛活动。通过印发海报2000张，组织各单位人员、各企业职工参与竞赛及邮局微信朋友圈广告10万次和邮局夹报5000份等方式推送竞赛活动。全县有193048人次参与网络答题。

开展社会安全文化活动。在香城郦舍小区和京汉君庭小区推进安全文化主题社区建设工作。在香河经济开发区打造一条安全文化主题街道，通过在主干道明显位置安装“安全文化”宣传牌、宣传标语等方式，全力打造“安全文化”主题示范街道，营造安全生产人人有责、安全生产从我做起的良好氛围。

加强新媒体宣传。县安监局创设安全生产微信平台，及时发布安全生产法律法规、安全知识、事故案例和时事动态，广大群众通过扫描二维码、关注公众号等方式进行查阅，使解读政策、宣传法治、传播知识、交流经验和警示教育在“香河安监局”微信平台上常态化。发布微信平台121期，推送各类安全知识412条。报送安全生产信息140条，省、市采用51条。

制作并组织集中观看警示教育片。制作以安全生产典型事故案例和安全生产系列警示教育为题材的《香河县安全生产警示教育片》U盘200个和光盘100张，发放至各镇（街道办事处、园区）和各行业主管部门并集中组织观看，引导全社会深入吸取事故教训，提高防范意识和能力，推动安全生产工作。

【从业人员培训】 县安监局组织各类培训9期，培训人员1290人，其中，生产经营单位安全生产知识培训360人；危化企业安全员取证、复审244人；一般企业负责人、安全员培训486人；特种工（电工、焊工）200人。组织各镇（街道办事处、园区）安监站长、县安监局全体干部职工50余人开展“安全生产执法年”业务知识培训和安全生产现场观摩执法活动。查阅企业安全管理档案资料，听取专家讲解执法检查中的注意事项，取得显著效果。分批对全县188个“气代煤”改造村街“两员”（燃气企业驻村安全员、村街燃气安全协管员）开展安全培训，培训600人次。聘请专家详细讲解燃气基本知识、燃气协管员安全管理职责、燃气安全管理、燃气应急管理、家用燃气的火灾原因及常见不符合要求示例等相关业务知识进行讲解，切实提高“两员”安全意识和监管能力。推进“双控”（风险分级管控和隐患排查治理双重预防控制）机制规范化建设，分批组织全县各镇（街道办事处、园区）主管副职、安监站长，县安委会成员单位主管副职、安全生产股室负责人，县安监局各股室（队）负责人及全县360家重点企业主要负责人和安全管理人员开展安全风险分级管控和隐患排查治理双重预防控制机制规范化建设培训会，组织培训14场（次），培训1750人（次），切实提高安全监管监察人员执法水平，督促企业落实安全生产主体责任。

【应急救援体系建设】 在原有应急预案基础上着手修编《香河县生产安全事故灾难应急预案》和《香河县危险化学品生产安全事故灾难应急预案》。完成辖区内全部重大危险源评估、备案、登记、建档工作，完善重大危险源数据库，提高信息化管理水平，为应急救援提供信息支持。建立完善应急救援资源共享机制，结合全省开展的“互联网+安全生产”综合监管信息平台建设工作，掌握全县生产经营单位及周边区域的应急资源配备、储备情况，在事故发生时，第一时间做出响应，通过共享机制快速调用周边区域有关应急资源，最大限度降低事故影响和损失。筛选应急专家库人员，吸收各行业领域权威专家进入应急专家库。组织开展2018运载危化品车辆事故应急救援演练，经专家评估，演练现场分工明确，处置动作快速有序，达到预期目的，演练取得圆满成功。

【行政执法“三项制度”建设】 坚持实施执法公示制度，通过县政府信息公开行政执法专栏定期公示行政许可事项和行政处罚情况，接受群众监督。完善复议室、听证室、询问室、档案室等各类功能室的相关制度，并制作展板，实现制度上墙。制定行政执法全过程记录制度，按照规定配备执法记录仪、无人机等音像设备20台；聘请省局政策法规处及相关专家对县安监局执法人员进行培训。安监局法制办对日常执法文书进行审查，确保每件行政执法案件有记录、有案卷，保障执法全过程文字记录完整，执法文书规范，案卷完整齐全。制定重大行政执法决定法制审核制度，明确重大执法案件范围，保障行政执法决定合法性、合理性，促进严格规范公正执法。

2018年11月9—10日，河北省应急系统行政执法“三项制度”（行政执法公示制度、执法全过程记录制度、重大执法决定法制审核制度）试点示范市（廊坊）工作调度会议在香河召开。

【安全生产专项整治】 2018年，香河县高度重视安全生产专项整治。多次召开专题会议进行部署调度，成立由县委书记、县长任“双组长”，其他副县长任副组长，各相关单位一把手为成员的领导小组。严格落实安全生产责任包联责任制，县领导包镇（街道办事处、园区）、镇（街道办事处、园区）领导包村（居委会、企业），切实形成一级抓一级、层层抓落实的全覆盖责任体系，切实为行动扎实有效开展提供有力保障。制定方案，督促按时整改到位，实现闭环管理。围绕危险化学品、烟花爆竹、道路交通、建筑施工、“煤替代”工程、特种设备、消防安全、人员密集场所等重点行业领域，相继开展安全生产“百日攻坚”“利剑除患”“大排查大整治”等系列专项整治行动，通过联合执法、暗查暗访、综合督导等多种方式，全面加强安全生产隐患问题排查整治。坚持边查边改、立查立改，逐个问题制定整改台账，明确整改措施、责任人员、完成时限，确保全部整改到位，定期开展“回头看”，严防问题反弹。年内，累计检查企业、单位1万余家（次），排查整改隐患1.5万处。安监部门立案处罚企业116家，罚款184万元。

（田永集）

城市综合管理

【概况】 2018年，香河县对标文明县城创建内容，严格落实市容管理措施，开展市容市貌综合整治行动，改善城区环境秩序。香河县城市管理行政执法局负责东起潮白河西岸，南抵双安路，西至运河大道，北达京哈高速香河北出口（含新兴产业示范区）范围内的行政执法工作。

【网格化管理】 2018年，香河县城市管理行政执法局按城区范围和街道分布将管理区域划分为东区、中区、西区三大片区，采取定岗布控、责任到人、徒步巡查、整体联动的执法精细化管理模式。每个片区实行队长负责、不定期轮岗工作制，明确任务，夯实责任，扎实有效推进城市管理工作有序开展。充分发挥数字化城管平台作用，对城区各类违规现象进行动态化监管。

【城市管理全面管控】 全力整治市容环境秩序，采取“五加二”“白加黑”和错时工作、定点值守等工作制度，实现城市管理“时间全天候、区域全覆盖”。打造新华大街、新开街、五一路、迎宾路等市容示范街，以线带面，全面提升城市品位。对城区主要路段加强巡查力度，规范治理城区主要街路占道经营、流动经营、店外摆放、店外加工制作等各类违规行为8850余起、规范夜间店外餐饮930起、查处校园周边流动餐车1910起、暂扣电动三轮车、机动三（四）轮车610辆，说服教育当事人2200人，全力维护城区良好环境秩序。

【户外广告规范化管理】 2018年，按照市容市貌规范管理要求，严格户外广告设置标准，美化城区市容环境。实行日常管理和专项治理行动相结合方式，严格执行省、市对户外广告的清理方案，重点对违规户外广告、存在安全隐患破损广告、乱拉乱挂条幅、城市“牛皮癣”（公共场所非法张贴或者涂写的违规小广告）展开清理行动，徒步逐户规范，促进市容环境整洁、有序。年内，审批广告牌匾177块、拆除违规广告牌匾130块、清理临时广告牌匾3400块、清理各类违规小广告29075处、摘除破损违规条幅2578条、粉刷墙体广告35000处，全面提升城市形象和品位。

【大气污染治理】 2018年，香河县严格按照《河北省大气污染防治规划》《廊坊市大气污染防治实施方案》总体要求，多措并举，深入开展大气污染治理工作。治理露天烧烤采取“夏病春治”的工作方法，从3月初开始，提前对各烧烤门店、摊点下发《明白纸》，对不规范门店下发《整改通知书》，要求各烧烤经营者提高思想觉悟，积极主动进行整改。加大对露天烧烤（含流动烧烤）的治理力度，每天下午6点至凌晨，对城区主要路段进行不间断巡查。年内，取缔露天（流动）烧烤（含铁板烧、炒冷面等）245处、整改162处、教育当事人730人、暂扣作业工具260件、制止垃圾焚烧67处，全力改善城市环境和空气质量。

【规范渣土车辆运输】 2018年，香河县规范渣土车辆运输管理，对全县渣土运输单位进行摸底调查，为每辆渣土运输车辆建立档案，做到“一车一档”。全县173辆渣土运输车辆全部自行安装GPS卫星定位系统和密闭式自动苫盖系统。采取蹲点值守与流动巡查相结合的方式，在城区、安平、现代产业园等路段进行不间断巡查，加强夜间监管力度，对苫盖不严、车身带泥、未按规定线路进行运输的渣土运输车辆进行严格检查。年内，检查渣土运输车辆2865辆次、要求整改296辆、处罚5辆，有效维护干净整洁的城市形象。

【建筑领域监管】 2018年，全面加强建筑领域监管，严格按照《中华人民共和国城乡规划法》相关规定，坚决打击建筑领域违法违规行为。对辖区范围建设项目进行逐一排查，重点打击“未批先建、少报多建”等现象，对辖区内36项施工项目进行监管，严控违反规划建设行为发生。严控私搭乱建行为蔓延趋势，对城区内违章建设进行排查摸底并建立台账，对违规建筑下达限期整改通知书，责令限期拆除，逾期拒不拆除的予以强制拆除。年内，城区内拆除42户，面积871平方米，协助河北省香河经济开发区执法队拆除安平新城街沿街私搭乱建60处，拆违面积约500平方米。全力推进“一区三边”（“一区”，即城市建成区，“三边”，即高速铁路沿线安全保护区、高速公路和国省干道沿线建筑控制区）违法建设治理，发现违法建设58起、违法总面积为22.64万平方米。联合县国土局、淑阳镇政府、新华街道办事处、新开街道办事处开展拆违工作并全部完成。

【市政设施监察】 2018年，持续强化市政设施监察，对城市道路、绿化树木等市政基础设施实行全天候监控，维护市政设施完好，方便市民出行。加大巡查监管力度，重点检查擅自挖掘道路、破坏树木和市政设施等行为，发现问题及时处理或协调相关部门及时修缮、更新。年内，拆除市政硬化用地上地锁及障碍物51处、拆除私设坡道26处、拆除违规圈占市政人行道硬化用地870平方米、制止破坏城市道路22处、园林绿化执法纠正协调8起、监管道路挖掘15处、苫盖裸露土方2700平方米。维护城市环境、化解金融风险，县城市管理行政执法局配合县交通、公安、银监等部门，把违规设置的北京骑骑共享单车80余辆清理出香河。

【完善数字城管体系】 2018年，香河县数字城管指挥平台正式运行，对城区各类违规现象实行动态监管，实现城市管理问题标准化采集，运用科学的管理方式，提升执法效率，完善监督职能，加强相关部门协作配合，共同维护良好的环境秩序。年内，处理案件22619件，结案率99.58%，按期结案率96%，为打造智慧城市奠定坚实基础。

（何建芬）

农业　林业

责任编辑　王树春

综　述

香河县自然资源较好，开发历史悠久，适宜北方各类农作物生长，主要作物以玉米、小麦为主，主要经济作物以蔬菜为主，少量种植瓜果、薯类等作物。2018年，香河县进一步深化农业结构调整，加强农业基础设施建设，强化科技服务，提高农民科技素质和农业生产的科技含量，大力发展现代农业，全面提高农业综合生产能力。粮食种植面积达到12560公顷（188400亩），总产量71454吨。香河县荣获2018年度“河北省农产品质量安全县”。林业管理做好森林防火工作，加强森林综合执法和林业资源管理。

农作物种植

【概况】　香河县农作物主产区重点分布在县域东部和北部，包括刘宋、渠口、五百户、蒋辛屯、安头屯、钳屯、钱旺7个镇，小麦、玉米优种普及率100%。2018年，全面推开农业“三项补贴”改革，即将农作物良种补贴、种粮农民直接补贴和农资综合补贴合并为农业支持保护补贴，政策目标调整为支持耕地地力保护和粮食适度规模经营。根据香河县2018年农业支持保护补贴资金总额和上报享受补贴土地面积，确定全县2018年农业支持保护补贴统一标准为93元/亩。

【粮食作物生产】　2018年，粮食播种面积12560公顷（188400亩），总产71454吨。其中小麦4850公顷（72750亩），单产389公斤，总产28329吨；玉米7661公顷（114915亩），单产374公斤，总产42956吨；大豆49公顷（735亩），单产230公斤，总产169吨；花生15.33公顷（230亩），总产34吨。

【经济作物生产】　2018年，全县只有零星小面积自产、自用，没有形成规模化种植。

【培育新型种粮大户】　2018年，按照河北省、廊坊市“两区”（玉米生产功能区、小麦生产功能区）划定方案要求，下达香河县粮食生产功能区划定任务是8666.67公顷（130000亩）〔含小麦复种面积4666.67公顷（70000亩）〕，其中冬小麦4666.67公顷（70000亩），玉米4000公顷（60000亩）。涉及香河县渠口镇、安头屯镇、安平镇、刘宋镇、五百户镇、钱旺镇、钳屯镇，147个村。实际汇交数据为划定耕地面积9573.84公顷（143607.58亩），其中冬小麦划定面积4687.3公顷（70309.5亩），玉米划定面积9573.84公顷

乐农美联生态农场　　（县文化广电和旅游局供稿）

乐农美联生态农场的智能温室　　（县委宣传部供稿）

（143607.58 亩），划定两区片块 611 个，两区地块 2347 个，超额完成省市下达的划定任务。形成布局合理、数量充足、设施完善、产能提升、管护到位、生产现代化的粮食生产功能区，保持粮食生产能力基本稳定，农业基础设施更加稳固。促进农业结构调整，推进农业现代化建设、全面建成小康社会奠定坚实基础。

【蔬菜基地规模化发展】　2018 年，香河县优化农业产业布局，调整产业结构，推进蔬菜基地规模化发展。在省级农业可持续发展示范区和现代农业园区探索推广“主体小循环、园区中循环、县域大循环”生态循环农业模式，开发农业多种功能，重点培育省市级农业园区。香河县有省市级农业园区 4 家，其中，省级农业园区 2 家，为香河县农业高新技术园区和香河县荷花产业园区；市级农业园区 2 家，分别为东方千年古葡萄庄园和乐农美联生态农场。

【蔬菜品牌建设】　2018 年，香河县加强蔬菜品牌建设工作，香河是“全省环京津产区无公害蔬菜标准化生产重点县”和“环首都绿色经济圈蔬菜产业示范县”。香河县致力于将蔬菜种植发展为特色优势产业，做大做强蔬菜品牌建设，以品牌做市场营销，引导新型经营主体开展商标注册工作。截至年底，注册蔬菜商标有 6 个，分别是香河县桑梓乐园蔬菜产销专业合作社的“桑梓乐园”；香河县荷花产业园区的“一品香荷”“荷情荷礼”“九品莲花”；香河县乐农美联蔬菜产销专业合作社的“香美农果”；香河县绿福韭菜产销专业合作社的“好四刀”。县农业局多次组织合作社参加“9·26”中国廊坊国际农产品交易会和京津冀蔬菜产销对接大会，有效提升香河蔬菜的品质和知名度。

【无公害蔬菜品种认证】　2018 年，香河县加强无公害蔬菜品种认证，主产区重点分布在五百户、渠口、蒋辛屯等地，拥有绿福、康隆、桑梓乐园、绿德隆、盛年华、东泰缘等知名生产基地6个，年内，无公害蔬菜种植面积211.33公顷（3170亩），全部通过环评认证，总产量5900吨，年产值4000万元，拥有韭菜、香菇、芫荽、茼蒿、菠菜等14个无公害蔬菜品种。

【耕地质量监测与质量等级评价】 2018年，香河县加强耕地质量监测与耕地质量等级评价工作，贯彻落实农业部《耕地质量调查监测与评价办法》（第2号部长令），建立健全耕地土壤监测网络，实现对耕地质量长期、定位、规范监测，分析掌握耕地质量现状与变化规律，定期发布监测报告，提出耕地培肥技术与政策措施，保障国家粮食安全、农业生态安全，实现农业可持续发展，制定香河县耕地质量监测实施方案。综合考虑土壤类型、耕作制度、地力水平、耕地环境状况和管理水平等因素，按照以县为单位，每20万亩建设1个长期耕地质量定位监测点，建立并完成覆盖全省主要耕作土壤类型的监测网络的要求，香河县安排两个监测点，在前马房村南和成自务村西两个地块。确保监测点位代表性、延续性、统一性，耕地质量调查点位应基本固定，并与省级耕地质量监测评价样点、测土配方施肥取土样点、耕地质量长期定位监测点位和耕地资源资产负债表编制监测点位相衔接，全县安排40个点。按照省级牵头负责、市级协调组织、县级评价为主的工作机制，以县级为单位，按照自下而上的统计程序，汇总市级、省级耕地质量等级变更评价成果。县级农业部门要按照农业部三大区域（黄淮海区、内蒙古及长城沿线区和黄土高原区）不同的耕地质量评价指标体系，组织开展县域耕地质量变更评价。

【病虫测报发布】 2018年，香河县加强农业病虫测报发布工作，按照测报调查和抗性监测规范要求做好调查工作，每3天查一次，结合作物普查进一步摸清虫害消长规律，及时作出病虫防治预报，准确指导防治。重大病虫动态以周报的形式上报到省站测报科、防治科、药械科、并报市植保植检站。每周三登录农业部“农作物重大病虫害数字化监测预警”系统报告，是年，发布病虫情报9期，农作物重大病虫动态周报28期，小麦病虫周报16期，农作物杂草调查4次，拍发模式电报2次。印发技术资料1000份，适时指导大田防治。

【农作物病虫害防治】 2018年，香河县加强农作物病虫害防治工作，年内，全县小麦病虫草害发生面积11013.33公顷（16.52万亩）次，防治面积14600公顷（21.9万亩）次。专业化统防统治面积7666.67公顷（11.5万亩）次。发生危害特点为总体上属中度偏轻发生年份，虫害重于病害；红蜘蛛接近常年；蚜虫普遍发生接近上年；吸浆虫从3月开始，通过对全县麦田进行拉网式取样，调查结果是小麦吸浆虫在全县发生面积600公顷（0.9万亩），发生地块最高密度2头/样方，虫量逐年下降；白粉病比上年轻，由于2018年气候干旱，白粉病发生面积比上年少90%；禾本科杂草雀麦，全县各乡镇均有发生，虽然发生范围广，但都是零星发生，约有800公顷（1.2万亩），在冬前发现雀麦出土后用氟唑磺隆喷雾防治效果较好。

是年，玉米病虫草害发生面积30466.67公顷（45.7万亩）次，防治面积14620公顷（24.63万亩）次。专业化统防统治面积4086.67公顷（6.13万亩）次，玉米病害总体为中等偏重发生，虫害与上年相当，病害重于上年；7月下旬至8月底为各种病虫危害盛期。

是年，蔬菜播种面积10666.67公顷（16万亩），病虫草害发生面积28333.33公顷（42.5万亩）次，病虫草害防治面积44733.33公顷（67.1万亩）次，专业化统防统治面积6000公顷（9万亩）。

【农业技术推广】 2018年，香河县加强农业技术推广工作，促进全县农业供给侧结构改革，促进农业绿色发展。为实现2019年完成小麦节水品种及配套技术补贴推广项目866.67公顷（1.3万亩），年内，重点推广两个节水品种，“中麦816”和“轮选169”，补贴资金91万元。

【农药化肥监管】 2018年，香河县加强农药化肥监管，规范农药经营行为，加强农药经营许可管理，全面提高全县农药经营人员业务水平和法制意识，根据《农药管理条例》《农药经营许可管理办法》等相关规定，4月，县农业局对全县120余家农药经营户进行全面登记梳理，组织全县100余家农资经营户经营人员120余人，委托河北农业大学在大爱城进行56学时的专业培训，对考核合格者颁发结业证书。5月，对全县农资经营户进行辅导，加快农药进销网络监管平台建设。加强农产品质量安全监管与高毒农药巡查工作，在重点时节加大高毒、禁限用农药巡查力度，重点检查韭菜集中种植区域、进京蔬菜生产合作社等，继续保持对高毒、禁限用农药高压态势，严厉打击经营高毒、禁限用农药的违法行为。维护农资市场秩序，保障农业生产安全，香河县农业局农业综合执法队出动执法人员150人次，检查农资经营门店80家，抽查农资经营门店60家次，抽检种子纯度样品6个、抽检检测转基因样品15个、抽检农药标签样品60个，抽检农药内容物质量18个，检查农业生产经营合作社15次，行政立案办结1起，调解农资纠纷7起。截至2018年底，全县发放农药经营许可证108份。

【优良品种引进】 2018年，加强优良品种引进工作，香河县位于冀中北部小麦种植区，经小麦育种、栽培和推广方面专家委员会充分论证，适宜香河县的小麦品种有8个，包括：“中麦175”“中麦816”“沧麦119”“轮选169”“中麦1062”“农大212”“京冬18”“航麦247”。

（苏绍辉）

林果业

【概况】 2018年，香河县落实构建京津冀生态环境支撑区战略部署，按照“全域景区化、生态经济化、通道景观化、乡村园林化”的理念，高标准编制全县林业发展规划，推进城乡绿化增量提质。引入专业公司，加强对城乡节点公园、绿地游园的养护管理，巩固造林绿化成果，切实让绿色成为全域旅游的靓丽景色。大力实施倪李路、夏安（大香）线重点路段景观提升工程，高标准推进通唐线、首都地区环线高速公路两侧绿化景观建设，形成多层次、多色彩、高品位的精品景观廊道。以北运河、潮白河生态廊道建设为重点，增建公园绿地，加强生态修复，改善环境质量，加快构建与北京城市副中心联动一体的生态环境体系。推动“两河”（北运河、潮白河）生态涵养带、滨河风光带、旅游休闲带加速成型，让“两河”成为香河最耀眼的生态名片。全县完成花卉种植面积433.33公顷（0.65万亩），完成全年任务的100%。发展林下种养殖133.33公顷（2000亩），完成全年任务的100%。多措并举搞好森林病虫害防治工作，取得较好防治效果，确保有虫不成灾。

【植树造林】 2018年，香河县健全机制，加强组织领导，县政府在春季、秋季分别召开造林绿化动员大会，成立造林绿化指挥部，对全年造林绿化工作进行全面部署。县林业局与各镇密切合作，形成协调联动的工作机制。高标准规划、科学实施绿化工程，运河文化公园项目位于北运河安运桥西侧，总规划面积 27.53 公顷（413 亩），总投资约 2.84 亿元，由中信国安香河环境工程有限公司设计并建设，是年春季，完成造林绿化近 26.67 公顷（400 亩），主要栽植树种为白皮松、元宝枫、黄栌、辽椴、云杉、雪松等。千亩红枫景观林位于蒋辛屯镇河北吴村村东，由香河长宏农业开发有限公司投资打造的千亩红枫景观林总占地面积近 133.33 公顷（2000 亩），是年春季，完成造林近 133.33 公顷（2000 亩），栽植胸径 5 厘米以上红枫大苗 30000 株，栾树、金叶白蜡、白皮松等 20000 余株。潮白花海—紫薇园是由香河丽景农业发展有限公司在蒋辛屯镇王店子村北流转土地 133.33 公顷（2000 亩）打造的项目，计划投资 5 亿元，完成启动实施，计划栽植古树紫薇 13000 株，栽植新株紫薇 20 余个品种近 20 公顷（300 亩），栽植紫薇 20000 余株。尚荷园投资 300 万元，建设面积 13.33 公顷（200 亩），栽植柳树、国槐、白皮松等景观树 10000 余株。“杨家寨”景点栽植各类景观树 5000 余株，改善景区环境。安头屯镇景观绿色长廊结合现代农业观光园区建设，启动实施总长 12.68 千米的园区环线绿化建设，栽植松、柏、金枝国槐、榆叶梅等各类景观树 40000 余株。美丽乡村建设，打造蒋辛屯镇北三百户、河北吴村、王店子、苍头、北李庄，安平镇王指挥庄、高庄，五百户镇九百户、头百户、石辛庄，安头屯镇西口头、杨营庄、小青庄务，渠口镇小高坨、闫胡套等一批绿化精品样板村街。坚持产业互动，提升效益，着眼于绿、富、美的有机统一，按照生态、景观、经济效益相结合的原则，把造林绿化与推动传统农业升级结合起来，与“两河”综合开发结合起来，与发展林下经济、旅游观光、休闲农业结合起来，推动林业的一产功能向二产、三产延伸拓展、互动发展。坚持科学造林、注重实效和“经济、生态、社会”三个效益并重原则，推动造林绿化与发展林下经济、体验农业、旅游观光有机融合。发展林菌经济，提高林业产出效益。蒋辛屯镇百运达食用菌种植园林菌种植面积 106.67 公顷（1600 亩）；渠口镇东泰缘农业合作社林下种植食用菌 20 公顷（300 余亩）。两家企业分别被廊坊市林业局评为“廊坊市林下经济先进示范典型”，成为当地特色产业发展的龙头。创新造林机制，激发全社会造林活力，全县按照“政府主导、市场运作、全民参与”和“谁种植、谁受益”原则，广泛吸引社会资本参与植树造林，以财政小投入撬动社会大资本破解资金制约，先后引进华夏集团、国兴公司、富力公司、丽景农业、长宏农业、胜强农业、荷韵园旅发等 11 家公司、种植大户 50 余个，推广大户承包、返租倒包、公司运作、家庭自营四种较为成熟的造林模式。唐通线（渠口段和钱旺段）两侧绿化、倪李线（五百户镇段）两侧绿化，采取反租倒包机制，由镇政府进行统一流转土地，分别由天津大易环境景观有限公司、河北庄宸科技股份有限公司完成高标准设计，进入财政评审阶段，待评审结束，通过招投标将绿化工程承包给专业绿化公司或施工队进行高标准绿化。密涿高速两侧各 200 米宽绿化带采取公司化运作模式，由蒋辛屯镇统一流转土地，由胜强农业发展有限公司进行高标准规划设计和绿化施工。大户承包主要典型有：安头屯镇太平庄村将 10.67 公顷（160 亩）土地承包给造林大户张起，栽植元宝枫 8000 余株，刘宋镇刘宋村将 7.33 公顷（110 亩）土地承包给大户苏卫星，栽植 6000 余株海棠、樱桃。安平、钳屯等镇推广家庭自营模式，无偿为种植户提供苗木，由农户开展庭院和四旁绿化。激发全社会参与造林绿化的积极性、主动性，香河县政府制定 2018 年造林绿化奖励办法，重点对各镇（街道、园区）及有特殊贡献的公司、造林大户或村街实行奖励。科学的奖励办法，实现以财政小投入撬动社会大投入的目的。是年，县财政奖励资金加上前期预算 1.25 亿元，撬动社会资金 5 亿余元。

【果树技术培训】 2018年，香河县提高全县果农生产技术水平、交流果树生产经验，推进全县果品产量和质量向更高层次攀升，利用农闲季节，组织各镇农技部门、果园专业技术人员和种植大户举办各类技术培训班，聘请果树专家现场讲授果园栽培管理技术，参观先进果树栽培基地。提高果农的安全生产意识，提高企业果品质量安全营销意识，责任意识，切实把果品质量安全视为企业生产与发展之本，杜绝使用国家禁用农药等生产投入品。依法生产，杜绝不合格果品上市流通。年内，派出专业技术人员20余人次，培训果农500余人次，发放各种技术资料1000余份。

【果品生产】 2018年，香河县果品无公害化生产取得明显成效，基本达到使用高效果树品种，品质显著改善，有效提高果农经济效益。在全县范围内随机抽取12个地块，主要有苹果、梨、桃、葡萄等果品生产进行产量预测，计算出其平均树种单产，再按不同树种面积计算出全县整体果品产量，采用果实套袋技术等高科技生产标准。

【花卉生产】 2018年，香河县花卉种植面积433.33公顷（0.65万亩），完成全年任务的100%。其中，常绿观赏苗木320公顷（4800亩），草地面积17.33公顷（260亩），盆花20万盆，观赏苗木50万株。

【科技推广】 2018年，香河县推广果园标准化生产技术，全县果园全部完成无公害果品环评认定工作。通过推广科学施肥技术，增施有机肥，减少化肥用量，降低对土壤和环境的污染；推广安全间隔期用药技术，加强农药科学使用技术指导；加强病虫害预测预报，推广黏虫板、杀虫灯等物理防治措施，推广生物农药和高效、低毒、低残留的农药，充分利用天敌防治主要害虫，形成生物防治、物理防治和化学防治相结合的综合防治体系。积极鼓励企业、单位、大户、合作社等社会组织、个人参与林下经济发展工作，培育主导产业和龙头企业，推广“龙头企业+专业合作社+基地+农户”运作模式，推进林下经济规模化、产业化、特色化发展。树立典型，示范带动。发现、培树、宣传林下经济先进典型，通过典型的示范、引领、带动作用，以点带面推动林下经济快速发展。发展林下种养殖133.33公顷（2000亩），完成全年任务的100%。取得良好经济效益和社会效益。认真实施中央财政林业科技推广示范项目——《林下香菇标准化栽培技术推广项目》，成功通过项目验收。

【病虫害防治】 2018年，香河县高度重视，认真谋划，制定具体防治实施方案，明确责任，坚持“预防为主，科学治理，依法监管，强化健康”的方针，多措并举搞好森林病虫害防治工作。林木病虫害主要有美国白蛾、春尺蠖、杨扇舟蛾等，严重影响香河县林业健康发展。加强监测，完善预报体系，在全县设立15处黑光灯监测点，明确专人负责，详细记录各种常发病虫害的始发期、发生盛期和盛末期，指导全县各种病虫害防治工作。针对各种林业有害生物在香河县的发生发展规律，确立调查标准地，定期观测，对重点村街进行随机抽查，确定病虫害最佳防治时期，及时发布林业信息，组织开展有效的防治工作。年内，编写印发各种林业有害生物林业信息14期，下发防治通知书10期，飞防通告1000余份，为全县的防治工作提供政策业务指导和技术支撑。组织人力、物力、财力，全面开展对各种病虫害的防治工作。县政府与各镇、街道办事处、新兴产业示范区、香河环保产业园区及美国白蛾防治指挥部成员单位签订防治责任状，确定防治主体，明确防治责任人，将防治工作分解细化，按照“谁所有、谁经营、谁防治”的原则，层层签订防治责任状，并按要求开展防治工作。

是年，香河县强化重点，实施飞防作业，全县分别组织开展春尺蠖、美国白蛾和杨扇舟蛾的飞防作业，全县飞防作业面积29900公顷（44.85万亩），其中，春尺蠖飞防作业面积6400公顷（9.6万亩），美国白蛾飞防作业面积17600公顷（26.4万亩），杨扇舟蛾飞防作业面积 5900 公顷（8.85万亩）。飞防作业区域包括运河大道、运河两侧林带、运河左右堤、潮白河左右堤、京哈高速路、双安路、国安路、大香线（夏安路）、香宋路、引泃入潮河左右堤、郁林苗圃片林、马家窝驻军片林、鶮池河及老武河故道等地段。通过药效检测，飞防效果良好，确保有虫不成灾。

是年，香河县村村联动，展开地面防治，遵循“突出重点，分区治理，属地负责，联防联治”的原则，全力突破、全面覆盖、全员发动，加强春尺蠖和美国白蛾地面防治工作。全县累计投入防治车辆400余辆次，参与防治作业人员3200余人次，防治器械200余台套，组织地面防治作业面积34540公顷（51.81万亩），其中，春尺蠖地面防治666.67公顷（1万亩），美国白蛾地面防治33540 公顷（50.31 万亩），杨扇舟蛾地面防治333.33公顷（0.5万亩）。

是年，香河县加大资金投入力度，确保防控后勤供给，切实做好全县林业有害生物防治工作，在争取上级财政拨款的同时，县政府在年初拨付有害生物防治预算 320 万元，专项用于春尺蠖、美国白蛾飞防、地面防治及防治人员技术培训、药械储备和监测费用等支出。县政府下发通知要求各镇及有关单位积极筹措防治专项经费，保证防治后勤供应。年内，县、镇、村三级落实防治经费800余万元。组建县乡防治专业队25个，整修、添置防治机械80台套，购置防治药剂20余吨。

是年，香河县加强森林植物检疫执法工作，规范林业植物检疫执法，严厉打击违法调运森林植物及其产品行为，防止危险性林业有害生物传播蔓延，巩固全县造林绿化成果，根据《京津冀协同发展林业有害生物防治框架协议》精神，切实加强全县森林资源保护，有效遏制危险性林业有害生物传播蔓延。5月25日，香河县林业局在县委广场开展 2018 年度林业植物检疫检查专项行动宣传活动。活动期间向广大群众宣传林业植物检疫法律法规，现场发放《植物检疫条例（林业部分）》《森林植物及其产品检疫办理事项》《杨树病虫害防治手册》《美国白蛾防治宣传手册》等宣传资料 300 余本及病虫害防治和检疫明白纸500余张。

【绿化亮点工程】 2018年，香河县加强绿化亮点工程建设。密涿高速香河段全长4千米，贯穿蒋辛屯镇苍头、梁家务、北李庄村，规划在沿线每侧营造200米宽高标准景观绿化带，由胜强农业发展有限公司进行高标准绿化设计和施工，总投资5000万元。年内，完成造林23.33公顷（350亩），主要栽植树种有榆叶梅、金枝国槐、紫叶碧桃、金叶榆、垂柳、油松、栾树、法桐及毛白杨等20余个品种。倪李线（五百户段）两侧行道树及绿化带工程项目全长5.8千米，占地20.49万平方米，总投资约2100万元，该工程完成种植乔灌木11650棵、安装太阳能路灯357套。老夏安线景观提升工程全长1.02千米，占地5100平方米，总投资 150万元，种植行道树 190 棵、安装太阳能路灯68套和路肩硬化5100平方米。通唐线（红线内）道路绿化工程、通唐线道路亮化工程、堤顶路（右堤）景观绿化工程和滨河公园停车场扩建工程完工，按合同约定完成通唐线（红线内）道路绿化工程的二次验收及后续事项。通唐线道路两侧绿化工程按合同约定进场施工，滨河公园养护工程和香武路两侧绿化养护工程按合同约定实施养护。

【林木管护】 2018年，香河县落实林木管护责任，加强管护工作，实行分区、分片种植模式，强化责任人、监管人责任和意识，与承包人签订责任书，确保每一片、每一棵树都有专人看护。加大宣传力度，利用广播、横幅、宣传标语等方式，加大《中华人民共和国森林法》等法律法规宣传，增强群众爱绿护树意识，提高广大群众管护树木自觉性，营造林木管护良好氛围。做好浇灌工作，加大树苗浇水力度，各村积极对新植树木进行充分浇灌，及时埋坑封土进行保墒，防止水分蒸发，对树干下 1 米进行涂白，增强抗病和抗虫能力，针对病虫害及时组织喷打农药。强化督查落实，各镇政府成立林木督查小组，定期巡回对各村树木成活情况进行督查，确保各村养护工作落实到位，有效巩固造林绿化成果。按照《香河县人民政府关于印发香河县重点通道绿化带和节点游园管护办法（试行）的通知》要求，强化管护标准，确保管护工作全面落实。

（吕剑）

林业管理

【概况】 香河县林业局是主管全县林业工作的政府工作部门，负责全县林业及生态建设的监督管理，承担林业行政综合执法及监管的责任。

香河县林业局内设机构 4 个，分别是办公室、计划财务股、林业股（挂县绿化委员会办公室牌子）、林政股；下属事业单位 4 个，分别是森防森检站、果桑花卉管理站（含果树协会、花卉协会）、林业行政综合执法队、苗圃场。核定编制人数 22 人，单位实有人数 33 人。

2018 年，全县以“提质量、上档次、建精品、创亮点”为抓手，以增资源、提质量、促效益为核心，积极抢抓京津冀协同发展重大战略机遇，坚持造林营林并重，新造、补植补造、改造提升并举，继续突出优树种、调结构、上品质，努力实现高质量发展。加强对春尺蠖、美国白蛾等有害生物防治，保护造林成果；严格林政资源管理，确保生物多样化。是年，廊坊市下达香河县植树造林任务 800 公顷（1.2 万亩）。年内，全县完成造林 1006.67 公顷（1.51 万亩），其中，春季完成 880 公顷（1.32 万亩），秋冬季完成 126.67 公顷（0.19 万亩），占全年任务的 125.8%，超额完成全年造林任务。3 月，香河县林业局被河北省林业厅评为河北省林业系统先进集体，被廊坊市委、市政府评为文明单位，在县网评工作中名列前茅。香河县百运达食用菌公司和东泰缘种植专业合作社均被评为“廊坊市林下经济先进示范典型”，其中《林下香菇 绿了大地 富了百姓》简报中所提的百运达食用菌公司采取“公司+基地+农户”的方式从事香菇、平菇生产，得到市领导的批示：“产业扶贫的有效形式，可借鉴推广。”香河县裕丰农业科技有限公司、耘竹家庭农场、东泰缘种植专业合作社、百运达食用菌种植、古色骨香农业开发有限公司被廊坊市林业局评为 2018 年廊坊市林下经济先进典型。

【森林防火】 2018 年，切实做好冬季森林防火工作，全力保护绿化成果，促进全县生态文明建设，有效预防和扑救森林火灾，确保不发生财产损失和人员伤亡。香河县林业局在森林防火重点时期，给各有关单位下发《香河县林业局关于切实做好冬季森林防火工作的通知》。提高认识，高度重视森林防火工作，各镇、街道办事处、园区坚持以人为本的指导思想和“预防为主、积极消灭”的工作方针，按照行政区域划分严格落实《香河县森林防火责任书》要求，认真履行森林防火职责，周密部署冬季森林防火工作，毫不松懈地抓好各项工作措施的落实。广泛宣传，杜绝人为火患因素，充分利用各种媒体媒介，广泛深入开展防火宣传教育活动，尤其重视安全用火知识普及和紧急避险常识的宣传，重视扑火伤亡典型案例反面教育。针对村街种植大户，逐户督促做好对林间杂草、落叶清理工作，严禁在绿色通道、片林内堆放秸秆，对片林通道区域内秸秆做到尽快清理。通过深入宣传，“护林防火，人人有责”的意识深入人心，营造全社会自觉保护森林资源的良好氛围。认真排查，清除森林火灾隐患，加大巡护检查力度，落实重点监控，严格落实火灾隐患网格化排查机制。特别是重大片林、重点区域、重点路段、绿色通道，进行全面彻底的排查，对存在森林火灾隐患的区域立即整改、清理，消除火患，降低森林火灾发生概率。县林业局组织精干力量对各单位清除火患工作进行不定期抽查，对存在森林火灾隐患的单位和严重区域下达限期整改通知，确保清除火患工作落实到实处。加强领导，严格落实防火责任，按照森林防火行政领导负责制“五条标准”〔一是乡（镇）级以上各级森林防火指挥部及其办事机构健全稳定，高效精干；二是森林防火指挥部要明确其成员的森林防火责任区，签订防火责任状，加强对火灾预防工作的领导，并经常深入责任区督促检查，帮助解决实际问题；三是森林防火基础设施建设纳入同级地方国民经济和社会发展规划，纳入当地林业和生态建设发展总体规划；四是森林火灾预防和扑救经费纳入地方财政预算；五是一旦发生森林火灾，有关领导及时深入现场组织指挥扑救〕的要求，落实森林防火责任制。按照森林防火责任书的要求严格落实，切实加强森林防火工作，组织做好森林防火排查、清理工作，解决好工作中遇到的问题。要求发生森林火灾要立即上报县森林防火指挥部办公室（24 小时电话：8589662），县森林防火指挥部启动森林防火应急预案，确保人民群众生命财产安全。

是年 1 月，落实县政府与各镇政府、园区、街道办事处签订防火责任状。3 月 29 日，印发《香河县林业局关于清明节火灾防控工作的通知》。2 月 1 日至 5 月 31 日，在全县范围内组织开展打击野外违法用火专项行动，代号“2018·1 号金钺行动”。出动宣传巡查车辆 30 台次，人员 120 人次，定期对县域的主要绿色通道、四河（潮白河、北运河、引沟入潮河、青龙湾河）八堤、大面积片林进行巡查。

【森林综合执法】 牢固树立依法治林、依法兴林、依法护林、依法富林的执法观念，转变执法作风，强化执法人员素质，规范执法行为，做到文明执法、服务于民，使林业执法工作走向规范化轨道。做好《中华人民共和国森林法》《中华人民共和国森林法实施条例》《中华人民共和国野生动物保护法》《中华人民共和国森林防火条例》《中华人民共和国森林病虫害防治条例》等法律法规的宣传。按照《香河县安全生产专项整治活动方案》要求，进行安全生产宣传活动，发放明白纸 1000 余份。

加大对乱砍滥伐及损毁幼树案件的打击力度。根据林业相关法律、法规，对乱砍滥伐、乱占林地和损毁幼树的违法行为给予坚决打击，查处林业案件 9 起，其中，刑事处罚 4 起，移送公安机关 5 起。受公安局委托协助派出所到林业现场勘查 1 次。有效打击违法毁林，保护林木资源。

【林业资源管理】 2018 年，依照《森林植物检疫条例》的规定，香河县加强森林植物调运管理和进出县管理，严防危险性病虫的传入和传出。在春季、秋季苗木运输旺季，检疫人员深入各苗木交易市场、苗圃和种植基地开展详细检疫检查，随时查验调入调出苗木，防止人为带入带出。全县开出调运检疫证 14 车次，其中木材调运检疫 9 车次，苗木调运检疫 5 车次，调运苗木数量 5.2 万株。根据生产种苗单位报检，实施产地检疫苗圃基地 4 处 44.99 公顷（674.87 亩），经实地抽样检疫并按检疫规程签发产地检疫合格证，通过产地检疫、调运检疫工作，杜绝林木病虫害的传播与漫延，切实从源头上保证全县用苗安全。在管理方面，按照《林地变更调查工作规则》和《国家林业局办公室关于开展林地年度变更调查工作的通知》要求，开展县域内林地年度变更调查。参照卫片结合现场调查，查看林地有无变化，上报到省局绘图软件上。按照国家林业局相关文件要求搞好森林督查工作，对 100 块图斑地进行现场调查、核查。加强非洲猪瘟监测防控工作，香河县域未发现非洲猪瘟疫情。

（吕剑）

畜牧水产养殖

【概况】 2018 年，香河县扎实推进畜禽规模养殖，有效落实重大动物疫病防控措施，加强检疫监督工作，加大兽药、饲料及添加剂等畜牧投入品监管力度，完善动物疫病可追溯体系，提升畜牧业依法监管水平，全县畜牧业生产保持稳定发展态势。

全县存栏猪 5.64 万头、牛 1.336 万头（其中奶牛 0.225 万头）、羊 5.29 万只、鸡 253.25 万只、肉鸭 28 万只；全县猪饲养量 15.888 万头、牛饲养量 2.29 万头、羊饲养量 13.79 万头、禽饲养量 519.41 万只，其中肉鸭饲养量 151.14 万只；肉产量 8814.7 吨；蛋产量 28282.2 吨；奶产量 5850.5 吨；水产养殖量 2086 吨。

2018 年，香河县畜牧兽医局获“全市农村金融服务创新工作先进单位”“全市畜禽屠宰监管工作先进单位”“全市农业行政综合执法工作先进单位”等荣誉称号。

【动物疫病防控】 2018 年，重大动物疫病防控工作是全县畜牧兽医工作的重中之重，根据省市有关文件精神，贯彻落实动物防疫各项决策和部署，面对全国非洲猪瘟防控工作严峻形势，转发《河北省非洲猪瘟生猪及其产品跨省调运监管工作方案》，制订《香河县非洲猪瘟防控工作应急预案》（香重防指〔2018〕8 号），培训 760 人，发放宣传材料 700 份，设立公路非洲猪瘟监督检查站 6 个，检查点 18 个。年内，全县未发生重大动物疫情。加强人畜共患病防治和外来病防范工作，全县“两病”净化工作达到稳定控制标准；加强动物疫情专家解析预警工作和防疫物资供应与储备工作，为全县重大动物疫病防控工作提供充分保障。全县兽药经营持证率 100%，兽药检验合格率 95%，产地检疫开展面 100%，农村散养动物的产地检疫率 90%以上，经营屠宰动物检疫证持有率 100%。

【定点屠宰监管工作】 2018 年，香河县加强定点屠宰现场监管，严格检验制度。县畜牧兽医局畜禽屠宰管理办公室与动物卫生监督所联合办公，加大畜禽屠宰监督管理工作力度。开展畜禽屠宰监管工作专题培训，组织县畜牧兽医局执法人员及屠宰场品质管理员认真学习《生猪屠宰管理条例》等畜禽屠宰管理方面相关法规文件，掌握生猪定点屠宰管理工作及生猪定点屠宰管理工作中应注意的要点。宣传畜禽屠宰监管工作，结合科技宣传月、食品安全宣传周和平时下乡等活动，深入屠宰场、养殖场、农村集贸市场，采用印发宣传资料、张贴标语、走访宣传等形式，宣传《中华人民共和国农产品质量安全法》《生猪屠宰管理条例》等法律法规，设立举报电话和电子邮箱，鼓励群众积极举报周围私屠滥宰、生猪注水、畜禽养殖过程中添加使用“瘦肉精”等违法行为。开展生猪定点屠宰管理执法工作，动物卫生监督所组织执法人员对县域内生猪屠宰情况进行集中整治，对生猪屠宰情况进行全面摸底调查，坚决打击私屠滥宰和生猪注水等违法行为；对县域内肉品市场进行全面排查，严厉打击未经检疫上市销售肉品。

【监督执法工作】 2018年，香河县加强动物卫生监督执法，确保畜禽食品安全。年内，产地检疫生猪2.42万头，牛羊6.61万头，禽兔699.3万只；定点屠宰生猪37.6万头，牛羊41.2万头只，禽759.1万只。审验动物防疫条件合格证31份，组织培训2期，培训人员126人次，无害化处理生猪1.73万头，出动车辆172辆次，监督人员384人次。监督检查规模化动物养殖场（小区）57家，动物屠宰场9家，其中，风险等级A级11家，B级2家，监督检查60次，出动执法人员108人次。由各镇动物卫生监督分所监督检查C级场所112家。动物卫生监督执法案件结案11件，罚款11468元。

【检疫工作】 2018年，香河县抓好检疫工作，确保动物产品安全。严格落实产地检疫报检制度，做到有报必检，应检必检，认真执行凭免疫耳标免疫卡出具检疫合格证明制度，严禁病死动物出场上市。严格执行屠宰与检疫同步制度，要求驻场官方兽医严格执行《中华人民共和国动物防疫法》《动物检疫管理办法》，准时到岗到位，严格按照检疫操作规程进行检疫。按规定做好“瘦肉精”抽检，经检疫不合格、“瘦肉精”检测不合格肉品，严禁出场上市。坚决杜绝不合格肉品出场，确保人民群众吃上放心肉。搞好养殖服务，全面开展培训工作，全年分四期向广大养殖场、户传授畜禽疫病防治、畜禽养殖、畜禽品种改良等先进实用技术，促进思想观念转变，强化畜产品质量安全，提高畜产品生产经营水平。

强化产地检疫工作，落实产地检疫报检制度，强化产地检疫程序，尤其偶蹄动物出栏时，“瘦肉精”监测与产地检疫同步进行，要求规模养殖场填写《动物“瘦肉精”自检合格报告书（溯源单）》，达不到备案规模的动物养殖场（小区、户），在动物出栏前，填写《未添加使用“瘦肉精”保证书（溯源单）》。强化屠宰检疫，香河县畜牧兽医局与屠宰企业签订肉食品安全责任状，与驻场官方兽医签订责任状，要求驻场官方兽医严把检疫“四关”（产地检疫管理关、调运申报关、屠宰场管理关、肉品检疫关），切实保障出场肉品的质量安全。加强市场流通环节动物、动物产品安全监管，全力打击出售病害肉和无证经营畜禽及其产品的违法行为，净化畜禽产品市场。

【监管工作】 2018年，香河县加强对饲料、兽药、水产的监管工作，分别开展“农资打假专项治理行动”“兽药及生物制品整顿工作”活动，县畜牧兽医局执法大队会同饲料办、畜牧科、水产科出动执法人员 520人（次），出动执法车辆130辆（次），发放宣传资料600余份，对辖区内兽药、饲料生产经营单位、养殖场及奶站进行突击检查20次，年内，抽检养殖环节肥猪、肉牛、肉羊尿样800个，产地、屠宰环节进行“瘦肉精”尿检近1万头份。

（陈萍）

农业开发

【概况】 香河县农业开发办公室（简称县农开办）是香河县人民政府主管全县农业综合开发工作的职能部门。从2002年机构改革后挂靠在香河县财政局，业务上受廊坊市农业综合开发办公室指导，担负着土地治理、产业化经营、管理全县农业开发资金的拨付与使用，促进农业可持续发展及项目区农民技术培训等任务。

2018年，香河县农开办深入落实省市农业开发工作会议精神和县委、县政府关于“三农”工作部署，以实施农业开发土地治理和产业化项目为抓手，通过政策引导、项目推动、资金扶持，有效促进农业增效和农民增收。投入资金2410万元，争取土地治理项目2个，农业产业化项目1个，建设高标准农田1066.67公顷（16000亩），争取上级财政资金 2106 万元。2 月，香河县被评为“河北省农业综合开发资金和项目管理先进县”，连续五年荣获全省“项目和资金管理工作先进县”。

【土地治理工作】 2018 年，香河县完成 2017 年度高标准农田项目工程。2017 年度，农业综合开发高标准农田建设项目总投资 1040 万元，建设规模 533.33 公顷（8000 亩），涉及 2 个镇 4 个行政村（五百户镇南周庄村、南张庄村、霍刘赵村，刘宋镇辛立屯村）。项目建设内容：更新机井 34 眼，购置安装水泵 132 套，安装井台井盖 132 套，安装智能配电柜 132 套，安装机井首部连接 132 套；铺设输水管道 15 千米，安装进水口 34 套，安装出水口及保护装置 485 套，架设高压线 0.57 千米，安装地埋铠装电缆 27.5 千米，新增变压器 6 台；修建过水涵洞 9 座，维修涵洞式水闸 1 座，修建转弯半径 8 处，修建作业通道 200 处；修建小型标识牌 2 座。新建硬化 4 米宽水泥路 6.25 千米，新建硬化 3 米宽水泥路 2.05 千米。栽植胸径 5 厘米馒头柳 4000 株。实施示范推广项目 1 项，示范推广种植小麦新品种“石优 20”266.67 公顷（4000 亩）。项目全部完工，6 月，通过市级检查验收，12 月，通过省级验收。

【高标准农田项目】 2018 年，香河县高标准农田项目建设进展顺利。农业综合开发高标准农田建设项目总投资 1040 万元，建设规模 533.33 公顷（8000 亩），涉及蒋辛屯镇 6 个行政村（岭子村、苍头村、梁家务村、王店子村、河北吴村、杨簸箕庄村），项目建设内容：购置安装水泵 90 套，安装配电箱 90 套，安装机井首部连接 90 套；铺设输水管道 22.3 千米，安装出水口及保护装置 580 套；安装小管出流 35.33 公顷（530 亩）、微喷 28 公顷（420 亩）；架设高压线 3.3 千米，安装地埋铠装电缆 21 千米，新增变压器 14 台；修建作业通道 50 处；修建小型标识牌 2 座；新建硬化 5 米宽水泥路 5.9 千米；栽植垂柳 4000 株。项目建设进展顺利，整体工程预计 2019 年 5 月竣工。

【产业化项目工作】 2018 年，香河县加强产业化项目工作。年产 35 万公斤设施蔬菜种植扩建项目由香河县东泰缘种植专业合作社承担建设，总投资 330 万元，其中，财政资金 154 万元，企业自筹资金 176 万元。主要建设项目：四季棚 25 栋，管理房 25 间，配套卷帘机 25 组；修建水泥道路 1424 平方米；安装 160 千伏安变压器 1 台，架设农电线路 420 米；修建排水沟 420 米；铺设防渗管道 505 米。项目全面竣工，是年 6 月，通过市级检查，12 月，通过省级验收。

加强产业化项目储备，深入企业全面调查走访，对家庭农场奶牛养殖扩建项目、蔬菜生产项目、蛋鸡养殖项目、林下种植蘑菇项目进行重点调研，加强项目储备，做大项目库。

【信息宣传工作】 2018 年，香河县农开办加大对项目区群众的宣传发动。在项目实施前和建设过程中，利用广播、公示栏、发放明白纸、入户走访等形式，大力宣传农发惠民政策和土地治理项目的建设内容，使项目区群众了解农业开发、支持农业开发、全面参与农业开发项目建设。加强对农业龙头企业和农业合作社的宣传培训工作，深入企业全面调查走访，发放产业化项目申报条件和相关标准，鼓励有条件企业申报产业化项目，促其做大做强。牢固树立以宣传促开发的理念，加大宣传力度。年内，被市级以上媒体刊物采用 12 篇，其中，《中国农业综合开发》《农民日报》等国家级刊物发表 1 篇，《河北经济日报》、省农开办简报等省级刊物 3 篇，《廊坊日报》、廊坊市电视台《廊坊新闻》栏目、市农业开发办简报等市级媒体刊物 8 篇。

（孙志远）

农业机械

【概况】 2018年，香河县农机总动力发展到16.43万千瓦，全县拥有大中型拖拉机1126台，小型拖拉机2451台，收获机械504台，配套农具3701台，其中，播种机2076台，旋耕机1356台。

【惠农政策】 2018年，香河县实施高标准农业设施园、龙头企业带动的规模基地和新型经营农场及农民专业合作组织（简称“三个一批”）项目补助资金计划，资金共计160万元，由各镇上报确定7家实施主体，其中高标准设施园2家，分别为桑梓乐园蔬菜产销专业合作社和鲜速达蔬菜产销专业合作社；新型经营农场5家，分别是沟河湾生态农场、荷香缘生态农场、乐农美联生态农场、东昊家庭农场、盛年华蘑菇种植专业合作社，项目完成审计和验收工作。2017年，乐农美联生态农场被评为廊坊市市级现代农业园区，东方千年古葡萄庄园被评为廊坊市“十大主题”创建先进单位。2018年，乐农美联生态农场和东方千年古葡萄庄园分别获得项目补助资金100万元和60万元，项目资金实行先建后补，补助资金的建设内容施工完毕，经第三方审计后全部完成验收。省级农业园区北务屯休闲公园提升改造工程全部建设完成。

【社会化服务】 2018年，香河县强化农机社会化服务，全县农机专业服务合作社数量达到11户，入社成员91户，拥有动力机械及配套农机具255台套，服务农户8825户，经营土地面积1013.33公顷（1.52万亩），作业服务面积11666.67公顷（17.5万亩），农机专业合作社全年总收入547万元。

【新机具新技术引进推广】 2018年，香河县加强新机具新技术引进推广，中央下达香河县农机购置补贴资金290万元（其中，购机补贴271.40万元，报废补贴18.60万元），补贴资金使用比例100%。受益农户54户，补贴各类机具86台，其中，动力机械40台，收获机械21台，耕整地机械22台，收获后处理机械1台，种植施肥机械2台，报废机具16台。农机购置补贴推动全县农业机械化水平不断提升，保障农业现代化稳步发展。

【农业机械化及农机监理】 2018年，香河县农业机械化进入新阶段，在农机安全监管方面始终坚持“安全第一、预防为主、综合治理”的方针，切实加强组织领导，明确责任，加大田间、场院执法检查力度，强化宣传，不断改善监理装备，提升水平，以切实加强农机从业人员遵纪守法意识、安全生产意识为切入点，建立健全农机安全生产监督管理长效机制。规范拖拉机、联合收割机等农业机械及驾驶员的管理，严把安全技术检验关、驾驶员考试关，提高农业机械技术状态和驾驶员操作水平。抓好重点农时季节的农机安全生产，减少农业机械事故，防范重、特大农业机械事故发生。

【农机销售与维修管理】 2018年，香河县加强农机销售与维修管理，强化农机监理装备建设和农机安全监督管理手段。开展农机安全宣传教育和创建“平安农机”活动，提高农业机械驾驶操作人员的安全意识。加强农业机械维修管理，提高维修质量，保护农机从业者合法利益。

（苏绍辉）

农村经济管理

【概况】 农村经济管理立足于农业经济，工作内容主要涉及农村财务管理与监督、农村土地流转及承包合同管理、农村土地承包经营权确权登记颁证、农民负担监督管理，农民专业合作社及家庭农场服务指导等方面工作。

【农村土地承包经营权流转】 2018年，香河县坚持“健全流转制度，规范流转形式，保障农民权益，促进农民增收”的工作思路，不断规范农村土地承包经营权流转，促进农业农村经济可持续发展。年内，全县流转土地总面积3640.93公顷(54614亩)，占家庭承包经营土地面积15.85%。其中，出租2550.13公顷(38252亩)，互换177.93公顷(2669亩)，其他形式流转912.87公顷(13693亩)。在流转的土地中，流向农户的土地2433公顷(36495亩)，用于粮食生产的2242公顷(33630亩)。通过流转实现规模经营的面积196.13公顷(17942亩)。签订流转合同7446份，涉及土地面积2919.67公顷(43795亩)。

【农村土地承包经营权确权登记颁证】 2018年，香河县通过与两个测绘公司(河北天元、河北恒华)及一个质检验收公司(四川鱼鳞图)通力合作，加大土地承包经营权确权登记工作力度，截至年底，全县应确权村街249个，全部开展确权工作，占全县应确权村街总数的100%。完成外业调查面积24900公顷(37.35万亩)，完成二次公示无异议村街248个，完成二次公示无异议耕地面积24200公顷(36.3万亩)；完善家庭承包合同58270份，占全县应确权农户总数的99.38%；涉及的耕地面积23973.33公顷(35.96万亩)。印制经营权证书80000份。全县农村土地确权工作完成省级验收，完成与省农业厅和农业农村部的数据库汇交。

【农村财务监督管理】 2018年，香河县加强三资(资产、资金、资源)平台的日常监督审核，三资监管平台运行后，对全县各村街账目资金情况实时进行网络审计，从审计的情况看，全县村级财务管理正在逐步走向规范化、制度化的管理轨道，票据的使用和管理越来越规范，开支审批程序履行越来越严格，村街基本做到账目齐全、票据规范、开支合理。加强农村财务审计，定期向市级上报《村级任期和离任经济责任审计进度情况统计表》。全面开展农村集体资产清产核资工作，打好农村集体产权制度改革的基础。依据省委、省政府《关于稳步推进农村集体产权制度改革的实施意见》(冀发〔2017〕21号)和省委省政府农村工作办公室等十部门《关于全面开展农村集体资产清产核资工作的通知》(冀农村改发〔2018〕2号)，市农业局等十部门《关于印发廊坊市农村集体资产清产核资工作方案等文件的通知》(廊农经〔2018〕9号)文件精神，结合香河县实际，制定《香河县农村集体资产清产核资工作方案》，成立“香河县农村集体产权制度改革领导小组”，制定《香河县农村集体资产清产核资实施办法》，全县全面开展农村集体清产核资工作，由各乡镇组织村街对资金资产资源情况进行清查整理，截至年底，工作基本完成。通过全面开展清产核资，清查核实集体所有资金、资产和资源的存量、结构、分布等情况，依法界定集体资产权属，为实施农村集体产权制度改革奠定基础。

【农民负担监督管理】 2018年，完成12个村街“一事一议”筹资筹劳建设项目申报审核工作。完成2018年度农民负担专项检查工作。对检查出的问题及时进行整改。

【农业行政综合执法】 2018年，香河县农业行政综合执法全面推行行政执法公示制度、执法全过程记录制度、重大执法决定法制审核制度和“双随机、一公开”(在监管过程中随机抽取检查对象，随机选派执法检查人员，抽查情况及查处结果及时向社会公开)制度；严格执行自由裁量权基准制度；完善执法工作制度，规范执法程序。加强执法人员培训，强化执法人员素质、提高执法能力，持续推进文明执法、理性执法、规范执法；杜绝粗暴执法、执法扰民和违法侵权问题的发生。制定行政执法2018年“双随机、一公开”方案、计划，并按年度计划组织专项抽查，规范行政执法程序，提高行政执法水平。行政执法信息公开，按照县政府和双随机领导办公室要求，农业行政综合执法在香河县政府信息网和信用廊坊网站以及省行政执法公示网站公示条目20项。

【农产品质量安全监管】 2018年，香河县健全农产品质量安全监管体系，截至年底，出动检查人员274人次。建立518条农产品生产经营主体和114条投入品经营主体监管名录。农产品质量安全监管体系得到完善。加大日常监督抽检力度。年内，完成蔬菜样品农药残留快速检测1000份，农药残留检测合格率99.2%，配合市环保站开展例行检测2次，合格率100%；配合省市农产品检测中心完成93批次蔬菜样品抽样检查工作。

推进农业标准化生产，结合国家、省、市农产品相关行业种植标准技术，制定符合香河县生产实际的典型蔬菜生产操作规程，推广到农产品生产经营主体。培植发展农产品生产企业、农民合作社、家庭农场等新型农业生产经营主体，通过示范作用带动分散农户实施规范安全生产。

加快无公害认证产品推广，积极推动绿色食品认证，组织相关企业人员参加内检员培训，帮助指导企业组织材料填报申请。推进农产品追溯体系建设，依托省级农产品质量安全监管追溯平台，在农产品生产经营主体监管名录中筛选符合条件的10家农产品生产经营单位作为追溯试点。

推广使用食用农产品合格证，强化京津冀区域产销衔接，根据省级食用农产品准入、准出规范标准，加大对食用农产品产地准出与市场准入等制度进行宣传引导，指导蔬菜生产经营主体正确开具和使用食用农产品合格证，填写食用农产品合格证使用台账。

加强技术培训与宣传力度，针对镇级监管员和农产品生产经营主体制定培训计划，是年，集中开展2次农产品质量安全方面培训，培训100余人次，同时结合科技下乡、定点宣传等多种形式，认真开展《中华人民共和国农产品质量安全法》《国家禁用和限用的农药名录》等相关法律法规知识宣讲活动，通过廊坊新闻、香河新闻、微信群等新媒介宣传普及农产品质量安全内容。营造重法懂法良好氛围。

推进省级农产品质量安全县创建，2017—2018年，香河县承担河北省农产品质量安全县创建工作任务。按照《河北省农产品质量安全县考核验收手册》的相关要求，结合香河县农业发展实际，从强化属地管理、落实主体责任、建立健全体系、完善制度建设、狠抓监管检测执法、加强宣传培训等方面入手，全面开展农安县创建。2018年9月，张家口市督导组到香河县开展全省农产品质量安全重点工作交叉督导检查，督导检查后，督导组充分肯定香河县农产品质量安全监管工作。10月，北京市农业局、天津市农委、河北省农业厅开展京津冀农产品质量安全联合督导检查，联合督导检查后，对香河县农产品质量安全监管工作给予高度评价。11月中旬，香河县顺利通过河北省农业厅专家组考核评审，获得“河北省农产品质量安全县”荣誉称号。

（苏绍辉）

水　利

责任编辑　王树春

综　述

2018年，香河县通过科学规划、稳健实施，开创性地改善了数十年来水利工程老化、保障能力不足、社会效益转化不明显的不利局面，在河渠治理、桥闸建设、橡胶坝修建、人饮安全提升、农田水利建设、水资源管理及水污染治理等方面取得瞩目的成绩，为全县社会发展打好水利基础。1月24日，香河县水务局的水利工程质量监督工作在廊坊市水务系统考核中综合得分93分，名列全市第一名。2月27日，廊坊市委、市政府《关于2017年度水利改革发展考核结果的通报》（廊字〔2018〕10号），香河县被评为“优秀单位”。11月1日，中共廊坊市委改革办《关于河渠清理专项行动开展情况的督察通报》（廊改革办字〔2018〕69号），香河县被评为“优秀单位”。

水利工程建设

【概况】　2018年，重点推进中信国安投资有限公司北运河环境工程PPP项目建设，实施县级闸桥建设，进行“两河”（北运河、潮白河）治理及橡胶坝景观建设。

【水利资金引进】　2018年，香河县引进水利专项资金313.16万元。其中，抗旱资金20万元、中央水利发展资金90万元和41.8万元、水库移民资金2.7万元（2018年后由县财政发放，2018年8月20日发放）、2018年省级地下水超采综合治理专项资金39万元、2017年省级江河湖库水系综合整治（河长制公示牌制作）资金5.66万元、2018年中央水库移民后期扶持基金预算16万元用于绩效考核（基础设施建设和经济发展）、2018年省级地下水超采综合治理专项资金98万元。

【项目工作】　2018年，推进总投资38.84亿元的中信国安投资有限公司北运河环境工程PPP项目建设，实施第一期投资9.17亿元的中信国安大运河生态整治环境工程建设，内容包括河道清淤与岸线防护、滨水湿地、荷花公园景观提升与滨河景观工程、游船码头、运河驿站、运河文化中心、防洪堤建设、环境物联网8项工程。一期水利工程完成2千米的岸坡防护工程。一期景观工程二标段（安运桥右岸）完成70%，二期水利、景观及环境物联网完成初步设计，等待批复。

小高坨跌水橡胶坝附属工程 1　　（县水务局供稿）

小高坨跌水橡胶坝附属工程 2　　（县水务局供稿）

【河渠清淤】　百家湾排干渠、田贾庄排干渠清淤工程及田贾庄排干渠引流工程。百家湾排干渠位于香河县城西北部，北起蒋辛屯桥，南至潮白新河，通过百家湾扬水站入潮白新河，全长 5.845 千米，设计流量 4 立方米/秒。本次百家湾排干渠清淤河段为对咀闸—百家湾扬水站段，长 1.458 千米，工程总投资 113.82 万元。田贾庄排干渠位于香河县城西北部，北起双营村北，南至潮白新河，通过田贾庄扬水站入潮白新河，全长 3.86 千米，设计流量 6 立方米/秒。本次工程建设的任务为对田贾庄排干渠全段进行清淤，工程总投资 431.07 万元。田贾庄排干渠引流工程起点为梁务干渠渡槽北侧 75 米处，终点为老武河首闸下游 35 米处，全长 781 米，采用钢筋混凝土管结构，工程起点和终点处设置浆砌石八字口，穿越现状道路后设置 1.2 米 × 1.2 米进水闸 1 座，进水闸设置在水池内，水池上部房屋，尺寸 4.3 米 × 4.3 米，管道沿道路东北侧布置，与道路走向基本一致，约 80 米左右设置 1 处检查井，便于检修维护。工程总投资 283.01 万元。2018 年 9 月，该项目完工并通过验收。

防汛抗旱

【概况】　2018 年，香河县防汛抗旱工作，紧紧围绕全县中心工作，以保障经济社会发展、人民群众生命财产安全和社会和谐稳定为目标，立足于防大汛、抢大险、抗大旱、救大灾，早安排，早部署，明确责任，突出重点，扎实落实各项防汛抗旱措施，做到科学防汛抗旱两手抓两不误，确保全县度汛安全和社会经济平稳发展。

【雨情水情】　2018 年，汛期全县累计降水 537.9 毫米，较多年同期（427.2 毫米）增加 25.9%，降水主要集中在 7 月、8 月，其中，7 月受台风“安比”影响，出现强降水过程，降水 331.0 毫米，比多年同期（165.9 毫米）增加 99.5%，8 月降水

159.1 毫米，比多年同期（136.5 毫米）增加 16.6%，全县 8 座扬水站全部开车排水，排水约 1403 万立方米、2652 台时，及时排除农田积水，有效降低灾害损失。

【防汛备汛】 建立责任分工体系。在香河县防汛抗旱工作会议上，调整香河县防汛抗旱指挥部组成人员及责任分工，明确 9 个办事机构和 6 个指挥分部具体负责人。结合推行河长制工作，确定县级领导和有关单位包河、包堤、包站、包城区的责任分工体系，构建网格化防汛责任网络。开展防汛隐患排查，对全县河道堤防、闸涵泵站等防洪除涝工程设施进行全面检查，查出 40 余处问题全部登记备案并制定整改方案和应对措施。完成 8 座国有扬水站预防性试验及开车排水调试，城区排沥不畅问题逐一排查解决。完善香河县防洪、除涝、行洪区灾民转移安置等各类应急预案，特别是针对行洪区内的 14 个村街（北运河 7 个：曹店、高庄、鲁家务、陈辛庄、孙家务、张庄、吴打庄；潮白河 7 个：程辛庄、杨簸箕庄、苍头、王店子、河北吴村、河南吴村、凌家吴村），分别编制群众紧急转移避险预案并发放明白卡。强化队伍和物资保障，组建县级应急抢险队 1 支 40 人、群众性抢险常备队 13 支 9200 人、后备队 300 支 15000 人、应急抢险打桩班 13 个 780 人。编织袋、铅丝、彩条布、钢管、救生衣、发电机组、潜污泵、离心泵等 15 种县级常备物资全部到位，对重点险工险段所需的抢险物料，做到点对点储备。同时，向各镇、街道办事处、园区及部分县直单位号用物资 24 种，抢险救灾车辆 130 辆，抢险工程机械 16 台，为全县防洪安全提供强有力的物质支撑。做好气象预测预警，完成视频会商系统、无线超短波通信系统、远程视频监控系统的更新调试，并与北京市水务、气象部门建立联络沟通机制，确保第一时间掌握上游雨情、水情。开展防汛实战演练，7 月 9 日，县水务局与县民政局、安平镇政府组织开展以行洪区人员安全转移搜救、行洪区灾民转移安置和防汛除涝三个方面的实战演练，提高抢险队员的实战经验和应对突发状况的处置能力。

【抗旱工作】 1—10 月，全县累计降水 678.8 毫米，较多年同期（532.3 毫米）多 27.5%。其中，1—5 月累计降水 123.4 毫米，较多年同期（80.6 毫米）多 53.1%。6—9 月累计降水 537.9 毫米，较多年同期（427.2 毫米）多 25.9%，10 月降水 17.5 毫米，比多年同期减少 28.6%。全县的降水比较充足，特别是 4—5 月，农作物生长期降水充沛，达 118.5 毫米，汛期降水也较常年偏多，未造成大的旱情。通过北运河和潮白河进行引水，同时抬高曹店跌水橡胶坝，使北运河水经牛牧屯引河汇入潮白河，利用岭子闸、后建闸和潮南进水闸将河水引入香河县潮南、潮北灌区，并调控全县所有干渠节制闸配水，确保抗旱水源充足，1—10 月，引蓄地上水 4230 万立方米，有效抵御了干旱。落实抗旱应急工程建设，投资 20 万元，更新 100 米深机井 16 眼，发展抗旱灌溉面积 1024 亩。

【重点部位防守情况】 8 月，全县 8 座扬水站全部开车排水，共排水约 1403 万立方米、2652 台时，及时排除农田积水，有效降低灾害损失。

【预测预警情况】 确保第一时间了解雨情、汛情和闸坝的运行情况，增加信息预警预报准确性和及时性，对全县扬水站、橡胶坝的通信设备进行全面细致的检测维修，健全无线超短波通信系统，同时积极与上下游进行协调，建立信息联络制度，增加信息预警预报的准确性和及时性。

水资源保护

【概况】 2018年，香河县加强水资源管理保护工作，实施河长制，做好水资源费改税工作，加强水政执法，推进水价综合改革工作。

【水资源管理】 严格落实取水许可制度，规范取水许可证发放工作。截至4月，全县发放取水许可证62套，其中，新办10套，延续2套，是年4月，取水许可审批职权划转到香河县行政审批局。开展地下水监控，完成香河县2017年度地下水超采综合治理非农取水在线监测项目建设，编制香河县 2018 年度地下水超采综合治理非农取水在线监测项目实施方案。

【实施河长制】 香河县建成县、镇、村三级河长制管理体系，将潮白河、北运河、青龙湾减河、引泃入潮河、鲍邱河、鹔池河、小友垡排干渠 7条河渠纳入县级河长制管理体系，将26条干支渠列入镇村河长制管理体系，实现县域内河渠县、镇、村三级河长全覆盖的总体目标。设立省级河长制信息公示牌13块、市级1块、县级246块，扎实推进“一河一策”治理模式。开展“香河县河渠清理专项行动”，全面清理33条河渠各类垃圾17万立方米，治理非法入河排污口64处。11月1日，香河县河渠清理行动受到市改革办通报表彰。加强河渠巡查检查，按照《香河县河长巡河制度》的要求，统一印制《河长巡河记录本》，对河长巡河工作进行规范，明确要求加大巡河频次，做好巡河记录。督导各级河长开展巡河工作，提高巡查频次，对问题较多的河渠经常巡、严格查。实行“河长制工作督办函”“河长制工作交办卡”专项督办制度，需要辖区河长或其他部门解决的问题，及时上报县河长办进行协调解决。

【水资源费改税】 自水资源费改税以来，县水务局及时成立税改领导小组，构建“水利核准、纳税申报、地税征收、联合监管、信息共享”的管理模式，开展信息移交核查，落实水资源税信息共享工作，确认全县非农取用水纳税户56家。在用水计量上，严格按照标准安装用水计量设施，县水务局定期对企业取用水计量设施进行排查，发现问题及时解决。按照《河北省工业生活取水量核定工作办法》，县水务局水政水资源管理所在接到取用水户申报之日起 10 日内完成取用水量核定，并依法向申报人核发《河北省水资源税纳税人取用水量核定书》，在经办人和企业负责人确认签字后向地税部门申报纳税。香河县农业水资源税纳税人认定工作依法开展，截至10月底，全县209个行政村完成认定工作，采集纳税人信息619条，认定率100%。经税务部门认定，香河正大有限公司钱旺养殖场和乐农美联两家企业属于超限额取用水纳税人，需要缴纳农业水资源税，完成申报缴纳。

【水政执法】 2018年，在“散乱污”企业整治专项行动中，对“散乱污”企业使用自备井情况摸排统计，对佳森纸业等4家企业自备井进行封填。按照《廊坊市涉酸企业排查整治“雷霆2018”专项行动》的要求，对全县使用自备水源的5家涉酸企业进行检查登记。在全县家具城水源热泵回水直排市政管网问题检查中，责令并监督中唐、明泰来、嘉美三家家具城落实整改。结合全市开展河湖执法检查和“飓风行动”“清四乱”等工作，防范河渠管理范围内非法采砂取土、违法占地、林木采伐、管道光缆私自穿河跨渠等违法行为，加强巡查和举报受理，及时发现问题，依法依规查处。截至年底，开展水政执法工作，出动车辆224 车次，人员 772 人次，保护水利工程安全，维护水法权威。完成对蒋辛屯镇大窑上村四处河道管理范围内的违建拆除。8 月，按照市、县工作部署，对全县高速公路，国、省主要交通干线两侧河道管理范围广告牌（塔）进行彻底清理拆除，清理拆除广告牌 16 块。

【农业水价综合改革】 2018 年，香河县农业水价综合改革实施方案获省厅批准，并按照上级要求成立由县长为组长的香河县农业水价综合改革领导小组及办公室，香河县人民政府办公室印发《香河县农业水价综合改革的实施意见》和《香河县人民政府关于实施农业水价综合改革的通告》。建立健全农业水价综合改革工作监督检查和绩效考核机制，香河县制定《香河县农业水费收缴、管理、使用办法》《香河县农民用水协会年度绩效考核办法》《香河县农民用水协会规章制度》《香河县农民用水奖补资金管理使用办法》。成立香河县农民用水协会和各镇、街道、园区及所辖村街的农民用水协会分会，配备办公用房和办公设施，建立水价改革软件平台。节水奖励资金全部落实到位，打入县级农民用水协会账户。完成联通宽带安装工作。农民用水协会与各镇、街道办事处、园区及所辖村街统计农业灌溉用电量工作，用电量统计完成后，得出水电折算结果，核定出用水户水费缴纳额度及节水奖励资金金额后，将节水奖励资金通过村街农民用水协会发放到用水户手中。

（白瑛彪）

财政　税务

责任编辑　杨东林

综　述

2018 年，财政收入完成 650559 万元，占调整预算的 101.4%。一般公共预算收入完成 333338 万元，占预期目标的 100.9%。是年 3 月，国务院实施国税地税征管体制改革。7 月，香河县国家税务局与地方税务局合并，成立国家税务总局香河县税务局，是月 20 日，国家税务总局香河县税务局正式挂牌。全年组织税务收入 520500 万元。

财　政

【概况】　2018 年，财政事业健康发展。荣获“河北省财政直管县预算执行工作优秀单位”“河北省财政管理综合绩效先进县”“河北省财政直管县财政局先进单位”“河北省财政直管县预算执行分析优秀单位”等多项荣誉。全年财政收入完成 650559 万元，占预期目标的 100.9%，一般公共预算收入完成 367553 万元，占预期目标的 103%，同比增长 10.3%。一般公共预算支出 638734 万元，全年支出进度完成 98.4%（考核标准 95%）。科学编制预算，加强预算执行管理。全年政府性基金收入完成 172038 万元，占调整预算的 101.2%，全年政府性基金支出累计完成 91652 万元，占调整预算的 98.6%，为香河县各项事业发展提供有力的财政资金支持。

【教育投入】　2018 年，累计投入资金 105876 万元，用于农村中小学建设，支持教育事业，实现义务教育均衡发展。根据上级文件精神，按照农村义务教育经费保障标准，公用经费标准小学人均 685 元，初中人均 885 元。全年累计投入义务教育资金 4093 万元。全年累计发放普通高中助学金 163 万元，资助学生 1512 名。投入 200 万元专项资金，用于教师教学培训和能力提升，改善农村中小学办学条件。

【财政监督】　2018 年，全面推进“一问责八清理”专项行动整改回头看，按规定做好每一阶段工作。“小金库”专项清理整改“回头看”涉及 261 个单位，其中，党政机关、事业单位 204 个，社会团体 45 个，国有企业 12 个。年内新发现问题 14 件（问题合并后为 12 件），相关责任人 12 人，由专项领导小组负责人与问题责任人进行约谈或通报，追回资金 7 笔，全部完成整改。财政专项资金清理整改“回头看”，通过单位自查、交叉互查、重点检查，新发现整改不到位问题 4 件，财政收回滞留延压资金 89 万元，处分 4 人。惠农资金落实不到位清理整改“回头看”，针对 2017

年惠农资金落实不到位问题专项清理工作发现的333件问题，在自查自纠基础上开展交叉互查，发现新增问题1件，涉及金额29万元，完成整改。乱收费乱摊派问题清理整改“回头看”，对县直单位、镇（街道办事处）及协会乱收费乱摊派问题进行全面检查，发现问题1个，并整改完毕。县属企业违规配车、用车清理整改“回头看”，重点对12家县属企业用车问题进行专项清理“回头看”，通过自查自纠，县属国有企业填报《县属企业违规配车、用车“一问责八清理”问题及处理情况登记表》，并签署承诺书，不存在县属国有企业违规配车，不存在换用、借用、占用下属企业车辆等问题。此外，在项目落地难、村级卫生室资金等各种专项清理工作中，注重协调沟通，及时为各牵头部门做好相关配合工作。

【政府采购管理】 2018年，深化政府采购制度改革，发挥政策功能作用，全面加强监管力度，不断提高政府采购效率，建立高效、规范、透明、诚信的政府采购机制。通过公开招标、询价采购、谈判采购等形式，全年组织采购225次，采购金额完成28108万元，节约资金1425万元，节约率4.82%。

【环保投入】 2018年，投入资金54100万元，高标准完成3000户“气代煤”扫尾工程，农村地区89945户实现冬季清洁取暖，实现“不烧煤、不挨冻、不出事、不浪费、零污染”目标。淘汰35蒸吨及以下燃煤锅炉17台，治理取缔新发现“散乱污”企业146家，落实降尘、控车、除烟、禁燃等大气污染治理工作，各级督查巡查交办问题全部整改到位。

【落实惠农政策】 2018年，通过“一卡通、一折通”形式，累计发放农业支持保护补贴1910万元。投入51700万元，推动“美丽乡村建设”深入开展，推进“四美五改”（环境美、产业美、精神美、生态美、改房、改水、改路、改厕、改厨）、实施民居改造、安全饮水、污水治理、街道硬化、无害化卫生厕所改造、清洁能源利用、“三清一拆”和垃圾治理、村庄绿化、特色富民产业、农村电子商务网点建设、乡村文化建设和基层组织建设12个专项行动，促进美丽乡村建设上档升级。全年投入资金3000万元，健全农村环境卫生长效机制建设，农村环境得到全面改善。是年，“村级一事一议财政奖补项目”累计投入资金523万元，涉及村街24个，项目建设24个，受益人口1.9万人。

【投资评审】 2018年，香河县财政投资评审中心坚持“客观、公平、公正”原则，践行“不唯增、不唯减、只唯实”投资评审理念，服务县内重大、重点项目和教育等民生工程建设，依法依规做好政府投资项目评审工作，提升政府投资效益。评审中心全年完成237项工程评审，项目总投资126254万元，审定金额113938万元，审减资金12316万元，平均审减率9.75%。

【社会保障】 2018年，投入12426万元，用于城乡居民养老保险，为1674名低保对象发放1159万元，使其达到基本生活保障标准，确保保障性安居工程。投入1339万元福利彩票公益金用于殡仪馆、养老院及农村老年活动中心、文化体育等项目建设，推进香河县公益事业发展，提高农村居民生产生活质量。投入5381万元，用于阳光馨城经适房、廉租房项目建设及公租房补贴。投入4384万元，对公立医院扶持，并将医改资金足额纳入财政预算。投入4305万元，用于基层医疗机构综合改革中药品零差率补助。投入2016万元，用于公共卫生服务项目建设。是年，香河县基层卫生院全面开展基本公共卫生服务项目建设，并建立居民健康档案、健康教育、预防接种、传染病防治、高血压、糖尿病等慢性病管理、儿童保健、孕产妇保健、老年人保健和重性精神疾病管理等九大公共卫生服务项目。

（佟沅洪）

国家税务

【概况】 2018年，香河县国家税务局设部门10个：办公室、财务管理股、人事教育股、监察室、政策法规股、征收管理股、纳税服务股、收入核算股、机关党委办公室和办税服务厅；直属机构1个：稽查局；事业单位1个：信息中心；派出机构4个：城区税务分局、渠口税务分局、五百户税务分局、安平税务分局。截至2018年7月19日，全局有在编人员105人。

【国税征收】 截至2018年7月19日，中央收入包括：消费税、车辆购置税、关税、海关代征的进口环节增值税。中央与地方政府共享收入包括增值税和企业所得税，其中，增值税中央占50%，地方占50%；企业所得税，铁道部门、各银行总行、海洋石油企业缴纳的所得税归中央，其余部分为中央占60%，地方占40%。截至6月30日，香河县国税局累计入库税款12.13亿元，占税收计划的42%。

【税收征管】 继续开展电子档案与实名录入工作。与工商、地税等部门协作配合，持续抓好“五证合一”（营业执照、组织机构代码证、税务登记证、社会保险登记证和统计登记证）“两证整合”（营业执照、税务登记证）后续管理工作。加强个体工商户定期定额征收管理和建账管理，执行辅导建账制度，规范个体税收管理。强化纳税评估力度，发挥评估增收促管作用，对驾校、宾馆住宿、幼儿园等行业和2017年度所得税汇算、失控发票领域进行重点评估。强化风险数据核查，利用税源管理平台对开票金额与申报收入不符情况进行核查。对定额较低商户进行定额调整并进行补税处理，对无证商户进行补税处理并办理税务登记手续。1—6月，香河县国税局组织税收风险应对入库税收596.58万元，入库滞纳金45.4万元，合计641.98万元。加强“金税三期工程”系统数据维护，提升系统数据的真实性、完整性，及时修正错误数据，细化各项指标，保证“金税三期工程”系统平稳运行。加快“云办税服务厅”和自助办税区建设，购置15台电脑用于“云办税服务厅”登录，按照河北省国税局“云厅”建设要求进行规划，达到“云厅”建设标准。

【纳税服务】 开展2017年度纳税人满意度调查工作，纳税人满意度稳步提升。2017年度纳税人满意度综合得分92.96分，比全省综合得分高0.07分，位列全省第84名，比2015年提高8.78分。其中，渠口税务分局满意度调查得分为95分，位列全省第一。完成2017年度纳税信用等级评价工作。2017年度全县纳入信用管理户数5871户，其中，A级纳税人199户，B级纳税人1959户，M级纳税人3451户，C级纳税人52户，D级纳税人103户，其中D级纳税人中有非正常户71户。

设立跨省经营企业涉税事项全国通办窗口，部分业务实现国地税“一窗通办”。

全面落实《涉税专业服务监管实施办法》，建立与相关行业协会工作联系和信息交换机制，开展涉税专业服务机构信息采集工作。

地方税务

【概况】 香河县地方税务局内设机构6个：办公室、税政法规股、征收管理股、人事政工股、收入规划核算股和监察室。设派出机构 7 个：稽查局、征收分局、税源监控分局、城区税务分局、家具城税务分局、渠口税务分局和五百户税务分局。截至 2018 年 6 月底，全局在编人员 105 人。

【地税征收】 截至 2018 年 6 月底，香河县地税局共组织各项收入 190162 万元，同比减收 54830 万元，减少 22.38%。其中，税收收入完成 173515 万元，同比减收 55284 万元，减少 24.16%；社保费收入完成 10976 万元，同比增收 3098 万元，增收 39.32%；教育费附加、地方教育附加、工会经费等其他收入共完成 5672 万元，同比减收 2650 万元，减少 31.84%。房地产及相关行业、建筑业、租赁和商务服务业税收贡献率较大，纳税最多的行业为房地产及相关行业，上半年完成税收 113497 万元，建筑业累计入库 21404 万元，租赁和商务服务业累计完成 18842 万元。

【征收管理】 负责企业所得税、个人所得税、资源税、城建税、房产税、印花税、土地使用税、土地增值税、车船税、契税、耕地占用税、水资源税和环境保护税等税费的征收管理。2018 年上半年，先后四次联合环保部门对全县 39 户环保税纳税人开展识别确认，对关停取缔企业逐户走访核实，辅导企业人员进行环保税申报模拟操作。1—2 季度环保税入库 105.96 万元。以土地增值税为重点开展房地产业检查。集中检查房地产企业 6 户，入库土地增值税 9524.49 余万元。

【征管稽查】 2018 年 1—6 月，推送风险任务 872 户次，补缴入库税款 6031.5 万元，滞纳金 450.1 万元。落实河北省地税局税务稽查工作会议和廊坊市地税工作会议精神，服务税收工作大局，坚持依法稽查，以查处重大税收违法案件为重点，整顿和规范税收秩序，加强队伍建设，推进稽查工作现代化建设，提升稽查工作整体水平。检查纳税企业 4 户，查补入库税款、滞纳金合计 2217 万元。

【企业所得税汇算清缴】 加强企业所得税日常管理，加大汇算清缴工作力度，实现全面汇缴。2017 年度，香河县应参加企业所得税汇算清缴的企业 918 户，完成企业所得税汇算清缴 918 户，汇缴率 100%，入库税款 51698.万元。

【信息化建设】 做好安全和服务保障工作，随时掌握现有信息化设备的数据范围、占用空间、服务器状态等情况，完成培训、视频会议调试、防雷检测、智能服务大厅建设等保障工作。升级光纤宽带，提高网络安全防护能力。举办网络安全知识讲座 3 次，半年进行一次全面检查，排查安全隐患。

【优化纳税服务】 香河县地税局以《纳税服务规范》为依据，查找纳税服务薄弱环节，重点解决突出问题，优化纳税服务。推进“双创双服”（创新、创业、服务发展、服务民生）活动。以“创新、强企、解难、惠民”为主题，以深化“放管服”改革、优化营商环境为主线，落实《办税事项“最多跑一次”清单》。整合资源，优化办税服务厅建设，通过办税厅显示屏、手机短信等，宣传税收政策。与县国税局联合成立纳税人学堂，开展培训辅导。推广便民软件。充分利用 QQ、微信群、微信预约平台发布信息，解读电子税务局办税流程，宣传电子税务局使用方法，开展电子税务局培训会；鼓励纳税人充分利用微信预约预审平台，办理业务预约、预审，节约纳税成本。

国家税务总局香河县税务局

【概况】 2018 年 3 月，国务院实施国税地税征管体制改革。7月10日，确定原县国税局机关办公楼为新税务机构办公地点。7月13日，县国税局、县地税局向廊坊市税务局报备，明确县税务机构整合后的综合部门临时负责人。7月17日，原县国税局、县地税局领导班子共10人，在原县国税局办公楼集中办公。7月20日，国家税务总局香河县税务局正式挂牌。同日，县税务局对外发布机构合并涉及纳税人有关事项的公告，启用新印章和公文字号，切换新机构网站及公文系统，在派出机构悬挂临时标识牌。7月21日，成立香河县税务局机构改革工作小组。7月22日，县税务局研究制定香河县税务机构改革工作实施方案。7月24日，明确税务机构改革过渡期行政领导班子成员分工。7月26日，召开全县税务系统机构改革动员部署会议。10月25日，宣布“三定”（定职能、定机构、定编制）方案，明确县级税务系统组织架构及人员组成。10月29日，机构合并和人员调整全部到位，同一部门实现同址办公。10月30日，香河县税务局启用内设机构行政印章，完成所有派出机构挂牌，将具有执法和征收职能的派出机构对外发布公告。机构合并完成后，县税务局有内设机构、派出机构和事业单位20个。其中，内设机构13个：办公室、人事教育股、纳税服务股，税政一股、税政二股、收入核算股、征收管理股、财务管理股、社会保险和非税收入股、法制股、风险管理股、党建工作股、纪检组，级别为正股级；派出机构6个，分别为第一税务分局（办税服务厅）、第二税务分局、城区税务分局、渠口税务分局、五百户税务分局和安平税务分局，级别为副科级；事业单位1个：信息中心。正式在编人员208人。

【税务征收】 2018年，组织各项税收收入520500万元，其中，一般公共预算完成23.75亿元。分行业、分经济类型完成情况：第一产业完成税收205万元，占比0.04%；第二产业完成税收183416万元，占比35.24%，其中，制造业完成税收121738万元，占全年税收23.39%，建筑业完成税收59342万元，占全年税收11.4%；第三产业完成税收336879万元，占比64.72%，其中，批发和零售业完成税收35042万元，占全年税收6.73%，金融业完成17732万元，占全年税收3.41%，房地产业完成225147万元，占全年税收43.26%。

【纳税服务】 2018年，县税务局开展“双创双服”及便民办税春风行动，简化办税流程，推广“互联网+税务”加快电子税务局建设，加大对网上银行、手机银行等多元化缴税方式推广，拓展网签三方协议银行范围。实行税费事项“一厅通办”，对起征点以下小规模纳税人实行网上代开电子发票，提供简易注销免办服务和税务注销即办服务、推出新办纳税人套餐服务。

（任海龙　尹　超）

2018年度香河县纳税1000万元以上企业一览表

表 6

单位：万元

序号	纳税人名称	实缴金额
1	富力（香河）房地产开发有限公司	58701.16
2	北京顺鑫农业股份有限公司牛栏山酒厂香河生产基地	47345.73
3	香河鼎泰园区建设发展有限公司	22298.48
4	香河第一城酒业有限公司	19687.36
5	廊坊瑞盛投资股份有限公司	16650.27
6	廊坊旷世基业房地产开发有限公司	10590.41
7	荣盛（香河）房地产开发有限公司	10018.03
8	河北香河农村商业银行股份有限公司	9104.054
9	荣盛房地产发展股份有限公司香河分公司	8861.972
10	香河县城镇房地产综合开发有限公司尚乘华府项目部	8260.887
11	香河县城镇房地产综合开发有限公司	7939.38
12	香河县三强建筑工程有限公司	7375.7
13	香河超达纸品包装有限公司	7025.035
14	香河京御房地产开发有限公司	6827.696
15	香河县华宇房地产开发有限公司蓝山庭苑项目部	6775.888
16	香河县华宇房地产开发有限公司新世界名苑项目部	6276.809
17	荣盛兴城投资有限责任公司	5876.474
18	香河县城镇房地产综合开发有限公司山水田园小区项目部	5613.394
19	香河县百川燃气销售有限公司	5340.905
20	香河维远房地产开发有限公司	5049.908
21	香河县华宇房地产开发有限公司天琴湾二期东区项目部	4513.235
22	香河县华宇房地产开发有限公司潮白新村西区项目部	4469.014
23	香河理想嘉业房地产开发有限公司	4384.094
24	香河县天悦房地产开发有限公司	4297.403
25	香河锦绣香江房地产开发有限公司	4015.009
26	香河恒康房地产开发有限公司	3865.469
27	喜临门北方家具有限公司	3571.07
28	香河恒泰建筑有限公司	3445.815
29	骏豪凯星（香河）房地产开发有限公司	3382.973
30	香河西联建材装饰城有限公司	3268.883
31	香河中商房地产开发有限公司	3222.619

续表 6

序号	纳税人名称	实缴金额
32	香河金源诚顺房地产开发有限公司	3209.263
33	香河中佳房地产开发有限公司	3043.342
34	香河金汉房地产开发有限公司	2958.585
35	荣盛建筑设计有限公司	2833.858
36	香河县华宇房地产开发有限公司	2723.112
37	荣盛建设工程有限公司	2564.538
38	香河万利通实业有限公司	2411.71
39	中信国安第一城国际会议展览有限公司	2329.316
40	香河县胜强房地产开发有限公司	2302.036
41	河北万特房地产开发有限公司	2215.682
42	香河县逸景房地产开发有限公司	1989.214
43	香河县鸿坤房地产开发有限公司	1637.213
44	香河万润新元房地产开发有限公司	1634.303
45	香河鑫福源商贸有限公司	1603.104
46	河北建设集团天辰建筑工程有限公司	1573.338
47	河北荣盛建筑材料有限公司	1555.632
48	国网冀北电力有限公司香河县供电分公司	1488.258
49	香河益民村镇银行股份有限公司	1433.899
50	廊坊爱依瑞斯家具有限公司	1281.746
51	上海绿地集团香河投资开发有限公司	1206.151
52	香河东合时代房地产开发有限公司	1140.857
53	香河县高氏印务有限公司	1098.746
54	华荣建材城（香河）有限公司	1095.099
55	香河万通房地产开发有限公司	1092.195
56	香河鹏渤房地产开发有限公司	1010.501

交通　电力

责任编辑　杨东林

综　述

2018年，交通运输业稳步发展。公路交通条件不断改善，加强公路建设、交通运输行政执法、公路养护及路政管理和运输行业管理。全县公路通车总里程1026.052千米，县境内高速公路2条，全长23.955千米。公路网密度2.30千米/平方千米。开通城乡客运公交线路11条，开通河北公交一卡通。 3月，香河县交通运输局被廊坊市交通运输局授予“2017年度农村公路建设养护工作优秀单位”荣誉称号，6月，荣膺“四好农村路”省级示范县。

国网冀北电力有限公司香河县供电分公司，是国网冀北电力有限公司下属的趸售县级分公司，截至2018年底，共有员工323人，固定资产6.34亿元。年内完成《香河县域电网规划》编修工作，电网建设取得新进展。2018年2月，被廊坊供电公司评为“党的十九大保电工作先进集体”“2017年度工人先锋号”，10月，被廊坊市总工会评为“廊坊市最佳书香企业”。

交通运输

【概况】　2018年，香河县交通运输局负责全县综合运输体系的规划协调，组织拟定并监督实施全县公路、轨道交通、地方铁路等行业规划，制定全县交通运输行业科技政策、技术标准和规范，指导全县公路、轨道交通、地方铁路安全生产和应急管理，承担全县公路、轨道交通、地方铁路运输市场、交通运输基础设施建设市场监管责任和国防交通战备等工作，负责交通运输国有资产管理和交通运输专项资金的管理、使用。县国防动员委员会交通战备办公室设在香河县交通运输局。3月，香河县交通运输局被廊坊市交通运输局授予“2017年度农村公路建设养护工作优秀单位”荣誉称号，6月，荣膺“四好农村路”省级示范县。香河汽车站有长途客运班车14辆，8条线路，446个座位；廊坊市通利运输有限公司香河分公司有长途客运班车12辆，6条线路，352个座位。香河县有普通营运车辆2503辆；危货运输企业1家，危险品货车5辆，危险品挂车5辆，危险品牵引车1辆。有2家驾校（双安驾校、东岳长江驾校），物流企业19家。有香河慧安公共交通运输有限公司1家，新能源公交车100辆；有鑫瑞、通达、宝达、瑞隆、新越、铭浩等6家出租汽车公司，运营汽车577辆。

【公路建设】　截至2018年底，全县公路通车总里程为1026.052千米，县境内有高速公路2条，全长23.955千米（G1京哈高速公路21.303千米、G95首都地区环线高速公路2.652千米）；国道3

条，全长54.016千米（G103京津线3.870千米、G230通武线23.415千米、G509唐通线26.731千米）；省道1条，全长5.128千米（S274平香线5.128千米）。全县农村公路594条，总里程942.956千米，其中：县道4条，总长56.762千米（香北线长22.11千米、倪李线长17.632千米、香务线长10.302千米、蒋渠线长6.718千米）；乡道14条，总长108.147千米；村道576条，总长778.047千米。公路网密度2.30千米/平方千米。2018年政府投资项目中，青龙湾左堤结转段、香北线（唐通线—金辛庄桥段）、倪李线（刘宋镇区—国安路段）、香北线（倪李线—中营大桥段）工程完工；大辛路（唐通线—义井大桥段）养护改造桥梁工程完成旧桥拆除（1月18日开始断交施工），实施桥梁底部施工，道路工程进行路基施工；双安路钳屯桥1月23日起实施危桥改造；连村道路养护改造工程进场施工，部分道路完工。社会投资项目中，首都地区环线高速公路梁家务互通连接线（香河段）施工单位进场施工；平香线南延道路工程完成3.5千米主路和非机动车双幅油面施工，潮白河大桥建设工程完成前期审批和设计施工总承包招标工作，施工单位完成桥梁钻孔灌注桩211根。包括镇村

G1京哈高速公路香河北出口　（王树春摄）

G1京哈高速公路香河东出口　（王树春摄）

G95首都环线高速公路香河西出口　（王树春摄）

自建道路在内，全年新建改建各等级公路 168.7 千米（不含市政路）。2018 年，香务线养护改造工程完成前期和招标工作；老夏安线风港减河桥改建工程完成前期审批和地质勘察、设计、项目管理单位招标工作，施工图设计文件经市行政审批局批复；潮白河左堤（大香线—大厂界段）养护改造工程可行性研究报告经发改部门批复，完成设计招标工作。省财政厅整体切块下达香河县用于农村公路建设补助资金 201 万元。

【交通运输行政执法】 以源头管理为主，对辖区内车站、货场、驾校等场所登记造册，严格执法稽查。2018 年，查处违规客运车辆 8 辆，稳定道路旅客运输市场秩序。开展安全生产工作，在重要时间节点特别是春运期间，签订安全生产责任状，增加驻汽车站人员，对所管辖的客运车辆全部进行检查，春运期间投入客运车辆 1860 辆，运送旅客 5347 万人次。开展安全生产大排查大整治攻坚行动，对 95 家道路运输企业进行安全隐患排查，排查隐患 61 处。加强出租汽车市场监管，严厉打击非法营运行为，维护出租客运秩序，年内，查处违规运营出租汽车 22 辆。

【公路养护管理】 将路域环境整治与大气污染治理相结合，加大道路扬尘治理力度，坚持每天上路巡查，对路面出现洒落物及其他杂物及时清理。8 台大型清扫车全年上路清扫作业，3—11 月，7 台大型洒水车全天上路洒水降尘。在公路沿线安排 60 余名保洁人员，对机械清扫不到位的地方进行人工清扫，捡拾路界内垃圾和飘挂物，并对路肩、绿化台、边坡、边沟进行 4 次标准化整修。2018 年，出动清扫车 2240 台班，累计清扫路面 52240 千米；出动洒水车 1960 台班，洒水降尘 32680 千米；出动人工 13400 工日，清运垃圾 1800 立方米；整修路肩、绿化台、边坡 504.8 千米，清理排水沟 15000 米。组织人力、机械、材料，对干线公路和主要县乡公路进行预防性养护，年内，维修、安装标志牌、爆闪灯、广角镜 74 块，三桩二碑（百米桩、路界桩、示警桩、里程碑、建筑红线控制碑）60 块，施划道路标线 26113 平方米，挖补路面坑槽 7500 平方米，灌注路面裂缝 20400 米。推进“路长制”，设立总路长、县级路长、镇级路长和村级路长四级路长架构，落实政府主体责任，完善农村公路管理体制机制，协调解决存在的问题，确保“四好农村路”建设取得成效。

“四好农村路”建设 1　（王树春摄）

【公路路政管理】 按照重点干线公路每天巡查不少于 2 次、支线公路每两天巡查不少于 1 次的标准，坚持日常公路巡查，维护路产路权，随时对占道经营、倾倒垃圾、设立非公路标志及其他影响公路交通安全的行为进行处置，2018 年，依法治理在公路用地范围内堆放物品、倾倒垃圾、倾倒污水等 10 处 128 立方米，清理摆摊设点 215 处，清除未经批准擅自设置的非公路标志 249 块。采取路面治

“四好农村路”建设 2　　（王树春摄）

超与源头治超相结合，与交警配合，治理超限运输车辆，交警对疑似超限车辆进行拦截，路政执法队员负责检测卸载。年内，平香线超限检测站检测车辆 17074 辆，卸载超限车辆 74 辆，卸载 2405.42 吨，干线公路超限车辆明显减少，超限率控制在 2%以下。每周巡视两次源头治超企业（搅拌站 2 家），对出入源头治超企业的车辆进行登记、检查，确保不出现超限运输车辆。

【公路交通运输行业管理】　加强客运、货运管理。严把市场准入关，强化对运输企业和运输业主的资质审查管理，严格控制营运车辆审批；严把车辆状况关，坚持对营运车辆定期进行二级维护和技术检测，同时利用检测站监控摄像头，对车辆的检测、维护实行全程监控；严把营运驾驶员从业资格关，开展营运驾驶员安全技术培训，建立营运驾驶员从业资格管理档案，严格人员管理。落实对危货企业的监督管理责任，对全县仅有的 1 家危货运输企业，强化企业运输许可管理、车辆管理和从业人员资格管理，督促企业落实企业安全生产主体责任，要求所有的危货运输车辆及罐体必须符合国家相关法律规定技术等级，从业人员全部持证上岗，运输车辆全部安装卫星定位监控装置。完成出租汽车年审工作，组织安排监督卡考试 10 场，91 人次。对 6 家出租汽车公司、23 家个体、622 名从业人员开展信誉考核。行业标识实行统一管理，出租汽车标识“五统一”（统一车辆顶灯、统一服务标志、统一营运服装、统一服务用语、统一对入会的个体出租车辆编成班组，每个班组的组长由个体出租车优秀驾驶员担任）达 100%，统一安装卫星定位，724 辆车安装定位系统。

2018 年，新增营运货车 98 辆、挂车 2 辆，过户车 67 辆，补审 122 辆。

【公路交通运输行政审批】　全面推进“放管服”改革，承接上级下放或取消的行政许可审批事项。2018 年，香河县交通运输局涉及路政管理、运输管理和公路建设管理等行政许可审批项目 24 个。按照交通运输行业行政审批要求，落实首问负责制、限时办结制、一次性告知等制度，依法依规开展行政审批工作，缩短优化审批时限，提高办事效率，对外公开行政许可事项目录清单、服务指南、流程图，方便人民群众。年内，发生行政许可审批案件 40 件，案件办结率 100%。

【城乡客运公交化改造】　2018 年，县财政投资 1 亿多元全面实施城乡公交一体化改革，探索形成“政府主导、企业运营、财政补贴、定期考核”的公交改革“香河模式”，依托公交信息化管理平台，打造“全域公交”“惠民公交”“智慧公交”“平安公交”“文明公交”，城乡客运一体化水平达到 AAAAA 级，位居全省前列。1 月 12 日，利用原有旧城乡客运车辆，陆续开通 8 路、4 路、6 路、10 路四条公交线路。1 月 19 日，新能源公交

香河县争创“四好农村路”全国示范县动员会议暨全域公交开通仪式（县交通运输局供稿）

车采购完成公开招标，出资5820万元采购8.5米级系列插电式LNG气电混合动力空调公交客车80辆、10.5米级系列插电式LNG气电混合动力空调公交客车20辆，4月底全部到位。6月7日，1路新公交环城线路正式开通试运营。6月15日，开通203路、204路、207路、208路和211路公交线路，将原有旧城乡客运车辆全部替换，使用新能源公交车。6月26日，开通201路（含支线）、210路公交线路。6月29日，开通202路、205路公交线路。至此，开通运营公交线路11条（含支线），实现高标准、高质量、大数据、智能化的县域公交全覆盖。8月27日，发布香河智慧公交手机APP。8月29日，办理普通卡、学生卡、爱心卡、优抚卡公交IC卡业务。9月27日，召开争创“四好农村路”全国示范县动员会议暨全域公交开通仪式，香河公交正式开通运营。9月29日，香河公交开始使用河北交通一卡通，可与之前发行的公交IC卡同时使用，刷卡乘坐县内公交车享受八折优惠，可持卡在京津冀及全国210个城市乘坐公交车和地铁，外地带有交通联合标志的交通一卡通也可在香河刷卡乘坐县内公交，均享受当地同等优惠，香河县成为全省首个与全国225个城市公共交通互联互通的县级城市。

廊运集团香河汽车站　（牛宝森摄）

【大气污染治理】 在开展公路清扫保洁、洒水降尘等扬尘治理基础上，加强对运输企业、运输车辆管控，加大对未苫盖遗撒等违法行为的查处力度。严格公路施工工地管理，建立在建公路项目清单，明确潜在污染源，落实各项抑尘措施，施工区域周边设置围挡，对施工料场、料堆及裸露土堆等进行苫盖，环保作业，对驻地、生活办公区域及主要道路进行硬化或绿化，进行不间断洒水。严把施工车辆准入条件，禁止未达到国Ⅲ标准的柴油车辆参与施工作业，施工车辆苫盖运输，设置冲洗设备，对进出场车辆进行清洗。积极响应重污染天气预警，按照相关要求对公路项目建设进行部分停工或全部停工。

（李万勇）

国网冀北电力有限公司香河县供电分公司

【概况】 2018年，国网冀北电力有限公司香河县供电分公司(简称县供电公司)。有员工323人，固定资产6.34亿元。2月，被廊坊供电公司评为“党的十九大保电工作先进集体”，荣获“2017年度工人先锋号”。10月，被廊坊市总工会评为“廊坊市最佳书香企业”。

【安全生产】 2018年，县供电公司实现连续安全生产12470天，圆满完成全国“两会”、“中非合作论坛”等保电任务，全年未发生七级以上人身、电网、设备、信息系统事件。2月起，开展农村电力设施隐患排查治理工作，截至12月31日，完成35千伏及以下设备检测52次，消除缺陷136处。2月26—28日，组织开展年度培训、考试工作，323人参加考试，平均成绩94分，无考试不及格现象。3月、9月进行集中电力设施保护宣传工作，通过新闻、广播、微信、上街宣传等多种形式的宣讲，发放宣传材料55000份，解答群众安全用电咨询800余人次。全年累计清理树障35527棵。组织安全、消防培训及安全日活动，全年累计培训390人次，开展8次安全日活动。开展生产现场违章及安全工作检查，年内，检查施工现场73处，治理违章31起。

【电网建设】 3月10日，根据上级规划修编要求，完成2018年度《香河县域电网规划》修编工作。4月3日，完成钳屯35千伏变电站1号主变C相绕组、31-2进口刀闸、24-9电压互感器更换工作，检修2台手车开关。4月24日，通过乡镇政府协调支持，对蒋辛屯配套110千伏线路通道内林木进行集中砍伐，砍伐树木519棵，修剪树木53棵。4月26日，完成安头屯35千伏变电站2、3号主变处理漏油，更换35千伏站用变及配套熔断器，更换35-7刀闸中相。5月21日，五百户35千伏变电站更换35千伏刀闸31-2、32-4、301-4、302-4共4组，更换214九百户路CT，完成1号、2号主变有载调压换油工作。6月5日，完成庆功台35千伏变电站夏季全站一、二次设备预试，保障香河县汛期扬水站可靠供电。6月12日，在刘宋镇政府协助下，县供电公司与特高压通道内3处建筑物户主沟通拆迁事宜。7月17日，在县政府二楼会议室，由主管副县长主持召开廊坊北500千伏站线路工程协调会。8月，根据国网冀北电力有限公司要求，完成2019年农网改造项目储备工作。全年有农网工程88项，新增配电台区88台，容量28.8兆伏安，投资1888.82万元。通过PMS2.0系统及用电采集系统，实时监测台区负荷情况，完成治理重过载台区26台。

【营销服务】 1月，按照省政府办公厅《关于全面彻底排查取缔“地条钢”的紧急通知》要求，县供电公司对环境污染的5家企业进行配合停、限电措施。8月，根据《河北省物价局转发国家发改委关于清理规范电网和转供电环节收费有关事项的通知》（冀价管［2018］84 号）精神，配合物价局清理转供电工作，参加县物价局召开的清理规范转供电环节加价行为提醒告诫会。9 月底，参加廊坊市物价局召开的关于深入推进清理规范转供电环节加价落实工商业电价政策会议，同时将《单一制一般工商业降价告知单》及《清理规范转供电加价政策明白卡》摆放至供电营业厅进行宣传。全年售电量完成 161813.02 万千瓦时、增长率 17.85%，售电均价完成 563.84 元/千千瓦时，电能替代完成替代项目 53 个，完成替代电量 4245.16 万千瓦时。全年受理新装申请 218 个，容量 140885 千伏安，受理增容申请 72 个，容量 32280 千伏安，受理竣工报验 100 户，办理用电变更 564 个。全年分布式电源用户 379 家，累计容量 5982.85 千瓦，发电量 705.86 万千瓦时，其中，全额上网 322 户，容量 5043.26 千瓦，余电上网 57 户，容量 939.59 千瓦。大用户直购用户 5 户，合同容量 27055 千伏安。

【企业文化建设】　2 月 6 日，举办 2017 年度 QC 成果发布会，变电检修班 QC 小组发布的《研制误入带电间隔双感应式声光报警器》等 3 项 QC 成果被评为优秀成果。2 月 7 日，县供电公司召开一届二次职代会暨 2018 年工作会议，公司领导班子，职工代表和列席代表共 90 人参加会议。2 月 26 日，召开领导班子 2017 年度民主生活会，领导班子成员和市供电公司第五督导组参加会议。3 月 21 日上午，召开 2018 年党风廉政建设和反腐败工作会，领导班子成员、各部室主任、副主任及供电所所长、副所长参加会议。6 月 26 日，聘请教授解读《中国共产党廉洁纪律准则》和《中国共产党纪律处分条例》。7 月 29 日，廊坊市供电公司党委书记到香河县淑阳镇供电所党支部过组织生活。8 月 1 日，组织在职复转退伍军人共庆“八一”建军节。9 月 6 日，开展企业文化建设培训，班组长以上全体人员参加。12 月 27 日，召开 2018 年度领导班子和领导干部综合考评暨党建工作绩效考评大会。年内，在中央电视台、电网头条、人民日报、华北电业等各级媒体发表稿件 700 余篇，未发生影响企业形象的舆情事件。

（孙丽明）

邮政 通信

责任编辑 杨东林

综　述

2018年，香河县邮政通信事业迅猛发展。城镇投递段道总长260千米，农村投递道段总长2166千米，营业网点正常运营率、乡镇网点覆盖率、建制村直接通邮率均100%。移动宽带覆盖190个点位，覆盖客户8.9万户，包括112自然村和70余个居民小区。香河县城城区覆盖5.8万户，覆盖率50%以上；300个行政村，完成建设112个村，覆盖率40%以上，覆盖3.2万户。年末固定宽带用户数90460户，移动宽带用户数138275户；年末固定电话28710部，移动电话397525部。

中国邮政集团公司河北省香河县分公司

【概况】 2018年，中国邮政集团公司河北省香河县分公司从业人员111人(其中合同用工58人，劳务工14人，劳务承揽人员39人)，有综合办公室、市场营销部2个职能部门，有金融业务部、集邮与文化传媒部、渠道平台部、寄递事业部4个专业经营单位，邮政支局（所）10个，金融网点6个，自办邮路2条，邮路总长度62千米（单程）。城镇投递段道总长260千米，农村投递道段总长2166千米，邮政车辆14台，自有房屋建筑面积6467.16平方米，其中生产用房面积4527.01平方米。

【指标完成情况】 2018年，公司累计收入1773.27万元，为年计划收入的108.79%，其中，代理金融收入776.74万元，完成年计划的94.04%，同比增长2.22%。包裹业务中心实现收入326.9万元，完成年计划的92.08%，同比增长51.59%。渠道平台中心收入348.24万元，完成年计划的136.6%。集邮与文化传媒完成收入79.46万元，完成年计划的110.36%。发行投递完成收入112万元，完成年计划的97.39%。

【企业建设情况】 营业网点正常运营率、乡镇网点覆盖率、建制村直接通邮率均100%。金融网点利用电话邀约、微信公众号、LED滚屏、厅堂看板、台卡、荧光板等进行客户邀约，吸引客户办理储蓄存款、保险、理财等业务。利用账单、燃气险、气代煤补贴开展走访。通过正向引导，完善内部评价机制，找项目，挖市场，求发展，提振信心，弥补收入缺口，实现各项业务均衡发展。

（芮文颖）

中国移动通信河北香河分公司

【概况】 2018年，中国移动通信河北有限公司香河分公司（简称香河移动公司）有干部职工94人，分设综合部、市场部、网络部和政企客户部4个部室，下设3个镇营销部、5个自办厅，渠道网点遍布香河县镇村，是香河县最大的通信运营商之一。

【网络建设与通信保障】 2018年，香河移动公司把网络建设放在首要工作位置，工程建设指标稳步提升。在网运行自有基站45座，光缆长度1164.95千米，主城区有基站27座。年内，实现4G网络深度覆盖，LTE工程建设全部开通，建设开通室分上百台，珠光御景、山水田园、自在城、家具城等新建居民小区全部完成4G覆盖，京汉君庭、紫宸悦府等居民小区建设开通微基站，根据日常拨测及用户感知，对网络进行优化处理，扩大覆盖范围，提高网络质量。以光纤到户为核心，中国移动家庭宽带业务发展迅速。移动宽带覆盖190个点位，覆盖客户8.9万户，包括112个行政村和70多个居民小区。香河县城区覆盖5.8万户，覆盖率50%以上；300个行政村，完成建设112个村，覆盖率40%以上，覆盖3.2万户。

【业务发展与服务保障】 截至2018年底，香河移动公司市场占有率为64.7%，县域内镇村实现全覆盖，为广大客户提供移动通信服务。开展电话用户实名登记工作、“黑卡”治理工作。落实河北省通信管理局《关于组织开展电话用户实名登记工作联合检查的通知》精神，电话用户实名登记率100%，“黑卡”得到全面清理。香河移动分公司重视客户服务工作，指导客户使用移动产品，秉承 “用心服务”理念，利用节假日进行短信问候，加强日常电访，解决客户在实际问题，利用节日开展“送流量、送话费”惠民活动及“现场业务受理”等便民服务。认真贯彻落实“安全第一，预防为主，综合治理”的基本方针，落实安全生产责任制，未发生一起安全生产事故和责任事故。

【公益事业与助力民生】 2018年为“第一城庙会”“香河荷花节”等大型活动提供通信保障服务。助力香河绿色发展。在新建居民小区建设开工同时，及早介入，深度参与，加快通信基础设施建设，优化经济发展环境。为广大客户提供方便、快捷、安全、优质的移动通信信息服务。

（李娜）

中国联合网络通信有限公司香河县分公司

【概况】 2018年，中国联合网络通信有限公司香河县分公司下设营业部10个，现有自有厅7个，自办他营厅5个，社会渠道59个（合作厅9个、沃店50个），社区便民服务站469个。服务全县各单位及300个村街，负责香河县通信保障任务。

【渠道建设】 2018年，新建渠道13家，专营渠道68家。有销规模48家，同比增加20%；有效规模40家，同比增加14%；核心规模32家，同比增加12%。NFC末梢渠道205家，有销渠道174家，有效渠道规模60家，与2017年相比均大幅提升。通过“一扫通”“沃乐售”二维码布放增加触点，布放“一扫通”触点132个、“沃乐售”触点56个，提高业务办理效率。

【设备维护与建设】 新建4G基站项目24个，开通11个，其余基站底座、市电安装13个，完成光缆布放12处，室分项目30个，开通18个，室分设备安装 25 个，光缆布放 9 个，基站、室分开通 25 个。基站扩容 3 个，网络优化 72 个。驻地网宽带建设项目完成 194 个，大客户应急工程 61 项，抢修维护 1974 次。装机、移机、维修当日通率 98.7%，装移修服务满意率 95 .09%，虚假闭单率 13.8%，宽带修障当日通率 98.9%，连夜修率 98.2%。完成香河县所有 2G 基站设备下电、EPON 设备 142 台、搬迁接入网点 10 个设备下电。机房整合 10 个，OLT 万兆扩容 26 台套，升级端口 32 个。

【通信保障与维护】 2018 年，完成县城 NB-loT（窄带物联网）物联网覆盖，支持县域智慧城市建设。完成宽带网络升级（接入设备上行端口实占率低于 60%），支持家庭互联网 200M 以上、IPTV 4K 高清。县域达到“当日装、连夜修、频道多、画质优”宽带安装、维修服务品牌，提升居民通信服务保障能力。配合“美丽乡村”建设改造 18 个村、线路迁改 9 个项目。完成高考、党教网、天网、平安互助网等通信保障服务。

（李竹青）

中国电信集团有限公司香河分公司

【概况】 中国电信集团有限公司香河分公司设 6 个部门，5 个农村支局，3 个城区支局，5 个自办厅，人员 91 人。主要经营固定电话、移动通信、卫星通信、互联网接入及应用等综合信息服务。现拥有“天翼”“天翼畅享”“天翼 e 家”“天翼领航”“天翼 Wi-Fi”“天翼云”等服务品牌，服务号段为 133、153、189、180、181、177、173、199、191，另外 1349 为中国电信集团卫星通信有限公司卫星电话号段。

【电信网络建设】 2018 年，加快在各领域推进“互联网+”，落实移动网络提速降费，开展城市千兆宽带入户示范，推动移动网络基站扩容升级。年内，建设 4G 室外站 435 套、室内分布系统 78 套；4G 网络覆盖率 100%，城乡用户畅享高速 4G 网络服务。新增 FTTH（光纤到户）布线 2 万户、累计覆盖 23 万户，部分小区具备千兆宽带入户能力。“天翼高清”平台承载能力 23 万户，引领千家万户走进智慧高清时代。

【电信业务服务】 2018 年，在提升业务服务水平方面，推行装维服务 “五个一”（一双鞋套，一块抹布，一块垫布，一张服务卡，一张服务质量监督调查表）标准；推行装维工作十步曲（上门之前需预约，入室前后需沟通，现场实施需谨慎，综合布线需规范，安全规范需遵守，实施完毕需认证，准确无误再验证，指导用户很关键，结束莫忘再提醒，清理现场显素质）；推行首问责任制，用户宽带或电视报修后 3 个小时之内联系，并上门维修，实行“谁联系谁负责，谁维修谁售后，不推诿敢担当”；无条件装机，有电信布线资源的小区或村街，实施无条件装机，为用户尽心服务，及时安装完毕；当日装当日修，城区范围每日 16 点前办理的用户保证当日安装，18 点前报修的故障当日维修完毕，故障不隔夜，网络保障通。

（马艺）

商贸服务业

责任编辑 杨东权

综 述

2018年，香河县商贸服务业总体平稳，消费品市场供需两旺。对外贸易、投资服务、酒类监督管理、市场管理等工作成绩显著。粮食流通，开拓市场，粮油储备充足。供销商业，实施服务乡村产业振兴战略，提升为农服务水平。仓储物流服务网络不断健全。加强文化娱乐业管理、监督、服务。石油专卖，加强安全生产经营，保障市场供应，环保升级改造。

商务管理

【概况】 2018年，香河县商务局有干部职工29名，其中，副科级以上领导干部8名，工作人员21名。负责对外贸易、投资服务、酒类监督管理、市场整顿及规划管理、机电产品进出口业务。

【招商引资】 承接京津冀产业转移，参加北京、上海等地产业推介会和招商活动，接待世界五百强及行业专家考察8次，接待知名企业、知名品牌商务代表60余人次。开展零地招商，盘活上海绿地公司在香河的20公顷（300亩）土地，建设国际食品城及未来科技城项目；盘活盛达集团10.5公顷（158亩）土地改建机器人产业港四期工程项目；建立院士工作站，打造“3D打印小镇”。成立香河县对外开放工作领导小组，制定《2018年香河县精准招商工作实施方案》。

【会展商务】 组织参加“5·18”中国廊坊国际经贸洽谈会，签约2项外资项目：工业机器人末端执行工具研发制造和工业喷涂机器人系统集成。签约4项内资项目：燃气能源站项目、健康特色小镇项目、科技创新谷项目、机器人精密检测研发及生产项目。组织有关部门及企业参加中国廊坊数字经济大会、中国国际工业设计产业高峰论坛、华为智慧城市峰会、通武廊协同创新发展论坛、新兴产业展巡展等专题对接会议，参观考察贸展活动。

【营商环境整治】 结合“双创双服”活动，做好营商环境案件投诉举报受理、处理工作，保障企业合理诉求得到及时受理，营造开放包容、亲商清商、务实高效的营商环境。召开优化营商环境工作会，有计划有步骤推进工作开展。宣传《河北省优化营商环境条例》，提高窗口服务水平。开展2018年营商环境评估排名工作，由第三方机构北京零点市场调查有限公司评估优化营商环境工作。

【投融资平台建设】 开发区投融资平台建成，

审批流程转交县行政审批局；完善园区配套设施，在企业生产、生活、住宿餐饮、便利出行、金融机构等提升服务质量。

【大气污染防治】 提高加油站主体责任意识，对境内46家加油站点，召开培训会议6次，印发通知8次，各加油站油气回收系统正常运行。每月对加油站进行巡查，季度全覆盖，检查油品购销台账，开展安全生产宣传，督导大气污染防治措施落实。

【商贸流通】 全县社会消费品零售总额继续保持稳步增长，全年实现93.1亿元，同比增长9%。重新修订《香河县突发事件生活必需品市场应急供应预案》和《香河县商务系统重大气象灾害应急预案》，强化应急存储企业及调用机制；挖掘消费潜力，引导商贸企业抓住各种节日时机采取合理促销措施，拉动消费增长。

【电子商务】 全县家具、钣金等企业通过淘宝、京东等平台建立电商销售渠道，并取得了较好的发展，2018年全县电商网络零售额突破22亿元，比上年增长13%。香河家具城官网在国内具有较高的知名度，每天IP访问量达50000余人次，有逾万人浏览网站求购信息。是年，香河县加大电商三年行动计划推进力度，组织企业参加展会、对接活动，参加省市电商大赛，开展电商培训，组织企业申报示范基地、示范企业等。

【便民市场建设】 按照“双创双服”活动部署，制定《香河县便民市场建设工程实施方案》，“香河宏达农贸市场”作为重点支持对象加以跟踪帮扶。按照对口帮扶和《精准服务重点服务业企业活动实施方案》要求，走访中意家居广场有限公司、鑫亿隆家具城、长信家具城等企业，讲解全省政企服务直通平台情况，询问帮扶企业经营中遇到问题并加以解决。

【外贸出口】 2018年，克服经济放缓、国际市场低迷等不利因素，香河县外贸出口呈现良好态势。进出口总值7.5亿元，同比上升14.6%，其中，出口总值6.9亿元，同比上升14.8%（完成市考核任务数的108.1%）；进口总值6000万元，同比上升5.3%。出口企业数量略增，新增倍加商贸、盛鸿食品等7家外贸进出口权企业。县内104家外贸出口企业，37家企业有进出口业绩。主要出口产业是汽车配件及电子零部件，出口15个国家，主要贸易伙伴为欧洲、亚洲、北美洲和南美洲。组织企业参加首届中国国际进口博览会、第6届中国·亚欧博览会、第5届中国·南亚博览会暨第25届中国昆明进出口商品交易会、第29届哈尔滨国际经济贸易洽谈会等国内外贸易洽谈会、展览会。

（王立辉）

粮食流通

【概况】 香河县粮食局主要职能是制定香河县粮食购销企业市场化战略，发展规划，中长期计划。协调全县粮食总量平衡和粮食行业管理，县级地区储备粮落实情况，负责编报行业统计工作。制定全县粮油产、购、留计划，掌握粮油总数，协同有关部门做好粮食经营户、加工户审批，管理粮食市场，维护市场稳定。协调全县粮食流通事务，会同有关部门加强粮食市场管理，做好全县粮油供应，确保人民生活，确保部队粮油供应，做好救灾粮供应。监督全县粮食企业商品粮油的安全储存，组织生产设施规划、布局和建设工作，推广储粮。监督全县粮油储存的安全管理和安全生产，做好储备管理人员的培训。提供技术信息，帮助企业引进先进技术设备。制定粮食附营企业改制方案，项目、人才、资金引进工作，并组织实施。指导全县粮食财务审计和国有资产管理工作，指导全县系统内多种经营统计工作。负责管理所属各单位的国有资产，实现保值。管理和任免（聘用、解聘）所属各法人代表及副职。落实年度各项指标，监督检查落成情况。承办县政府交办的其他事项。根据上述职责，香河县粮食局设5个职能科室。分别是办公室、人事股、财审股、监督检查股、行业发展股。核定编制16人，实有编制人员 23人。2018年8月，香河县粮食局并入县发展改革局。

【粮食行业发展情况】 2018年，引导粮食企业走向市场，开拓市场，站稳市场。粮食企业主动与国有大中型粮食企业联姻。重点培育3个龙头企业，带动其他企业全面发展。申请省以上资金和地方配套资金约1550万元，对渠口、香城、五百户等3个基层粮站危旧库房和配套设施进行维修改造。香河兴旺粮油有限公司（原渠口粮站）完成2栋主体仓房及硬化绿化工程，总投资约900万元，项目建成后，储备原粮 1.2 万吨，提升备战、备灾粮食应急能力。香河县兴军粮油有限公司（原香城粮库）总投资约482万元，该项目完工并通过验收，提升为驻军部队供应粮食能力。香河县兴业粮油有限公司（原五百户粮站）利用省以上资金60万元，安装1台变压器，更换危旧线路并采购设备，解决粮站电力供应不足和消除线路危化易引起火灾的安全隐患。

【粮食市场监管】 制定出台并落实《粮食应急预案》，加强粮食预产调查和购销存调查工作，准确掌握粮食供需情况，保证粮食市场供需平衡。定期采集市场粮食价格信息，发现粮食价格异常波动，及时做出预警。加强监督企业安全生产工作。抓好安全生产管理，与基层单位签订安全生产《目标管理责任书》，明确任务，强化责任，全年未发生一起安全生产事故。

（安娜）

供销商业

【概况】 2018年，香河县供销合作社联合社（以下简称县供销社）实施服务乡村产业振兴战略，加快推动系统经济实现高质量发展，提升为农服务质量和水平，成为服务农业产业、促进乡村振兴的重要力量。全年完成销售收入2010万元，占全年任务101.5%；上缴国家税金15.8万元，占全年任务100%。

【组织体系建设】 2018年，县供销社立足实际、开拓创新，通过龙头带动、专业合作社、综合服务等途径，加强对各基层社的服务与指导，强化各农民合作社之间的联系合作。指导桑梓乐园蔬菜产销专业合作社、康隆蔬菜产销专业合作社和香源蔬菜产销专业合作社注册成立香河县新合作供销农民合作社联合社；指导香荷藕荷种植专业合作社、风调蔬菜产销专业合作社、绿环蔬菜产销专业合作社等8个专业合作社注册成立香河县馨荷源种植专业合作社联合社；指导牵手养殖专业合作社、聚鑫养殖种植专业合作社、顺元养殖服务专业合作社等5个专业合作社注册成立香河县馨荷源养殖专业合作社联合社。

【服务体系建设】 发挥供销社的流通优势、农民合作社的生产优势和农村信用社的资金优势，推进生产、供销、信用三大服务功能的实质性整合，县供销社研究制定《香河县供销合作社联合社关于推进生产、供销、信用“三位一体”综合合作的指导意见》，为推进生产、供销、信用‘三位一体”综合合作奠定基础。

【农村产权交易中心建设】 制定并完善交易规则，宣传农村产权交易政策及知识，编印宣传材料10万份，开展产权交易知识培训，规范农村产权交易行为，引导农村产权入市交易。10月23日，对香河县所辖镇和行政村开展农村产权交易流转知识培训，涉及9个镇、3个街道办事处、2个工业园区共300个行政村，参会人员1000余人，发放农村产权流转交易宣传资料1000余套6000余份。

【经营体系建设】 以生产公司为抓手，加快农业供给侧改革。在已有的农村服务网点基础上，增加对农业种植产销合作社的农资供应，通过改变服务方式，提高服务质量，真正为农业增长和农民增收作出贡献。全年化肥销量5242吨，同比增长2%，农药销量181吨，同比增长3%。确保食盐安全供应。盐业公司面对市场价格放开、销售区域放开、食盐生产企业进入批发领域、盐业市场经营主体增加、价格上低价冲销等诸多不利因素，加大宣传力度，加强网络建设，提高服务质量，抢占盐业市场，确保人民生命财产安全。2018年，盐购进总量1270吨，销售总量1155吨，其中，食盐销售1038吨（小包装入口食盐销售776吨），工业盐销售117吨。土产公司减少销售污染严重烟花爆竹，引进新型环保烟花，确保环境不受污染。全年完成商品购进123.5万元，商品销售72万元，上缴税金28581.12元。开展职工安全知识培训，修缮更新库房与安全设施，进行重大危险源专项应急演练，查找并整改安全隐患问题，得到公安与安监等部门认可，取得由香河县安监局核发的“安全生产诚信C级证书”和河北省安监部门核发的“安全生产资格证书”。

【盐业体制改革】 按照国家、河北省、廊坊市《盐业监管体制改革方案》要求，积极推进盐业体制改革，召开专题会议，研究盐业监管体制改革相关工作，制定《香河县盐业监管体制改革方案》。2018年12月，拨付改革过渡期经费95万元，确保改革过渡期内系统人员稳定，经营正常进行，食盐市场安全正常运转。

（杨雪莲）

烟草专卖

【概况】 香河县烟草专卖局（营销部）内设5个科室：办公室、财务科、专卖监督管理科、营销服务科、内管派驻组。在岗职工36人，内退职工10人。

【烟草经营】 2018年，累计销售卷烟15477箱，完成全年目标15272箱的101.34%，同比增加270.5箱，提升1.91%；实现单箱销售金额28277元，完成年度目标28251元的100.09%，同比增加1634元，提升6.02%。其中，省产钻石卷烟累计销售1889.56箱，占总销量的12.21%，同比增加348.54箱，提升24.5%。

【市场监管】 专卖管理工作以市场管理、打假破网、治理卷烟非法流通为重点，保持严控严管的高压监管态势，坚持内管外打，打管结合，综合治理。2018年，查处各类涉烟案件115起，其中非渠道进货案件82起，销售假私烟案件20起，无证运输13起。查获各类违规卷烟14953.2条，其中假冒卷烟679.1条，走私卷烟206.4条，实物案值95.36万元，上缴罚没款4.01万元。

（成志云）

仓储物流

【概况】 2018年，香河县物流市场有物流经营实体 324 家，办理货运站场经营许可证 19 家，主要分布在家具城周边，面向北京、天津、内蒙古、山西以及东北各省，长期从事物流行业人员 800 余人。

【物流企业】 重点物流企业有香河八方物流有限公司、香河县荣盛威运物流有限公司、香河县欣欣利达物流有限公司、香河县淑阳镇永大货运中心、香河淑阳镇京联物流中心、香河县亨瑞达物流有限公司、香河东信物流有限公司、香河新欣源物流有限公司等。

【物流企业管理】 2018 年，出台货车年审、年检和尾气排放检验“三检合一”。对物流企业规模小，先进技术难以推广，物流标准不统一，基础设施相对滞后，布局不合理、功能不完善，物流园区体系未建立，高效、顺畅、便捷的综合交通运输网络尚不健全，物流基础设施之间不衔接、不配套等问题进行整改。完善政策法规体系，规范市场秩序。提升从业人员整体素质。依据《河北省京冀交界地区新增产业的禁止和限制目录》（京津冀协同发展领导小组办公室印发），香河县物流业规模化、集约化、现代化发展得到加强。

（李万勇）

文化娱乐业

【概况】 2018 年，香河县有互联网上网服务经营场所 50 家，出版物企业 6 家，排版制版企业 1 家，包装装潢企业 59 家，其他印刷企业 12 家，文艺表演艺术团体 11 家，演出场所经营单位 1 家，娱乐场所 10 家，书店 17 家，影院 3 家。

【文化市场分布】 书店、影院、娱乐场所集中在县城，上网服务经营场所县城与镇分布比例均衡，文艺表演艺术团体与印刷企业主要分布在镇。文化企业分布合理，带动效应显著。微电影、网络视频等不断涌现。传统文化演出遍及县域各个角落。

【文化市场监管】 文化市场监管包括互联网上网服务营业场所监管、经营性互联网文化单位监管、营业性演出监管、娱乐场所监管、美术品经营监管、印刷业监管、出版活动监管、电影发行放映单位监管。采取日常巡查、重点时间节点和专项行动相结合，加大文化市场巡查力度，开展“扫黑除恶”专项斗争和“扫黄打非”专项行动，联合县公安局、工商局、安监局开展联合执法检查行动。2018 年，出动执法人员 1300 余人次、车辆 332 辆次，检查文化市场企业 710 家次，对一处网吧给予警告并进行行政处罚，促进文化市场工作健康稳步发展。与经营单位签署《香河县文化市场经营单位守法经营承诺书》，落实责任追究，提升服务水平。组织召开农村文化市场监管网络信息监督员岗前培训，深化农村文化市场监管机制改革，提升监管效能，创新农村文化市场监管网络机制。推进“扫黄打非”基础工作，在 9 个镇分别安排专门人员，落实相关待遇，进行专门培训。

（付奎）

石油专卖

【概况】 中国石化销售有限公司河北廊坊香河石油分公司（简称香河石油公司），隶属于中国石油化工集团。香河石油公司设经理、副经理各一人，公司现有加油站 11 座，分布香河县 7 个镇，干部职工 72 人。

【安全生产经营】 香河石油公司将安全工作责

任到人，坚持落实《安全生产责任制》，员工教育培训常态化，在营11座加油站，统一制定《消防预案》《反恐预案》等12个预案，每月按预案演练计划进行演练，每季度进行一次观摩比赛。2018年，香河石油公司未发生安全事故。

【环保升级改造】 根据河北省政府的通知要求，地下储油罐全部改为双层罐，以确保环保要求。根据香河县政府要求，对县城内第一加油站、第二加油站实施高温天气错峰加油，上午10点至下午6点停止加油作业。保证油品质量，所销油品均符合国（VI）标准。香河石油公司每周对所属加油站进行油气回收检测。

【市场供应保障】 严格质量标准，做好全方位销售服务工作，不断改进服务措施，完善服务功能，做好客户开发维护工作，全年完成成品油销售2.67万吨，非油品销售完成全年计划。

（马瑞庆）

工业　建筑业

责任编辑　杨东林

综　述

2018 年，香河县有工业经济单位 6368 家，累计完成增加值 71.2 亿元，同比增长 4.8%；完成营业收入 345.5 亿元，同比增长 5.7%；实现利润 27.3 亿元，同比增长 4.3%；累计纳税 12.2 亿元，同比增长 28.4%。全县有规模以上工业企业 148 家，累计实现总产值 93.5 亿元，同比增长 25.5%；增加值同比增长 2.8%。

加强对建筑市场管理，规范建筑市场秩序，制定《香河县建筑市场信用管理暂行办法》《建设工程农民工工资预储金支取（付）备案表》《农民工人员花名册》《务工人员月工资确认单》《农民工工资支取确认表》等。加强报建审批监管，招投标监管，工程质量监管，安全生产与建筑工地扬尘监管，建筑节能监管和建筑市场管理。

工业企业管理

【概况】　以“双创双服”（创新、创业，服务发展、服务民生）活动为抓手，紧紧围绕“稳增长、调结构、促转型”工作思路，深入开展入企调研帮扶活动，实施一企一策，坚持精准帮扶，扎实开展涉企服务。

【政策支持】　2018 年，在融资担保、申报省级重点技改项目和申报新产品新技术项目上加大政策支持力度。

融资担保。2018 年，香河县鼎力中小企业信用担保公司为 19 家企业提供担保贷款 1.21 亿元，累计为 50 家企业提供担保贷款 7.77 亿元。

申报河北省重点技改项目。2018 年，在全县工业企业范围内组织开展技术改造企业转型，筛选重点技改项目 3 项，指导香河海潮制件有限公司、香河凯华齿轮有限公司、香河萨克森金属建材有限公司申报并纳入河北省重点技改项目培育入库。

申报新产品新技术项目。在全县工业企业组织开展河北省新产品新技术项目申报工作，优选并指导香河县正大有限公司、热视际河北科技有限公司申报成为河北省新产品新技术项目。

【企业培训】　积极组织企业参加创新驱动、“两化”（信息化、工业化）融合、转型升级等各方面培训。2018 年，相继举办 40 余次包括工业设计、互联网 +、工业企业管理创新等培训活动，赴武汉、西安、成都、哈尔滨等地进行实地参观学习，参加培训人员 700 余人。

创业创新方面。4 月，组织太库科技赴郑州参加中小企业服务与创业创新辅导能力提升暨创业辅导师培训。7 月，组织镇、街道办事处、园区经委办工作人员及民营企业家 40 余人，赴哈尔滨参加创新驱动发展与工业转型升级专题培训班。10 月，组织 10 家企业赴保定参加京津冀中小企业创业创新服务对接活动；组织鼎力等 8 家企业参加廊坊市大众创业万众创新活动周。10 月 15 日，举办香河县大众创业万众创新活动周，70 家企业参加。

上市方面。5 月，在太库科技路演厅举办香河县中小企业上市培训，70 家企业参加。组织鼎力公司参加河北省上市巡回宣讲活动。11 月，组织 9 家企业分两期赴上海参加廊坊市中小企业上市融资考察对接活动。

政企服务方面。6 月，在便民服务中心 2 层多媒体会议室举办河北省双创双服政企服务直通平台培训，75 家企业参加。10 月，召开香河县政企面对面对接帮扶会暨优秀企业现场观摩活动，60 家企业参加。

工业设计方面。2018 年，先后组织 4 次工业设计培训活动，11 月，举办香河县工业设计周活动，累计 150 家企业参加。

品牌建设方面。7 月，组织 8 家河北省中小企业名牌企业参加廊坊市品牌建设展示交流会。

军民融合方面。12 月，组织 9 家军民融合企业参加廊坊市军民融合企业培训。

平台建设方面。5 月，赴石家庄参加河北省中小企业公共服务平台网络工作座谈培训会。

食品诚信体系建设方面。10 月，组织河北华香清真肉类加工有限责任公司到唐山参加河北省食品工业企业诚信体系建设工作培训会。

民营经济方面。4 月，组织各镇、街道办、园区及重点企业统计人员 40 余人，赴武汉参加民营经济统计人员业务培训班；8 月，组织全县镇、区、街道办及 148 家规模以上工业企业统计人员参加业务培训；11 月，组织全县镇、区、街道办统计人员共 14 人参加廊坊市民营经济运行调度业务培训。

【企业产品展览】 2018 年，组织产品展览对接交流 5 次。组织机器人产业港参加 2018 年“5 ·18”中国廊坊国际经济贸易洽谈会智能先进装备项目对接洽谈会。3 月，组织爱依瑞斯、雅伊华等 10 余家家具企业参加第 41 届中国广州国际家具博览会。6 月，组织北京国展举办的第十四届中国国际机床工具展览会参观交流活动，30 家企业参加。9 月，组织星耀金属公司参加第五届中国国际新材料产业博览会。组织诺克激光参加 2018 河北廊坊国际装备制造业博览会。10 月，组织恒通电器、东方电子等 4 家企业参加第一届廊坊市工业设计大赛，其中，恒通电器的助力车产品获优秀奖。

【实施品牌战略】 组织申报河北省中小企业名牌产品，帮助河北安旭专用汽车公司除雪车、压缩式垃圾车、车厢可卸式垃圾车和河北富都华创家具制造有限公司钢木家具等企业产品申报成为省级中小企业名牌产品。截至 2018 年底，全县 30 家企业 30 余种产品被评为“河北省中小企业名牌产品”。申报“专精特新”中小企业，在全县工业企业范围内组织开展河北省“专精特新”中小企业培育工作。9 月，香河东方电子有限公司、廊坊精兰办公家具有限责任公司、河北富都华创家具制造有限公司、香河萨克森金属建材有限公司 4 家企业申报成为省级专精特新企业；香河港龙汽车配件制造有限公司、香河县康泰机械制造有限公司、香河华北致冷设备有限公司、香河县恒通电气设备有限公司、香河鑫城电气设备有限公司 5 家企业申报成为市级专精特新企业。截至 2018 年底，全县 38 家企业研发机构被认定为 B 级（市级）研发机构，8 家企业研发机构被认定为 C 级研发机构。培育太库（香河）科技孵化器有限公司为河北省小型微型企业创业创新示范基地。

主导产业

【概况】 2018年，香河县在工业企业发展中，家具制造、金属制品、汽车配件、印刷包装4个行业形成规模特色产业。全县特色企业2870家，从业人员64090人，实现营业收入178.66亿元，同比增长6.9%；实现增加值41.4亿元，同比增长6.2%；利润总额13.38亿元，同比增长5.1%；上缴税金3.7亿元，同比增长58.9%。

【家具制造及配件产业】 2018年，全县有家具企业1609家，从业人员35101人。实现营业收入79.82亿元，同比增长8.3%；实现增加值18.85亿元，同比增长7.5%；利润总额6.37亿元，同比增长5.3%；累计纳税12453万元，同比增长37.9%。纳税超过百万元的家具制造及配件企业有14家，分别是喜临门北方家具有限公司、廊坊爱依瑞斯家具有限公司、香河众旺木业有限公司、河北富都华创家具有限公司、香河兴源建丰木业有限公司、双叶家具有限公司、怡欣纤维制品有限公司、香河汇美塑胶有限公司、成和办公家具有限公司、香河乐洋家具有限公司、廊坊莫多里安家具有限公司、香河县御娇龙家具有限公司、汇利丰塑胶有限公司、香河锦圣泡沫有限公司。

【金属制品业】 2018年，全县有金属制品企业1134家，从业人员20580人。实现营业收入65.13亿元，同比增长5.5%；实现增加值13.86亿元，同比增长5.1%；利润总额4.47亿元，同比增长5.1%；上缴税金10033万元，同比增长19.7%。纳税超过百万元的金属制品企业12家，分别是河北建安特金属结构工程有限公司、北京多维联合集团香河钢结构有限公司、香河县中辰铝业有限责任公司、北京多维联合集团香河建材有限公司、香河鑫山钢结构有限公司、河北宏泰铝业有限公司、香河县友邦电器有限公司、香河县新华金属制品有限公司、香河亚辉铸造有限公司、香河县宏远机械有限公司、香河顺利建材机械厂、香河县奥尔利金属制品有限公司。

【汽车配件业】 2018年，全县有汽车配件企业15家。从业人员3282人。实现营业收入19.46亿元，同比增长9.2%；实现增加值4.63亿元，同比增长6.5%；利润总额1.29亿元，同比增长6.5%；上缴税金4218万元，同比增长34.5%。纳税额超百万元以上的汽车配件企业7家，分别是香河海潮制件有限公司、赛铭瑞汽车零部件（廊坊）有限公司、香河凯华齿轮有限公司、香河港龙汽车配件制造有限公司、河北安旭专用汽车有限公司、香河紫辰汽车配件有限公司、香河旭明源汽车配件有限公司。

【印刷包装业】 2018年，全县有印刷包装企业112家。从业人员5127人。实现营业收入16.26亿元，同比增长4.5%；实现增加值4.06亿元，同比增长4.1%；利润总额1.26亿元，同比增长3.1%；上缴税金10304万元，同比增长276.9%。纳税额超百万元的印刷包装企业6家，分别是香河县高氏印务有限公司（普润鑫印刷）、香河富士嘉利纸制品有限公司、香河金柏包装技术开发有限公司、百利铭泰包装有限公司、香河县通利达福利纸业有限公司、香河县淑阳镇诚信达纸制品厂。

【其他行业】 2018年度，除四个特色产业外的其他行业纳税84730万元，同比增长18.5%。其中，一城酒业集团累计纳税67034万元（包括顺鑫农业股份公司牛栏山酒厂香河生产基地纳税47346万元和第一城酒业公司纳税19688万元），

第一城酒业集团 （王树春摄）

同比增长 14.0%，占其他行业纳税额的 79.1%。

智慧城市建设和信息化

【概况】 2018 年，智慧城市建设和信息化建设得以长足发展，大智移云类电子产业 6 家，城市信息化基础设施建设进一步加强，智慧城市建设水平得到提高，全面整合政务网络平台，满足政务工作需求。

【大智移云类产业】 截至 2018 年底，全县属于大智移云类电子信息产业 6 家，分别是晟朗（香河）电力电子有限公司、河北安旭专用汽车有限公司、香河国瑞智测试设备有限公司、香河华北致冷设备有限公司、香河昆仑化学制品有限公司和香河东方电子有限公司。2018 年，实现产值 37115 万元，完成增加值 8552 万元。年内，通达科技服务有限公司申报获得 100 万元省级工业转型升级专项资金（两化融合类项目）。

【城市信息化基础设施建设】 截至 2018 年底，全县在网运行基站 512 座；通信基站 975 座，其中，4G 基站 607 座；行政村光纤通达率 100%，光缆累计铺设 12700 千米；城区家庭宽带接入能力全部达到 100Mbps，农村普遍具备 100Mbps 接入能力。

【智慧城市建设】 2018 年，启动公共免费 Wi-Fi 二期，主要对人民医院、妇产医院、心脑血管医院重点区域、便民中心、文化活动中心进行全覆盖。二期共安装 AP 设备 257 个，全部上网运行。截至 2018 年底，全县免费 Wi-Fi 网络累计安装 AP 设备 798 个，累计注册人数近 15 万人次。

年内，全县开展以“三个中心、一个平台”（智慧香河数据中心、智能化指挥调度中心、智慧城市展示中心和智能化立体地图基础管理平台）为重点的智慧城市一期建设。经过施工、安装、调试，完成各项建设内容并投入使用，智能化立体地图，数字城管，行政审批，经济运行，发改、环卫、环保、医保、政法委视频系统，经济运行和公共免费 Wi-Fi 等数据实现动态展示。自展示中心投入运行以来，省市各级领导参观近 200 人次，对香河智慧城市建设给予高度评价。

【政务网络建设】 截至 2018 年底，全县政务网络平台完成接入部门 56 家，各镇、街道办事处、园区全部接入。尚未接入部门的各项参数全部配置完成，可实时满足各部门接入需求。

（邱雅楠）

建筑业管理

【概况】 香河县累计在建项目 144 个，总建设面积670万平方米；2018年，新开工项目26个，建设面积90.98万平方米；竣工项目16个，建设面积72.13万平方米。共有建筑施工企业42家。

【工程质量监管】　2018年，完成建筑工程竣工验收监督23项（196个单体）。严格按照河北省住建厅量化考核工作要求，加大巡查力度，发现问题立即下发整改、停工通知书，全年对施工现场检查900余次，下发质量整改通知单500余份，对8名项目经理记70分，对8名监理总监记65分。

【建筑业安全生产规范化建设】　开展安全检查活动，严格遵循“全覆盖、零容忍、严执法、重实效”原则，年内，办理建设工程安全监督备案26份，办理建筑起重机使用登记85个，申请省级文明工地13家。出动执法车辆1400余辆次，执法人员2900余人次。对施工企业下发文件30个共3000余份，排查260个施工项目，发现问题470处，下发施工现场安全检查记录57份，扬尘整改通知书36份，安全生产大排查大整治活动中，排查48个施工项目，发现问题32处，下发施工现场安全检查记录16份，责令问题企业迅速整改。消防安全专项检查中，检查16个施工项目，下达整改通知书7份，查出各类火灾隐患12处。在打击假冒特种作业操作证专项治理行动中，发现持伪造证件6人、持过期证件24人，责令涉事人员停止作业，并要求企业整顿。处罚建筑企业5家，处罚金额16.5万元。

【建筑节能监管】　从项目规划、设计、审图、施工、监理、竣工验收备案的“闭合管理”，新建建筑节能与结构一体化技术应用率100%，该技术是集建筑保温功能与墙体围护功能于一体，实现保温与墙体同寿命的建筑节能技术。

【建筑市场管理】　制定出台《香河县建筑市场信用管理暂行办法》，对4家企业、13名个人予以负面记录；1家企业被清理出香河建筑市场，禁止新上项目；对8家企业和9名个人予以正面信用记录。

【建筑领域清欠】　制定《香河县建筑领域农民工工资按月发放管理办法》，公布统一制式的《建设工程农民工工资预储金支取（付）备案表》《农民工人员花名册》《务工人员月工资确认单》《农民工工资支取确认表》等。2018年，接待农民工上访案件40起，涉及农民工人数452人，涉及金额约2300万元。

【农民工工资保障金管理】　2018年，有18个项目，15家建设单位缴纳农民工工资预储金，1家施工单位缴纳农民工工资保证金。

【建筑施工企业资质管理】　2018年，香河县取得建筑业企业资质48家，其中，施工总承包企业28家、市政工程企业7家、咨询代理企业1家、监理企业1家、混凝土搅拌公司7家、检测公司4家。

【建筑工程招投标】　2018年，县住建局招标管理办公室，坚持公正、高效、公正、廉洁的工作理念，抓管理制度化、程序规范化、办事透明化、服务效率化，增强服务意识、提高服务水平，高标准、严要求完成招投标业务受理、审核、监督工作，全年完成招投标审核、监督、备案工作13项。其中，公开招标工作11项，邀请招标工作2项。

（张洋）

特色产业

责任编辑　杨东林

综　述

2018年，香河县形成以中信国安第一城，家具城，大爱城，石材城，汽配城（中国京津冀汽车零部件物流交易中心），影视基地等为代表的特色产业。第一城在战略转型、机制创新、向文化旅游产业转型等方面迈出实质性步伐。各种特色经营活动相继推出、重点项目工作不断引进和深入展开、景区硬件升级改造等项目陆续启动。家具城成为业界公认的引领家居业新趋势的品牌家具之都，是年，接待顾客11余万人次，销售收入11.3亿元。大爱城•香河国家养老示范基地（香河大爱城项目）被中国社会工作联合会授予全国首家“美好社区计划”实践创新基地称号。石材城集“厂商办公、产品展示、零售交易、产品批发、物流配送、娱乐休闲”等功能于一体，成为京津冀地区最具竞争力，规模大、品质高的现代化石材交易中心。中国京津冀汽车零部件物流交易中心主要经营汽车配件、美容装饰、修理改装、汽保工具、轮胎等，涵盖德系、日系、欧美、韩系、国产、新能源等汽车配件。2018年，香河县打造文化产业，创建品牌效应。中信国安新桥影视基地和国华影视基地在项目建设、国际交流、人才培训等方面成效斐然，承接多部影视剧拍摄和后期制作，不断打造集旅游观光、影视拍摄、休闲度假、餐饮娱乐为一体的多功能影视基地。

中信国安第一城

【概况】 中信国安第一城位于香河经济开发区，外仿明清时期北京都城的城垣风貌，内聚中华几千年民族建筑精华，内九外七、皇宫王府、市井茶肆、圆明八景、22座城关、十里古城墙，周边5公里的空腹城墙、22座错落有致的城楼、具有浓郁中国传统文化风格的建筑群和独具匠心的皇家园林组成的景园内，亭台楼榭，九曲回廊，雕梁画栋，融中国南北古典园林艺术于一身，每年6—8月间，第一城芙蓉满园、荷香四溢，形成了“荷在湖中、湖在景中、景在城中、人在画中”的靓丽风景，成为京津冀地区著名的赏荷基地之一，是国家AAAA级旅游景区，是一座集会议展览、旅游观光、休闲度假、娱乐健身、美食购物、影视拍摄等多功能于一体的大型综合性会展中心。2018年，中信国安集团深入改革，第一城也进入关键一年，在战略转型、机制创新、向文化旅游产业转型等方面迈出实质性步伐。各种特色经营活动相继推出、重点项目工作不断引进和深入展开、景区硬件升级改造等项目陆续启动。

第一城荷塘　（王爱民摄）

远眺第一城福安宫　（牛宝森摄）

【特色活动】 2月16—21日，中信国安第一城举办2018京津冀中华大庙会。庙会以“第一城里热闹多，红红火火过大年”为主题，涵盖威尼斯大马戏、冰雪大世界、特色饮食、儿童娱乐、特色演出等多个主题，力求打造“最好玩、最好吃、最热闹、最具国际范儿、最具文化气息”的庙会。庙会期间，接待游客27.23万人。4月30日，首届麒麟文化节在中信国安第一城新落成的万米广场拉开帷幕。5月22日（农历四月初八），在大安寺大悲殿举行浴佛祈福法会。6月14日至7月15日，借势2018年世界杯，举办“京津冀国际啤酒节”。活动彰显“啤酒文化”这一主题，设置丰富多彩、妙趣横生的互动环节，邀请嘉宾参与体验，探索发现其中的乐趣与奥妙，旨在营造温馨欢快、轻松愉悦的活动氛围，让游客在第一城度过一段舒适惬意的美好时光。6月28日至8月

2018 年春节第一城京津冀庙会　（牛宝森摄）

2018 年春节第一城京津冀庙会　（牛宝森摄）

28 日，举办第十五届荷花节。荷花节以“赏荷之美”“品荷之香”“咏荷之情”“拍荷之舞”为主题，期间推出“万亩荷塘体验游”“特色经典荷花宴”“浪漫七夕，情定一城大型相亲活动”“荷花节手机摄影大赛”等系列特色活动。

【重点项目工作进展】 2018 年，中信国安第一城会展有限公司与北京电影学院深度合作，双方就西翼楼五、六层引入数字交互式电影研创中心、中国首个数字全息技术互动式红色教育体验中心两个项目达成共识；年内，初步完成项目可行性研究。完成百年艺尊战略合作协议签署，获得大型系列人物传记纪录片《百年巨匠》品牌的授权；同期启动刘宇一作品评估工作。刘宇一艺术展陈馆将落地东翼楼七层。民族文化美食城主体工程建设已完成，进行配套设施、安装工程、装修装饰等后续施工；招商工作同步推进，招商小组赴云南、成都等地知名餐饮企业考察，该项目正常推进当中。

【工程建设】 2018 年，第一城先后对景区内部分建筑进行改造升级，完成大安宫、永安宫、大安寺外立面翻新，正安宫内部改造，东西翼楼、影视基地的施工建设，以及永定门观礼台主体施工，新园、古城酒店 205 套客房改造，正安宫龙凤柱改造及翼楼东广场改造，正大光明殿外围改造工程等工程项目。全部升级改造预计总投资约 9.69 亿元。翼楼项目位于第一城外城中轴线上，由原前门商业街景观改建而成，整个翼楼项目由东西两组楼群及中心广场区域组成，单体楼群建筑面积 18530 平方米，中心广场面积 10800 平方米，将被打造为商业、游乐中心。确定文化休闲主题项目有国安宇一艺术馆、国安文博馆（珍宝馆）、棋牌博物馆、儿童游乐中心、汉代宫殿等，均在正常推进当中。新建第一城百鸟园项目也称“鸟乐园”，建于圆明园景区内、正大光明殿东侧的松树之间，总占地面积约 3800 平方米，6 月开始施工，预计 2019 年 6 月份竣工。建成 31 座鸟笼，每座鸟笼占地 35 平方米。笼内设有给排水管道，饮水槽、水池、沙滩、照明及小木屋等。笼外全部铺设透水砖，露地部分铺设花草。按照《廊坊市2018年燃煤锅炉治理工作实施方案》文件精神及香河县环保局相关要求，第一城对原有锅炉房进行升级改造，完成新型锅炉安装与调试并投入使用。

【协同工作】 在国安集团部署下，第一城会展公司协同信达置业参与2018第五届“大美之春”美术界春晚活动赞助冠名。根据中央“央企助力富民兴藏”会议精神，1月10日，选派首批20名优秀员工进驻拉萨饭店，协助拉萨饭店进行管理，提升酒店服务质量并协助接待西藏自治区第十届人民代表大会。春节期间，协同国安集团静赏轩、国安社区展出书法精品。对部分玉石挂件、手串、书画等精美艺术品进行竞拍。

【接待活动】 2018年，第一城接待各类会议团队243批次，完成销售额8258万元。包括接待中融科盟年度表彰大会、爱奇艺年会、一龄博士开年训、京津冀跆拳道大赛、中国廊坊国际经济贸易洽谈会、红人学苑培训会、全国高等院校空乘专业推介展示会、CCTV少年中国行才艺电视评选活动、第十二届全国艺术特长生总决赛、全国棋类培训交流赛、“一带一路”暨金砖国家技能发展与技术创新大赛、中信团委培训会、DI国赛、全国机关干部职工桥牌邀请赛等。

（秦伟）

香河家具城

【概况】 2018年，香河家具城有经纬、红星美凯龙、居然之家、金钥匙、嘉亿龙、中意、月星、鑫亿隆、汇美、鹏大、顺隆、贵都、北广、明泰来、中唐、春城、华汇、顺美、新时代、兴华、京达、京华随缘、美家源等32座单体家具展厅商品涵盖家居、办公、宾馆套房、红木、中高档沙发、软床、户外、藤艺、工艺品等各类家具，总面积300万平方米。参展企业7500家，知名品牌1500余个，产品除销往北方10余个省、市外，还远销东北亚、欧美和非洲等部分国家和地区。

【获得荣誉】 2018年4月，香河家具城管委会被中国家具协会评为“2017—2018年度中国家具行业信息工作先进单位”；2018年4月，香河家具城获得由国家知识产权局颁发的“知识产权保护规范化市场”荣誉称号。

金钥匙家具城　（牛宝森摄）

鑫亿隆家具城　　（牛宝森摄）

【国际家具展览会】　2018年4月29日至5月1日，香河家具城与中国家具协会、河北省家具协会共同举办“中国·香河国际家具展览会暨国际家居文化节”。围绕“中国家具之都”的发展定位，遵循“科技、创新、引领、务实、发展”的办展理念，延续香河家居文化，推动香河家具产业发展。作为中国北方最大的国际家居中心及东北亚家居核心区，拥有家具制造基地和材料基地，被中国家具协会授予中国家具先进产业集群奖，成为大型家居企业的重要聚集地。33座家具卖场全力支持本届展会活动。从传统经营模式转变升级为数字化经营，尽显“智慧家居”生活理念。展会成为业界公认的专业大会、引领家居业新趋势的品牌文化盛会。年内，接待顾客11万人次，销售收入11.3亿元。

【专业培训】　2018年，加强对新上岗导购人员培训和考核。根据家具城实际情况制定授课形式，主要讲授销售礼仪、销售沟通技巧、销售人员管理制度、合同单填写及工作处理、消防安全知识等。年内，培训2000余人次。

【品牌推广】　完善家具城营销模式，包括消费者试用、“一站式”购物享受、完善配套设施、会员定制服务、便捷的退换货机制、定期促销优惠等营销模式，吸引并聚拢消费者。确保家居产品多样化、高档化、个性化，达到艺术性、装饰性和观赏性的完美结合，简洁与时尚，流行与复古，中西结合，繁简混搭，能够满足日常生活中各种家居功能需要。提升家具城的品牌效应，致力于打造展、销、学、研一体化商贸平台，加大对质量、平安、诚信等几项重点工程的专项资金投入，创新周边地区拓展、品牌发展论坛、从业人员高端培训等服务模式，努力打造“中国家具之都”名片。投入2000万元，依托全国各大媒体以及主要行业媒体，根据入驻企业的品牌特点量身定制宣传推广计划。在展厅内集合品牌家具和家居设计、家居配饰、原辅材料等配套行业，为入驻企业提供宽松优良的品牌成长空间，发现并培育有潜力品牌，让香河家具城成为行业品牌成长的摇篮。

【消防安全】　坚持按照日巡查、夜抽查、季联查的工作方式开展消防检查工作并积极组织开展应急疏散演练，通过多种途径进行消防知识宣传，全面提高全体工作人员安全意识。成立以管委会主任为组长，相关科室、家具城派出所、各家具展厅负责人为组员的消防安全领导小组，具体负责家具城消防工作，做到责任到人，措施到位。定区域、定人员、定责任，建立以各家具展厅为单元的三级消防网格化管理体系，形成各司其职、相互联动、综合监管的工作格局，使安全管理工作更加规范化、科学化、精细化、长效化。家具城管委会与所辖展厅的法人代表签订《安全生产目标管理责任书》《消防安全责任状》以及安全生产承诺书，明确家具城法人对安全生产工作的领导责任，建立健全安全生产工作制度，强化企业主体责任。

（周铁军）

大爱城一角　　（王树春摄）

香河大爱城

【概况】　2018 年，大爱城·香河国家养老示范基地（即香河大爱城项目）被中国社会工作联合会授予全国首家“美好社区计划”实践创新基地称号。项目由大爱城投资控股有限公司投资建设。大爱城控股创立以“大爱”为核心价值的市场化养老服务体系，独创“书院式养老”模式，实现“医、康、护、养、学、游”全产业链融合发展，多种医疗、康养模式并存，建设市场化、规模化、全龄层、全配套的亲情健康美好社区，提供多元化养老产品服务。香河大爱城在社区营造之中重塑人与人之间的亲密关系，从连接到融合，真正推动社区文化成长。

大爱城环岛　　（王树春摄）

【社区建设】　大爱城客户服务中心整合服务资源，解决居民日常生活中各项需求和问题；社区相继组建篮球社、书画社、亲子社等 10 余个业主社群，举办主题社群活动，得到居民们积极参与；物业安保 24 小时提供社区巡查，及时为业主解决问题。除了日常性的物业服务，物业团队每季度开展安全讲座，及时发现并排除安全隐患；生态农场是孩子们的乐园和科普教育基地，各类环保公益课程及户外拓展活动丰富孩子们的业余生活。

为满足老年人精神文化需求，大爱书院开设声乐、手工、书法、国画、插花、茶艺、园艺、太极、瑜伽等课程，让老年人老有所学、老有所为、老有所乐。2018 年，社区举办数十场活动，千余人参与。

【设施建设】 2018 年，完成建设项目包括大爱书院养老中心、养生公馆、大爱城酒店、大爱医疗中心、大爱城生态农场、北京景山学校香河分校、大爱城一期。年内，总开工面积 244519 平方米。香河大爱医院、北京景山学校香河分校新校址、大爱体育公园及商业中心在建设之中。大爱体育公园将室外休闲娱乐设施、健身场地和生态园林融为一体，成为集运动、健身、休闲于一体的乐园。

大爱城生态农场　　（王树春摄）

大爱医疗中心　　（王树春摄）

大爱城服务中心　　（王树春摄）

北京景山学校香河分校　　（王树春摄）

【主要成果】 养老服务核心载体大爱书院，通过高品质文化养老服务，辅助健康医疗服务，维护和提高老年人生命质量，实现身体健康与精神健康，提供全生命周期持续照护服务。

（张越）

香河石材城

【概况】 香河石材城为河北省重点建设项目，位于安平镇 103 国道两侧，截至 2018 年底，建成

100万平方米，投资25亿元，入驻商户1000余家，多数商户来自福建、广东、山东、内蒙古等地。主营批发零售石材大板及辅料，石材生产修边整形，养护。承接石材工程，机械设备销售与维护。本着“高起点、高效率、高品质”的建设理念，以“现代化、综合化、智能化”的建设要求，集“厂商办公、产品展示、零售交易、产品批发、物流配送、娱乐休闲”等功能于一体，成为京津冀地区最具竞争力，规模大、品质高的现代化石材交易中心。解决就业约16000人，带动就业4500人，相关产业为国家创造税收1亿元。

香河石材城　　（牛宝森摄）

香河石材城　　（牛宝森摄）

【管理与服务】　建立网站及公众号，为商户免费宣传、推广，让更多的用户了解、关注香河石材城。为会员提供专业技术培训，提高管理水平，请行业专家，对商户进行专业技术指导与交流。为商户办实事，103国道与安平南环路交口是石材市场繁华地段，通过与有关部门协调，在路口安装红绿灯，解决交通拥堵现象，保障人们出行安全。协调解决石材城C区北侧路口下雨积水问题，解决部分商户出行难。联系北京市著名律师，根据商户需求，举办有针对性的法律讲座。

【运行态势】　在“京津冀一体化”发展过程中，京津冀地区的巨额投资、城镇化建设、交通建设等为香河石材城带来巨大的发展空间。京津冀地区产业结构调整，一体化进程推进，雄安新区、北京副中心建设及首都第二机场等一批重大项目开工建设，以及房地产、交通、环保项目的实施，使香河石材城迎来历史性发展机遇。香河石材城在招商引资、吸引人才、开发市场、资源共享、降低运输成本等方面都将受益于京津冀协同发展带来的便利。巨大的基础设施投资及公共资源建设为石材城打开发展空间。

【河北省京津冀石材产业协会】　河北省京津冀石材产业协会于2015年12月3日获得河北省民政厅批准正式成立，办公地址设在安平联星公司5楼，该协会是华北地区首个以石材为单一产业组建的专业化行业协会，成立后致力于行业自律、行业信息共享、交流合作、编辑出版、培训服务，有助于推动京津冀地区石材产业的健康发展，提升本地区石材市场在全国的影响力。

（张曼）

香河汽配城（中国京津冀汽车零部件物流交易中心）

【概况】　辰强汽配市场服务（香河）有限公司为香河三强实业集团子公司，主要负责中国京津冀汽车零部件物流交易中心项目的运营管理。汽配城（中国京津冀汽车零部件物流交易中心）项目是河北省“十三五”期间汽车配件行业的重点项目，承接北京市非首都功能疏解工作。项目主要经营汽车配件、美容装饰、修理改装、汽保工具、轮胎等，涵盖德系、日系、欧美、韩系、国产、新能源等汽车配件产品展销区。依托汽车行业“互联网+”的新形式将互联网与汽配领域相融合，通过市场独有的云计算平台，以“大数据”为依托，运用 B2B、020、B2C、B+S+C（Business 销售商+Service 服务机构+Customer 终端车主）相结合的运营模式，指导商户以最小成本带来最大收益，打造现代化、高品质、多功能于一体的新型汽配交易中心。

汽配城（中国京津冀汽车零部件物流交易中心）（王树春摄）

【设施建设】 项目分三期建设，总建筑面积 260 万平方米，项目总占地面积 186.67 公顷（1600 亩），总投资额 162 亿元，容量庞大、业态全面、产品齐全。项目以大型汽车配件交易中心、现代化仓储、物流中心为基础。其中，一期总建筑面积 18.1 万平方米，商铺面积 17.5 万平方米，商铺 1326 间，配置办公区、餐饮区。以北京五方天雅汽配城、北京城环城汽配城、盛华汽配城为主要转接对象，着力打造高端、一站式、多功能、新型汽配交易中心。

【项目优势】 中国京津冀汽车零部件物流交易中心在“一带一路”倡议实施下加强对外交流与合作，强化能力提升，引导入驻商户、合作企业开拓全球市场。利用紧邻北京城市副中心，地处环渤海经济圈的区位优势和物流方便快捷，运输方式多样，方便快捷交通优势。项目建筑以节能环保为核心，使用光伏发电等高效节能设备。市场内规划 14000 平方米的绿色休闲区，美化环境。房屋结构设计考虑商户经营习惯，为商户预留使用空间，增加商户对房屋的使用率。项目主要承接北京转接工作，项目建成后将成为中国北方地区最大的汽车用品交易中心，预计年销售额为 400 亿元，税收约 12 亿元，可为本地区解决 10000 余个就业岗位。

汽配城内景 （王树春摄）

（谢文波）

中信国安新桥影视基地

【概况】 中信国安新桥影视基地位于中信国安第一城，总投资 15.3 亿元，主要建设摄影棚、影视特效中心、影视创客中心、影视会展中心、影视金融服务中心、影视主题娱乐馆、办公楼及附属用房等，集影视特效、影视会展、影视金融服务、影视主题娱乐为一体的影视基地。2018 年，成功申报省级影视产业园区。

【国际交流与合作】 与好莱坞金牌制片人 Tom Destanto、好莱坞特效大师 Jeff Kleiser、Mat Beck、

Joel Hyneck 等签署战略协议，与国际知名调色师 David Rivero、Yuwarat Chanawongse 等签订合作协议。

【影视人才培训】 先后与北京电影学院、温哥华电影学院、THE FOUNDRY 建立战略合作，并联合国内多家教育机构，共同开展面向社会的影视职业人才培训，为行业输送后备力量。为中国电影市场输出高端人才。

【基地建设】 基地建设涵盖大型摄影棚、动作捕捉棚、绿幕抠像棚、电影调色棚、音乐录音棚、杜比全景声混录棚以及特效制作区、集群渲染区、特效教学区等。基地汇聚国际化特效艺术家和后期制作艺术家团队，可提供从摄影棚及外景场地租赁、后期制作、特效制作、制片协作到住宿餐饮、后勤支持等全方位、高质量的电影制作全流程服务。

【影视作品】 基地自投入使用以来，先后承接一系列院线电影、纪录片和电视剧的拍摄和后期制作，包括《红楼梦》《150 小时》《月半爱丽丝》《加油你是最棒的》《穿行在柬埔寨的中国放映队》《县委书记谷文昌》《八子》《二代妖精》《武动乾坤》《蜀山战纪》等。

（秦伟）

香河县国华影视基地

【概况】 香河县国华影视基地创建于 2007 年，累计投资 14.8 亿元，建有封闭式摄影棚 8 座，总面积 19 万平方米，实景打造毛泽东主席专列、抗日战场、国防体验营、天鹅湖、鸳鸯湖、华府庄园、牡丹园、月季园、桃园、欧洲风情小镇、职业体验小镇、私家农场、水上餐厅、风味小吃一条街、国华酒堡、文化创意广场、江南水乡、乌镇、徽派小镇等景观 20 余处。其中，户外欧美风情小镇外景地初具规模，成为导演、演员休假场所和个人工作室，并为欧美题材的影视剧提供外景拍摄。2010 年，曾荣获中国广播电视协会电视制片委员会“影视指定拍摄景地”。2018 年，荣获 CERTIFICICATE 亚太地区指定拍摄基地。是年，国华影视基地被评为“河北省国防教育基地”，将影视文化与国防教育相结合，打造具有特色的国防—影视基地。基地以新兴影视文化旅游为理念，将影视创作与特色旅游相结合，形成参与性、体验性的影视旅游产业链。是年，成功申报省级影视产业园区。

【项目建设】 2018 年，国华影视基地建设全面展开，上半年完成鸳鸯湖木栈桥改建工程，围绕鸳鸯湖观赏荷花成为新亮点。完成绿皮火车改造工作，打造毛泽东主席专列。启动明清一条街工程建设，完成一期工程地面及牌楼建设。建设具有江南风格的明清一条街，为影视剧拍摄提供新场地。筹建国华艺术馆，建设艺术品展览区，艺术馆面积 1500 平方米。

国华影视基地 （王树春摄）

【影视剧拍摄】 2018 年，根据古龙小说改编的《欢乐英雄》、大 IP《诛仙 Ⅰ》、首部聚焦消防队员的《烈火英雄》、关于环境保护的《星球战纪之代号反抗》、根据歌曲《父亲的草原母亲的河》改编的《父亲的草原母亲的河》、反映关于亲情的电影《狗年》等多部院线电影电视剧以及《财神》《神兵小将》等多部网络剧在基地完成拍摄。年初，完成央视春节特别节目《正月好味到》以及2018年春节佛教祈福晚会录制。

（郑万强）

国华影视基地内景　　（牛宝森摄）

园区建设

责任编辑　杨东林

综　述

2018年，香河县园区建设取得较快进展，各项事业突飞猛进。园区在基础设施，项目建设，招商引资，社会事务等方面效果显著。河北香河经济开发区下设3个产业园，智能制造产业园以机器人制造为主；环保产业园以节能环保产业为主；新兴产业园以商贸物流、总部经济、电子商务和文创产业为主。充分发挥三大运营商在园区主体建设和招商引资优势，推进开发区发展建设。不断优化营商环境，增强发展动能，走加快转型、绿色发展、跨越提升新路。

河北香河经济开发区

【概况】　河北香河经济开发区（简称香河开发区），于1993年1月18日，经河北省政府批准成立省级经济技术开发区，原名河北安平经济技术开发区；2003年5月，经省政府批准更名为河北香河经济技术开发区；2005年12月30日，国家发展和改革委员会、国土资源部、商务部等六部委审核批准，更名为河北香河经济开发区，为省政府确定的省级重点工业园区。2016年底，香河县推进开发区（园区）优化整合，按照《中共河北省委、河北省人民政府关于加快开发区改革发展的意见》（冀发〔2016〕12号）精神，2016年12月30日，香河县撤销河北香河环保产业园区、香河新兴产业示范区管理机构，统筹整合设置中共河北香河经济开发区工作委员会、河北香河经济开发区管理委员会，实行“一区三园”管理；围绕“搭平台、上项目”工作为核心，制订适合三个园区产业发展规划：智能制造产业园以机器人制造为主，新兴产业园以商贸物流、总部经济、电子商务和文创产业为主，环保产业园以节能环保产业为主。

2018年，香河经济开发区主营业务收入250.6亿元，同比增长4.26%；工业总产值114.5亿元，同比增长6.71%；地区生产总值148.2亿元，同比增长7.78%；进出口总额1181.3万美元，同比增长11.21%；基础设施投资额28.94亿元，同比增长7.34%；固定资产投资114.2亿元，同比增长0.53%；高新技术产业增加值21.19亿元，同比增长15.79%；实际利用外资2806万美元，同比增长37.40%。

智能制造产业园

【概况】　智能制造产业园位于香河县西部，距香河县城 12 千米。规划面积 21.6 平方千米，开发用地面积 12.7 平方千米。2018 年，智能制造产业园统筹规划整体区域产业布局，初步形成以尼马克、伊贝格、汇天威等企业主导的机器人及智能制造装备产业，以新仟瑞、萨克森等企业为主的新型建材产业，以第一城为主的现代服务会展旅游业等三大产业。园区有人口 3.9 万人，企业 186 家，其中三资企业 44 家（包括区内注册区外经营企业）。

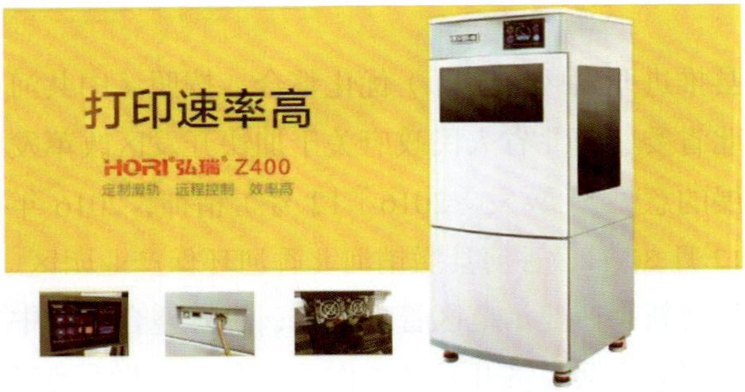

汇天威弘瑞 Z400 型 3D 打印设备

【投资环境】 2018 年实施以下重点工程：投资 1000 万元对工业区电力升级改造项目、投资 700 万元供热站增容项目、投资 800 万元机器人运动公园项目、投资 300 万元对运河大道南广场建设项目。

【项目建设】 2018 年签约项目 18 个，签约落地投资额总计 12 亿元，税收 1500 万元。其中包括和和顺达、金瑞光机电、北京众力、北京铁科、百慕合力等公司。引进智能传感器项目、智能测绘无人机项目、机器人焊接系统核心零部件项目、智能雷达设备生产项目、SMT 搬迁项目、天然植物提取物研发中心项目、华瑞机器人分园建设、众美机器人分园建设项目。另外，储备优质项目 15 个。

【产业布局】 统筹规划整体区域产业布局，从不同区域的产业现状入手，推动产业建设发展新格局，产业布局更加清晰，产业方向进一步明确，为整体发展形成了新的产业架构，园区初步形成以尼马克、伊贝格、汇天威等企业主导的机器人及智能制造装备产业，以新仟瑞、萨克森等企业为主的新型建材产业，以第一城为主的现代服务会展旅游业等三大产业。2018 年，新增投产项目 28 个，投产面积 8754 平方米，投产企业签约投资总额 33.07 亿元。

香河县人民政府县长王文强（左三）等领导共同启动安川都林机器人新工厂入驻香河机器人产业港仪式（智能制造产业园供稿）

【特色企业】 香河机器人产业园推进技术创新，形成以市场为导向、以企业为主体、产学研结合的技术创新体系，促进完善自主创新、引进消化吸收再创新的创新运行机制。2018年，园区总体签约133家，入驻企业120家，投产106家，签约总投资143.87亿元，税收2.19亿元。其中，机器人类（含腾笼换鸟）累计签约企业112个，入驻企业101家，投产企业88家，签约税收8200万元。成功引入尼玛克、ATI、安川都林等国际机器人行业龙头。初步形成机器人产业集群和机器人龙头效应。机器人产业园累计纳税2500万元，比去年增长8倍。

【安全生产】 2018年，对企业排查10余次，发现各类隐患20余处，全部整改到位。组织企业培训6次，培训人员800余人次，开展隐患排查200余次，发现隐患500余处，均整改完成，全区未发生一起安全生产事故。

【大气污染治理】 加大巡查力度，出动车辆100余辆次，人员300余人次，关停企业4家，限产40%以上企业21家，6家施工单位停工，2万余平方米裸露土地全部苫盖。实施小友垡方涵清淤工程，全长1500米，总清淤量7800立方米，并竣工投入使用。加强餐饮业管理，对辖区餐饮业安装油烟净化设施，实行“一户一档”管理，对净化设施逐一进行检查，发现问题及时纠正。严厉打击露天烧烤，发放《禁止露天烧烤通知》300余份，劝阻5家违规店铺，保证辖区内无冒烟现象发生。加强道路清扫、垃圾清运频次，做到垃圾收集、清运、清扫常态化、制度化，实行全天候保洁，做到日产日清。

（靳雪丽）

香河机器人小镇

【概况】 2018年，香河机器人小镇依托北京副中心同城一体化发展优势，承接北京高端生产要素外溢。香河机器人小镇入选《河北省特色小镇创建类和培育类名单（2018）》，着力打造全国智能科技小镇标杆。截至2018年底，安川都林、美国ATI、汇天威等135家企业入驻。其中，机器人企业112家，老企业23家。投产103家，其中，机器人85家，老企业18家。新投产企业包括安川都林机器人、美国AIT、德国伊贝格等24家。园区企业产值达到13亿元，带动就业1500人。科研创新能力方面，聚焦高质量发展。美博瑞、智航尚科、尼玛克、中瑞丸达、晶创铭盛通过2018年第一批高新技术企业认定；瑞和通、萨克森、天域九五、海春机械、美博瑞、香河皓达、百纳信达、智道电气通过2018年第二批高新技术企业认定；皓达机器人谐波减速器、百纳信达科技、飞马获批市级研发中心。

北京市雄厚的机器人研发力量、丰富的人才资源优势，以及华北地区汽车、电子、轨道交通、造船等装备业智能制造升级所带来的巨大机器人市场需求，为香河机器人产业发展提供丰厚沃土

香河机器人小镇 （牛宝森摄）

和蓬勃发展的历史机遇期。1 月，被河北省科技厅命名为河北省产业孵化器。5 月，获得中国机器人行业发展论坛恰佩克奖。6 月，被河北省发改委命名河北省第一批创建类特色小镇。7 月，被河北省科技厅命名为中国民航大学社会实践基地。 11 月 ，被高工产业研究院命名为中国优秀机器人产业园区。年底，被中国机器人行业年会评委会评选为中国机器人十大产业园区。年内，接待领导、客户参观 318 次。2 月，河北省省长许勤考察机器人小镇。3 月，廊坊市副市委书记李龙考察机器人小镇。8 月，河北省国土厅领导考察机器人小镇。10 月，园区举办 “双创双服”入企精准帮扶暨知识产权培训会，60 余家科技企业参与培训。

香河机器人小镇被高工产业研究院命名为中国优秀机器人产业园区（智能制造产业园供稿）

香河机器人小镇荣获中国机器人行业发展论坛恰佩克奖（智能制造产业园供稿）

【产业基础】 2018 年，小镇集合日韩合资安川都林、美国 ATI 工业自动化等世界知名企业以及海春机械、耐尔得、铁科智能等近 20 家国内机器人相关优秀企业相继入驻。香河机器人小镇初步形成包括核心零部件、机器人本体、系统集成等在内的机器人产业全链条集聚，为企业提供标准化、专业化、定制化的载体设计及建设服务。机器人产业港 1 期、核心零部件产业港 1.1 和机器人产业港 3 期投入运营（载体面积 9.66 万平方米），其中，6 月，机器人 3 期投入运营，建筑面积 2.4 万平方米。机器人大厦、机器人系统集成产业港项目在建（载体面积 4.82 万平方米），其中，机器人大厦，建筑面积 1.92 万平方米，地上 12 层，施工进度达正负零；机器人系统集成产业园，建筑面积 4.7 万平方米，完成场地平整及土方清运。机器人产业港 4 期、机器人应用产业港一、二期，完成方案设计（载体面积 12.57 万平方米），其中，机器人 4 期建筑面积 4.8 万平方米；机器人 5 期建筑面积 3.07 万平方米；机器人应用产业园一期建筑面积 2.18 万平方米；机器人应用产业园二期建筑面积 2.52 万平方米。完成工业区电力升级改造项目，园区供电能力提升至 3.5 万千伏安，完工送电；工业区 110 千伏迁改，线路全长约 5.6 千米，新建 30 根电杆，完成所有电杆桩基础施工，4、5、6、7、9、10、11、12、

香河机器人产业港 （牛宝森摄）

14、15、16、17、25 号杆立杆；机器人供热站增容，新增 10 吨锅炉一台，新增服务面积 13 万平方米，为机器人 3 期供暖。

【明星企业】 安川都林机器人应用设备有限公司 2018 年 5 月正式投产。奥腾工业自动化（廊坊）有限公司是美国 ATI 工业自动化公司在中国的全资公司，也是其在海外的第一家工厂。ATI 是世界领先的机器人附属产品和机械手臂工具研发公司，致力于优质高效的机器人末端执行工具研发制造，产品包括机器人工具快换装置，多轴力/力矩传感器，机器人毛刺清理工具，机器人碰撞传感器，顺从介质连接器和远程中心顺从装置，成功应用在机器人、航空航天、生物医学、汽车、电子、应用研究、学术、核能行业以及政府机构，2018 年 6 月正式投产。

安川都林喷涂机器人车间　（智能制造产业园供稿）

【产业服务】 政务服务。为企业办理相关工商核名、注册、刻章、签三方、税务登记、发改立项、环境评估及排污许可证等手续；协助企业进行知识产权、高新认证、双软认证、资质认证、进行园区挂牌、园区资质申报等服务。

金融服务。对接第三方金融服务机构（股权交易所、租赁担保、各大银行等）及华夏幸福产业投资基金，为企业提供股权融资、贷款融资、上市辅导、担保等金融服务。

人才服务。高端人才引进，对接国家科技部科技领军人才驱动中心及高端院校资源等平台，达成战略合作，为企业引进高端人才。组织人才交流会、现场招聘会及主流网站线上发布招聘信息；对接劳务公司、猎头公司，通过定向招聘、校企对接、专题招聘等方式为企业招聘专业人才。通过企业实训基地、机器人职教中心，进行机器人专业人才培训。为企业高端人才解决子女就学，提供落户政策信息和支持，给予购房补贴、安家补贴等。

供应链服务。通过园区交流平台为企业提供上下游配套合作等内部生态链，为企业提供硬件采购平台、代加工平台等外部供应链服务。

财务服务。推荐会计师事务所等第三方服务机构，提供资产评估、审计、税务咨询、代理记账、融资理财等服务。

行政服务。为企业提供体检、办公租赁、办公用品采购、员工礼品福利及客户礼品福利等行政财务服务。为企业提供 JD 代发，智能招聘、背景调查、团建、内训、创新创业课程、高管培训课程、海外游学等服务。为企业提供微信、OA、CRM、HRM、一站式移动办公、文档存储、文档安全、报销软件、电子合同、合同库、阿里云、APP、定制软件开发、IT 服务。

市场推广服务。组织企业参加行业会展论坛、经贸洽谈、贸易对接等市场推广活动。为企业提供四站合一、建站、定制网站、SEO、SEM、微信代运营、移动电商、社会化营销、活动公关、大数据云电销、信任五环、销售罗盘、智能客服、企业 QQ、小鱼视频、腾讯广告等各类营销推广服务。通过大型活动、高端政商接待、热点事件等形式，覆盖中央及省市媒体、行业、主流门户、社会新媒体等对企业进行宣传推广。

科技创新服务。助推高端院校与企业进行产学研合作，助建企业研发中心，解决企业技术难题，加速企业科技成果转化。投资路演、技术沙龙、创新培训，组织策划高峰论坛及邀请国内外知名专家进行讲座。借助园区“太库孵化器”，为企业提供专业培训、风投对接、技术对接等技术创新服务。

法务服务。对企业进行法律援助，辅助企业对接产力促进中心，科技促进委员会等机构，利用企办平台，申报专利产权。

生活配套服务。县域公交、园区标准化车位、汽车充电桩及免费洗车等。幸福商业，中艺美宜Outlets购物广场，园区24小时便利商店、咖啡厅、幸福餐厅等1200平方米商业区，满足员工休闲、娱乐需求。机器人大厦，总面积1.92万平方米，满足园区企业高端商务需求。6000平方米机器人公寓，解决人才就业和生活所需的短期租赁和过渡周转用房。智慧城市运营中心、展厅、园区免费Wi-Fi全覆盖，丰巢智能物流快递一站式服务，共享单车满足短程绿色出行需求。机器人运动公园，提供足球场、篮球场、网球场、慢跑道等休闲建设功能。

市政配套服务。园区自建污水处理厂、供水厂、供热站、变电站等市政设施。实现供水、雨水、污水、电力、热力、通信、交通等七通一平。

物业管理服务。幸福基业物业营造景区化园区环境，为企业提供进场、装修、绿植采买租赁等对接服务。为企业提供水、电费代缴代收服务。

安全生产服务。为企业提供安全生产、消防培训、企业排查，监控、办公及设备维护等标准化、品质化的管理服务。

（罗琳）

环保产业园

【概况】 环保产业园位于香河县城南。2005年，成立香河家具制造业基地；2010年，经香河县委、县政府扩区整合后，改名为中国北方家具产业基地；2014年4月，更名为河北香河环保产业园区；2016年12月30日，河北香河环保产业园区更名为河北香河经济开发区环保产业园。辖区规划面积41.9平方千米，行政区面积19.2平方千米。起步区面积17.87平方千米，建成区面积8.8平方千米。辖15个行政村，分别为小店子、前彭家务、后彭家务、南王庄子、南刘庄、黄院、前井亭、中井亭、后井亭、孙家庄、铁佛堂、石辛庄、庞营、东延寺、李辛庄，总人口11613人。

2018年，园区总人口11613人，财政收入9004万元，占全年任务的120.1%，同比增长7.5%；实现工业总产值9.39亿元，同比增长36%；完成固定资产投资13.7亿元，同比增长18.5%。

香河机器人小镇　（牛宝森摄）

【基础设施建设】 2018年园区累计完成投资1.93亿元，其中，投资1.2亿元建设景观大道东延及园区路面提升改造工程，投资0.41亿元建设污水管网、投资0.1亿元燃气及热力管网工程、投资0.22亿元实施园区道路绿化升级工程。

【招商引资】 在廊坊2018年“5·18”中国廊坊国际经济贸易洽谈会上，签约腾云香河数字经济产业园项目，总投资50亿元，一期投资28亿元，占地面积120.67公顷(1810亩)，建设目标包括大数据运营中心、大数据创投基地和大数据产业孵化中心。

【重点项目建设】 2018年，园区有重点建设项目3个，分别是：稻香村食品、原子高科同位素和香河海森商贸有限公司国际名木文化博览交易结算中心；稻香村食品项目土地摘牌完成，签订土地出让合同，完成地上物清理；原子高科同位素项目，工商、发改、规划、土地、环评前期手续完成；香河海森商贸有限公司国际名木文化博览交易结算中心项目，完成土地平整，地上物清理。

【基层组织建设】 2018年5月，辖区15个村"两委"(党支部、村委会)换届选举工作全面启动，10月，此项工作全部结束。新一届村"两委"班子73人，其中，14个村实现党支部书记、村委会主任一人兼，占93.3%；50岁以下党支部书记占61.5%；高中以上学历占73%；致富带头人占49%；后进班子集中整治"百日攻坚"村完成一人兼，"两委"干部年龄均在50岁以下；两委其他干部交叉任职4人，妇女干部5人；连选连任36人，新当选37人。同时，15个村街全部完成村务监督委员会换届，选出村监会成员45人。农村基层党员队伍建设，确定入党积极分子20个，发展预备党员14名，转正党员17名。做好电教设备管理工作，设立电教管理员14名，对播放记录、影像资料等进行痕迹管理。新建高标准党员活动室1处，完善村两委制度标牌87块，制定党建四位一体(农村、社区、非公经济组织、社会组织)体系图15个，建立坐班台账15个。

【生态环境建设】 7个村街完成美丽乡村建设，累计铺设地下给水、地下污水、雨水等管网8万余米，粉刷外墙30余万平方米，硬化道路19万平方米，完成绿化2万余平方米，门头改造306套，安装路灯1506盏。15个村全部完成气代煤工程，共计3644户(其中2018年储备85户)。共有补贴户3610户，其中，3108户开通银行燃气补贴账户。所有燃气用户免费安装燃气报警器，每个村配备2—3名安全员，不定期上门为燃气用户检测设备，对常见问题进行维修；对出现的问题，做到及时协调、督促整改；加强燃气安全宣传，提高群众安全用气意识。15个村街及辖区内主干道环境卫生整治，实行长效管理机制，建立健全各村街卫生整治管理工作台账，配备垃圾收集桶578个，垃圾运送车8辆，建立49人组成的保洁队伍，累计清理辖区重要区域、村街及周边积存点垃圾125000立方米。

【大气污染防治】 成立村街巡逻队，开展常态化巡查，严防死守。向辖区内存在环保问题企业发放环保整改通知书，纠正环保违规问题，清理取缔涉VOCs排放企业4家；对2018年新搬入辖区内的11家"散乱污"企业，按照"两断三清"(断水、断电、清原料、清设备、清场地)标准进行取缔。为41家VOCs企业和52家非VOCs企业办理排污证；规范获得排污许可证的93家工业企业的生产行为，确保生产时环保设备正常运行，厂区内卫生达标；拆除73家企业的113台锅炉，其中，70家企业锅炉补贴已发放，3家企业在县环保局审核中。加大坑塘治理工作，成立坑塘污染、禁烧巡查小分队，每天进行巡查摸排，并统一设立围挡和标牌。辖区内所有坑塘均达到合格标准，通过验收。坚持综合执法持续发力。全年发现违章建筑12处，拆除9处，其余3处为停工状态；责令拆除大型广告塔9处；拆除2016年卫片标注违建8处；累计灭火25起；清理流动摊点47个，没收违章牌匾16块。

【社会事务】 全面落实农村养老保险、农村合作医疗保险政策，参保率均98%以上；完成保障性住房初审及申报审批工作，完成廉租房初审30户，最终审核9户；为特殊家庭实补贴养老保险6000元，为3名特困人员补贴基本医疗保险540元，为1名特困家庭发放医疗补贴和生活补贴900元。对辖区90名妇女进行“两癌”（宫颈癌、乳腺癌）筛查，完成22个低保户、特困户危房改造摸底工作，确定11户为危房改造户。对15个村145户贫困边缘户多次进行走访复查，做到痕迹化管理；建立退伍军人服务站16个，为412名退役军人发放光荣牌，建立电子信息档案，并对辖区内60岁退伍老兵进行年审登记；为17名残疾人办理残疾证申请，为2名使用残疾车的残疾人申请残疾车燃油补贴。帮扶计划生育特殊家庭4户，7人，确定精准帮扶三级联系人。

【农业水利】 完成6个村清产核资工作，1个村开展经济组织成员摸底统计。15个村完成工作方案公示。开展村街土地确权工作，14个村完成土地确权，其中，12个村已发证。开展非洲猪瘟疫情监管、宣传工作，并与各村签订责任状。强化河长制工作，多次开展集中清理行动，清理淤泥、垃圾13820余立方米。做好日常巡河工作，摸排封堵非法排污口17处。成立2支队伍，清理闸3座，清淤3段1000米。新修刘庄子至大堤道路1.1公里，修整34公里路肩，对各村坑洼路段进行翻修；完成15个村农业普查和辖区内所有企业的经济普查。新造林地668公顷（10020亩），成功承办全县春季义务植树活动。

【信访稳定】 建立健全维稳工作机制，坚持定期排查不稳定因素，累计调处各类纠纷68件，处理各类信访事件12件。积极开展平安创建活动，坚持“打防结合、预防为主”方针。开展“扫黑除恶”行动，依法打击各类违法犯罪活动和邪教活动，加强社会治安综合治理，平安村创建率100%。落实信访工作“一把手”责任制，全年接待来信来访案件16件次，结案5件次。

【安全生产】 2018年，组织召开气代煤安全培训会2次，安全生产专题培训会6次；定期开展安全大检查，检查生产经营单位76家，发现安全隐患58处，完成整改42处，其余16处整改中；印发安全知识宣传单9000余张，发放安全宣传画110幅；粉刷标语100余条；开展攻坚1号、2号和3号行动，检查企业89家，查封41家，拘留2人，责令三停（停止生产、停工）企业17家，发现隐患237处，整改完成200处，剩余37处整改中；严格贯彻落实《安全生产风险管控与隐患治理双控机制》，有6家企业完成建设；深入开展烟花爆竹打非治违工作，辖区内未发现违法经营、运输、储存烟花爆竹行为，无事故发生，保持安全生产平稳态势。

【宣传思想文化建设】 2018年，组织召开园区工委理论中心组集中学习12次，其中，专题研讨4次，专题报告3次。加强意识形态工作。加大对外宣传，上报各类信息60余篇，其中在《廊坊日报》《新香河》等发表信息20余篇，在网站和电视台发表信息30余条。推动文化活动开展，中秋节和春节期间，组织村街举办“迎新春象棋比赛”“大秧歌跳起来”及中秋文艺演出等群众文体活动。积极配合完成全县文明城市创建工作，在辖区各主路沿线安装各类公益广告牌，大力营造文明城市创建浓厚氛围。

【从严治党】 2018年初，签订党风廉政建设目标责任书，细化责任清单。严格落实“一问责八清理”和“基层微腐败”两个专项行动，精准有力推进巡视整改暨“一问责八清理”专项行动整改“回头看”。以脱贫攻坚作风建设年为契机，严厉整治扶贫领域违纪违规，坚持不定期开展明察暗访。健全完善班子成员分工负责、议事程序、决策程序、班子内部相互监督等各项制度，贯彻落实《关于实践监督执纪“四种形态”推进全面从严治党的实施意见》，对党员干部苗头性、倾向性问题，坚持早打招呼、早提醒，加大对党员领导干部教育提醒谈话力度。

（庄英艳）

新兴产业园

【概况】 新兴产业园位于香河县北部，2008 年 11 月，经香河县委、县政府批准成立香河现代产业园；2013 年 11 月，经香河县委、县政府批准，香河现代产业园更名为河北香河新兴产业示范区，同年被列为廊坊市 11 个精品园区之一；2016 年 12 月 30 日，河北香河新兴产业示范区更名为河北香河经济开发区新兴产业园。园区东与天津宝坻区交界，北与三河市交界，西与北京市通州区交界。规划面积 88.3 平方千米，起步区面积 7.5 平方千米。辖 17 个行政村：百家湾、前建各庄、后建各庄、王庄子、北四百户、小尹庄、挠子庄、祈羊店、姬庄、匠庄、小朱庄、前骆驼港、后骆驼港、双营、打鹌户、大荒庄、程辛庄。引进实体经济企业包括香河 3D 打印产业中心、韵达快递华北基地、广蓉欧香河中欧商贸产业园、华电集团香河燃气能源站、首农二商北京城市生活保障基地等 60 余家企业和项目入驻园区。

2018 年，财政收入完成 78552 万元，比上年同期增长 252.3%，占预期目标 248.3%。公共财政预算收入累计完成 19669 万元，比上年同期增长 90.5%，占全年预期目标的 159.8%。

【基础设施建设】 2018 年，不断提升硬件水平，加大投资力度，逐步完善专业配套，基础设施建设稳步推进，成功打造“九通一平”（道路、供电、供水、雨水排放、污水排放，天然气、网络、通讯、有线电视，土地平整）高标准投资平台，覆盖面积 4.5 平方公里。截至 2018 年底，完成道路工程 7378 米，全线通车，其中，平香线 3300 米、纬一路 1400 米、蒋北路剩余段 378 米、蒋北路西延 2300 米。雨水管道工程合计 8578 米，其中，平香线 4500 米、纬一路 1400 米、蒋北路西延 2300 米、蒋北路剩余段 378 米。污水管道工程合计 1778 米，其中，纬一路 1400 米、蒋北路 378 米。绿化工程合计 74300 平方米，其中，潮白河景观工程 66667 平方米、果园南临时路绿化 7633 平方米。桥梁工程完成纬一路桥梁工程建设。给水管网工程 3275 米。3D 打印产业园美化绿化 8000 平方米。

【项目建设】 开工建设项目：香河 3D 打印产业中心项目，计划总占地 26.7 公顷（150 亩），计划总投资 15 亿元，其中，前期建设研发中心、中试厂房、标准化厂房、综合服务中心、科研成果展示中心等。项目年总收入为 1.8 亿元，税金及附加 0.52 亿元。重点项目建设：香河电子商务外包产业园项目，计划占地 5.9 公顷（88.5 亩），建设互联网创新创业中心、电子商务企业总部培育基地、互联网 020 品牌体验中心、综合配套服务中心、跨境电子商务服务外包中心、电子商务服务外包产业园金融（支付）服务平台、网商俱乐部、电子商务培训基地与人才输送平台、电商交流平台、院校实训基地、孵化区、成长区、孵化成型区等，为电子商务产业提供相应的服务。北京二商京津冀城市生活保障基地项目，总占地 80 公顷（1200 亩），总建筑面积 122 万平方米，主要建设冻肉产品交易中心、香河公用保税库、农产品交易中心、猪肉及副产品深加工基地等。

重点在谈项目：延锋汽车零配件生产项目，由上海延锋彼欧有限公司开发，项目占地 6.7 公顷（100.5 亩），预计投资 4 亿元，主要建设延锋华北生产总部。同位素诊疗药物（河北）中心分子影像医药研发平台项目，按照 GMP 标准进行生产中心厂房及研发试验室专业建造厂房，占地 5.3 公顷（79.5 亩），采购回旋加速器、化学合成仪及其他全套辅助设备，建立单光子、正电子等同位素药品的生产车间以及配备有 Micro-PET，Micro-SPECT 等大型尖端核医学设备的国际标准研发实验室，总投资约 2.5 亿元。

【基层组织建设】 建立主要领导干部包片负责、中层干部党建指导、党支部书记具体实施工作方案。以抓好“三支队伍”（机关干部队伍、农村干部队伍、党员队伍）建设、开展绩效考核为途径，提升农村干部队伍建设水平，确保换届工作顺利进行。通过村“两委”换届选举，13 个村党支部书记、村主任“一人兼”。17 名党支部书记中，50 岁以下 8 名，占 47%，其中，35 岁以下 1 名；高中以上学历 15 名，占 88%，大专以上学历 6 名，占 35%；致富带头人 14 名，占 82%。鼓励退役军人参选村“两委”干部，有 21 名退役军人被选为“两委”干部，占村“两委”干部总数 25%，8 人担任村党支部书记、村主任，占村街总数 47%。

【互联微信掌上平台】 通过“二维码扫描”搜索，即时关注“园区动态”“时事新闻”“天气预报”“便民信息”等多个窗口，平台信息发布速度快、辐射范围广、消息发布后园区全体机关干部、村街两委班子、党员干部都能第一时间收到。依托微信平台，示范区与市级、县级微信平台搭建信息对接桥梁，及时收集时事政治、新闻信息。有效提升党员干部形象，更好服务大众。

【信访网络系统平台】 对村街重大事务、信访苗头，提前预警，及时防控，挂图作战，动态管理和开展信访工作。坚持变上访为下访、主动约访、及时回访、随时领访的“四访”制度。建立应急处突责任机制，分级负责，及时启动应急处置预案，各职能部门迅速行动、积极配合，确保信息收集、情况报告、指挥和处置等环节无缝衔接，有效控制事态。2018 年，受理群众来信来访来电 28 件，办结 27 件，办结率 96%，其中，上级交办的信访案件均及时办结上报。

（马丹）

香河县农业高新技术园区

【概况】 香河县农业高新技术园区于 1997 年被河北省科委列入河北省农业高新技术园区建设规划，1998 年正式建设，1999 年被国家农业综合开发办公室批准为国家农业综合开发现代化农业示范园区香河试区，2002 年被河北省科技厅批准为省级农业高新技术园区。2018 年，香河县农业高新技术园区加快潮白河现代农业产业示范区建设提档升级，园区路网畅通，绿化美化提质，项目承载能力与接待游客能力提高，1—8 月接待游客约 5 万余人次。因机构改革，是年 8 月，香河县农业高新技术园区管委会撤销，科级干部调入河北香河经济开发区。

【园区建设】 潮白河现代农业示范园区位于安头镇镇北、镇东、潮白河以南，总占地 566.67 公顷（1 万亩）。2018 年，园区建设提档升级，园区路网建设、绿化美化工程、项目承载能力与接待游客能力提高。拥有市级农业园区 2 个：东方千年古葡萄庄园、乐农美联生态农场。2018 年，以东方千年古葡萄庄园、乐农美联生态农场为龙头，辖区道路两侧 12.68 千米清场绿化工程基本完成，新建桥梁 5 座，2.5 千米高标准景观墙建设中。

【建设项目】 东方千年古葡萄庄园、乐农美联生态农场、荷香缘有机生态农场等项目进展提质提速，吸引京津冀等地的大批游客前来观光游玩。荷香缘有机生态农场，获得由市旅游委颁发的“2017年度廊坊市金牌农家乐”殊荣，在全市名列第四名。乐农美联蔬菜产销专业合作社注册“香美农果”蔬菜商标。

【新品种新技术引进】 引进食用三七、腊木、黑玉米等新品种3个，引进藏香猪养殖、钙果种植新技术2项。为企业解决用地、规划、生产、销售等方面问题8件。

（黄德军）

乡村建设

【概况】 2018年，继续以美丽乡村建设和特色小镇建设为重点，加大农村人居环境整治，对农村大气污染源进行治理，推进煤改气工作，对农村危旧房屋进行改造。农村人居环境得到进一步改善，农村居民生活质量进一步提高。

【农村危房改造】 2018年，香河县农村危房改造46户，通过省市验收，全面落实住房安全保障工作。

【煤改气工作】 香河县气代煤工程累计铺设130千米中高压管道、1408千米村街低压管网，188个村街（社区）确户在册安装到位的气代煤用户6万余户，不具备安装条件716户，气代煤村街基本实现冬季清洁取暖。

房地产

【概况】 2018年，加强对房地产市场管理，规范房地产市场秩序。严肃查处商品房违规销售、超资质开发等行为，使房地产市场健康发展。进一步关注低收入群体的安居工程，加强住房保障工作，强化住宅小区物业管理，对老旧小区进行升级改造。

【住房保障】 2018年，公共住房新分配入住家庭123户，复核家庭1132户，收缴房租3479168元，政府投资公租房分配率96.8%，完成目标任务。发放租赁补贴9户，补贴资金15840元，全部足额发放到户。销售经济适用房339套，全部交房使用。为阳光馨城保障房项目办理不动产权属证书670套，办证率75%。

【规范房地产市场】 规范房地产市场经营秩序，印发《规范房地产市场秩序的通知》。加强巡查队伍建设、增加巡查频次，加大对销售公司等中介机构巡查监管力度，规范企业销售行为。严厉打击无证售房、捂盘惜售等违法违规行为。2018年，商品房项目专项检查4次，查处违规预售、违规代理销售、超资质开发、中介公司为不符合交易条件的房屋提供服务等违法违规行为21起，处罚金额140余万元。

【物业管理】 2018年，物业服务管理工作多措并举，积极作为，在县域物业管理工作方面取得较好成绩。全年审核并办理4个新建小区项目物业备案，新建小区物业备案率100%。完成老旧小区升级改造13个，完成改造面积18.32万平方米，涉及1616户，改造资金投入总额450.52万元。年内，香河鸿坤物业服务公司果岭墅小区被评为河北省标准化示范项目，香河县尚新物业服务公司潮白新村西小区、蓝山庭院被评为廊坊市优秀住宅小区。

（张洋）

城市园林绿化

【概况】 城市园林绿化工作由香河县园林绿化管理局负责组织实施。该局主要职能：负责编制城镇村街的绿化规划、制定年度和长远绿化计划。负责对城镇绿化设计单位、施工单位的资质审核和申报工作。对所有基建工程项目绿化、规划方案进行审批、指导、检查监督。负责对绿化管护承包方履约情况监管、指导和验收。贯彻落实城市绿化法律、法规，依法查处下列违规行为，新建、改建、扩建工程建设项目以及城区主干道内不按标准安排绿化用地的；单位、居住区有空地可以绿化但不按规定绿化的；工程建设项目因条件限制，达不到绿化标准用地，经政府批准，征收缺少的绿化用地补偿费，违反规定拒不缴纳补偿费的；城建工程未按规定的时间完成绿化的。2018 年，城市园林绿化工作扎实有序推进，城区环境进一步改善，城市品位和城市形象进一步提升。

【重点绿化工程】 2018 年，完成 5 项重点绿化工程建设。"五一"公园提升改造工程：工程位于"五一"公园内，主要进行亮化和绿化提升工作，新建高杆照明灯 2 座，重点对公园内亭子、园路进行改造提升，年初进场施工，绿化改造面积 11000 平方米。永通路两侧绿化工程：4 月进场施工，全长 500 米，绿化面积 11000 平方米。淑阳工业园区绿化带提升工程：道路两侧铺草坪及种植地被 7362 平方米，种植绿篱 5302 平方米。绣水街两侧分车带绿化工程：该工程西起五一路东至永泰路，对现有分车带绿化进行改造提升，绿化面积 11200 平方米。绣水街东段两侧绿化工程：该工程西起华鑫公司，东至潮白河右堤，栽植乔灌木 482 株，绿化面积 3661.32 平方米。

【节日亮化美化工程】 春节亮化工程：2018 年春节期间，分别在县委广场、新城公园、亚太园、新华大街、"五一"渠实施亮化美化，提升城市品位，烘托节日氛围。共设置草坪头光灯 200 盏，照树灯 308 盏，绿篱射灯 150 盏，LED 彩色灯带 7100 米，LED 彩色灯网 480 平方米，串灯 46400 米，铁艺造型 8 个。国庆摆花工程：为庆祝中华人民共和国成立 69 周年，国庆节期间对县委广场、新城公园等重点节点摆放鲜花、绿植 40 万盆，增加了节日喜庆气氛，提升了城市形象，也满足了市民及游客的节日需求。

【公园绿地管护】 2018 年，城区公园绿地采用两种方式进行管护。一种是自行管护。由县园林绿化管理局的专业队伍对地块较小且分散的绿地进行精细化管理。另一种是购买社会服务。以政府招投标方式，引入 9 家专业园林绿化公司，分标段对城区内的公园绿地进行管护。县园林绿化管理局制定《香河县园林绿化管理局绿化管护考评表》《香河县园林绿化管理局绿化管护工作考评实施细则》，对绿化公司进行量化考评。定期举办园林管护专题培训班，聘请专业培训机构，免费提供技术指导，确保绿化成果。制定巡查机制，将工作细化，制定《2018 年绿化管护明细表》，将城区内的绿化成果分段分组进行巡查。确保及时发现问题，及时解决问题，使园林绿化免遭破坏。

【推进社会绿化】 2018 年，香河机器人产业港、香河城市规划展览中心 2 家单位被评为河北省园林式单位，富力新城花香盛景别墅区、潮白半岛 2 个住宅小区被评为河北省园林式住宅小区；香河文化艺术中心被评为廊坊市园林式单位，珠光逸景小区、天悦小区、花香嘉园 3 个住宅小区被评为廊坊市园林式住宅小区。

（陈彩霞）

廊坊市住房公积金管理中心香河县管理部

【概况】 2018 年度完成归集额 1.77 亿元，累计归集余额 6.21 亿元，缴存额增长 23%。缴存比例为单位缴存 12%，个人缴存 8%。新增缴存职工 346 人，新增建制单位 23 个。

【贷款发放】 2018 年，为 89 户职工发放住房公积金贷款 4766.8 万元，累计为 2994 户职工发放住房公积金贷款 8.65 亿元，累计贷款余额 5.34 亿元，个贷率为 86%，个人贷款逾期率 0%。

【提取金额】 2018年，为4269人次提取住房公积金1.29亿元，年度提取率73%，累计提取额8.04亿元。

【其他事项】 完成新一代综合业务管理信息系统上线工作。按照廊坊市住房公积金管理中心关于对接住建部业务平台的工作安排，达到“双贯标”（《住房公积金基础数据标准》和《接入住房公积金银行结算数据应用系统接口标准》）要求。廊坊市住房公积金管理中心香河县管理部新业务系统平稳运行，给缴存职工提供便利服务。进驻香河县便民服务中心，与便民服务中心及银行实行网络对接。

（高鑫淼）

支油支铁

【概况】 2018年8月，香河县支油支铁办公室机构调整为香河县住房和城乡建设局所属股级财政拨款事业单位，核定财政拨款事业编制13名，所需编制由县住房和城乡建设局现有同类事业编制内调剂解决。设股级领导职数1正2副，其中，主任1名，副主任2名。主要负责油田、铁路、石油天然气管道工程建设的前期论证；协调工程建设中与地方的关系，调处有关权属纠纷；负责石油天然气管道设施安全监督管理工作；负责油田、铁路工程建设征用土地和临时占地及地上附着物补偿工作。

【支油工作】 秦京输油管线工作，协调中石油配合三强公司对石油管道改线工程办理相关手续，召开协调会议并实地勘察；协调中石油配合三强公司办理经纬家具城二期建设工程相关手续，在不影响管道安全前提下制定保护方案，对工程安全看护工作进行部署；与秦京石油管线宝坻站联系，协调县交通局通唐公路两侧路灯与涵洞交越事宜。陕京四线天然气管道宝香西支干线，处置陕京四线与沿线各镇、园区历史遗留问题；处理沿线各镇、园区遗留占压问题；督促陕京四线业主与各镇、园区签订流转协议；协调渠口镇处置荣各庄家畜棚圈占压；协调陕京四线县境内马坊段办理相关部门手续，提出相应意见；召开相关部门协调会议，制定最终路线方案。安全生产、防汛工作，协调秦京输油管道和陕京四线天然气管道管理部门，召开“暑期”安全保卫及防汛工作会议，制定应急预案，传达文件到相关单位，安排部署工作。对陕京四线、秦京石油管线重点部位进行安全生产突击检查，重点对陕京四线及秦京输油管线各分输站、阀室进行安全生产突击检查。

【支铁工作】 研究制定《京唐铁路香河段建设征收补偿实施方案》。及时协调，确保香河县关联到京唐城际铁路建设的各项工作顺利推进。加强巡察督导，防止沿线抢栽抢种抢建现象发生。定期进行实地察看，发现问题及时反馈给所在镇、园区，同时要求各镇、园区成立巡查队伍，对抢栽、抢种、抢建行为一经发现及时制止，恢复原貌。积极与京唐城际铁路有限公司、省市有关部门保持沟通。了解有关政策规定，认真研究项目建设融资方案、站房规模调整等问题及意见，为政府决策提供依据。

（刘洪霞）

生态环保

责任编辑　杨东林

综　述

加强环境质量检测和环境执法工作，完成下达减排任务，治理纳污坑塘，完成国控水质自动检测站建设。提高环境卫生作业水平，扩大作业范围，启动农村垃圾处理一体化工作，加强岗位培训，强化安全意识。

生态环境

【概况】　2018年，廊坊市环保局香河县分局加大污染防治力度，强化环境管理，严厉打击违法排污企业，环境质量得到总体提升，环境保护工作实现新跨越。

【环境质量】　廊坊市下达香河县 PM2.5 年均浓度目标为57微克每立方米。香河县综合指数5.76，同比下降8.28%；PM2.5年均浓度53微克每立方米，同比下降7.02%，空气质量优于去年同期；北运河出境土门楼断面、潮白河入境吴村断面、出境大套桥断面均达到国省市考核目标要求，且主要参数达到地表水V类标准。

【污染减排】　2018年，香河县6项减排工程全部完工，4项污染物（COD、氨氮、二氧化硫、氮氧化物）在2015年基础上分别削减24%、50.5%、79.4%、53.4%，完成上级下达的减排任务。

【环境执法】　“12369”环保热线保持24小时畅通，接待处理信访1503件，与公安、住建、工信、综合执法、各镇等部门联合执法，开展“利剑斩污”“交叉检查”等环保专项行动。出动执法人员2000余人次，执法车辆900余车次，开展夜查、晨查130余次，对污染企业依法行政处罚限期整改。2018年，立案处罚41件，处罚金额4163523.5元，行政拘留21人。

【餐饮油烟管控】　以各镇、园区、街道办为单位，对香河县餐饮企业进行拉网式排查，出动执法车辆800余辆次，执法人员1300余人次，排查出城区餐饮单位330余家，清洗油烟净化装置4500余台次。对香河一中周边111家餐饮单位统一更换高效油烟净化装置128台，由专业公司定期巡检，及时清洗维护。

【北运河综合治理】　完成小友堡排干渠生态砾石床建设217米、人工湿地1000米，通过清淤和建设生态砾石床、潜流湿地提高水体水质，确保达到地表水V类标准。开展小友堡方涵管道清淤，工程全长1500米，清淤7800立方米，提高平安污水处理厂进水收集率。

【潮白河整治】 制定潮白河水生态系统重构和污染底质修复技术方案，为潮白河清淤做好准备工作；完成田贾庄排干渠生态治理工程，在干渠内建设180米生态砾石床、人工湿地处理上游污水厂尾水；完成支流百家湾排干渠、田贾庄排干渠清淤疏浚工程，百家湾排干渠清淤1.46千米，动土方4.5万立方米，田贾庄排干渠清淤3.86千米，动土方13.2万立方米。

【纳污坑塘治理】 对香河县境内340个坑塘，其中，有水坑塘163个，无水坑塘177个，建立档案，明确责任单位、责任人，建立长效管控机制，加强巡查督导，确保治理监管工作持续推进。聘请专家完成全县纳污坑塘验收工作。

【国控水质自动监测站建设】 2018年，新建香河县吴村站（河南吴村）、老夏安公路站（龙凤减河与老夏安公路交汇处）、王家摆站（姬止务河套地）、秦营站（红庙村）4座水质自动监测站，建设标准达到国家地表水水质自动监测站建设要求，10月26日顺利通过生态环境部自动监测站上收交接评审。

【环保督查】 配合生态环境部、省环保厅在香河县进行督导检查工作，包括“中央环保督察‘回头看’群众信访举报问题情况”“2018—2019年蓝天保卫战重点区域强化督查行动”。其中，“中央环保督察‘回头看’群众信访举报问题”33批次，37件问题全部整改到位；“2018—2019年蓝天保卫战重点区域强化督查行动”14轮，全部整改到位，并对完成整改的问题进行“回头看”，防止问题反弹。

【处理环境信访案件】 2018年，接到群众举报信访案件1503件，其中，县级“12369”群众举报信访件922件，市长热线信访49件，生态环境部系统信访件392件（其中，生态环境部信访14件、河北省环保厅信访71件、廊坊市环保局信访39件、县级信访件268件），河北省环保厅蓝色系统信访73件，廊坊市12369信访67件。对每个信访案件调查核实，信访案件办结率95%以上。

【远红外报警系统建设】 为防治秸秆焚烧，做好秸秆、杂草、落叶、垃圾禁烧等火情监测，香河县完成县域24个点位视频安装并与市级联网，实现视频监控和红外报警系统全覆盖。安排专人进行实时监控，及早发现火源，及时处置。

【污染源在线监控系统】 香河县三强污水处理厂、平安污水处理厂、现代污水处理有限公司、三强热力公司、西城热力公司、九矗热力有限公司、葆丰供热有限公司、安洁垃圾填埋有限公司、万水环保材料有限公司及中粮可口可乐华北饮料有限公司10家企业安装省级污染源在线监控系统，并与市级监控平台联网，对企业数据进行实时监控，对出现的超标处置单、异常处置单，及时督促企业核实确认，审核后移交执法部门，数据异常及超标审核率100%。

【项目建设审批和管理】 严格执行国家产业政策及京津冀协同发展领导小组办公室印发的《河北省京冀交界地区新增产业的禁止和限值目录》，提高环保准入门槛，对禁止、限制、淘汰不符合国家产业政策的建设项目坚决不批，从源头上控制新增污染企业，对符合环境准入项目，实行污染物总量控制，做到增产不增污，从源头减少大气污染物、水污染物排放量。截至12月，审批建设项目458个，完成项目验收716个，发放排污许可证676家。

【环保宣传】 利用“6·5”世界环境日，举行宣传纪念活动，展出宣传展板9块，发放宣传环保布袋3000余个，垃圾筒1000余个，宣传手册5000余份，对保护环境起到推动作用。

（宋国凤）

香河县数字环卫指挥中心 （县委宣传部供稿）

城市环境卫生

【概况】 2018年，香河县环卫局有清运、清扫车辆70余辆，清扫保洁面积400万平方米，每天清运生活垃圾400余吨，生活垃圾无害化处理率100%。实行24小时综合作业法。机械化清扫率90%。全年上门收集2500户次。全年集中清理暴露垃圾散点100余个，清理生活垃圾和建筑垃圾500余吨。果皮箱、垃圾桶、地埋箱等各类垃圾收集设施3500余个，其中，中型以上收集设施100余个。年内，新建公厕10座、改扩建公厕10座，各类旱厕、水冲公厕56座；固定式垃圾中转站4座，移动式垃圾中转站2座；香河环卫微信公众平台发送正能量信息1500余条，累计点击量40万人次，有2万人加入关注。

【重点项目】 启动农村垃圾治理一体化工作；推进垃圾分类试点工作；新建垃圾焚烧发电项目；安洁垃圾填埋场完成整改；新建公厕10座，改扩建公厕10座；新建餐厨、粪便垃圾处理项目；新建建筑垃圾处理项目。

【先进人物】 肖鹏被评为县“乡科级优秀干部”。王丽华被评为县“乡科级优秀干部”和“廊坊市2018年度创建全国、省级文明城市工作先进个人”，2016—2018年连续三年被确定为“优秀等次乡科级干部”并记“三等功”。杨俊岭被评为县“三八红旗手”。田佳被评为县“优秀共青团员”。范广义被评为县“优秀共产党员”和“河北省最美农民工”，入选“河北好人榜”。田丰霞入选“廊坊好人榜”。

（唐嘉煜）

金 融

责任编辑 刘士刚

综 述

2018年，香河县银行业贯彻落实中央“六稳”及国务院金融委六项要求，打好政策组合拳，以“稳金融”支持“稳增长”。

7月31日，中共中央政治局会议首次提出“要做好稳就业、稳金融、稳外贸、稳外资、稳投资、稳预期工作”。8月3日，国务院金融稳定发展委员会召开第二次会议就落实“稳金融”提出六方面要求（处理好稳增长与防风险的关系；处理好宏观总量与微观信贷的关系；发挥好财政政策的积极作用，用好国债、减税等政策工具，用好担保机制；深化金融改革，完善大中小金融机构健康发展的格局；健全正向激励机制；持续开展打击非法金融活动和非法金融机构专项行动。）

香河县金融业贯彻执行国家经济政策，加快改革转型，实施创新机制，增加新的金融产品，科学把握存、贷款业务和代理发行国债业务，严控风险，银行业运行平稳有序发展。人寿保险和财产保险适应民众需求，不断提升服务质量，全方位拓宽市场，承保金额和保费收入稳步增长。截至2018年底，香河县银行业各项存款余额471.5亿元，各项贷款余额606.2亿元。

银行业

【概况】 2018年，香河县银行业围绕服务经济实体、深化体制改革、防控放贷风险，督促银行业增强风险抵御能力，增加对实体经济支持，提升服务实体质效，维护银行业稳健运行。截至年底，香河县银行业各项存款余额471.5亿元。支持京津冀以及县域经济协同发展，截至年底，各项贷款余额606.2亿元。

【中国人民银行香河支行】 中国人民银行香河支行（简称香河人行）有在职员工26人，专业技术人员15人。2018年，香河县各项存款余额471.5亿元，比年初减少37亿元。各项贷款余额606.2亿元，比年初增加4亿元。

2018年，香河人行贯彻落实稳健的货币政策，引导全县金融机构以稳增长、调结构、惠民生为目标，确保贷款稳步增长，调整信贷投向，优化信贷结构，加大对实体经济支持力度，及时转发相关文件、信贷提示，提高金融机构对货币政策意图的领会和对宏观经济金融形势的认识，增强政策执行力。积极贯彻落实宏观审慎评估政策，组织地方法人金融机构测算信贷投放额度，按照测算数据开展信贷投放。加强投放监测及投向核查，确保投放进度符合宏观审慎评估要求，实现广义信贷总量稳步增长、结构不断优化。督促地方法人金融机构加强自我约束和自律管理，对香河益民村镇银行2017年四季度MPA考核评估结果为C档，专门约谈该行董事长、行长及相关部门主管，督促其采取措施提高资本充足率，推进新型农业经营主体主办行制度在辖区的实施。香河县“主办行”支持家庭农场、专业大户、农民专业合作社、农业产业化龙头企业四类新型农业经营主体133家，贷款余额37047万元。

扎实做好法人金融机构央行评级工作，按照总行统一部署，收集存款保险机构2017年相关数据和制度信息，制作评级底稿，在央行评级系统上进行用户创建、机构详细信息录入、评级数据报送、金融生态指标录入操作。严格落实金融机构重大事项报告和风险提示制度，加强预警与提示，将风险隐患消灭在萌芽状态。加强利率监测分析，建立利率政策执行情况反馈制度，分析各金融机构利率政策执行效果，提高其贷款定价能力。及时传达河北省利率定价自律协会相关利率指导区间，督促金融机构维护好辖区市场利率定价秩序，控制风险，稳健经营。加强贷款行业分布风险监测，重点监测产能过剩及房地产行业、企业贷款风险变化，及时通告各金融机构，作为信贷投向调整的政策引导依据。加强对地方法人金融机构的风险监测分析，及时掌握辖区内法人金融机构流动性状况，防止因流动性不足引发支付风险问题。重点监测个人购房按揭贷款业务量较大的银行的风险情况，及时采取措施，防范金融风险。做好10月、11月两起法人金融机构存保系统全国联调业务测试工作，发现问题及时反馈。组织开展“防范和打击非法集资”宣传活动。围绕防范非法集资教育、合法投资理财、金融知识进行宣传，切实提高群众防范和打击非法集资的意识，加深对正规投资理财产品和金融知识的了解。

按照上级部署，结合现有人员条件，承接相应业务种类，便于本地进出口企业办理业务。2018年，累计办理名录登记12家，名录变更2家，名录注销2家，账户备案12笔，企业贸易信贷报告27笔，辅助企业完成辅导期报告1家，审核企业单位基本情况表9家，现场核查企业12家。参与外汇管理科组织对35家重点库企业进行核查。参与外汇管理科组织开展2018年国际收支申报及结售汇统计申报现场核查工作，香河县牵头组织三河、大厂、永清区域，对霸州2家金融机构（工行霸州支行、建行霸州支行）完成核查，对霸州中行进行“整改情况回头看”。向辖区内3家涉外企业发送调查问卷，了解其经营情况和存在困难，解答涉外企业业务问题咨询。参加对外汇指定银行国际收支现场核查情况汇报，外汇岗位人员坚持每日查看国际收支网上涉外收入、境外汇款、对外付款申报单的申报情况。每日查看单位基本情况表的待核查情况，每旬核查银行新增涉外收付款信息和新增大额涉外收付款情况，对于逾期未申报、申报错误等情况，及时通知银行进行改正反馈。定期查看名录内企业指标正常情况，对于指标异常的企业，要求企业做自查情况表说明情况。对于新登记的企业，关注企业的辅导期到期日，提醒企业完成辅导期报告。提高业务核算质量，强化会计核算业务操作规范化管理，以ACS操作规程为指引，提高业务核算质量，实现零业务作废。香河农村商业银行改制后，截至12月30日，办理各项账户开户6706户，销户5111户；完成农商行人民币结算账户系统账户、批量迁移开户许可证的集中打印3623户。

每季度对辖区内银行机构小面额票币兑换进行暗访，督导人民币业务评指标体系管理系统在香河县正式上线。做好人民币流通管理和假币收缴工作，参与制定《人民币收付业务管理实施细则》，做好反假人民币宣传活动和整治拒收现金专项工作。截至12月30日，收缴假币3335张，金额274440元。做好国库经理工作。截至12月30日，通过无纸化支付系统完成授权支付540笔，金额 258601 万元，直接支付 47 笔，金额 19001 万元。截至 12 月底，处理预算收入 238516 笔，金额 803925 万元。预算支出 464 笔，金额 630852 万元。办理各项退库业务 350 笔，金额 11954 万元。办理更正业务 118 笔，金额 46350 万元。加强征信管理，积极开展征信宣传。截至 12 月底，完成个人征信查询 27052 笔，企业征信查询 205 笔。深入中小企业贷款网上对接平台在县辖金融机构的推广应用，截至 12 月底，平台注册企业 2421 家。

积极参加总行反洗钱远程培训学习，抽调一名业务骨干配合中国人民银行廊坊市中心支行完成反洗钱现场检查回头看工作。全面落实扫黑除恶专项斗争，制定《中国人民银行香河县支行扫黑除恶专项斗争工作实施方案》和《中国人民银行香河县支行开展金融机构扫黑除恶专项斗争实施方案》，成立扫黑除恶专项斗争工作领导小组，邀请香河县公安局经侦大队，对金融领域扫黑除恶专项斗争进行专题讲座。

坚持中心组理论学习制度，全年中心组集中学习 6 次。集中举办计算机知识、保密知识、OA 公文接收与发送、外汇知识、结算知识、中共十九大精神、消防知识培训。

制定并实施《香河支行审计沟通磋商暂行办法》，该《办法》得到中国人民银行廊坊市中心支行内审科认可，以文件形式转发各县支行供学习参考。《合同审计》荣获中国人民银行廊坊市中心支行审计项目评比一等奖。项目立项，符合上级行和本行内控管理工作实际；审计方案，要素齐全、格式规范；审计报告，原因分析客观、意见建议具体可行，报告质量较高；问题反映客观、真实，且具有一定的深度，能够引起被审计部门和行领导的重视关注。经中国人民银行廊坊市中心支行评比荣获审计项目一等奖。参与制定《人民币收付业务管理实施细则》，该细则包括总则、柜面收付业务、清分整点业务、发行库业务、残缺污损人民币兑换与鉴定业务、券别调剂业务、假币收缴与鉴定业务、大额现金支取备案业务、冠字号码查询业务、反宣币业务，以及监督管理、责任与追究。中国人民银行廊坊市中心支行以《中国人民银行廊坊市中心支行金融机构人民币收付业务管理实施细则》制定文件，在全辖印发执行。制定《香河县外汇指定行本外币分类管理考核办法》，该办法包括总则、监管内容、考核结果确定、银行分类管理、附则五部分，以及银行考核评价内容及评价标准具体指标。自该办法实施以来，效果良好。此做法被中国人民银行廊坊市中心支行以《支行动态》肯定。

（王建国）

【中国银行股份有限公司香河县支行】 中国银行股份有限公司香河县支行（简称香河中行），主要办理人民币存款、贷款、结算、票据贴现业务。代理发行金融债券、代理发行兑付政府债券。代理收付款项业务，办理信用卡业务。代理保险业务，外汇存款、外汇贷款、外汇汇款、外币兑换。国际结算、结汇、售汇业务。个人实盘外汇买卖、资信调查、咨询、见证业务。经中国银行业监督管理委员会依照有关法律、行政法规和其他规定批准的业务。香河中行内设 5 个部室及 2 个支行，员工 42 人。

存款。截至 2018 年底，各项人民币存款余额 272201 万元。其中，人民币公司存款余额 124504 万元。人民币储蓄存款 145701 万元。外币存款折美元 753 万美元，其中，储蓄存款 423 万美元。企业存款 327 万美元。

贷款。截至 2018 年底，各项人民币贷款余额 665413 万元，比年初增加 40827 万元。其中，个人消费贷款 664436 万元，公司贷款 3500 万元。2018 年，国际结算量 6930 万元。

其他业务。2018 年底，消费贷款不良余额 2046 万元，不良率 0.31% 。关注类消费贷款余额

2922 万元。银行卡贷款资产余额 20.07 万元，不良率 0.79%。

来聚财项目。顺应网络金融和移动支付的大趋势，来聚财 App 是省行新开发的软件，是拓展中小微商户的有力工具。来聚财项目成为总行重点推广项目。

存贷款业务拓展。存款方面，充分利用好中行产品，稳定客户存款。通过中行优势产品稳定清山集团、华夏集团所属的房地产开发公司存款大户的存款。营销商品房预售资金监管账户 13 个，沉淀资金余额 1.70 亿元。个人客户方面，动员全行员工拓展客户，个金部牵头来聚财、云缴费产品的拓展活动，新增来聚财商户 232 个，云缴费项目储备 4 个。梳理项目清单，组织员工有针对性营销，先后营销了花园市场、香武批发市场、幼儿园。营销代发薪项目，新增代发薪客户 9 户，成功营销香河县教育局新招聘教师 566 名，实现代发工资 830 万元。公司贷款方面，以普惠金融为契机，利用结算通宝、税易贷等产品，逐户走访了解企业需求，实现中小企业授信业务的突破。成功营销香河荣生工艺品有限公司 120 万元授信业务，该项目获省行批复。香河中邦玻璃有限公司、美博瑞（香河）电子信息科技有限公司、香河天音乐器有限公司 3 个项目组卷中。个人贷款方面，紧紧围绕新增额确保在同业领先，缩小与同业的差距，重普惠、控不良，有效地带动相关业务的整体发展。全年营销新楼盘项目 6 个，合作金额 23 亿元。全年实现投放个人一手房按揭贷款 414 笔，金额 26944 万元。二手房按揭贷款，发放 746 笔，金额 50493 万元。

改进作风优质服务。在历次现场和非现场检查中，保持客户服务态度零投诉。狠抓劳动纪律和作风转变，从健全制度、考核机制上强化综合管理工作，着力提升服务品质，狠抓文明优质服务和技术练兵，技术测评达标率 100%。着力改善服务环境和服务效率，强化大堂经理和引导员的职能发挥，提升服务规范化程度和社会满意度。体察员工思想，改善员工生活，关注员工成长。中行组织职工运动会、为每名员工定制生日蛋糕，组织流感疫苗注射。

（刘晓静）

【中国工商银行股份有限公司香河县支行】 中国工商银行股份有限公司香河县支行（简称香河工行）围绕“夯实业务基础、创新转型发展”做文章，截至 2018 年底，实现拨备前利润 3.08 亿元，同业第一，实现净利润 2.3 亿元，实现中间业务收入 2098 万元，同业排名第 2 位。人民币全部存款余额 44.22 亿元，同业占比 24.77%，居同业第二位，其中，个人存款余额 39.71 亿元，对公存款余额 4.51 亿元。个人贷款余额 105.9 亿元，为同业最高，不良率仅 0.07%。全年所辖 6 个网点无 D、E 类评级，全行未发生十大违规和一类风险事件，连续 35 年无重大案件、无重大差错和事故。

拓展存款市场。2018 年，香河工行以市场为中心，以客户为重点，积极拓展市场。年初，成立由行长任组长，主管行长为副组长，部门经理及各网点负责人为成员的旺季营销领导小组，制定客户拓展和重点产品营销计划，多级联动，分层营销，按照不同客户层级，对客户进行认领，实行专人负责制，维护拓展力度，优化人员配置，挖掘老员工营销潜力，培养新员工营销能力。考核机制上，实行部署、考核、监测、激励齐头并举，支行、部室、网点协调联动，利用代发工资、结构性存款、大额存单、跨行理财 POS 等优势产品，加大柜面宣传，吸引同业客户，形成“人人想存款、人人抓存款、时时抓存款”的良好营销格局。香河工行每天通报网点各项指标进度，激励先进，鼓励落后，形成你追我赶，力争上游的热烈氛围。加快低效网点优化改造搬迁工作，优化物理网点布局，探索网点服务管理新模式，提高网点服务效能。牢牢把握京津冀协同发展的机遇，加强与县委县政府及各职能部门的沟通对接，紧盯重大项目信息源头，做到第一时间获取源头信息，及时开展营销对接，优先筛选重点项目纳入营销储备库，建立重点推进项目清单，突出做好北京外迁项目石材城二期、董村拆迁项目、大爱城按揭项目营销工作，推进重点项目营销落实。加强三强集团关联企业在香河工商行开户工作，增加对公结算量，带动存款。积极营销高管私银业务、高管信用卡业务、员工存款、员工理财，达到企业与银行的合作黏度更强劲、更丰富。建立柔性团队走市场，发掘中小企业需求。根据香河地区经济环境特点，柔性团队对香河家具城、石材城、汽配城进行业务营销。“以私拓公”，主要以工行 POS 机、E 支付二维码为营销产品，同时根据所有中小企业收单流水情况，以及企业与商户间的租赁合同，向普惠金融业务方面推荐中小企业贷款、租金贷等业务，优化信贷结构。深度挖掘中间业务分类产品增收潜力，开展高端客户联谊、产品推介会等活动，提升基础类产品竞争力。组建外拓收单营销团队，利用周末、节假日，对周边的家具城市场、建材城、临街商铺进行扫街行动，通过全员发动、阵地营销、团队营销等多项举措，快速抢占收单市场。落实总行互联网金融发展要求，以手机银行、工银 e 支付、融 e 购、融 e 联等推广应用为基础，精心组织、细化实施、全员营销，公私联动，切实将三融产品渗透到代发资客户、POS 机收单客户、信贷客户高管业务经营的各个方面。做好二维码支付、一键绑卡新业务的跑马圈地，加快网点业务转型发展，提升中间业务收入。

防范风险贷款。加强资产质量管理，重点做好大户、个贷以及信用卡的风险监测工作，发展个贷业务时严把质量关，挑选优质贷款客户，严防贷款资料造假情况发生。牢牢把住贷前调查这一重要关口，积极防范和转化潜在风险贷款，对违约客户，安排专人催收和走法定起诉程序。强化员工行为排查，做好员工思想教育和业务培训，严防操作风险，确保年内不发生重大风险事件和责任事故。按照上级行安全生产要求，网点每月进行“110”报警测试和突发应急演练，强化员工突发事件处理能力。加强风险源和隐患排查力度，确保业务安全稳健运行。

（黄娜）

【中国农业银行股份有限公司香河县支行】

2018 年，中国农业银行股份有限公司香河县支行（简称香河农行）贯彻上级行和监管部门决策部署，突出“抓党建、夯基础、强队伍、谋发展、控风险”五项重点工作，凝心聚力，真抓实干，发挥国有大型商业银行服务地方经济建设主力军的作用。截至 2018 年底，各项存款余额 70.75 亿元，各项贷款余额 102 亿元，实现拨备后利润 30618 万元，实现中间业务收入 2914.2 万元。年内，获得农行廊坊市分行“运营基础管理先进单位”、“学习教育活动优秀组织奖”、“柜面业务比赛团体第一名”等荣誉，连续三年获得农行河北省分行、农行廊坊市分行先进单位称号，被中国农业银行股份有限公司评为“安全保卫工作先进单位”。

惠农通服务三农。香河农行将发展“三农”业务提高到战略高度，紧扣农业供给侧结构性改革，扎实推进“三农”金融服务工作，擦亮服务“三农”品牌形象。截至 2018 年底，涉农、小微企业贷款达到监管要求。将惠农通工程作为乡村振兴战略基础性工作，采取加大资源投入、召开现场会、开展主题活动多种措施，惠农通服务点分布在 7 个乡镇。香河农行通过派专业服务队上门安装转账电话，手把手培训店主，定期进行维护管理等方式，确保自助机具有效运行。是年，惠农通服务点总量 365 个，新增 120 个。年内，新增“惠农 e 贷”农户贷款 3400 万元。累计发放农户身份网捷贷 5080 万元，发放农户小额贷款 752 万元，累计发放农村个人生产经营贷款 2735 万元。惠农 e 通专业市场布放 1201 个，交易笔数 124702 笔，交易总金额 1.65 亿元；上门服务为全县农村居民发放社保卡 19 万张。

提高全员素质，强化政治学习和业务知识、业务技能培训，提升员工服务水平，提高全员整体素质。加强机制建设，激发党员表率作用。开展“弘扬爱国奋斗精神、建功立业新时代”创先争优活动，党员领导干部以优良的业绩、勇于担当的魄力，敬业履责的实干精神，带动广大干部员工创先争优。坚持前后台交流、机关网点交流和岗位轮换的常态化机制，让人“动起来”，思想“活起来”，员工的闪光点“亮出来”，注重人才的发现培养，增加员工岗位危机感，促进个人潜能发挥和综合素质的提升。创新劳动组合，提升工作效率。机关部室和营业单位必配一名业务技能高、思想进步的老党员、老员工“坐镇”，对本单位青年员工进行传帮带，每月进行技能和业务知识“拔高”赛，每季开展全行员工“PK”赛，营造全行“互学互进”“比学赶超”的浓厚氛围，提高整体工作效率。加强人文关怀，提升凝聚力。开展丰富多彩的文体活动、拓展训练、健康体检等，愉悦身心、强身健体；同时深入网点开展座谈，做员工的知心人，解难人，提升全员合力。

（郎瑞芸）

【中国建设银行股份有限公司香河县支行】 2018 年，中国建设银行股份有限公司香河县支行（简称香河建行）贯彻中共十九大精神，坚持“党建引领、价值创造、创新发展、合规保障”的工作思路，截至 2018 年底，香河建行贷款余额 91.39 亿元，存款余额 36.34 亿元，其中，个人存款当年新增 0.17 亿元，位居同业第一。中间业务收入 2112 万元，实现利润 2.15 亿元。香河建行相继为香河县公共资源交易中心和香河一中开立保障金专户和基本户；代理香河县房地产管理局维修基金 50%以上的份额；与香河县民宗局签订合作协议，上线应用宗教事务服务平台。各类账户的开立及使用，实现一次努力多年受益的工作目标，带动香河建行存款、手机银行、龙支付业务发展。

2018 年，成功营销香河县教育系统 16 所中、小学校、幼儿园教育云平台和缴费平台项目，实现缴费 34601 笔，缴费金额 3140 万元。此项目作为省行移植创新项目上报总行，香河建行行长荣获中国建设银行总行行长签发的“网络金融用户营销能手”激励卡。

拓展家具城市场商户业务。以 POS、聚合支付产品为抓手，组织人员上门服务，提升 POS 市场保有率和活跃率，落实“做深一公里，做透 500 米”工作思路，各网点对周边商户开展“清街扫巷”活动，促使商户总量达到 3049 户，年内新增 740 户。

普惠金融业务。香河建行将普惠金融贷款工作当作政治任务，坚持早动手、早布置、早见效，仅用 31 天时间，率先超额完成上级行制定的 1500 万元普惠金融贷款新增任务。截至 12 月底，完成普惠金融新增贷款 11470 万元，比年初新增 2685 万元，客户新增 78 户，累计发放贷款 1.53 亿元，解决小微企业融资难、融资贵困扰企业发展问题。

住房租赁项目。2018 年，住房租赁项目发展迅速。香河建行金融家园注册户数 8050 户，在分行中处于领先地位。上线企业 4 户，企业房源 3700 套，跟踪住房租赁企业 4 家。

云服务平台。成功上线云服务平台，在明泰来家具城上线香河建行首个云服务专业市场平台，平台搭建后，坚持持续营销，在“金钥匙”“红星美凯龙”建立惠兜圈商圈，为拓展商户、应用龙支付、聚合支付多种支付方式打下坚实基础。

（祁福兵）

【中国农业发展银行香河县支行】 中国农业发

展银行香河县支行（简称香河农发行）是香河县唯一一家农业政策性银行。主要职责是按照国家的法律、法规和方针、政策，以国家信用为基础，筹集资金，承担国家规定的农业政策性金融业务，代理财政支农资金的拨付，为农业和农村经济发展服务。现有在岗正式员工 16 人，设 1 个党支部，党员 12 人（其中，在职党员 11 人）。香河农发行按照全年工作重点及工作要求，围绕全行中心工作，创新发展工作思路，提升经营绩效，加大风险防控力度，强化内部基础管理，实现新的跨越式增长，形成良好的发展态势。2018 年，各项贷款余额人民币 137649 万元，年累放贷款 51777.71 万元，比年初增加 48108 万元，增幅 53.73%；存款余额 32919 万元，比年初增加 7584 万元，增幅 22.88%。

业务拓展。2018 年，香河农发行以中共十九大精神、省分行市县两级行长会议精神为指导，营销优质客户和稳健推进业务经营为目的，全年发放贷款 4.87 亿元，实现存贷双升，形成新的跨越式增长。是年，香河农发行拓展中长期贷款业务，大力拓展水利建设贷款业务，主动向县政府主管领导及部门汇报、沟通，赢得县委、县政府及部门理解与支持，完成中信国安（廊坊）北运河香河段生态综合整治一期项目的后续发放工作，5 月，发放贷款 1.87 亿元。6 月，农发行获省行审批该项目贷款 15.9 亿元，用于支持北运河香河段生态综合整治 PPP 项目二期工程，当月发放首笔 3 亿元贷款。香河农发行积极与地方政府沟通，经调查、分析，将香河国兴环保产业园建设有限公司，3.3 亿元其他新型城镇化建设中长期贷款由“委托代建购买服务”融资模式变更为“公司自营”融资模式，继续用于国兴环保产业园区污水处理及配套系统工程项目建设，有效化解政府隐性债务，切实防控金融风险，维护辖区内金融稳定。

风险防范。狠抓贷审委、财审委职能建设，保障审批公开透明。加强岗位培训，深入推进“依法办行、合规办事”建设活动，全面实施信贷全流程标准化管理，重要操作岗位规范化意识明显提升。加强风险预警，严格落实经营分析例会制度、贷后管理分析例会制度、党风廉政建设及案件风险防范例会制度，有效开展配合客户风险排查、担保检查、基金风险检查、财会突击检查、财会辅导检查、安保维稳排查、内控合规检查，加强内控评价和反洗钱工作，开展“整治市场乱象”专项治理工作，纠改问题，并对相关责任人进行问责处理。

队伍素质建设。针对人员短缺、年龄和专业人才结构不尽合理问题，从挖掘内部自身潜力入手，强化员工思想引导和教育培训，制定培训计划，组织青年员工开展业务知识、理论知识学习，开展业务技能大练兵。特别是注重对年轻业务骨干的培育，对多名骨干员工进行跨部室业务锻炼，培养业务多面手。组织青年员工前往市分行跟班学习，参与跨市检查学习。组织青年员工参加市分行各项业务知识竞赛，在廊坊分行“青年演说家”比赛中获三等奖，在廊坊分行十九大知识竞赛中获团体第三名。组织开展读书会，健步走、摄影比赛等有益活动，愉悦员工身心，激发工作活力。组织青年员工进社区进校园，宣传金融知识，增强社会责任感，展现农发行良好形象。

（郑铁龙）

【中国邮政储蓄银行股份有限公司香河县支行】

中国邮政储蓄银行股份有限公司香河县支行（简称香河邮储银行），定位服务社区、服务中小企业、服务“三农”。邮储银行打造包括网上银行、手机银行、自助银行、电话银行、微信银行在内的全方位电子银行体系，形成电子渠道与实体网络互联互通，线下实体银行与线上虚拟银行齐头并进的金融服务格局。香河邮储银行内设综合管理部、三农金融部、营业部、公司业务部，在岗员工 32 人。

贷款业务。截至 2018 年底，香河邮储银行零售类贷款余额 21.37 亿元，年度净增 4.29 亿元，增速 20.1%，比上年同期增加 5.61 亿元。在原有快捷贷基础上，创新三种信贷产品。第一种是与香河县劳动局再就业中心合作，由创业担保基金提供担保、财政给予贴息，由邮储银行向借款人发放的用于扶持其创业、就业或者脱贫经营用途的贷款。第二种是为破解农业“融资难”“融资贵”“融资慢”的难题，让更多的新型农业经营主体享受到政策红利，河北省邮储银行与河北省农业信贷担保有限责任公司合作，推出“粮食贷”“畜禽贷”“蔬菜贷”“普惠贷”“冀农担”系列产品。第三种是为丰富金融产品、简化业务流程、回馈诚信老客户推出纯线上个人经营性贷款产品—极速贷，申请人在手机银行 APP 上申请，填写基础信息，在线系统审批，完成授信，免除申请人提供纸质材料一系列手续，无需抵押和担保，只需通过手机贷款、还款，足不出户解决客户资金需求。

存款业务。香河邮储银行坚持存款立行，紧紧围绕“以客户为中心”经营原则，坚持做好客户综合服务，通过部门间联动，为客户提供多功能金融产品与优质服务。坚持做好代发客户营销工作，提升代发工资归行率。坚持做好结算市场拓展，与银商、通联、拉卡拉公司合作，大力发展聚合支付业务，抢占结算市场，提升个人金融综合资产规模。坚持大力发展 ETC 业务，提升银行卡使用率，扩大客户资产规模。截至 2018 年底，香河邮储银行存款余额 10.84 亿元，其中储蓄存款 6.94 亿元，对公存款 3.9 亿元，年度净增 0.83 亿元。

手机银行业务开发。香河邮储银行以“扩大发卡规模”为信用卡业务工作主线，实施“厅堂 + 外拓”相结合的方式，有针对性对重点行业、重点企业、单位进行上门营销，提高县内重点单位渗透率。抓好超市满减、加油满减、特惠洗车、特惠洗衣营销活动，借助平台推广宣传信用卡业务，提高客户刷卡热情。拓展网上银行、手机银行线上交易渠道，利用移动设备进行营销，通过手机缴费、邮 E 平台功能及营销活动进行手机银行客户开发。2018 年，手机银行累计发展 4043 户。全年信用卡累计进件 2398 张，累计结存信用卡 3975 张，年内消费 65153 笔，消费金额 8587.7 万元。

风险防控。邮储银行坚持风险防控优先，牢固树立防范风险和案件的第一道防线，变被动应对为主动防控，将工作重心由事后处置向事前预防、主动出击前移。对全行经营管理中存在的薄弱环节，从执行各项规章制度细节入手，不断提升案防工作能力，切实防范案件风险及合规风险，在抓业务发展的同时，采取多种有效措施严控各类风险，加强法律合规管理，通过开展“反洗钱专项检查”“整治市场乱象自查”“信贷资产质量真实性自查”“贷款风险分类偏离度检查”“人员排查”“非法集资问题排查”以及常规检查一系列检查。开展形式多样的案防合规文化建设活动，举办案防合规文化警示教育培训，强化合规文化及规章制度落实，支撑全行各项业务持续稳健发展。

员工素质建设。加强员工素质建设，注重能力提升。深入开展“周学月考”活动，依托培训提高全行员工综合素质和岗位履职能力。开展业务大练兵，鼓励员工参加资格考试，提高持证率。不断强化员工安全防范意识，定期开展消防、防抢等演练，聘请消防队人员传授消防知识，强化安全教育。深入开展评先选优工作，通过评先选优弘扬先进精神，激发职工爱岗敬业的工作热情，学有榜样，干有标尺，激发广大职工建功立业的积极性。充分发挥优秀职工的“传、帮、带”作用，全面提升职工队伍综合素质。

（李长健）

【河北香河农村商业银行股份有限公司】 2017年底，香河县农村信用联社获得省银监局批复，更名为河北香河农村商业银行股份有限公司（简称香河农商银行）。2018年5月18日，正式揭牌开业，改制完成。香河农商银行设有综合办公室、人力资源部、授信审批部、安全保卫部、稽核部、纪检监察室、计划财务部、会计结算部、风险资产管理经营中心、风险合规部、党委办公室、科技部、市场拓展部、营业部、客户经理部和4个客户经理分部，工作人员345人。2018年，各项存款余额133.78亿元，各项贷款余额103.16亿元。

存款营销，实行存款分包制度。班子成员带头组织存款，包部室、包大户，以吸纳财政性存款为突破口，加强低成本存款营销。掌握区域内存款潜力、结构，密切关注京杭大运河改造，京唐高铁开工重大项目，做好相关产业转移、承接、合作方面的金融服务工作。紧盯乡村改造，重大项目建设补偿资金，特别针对辖区内发放拆迁改造工程款制定营销措施，促进资金尽快回笼。2018年，受宏观经济政策影响，环保产业管控力度加大，全县整体存款下降，对此，研究自身的经营对策，分层次进行管理，开展香河农商银行2018年四季度《百日揽储存款营销活动》，重点补短板、强弱项。

调整信贷结构，满足中小企业正常发展需求，压降联保贷款比例，提高抵押、质押类贷款占比，截至2018年底，香河农商银行抵押、质押类贷款余额83.41亿元，比年初增加14.04亿元，占全部贷款的80.86%，比年初提高5.35个百分点，全年压降联保贷款34组78户，金额1.07亿元，降低联保贷款风险。立足普惠金融，抓好绿色信贷。坚持“立足县域、服务三农”的市场定位，推广“阳光信贷”“绿色信贷”，做实做强普惠金融，将企业环评、安全生产及消防合格等要求纳入授信条件。科学规划筹措信贷资金，把握农业现代化、新型城镇化、产业集群化三个着力点，加快构建标准化、流程化信贷管理模式，加大对辖区内农业龙头产业、绿色产业种养加工、特色产业的支持力度，积极培育经济发展中的新产业、新动能、新力量。

科学利用资金，加强制度梳理，严格财务开支审批程序。对固定资产、低值易耗品的购置、管理、使用、维护做到专人管理，专人负责，提高资产利用率。做好资金配给，保证日常支付和信贷资金投放，对富余可用资金进行合理化、科学化调配，减少无息资金占用，拓宽渠道，最大限度提高资金收益。

防范隐患，化解风险，全面强化稽核工作。结合实际情况，先后对所有营业网点进行全面稽核、专项稽核和全方位跟踪检查，稽核面100%。持续抓好监控巡查工作，为促进各项操作规范化起推动作用。对重点领域及案件隐患进行专项检查，加强案件防控工作和员工行为排查，防范重点领域及案件隐患风险发生，促进依法合规经营。推进安全保卫达标升级评定及安全评估工作，实现安保工作零事故、零案件目标。2018年，15个网点达到A级标准，全辖区基本完成A级网点达标升级改造工作。加强维稳和舆情监测，排查化解各类矛盾纠纷，实现早发现、早处置、早化解。

员工教育和网点建设，继续聘请专业老师，对全辖区基层网点“星级柜员评选”活动开展后续检查、督导，提升香河农商银行的整体形象和社会美誉度。每季度开展为期3天的会计出纳知识大讲堂，组织全体临柜人员学习会纳新文件、新规定，让临柜人员及时学习业务新知识，提高员工综合素质，增强香河农商银行后备力量。每周组织召开基层客户经理座谈会，及时传达上级信贷工作精神，培训内容结合实际，包括公司类及个人类调查报告撰写方法、信贷系统小额信贷业务等内容，提高客户经理的风险意识，提高信贷业务质量，降低信贷资产风险。全面深化网点形象标准化建设。有计划树立一批基层网点星级标杆，推进网点服务树形象、提效率、上档次。

2018 年，钳屯支行、刘宋支行经过省联社验收小组人员严格审查，全部升级为五星级网点。是年，有五星级网点 7 个，四星级网点 13 个。

改制工作。河北香河农村商业银行股份有限公司于 2017 年末获得省银监局开业批复，2018 年 5 月 18 日正式揭牌开业，改制工作圆满完成。

（韩卫华）

【河北银行股份有限公司香河支行】 河北银行股份有限公司香河支行（简称河北银行香河支行）于 2012 年 12 月 28 日开业，现有员工 15 名。河北银行香河支行突出业务发展，强化合规经营，实现业务规模、风险防控、经营效益同步提升。截至 2018 年底，各项存款余额 110305 万元，减少 53553 万元；各项贷款余额 234379 万元，减少 21265 万元。公司业务及小企业方面，公司存款余额 58822 万元，任务完成率 217%；小企业贷款余额 14539 万元，减少 3854 万元。个人业务方面，储蓄存款余额 51483 万元，较年初增长 3714 万元，任务完成率 104%；个人贷款余额 219840 万元，减少 17411 万元。

信贷市场转型。2018 年，河北银行香河支行暂停住房按揭业务，对公存款中商品房预售监管资金下降 6.2 亿元，因住房按揭业务形成的派生存款也下降近 3000 万元。房地产火爆带来的业务水分基本沥干，客户经理全部转型，全员努力拓展小企业贷款、综合消费贷款及个人工资保证贷款，保证核心业务连续性。深化整治银行业市场乱象，把年初的 1997 万元网银自助贷款全部压缩，经过一年努力，保持年初 110 户的总体规模，全年发放小企业贷款 54 笔 6733 万元，夯实小企业贷款的存量数据。

营销市场开拓。银医合作业务是河北银行香河支行重点营销项目。确定香河县人民医院为目标营销单位，及时与院方领导取得联系。期间多次上门攻关，协助总行领导两次上门调查谈判，两次上门营销，陪同院方去石家庄二院、医大一院进行实地考察，经过努力，终于获批并签约，进入到投资采购阶段。河北银行再鼓作气，瞄准法院推广智慧法院的契机，于 5 月开立智慧法院专户。持续加强基金定投业务营销管理，开展全面营销、全员营销。年初制定基金定投营销方案，任务指标落实到人，根据完成情况及时调整不同岗位的任务数、明确奖惩，日常通过晨会、大会以及客户群的微课堂手段，对基金知识、营销话术、营销技巧进行推广和普及。全年实现基金定投签约 642 户。

代理保险营销。代理保险在每季的营销方案中都制定相应的奖惩政策，在妇女节、儿童节客户活动中，把保险知识、保险产品作为普及重点，充分利用保险公司营销技巧举办客户沙龙，在沙龙中实现当场出单。截至 2018 年底，新增代理保险 338 万元，增幅 135%。

信用卡营销。河北银行香河支行抓住 ETC 信用卡审批容易、风险小的特点，推出现金奖励政策，实现全年新增信用卡 98 张。

风险防范。对“银行业市场乱象”进行全面自查。主要包括履职与考评方面、业务方面、产品方面、人员行为方面、行业廉洁风险方面，确保合规经营。先后开展扫黑除恶专项斗争活动、全面风险自查、金融领域风险深度排查工作，全员签订《河北银行员工行为承诺书》。业务风险排查中排查个人综合消费贷款存量业务 37 笔，二手房贷款业务 1497 笔，小企业贷款 116 户，发现问题及时整改。利用营业室内电视机、LED 显示屏宣传非法集资的表现形式和特点，努力提高员工防范意识。制定消费者权益保护活动方案，明确指导思想，组织开展“3 · 15”金融消费者权益日主题宣传教育活动，专人负责金融消费者投诉处理工作。内部成立消费者权益保护工作领导小组及时将消费者权益保护相关知识转发全行。组织全行员工学习《中华人民共和国消费者权益保护法》，了解“新消法”赋予消费者的基本权利，提高员工依法查询、管理和使用个人信用信息的合规意识。通过网点宣传、电子屏滚动播放、“金融消费者权益日”社会宣传活动。使金融消费者明白“自享收益”的同时，要“自担风险”。继续坚持预防为主的工作思路，坚守风险底线，强管理、促发展。开展案件和消防事故警示教育、定期组织案件风险排查和员工行为排查活动，做到培训日常化，演练实战化，提高全员合规操作与风险防范的自觉性和主动性。全年迎接安保检查 1 次，离任审计 1 次，分行安保检查 4 次，组织防暴演练 4 次，消防灭火逃生演练 4 次，实现全年安全无事故。

（杜治）

【兴业银行股份有限公司香河支行】 兴业银行股份有限公司香河支行（简称“兴业银行香河支行”）于 2013 年 10 月 18 日正式开业，内设企业金融部、零售信贷部、营业厅和营业室，在编 27 人。主要经营范围包括吸收公众存款，发放短期、中期和长期贷款，办理国内外结算，办理票据承兑、贴现，代理发行金融债券，承销政府债券，买卖政府债券、金融债券，从事同业拆借、银行卡业务，提供信用证服务及担保、代理收付款项，提供保险箱服务，外汇存款、贷款、汇款、担保及外汇票据的承兑和贴现，外币兑换，代客外汇买卖，买卖和代理买卖股票以外的外币有价证券，资信调查、咨询、见证业务。中国银行业监督管理委员会批准的业务范围内授权的其他业务。

存款。截至 2018 年底，各项存款余额 17.93 亿元，比 2017 年底增加 2.12 亿元。其中，公司存款余额 11.65 亿元，较 2017 年底增加 3021 万元；个人储蓄存款余额 6.27 亿元，较 2017 年底增加 1.82 亿元。

贷款。截至 2018 年底，各项人民币贷款余额 243793 万元，较 2017 年底降低 8754 万元。其中，公司贷款余额 4000 万元，较 2017 年底增加 300 万元；个人贷款余额 239793 元，较 2017 年底降低 9054 万元。

其他业务。截至 2018 年底，代销保险 63 笔合计金额 894 万元，销售大额定期存单 239 笔合计金额 10140 万元，个人受托金融资产 18.67 亿元。业务方面，办理票据贴现 1082 万元，开立保函 70 万美元。上缴税金 700 余万元。

工作创新。2018 年，兴业银行香河支行营业厅配备专业的理财经理和理财低柜，为来行办理业务客户提供更加专业化服务。正式上线 CRM 系统，将存量客户受托到厅堂工作人员名下，由相关受托人员为其进行专业周到的服务。随着互联网和智能手机的发展，上线零售信贷工厂系统，工作人员在为客户办理信贷业务时，通过信贷工厂系统，可随时查询每笔业务目前所处状态，上级银行的审批结果。该系统上线后极大方便了客户经理与客户沟通的及时性，有效提升客户对服务的满意度。公司其他业务方面依然坚持发展存款业务、资产业务，代发工资业务。要求客户经理深入企业，开展调研，及时向上级银行反馈企业需求，根据企业需求创设新兴产品。零售业务方面以按揭贷款业务为基础，以快速经营贷款、全网收单、大额定期存单以及代销保险业务为抓手，依托产品和优质服务赢得客户。

员工素质建设。完善各项规章制度，加强考勤管理，严格执行各项考核办法。始终坚持“真诚服务、相伴成长”的经营理念，加强培训学习，确保每一名员工熟练掌握业务知识和操作规程。严格规范服务标准，保证各项服务的质量。加强安全管理提高风险防控意识，防微杜渐，有效识别和预防经营发展过程中的潜在风险。根据外部市场变化和客户需求进行改革和创新，鼓励员工在业务工作中突破常规、大胆设想、发挥创造性思维，鼓励和尊重员工的首创精神。

（韩子月）

【廊坊银行股份有限公司香河支行】 廊坊银行股份有限公司香河支行（简称廊坊银行香河支行）2016年2月2日开业。2018年，围绕着“打造领先的县域综合金融服务模式”的战略定位，构建“县域金融生态链”，深度融入香河经济，内强素质、外树形象，不断创新产品，提高工作效率，推动香河地方经济。截至年底，廊坊银行香河支行各项存款余额36.32亿元，其中，对公存款余额27.69亿元，储蓄存款余额8.63亿元。表内外授信业务余额为14.88亿元，其中，表内外对公授信余额7.41亿元，零售贷款7.47亿元，实现净利润6411万元，向香河县县级财政纳税724.3万元。

信贷支持地方经济。廊坊银行香河支行支持企业发展累计审批企业授信额度87.73亿，支持香河鸿坤地产、恒康地产、御景置业、凯华齿轮、交通局下属单位一批优质企业。廊坊银行香河支行还有多笔对接或上报的授信业务申请，涵盖香河县域地产业、家具业、高新制造业多个行业，介入以政府为主导的产业投资基金，基础设施建设棚户区，新民居建设领域。积极响应国家扶持小微企业政策，相继对香河瑞康盛金属制品、香河硕大装饰工程等企业进行信贷服务。2018年，廊坊银行香河支行无不良贷款。

金融活动服务社会。积极参与香河县金融监管部门组织的征信、反假、反洗钱、打击非法集资宣传以及金融知识万里行等宣传活动，发放各项宣传单页20000余份。积极推进工会会员卡和居民健康卡发卡和宣传工作，在县总工会和县卫计局帮助下，实现工会会员卡发卡2万余张，实现居民健康卡发卡近27万张。更好做好服务工作，解决偏远居民距离远、来行难的问题，廊坊银行香河支行携带设备进行下村上门激活服务，现场讲解和宣传金融知识与产品，提升客户服务体验，深化普惠金融服务。

提高员工素质树立风险意识。廊坊银行香河支行在积极服务地方经济，服务城乡居民的同时，还注重培训的制度化、规范化建设，使案防教育深入到每一名支行员工心中。把案防教育作为学习教育、专业培训、合规文化建设、创建合规单位等活动中最踊跃、最积极的因素，充分利用晚上时间坚持学习，各业务岗位重点学习案防教育应知应会专业知识、法律法规、规章制度和操作规程及案防教育有关文件、资料等，使全体员工明确案防教育的重要意义和作用，从思想上树立主动合规、人人合规、合规光荣、违规可耻意识，增强贯彻执行规章制度的自觉性和主动性，为案防教育工作的扎实有效开展打牢坚实的思想基础。充分利用金融违法犯罪及监管处罚案例，在全体员工中进行讲解剖析，开展警示教育，在全员范围内树立风险意识，形成不愿违规、不能违规、不敢违规的良好氛围。

（周朋霏）

【沧州银行香河支行】 沧州银行香河支行内设营业室、信贷部、存款部3个部门，有员工26人。2018年，沧州银行贯彻落实各项银行业监管政策，以规范经营为基础，以凝聚人心为动力，以创新服务为抓手，改进机制，强化营销，严控风险，大胆管理，强化履行工作职责，圆满完成上级行下达的各项工作指标，业务经营得到健康、有效、快速发展。截至2018年底，沧州银行各项存款余额54.66亿元，比年初减少6.57亿元。贷款余额9.8亿元，较年初下降0.48亿元，全年实现利润总额1.1亿元。

服务创新。注重储蓄、扩大知名度，推动存款业务稳定发展。2018年，金融市场竞争激烈，金融机构发展势头迅猛，稳存增存成为沧州银行香河支行工作的重点课题。是年，对公存款下降明显，沧州银行香河支行根据经济形势，坚持“稳存款、调结构、促增长”的工作思路，把营销个人储蓄存款作为存款营销的重中之重。制定定期储蓄竞赛的活动方案，对新增定期储蓄员工开展排位赛，前十名员工除去奖励假期外，增加奖励绩效金额，最大限度开发员工的营销潜能。先后组织开展“感恩母亲节、浓情五月天”“播种智慧、收获幸福”营销宣传活动，冠名“能说会道、能歌善舞”公益演出活动，全体员工活跃在现场的每个角落，为嘉宾宣传金融知识，宣传沧州银行香河支行存款优势，扩大知名度和影响力，为存款工作做铺垫。多措并举，加强管理。继续根据总分行要求狠抓网点的文明服务工作，落实文明服务制度，提高自身文明服务水平。日常工作中，注重对员工服务意识培养，将人情化、贴心化、细心化服务融入服务工作中，扎实有效践行以服务立行、以服务兴行的服务宗旨，急客户所急，想客户所需，最大限度满足客户需求。在制度建设方面，严格实践制度治行原则，重新制定和完善有关文明服务工作各项规章制度。服务效率方面，提出限时服务要求，柜员要严格遵循15分钟让客户离行的办理业务时限，始终坚决贯彻落实文明服务制度，强化柜员文明服务，规范大堂经理行为，将文明服务工作当作一项常态工作来抓。

员工素质建设。抓好岗位培训，提高业务素质。从实际情况出发，实施培训方案，结合岗位实际，按照经营管理人员、市场营销人员、信贷人员、临柜操作人员不同层面，有针对性开展岗位培训。结合各类考试进行培训，组织员工班后学习，应对上级行的技能考试和业务考试，提高员工的技能水平和业务素质。结合知识结构分层培训，以老带新，提升总体业务素质。结合文明服务要求，打造规范化、人性化、航空化的文明服务。加强员工职业道德建设，提升行业自信心和自豪感。培养员工自觉遵守“爱岗敬业、诚实守信、办事公道、服务群众、奉献社会”五项职业道德规范，以社会主义核心价值观为导向，建设一支实事求是、与时俱进、无私奉献的员工队伍。

内控管理。依法经营，从严治行。2018年，坚持集约导向，降低行政成本，提升服务效益。坚持依法导向，扎紧制度笼子，依规矩办事。坚持问题导向，查存在问题，看整改效果。坚持服务导向，改进工作作风，问满意程度。为保持连续多年零案件常态，深入分析新常态下银行业案件防控严峻形势，开展案件隐患专项整治活动，开展业务检查，防控业务风险发生。成立专项领导小组，明确专项检查责任分工，安排专人负责相关检查工作，明确整治重点，制定严密的专项检查实施方案，明确各阶段工作任务，最终做到各项业务、制度、人员、轮岗、对账全覆盖。

转变金融服务方式。针对整体经济大环境，京津冀一体化机遇，年度内信贷工作本着贷款投放指导意见进行全面推进，全面贯彻落实中共中央政治局经济会议各项部署，特别是习近平总书记重要讲话精神，坚持以服务实体经济及民营企业为导向，以深化金融改革创新为动力，以解决融资难融资贵问题为抓手，以防控化解金融风险为保障，加快转变金融发展方式，继续坚持“区别对待、有扶有控、有保有压”的授信投放原则，紧跟国家行业政策导向，推动地方经济发展。有效落实金融回归本源，支持小微企业，优化MPA考核，促进经济快速、健康、可持续发展。

（王楠）

【张家口银行香河支行】 张家口银行香河支行2014年9月21日成立。2018年，各项存款余额66645.22万元，其中，对公存款38659.26万元，储蓄存款27985.96万元。贷款余额27600.56万元，信贷业务零逾期、零不良、综合收息率100%。开立个人卡13462张，对公账户337户，聚合支付累计办理1353户。成功营销劳动退休工资代发业务580户，延伸营销智能存款4300万元。储蓄存款由2017年末占比8.5%上升到42%，调整存款结构方面取得阶段性成功。

控制风险。按月召开案防分析会，组织相关部门对内部规章制度进行细致梳理，开展合规检查，加强授权行为统一管理和内部控制，增强防范风险和控制风险能力，保障各项业务安全运行。加大各条线合规制度培训，全年开展各类培训40余次，累计参加培训人数500人次。不断加强制度建设，梳理制度流程，强化制度约束力与管控力，按制度要求开展培训、演练、行为排查、轮岗、强休，强化员工内控意识与识别风险的能力，确保不发生风险事件。张家口银行香河支行被评为四星级服务网点。

业务扩展。2018年，张家口银行香河支行积极开展各类对公业务，大力吸收存款，顺利实现存款结构调整目标。下半年推出信用卡、聚合支付业务，实现新增信用卡客户300余户，聚合支付累计办理1000余户，实现增加与客户黏度目标。是年，顺利接入香河县人力资源和社会保障局社银系统，实现为县人力资源和社会保障局580余名退休工人代发工资。代发过程中开展各类金融知识讲座，提高退休干部职工识别假币、防范金融诈骗、远离非法集资意识。

（孙文静）

【香河益民村镇银行股份有限公司】 香河益民村镇银行股份有限公司（简称香河益民银行）2010年9月16日正式挂牌开业，是河北省首批，廊坊市首家获批开业的村镇银行。截至2018年底，益民银行各项资产总计168667.63万元，负债总额156844.97万元，存款余额153288.06万元，较上年减少2334.41万元，降幅1.5%。贷款余额92074.24万元，较上年减少1449.71万元，降幅1.55%。实现拨备前利润3208.12万元，净利润2053.07万元。各项主要监管指标均达到监管要求。

服务“三农”与小微贷款。香河益民银行深度研究涉农领域融资特点，找准贷款营销与有效防范信贷风险的结合点，继续在“快”“活”“净”上做文章，沉下身子、眼睛向下，围绕农户开展贷款业务。自开业以来推出金口碑、乐业贷、创富通三大系列八项产品及“牛羊乐”“菜农乐”“武宁商贷通”“信用联盟”“小微贷—益信贷”9个专项产品，贷款客户可依据其自身生产经营、回款周期情况，自主选择贷款期限和还款方式，满足广大客户多种资金需求。截至2018年底，有198户小微企业完成网上注册，17户小微企业与香河益民银行建立信贷关系，全年累计为20户小微企业发放贷款6340万元。

设施功能建设。2018年，益民银行完成ESAT数据系统、征信系统、征信前置系统、公贷系统、集中账户管理系统、网联平台的建设，完成农信银系统的正式联网开通、财税库银系统的网签改造、境外提现管控改造，为更加快速稳健发展奠定了基础。

企业文化。香河益民银行在开拓业务的同时，提出“亲民、务实、创新、高效、廉洁”的企业文化，成为全行统一思想和行为规范的纲领。制定的“快、活、净”三字原则和“做裁缝店不做服装店”的产品设计理念，成为全行信贷文化建设的中心内容。坚持“风险为本、有舍有得”的风控理念，为全行风险文化建设制定主基调。贯彻实施的“以人为本，以行为家”的家文化理念，确保全行团结一心，和谐发展。

营造家园气氛。2018年，全行范围内开展“全员家访活动”，要求上级负责下级，向员工的家人送上关心、送去祝福，反馈员工的工作情况，了解家庭有无生活困难并尽量协助解决，拉近相互距离，营造家的感觉，不断增强员工的归属感。通过开展红色团建活动提升对工作和生活的珍惜感，通过组建篮球队、乒乓球队、羽毛球队和自行车骑行队，增强团队凝聚力与向心力，开展摄影、演讲、书画、电子竞技文娱活动，丰富员工业余生活，全行上下营造团结、友爱、和谐、温馨的家园氛围。

（贾松）

保险业

【概况】 2018年，香河县保险业坚持人民保险为人民的理念，注重提升服务质量，稳妥运作，解决人民群众现实生活中众多实际问题。中国人寿保险股份有限公司香河支公司、中国人民财产保险股份有限公司香河支公司，以实际业绩深得广大人民群众的信任，保险业得到显著的发展。

【中国人寿保险股份有限公司香河支公司】 中国人寿保险股份有限公司香河支公司（简称香河人寿保险）成立于1996年，隶属于中国人寿保险股份有限公司，是中国人寿保险股份有限公司下辖的四级机构，设有个险、银保、团险3个发展渠道，综合、客服两个部门，现有内勤员工25人，外勤员工780人。2018年，设立6个营销网点，分别是渠口、五百户、蒋辛屯、安头屯、刘宋、安平。在网点内社区、村街开展保险知识宣传，普及保险知识，做好乡镇居民保险服务。截至2018年底，香河人寿保险保费总量2.52亿元。首年标保2265.44万元，首年期交5257.64万元，其中，10年期交2431.53万元；5—9年期交828.68万元，5年以下期交1997.44万元；趸交1508.05万元，长险首年6765.69万元；短期险保费1645.1万元。赔款支出691.6万元，全年医疗给付610.6万元，死亡给付419.07万元，满期给付4368.82万元，年金给付1627.19万元。

小额保险服务。推行小额保险服务，发挥保险稳定器功能。按照“政府引导，公司试办，农民自愿”原则大力推动农村小额保险。小额保险具有保费低廉，保障适度，保单通俗，理赔简便等特点，是小额金融的重要组成部分。香河人寿保险抽调人力，多次深入到农村宣导小额保险重要意义，在部分村落建立起小额保险制度，将小额保险办成真正的惠民工程。2018年，受理理赔案件5200件，理赔金额2763.58万元，使老百姓老有所养、病有所医，充分发挥保险机构社会稳定器作用。

业务特色吸纳人才。深入到学校，为在校学生提供风险保障，保费达258.17万元。时刻关注农民朋友生活，为农村独生子女提供意外保障，收取保费64.37万元。为小微企业发展保障护航，提供优质的意外险保障服务，实现小额借款人意外伤害保险费198.6万元。县域家具行业受挫，很多外地从业人员面临着失业的困境。在此种情形下，销售部门通过网络和报刊方式大力进行增员，在人才市场上全面铺开，广泛吸纳优秀人才，让销售人员挣到收入，2018年新增471人，有效解决了社会上一批失业人员再就业难题，实现社会资源科学配置，有效缓解就业压力，最终实现双赢，公司既得到发展，个人价值也得到充分体现。

更新设施便捷服务。推行电子化服务，实现电子化投保，优化客户投保环节，一改往日填写投保资料的烦琐，通过国寿e店可以实现资料录入填写，逐步完善投保环节，节省客户投保时间，在此享受到电子化服务的便捷。客户安装中国人寿寿险APP，客户可以随时随地查阅个人保单信息，足不出户就可以办理保单借款、续期缴费理赔业务，有效实现对客户的专享服务。优化理赔流程，简化理赔手续，提高理赔时效，开辟理赔绿色通道，对于达到一定金额的案件，上门收取理赔资料。

诚信服务抵御风险。加强保险营销员诚信教育，强化诚信服务意识。利用大小晨会宣导《诚信文化建设工作管理办法》相关规定，强化销售人员的风险防范意识，坚决杜绝发生代签名、销售误导不合规行为。按照监管机构要求，规范岗位职责，依法合规经营。做好内部管控的同时，做好外部宣传活动。不定期组织公司业务骨干在县委广场、社区内等区域开展宣传活动，参与到远离非法集资、打击洗钱犯罪活动中来，向群众宣传抵御非法集资、洗钱风险的策略，彰显保险公司的社会责任感。

（王翠鑫）

【中国人民财产保险股份有限公司香河支公司】

中国人民财产保险股份有限公司香河支公司，（简称香河人保财险）位于香河县淑阳镇康平路6号。设有经理室、综合部、理赔分部、三农事业部、营销服务部、续保团队，车商业务部、商业非车团队和6个农村营销服务部（淑阳营销服务部，安平营销服务部，钳屯营销服务部，安头屯营销服务部，刘宋营销服务部，渠口营销服务部）。2018年，香河人保财险保费收入7089万元，其中，车险保费收入5238万元，商业非车保费收入 1215 万元，农险 635 万元；市场份额37.82%。风险保障金额610亿元。立案数量5697件，赔案数量 5791 件，案件处理率 95.13%。赔款金额4253万元，其中，车险赔款金额1887万元，商业非车险赔款金额1638万元，农险赔款金额728万元；简单赔付率59.99%，缴纳各种税款992万元。

经营险种。机动车辆保险、企业财产保险、农业保险、家庭财产保险、货物运输保险、意外伤害保险，以及各种责任保险。

客户端服务。柜台承保服务，农村服务部、验车、车商网点业务，电话承保平台，网上承保平台，专业营销员上门承保，理赔绿色通道。

做好政策性保险业务。在农业保险、城镇居民大病保险、农房保险、治安家财保险、监护人责任保险等政策性保险业务中，努力把政府的惠民政策和人保的有效服务有机结合。2018年，农业保险、大病保险、农房保险、治安家财保险、监护人责任保险等政策性保险，公司完成保费2429.21万元，为人民群众提供上亿元风险保障，赔款 2569.85 万元，使人民群众在自然灾害和财产损失上得到及时补偿。通过承保和理赔服务过程，充分践行“人民保险，服务人民”的历史使命。

员工素质建设。香河人保财险培养员工素质作为重点工作。对出单分中心、理赔分部不定期进行服务督导培训，下发服务标准化要求，做到人手一份，晨会上定期进行服务实战演习，发现问题就地解决。理赔上始终坚持“五个一”（一句温馨话，赠一瓶矿泉水，发一份理赔指南，做一次理赔服务满意度回访，发一张理赔服务监督卡）服务。接待客户双手递接，微笑服务，坚持做到“四声”（来有迎声、问有答声、怨有歉声、走有送声）服务。公司培养员工良好的品牌服务意识，增强服务理念达到服务标准化。用全体员工的热心、关心、细心、耐心，让客户舒心、放心、安心、欢心。

（张建悦）

【中华联合财产保险股份有限公司香河支公司】

中华联合财产保险股份有限公司香河支公司（香河中华财险），2007年1月30日成立，位于香河县新开街东段，有3层办公楼，占地面积400平方米。有员工12人，营销员36人。近3年，年平均保费2000万元，人均保费160万元，服务范围涵盖车险、企业财产险、意外险、责任险、家庭财产保险，公司业务保持健康发展势头，利用互联网平台为客户提供高效、便捷服务。成功入围香河环卫局新购车辆保险项目、香河民用燃气保险项目。

服务承诺。满足市场和客户的服务需求，年内推出中华财险承诺的车险标准服务内容，电话4001999999和e.cic.cn投保，出单48小时内免费送单上门。客户上门投保，双方对保险事项达成一致后，20 分钟内出具保险单证，中华保险 cic 微信客户端，指导客户现场自助理赔。异地出险，全国通赔通付，www.cic.cn 网站自主查询承保理赔信息。365 天 360° 全方位受理客户咨询、投诉，为客户提供贴心的“人伤绿色通道”紧急救治、温情探视人文关怀服务。投保车辆损失险的 11 座及以下非营运车辆客户，免费享有全国非事故车辆道路救援。

企业文化：中华财险愿景，成为国内领先、专业化的综合保险金融集团。使命，引领行业发展造福中华百姓。企业精神：创新、进取、专业、协同。核心价值观：诚信、守护、包容、共享。经营理念：稳健、永续、价值、发展。服务理念：感同身受、便捷至诚。中华保险在承保理赔、农业保险方面，具有较强综合竞争力。

（张媛）

【中国太平洋财产保险股份有限公司廊坊市香河支公司】 中国太平洋财产保险股份有限公司廊坊市香河支公司（简称香河太平洋财险）成立于 2007 年，公司位于香河县新华大街北侧潮白新村西区 3 号楼 3–000–5 号商铺（县城内第三小学对面）。主要经营机动车辆保险、财产损失保险、责任保险、信用保险、农业保险险种。2018 年，香河太平洋财险完成保费收入 1112 万元，其中，车险业务 994 万元，非车险业务 30 万元，农险 88 万元，全年累计赔款 438 万元。

创年度最高评级。香河太平洋财险充分发挥车险、非车险、农险、电销、代理和银保 6 个专业销售团队的作用，凭借服务创新能力以及便捷、高效的服务获得行业和社会认可，连续两年蝉联服务评价 AA 级，均为年度最高评级。

公司规范化建设。以客户需求为导向，按照《窗口服务礼仪规范》《门店日常管理规范》《客户投诉处理规范》，推进公司标准化、规范化建设。窗口服务做到统一门店标识、统一服务礼仪、统一服务用语、统一员工服装。将“机动车保险承保须知”“机动车保险投保提示”“交强险投保提示”“理赔服务流程指南”悬挂上墙，让客户对保险政策一目了然。

服务模式。坚持以客户需求为导向，通过“太好赔”“专享赔”“E 农险”“车主成长计划”一系列服务模式创新，打造专业服务品牌，为客户提供全方位风险支撑。

（殷宝义）

【中国大地财产保险股份有限公司廊坊中心支公司香河营销服务部】 中国大地财产保险股份有限公司廊坊中心支公司香河营销服务部（简称香河大地财险）成立于 2005 年 12 月 6 日。大地财险秉承“车辆保险、财产保险、意外健康保险共同发展”理念，扩大投保渠道，吸引优秀人才。2018 年，全年保费收入 809 万元，同比增长 12%，其中，车险 676 万元，非车险 67 万元，意外健康险 66 万元。

服务模式。“95590”专线，365 天 × 24 小时专线畅通无忧。“95590”全国统一服务专线，全天候提供报案、咨询、投诉、承保理赔信息查询和客户回访服务。接到报案后 10 分钟内与客户联系，在约定的时间内查勘。对保险责任明确、索赔材料齐全的 10 万元以下的车险案件 1 个工作日内赔付。

车险小额案件快赔。对保险责任明确的 5000 元（含）以下车险小额非人伤赔案，现场定损或采取微信自助查勘，远程定损保险责任明确、索赔资料齐全的，30 分钟内付款。

人伤温情关怀。提供小额人伤现场调解、住院伤员定期探视、伤残鉴定陪同、医疗救援指导、人伤理赔及诉讼调解专业建议和咨询服务；对案件事实清楚、损失金额基本确定的，可根据客户需求提前赔付。

就近理赔。客户在异地出险时，就近接受理

赔服务，不收取异地理赔费用。

服务技能提升。把基层窗口服务建设作为首要目标，通过柜员服务能力的提升，服务机制的完善，服务软硬件设备的投入，提升基层窗口服务水平。让微信理赔更友好，客户能随时随地掌握理赔进度；让电话直赔更快捷，让简易快赔更智慧，客户通过手机拍照就能自动理赔；对人伤案件提供全程关爱服务，万元以下案件免纸质单证及免丧残鉴定。

（凌珍）

【名阳保险销售有限责任公司香河分公司】 名阳保险销售有限责任公司香河分公司（简称香河名阳保险）成立于 2015 年，坐落香河县康平路 21-5 号，现有内勤 6 人，外勤营销员 113 人。2018 年，保费收入合计突破 2000 万元，业务范围包括：寿险、财险业务，与国内 30 多家财产险、寿险公司建立良好合作关系，销售产品多达千种，企业财产险业务在县域内市场份额占比靠前。

营销模式。香河名阳保险在全面布局市场的基础上不断强化“自由化空间管理”的营销模式，创新提出市场四赢原则（市场、客户、保险公司、保险代理人），从始至终坚持以客户为中心，以产品引领市场，代理人合规销售，保险公司诚信务实的经营理念。

防赔结合、杜绝风险。把保险业务从以承保理赔为主的常规流程，提升到以防为主，防赔结合的服务模式，大胆引入国内独创的 ISS 智能防火预警系统与保险公司强强联手，在承保企业投保时安装系统全面的火灾预警设施，有效为香河县企业多次避免发生重大火灾。成立专业人员组成企业风险巡查分队，配置先进的检测仪器，定期为企业做风险排查并组织消防演练。

（李会民）

教 育

责任编辑 刘士刚

综 述

2018年，香河县教育事业贯彻落实中共十九大精神和全国教育大会精神，以打造教育强县为目标，提高教育质量和办学水平为核心，立足新起点，迈开新步伐，全力推动全县教育事业新发展。学前教育、义务教育、普通高中教育、职业教育、成人教育、民办教育、特殊教育稳定有序发展，学前三年毛入园率98%；小学入学率100%，巩固率100%；初中入学率100%，巩固率99.5%；高中阶段毛入学率93%。全年获得国家级奖励4项，省级奖励5项，市级奖励44项，县级奖励31项。县教育局先后被授予“全国养成教育建设先进单位”“河北省教育考试工作先进集体”“廊坊市文明单位”“廊坊市学校安全工作先进单位”“优秀领导班子”等多项荣誉称号。城内第五小学被评为“全国青少年校园足球特色学校”，城内第四小学被评为“河北省优秀少先队集体”。《廊坊日报》、廊坊传媒网、《新香河》等媒体多次报道香河教育工作。

教育结构

【概况】 2018年，香河县有各级各类学校190所，其中，小学68所，初中10所，高中2所，中等职业学校、教师进修学校、特殊教育学校、广播电视学校、青少年活动中心、成人教育总校各1所，乡镇成人学校9所，国办幼儿园3所，注册民办教育机构92所（其中，幼儿园72所，短期培训机构15所，民办学校5所）。教职工6298人（含民办教育机构教师1537人），在校生73165人（含幼儿16381人）。

【学前教育】 全县有独立幼儿园75所（国办3所，民办72所）。相比2017—2018学年度增加22所，新注册民办幼儿园27所，撤销5所。全县在园（校）幼儿16381人，其中，县直幼儿园1369人，小学附设幼儿班6266人、民办幼儿园8746人。全县幼儿园教职工1555人，其中，国办幼儿园225人、民办幼儿园1330人。

【小学教育】 全县有小学71所（含民办3所），其中，独立设置少数民族学校1所（五百户镇香椿营回民小学）。相比2017—2018学年度增加1所（香河县富力新城学校）。小学在校生35076人，其中，寄宿生2065人，少数民族1026人。2014年小学一年级在校生4803人，至2018年小学五年级在校生4908人，小学五年保留率102.19%，增长原因为此期间随迁子女增加较多所致。全县小学教职工2770人，其中，专任教师2685人。

【初中教育】 全县有初中 11 所（含民办 1 所），在校生 11915 人，其中，寄宿生 4145 人，少数民族 459 人。初中教学班数 238 个，2016 年初中一年级在校生 3349 人，至 2018 年初中三年级在校生 3416 人，初中三年巩固率 102%，增长原因为此期间随迁子女增加较多所致。初中教职工 1091 人，其中，专任教师 948 人。

【普通高中教育】 全县有普通高中 3 所（含民办 1 所），在校生 7337 人，其中，寄宿生 4961 人，少数民族 311 人，教学班 122 个，教职工 722 人，其中，专任教师 595 人。

【职业高中教育】 全县有职业高中 1 所。职业高中在校生 2400 人，其中，成人中专非全日制学生 213 人，职业高中在校生 2187 人。职业高中教师 101 人，其中，专任教师 96 人。

【成人中等专业学校】 全县有教师进修学校 1 所，教职工 47 人，其中，专任教师 38 人。

【特殊教育】 全县有特殊教育学校 1 所。在校生 56 人，教学班 5 个。教职工 12 人，其中，专任教师 11 人。

【民办教育】 全县有全日制注册民办高中 1 所（香河实验中学），在校生 105 人。有注册小学 3 所（香河星宇学校、香河县富力新城学校、北京景山学校香河大爱城分校），在校生 453 人。有九年一贯制学校 1 所（香河少林文武学校），小学在校生 705 人，初中在校生 272 人。有注册民办幼儿园 72 所，在园幼儿 8746 人，其中，新增市级普惠园 1 所、县级普惠园 5 所。民办教育相比 2017—2018 学年度增加学校 1 所（香河县富力新城学校）。

教育教学

【概况】 2018 年，香河县加强学前教育、九年义务教育、职业教育、特殊教育、教师继续教育及民办教育等方面的教学工作，教育教学整体工作得到全面提升。

【学前教育教学】 加强学习培训力度。开展“等级类别达标月”和学习宣传《3—6 岁儿童学习与发展指南》活动，促进幼儿教师理论知识学习。举办《幼儿园一日活动优化策略》培训，全县幼儿园园长、乡镇总校长、小学校长、幼教主任及幼儿园骨干教师 500 余人参加，规范幼儿在园一日学习生活，提高区域游戏活动的有效性。开展多彩师幼活动。组织幼儿园区域游戏、区域活动观察记录评比，加强区域活动研究，强化师生对区域活动的理解和驾驭能力。开展幼儿园语言、艺术、健康、科学领域优质教学活动观摩，促进教师间相互学习、取长补短，全面提升幼教队伍整体素质。举办教育系统庆“六一”文艺会演，激发师生创新创作能力，推动全县幼儿艺术教育发展。举办“我是故事大王”幼儿故事比赛，培养幼儿对语言的感受能力、表达能力和掌控力，促进幼儿教师专业技能提高。规范幼儿园办学行为。下发省、市、县关于治理幼儿园“小学化”专项工作通知，为杜绝幼儿园“小学化”提供政策性保障。开展幼儿园杜绝“小学化”专项督查，对全县 30 所幼儿园 78 个班级，进行半日活动跟班式检查评估，内容涉及设施设备、师资力量、入园接待、集体教育活动、卫生保健、杜绝“小学化”、家庭及社区工作 13 项评估指标 53 条评估要素，推进园操建设、活动区建设、家园共育常规工作，促进幼儿园一日活动规范化发展。

【九年义务教育教学】 以“加强教育教学管理

香河县教育系统 2018 年“六一”文艺会演 （县教育局供稿）

提高教育教学质量”为工作重心，坚持“在规范中管理，在管理中规范，在规范中提高，在提高中创新”原则，以基础课程改革为契机，以课堂为抓手，强化教育教学管理工作，加强业务指导，全面提高教育教学质量。开展教学联查“抓规范”。学期初，开展全县中小学教学联查，组织教研员深入课堂听评课，查看教学常规档案资料，参加校本及区域教研活动，重点对学校课程实施及教师备课、学生作业进行检查，全面掌握全县各学校及教师教育教学情况，有针对性进行指导，促进教学常规落实，提升学校管理水平和教学水平。全年下乡 70 余次，检查学校 60 余所，听课 520 节。开展教学技能评比“促提高”。组织小学语文教师素养测评暨讲故事比赛，初中英语、语文、地理优质课评比，语文、数学、英语、历史、地理、政治、物理、化学、生物九学科教学设计评比活动，提高教师对教材的理解、把握、驾驭课堂能力，夯实教师基本功。举办学生竞赛活动“助成长”。开展小学生科技小制作展评，中小学英语口语综合技能评比，四年级语文、五年级英语、六年级数学、八年级数学、八年级物理知识竞赛，九年级作文比赛活动，有 1000 名学生参赛，300 名学生获奖，150 名教师获指导奖，为学生成长搭建展示自我的舞台，促进教师专业技能提升。举行全县中小学生乒乓球、中小学生田径运动会、门球、足球、篮球、越野赛、单项赛多项体育赛事，提升学生身体素质，促进学生全面发展。参加各种业务竞赛“创佳绩”。在教育部中央电化教育馆举行的“一师一优课，一课一名师”活动中，荣获市级以上优质课 136 节。在河北省高中校本课程优质课评选中，1 名教师获省级一等奖，1 名教师获指导教师奖。在省市运动会和乒乓球、门球活动中，荣获团体和个人奖励。在廊坊市中小学综合实践活动、心理健康教育、校本课程、体育，初中政治、化学、数学、语文，高中地理、历史、信息、通用技术 11 个学科优质课评比活动中，先后有 42 名教师获优质课及指导奖。

【高中教育教学】 强化质量意识，抓好拔尖人才培养和特色高中建设，充分发挥香河县第一中学省级示范性高中龙头作用，牢固树立品牌意识，强化内部管理，不断增强发展潜力和整体实力，努力办成教育质量高、文化底蕴深、社会影响力大的特色优质学校，提升香河县教育知名度。

香河县第一中学坚持“以质量求生存，以严格管理谋发展，尊重个性，挖掘潜力，让每位学生走向成功”办学理念，强化科学管理，提高教师业务素质，坚持德育为先，推行励志教育，积极营造安全舒适的育人环境，经过不断努力，学校逐步走上“以德立校，科研兴校，质量强校，文化润校”内涵发展之路，一中品牌逐渐突显，步入全市先进行列，正在向全省名校进军。

香河县第三中学树立“普高加特色多元发展”办学宗旨，坚持优化办学条件和提升教育内涵相结合的发展思路，逐步深化内部管理体制，努力提高教育教学管理水平，扎实推进课程教学改革和校园文化建设，努力实现“学有所长、全面发展、品德高尚、理想远大”的培养目标，在同类学校中的核心竞争力持续增强，高考成绩实现历史性突破。

【职业教育教学】 香河县职业教育技术中心不断加大教师队伍培训力度。通过多种方式，走出去或请进来，将校内培训与校外培训、终身教育与素质提高相结合，提高广大教师的教学能力和教学水平，持续更新教师队伍的知识结构，全面提高教师队伍的综合素质。3 月，组织全体教职工开展全员“SCL”（以学生为中心教学法）培训，该教学法在全校逐步推广，效果显著。4 月，2 名教师参加河北省职教师资国培培训。5 月，全校 283 人次教师完成公需科目继续教育的报名、注册和学习。6 月，1 名教师参加河北省职业教育科学研究“十三五”规划 2017 年度课题立项评审会议。6—11 月，8 名教师参加河北省教育厅开展的 2018 年中等职业学校教师省级培训，95 名教师参加河北省中小学校及幼儿园教师全员远程培训。组织教师积极参与课题研究。14 名教师申报省级课题，5 名教师市级课题结题。8 名教师申报县级课题，其中 3 名教师课题立项。11 名教师参加河北省优秀课题成果评选和优秀教育科研成果评选，6 名教师成为河北省教师教育学会会员。2018 年，学校高考录取人数创历史新高。各类高考录取总人数 217 人，其中，被本科院校录取 3 人。

【教师继续教育教学】 依托基础教育教师培训网和河北省专业技术人员继续教育网，对全县 4000 余名中、小学和幼儿园教师开展全员网络远程培训 2 次。

【特殊教育教学】 秉承“一切为了孩子、为了孩子一切”的教育宗旨，践行“以爱育爱 自强不息”的办学理念，加强校园文化建设，努力改善办学条件，为学生成长打下坚实基础。在教学中渗透“爱”的教育，以中国传统节日及风俗习惯为主线，让他们在浓浓的爱中学会感恩。立足学校实际，积极争取资金新建“多功能康复教室”，以方便不同障碍学生康复训练，使每个学生都能在原有水平上得以不同程度的改善和提升。

【民办教育教学】 以“规范管理 提高质量”为中心，在持续改善办学条件的基础上，2018 年着重加强民办教育教学管理，特别是强化幼儿教育以游戏为主原则，去除小学化教学倾向。通过组织开展“幼儿一日活动”专题讲座，聘请专家为全县民办幼儿园园长和教师进行培训，促进幼儿教师更新教学理念，提高自身素质。年内，民办学校、民办幼儿园的 8 名教师被县政府评为县级优秀教师。

教师队伍

【概况】 全县各级各类学校有教职工 6298 人，其中，县直幼儿园 225 人、小学 2667 人（含附设幼儿班教师 397 人）、初中 1021 人、普通高中 688 人、职业高中 101 人、成人中等专业学校 47 人、特殊教育学校 12 人、民办教育机构 1537 人。全县各级各类学校教职工中，在编 4761 人，民办学校 1537 人，劳务派遣 543 人。全县各级各类学校教职工中，基础教育 6150 人，中等职业教育 148 人。

【学历结构】 幼儿园（不含附设幼儿班）专任教师 927 人（其中，民办园 729 人），均为高中阶段毕业及以上，学历达标率 100%；专科及以上学历 755 人，占 81.45%，研究生毕业 2 人。

小学专任教师 2685 人（含九年一贯制小学部 34 人）均为高中阶段毕业及以上，学历达标率 100%；专科及以上学历 2630 人，占 97.95%；本科及以上毕业 1661 人，占 61.86%；研究生毕业 25 人。

初中专任教师 948 人（含九年一贯制初中部 20 人），均为专科及以上学历，学历达标率 100%；本科及以上毕业 841 人，占 88.71%；研究生毕业 12 人。

高中专任教师 595 人，本科及以上毕业 591 人，学历达标率 99.33%；研究生毕业 71 人，占 11.93%。

职业高中 96 名专任教师，本科及以上毕业 94 人；研究生 1 人，占 1.04%。

成人中等专业学校 38 名专任教师，专科毕业 13 人，本科毕业 25 人。

香河县特殊教育学校有 11 名专任教师，高中阶段毕业 1 人，专科毕业 5 人，本科毕业 5 人。

【年龄性别结构】 幼儿园（不含附设幼儿班）专任教师 927 人（其中，民办园 729 人），24 岁及以下 243 人、25—29 岁 365 人、30—34 岁 192 人、35—39 岁 79 人、40—44 岁 30 人、45—49 岁 15 人、50—54 岁 3 人、55—59 岁及以上 0 人。

小学专任教师 2685 人（含九年一贯制小学部 34 人）24 岁及以下 209 人、25—29 岁 544 人、30—34 岁 183 人、35—39 岁 558 人、40—44 岁 501 人、45—49 岁 381 人、50—54 岁 260 人、55—59 岁及以上 49 人。

初中专任教师 948 人（含九年一贯制初中部 20 人）24 岁及以下 81 人、25—29 岁 95 人、30 至 34—43 人、35—39 岁 208 人、40—44 岁 311 人、45—49 岁 155 人、50—54 岁 49 人、55—59 岁及以上 6 人。

高中专任教师 595 人，24 岁及以下 14 人、25—29 岁 82 人、30—34 岁 58 人、35—39 岁 153 人、40—44 岁 151 人、45—49 岁 87 人、50—54 岁 50 人、55—59 岁及以上 0 人。

职业高中 96 名专任教师，29 岁及以下 2 人、30—34 岁 41 人、35—39 岁 28 人、40—44 岁 18 人、45—49 岁 7 人。

成人中等专业学校 38 名专任教师，29 岁及以下 1 人、35—39 岁 7 人、40—44 岁 10 人、45—49 岁 8 人、50—54 岁 12 人、55—59 岁及以上 0 人。

专任教师男女比例，幼儿园女教师占 99.14%、小学女教师占 85.59%、初中女教师占 67.83%、高中女教师占 69.92%、职业高中女教师占 68.75%、成人中等专业学校女教师占 97.37%、特殊学校女教师占 81.82%。

【职称结构】 幼儿园（不含附设幼儿班）专任教师 927 人（其中，民办园 729 人），高级教师 0 人、一级教师 22 人、二级教师 130 人、未定职级 775 人。

小学专任教师 2685 人（含九年一贯制小学部 34 人），高级教师 101 人、一级教师 1088 人、二级教师 1009 人、未定职级 487 人。

初中专任教师 948 人（含九年一贯制初中部 20 人）高级教师 239 人、一级教师 435 人、二级教师 159 人、未定职级 115 人。

高中专任教师 595 人，高级教师 155 人、一级教师 254 人、二级教师 130、未定职级 56 人。

职业高中 96 名专任教师，高级教师 40 人、一级教师 44 人、二级教师 12 人。

成人中等专业学校 38 名专任教师，高级教师 4 人、一级教师 31 人、二级教师 3 人。

特殊教育 11 名专任教师，高级教师 1 人、一级教师 5 人、二级教师 5 人。

基础设施与教育设备

【概况】 2018 年，加大基础设施建设，新建县直第三幼儿园、钳屯小学教学楼、整体翻建县第二中学西校区等19项工程竣工并投入使用；投资2717.3万元，购置教学设备。

【基础设施】 根据《廊坊市人民政府关于统筹推进县域内城乡义务教育一体化改革发展的实施意见》总体要求，积极协调财政、建设、规划、发改、国土等相关部门，破解教育重点工程“手续”难题，以更加强烈的责任心与紧迫感打好工程建设攻坚战。新建县直第三幼儿园、整体翻建第二中学西校区、钳屯小学新建教学楼、田贾庄小学平房改造、10所农村学校运动场改造等19项工程竣工并投入使用。第三中学新建综合楼、安平三小新建教学楼、店子务小学新建教学楼等11项工程加紧施工。第六中学新建食宿楼、雀林院小学新建教学楼、北岗子小学平房改造等11项工程办理前期相关手续，确保各项教育工程早日落地，让教育发展成果惠及于民。

香河县第三幼儿园、城内第三小学　（县教育局供稿）

改建后的香河第二中学西校区　（县教育局供稿）

【教育设备】 2018年，投资2717.3万元用于购置教育装备，主要包括计算机2458台、微机桌凳1000套、微机室布线22套、中小学图书14.3万册、实验仪器及音体美器材119649件套、课桌凳5000套、多媒体设备215套，并为新建的县第三幼儿园配齐玩教具及保教设备。

计算机房　（县教育局供稿）

宽敞明亮的现代化教室　（县教育局供稿）

名学生参赛。其中，140 名学生获奖，59 名教师评为优秀指导教师，12 个单位荣获团体奖。开展九年级作文、八年级数学、八年级物理知识竞赛活动，全县 230 名学生参加比赛，为学生搭建展示才华的平台，促进教师专业成长。

【英语口语综合技能评比】 6 月 12 日，组织开展全县小学高年级学生英语口语综合技能评比。有 140 余名师生参加观摩，55 名学生获奖，19 名教师评为优秀指导教师，4 个单位荣获团体奖。整个比赛过程异彩纷呈，服装、道具、背景、音乐、台词独具特色，很多创新元素得到观众认可，激发学生英语学习兴趣，扩大学生课外阅读量，提高英语口语表达能力。

【小学生科学制作展评】 12 月，县教育局组织全县小学生开展“创新 实践 快乐”科技小制作展评活动。各种废旧物品在学生们的精心打造下，变成学习用具、机器人、坦克模型等一件件实用而有价值的作品，令评委折服。这些五彩缤纷的作品不仅造型美观，而且充分体现“科技与环保”的有机结合，具有科学性和观赏性，也凝聚着小学生的智慧和心血，流露出小学生对科学知识的渴望和追求。通过开展此次活动，丰富小学生的课余生活，激发从小爱科学、学科学的热情，培养勇于探究、勇于创新、勇于实践的科学素养。

【2018 年中小学田径运动会】 4 月 26—27 日，在香河县第一中学举行全县中小学生田径运动会。县委、县政府、县人大、县政协四大班子领导，县直有关单位负责人、县教育局领导班子全体成员及各校领队出席开幕式。高中女子组铅球和高中男子组 100 米 2 项运动项目打破香河县最高田径记录。

法制安全及信访工作

【概况】 2018 年，全面加强教育系统法制安全管理和信访维稳。强化各项法制安全制度的落实，确保全县教育系统法制安全，积极妥善化解各类矛盾纠纷，确保全县教育系统和谐稳定。

【教育系统法制安全管理】 强化制度落实。建立健全安全隐患网络平台录入、来客检查登记、校园及周边巡查、大型活动申报、交通安全、应急值守及安全工作痕迹化管理系列制度，全面强化安全工作过程管理。强化隐患排查。寒暑假、学期开学初，组织人员对全县中小学幼儿园开展 4 次“拉网式”安全隐患排查，发现安全隐患 70 余处，全部整改到位。协调县公安、食药监、安监、消防部门，对校园及周边环境开展专项整治，排查隐患 27 处，摸排接送学生车辆 20 余台，摸排小餐桌 112 家。强化宣传教育。充分利用开学第一课、“安全生产月”等重要节点，加强安全常识教育，开展各种应急疏散演练，提高学生安全素质和逃生能力。开展宪法宣传及宪法进校园活动，聘请专家及“木兰有约”宣讲团开展校园安全及反虐童教育培训活动，全县中层以上管理干部、幼教干部 220 余人参加此项活动。通过家长会、平安校园 APP 平台及致家长一封信等形式，向家长进行安全教育，增强广大家长的安全意识和防范能力。针对拒乘黑校车和无安全保障车辆、不把孩子放到无证小餐桌托管、扫黑除恶，发放《致学生家长一封信》10 万份。

【信访维稳】 积极妥善化解各类矛盾纠纷，确保全县教育系统和谐稳定。针对群众反映的问题，进行深入调查，按规定及时进行反馈。2018 年，全县教育系统受理群众来电来访 38 件，妥善处理 37 件，结案率 97.4%，得到群众支持和理解，提升了教育系统社会声誉。

教育成果

【概况】 2018年，县直第三幼儿园、县第二中学西校区、改造后的大罗屯小学投入使用，钳屯小学新建教学楼、田贾庄小学平房改造等19项工程竣工并投入使用，城乡办学条件得到极大改善。面向全国公开招录588名优秀大学毕业生，优化教育队伍结构，表彰103名优秀教师、9名教育工作者和50名师德标兵。对县第一中学、第七中学等6个单位及农村学校从教30年以上在岗教师、从教10年以上优秀教师给予一次性表彰奖励，教师工作积极性明显增强。通过新建、改扩建学校增加学位和招聘新教师举措，增加学校供给量，秋季入学，起始年级严格按照省定标准设班，“大班额”问题得到有效解决。深化“通武廊”三地教育交流与合作，积极与京津市区教委对接，通州区1名校长挂职局长助理，选派14名骨干中小学校长赴京津进行跟岗培训，提升校长的管理能力与水平。发放扶贫资金288.8万元，惠及学生3292人次，教育扶贫实现全覆盖。第一中学本科一批上线人数901人，上线率64.2%，景雪娜同学夺得廊坊市文科第一名，冉光权同学荣获廊坊市理科第三名并被北京大学录取。县第三中学实现近年来最好水平，本科上线249人，上线率52.6%，刘杉杉同学被北京电影学院录取，全县教学质量再创新高。

【学前教育办学水平全面提升】 7所农村小学附设幼儿园晋级为河北省农村示范性幼儿园，5所农村小学附设幼儿园晋级为河北省农村一类园。2018年，全县有1所幼儿园达到省级城市示范性幼儿园，1所幼儿园省级城市一类园标准，35所附设幼儿班达到省级农村示范性幼儿园，20所附设幼儿班达到省级农村一类园，11所附设幼儿班达到省级农村二类园（含3个教学点）标准。

【第34届河北省青少年科技创新大赛】 第34届河北省青少年科技创新大赛中，香河县代表队荣获青少年竞赛项目一等奖3项，二等奖5项，三等奖8项。青少年科技创意竞赛项目二等奖2项，三等奖1项；优秀科学幻想画一等奖3项，二等奖9项，三等奖2项。第一中学获得“十佳科技创新学校”称号。

【2项省级课题立项】 第一中学教师赵艳红主持的课题《基于STEAM理念的高中生物教学中核心素养培养途径及提升对策研究》成功立项为省级一般资助课题。城内第一小学副校长朱凤艳主持的一般课题《整本书阅读与部编版小学语文教材整合研究》，以全市排名第一的成绩进入省级课题评选，成功立项。

【河北省评优课暨教师基本功大赛】 在河北省体育评优课暨教师基本功大赛活动中，教师顾天保获得小学组授课一等奖，综合技能二等奖，被推荐代表省参加国家级优课评比。高中组教师陈光获得两项二等奖。

【京津冀体育文化跨年嘉年华活动】 12月底，雄安新区首届京津冀体育文化跨年嘉年华活动，香河第三中学健美操队取得高中组全民操舞校园青春操特等奖、啦啦操第一名、竞技健美操女子三人组第一名、竞技健美操混合五人组第二名的好成绩。

【体育比赛】 7月，廊坊市门球比赛活动中，香河县代表队分别荣获三个组别的第一名、第二名、第三名。12月，在廊坊市第十四届中学生运动会乒乓球比赛活动中，香河县代表队荣获初中组团体第二名、高中组团体第四名，高中男子单打第一名、初中男子单打第二名及初中女子单打第三名的优异成绩。

【19 名教师荣获省市级荣誉】 张春海、李晓红被评为“河北省优秀乡村教师”；朱凤艳、米振杰被授予“河北省中小学和幼儿园骨干教师”称号；李国彬、邢海红、米振杰、冯明月、马静芸、杨君、金秀荣 7 名教师被评为“廊坊市中小学学科名师”；刘勇军、刘振亮、李志旭、郝春波、赵春霞、陈红月、李莉、李洪艳 8 名教师被评为“廊坊市师德标兵”。

【中考成绩】 2018 年，香河县中考报名人数 2911 人，比上年减少 133 人。县第一中学计划录取统招生 170 人，实录 174 人，分数线 538 分；计划录取指标生 680 人，实录 678 人，最低控制线 438 分。县第三中学录取分数线为 372 分，职教中心录取分数线为 255 分。

【高考】 2018 年，全县高考报名 2337 人，4 月份高职单招提前录取 419 人，参加 6 月份普通高考人数为 1918 人，比上年增加 30 人。理工类考生 1226 人，文史类考生 689 人，对口类考生 3 人。本、专科录取考生 2075 人，高考总录取率 88.8%。其中，本科层次录取考生 1269 人，600 分以上考生 90 人，被重点大学录取考生 66 人，县第一中学冉光权同学被北京大学录取。

（赵默然）

河北省香河县第一中学

【概况】 河北省香河县第一中学始建于 1940 年，是河北省示范性普通高中、省级重点中学、中华绿色名校。学校新校区占地 15.67 公顷（235 亩），总建筑面积 7.2 万平方米。2018 年，有教学班 73 个，学生 4401 名，在岗教师 444 名（其中，正高级教师 1 名，副高级教师 143 名，省特级教师 4 名，省级骨干教师 6 名，研究生学历 53 名），教育教学设施具有多媒体教学设备、计算机教室、电子备课室、校园网、天文观象台、理化生实验室、通用技术专用教室、图书馆。2018 年高考，景雪娜夺得廊坊市文科状元，冉光权获得廊坊市

香河一中图书馆　（石燕华摄）

香河一中教学楼　（石燕华摄）

香河一中 2016 级学生成人典礼 （县融媒体中心供稿）

香河一中艺术楼 （石燕华摄）

理科榜眼。高考总分 600 分以上 106 人。本一上线人数 901 人，比 2017 年 819 人增加 82 人，本一上线率 64.20%。

【教育教学管理】 高一年级不断探索、学习新课程理念，发挥集体智慧和备课组长引领作用，重视对青年教师爱岗敬业思想和业务水平培养。高二年级继续实施“问题导学、小组合作”的教学模式，教学突出学生主体地位，培养学生探究、创新能力。组建精英班，实行流动性管理。提高学生竞争意识和危机意识，让学生在合作、竞争中不断提高自身素质和知识水平。高三年级开展高考研讨活动，研究高考试题及命题动向，抓实教学环节，提高专题复习课和试题讲评课的课堂效率，细化复习指导。

细化教学常规管理。注重抓好教师备课、上课、作业这三个中心教学环节，严格检查教师教案、听课、上课、作业批改、集体备课情况。

加强教研组、备课组建设。强化组风建设，营造积极向上、钻研业务的教研氛围。细化集体备课，对本周的新课研究教学重点、教学难点、易混点，安排教学过程时重视知识与能力的形成过程、师生互动设计、板书设计、多媒体使用计划、学法指导。

开展各种赛课活动，提高教学质量。各年级根据教学侧重点举行不同类型公开课活动，教科处组织近三年参加工作的青年教师板书大赛、说课大赛，赛后进行表彰和经验交流。组织教师网上晒课，举办“一课一优师”活动。

采取“请进来、走出去”的方法开展多种培训活动，邀请专家到校讲学，抓住机遇派教师外出学习、研讨，吸纳先进教育教学经验。与相阳鸿儒教育集团合作，着力进行教师培训和尖子生培养，引领接受新思想、提升专业水平、更新教育理念。与北大博雅闻道考试与评价技术研究院合作，建立奥赛研究中心基地。组织生涯规划教育及自主招生专题讲座活动。重视对青年教师的培养，开展以老带新拜师活动，青年教师与优秀教师签订师徒协议。重视对青年教师爱岗敬业、无私奉献、教学水平和教育能力培养。

开展先进集体和个人评选，调动全体教师走学者型发展道路。开展学科带头人学术讲座，每个学科带头人，自选课题、内容，进行一场讲座，深入教学研究，引领教师成长。开展“我最喜爱的老师”“师德标兵”“优秀班主任”“服务标兵”“优秀教研组长”“优秀备课组长”评选活动。

加强对学案编制、作业题编拟、自助餐试题选题、周考命题、月考命题、课件制作、考试分析工作的指导、监管。教科处及时收集各年级周考、月考、联考、统考各类试卷和试卷分析，整理、存档，丰富教育教学资源。

抓好体育教学，实施“目标—分层—导学”的分层教学分类指导模式。田径队、体操队、篮球队、橄榄球队的训练，安排严谨，指导科学。

【“激励式”教育】 本着“成才先成人”理念、教好每一名学生的信念，狠抓学生高尚、文明行为的强制与教化，让学生在提升个人修为中获取成长成熟的快乐。高一年级，开展文明习惯养成教育、时间管理教育，抓学风、考风建设，通过励志宣誓、印发励志类心理辅导类文章、母亲节主题班会和板报的形式，对学生进行感恩教育和理想教育。高二年级以师德建设促学生德育教育，强调教书先育人，充分利用各种场合教育学生讲礼貌、讲诚信、讲贡献、尊重他人、自尊自爱、爱校爱家。抓纪律促学习，加强励志激励教育，坚持每天早晨宣誓或读励志信活动。高三年级时刻把目标教育与励志教育贯穿在备考的每一个阶段中，每周印发励志文章，班级利用班会进行励志教育，班主任精选励志文章鼓舞学生。做好高考专题考试技巧宣传，定期介绍备考的心理调节。

香河一中操场一角　　（石燕华摄）

香河一中校园一角　　（石燕华摄）

【后勤服务保障】 构建优质高效的行政后勤服务系统，为师生服务，为教学中心服务。总务处的工作重点是建设“平安校园”。定期对校内用电设施进行安全大检查，确保学校健身器械、运动场地及建筑物设施安全。完善学校食堂、超市管理，为食堂、超市安装电磁门禁系统。完成体育馆建设工程立项及设计、勘察的公开招标工作。发扬模范职工小家优良作风，为教职工家庭维修 126 次。学校办公室及时整理各处室《每周工作日志》，学校各项工作有序进行，提高报送信息质量。利用香河一中微信平台，及时对外宣传学校大型活动举办情况和学校管理亮点工作。政教处加强法制、消防安全工作排查检查力度，以及教师考勤管理常规检查通报工作，落实班级量化考核，完善德育教育体系。两个学期共进行安全讲座 8 次，疏散演练 4 次，主题班会 2 次。信息处做好录播教室的使用维护工作，保障学校一切电教设备高效运转。教务处严格管理学籍，做好月考、大型考试的安排准备工作、学生评教常规性工作。宿管办加强对宿舍、教学楼、校园卫生的检查管理，严格执行作息纪律，保障学生休息时间，营造良好休息环境。

【科学教研，决胜高考】 教学方面，坚持阶段备考。通过专题讲评课避免就题论题低效行为，做到精讲精练，讲练结合。辅导补差做到“三补五多”（补态度、补方法、补知识；课堂多提问，课后多辅导，平时多谈心，练习多面批，方法多指导）。定期对学生进行辅导、全程跟踪；分类培养、分层推进。培养尖子生、扶弱特长生。对名生建立成绩档案，充分挖掘学习潜力；为在专业测试合格后的特长生制定文化课学习方案和目标，确保文化课成绩上线。强化管理，向管理要成绩。明确分工、明晰目标，做到人人有职责，事事有人管。加大各项制度检查力度，做到时时有人查，事事有落实。开展各种评优、评先活动，表扬先进、鞭策落后。注重思想引领，激发学习动力。成功举办以“我用拼搏成就未来”为主题的冲刺高考宣誓动员班会、高考百日誓师活动，开展班级之间学习挑战赛活动，进行班主任每天早晨 5 分钟的励志教育活动。强化对学生心理辅导，每周班主任都以不同形式解决学生思想、情绪问题，定期安排心理教师做心理专题讲座。

【获得荣誉】 2018 年，被廊坊市委授予“廊坊市先进基层党组织”称号，被廊坊市教育局授予“廊坊市学校安全工作先进单位”称号，被县委、县政府授予“优秀领导班子”“2018 年度教学质量先进集体”称号。校橄榄球队获得河北省青少年橄榄球锦标赛男子组第二名，首届“曹锡璜杯”国际青年七人制橄榄球赛盘级亚军。“语文报杯”全国中学生作文大赛中，17 人获得国家级奖励，193 人获得省级以上奖励。全国中学生生物学联赛，5 名学生入围国家级二、三等奖。全国中学生基础知识与创新能力大赛中，68 名学生分别获得省级一、二、三等奖。

（赵默然）

香河县教师进修学校

【概况】 香河县教师进修学校位于香河县淑阳大街 82 号，是一所隶属于县委、县政府的中等专业学校。总占地面积 1.25 公顷（18.8 亩），在编在岗教职员工 52 人，专任教师 45 人，其中，本科学历 43 人，专科学历 9 人；高级职称 11 人中级职称 30 人，助理级职称 4 人。主要担任全县中小学教师继续教育工作，开展中小学教师继续教育科目培训、科任教师培训、骨干教师培训师德培训、学历提高培训，对新上岗教师、非师范类毕业生、新任小学校长进行上岗培训。

【基础设施建设】 2018 年，有集办公、教研教学于一体的综合楼 1 栋；有 10 个标准教室，其中，普通教室 2 个，微格实验室、专用语音教室、综合实验教室、音乐教室、美术教室、图书资料室、微机室、档案室各 1 个，能同时开展 350 人以上的培训。网络系统能够实施网络教学。图书室藏书 8500 余册，各类报刊 74 种，音像资料总量 1300 小时。

科学技术

责任编辑　刘士刚

综　述

2018 年，香河县新增河北省中小科技企业 121 家，占任务的 142.35%，超额完成廊坊市下达的 85 家的任务目标。气象依法行政工作经市级考核，名列第一；申报年度决策气象服务资料，全省评比获三等奖。地震监测通过市级验收。

科技管理

【概况】 香河县有科技型中小企业 638 家，科技小巨人企业 25 家、高新技术企业 46 家、市级以上研发机构 44 家，市级以上科技企业孵化器 3 家、市级以上众创空间 4 家，市级企业技术研发中心 41 家；市级重点企业研究室 1 家、市级企业研究院 1 家、省院士工作站 1 家、国家级众创空间 1 家。香河机器人小镇中的河北百纳信达科技有限公司完成的“基于 A5 平台的物联网系统开发及应用项目”获得全省科技进步三等奖。成功认定两家廊坊市科普基地，分别是“乐农美联无公害蔬菜科普培植基地”“香河机器人小镇科普基地”。是年，香河县新增市级高新技术企业 22 家，新增市级以上研发机构 5 家，新增市级企业技术研发中心 5 家，新增省级科技企业孵化器 1 家，新增市级众创空间 1 家。

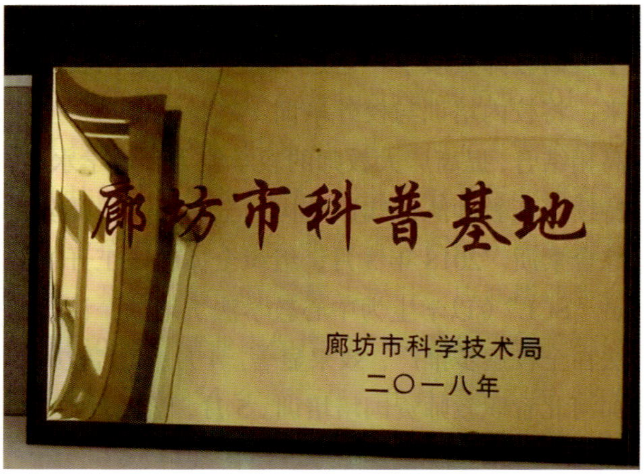

香河机器人小镇荣获“廊坊市科普基地”称号

【专利申请与知识产权】 2018 年，香河县落实国家、省、市各级知识产权优惠政策，面向全社会广泛开展专利申请和知识产权保护宣传工作，引导鼓励发明创造和自主创新。截至年底，全县专利授权 228 件，其中，发明专利 6 件；专利申请 357 件，其中，发明专利 35 件；万人发明专利拥有量为 2.77 件。

【申报市级企业技术研发中心】 2018 年，推荐 5 家企业技术研发中心申报市级企业技术研发中心。分别是香河皓达机器人谐波减速器制造有限公司、河北飞图机器人科技有限公司、河北百纳信达科技有限公司、潮盟网络科技（香河）有限公司、香河海春机械设备有限公司。

【院士工作站建设】 以华北致冷设备公司搬迁新址为契机，提升香河华北致冷设备有限公司周远院士工作站建设水平，加速斯特林制冷机项目研发转化；深入 3D 打印产业园进行沟通对接，提前做好卢秉恒院士工作站申报准备工作。

卢秉恒院士团队讨论会 （智能制造产业园供稿）

【创新创业平台建设】 2018 年，香河县不断壮大创新创业平台，新增省级科技企业孵化器 1 家，即国安创客投资有限公司运营的中信国安孵化器。新增市级众创空间 1 家，即太库（香河）科技孵化器有限公司运营的香河人工智能产业众创空间。新增市级产业技术创新联盟 1 家，即由河北绿农检测技术服务有限公司承担的“廊坊市食品安全检测技术创新联盟”。

【科技项目研究立项】 2018 年，全县申报医疗卫生类廊坊市自筹经费科技项目 4 项。其中，县中医医院 2 项，即《维生素 B6 治疗肛肠手术椎管内麻醉术后恶心呕吐的疗效研究》和《老年维生素 D3 缺乏性骨质疏松治疗后骨小梁变化研究》。县人民医院 2 项，即《头颈部局部岛状皮瓣的临床应用研究》和《京津及周边地区 20—50 岁女性 HPV 感染情况及各型核酸载量分析研究》。

【科技项目验收】 2018 年，完成科技项目验收 4 项。其中，农业项目 2 项，即香河县桑梓乐园蔬菜产销专业合作社与中国农业大学共同承担的《设施蔬菜新品种引进与示范》项目、香河百运达食用菌种植园与廊坊职业技术学院共同承担的《设施香菇种植技术集成与示范》项目。医疗项目 2 项，即《醒脑静联合还原型谷胱甘肽治疗苯二氮卓类药物中毒临床研究》与《方块缝合联合卡前列素氨丁三醇治疗剖宫产术中子宫下段出血的疗效研究》。

【科普宣传】 结合香河县实际情况，梳理国家、省、市科技创新相关政策，选编印制《科技创新政策汇编》《科技创新要素汇编》各 1200 册，陆续发往各企业。9 月，在香河新城广场开展主题为“创新引领时代，智慧点亮生活”科普宣传活动。

【科技培训】 2018 年，组织开展包括高新技术企业培训、科技型中小企业“双提升”培训、知

香河县科技创新重点企业上市培训在机器人小镇举办（智能制造产业园供稿）

识产权培训、科技创新重点企业上市培训、“质量管理能力提升”主题培训及技术合同认定登记政策培训等各类培训活动 8 场次。活动涉及科技型企业 100 家，发放培训宣传资料 400 份。通过培训，为企业解决知识政策盲点问题，也为企业经营管理及未来发展提供指导。

香河县科技创新服务平台启动仪式　（县工业和信息化局供稿）

【科技创新服务平台】 2018 年，创建香河县科技创新服务平台，并于 10 月份启动运行。这是全市首家县级科技创新服务平台。该平台由线上网络信息云平台和线下公共服务中心两部分组成。

（路凤彦）

气　象

【概况】 香河县气象局是香河县人民政府主管的气象职能部门，业务受廊坊市气象局指导。现有工作人员 6 名，其中，参公 4 人，副高职 1 名，工程师 1 名，大专以上学历占 100%。2018 年，气象工作在廊坊市依法行政考核中获一等奖；申报的年度决策气象服务材料，在全省评比中获三等奖。

【气象设施升级】 2018 年，香河国设气象观测站、各镇气象观测站运行正常，观测资料数据传输及时有效。按照县级综合气象业务提升方案，强化日常业务学习，提高整体业务技能，提高业务竞赛水平，局站分离远程观测模式运行良好。3 月 10 日，业务楼建设复工。10 月 13 日，业务楼整体竣工。12 月 17 日，完成规划局竣工核实。全县 9 个镇实现气象观测站、气象信息服务站全覆盖，按照政府采购程序完成 4 套区域自动气象站升级改造。

【公共气象服务】 制定《香河县气象局 2018 年决策气象服务周年方案》。做好汛期以及重大性、灾害性、转折性天气过程的气象服务，根据天气情况及时制作相关服务材料报送县委、县政府、县人大、县政协领导和各相关单位。报送雨情信息 28 期，预警信号 92 期，气候评价 12 期、环境气象周报 46 期及其他信息 299 期。针对大气污染防治，制作环境气象扩散条件预报，开展重污染过程气象条件分析，加强与县环保、PM2.5 专家组会商，做好大气污染应急预警工作。香河县申报的年度决策气象服务材料，在全省评比中获得三等奖。

【全方位防灾减灾】 加强气象信息员队伍建设，提升重特大气象灾害应对能力，5 月，对全县气象信息员信息进行核实和更新。10 月，召开全县气象信息员培训会议，就香河天气概况、常见气象灾害种类、气象灾害预警知识，以及信息员职能进行培训，推广应用全国智慧气象信息员平台。召开气象灾害防御指挥部会议两次，气象灾害防御指挥部及办公室发文 20 期，建立“香河县气象灾害防御工作微信群”推进气象防灾减灾管理。完善“政府主导、部门联动、社会参与”的气象防灾减灾工作机制，民众社会防灾减灾能力和防灾避险意识明显增强。汛前，及时向社会发布《防雷安全管理告知书》《关于开展防雷安全检查的通知》，组建“香河县气象安全生产管理微信群”开展安全生产检查，贯彻落实市气象局、县政府深化安全生产大排查大整治精神，检查企业 75 家，整改隐患 21 处。全年开展行政执法检查活动 2 次，及时更新、做好政务公开，公布公共气象服务白皮书；提升依法行政能力，在廊坊市各县年度依法行政专项考核中，香河县位列第一。

【农业气象服务】 建立完善农业气象服务体系，加强对气象为农服务的组织领导，加大对气象为农服务的资金投入，出台有利于气象为农服务的政策措施，形成强大的气象为农服务规模效应。开展气象防灾减灾标准化建设。推进突发灾害性天气预警服务，加强气象灾害风险普查，编制乡镇主要气象灾害风险地图，开展精细化农业气候区划及农业气象灾害风险区划，气象防灾减灾工作纳入政府绩效考核。申报安平镇气象灾害防御标准化乡镇。发展直通式智慧化农业气象服务。6 月 28 日，召开县农业、气象专家联盟会议，收集、更新香河县农民合作社、专业大户，以及政府与有关部门生产决策者重点服务对象信息，制定农业气象服务方案；组建“香河县农业气象专家联盟微信群”，推进特色农业气象服务。

【科普宣传】 提高公众防灾减灾意识和能力，保障经济建设和社会安定与健康发展，广泛利用“3 · 23”世界气象日、“5 · 12”防震减灾日、安全月、科技周、“12 · 4”宪法宣传日开展科普和法律宣传，气象宣传发表《中国气象报》1 篇，CMA 网 2 篇，《廊坊都市报》2 篇；紧跟重大灾害性天气过程，充分利用新媒体做好科普解读，河北经济电视台、廊坊电视台、香河电视台就气象服务工作进行 5 期新闻报道。

（赵春森）

地震监测

【概况】 2018 年，香河县地震监测工作设有一个股室，隶属香河县住建局，有工作人员 4 人。是年，地震监测重点从“法制抗震防灾、地震知识宣传培训、地震设施维护”方面展开工作，地震监测正常运转，通过廊坊市市级验收。

【依法防震抗灾】 香河县防震减灾管理办法规定，不经过县级地震主管部门批准的建设工程，一律不予发放规划许可证和施工许可证。做好五代中国地震动参数的贯彻落实，不符合新抗规的项目一律不予审批，确保新建、改建、扩建工程达到抗震设防要求。2018 年，教育系统新增改造危房面积 2 万平方米，涉及学校 5 所，改造后的校舍抗震设防烈度为 8 度，抗震构造措施 9 度，符合本地区中小学建设标准。

是年，香河县坚决贯彻实施防震减灾法律法规，坚持依法办事，建有 3 人地震工作执法队，执法人员全部持执法证书上岗。香河县股级干部培训课程中，设有防震减灾课程，推动防震减灾知识传播。

【地震监测基础设施建设】 2018 年 9 月，地震前兆观测台站招投标工作完成，确定中标单位，项目进行合同洽商。维修安头屯地震台站内墙砖，更换部分门窗，台站外墙安装宣传橱窗，协助河北省地震局，对五百户和安头屯地震强震台的测震仪进行更换。对地震应急避难场所进行维护，更换县委广场和新城广场避难场所陈旧标识，改建完成香城郦舍小区地震应急避难场所。

【防震减灾宣传和培训】 5月9日上午，地震办人员在县委广场进行防震减灾街头宣传活动，活动主题为“5·12汶川地震十周年 铭记灾难 提高防灾减灾意识”。活动摆放大型展板14块，通过发放印有防震减灾内容的彩色传单、临时停车牌、卡包、开瓶器钥匙扣等物品，组织群众观看展板内容，解答群众问题。活动涉及群众800人，解答群众问题300个，发放宣传品和宣传画册500份。是日上午，举行“香河县住房和城乡建设局地震科普知识讲座”，邀请中国地震局工程力学研究所研究员、博士生导师、结构工程研究室主任、防灾科技学院防灾工程系主任、教授郭迅到香河县讲授地震科普知识，丰富地震工作者的抗震减灾知识。5月9日下午，召开“香河县住房和城乡建设局建筑减隔震技术培训会”，全县所有在建项目建设单位和施工单位相关技术人员参加会议。会议邀请中国地震局工程力学研究所研究员、博士何雄科对减隔震技术进行详细讲解，为建筑抗震领域新技术推广工作提供技术支持。参加此次培训活动的建设单位84个，参会人员110人。5月10日上午，在县永胜路第四小学和第二幼儿园门前，举行街头宣传活动，面向接送孩子的家长，发放防震减灾宣传彩色传单、购物袋、围裙等，涉及人群1000人，解答群众问题400个，发放宣传品和宣传画册600份。

【防震减灾应急演练】 5月10日上午，在香河城内第四小学举行“香河县城内第四小学地震应急疏散演练”。通过模拟地震来袭，进行室内应急避险和疏散演练，让学生们熟悉地震应急疏散的全过程，提高小学生的地震应急能力。

【防震减灾资金保障】 香河县防震减灾工作专项经费列入全县财政预算，包括“地震前兆观测台站”项目资金、“地震宣传费”“地震应急避难场所建设费”“地震宏观观测点建设费”，资金做到专款专用。2018年，拨付地震专项资金6.13万元。

【防震减灾组织保障】 香河县抗震救灾指挥体系健全，防震减灾工作领导小组办公室设在县政府，抗震救灾指挥部成员单位和人员发生变动时，由县政府负责更新相关信息。防震减灾工作由县政府列入各单位年度考核内容，确保相关单位防震减灾工作落到实处。

（魏莹洁）

文化 体育 旅游

责任编辑 刘士刚

综 述

2018年，香河县坚定社会主义文化自信，推动文化事业和文化产业的发展，加强意识形态阵地管控和文化惠民政策的落实，着眼于群众文化群众办，文化文艺队伍下基层，植根于基层百姓之中，促进文化事业的繁荣。县文化馆升级改造完工，文化艺术中心整体运营，文化惠民演出200场。全县300个村街更新配备图书40200册。县文联编辑整理完成《小说、散文精选》(香河卷)，该书收录香河县10余名作家作品50余篇，被中国图书馆收藏。《香河年鉴(2017)》荣获第五届全国地方志优秀成果二等奖，《香河年鉴(2018)》由方志出版社出版。档案管理完成全县建档单位2017年度档案接续工作，全县立档单位合格率95%以上。广播电视台坚持正能量宣传导向，电视台播出稿件1300条，其中，省市台以上播出稿件477篇；电台安全播出6570小时，广播电视工作在省、市、县均有获奖。是年，香河县继续深入推进全民健身活动，落实《香河县全民健身实施计划(2016—2020)》。体育赛事不断，体育设施实现农村、社区全覆盖。是年，香河县全域旅游迈出坚实步伐，荣获2018年度《中国国家旅游》最佳休闲旅游目的地称号。全年接待游客483万人次，同比增长34.5%，实现旅游收入22.84亿元，同比增长38.45%。

文化广电新闻出版

【概况】 香河县文化广电新闻出版（版权）局(简称县文广新局)，设有办公室、文化股、文化体育市场股、广播电影电视管理股、文物管理股和体育股6个股室，下辖香河县文化市场行政执法队、香河县文化馆、香河县图书馆3个事业单位。2018年，中国国家画院副院长、书画家增来德作品展藏馆建成，县文化馆升级改造完工，文化艺术中心整体运营。前店子二期(A区)项目15号楼辽代砖窑挖掘清理，为研究古代香河历史沿革、社会经济发展状况提供了珍贵资料。香河县图书馆获评国家二级图书馆。非遗项目—金银细工项目，在第五届中国非遗博览管理机构会上，被评为传统工艺金属锻造(银器、铜器)项目一等奖。安平镇运河新村农家书屋，被国家广电总局评为全国优秀农家书屋。蒋辛屯镇北吴村农家书屋管理员王学明，被国家新闻广电总局评为全国优秀农家书屋图书管理员。

香河县代表队参加廊坊市跆拳道青少年锦标赛，获男子团体第一名、女子团体第三名。香河县承办廊坊市第四十五届钓鱼比赛，香河代表队获团体冠军。

【全民阅读】 2018年，香河县300个村街更新、配备农家书屋图书40200册，完善图书贴签上架。在老树客栈成功举办“我的书屋我的梦—2018年香河县践行中共十九大精神读书朗诵大会”。“4·23”世界读书日期间，县图书馆举办提倡绿色阅读、文明上网、“护苗2018绿书签”活动，为进馆读者发放绿书签100余张。年内，举办“悦读香河文化行走—书香香河惠民阅读推广系列活动”。

【戏曲文化传承】 香河县重新编演评剧《江姐》行路一场，邀请国家著名评剧表演艺术家刘淑琴、琴师崔东坡为艺术指导，从原县评剧团选出10名艺术工作者，经过3个月排练，评剧《江姐》行路一场，在第五届京津廊评剧戏曲大赛总决赛中，总分第一，获十佳演唱奖、优秀剧目奖、最佳导演奖、优秀伴奏奖4项大奖。

【文化惠民演出】 推动文化进企业、进农村、进机关、进校园、进社区、进网站，文化惠民演出200场。其中，举办大型惠民广场演出18场，专题性演出（庆祝建党97周年暨“幸福美丽新香河大家唱”开幕式演出、军民鱼水情庆“八一”主题文艺演出、“天涯共此时”庆中秋文艺晚会、“祖国在我心中”欢庆国庆文艺晚会、“走向辉煌”庆祝改革开放40周年暨第七届环卫工人专场文艺晚会）5场，一般性演出177场。

【文物保护】 制作文物保护宣传画，举办“文化和自然”宣传活动，宣传《中华人民共和国文物保护法》《河北省文物保护管理条例》等文物法律法规知识，增强群众文物保护意识。在安运桥和王家摆桥两侧，各安装一块运河保护标志，运河沿线安装10块运河保护界桩。宝庆寺正殿抢修工程7月顺利完工。5月31日至6月3日，香河县城东南前店子村发现一座辽代砖窑，砖窑位于县城新开街道办前店子二期（A区）15号工地，施工中发现地上有散落青砖，地下有青色平台硬物。县文广新局会同廊坊市文物处专家进行勘探，现场清理出2座辽代砖窑，对砖窑进行测量拍照，收取4块残砖。此次发掘填补了香河县砖窑历史空白。联系国家遗产院完善《全国重点文物保护单位北运河香河段生态综合整治PPP项目文物影响评估报告》，8月，国家文物局出具《国家文物局关于大运河北运河香河段生态综合整治PPP项目的意见》。

【非物质文化遗产工作】 申报第六批市级非遗项目10项，其中，传统美术3项、传统医药3项、传统体育游艺2项、传统技艺2项。举办“文化和自然遗产日”宣传活动进校园，香河中幡、通臂拳、剪纸和10余位非物质文化遗产传承人现场

非物质文化遗产——香河中幡　（县文化广电和旅游局供稿）

展演，与学校数百名师生进行亲密接触，让师生近距离感受香河“非遗”独特的文化魅力，把香河本土“非遗”文化融入学校教育和学生课余生活，助力传承香河非遗文化。组织香河县剪纸、篆刻、武术、肉饼、通臂拳、金银细工非遗项目，参加第五届中国非遗博览会传统工艺比赛，其中，金银细工项目获得第五届中国非遗博览会传统工艺金属锻造（银器、铜器）项目一等奖。

【大运河文化】 大运河研究会，注册“香河大运河文化研究会”微信公众号，利用移动互联网传播大运河文化。整理发布《香河花会——大运河滋养的民俗文化精粹》《运河史话——昔日繁华的王家摆码头夜市》《运河史话——乾隆时为何在香河修座“金门闸”》等大运河文化相关文章12篇。完成香河大运河文史资料专辑《古运流香》编撰工作，启动由大运河沿线8省市联合举办的“我身边的运河故事”香河地区主题征集活动。完成香河大运河文化云名片（香河大运河文化移动互联网传播云平台）开发工作，拟建设大运河文化数据库，通过VR全景技术、虚拟现实技术、LBS定位技术、移动互联网技术，搭建一个基于移动端的文字、图片、全景、语音、视频全覆盖的轻应用平台，以文化+科技手段，传播香河大运河文化、助力大运河文化带建设。策划举办“千年文脉 大运怀淑”2018香河大运河文化节，开展图书发行、书画联展、主题摄影、文化讲堂、朗诵读会、非遗创意、电影放映等以运河为主题的文化活动。

【文化市场管理】 组织开展企业年检。全县78家印刷企业（出版物6家，其他印刷品12家，包装装潢59家，排版制版1家）按时申报年检材料，两家包装装潢企业申请终止印刷经营活动，申报年检企业全部顺利通过年检。制定2018年度监管工作实施方案和2018年抽查计划，更新市场主体名录库和执法人员名录库，完善随机抽查其他行政执法事项清单18项、随机抽查市场监管执法事项清单19项，开展随机抽查3次，并在“香河县人民政府”网公开抽查结果。深化“放管服”改革，对照《“放管服”改革不到位问题清理整改“回头看”工作方案》，对县文广新局2017年“放管服”改革不到位问题、专项行动中发现的8个问题整改情况进行全面检查，重点检查专项行动中发现问题的整改情况，坚决纠正和查处清理不深入、整改不认真、解决问题不彻底，制度建设不到位问题。

【安全生产】 按照“管行业必须管生产”的原则，以控制重大事故、杜绝一般事故为主线，抓好重要节点安全生产。结合元旦春节“两节”、“两会”、“五一”劳动节、“5·18”中国廊坊国际经济贸易洽谈会、全国图书馆年会、暑期、中秋节、国庆节等重要时间节点，集中进行县文广新系统安全生产治理，接受国家、省、市安全生产和消防检查。加强宣传，筑牢安全意识，及时将上级有关安全生产和消防的精神，传达到系统每个单位。各网吧张贴或播放安全标语，影院、KTV在开机时播放安全片，提高相关人员安全意识。利用安全生产宣传月，制作安全生产展板。在工作交流微信群，发放安全生产资料，宣传安全意识，提高群众安全意识。全县统一部署，制定工作方案，强化香河县文化市场的执法检查力度，重点对辖区内网吧、歌舞娱乐、电影院人员密集场所及文保单位，进行消防安全专项检查，全面排查不安全因素和事故隐患。落实安全生产责任，健全完善管理制度和应急预案，严防各类事故发生。2018年，香河县文化市场未发生一例安全事故。

【文化监管】 香河县有互联网上网服务经营场所50家，出版物企业6家，排版制版企业1家、包装装潢企业59家，其他印刷企业12家，文艺表演艺术团体11家，演出场所经营单位1家，娱乐场所10家，书店17家，影院3家。书店、影院、娱乐场所集中分布在县城，上网服务经营场所县城与乡镇分布比例属于均衡状态，文艺表演艺术团体与印刷企业主要分布在乡镇，整体文化企业分布合理，带动效应明显。文化监管涉及互联网上网服务营业场所监管、经营性互联网文化单位监管、营业性演出监管、娱乐场所监管、美术品经营监管、印刷业监管、出版活动监管、电影发行放映单位监管8项内容，监管范围随着新兴文化而不断增加。监管措施分散检查与集中检查相结合，明察与暗访相结合，日查与夜查相结合，片查与混查相结合。全县范围内强化执法力度，深入开展“扫黑除恶”专项斗争和“扫黄打非”专项行动，县文广新局联合县公安局、工商局、安监局开展联合执法检查行动，出动执法人员1300人次、车辆332辆次，检查文化市场企业710家次，对一家网吧给予警告和行政处罚。

文学艺术

【概况】 2018年，县文联编辑出版《香河文艺》4期，编辑出版《小说.散文精选》(香河卷)；筹办“香神杯”香河首届临书临画作品展、举办改革开放40周年征文活动。文学进校园活动10次，组织专家讲座7次，组织协会建设、学习、研讨会11次。

【文学艺术创作】 庆祝中共十九大胜利闭幕，香河县文联举办“不忘初心、牢记使命—学习贯彻中共十九大精神书法展”，艺术家们以书法的形式，歌颂中国共产党的领导，回顾党的光辉历史，展示中共十八大以来取得的丰硕成果，集中反映香河县艺术家热爱党、热爱祖国、热爱人民、热爱生活的高尚情怀。为全面展示香河县书画爱好者对艺术经典作品的学习和研究成果，鼓励广大艺术工作者植根传统，尊崇经典，推动香河文学艺术事业的繁荣发展，举办“香神杯”香河首届临书临画作品展，收到作品70件。这些作品在观念、形式、手法上呈现出丰富性和多样性，活动最终评选入展作品45件。活动另邀请到县内外艺术名家友情参展作品10件。为挖掘香河县历史文化，组织美术家协会、诗词协会、书法家协会成员对香河县“淑阳八景”进行绘画、诗词和书法创作。“淑阳八景”绘画作品长卷，由香河县山水画家李建波历时3年创作完成，作品长40米，高0.7米，生动再现“淑阳八景”的历史风貌及当时群众生产生活状况。诗词协会成员创作描写“淑阳八景”诗词近百首，从中精选9首，连同8首古诗由书法家们抄录下来，装裱后在“靓涌轩”展出。组织作家协会、曲艺家协会、书法家协会、诗词协会，创作一批宣传中共十九大精神的文艺作品。创作小说(随笔)8篇，诗词40首，大鼓书、快板各2篇，书法作品38幅。这些作品修改充实后辑印成册，发到机关、学校、社区、农村，以文艺形式宣传中共十九大精神。举办“纪念改革开放40周年”征文活动，征集优秀作品40篇(首)，对这些作品修改充实后辑印成册，发放到全县各机关单位。对2007年1—10月香河县作家在全国省级以上刊物公开发表过的作品进行收集整理，编辑出版《小说、散文精选》(香河卷)，该书收录香河县10余位作家的50余篇作品。此书被中国图书馆收藏。2018年12月，组织以京剧、评剧为主要内容的戏剧大赛，130名戏剧爱好者参加大赛，群众观看比赛演出1000人次。京剧、评剧分别评出一、二、三等奖和优秀奖，对获奖选手给予表彰。

【文学艺术辅导】 香河县文联聘请浙江师范大学教授、博士生导师、中国作家协会儿童文学委员会副主任方卫平，《人民文学》编辑李兰玉，《青年文学》主编张菁和《燕南诗词》主编刘宗群，到香河县为广大文学爱好者进行创作辅导。专家与广大文学爱好者进行面对面辅导交流，深受文学爱好者欢迎。

【文艺进校园】 县文联与县教育局联合开展“书法进校园”活动。县书法家协会骨干人员每周到县第三小学、第二中学为广大师生免费辅导书法，使广大师生对书法这一传统文化有更进一步了解，书写水平也得到较大的提高。2018年4月7日，香河县第二中学举办书法知识讲座，对书法爱好者、中小学书法教师进行培训。县文联和县教育局联合举办全县中小学生书法大赛，征集到书法作品300幅，经过评委会认真评选，评出一、二、三等奖18名，优秀奖30名，对获奖学生和指导老师给予奖励。为促进文学经典在中小学校园中的推广传播，在部分中小学校中开展“文学进校园活动”，以推进素质教育，激发学生创作热情。活动以专家讲座、交流会为主，聘请知名作家、评论家对学生创作进行指导，与学生面对面交流创作经验，解答学生在文学创作方面遇到的问题，激发师生文学创作热情。

【艺术精品奖励】 3月，县委宣传部、县文广新局和县文联联合制定《关于对文化艺术精品进行奖励的暂行办法》，对香河县文化艺术工作者，获得省级及以上奖项、在全国重要报刊、省级以上出版社和文化部、文联下属单位公开发表、出版和获奖有较大影响的作品进行奖励。对宣传香河本地文化的重大作品、香河县作者在全国省级以上刊物、出版社公开发表和出版的原创作品、也相应给予奖励。

【创建诗词之乡】 8月，县文联组织筹备“中华诗词之乡”创建活动。蒋辛屯镇、刘宋镇、安头屯镇、五百户镇、新开街道办事处为创建点。11月30日，省市诗词协会有关领导到五百户镇进行指导检查，对创建工作给予肯定。

（周月如）

广播电视

【概况】 香河县广播电视台主要职责，贯彻执行国家广播电视技术政策和标准，统一管理摄录、制作、演播、播控、发射等重要技术装备，确保广播电视安全播出。2018年11月6日，香河县融媒体中心挂牌成立（先挂牌，科室设置及职能未更改，对外保留香河广播电视台牌子）。广播电视台内设机构6个：办公室、财务室、新闻宣传中心、广播电视广告信息中心、广播电视运营监管保障部、广播电视节目评审部。宣传单位7个：电视台节目中心、电台节目中心、广播电视活动中心、电视台播控中心、新媒体中心、电视制作中心、微波站。人员编制48名。2018年，《香河

廊坊市县级融媒体中心建设现场观摩交流培训会暨香河县融媒体中心揭牌仪式（县融媒体中心供稿）

新闻》播出新闻 1300 条，广播电视安全播出 6570 小时。2018 年，香河广播电视台荣获“河北省广播电视基层统计工作先进集体”“廊坊市新闻宣传工作先进单位”“廊坊市记者走基层先进单位”“香河县 2017 年度优秀领导班子”荣誉称号。在第六届全国市县电视台推优展播活动中，《2018 年香河春节联欢晚会》《2018 年香河少儿春晚》均荣获电视综艺晚会类一等奖。《2018 年香河元宵春晚》荣获电视综艺晚会类二等奖。《我说你听之水墨风华》荣获电视栏目类一等奖。主持人吕卫强荣获十佳播音主持人二等奖。《整治“微腐败”助力“换届年”》在廊坊市党员教育五项竞赛活动中，被廊坊市委宣传部评为优秀党教电视专题片。电视文艺节目《2018 年香河春节联欢晚会》、微电影《没事找事》，在廊坊市广播电视学会奖评选中均获一等奖。

【融媒体建设】 2018 年 11 月 6 日，香河县融媒体中心正式挂牌，成为廊坊市首家正式挂牌运营的县级融媒体中心。市委常委、宣传部部长、统战部部长奚献军，县委书记李桂强共同为香河县融媒体中心揭牌。香河县融媒体中心以香河广播电视台为主体，将县域内的“网、端、微、视屏、广播、电视、报纸”等媒体资源进行全面整合，搭建全新的“一体策划，一次采集，多种生成，多元传播”的管理系统，实现策、采、编、发流程的深度融合，为源源不断生产优秀融媒体产品提供有力支撑。

【融媒体播控中心】 高质量建设融媒体播发中心，投资 110 万元，历经两个多月精心筹划建设融媒体播控中心。建成后，初步实现广播、电视、地面数字、网络直播、IP 电视、手机客户端、手机报七大平台同步播发的功能，可以有效增加传播受众覆盖面，使党的声音及时有效传递。配备完成两套系统：预警监测系统和高清播出系统，预警监测系统便于及时快速的发现问题和解决问题。高清播出系统可以使电视画面更加清晰，满足人民群众不断提高的收视要求。系统设备运转良好，规章制度、操作流程更加规范，保障传媒产品的安全、优质播出。

【融媒体演播厅】 高标准建设节目生产中心，投资 580 万元，高标准建设全媒体演播厅，建成后可满足时政、民生类专题访谈，文化综艺娱乐多种类型电视节目的演播与制作要求，实现线上线下互动和网络直播功能，给广大电视观众提供更加清晰优质、更富有强烈现场感的视频。

奚献军、李桂强等领导视察县融媒体中心　　（县融媒体中心供稿）

【融媒体指挥中心】 融媒体指挥中心初具规模，融媒体中心设置办公区和指挥中心，组织架构、工作运转流程、传播理念都完成精心设计、完美展现。购置安装互动电视和触摸一体机，可以实景演示融媒体手机 APP 的具体操作内容，可以便捷播放视频短片。融媒体指挥中心初步实现媒体“大脑”功能，实现一体指挥、多点采集、迅速编排、多点同步发布的融媒体运行格局。

【新媒体掌上香河】 打造智慧高能“掌上香河”手机 APP,经与上海千城智联科技有限公司合作，从 4 月开始搭建 APP 框架主体，完成上线运行。手机 APP 是以用户为中心，集政务、民生、资讯、服务综合功能于一体的移动媒体平台，也是更具“舆论引导性、新闻传播性、社会服务性、观众互动性”的新媒体平台。可以及时跟踪报道香河县重大新闻，展示香河历史人文、精神文化，实现电视、广播在手机端直播、点播、评论互动功能，推广广播电视收听收视范围。

【新闻播出】 新闻宣传围绕香河县发展大局和工作重点，每月有主线，每周有重点。电台和《香河新闻》重点开设《弘扬宪法精神，树立宪法权威》《聚焦整改回头看》《文明红绿灯》20 个专栏，做到重点宣传主题化、主题宣传专栏化、专栏宣传品牌化。2018 年，《香河新闻》播出新闻稿件 1300 条，上省市台稿件 477 篇，其中，在央视播发 6 条，新华社播发 3 条，人民日报客户端刊发 3 条，省台播发 28 条，河北日报刊发 1 条，市台播发 441 条，稳居廊坊各区市县前列，为加快建设美丽幸福新香河营造良好舆论环境。完成县委十一届三次全会、县人大政协两会、“4·29”中国香河国际家具展览会暨国际家居文化节、“5·18”中国廊坊国际经济贸易洽谈会、“9·26”中国廊坊农产品交易会和香河县融媒体中心揭牌等大型活动宣传报道。

【播出栏目本土特色】 坚持以人民为中心的创作导向，创新节目内容，打造沾泥土、带露珠，冒热气、有筋骨，有道德、有温度的优秀节目。电视专题着力服务人民群众。开办《时尚香河》《一起出发》《茶余饭后谈养生》《你说我听》多档突出本土文化、接地气的原创栏目。广播专题关注群众精神需求。电台节目中心开办《单田芳书场》《只想听音乐》《歌声飘过 40 年》《记录中国》和《千里共良宵》自办栏目。开办《向快乐出发》《畅行晚高峰》两档直播节目。全年实现安全播出 6570 小时，播出新闻 1580 条，播出单田芳评书 5328 集，播出宣传标语、公益广告及意识形态宣传 1580 小时。

【借助载体宣传香河】 成功举办 2018 年香河春节联欢晚会、2018 年少儿春节联欢晚会、2018 年香河县元宵晚会、“廊坊好人榜”发布仪式暨道德模范与身边好人（廊坊·香河）现场交流活动。与央视合作，完成中央电视台《乡村大世界》系列节目“丰收中国”走进河北香河的现场录制，提升香河知名度和美誉度。精心组织创作具有香河味道、香河元素的微电影《没事找事儿》《心锁》，均由香河广播电视台独立编剧、拍摄和制作。其

“廊坊好人榜”发布仪式暨道德模范与身边好人（廊坊•香河）现场交流活动（县融媒体中心供稿）

中,《没事儿找事儿》在香河电视台播出。配合央视 7 套乡村法制剧场栏目组完成 7 部乡村法制栏目剧拍摄，协助央视 7 套完成县委政法委综治题材微电影《上访风波》拍摄工作。拍摄制作《政协委员风采》《武装部 2018 年度征兵役前训练计时》《优选公交绿色出行宣传片》《“先锋在线”APP 宣传片》《香河县安监局三项制度宣传片》多个宣传片和 MV《姥姥》《荷香· 香河》，社会反响良好。

（魏　静）

地方志

【概况】 2018 年，香河县地方志编纂委员会办公室（简称县方志办）本着“多出精品，不出纰漏”的原则，完成省、市年鉴供稿工作。《香河年鉴（2018）》完成编纂，由方志出版社出版。推进《香河县村镇志》编纂工作；实施“互联网＋地方志”建设，加强方志馆建设；河北省（廊坊、保定、沧州）三市县级地方综合年鉴编纂工作座谈会在香河县召开；《香河年鉴（2017）》荣获第五届全国地方志优秀成果（年鉴类）二等奖。

河北省（廊、保、沧）三市县级地方综合年鉴编纂工作座谈会　（王树春摄）

河北省（廊、保、沧）三市县级地方综合年鉴编纂工作座谈会与会人员合影　（王树春摄）

【省市年鉴供稿】 加强省市年鉴供稿工作，积极筹备，安排部署，认真编写，省、市年鉴供稿资料翔实、准确无误，5 月，完成稿件上报，按质、按量、按时完成省市年鉴供稿工作。

【年鉴编纂】《香河年鉴（2018）》以“存史务今”为宗旨，本着求真务实原则，以“突出时代特色，记述发展历程”为主线，全面记述 2017 年香河县各条战线、各项事业的发展变化，涵盖政治、经济、文化和社会等各方面内容，真实记录全县 2017 年政治文明、物质文明、精神文明建设的巨大成就，全面反映 2017 年香河各行各业的发展状况和取得的成绩。《香河年鉴（2018）》采取新的编纂模式，学习借鉴首批中国年鉴精品工程《丰润年鉴（2017）》等先进年鉴成功经验，结合香河县实际，对《香河年鉴（2018）》

框架结构、类目设置、条目设计等方面进行调整完善，年鉴框架更加科学。

【年鉴培训】 2018年4月25—27日，河北省（廊坊、保定、沧州）三市县级地方综合年鉴编纂工作座谈会在香河县第一城召开。来自三市县级方志办主任、年鉴主编以及责任编辑等近50人参加会议。会上中共香河县委常委常务副县长齐建光代表县委、县政府致欢迎辞。香河县方志办主任高景全就《在习近平新时代中国特色社会主义思想指导下，主动把文化自信内化为文化自觉，助力年鉴事业迈上新台阶》作典型发言。河北省方志办副主任、《河北年鉴（2016）》执行主编王蕾就“如何编纂出高质量地方志综合年鉴”进行专程辅导。此次会议对廊坊、保定、沧州三市年鉴编写工作起到推进作用。

【《香河县村镇志》编纂工作】 4月28日，香河县召开提案工作会议，要求成员单位对人大代表、政协委员的议案提案进行答复和落实。政协委员巨凤霞的提案内容为“根据新农村建设及美丽乡村建设的发展需要，建议香河县在3年内完成《镇志村史》编修”。该提案经县领导批示后，县方志办高度重视，积极谋划，理清工作思路，对委员进行走访并对提案情况进行答复。5月10日，县方志办领导班子就《香河村镇志》编写工作，向河北省《镇志村史》编修工作做得较好的秦皇岛市昌黎县方志办学习交流。重点学习昌黎县方志办《镇志村史》编修方面领导高度重视、编纂单位积极作为、专家助力完善提升、上下一心团结奋进的成熟经验。在《香河村镇志》编修的组织机构、写作班子设立、启动与培训、志书框架结构、内容设置、体例安排、模板设定、规范编写、资料收集（乡镇组织、村级提供）、县方志办编审、综合成书、责任落实、阶段性目标管理、经费申请、出版发行等方面取得宝贵经验，为《香河县村镇志》编修打下坚实基础。

【互联网＋地方志】 2018年，香河县方志办发挥地方特色，学习先进知识理念，创建高速便捷网站，凭借云服务器和物理服务器相结合，使用户方便快捷地浏览大容量各类地情资料库，依托香河方志网站，建立河北省首家县级“数字方志馆”“VR方志馆”。使群众更加方便快捷地查找地情资料，了解香河传统文化，为地方志事业发展打下良好基础。其中，“数字方志馆”购买电子志书715册，陆续录入各省县（市、区）的各类年鉴、志书、专业书籍，丰富馆藏。“VR方志馆”通过航拍全景技术和虚拟现实技术相结合，实现线上360°旋转实景展示，场景720°无死角进行虚拟漫游展示“香河方志馆”馆藏场景，可随时根据自己浏览足迹记录浏览信息方便在方志馆内观赏学习，可以利用VR眼镜体验身临其境的观赏乐趣，并有语音图片进行配套讲解，增强视觉听觉双重体验。

坐落在香河文化艺术中心的香河县方志馆 （王树春摄）

香河地方志网站建设完成面向群众开放的同时，数字方志馆、头条号、微信订阅号、服务号和小程序等新媒体齐头并进，组成“一网二馆三平台”形式，截至2018年底，全网浏览量达109.1万次，提高宣传质量与效率，便于资料搜集和保存，减轻志鉴资料查找难度，将本地地情广泛传播出去，更方便、快捷地开展社会服务，获取大量资料充实地情资料库，达到资源共享。

【方志馆建设】 香河县方志办与全国各省县（市、区）交换志鉴书籍，互通有无，经过购买与交换，存有1071册各类志鉴书籍，充实方志馆资料库。

5月28—31日，受中国地方志指导小组办公室邀请，县志办主任高景全参加在山东东营召开的首届全国方志馆建设经验交流会暨国家方志馆黄河分馆开馆仪式，来自全国各省、自治区、直辖市、新疆生产建设兵团地方志工作机构和方志馆负责人和部分县方志馆代表140余人参加会议。会上20人作典型发言，香河县方志办作为河北省唯一一个在大会上发言的单位，县方志办主任高景全在经验交流会上作题为“政府与企业合作 打造方志馆建设新模式”报告，重点介绍香河方志馆办馆理念、功能定位、建馆风格、建设模式等方面的经验。中国地方志领导小组办公室调研员、国家方志馆综合部负责人刘翔宇在点评时对香河经验给予充分肯定，认为“香河方志馆立项有策略，选址有讲究，建设模式因地制宜，资源开发利用充分”。会议期间，河北省地方志办公室为与会代表发放香河方志馆相关资料，引起广大同仁热烈反响，受到有关领导高度肯定。

（王树春）

河北省（廊坊、保定、沧州）三市县级地方综合年鉴编纂工作座谈会与会人员参观香河方志馆（王树春摄）

档　案

【概况】 香河县档案局依据档案工作的法律、法规和方针政策，协调各有关方面力量，制定香河县档案事业发展计划和档案工作规章制度，并组织实施。负责对本县内其他机关、团体、企事业单位的档案工作进行监督、指导，组织并指导县内档案理论与科学技术研究、档案保护、档案教育、档案宣传及档案管理人员培训。县档案局内设办公室、执法指导股、编研管理股，共计10人。2018年，完成全县立档单位2017年度档案接续工作，全县立档单位立卷合格率95%以上。

【档案信息化建设】 县档案馆有136个全宗，馆藏档案33070卷、40111件。按照省、市档案信息化工作部署，档案局争取县财政资金大力推动档案信息化建设。完成档案扫描76.7万页和目录录入9.2万条，加快档案数字化进程。

【档案异地备份】 重要档案异地备份是档案部门应对突发事件的重要举措，是确保档案安全的重要手段。根据国家档案局关于档案安全体系建设要求，4 月 24—26 日，由局长肖凤双带队，一行 4 人赴海宁市档案局学习考察并与海宁市档案馆签订电子档案异地备份协议。11 月，县档案馆向海宁市档案馆首次进行第一批数据交送，启动异地备份工作，充分保障县馆藏重要档案数据及电子文件的完整安全。

【培训、检查、基层档案室认证】 4 月，组织进行一次全县档案员业务培训，培训内容是《机关文件归档范围和文书档案保管期限规定》及电子档案归档知识。参加培训的有县直各单位、各乡镇的档案员 80 余人。提高基层档案员业务水平，促进各单位文书档案归档整理工作顺利完成。档案局加大档案指导检查工作力度，先后对县检察院、县技术监督局 16 家等单位进行档案业务工作指导，对在督查过程中存在的问题和不足，及时提出意见和建议，要求及时整改，促进机关档案规范化管理。县土地确权工作中，主动参与土地确权工作和培训辅导，指导确权档案归档工作。年初，接到县烟草专卖局（营销部）档案晋升 AAA 等级认定工作的申请，多次安排部署对县烟草专卖局（营销部）档案业务指导工作。县烟草专卖局（营销部）改为企业化管理后，县档案局和县烟草专卖局（营销部）共同努力，顺利通过省档案局检查验收，达到省 AAA 级标准。

【档案开放、利用】 按照《中华人民共和国档案法》年满 30 年档案应向社会开放的规定，1988 年以前应开放的档案全部向社会开放，共计 18685 卷，其中，永久卷 11203 卷，长期卷 7482 卷。2018 年，开放 937 卷，其中，永久 486 卷，长期 451 卷。借助馆藏档案、现行文件利用中心等平台，接待社会各界档案利用者 450 余人，查阅档案达 3786 卷（件）次。为经济建设、编史、修志、落实政策、机关查考、调解纠纷、核实工龄、工作调动、户口迁移、复退伍军人安置、学术研究方面提供大量翔实的第一手资料，解决大量沉淀的问题，增强社会档案意识，扩大档案工作知名度。

【档案接收】 档案资源是档案事业发展的基础。2018 年，自档案馆改造升级工作完成迁入新馆后，继续接收各立档单位 2013 年以前档案进馆。完成县工商局、刘宋镇政府、安头屯镇政府、县中医医院、安平镇政府、县供销社等 11 家单位档案接收进馆工作，接收档案 636 卷 13601 件，其中，永久 297 卷 4299 件，长期 339 卷 8446 件，收入馆藏三级党报合订本 54 册。

【档案馆升级搬迁】 根据县委、县政府安排，县档案局（馆）搬迁工作从 5 月底开始到 7 月上旬结束。7 月 9 日，档案馆新馆正式投入使用。新馆位于新开街 113 号县委党校办公楼一层。搬迁馆藏档案 3.3 万卷，以件为保管单位的档案 4.0 万件，没有丢失一页档案、一件物品，没有信息泄漏情况出现，没有影响群众查阅档案，圆满地完成新馆搬迁任务。新馆建筑面积 822.5 平方米，其中，档案库房 360 平方米，所有楼面，均按照档案馆设计规范和库房承重要求建设，办公用房面积，严格按照《党政机关办公用房建设标准》执行。县档案局多方筹措资金，新增密集架 25 组，将旧馆的密集架设施设备重新改造，在新馆安装使用，扩充库房档案存放空间；投入 100 万元，建设新监控机房，烟感装置，提升数字档案馆硬件建设水平。

（吴华）

文化协会

【概况】 2018年，香河县各类文化协会以发展社会主义文化、不断丰富和满足群众文化生活为己任，百花齐放，异彩纷呈，取得丰硕成果。

【曲艺家协会】 2018年，香河曲艺家协会录制京东大鼓《岳母刺字》《坑人儿》、群口相声《谁是最美的人》、对口快板《“七五”普法新时代》。1月，随大厂评剧歌舞团参加河北省委主办宣传新农村建设文艺演出、省会专场、各市巡演。2月，参加香河县春节联欢晚会。3月，参加河北省文化厅主办的燕赵群星奖优秀作品进太行山区巡演，获第十二届（曲艺类）燕赵群星奖。5月，参加天津市宝坻区“董湘昆京东大鼓”星火宣传活动，并参加京津冀晋鲁豫书鼓擂台赛获一等奖。8月，参加北京市西城区举办的全国书鼓大赛获三等奖。暑期组织快板学员送文化下乡演出7场。9月，邳万宇参加央视7套“乡村大世界”节目，编写杂唱数来宝《今天我的好生活》。参加牵手京津冀欢乐进万家第四届京东大鼓书会获最佳表演奖。10月，香河曲协下基层巡演30场次；参加全国“董湘昆杯”第二届京东大鼓作品赛《岳母刺字》《坑人儿》两段作品获优秀作品奖；是月，参加北京文化艺术界老艺术家重阳节联谊会活动（北京电视台主办）。曲艺家协会组织网上教学京东大鼓，有120余人学唱。曲艺家协会快板培训班进校园活动，每周一在香河第二中学授课，每周二、四在香河第三小学教课。香河第二中学有快板学员20名。第三小学有快板学员40名。排练快板节目有《绕口令》《天安门广场看升旗》《玲珑塔》《报母恩》《忍字歌》《忙》《三打白骨精》《武大郎喊冤》及相声《谁是最美的人》。

【舞蹈家协会】 2018年6月，举办“舞蹈嘉年

县戏剧家协会组织参加第五届京津廊评剧戏曲大赛复赛（县文联供稿）

“舞蹈嘉年华”联合会演 （县文联供稿）

华—联合会演”，表演形式有民族民间舞、吉特巴、交谊舞、现代舞。舞协每周进行专业的摩登舞教学，广大舞蹈爱好者接触更多更专业的舞蹈训练。11 月 20 日，参加 CCTV 全球春晚海选深圳赛区 2019 年春晚演出，荣获最高奖项百花一等奖，直接入选 C CTV 旗袍春晚。

【戏剧家协会】 5 月 26 日，到香河县第三小学慰问演出，20 人参演京剧、评剧两个剧种。10 月，到渠口镇唐屯村、渠口镇敬老院慰问演出。11 月 10 日，去钳屯镇贾庄村慰问演出。协会组织全体会员于每周一、三、五分期分批到香河县文化艺术中心参加排练活动。

摄影交流　　（摄影家协会供稿）

潮白河白鹭（获奖作品）　　（牛宝森摄）

【摄影家协会】 2018 年，与北京微景天下合作，引进 VR 全景拍摄技术，组织会员进行学习现场操演及后期制作。学习和培训无人机航拍技术，个别会员购买了无人机，请专门老师进行培训。利用无人机拍摄香河县城、家具城、第一城及运河全景图片，得到广泛应用。组织参加河北省 24 届摄影展及廊坊市《我心中的质量》《体育摄影大赛》《改革开放 40 周年成果展》《镜头下的廊坊故事》摄影展。长期参与县妇联美丽庭院、文明家庭拍摄，县农业开发项目工程资料存留拍摄，大运河文化研究会资料拍摄。是年 1 月，香河经济开发区管委会规划建设局局长牛宝森荣获中国摄影家协会颁发的会员证书（2017 年 8 月批准加入），成为香河县首位加入中国摄影家协会的会员。

【诗词协会】 2018 年，会员人数发展到 300 名。完成县委宣传部、省政府童谣创作任务 200 首；为县委宣传部“歌颂中共十九大”及“咏香贤和为香河古八景配同题诗”活动创作诗词作品 500 首。赵金堂以交通为题的一首《童谣》荣获河北省政府优秀奖。丁震邦的七

《燕南诗词》主编刘宗群到香河授课　　（县文联供稿）

言律诗荣获廊坊市诗词学会三等奖，赵金堂、江旭获优秀奖。王新、江旭、王继权的诗词获廊坊市诗词学会优秀奖。王新获得香河县文学创作特别贡献奖。出版《香河诗词选》第二册并进入中国国家图书馆。为香河县革命老区发展促进委员会撰写《香河革命老区发展史》一书，约21万字。廊坊市诗词学会香河创作基地在五百户镇举行揭牌仪式，任命王新为基地主任，张媛培、赵金堂为副主任。6月25日上午，香河诗词协会在香河县渠口镇魏家滩村开展“诗词下乡、情满人间”活动。6月30日，庆祝中国共产党成立97周年，诗词协会在金业进出口贸易公司开展“诗词进企业、翰墨润淑阳”活动。7月7日，诗词协会在亚太城天德国际皇室养生健身培训中心举行“欣逢盛世开新运　国粹传承放异彩”传统文化交流促进会。7月22日，诗词协会在香河启航艺术学校举办大型诗词朗诵会。9月27日，诗词协会组织部分新会员学习诗词文化知识。11月14日，诗词协会到五百户镇开展“送书”下乡活动。12月13日，诗词协会到香河县城内第三小学开展“送书”进校园活动。12月28日，诗词协会童欣诗社举行揭牌仪式暨诗词朗诵会取得圆满成功。

【收藏家协会】　香河收藏家协会成立于2016年1月16日，协会积极开展各种收藏知识讲座和学术研讨活动，提高会员收藏意识与修养，建立民间收藏咨询鉴定实体，为协会会员提供服务，指导、维护其正常收藏活动和权益。举办民间收藏品展示会、交流会，提高鉴赏及收藏水平，促进收藏者之间的交流，发展收藏文化产业，为收藏爱好者传递信息 ，提供展示平台，架起收藏者与社会的桥梁。2018年6月，收藏家协会支持收藏爱好者自发举办展示活动，协会会员参展展品30余件，其中，赵军伟和王红林的藏品受到与会者好评。8月，香河收藏家协会组织全县收藏爱好者在启航艺术中心二层举行收藏品鉴赏会，征集藏品100余件，进行交流鉴赏。9月6日，香河收藏家协会在文化艺术中心二层报告厅组织公益活动，邀请中国收藏家玉器委员会副主任向宏艾和中国市值战略研究院非遗与艺术部主任牛道德到香河县授课，并与广大收藏爱好者进行面对面交流，提升收藏爱好者相关专业知识。是年，协会多次受邀并委派代表参加北京、天津、山西等地收藏类活动，与多家同行业协会架起交流和联谊的桥梁。9月1日、10月13日，分别在金钥匙家具城举行全体理事会议，研究决定香河收藏家协会成立四个委员会，名称为分别为瓷器委员会、玉器委员会、杂项委员会、钱币委员会。会议决定任命刘晓亮为瓷器委员会主任，刘国江为玉器委员会主任，田世强为杂项委员会主任，钱币委员会主任暂时空缺。11月14日，在金钥匙家具城东六门召开常务理事会议，会议决定任命张宏权、李天丰为香河收藏家协会名誉副主席。12 月 14 日，收藏家协会全体常务理事在金钥匙家具城东六门召开常务理事会议，王磊辞去香河收藏家协会常务副主席职务，保留香河收藏家协会秘书长职务，会议决定任命张立军为香河收藏家协会常务副主席。

香河县书法家协会 2018 年第一期书法培训班　（县文联供稿）

【书法家协会】 2018 年，县书法家协会不断壮大书协队伍，通过开展书法献爱心和书法沙龙会员笔会、技能培训、参与各级书法展览和赛事活动，创建书法展示和交流的平台。年初，召开由协会副秘书长以上参加的 2018 年协会工作研讨会，统一思想、统一认识，献计献策，共谋发展。协会会员人数从 2017 年的 60 余人增加到 90 余人，4 月，举行第一期书法培训班，聘请薛连清、张宝义进行培训授课，参加会员 40 人。每逢国家传统节日和重大纪念日，协会都积极组织会员开展形式多样的座谈会、笔会活动以表庆祝，年内，举办活动 10 次，参加人数 100 余人次，书写作品 500 余幅。组织会员骨干分别到钳屯爱心园、廊坊铭远商贸公司、三小、二中、河北吴村、香河秋宇波汽车性能检测站、大路同元食品有限公司、香河珐琅厂 8 家单位和村街进行献书法送春联活动，每次活动参与人数约 10

香河县书法家协会到县城内第三小学为小学生书法爱好者现场讲授书法技艺　（县文联供稿）

香河县书法家协会到钱旺镇达古庄村新春送“福”　（县文联供稿）

人，累计参加80余人次，献书法作品300幅，书写春联3500幅。组织会员开展公益活动，7—9月，组织会员开展献爱心送书法活动，走进中医院、消防中队、家具城，公益活动中会员参加40人次，书写作品近300幅。5月，对全县中小学生的书法水平进行一次摸底，举办一次全县中小学生书法大赛，协会出资5000元，对获奖学生和书法老师进行奖励，大赛收集作品300幅，入围作品100幅，获奖人员50余人。

香河县音乐家协会“七夕”公益演出（县文联供稿）

邀请名家授课（县文联供稿）

【影视家协会】 组织筹备一部历史题材电影《臂圣传奇》，讲述香河老一代武术家历史故事。参与廊坊市影视家协会的成员改组，香河影视家协会主席金鑫担任市影视家协会副秘书长职务，香河影视家协会两位会员进入市影视家协会担任理事职务。影视家协会完成对接一部乡村题材主旋律电影，《21岁首席执行官》在香河拍摄。

【音乐家协会】 2018年3—4月，县音乐家协会主席带领部分会员配合安平镇《真情暖春，送文化下乡》活动，深入到村街，举办21场演出。5月，县音乐家协会在县文化艺术中心主办《能歌善舞》节目。每两周香河音乐家协会在文化艺术中心举行一次“能歌善舞”公益活动，年内，组织活动17次。

【作家协会】 5月13日，由县作家协会组织对县境内运河和潮白河沿岸进行采风活动。5月27日，配合县文联举办“纪念改革开放40周年征文活动”，是月，再次组织香河作者对全县美丽村街进行采风调研活动，走访5个镇24个村。2018年，县作家协会筹办3次大型讲座，邀请《散文百家》主编贾兴安，讲授文学创作课程。6月10日，邀请《人民文学》编辑李兰玉和《青年文学》主编张菁，到香河县讲授文学创作课程。8月25日，县作家协会组织举行香河县首届“现代中外文学经典名著阅读、创作分享交流活动”，为广大文学创作爱好者提供学习交流平台。香河作家协会主编的小说散文精品集《小说、散文精选》(香河卷)出版，书籍收录香河作家10年来的经典作品，此书被中国图书馆收藏。11月18日，香河县作家协会主办《汤吉夫与香河文学研讨会》，共同缅怀为香河教育工作奉献17年青春的汤吉夫老师，梳理香河文学发展进程，对香河文学未来进行展望。是年，作家协会励志打造香河作家群品牌，在微信平台上创办《香河作家》公众号，以发表香河作家作品为主，为香河作家提供写作交流的网上平台。公众号每周更新发布，定期出版成册。

(周月如)

体　育

【概况】　香河县文广新局设有体育股，具体负责全县体育工作。2018年，投入资金47.03万元采购布局体育设施，实现农村、社区健身设施全覆盖，全县人均体育场地面积2.06平方米。是年，县内举办7项体育赛事活动，对外赛事也取得较好成绩。县体育协会对16个第二届全民运动会优秀承办单位、6个全民健身先进单位给予表彰。

【体育事业投入】　2018年，香河县人均体育场地面积2.06平方米。是年，香河县体育硬件建设投入资金267.3万元，其中，县主城区内建“国民体质监测与健康促进服务中心”投入47.03万元；双安新城建“全民健身示范基地”投入资金30万元；争取河北省体育局专项资金100万元，为全民健身中心购置一批室内健身器材，安放在老年活动中心及乒羽中心；投入80万元资金，采购布局健身路径40套、篮球架8副、乒乓球台2个、户外座椅4个。香河县实现农村、社区健身设施全覆盖。

【赛事活动】　2018年，香河县在县内组织举办7项体育赛事活动。分别是2018年香河县“迎春杯”足球赛，全县6支球队参赛；香河县中小学生门球赛，来自各乡镇和城内的20支学生队伍参赛；“众旺木业杯”篮球赛，15个机关单位组队参赛；“县长杯”香河县青少年足球比赛，全县中小学43支队伍参赛；京津冀毽球邀请赛，邀请北京通州、丰台、朝阳、天津滨海新区、河北涿州、燕郊好手参赛；“药安食美”杯足球赛，来自京津冀地区13支球队参赛；“鼎科杯”毽球邀请赛，来自京津冀地区20支高水平队伍参加比赛。

五百户镇九百户村文体活动中心　　（县农业农村局供稿）

【对外赛事成绩】　组织参加廊坊市老年人象棋比赛，香河县选手程宝强获得区县组个人第五名。参加2018年河北省象棋城际争霸赛，廊坊赛区香河县选手赵雪亭获得成人组亚军。廊坊市第四十五届钓鱼比赛，香河县蝉联团体冠军，凌少春、赵银、邱海、李俊林包揽比赛个人前四名。组队参加廊坊市第三届市长杯青少年足球赛，香河二小女队获第六名。“怀山堂礼”第四届国家太极拳网络视频大赛颁奖典礼上，香河县 1+t 太极馆获得最佳展播奖和集体项目二等奖，这是香河县太极拳项目首次在国际大赛中获奖。香河县篮球队参加京东 12 个县（市、区）篮球赛获得第五名。廊坊市跆拳道青少年锦标赛，香河县代表队勇夺男子团体金牌和女子团体铜牌。

（付　奎）

2018 香河荷花节启动仪式　　（县文化广电和旅游局供稿）

旅游业

【概况】 2018 年，香河县接待游客 483 万人次，同比增长 34.5%，实现旅游收入 22.84 亿元，同比增长 38.45%，荣获 2018 年度《中国国家旅游》最佳休闲旅游目的地称号，全域旅游迈出坚实的步伐。举办 2018 香河荷花节。7 月 17 日，参加在北京市通州区西集镇阳光码头举行的“吉祥运河·游你游我”旅游推介会。5 月 24 日，在第二届廊坊市最美民宿大赛中香河余舍获得二等奖，香河国粹堂获得三等奖，香河松息别院、精一别舍获优秀奖。根据国家、省旅游委实行“旅游厕所革命”的安排部署，成立香河县旅游厕所革命建设管理行动领导小组，制定《香河县 2018 年旅游厕所建设管理方案》，7 月 10 日，在蒋辛屯镇仓头村召开香河县全域旅游暨

水岸潮白主题民宿——松息别院　　（县文化广电和旅游局供稿）

水岸潮白主题民宿----余舍　　（县文化广电和旅游局供稿）

厕所建设工作推进会。完成22座旅游厕所建设，居廊坊市第一名。获得2017最美中国榜、2018最佳休闲旅游目的地奖。

【全域旅游】 2018年，编制完成《香河县乡村旅游发展规划》《香河县全域旅游总体规划（初稿）》。出台《香河县加快发展全域旅游的实施意见》《香河县旅游质量提升行动方案》《香河县创建省级全域旅游示范县工作实施方案》，明确“省级全域旅游示范县”“京津冀休闲目的地”目标定位，加快构建“六环两带多小镇”全域旅游发展格局。国家AAAA级景区第一城，是世界上唯一完整再现老北京古都风貌的大型仿古建筑群，以其深厚的文化底蕴、优美的皇家园林、功能齐备的酒店会议设施，成为中国最具文化魅力的会展旅游目的地。国家AAAA级景区金钥匙家具城为代表的香河国际家具城，是北方规模最大、配套最齐全、家具行业最集中、功能最强大的超前家具商业中心，展区面积达300余万平方米，入驻家具品牌6000余家，每年吸引消费者300余万人次，年交易额近300亿元。北运河、潮白河为龙头的“两河”生态旅游品牌，挖掘利用“两河”历史文化资源，实施运河生态文化项目和潮白河生态综合整治工程，打造北运河生态文化体验带和潮白河乡村文化体验带。刘宋镇万亩荷塘、第一城景区为核心的京津冀区域赏荷目的地，吸引近百万游客赏荷观光。乐农美联生态农场、东方千年古葡萄庄园为龙头的农业观光旅游品牌和安平大樱桃、蜜桃，西河头冬瓜、香河韭菜和香河玉米等区域特色农产品，实现旅游＋农业。

【旅游示范点建设】 万亩荷塘项目位于刘宋镇，种植藕荷933.33公顷（1.4万亩），有大地红、红莲、飘花、野荷、珍珠等10余个系列，并育有精品荷花园。在荷塘中有荷花定情园、观荷厅、荷宴园、牤牛场旧址、庆功之台、杨六郎大破辽军古战场等十余个景点。东方千年古葡萄庄园项目位于安头屯镇大青庄务村南，占地46.67公顷（700亩），由张家口东方科技有限公司投资建设，定位发展高档庄园葡萄酒，其葡萄苗木被列为世界重要文化遗产，是中国古老的优质葡萄品种之一，采取传统的漏斗架方式进行栽培。乐农美联生态农场项目位于安头屯镇大青庄务村东，占地面积26.67公顷（400亩），新建阳光暖棚15000平方米、蔬菜大棚20000平方米，并建设野外采摘、珍味养殖及农家特色小吃等功能区域。水岸潮白田园综合项目位于蒋辛屯镇北李庄村，紧邻首都地区环线高速公路（G95）香河西出口，利用北方田园乡村基质，以农为本、以乡为魂，挖掘非物质文化遗产资源北李庄村景泰蓝制作，将传统工艺制作文化和旅游文化及创意花果文化结合，以文创为动力，以农、旅、文、养为发展主题，发展休闲农业、手工艺体验，特色民宿，打造“别处潮白”民宿主题品牌，推进乡村旅游产业升级改造。

【旅游推介】 5月16日，在江苏扬州举办的2018世界遗产运河古镇合作大会，五百户镇作为8个

景泰蓝工艺制品　（县文化广电和旅游局供稿）

运河小镇建设代表参会，介绍香河运河文化旅游事业，香河旅游频道在河北新闻网开通上线。5月19日，组织县内旅游企业进行旅游日宣传，发放资料3000余份。在《河北日报》《廊坊都市报》宣传香河的旅游资源。在微信平台上全面展示香河旅游概况。利用香河旅游微信平台，推出400余期，对香河旅游资源、旅游节庆活动、工作动态进行宣传和展示。在河北电视台宣传香河美食。《舌尖上的河北》录制香河肉饼和臭豆腐。组织旅游企业参加廊坊市旅游委组织的“廊坊好味道第二届美食大赛”，组织“第一城”景区参加“京武廊”联盟年会。利用“通武廊”旅游合作联盟、廊坊运河风情体验区联盟、旅游微信公众号等媒介平台，开展宣传推介活动，举办“北京鸟巢我‘荷’你香河旅游推介会”“香河荷花节”“中信国安杯廊坊乡村旅游创客大赛”“全域旅游看香河大型媒体采风”等系列活动，新华社、人民网、《人民日报》等40余家媒体进行报道。响应京津冀协同发展步伐，联合通州区西集镇举办“吉祥运河·游你游我”大型推介活动，推介旅游资源，签署《“吉祥运河”旅游发展联盟》协议，形成旅游协同发展。由《新京报》与“环京津新闻网”联合直播的首都地区环线高速公路开通体验活动香河段参与人数30万人，扩大“运河驿站 荷香香河”文化旅游品牌的知名度和影响力。

2018年香河县旅行社及服务网点一览表

表7

类别	名称	地址	业务范围	负责人
总社	香河优途旅行社有限公司	河北省廊坊市香河县站西小区街道办住宅南楼3单元351室	入境旅游业务，国内旅游业务；	周万辉
	香河多彩人生旅行社有限责任公司	香河县新开街东头路南	国内旅游业务、入境旅游业务、旅游咨询业务	路顺程
	香河乐易游旅行社有限公司	河北香河开发区京津路27号燕都鑫城小区二期8号楼1单元1101室	国内旅游业务、入境旅游业务和出境旅游业务。	金 鹏
	香河春秋旅行社	香河县新开街西段	国内旅游和入境旅游业务	唐春海
本埠分社	廊坊市虹宇国际旅行社有限公司香河分公司	香河县新开街南西南旧城改造（香逸园）2号楼4单元102号门市	国内旅游、入境旅游招徕、组织、接待业务	吴 洁
	河北航空集团天鹅国际旅行社有限公司香河分公司	香河县新开街西段	国内旅游、入境旅游和出境旅游招徕、组织、接待业务	唐春海
	廊坊市凯悦旅行社有限公司香河分公司	香河县迎宾路西侧新天地商业区C区101门市	国内旅游和入境旅游招徕、组织、接待业务	史国敏
	廊坊市中青旅行社有限公司香河公司	香河县新开街北侧冷冻厂商住楼58—16室	国内旅游和入境旅游业务	王艺伟
外埠分社	一起玩国际旅行社（北京）有限公司廊坊分公司	香河县新开街59号泰安家园1号楼1单元103号门市	国内旅游和入境旅游业务	胡 丹
	北京市中国旅行社有限公司廊坊分公司	香河县新开街西段路北54—9号门市	国内旅游业务、出境旅游业务及入境旅游业务	印宝辰
本埠服务网点	廊坊市康辉旅行社有限公司香河服务网点	香河县新开街56号	国内旅游和入境旅游招徕、咨询服务	王红霞
	廊坊市康旅旅行社有限公司香河县服务网点	香河县迎宾路西侧新天地商业区3区C115号门市	国内旅游和入境旅游招徕、咨询服务	陈春起

续表 7

类别	名称	地址	业务范围	负责人
	廊坊市全景假日旅行社有限公司香河服务网点	香河县新开街南侧 87—1 号	国内旅游和入境旅游招徕、咨询服务	秺慧娜
	河北虹宇国际旅行社有限公司香河淑阳大街服务网点	香河县府前街南侧康宁路西侧盛达铂宫小区东方广场 1 幢楼 1 单元 0103 号	国内旅游、入境旅游和出境旅游招徕、咨询服务	吴晓光
	廊坊春光国际旅行社香河欧陆服务网点	香河县新华大街北侧欧陆豪庭小区柏林乐韵 6 号楼 1 单元 9 号车库	国内旅游、入境旅游和出境旅游招徕、咨询服务	刘志男
	承德海航乐游国际旅行社有限公司香河服务网点	迎宾路东侧花园公寓第 3 幢 0114 号房	国内旅游、入境旅游、出境旅游业务的旅游招徕、咨询服务;旅游信息咨询;	张淑云
	廊坊市金龙假日国际旅行社股份有限公司香河服务网点	香河县迎宾路西侧新天地商业区 5 区 138 号门市	国内旅游和入境旅游招徕、咨询服务	李　航
	廊坊五洲旅行社有限公司香河淑阳服务网点	香河县迎宾路东淑阳大街商业街 9 号楼 8 号	国内旅游和入境旅游招徕、咨询服务	王子龙
	廊坊五洲旅行社有限公司香河新开街服务网点	香河县新开街泰安家园 26 号	国内旅游和入境旅游招徕、咨询服务	王子龙
	廊坊市百事通国际旅行社有限公司香河五一苑服务网点	河北省廊坊市香河县新开街五一苑小区 1#楼 3 单元 312 号门市	国内旅游业务、入境旅游业务和出境旅游业务的旅游招徕、咨询服务。	韩洪生
	廊坊百事通国际旅行社香河新开街服务网点	香河县淑阳镇西街（1）号	国内旅游、入境旅游和出境旅游招徕、咨询服务	贾丽艳
	廊坊市众信旅行社有限公司香河服务网点	香河县新华大街文曲星苑底商 6 号	国内旅游和入境旅游招徕、咨询服务	张　艳
	三河四方旅行社有限责任公司香河淑阳大街服务网点	香河县淑阳大街西段北侧名格小区 1 号楼东数 1 号商铺	国内旅游和入境旅游招徕、咨询服务	李　爽
	河北乐道国际旅行社有限公司香河新华大街服务网点	河北省香河县新华大街 13 号	国内旅游、入境旅游和出境旅游招徕、咨询服务	成豪蒙
	河北康辉国际旅行社有限责任公司香河新开街服务网点	香河县新开街 56 号	国内旅游业务、入境旅游业务和出境旅游业务的旅游招徕、咨询服务。	朱民璋
	河北青年国际旅行社	香河县迎宾路西侧新天地商业区 1 区 108 号门市	国内旅游业务、入境旅游业务和出境旅游业务的招徕、咨询服务。	邱　丰
	河北虹宇国际旅行社有限公司香河新华大街服务网点	香河县新华大街北国营机械厂商住楼 1 号门市	入境旅游、国内旅游和出境旅游招徕、咨询服务	徐继生
	廊坊环宇国际旅行社	香河县新开街泰安家园东	国内旅游业务，入境旅游业务和出境旅游业务的旅游招徕，咨询服务	王建雄
外埠服务网点	海洋国际旅行社有限责任公司安平服务网点	香河县安平镇商贸区（1 号）	国内旅游和入境旅游招徕、咨询服务	冯玉新
	海洋国际旅行社有限责任公司香河服务网点	香河县新开街 56—2 号门市	国内旅游和入境旅游招徕、咨询服务	郭孟然

续表 7

类别	名称	地址	业务范围	负责人
	北京和平天下国际旅行社有限公司香河第一服务网点	河北省廊坊市香河县新开街西段北侧 50—3 号	国内旅游和入境旅游招徕、咨询服务	赵海波
	盈科美辰国际旅行社有限公司香河县新华大街服务网点	香河县新华大街南侧安福家园小区 1 号楼 2 单元 2 号门市	国内旅游、入境旅游和出境旅游业务的招徕、咨询服务	樊长松
	盈科美辰国际旅行社有限公司香河县府前街服务网点	香河县府前街南安福路西居民区	国内旅游、入境旅游和出境旅游业务的招徕、咨询服务	许家豪
	盈科美辰国际旅行社有限公司香河县花园公寓服务网点	河北省廊坊市香河县迎宾路东侧花园公寓商贸楼 0001 幢 0184 号房	国内旅游、入境旅游和出境旅游业务的招徕、咨询服务	贾晓慧
	盈科美辰国际旅行社有限公司香河县兴业公寓服务网点	河北省香河县新华大街东段北侧	国内旅游、入境旅游和出境旅游业务的招徕、咨询服务	高清华
	盈科美辰国际旅行社有限公司香河县迎宾路服务网点	香河县迎宾路西侧新天地商业区 3 区 116 号门市	国内旅游、入境旅游和出境旅游业务的招徕、咨询服务	刘广红
	盈科美辰国际旅行社有限公司香河新天地服务网点	香河县迎宾路西侧新天地商业区 C 区 101 门市	国内旅游、入境旅游和出境旅游招徕、咨询服务	高 妍
	盈科美辰国际旅行社有限公司香河县我家公坊服务网点	香河县新华大街西段 120—18 号沿街商住楼商 A—070 号	境内旅游业务、入境旅游业务、出境旅游业务的旅游招徕、咨询服务	李东华

（韩金凤）

卫生健康

责任编辑　刘士刚

综　述

2018年，香河县深化医药卫生体制改革，探索改革路径，着力提高人民健康水平和人口素质，开创全县卫生健康工作新格局。2017—2018年度基本公共卫生服务项目，在全省基本公共卫生服务绩效评价中，综合成绩排名河北省第一，获廊坊市财政局奖励资金20万元。香河县分级诊疗制度建设，被廊坊市深化改革领导小组评为优秀。县委、县政府授予县卫生和计划生育局（简称县卫计局）“年度优秀领导班子”荣誉称号。香河县荣获河北省“2017—2018年度深化医药卫生体制改革工作先进县”荣誉称号。

医疗卫生

【概况】　2018年，香河县有医疗机构424所，其中，县级医院4所，分别是香河县人民医院、香河县中医医院、香河县气管炎哮喘医院、香河县妇幼保健院。乡镇卫生院15所，分别是刘宋中心卫生院、安平中心卫生院、渠口中心卫生院、钱旺镇卫生院、淑阳镇卫生院、钳屯镇卫生院、蒋辛屯镇卫生院、五百户镇卫生院、安头屯镇卫生院、东鲁口医院、石虎医院、香城医院、李庄医院、金辛庄医院、梁家务医院。村卫生室293所，其中，一体化190所。是年，香河县购入医疗设备135台（套），合计金额2558万元。主要有肿瘤科用于头颈、胸腔、腹腔、盆腔、四肢等各部位的原发或继发肿瘤，以及手术后或手术前的放射治疗医用直线加速器，外科手术内窥镜摄像系统，眼科专用手术显微镜，肛肠科胃肠动力学检查系统，乳腺触诊诊断仪，皮肤科多功能激光光电平台、强脉冲光治疗仪，脑外科脑电采集监测系统等大中型医疗设备。香河县中医医院购进床旁DR、电子内窥镜系统，计算机言语认知教育系统，平衡检测仪，手部连续被动训练系统，内窥镜清洗设备，康复踏车，生物反馈治疗仪，滑轨网康复单元等10万元以上仪器设备29台件；购进四肢联动康复训练仪，医用内窥镜摄像系统、医用气腹机系统，多参数监护仪，SASS WOFL腹腔镜HD万元以上仪器设备147台件。是年，全县卫计系统工作人员804人，其中，局机关61人、县级医院347人、妇幼保健院75人、乡镇卫生院240人、疾控中心44人、卫计综合监督执法局24人、药品配送中心6人、卫校6人。

【卫计系统队伍素质状况】　2018年，全县卫计系统工作人员共804人，其中，正副主任医师58人、主治主管医师266人、医师级137人、医士级119人。

人员结构。全县卫计系统工作人员804人，其中，干部 542 人、固定工 50 人、合同制 212 人。

人员类别。804 人中，行政 101 人、工勤 94 人、医疗 524 人、防保 85 人。

学历状况。804 人中，本科 174 人、大专 366 人、中专 207 人、其他 57 人。

乡医。全县有乡医 308 人，其中，乡医主治医师 50 人、乡医师 152 人、乡医士 89 人。

【妇幼保健】 儿童保健管理。2018 年，全县 7 岁以下儿童 30024 人，保健管理 29255 人，儿童保健管理率 97.4%。3 岁以下儿童系统管理 12540 人，3 岁以下儿童系统管理率 94.1%。5 岁以下儿童营养评价，实查 19865 人，管理体弱儿童 650 人，全部进行专案管理。

孕产妇及高危孕妇管理。2018 年，全县户籍活产 3802 人，系统管理 3423 人，产后访视 3450 人，住院分娩率 99.97%。筛查出高危孕产妇 984 例，进行全程跟踪管理，使高危孕妇管理率和住院分娩率均 100%，无孕产妇死亡。

孕产妇住院疾病检测、预防、叶酸发放。2018 年，孕期 HIV 抗体检测 5062 人，梅毒检测 5062 人，乙肝五项检测 5062 人，梅毒阳性 4 人，乙肝阳性 133 人。2018 年，服用叶酸人数 6376 人，依从人数 5171 人，服用依从率 81.10%，发放叶酸 25215 瓶（12.4 毫克/瓶），随访 22625 人次，增补叶酸知识调查 3518 人次，知晓 3438 人次，知晓率 97.73%。

【卫生防疫】 突发公共卫生事件及重点传染，累计报告法定传染病 2315 例，报告发病数比去年同期上升 56.42%。

慢性病及重症精神病人管理。2018 年，发病报告率 3.46‰。规范管理率 71.71%，面访率 73.21%，服药率 59.26%、规范服药率 12.14%、精神分裂症服药率 66.76%、精神分裂症规律服药率 15.12%。

地方病防治。对刘宋镇、淑阳镇、钳屯镇、五百户镇、钱旺镇的 5 所小学及辖区孕妇开展碘缺乏病监测采样工作。监测对象是 8—10 周岁儿童的尿碘、食用盐碘含量及孕妇尿碘、食用盐碘含量的检查。采集的 304 份盐样均为精制盐。检验结果表明，儿童合格碘盐食用率 92.15%，孕妇合格碘盐食用率 94%。2018 年 9 月，对香河县辖区所有乡镇开展地方病现症病人调查、高氟区 8—12 岁儿童氟斑牙病情调查，检测 2813 名儿童，其中，正常人数 2121 例，可疑人数 297 例，极轻人数 240 例，轻度人数 152 例，中度人数 6 例，县地方性氟中毒得到控制。

免疫接种。2018 年，全县累计接种卡介苗 3679 剂次，接种率 100%、脊髓灰质炎疫苗 23488 剂次，接种率 99.13%、百白破疫苗 18354 剂次，接种率 98.76%、麻疹类疫苗 11474 剂次，接种率 99.17%、乙肝疫苗 12494 剂次，接种率 99.16%，白破 4634 剂次，接种率 98.82%、A 群流脑 9434 剂次，接种率 98.62%、A+C 群流脑 7273 剂次，接种率 88.1%、乙脑 9021 剂次，接种率 98.68%、甲肝 4446 剂次，接种率 86.44%。HepB 报告首针及时接种率 100%。按国家要求，全县开展不合格百白破疫苗补种工作，此次接种不合格百白破疫苗摸底儿童 6384 人，8897 剂次，接种已补种儿童 2120 剂次。

结核病防治工作。香河县疾控中心接诊疑似结核病病人 707 人次，综合医疗机构报告疑似肺结核病人 77 例。

【农村医疗卫生】 乡镇医疗机构基本现状。2018 年，全县有乡镇卫生院 15 家，其中，中心卫生院 3 家（刘宋、渠口、安平），乡镇卫生院 6 家（安头屯、五百户、钳屯、淑阳、钱旺、蒋辛屯），非镇所在地一级综合医院 6 家（石虎、东鲁口、金辛庄、香城、李庄、梁家务）。在职人员 283 人，其中，执业医师 93 人，执业助理 61 人，执业护士 41 人，检验 11 人，药剂 32 人。

业务用房和设备设施。15 家乡镇卫生院业务用房近 760 间，千元以上医疗设备 431 台（件），床位 453 张，每千人口基层医疗机构床位数 1.3 张〔河北省医疗卫生服务体系规划（2016—2020 年）规定，基层医疗机构床位配置标准每千人口 1.2 张〕。

医疗运营。2018 年，乡镇卫生院总门诊 23 万人次、住院 9.9 万人次，医疗收入 3493.81 万元。15 家乡镇卫生院中，医疗收入 500 万元以上 2 家〔其中，渠口中心卫生院（包括石虎、东鲁口）106.11 万元，安头屯卫生院 607.93 万元〕。

基本公共卫生服务。2018 年，全县基本公共卫生服务经费人均 55 元（中央资金占 60%，省、县各占 20%）。全市基本公共卫生服务项目考核，香河县位居廊坊市第一。

村卫生室。2018 年，香河县有村卫生室 293 家，村医 290 名。其中，新建集体产权村卫生室 191 家，每家村卫生室建筑面积 80—130 平方米，（诊室、治疗室、观察室、药房）四室分开，医疗设备配置齐全。土地由村委会无偿提供，房屋产权归村集体所有，医疗设备及其他固定资产由乡镇卫生院统一管理。村卫生室在业务技术、人员聘用、药品器械、财务管理、绩效考核等方面，由辖区乡镇卫生院实行一体化管理。每季度对村卫生室基本公共卫生服务项目实施情况进行考核，根据考核结果拨付补助资金。对实行乡村一体化管理的村卫生室，按村街户籍人口每人每年给予 10 元药品零差率补助，高于全市每人 8 元标准。有 283 家村卫生室纳入一体化管理，基本实现公共卫生服务全覆盖。

【推进县域医共体】 组织保障。成立由县卫计局局长任主任，主管局长任副主任，医改办、财务股、医改股等负责同志为成员的医共体管理中心，推动医改各项任务落地生效。

资金保障。落实政府办医责任，健全财政投入长效机制。基本建设及大型设备购置、重点学科发展和人才培养、离退休人员、政策性亏损补贴、支边支农服务等经费列入财政预算并及时足额拨付到位。2018 年，县财政拨付各类医改补助资金 2232.17 万元，为改革顺利推进提供有力保障。

制度保障。制定《香河县 2018 年度创建县级公立医院综合改革示范县实施方案》《香河县医疗共同体建设工作实施方案》《香河县医疗服务共同体实施细则》一系列政策性文件。针对人员编制、财政投入、考核管理等重点内容，多次召开座谈会，反复研究论证，明确改革重点，为推进改革提供制度保障。稳步推进医共体建设，在出台医共体建设方案基础上，结合罗湖经验，制定《香河县医疗共同体建设工作实施细则》，由 3 家县级医院牵头，组建 9 个县域医共体，坚持医院公益性、人员身份、财政投入、职能“四不变”，实行人员、资金、业务、绩效、药采“五统一”管理。县级医院定期选派经验丰富的医师到卫生院查房、坐诊，结合临床案例开展专题学术讲座，免费安排卫生院医护人员到县医院进修学习。县级医院在基层卫生院设立县级专家门诊 9 个，开展查房、讲座、坐诊累计 200 余次，免费接收镇卫生院医师进修 17 人。开展院前急救、护理基础知识、各类中医适宜技术等培训班 20 期，培训基层卫生技术人员 4000 余人次。县人民医院还为渠口卫生院安装 CT 机，建立远程会诊中心。卫生院 CT 机、心电图以及辖区村卫生室健康一体机等影像、图像检测数据，都能时时传送到县医院远程会诊中心，由县医院专家及时出具诊断报告。是年，卫生院开展 CT 检查 100 余人次，诊断肺癌患者 1 例，群众在家门口就医更加便捷、更加有保证。

【家庭医生签约服务】 2018 年，县卫计局组建由县级医院医生牵头、镇卫生院基本公卫人员、护理人员、村卫计专干组成的 63 个家庭医生团队，为 65 岁以上老年人免费健康体检，为 0—6 岁儿童、孕产妇、高血压、糖尿病、残疾人等重点人群开展随访服务。是年，签约居民 12 万余人，其中，高血压、糖尿病患者等重点人群 9 万人，建档立卡 59 户、125 名贫困人口全部签约履约。贫困群众到县级医院就诊实行“一免三减”（免挂号费，减 50%床位费、10%检查费、5%治疗费），并享受“先诊疗后付费”和“一站式”结算服务。

【增强基层服务能力】 针对基层卫生院硬件设施、技术水平等相对薄弱问题，2018 年，投资 5013 万元对钳屯、五百户、刘宋、安头屯 4 家卫生院进行改造升级，建筑总面积 12190 平方米，新增病床 103 张。不断加强镇卫生院自身建设，优化服务功能和流程，创造优质的内外环境，提升医疗服务品质，增强群众满意度。建立城乡医疗机构对口帮扶机制，每所县级公立医院对口帮扶 3—5 家乡镇卫生院，通过专科帮扶、人才交流、专家坐诊、技术支持方式，推进县级公立医院优质资源向基层延伸。

【医疗卫生监督治理】 整顿和规范医疗服务市场秩序。2018 年，查处违法违规医疗机构 39 家，罚款 12.6 万元，没收非法所得 9065 元。取缔非法各类医疗机构 41 家；检查美容机构 170 家，其中医疗美容机构 1 家，生活美容机构 169 家。查处非法开展医疗美容活动案件 20 起，结案 20 起，罚款 7.6 万元，没收非法所得 2.1 万元。

【公共卫生重点监管】 2018 年，香河县辖区内公共场所 278 家，消毒产品 1 家，餐饮具消毒 3 家，重点对辖区内公共场所的卫生许可证发放情况和从业人员持有效健康证上岗情况进行监督检查。截至年底，监督 415 次，立案 8 起，罚款 1.7 万元。

【生活饮用水卫生监督】 2018 年，县疾控中心每月上旬、下旬分别对全县 5 个水厂的水源水、出厂水、末梢水进行现场采集水样进行检验，其中，三强水厂负责香河县城区供水，设置 4 个末梢水监测点。采样 396 份，送检样品经检验合格率 100%。农村饮用水设置 11 个监测点，分别进行丰水期和枯水期检测。出厂水 22 份，末梢水 22 份；农村学校供水 3 所，出厂水 6 份，共计采样 50 份。做到城区与农村全覆盖，完成枯水期检测、录入工作。县疾控中心与县水务局成立农村饮水安全检测中心，疾控中心负责农村集中式饮水水质监测工作，监测 519 份，检测结果符合饮用水卫生要求。

【放射诊疗监督】 2018 年，全县有 18 家放射诊疗单位，重点对持证情况，建档情况，设备性能、场所检测，放射防护用品配备情况，放射工作人员个人剂量监测及职业健康监护情况，辐射危害告知、警示标志设置等情况进行监督检查，截至年底，放射诊疗单位新办 3 家，复核 2 家，延续 1 家，处罚 1 家，罚款 800 元。

【学校卫生监督】 2018 年，香河县卫生计生综合监督执法局出动执法车辆 41 台次，执法人员 82 人次，检查学校 98 户次；并对 11 所学校进行双随机监督检查，检查内容包括学校教学环境卫生、传染病防控、生活饮用水卫生管理情况。对辖区内 115 家小饭桌进行检查，出动执法车辆 44 台次，执法人员 88 人次。

人口和计划生育

【概况】 2018 年，香河县总人口 374349 人，出生 4600 人，符合政策生育率 97.46%，出生率 12.97‰，自然增长率 6.98‰。年内，全县办理第一个子女生育登记卡 5393 个，办理第二个子女生育登记卡 6520 个。

【出生人口性别比综合治理】 8 月中旬，联合县公安局、县食药监局、县妇联和县卫生计生综合监督执法局组成督导检查组，对县城区北大医院、新华医院和县人民医院等部分医疗机构和药店开展专项督导检查，对被查机构存在的问题及时给予指导，提出明确要求和整改意见。香河县严格实行 14 周以上人工终止妊娠手术审批制度，建立监督管理台账。2017 年 10 月至 2018 年 9 月（计划生育统计年度），香河县施行 14 周以上人工终止妊娠手术 50 例，复核 50 例。

【落实计生奖励扶助政策】 坚持计生家庭奖励机制。2018 年，全县累计发放独生子女父母奖励、退休独生子女父母一次性奖励、奖励扶助对象奖扶金 763.829 万元；独生子女死亡人员特别扶助金提高到 10800 元，将独生子女伤残人员特别扶助金提高到 9000 元，累计发放特别扶助人员特别扶助金 204.12 万元。以上各项奖励落实率均 100%。坚持特殊家庭救助机制。为新增计划生育失独家庭发放每户 2 万元的一次性救助，为独生子女伤残家庭发放每户 1 万元的一次性救助，共计 20 万元。为符合条件的计划生育特殊困难家庭夫妻及伤残子女报销住院治疗费自费部分的 50%，共计 7.7287 万元，发放住院期间护工补贴 4.09 万元；为 1 名生活不能自理的失独人员发放生活护理补贴 2 万元。打造医疗服务绿色通道，指定香河县人民医院为特殊家庭绿色通道定点医院，为特殊家庭人员在就医诊疗方面给予减免、优先、优惠及各项服务；推进契约赡养和签订《医疗救助授权书》，积极为特殊家庭做好指导、监督等工作。坚持计生家庭保障机制。实施医疗补贴优惠，为特殊家庭夫妻及其子女缴纳参加新型农村合作医疗或城镇居民基本医疗保险时个人缴费部分 3.15 万元。实施养老保障制度，对符合条件的计生特殊家庭成员给予参保缴费补贴 6.35 万元；对 60 周岁及以上的计生特殊家庭夫妻，给予每人每年 1200 元养老补贴，共计 12.36 万元；为 60 岁以上独生子女及双女户父母每人每年奖励 120 元，共计 71.892 万元。坚持工作创新机制。投入资金 60 余万元，为领取独生子女父母光荣证的农村独生子女进行每人 100 元的意外伤亡投保。

【流动人口均等化服务】 健全县卫计局与县公安局、人社局、财政局、民政局等相关部门协调联动机制，共同研究解决问题。积极配合相关部门做好农村留守儿童的信息采集、登记和数据共享等工作，做好留守儿童保健服务和疾病防治、健康教育与促进等各项服务。强化基层网络基础建设。县、镇两级流动人口卫生计生服务管理工作网络高标准配备流动人口专用微机。同时加强基层工作人员的业务培训，逐步建成一支业务精通、操作熟练、作风扎实的流动人口卫生计生服务队伍。加速推进流动人口信息化建设进程。与县电信公司签订相关合同，为县、镇、村三级流管工作人员更新 60 部移动终端机，完善信息平台的建设工作。创新改革、便民服务。继续依照“十分钟结办制”简化流程、规范办证、缩短办证时间，为全县 260 名流动人口办理电子婚育证明，切实为外出务工人员提供便利。

【计生宣传工作】 在重要节日、节点积极组织开展社会宣传活动。通过多种方式向群众宣传普及健康知识和惠民政策。组织医疗机构在活动期间开展健康咨询义诊活动。2018 年，开展各项社会宣传活动发放宣传品 8 万余份，提供义诊咨询服务和政策健康知识咨询 1.5 万余人次。开展健康扶贫宣传活动。通过组织医务人员和基层卫计工作人员开展健康扶贫政策解读和培训，利用新媒体及时发布健康扶贫政策知识，印制健康扶贫政策宣传品，发放到全县各医疗卫生机构、建档立卡贫困户和计生特殊家庭，使广大医务人员及时掌握相关政策，使贫困人口明白应享受的各项优惠。各医疗卫生机构通过播放健康扶贫政策宣传片、农村大喇叭广播、发放健康扶贫政策宣传手册、开展健康扶贫义诊活动、开展“布病防治知识”和预防接种宣传、组织家庭医生签约团队进村入户进行健康扶贫政策知识宣传讲，推进健康扶贫工作扎实开展。不断加强新闻宣传工作，提高新闻稿件质量。2017 年 10 月至 2018 年 9 月，全县卫计系统在中央级媒体刊登稿件 8 篇，国家级行业媒体刊登稿件 20 篇，省级媒体刊登稿件 45 篇，市级媒体刊登稿件 60 篇，比 2017 年有较大幅度提高，特别是健康扶贫和家庭医生签约履约服务等项工作被新华社、《中国人口报》《河北日报》等多家主流媒体报道，引起广泛社会关注，获得较好评价。

【计生优质服务】 2018 年，全县婚检检查男性 136 人，女性 138 人，对受检者进行健康咨询和卫生指导。参加免费孕前优生检查人数 961 对，超额完成目标人群数，目标人群覆盖率、知晓率 100%。全县助产机构产前筛查 3986 人，其中，高风险 224 人，均进行转诊和随访。是年，调入药具金额 154169 元，发放 80277.25 元，药具服务 3574 人，其中，使用口服避孕药 36 人，避孕套 3538 人。药具服务及时率、有效率、随访率均 100%。为 100 个村级卫生室免费发放点统一配置灯箱、药具知识板块、药具专柜和宣传资料架。使药具服务阵地标识初步具备 VI（视觉识别系统）的视觉识别效果。9 月，为淑阳镇、安平镇、新开街道办、新华街道办共配置 10 台新型自助发放机，分别安装在村卫生室和社区居委会。

【计划生育协会】 2018 年，香河县各级计划生育协会组织有会员 3.8 万人，会员小组 2590 个，会员之家 325 个，其中，优秀会员之家 50%以上。年内，县计生协走访慰问 11 户贫困母亲，发放慰问金 3.3 万元。8 月，开展救助贫困大学生工作，对 10 名大学生进行救助，市、县发放慰问金 3 万元。对贫困及特殊低收入家庭的 0—36 个月婴幼儿每月免费资助 2 听婴幼儿配方奶粉。普通低收入家庭，根据个人意愿可按不低于零售价格 50%的公益价格购领配方奶粉。

（张　靖）

香河县人民医院

【概况】 香河县人民医院始建于 1950 年，属香河县卫计局主管的医疗单位，担负全县医疗、救治、健康、保健、康复、理疗、科研、教学工作任务。香河县人民医院是全县综合性二级甲等医院，设人民医院院区、心脑血管医院院区、新院区 3 个院区，总占地面积 7.78 万平方米，建筑面积 10.2 万平方米，固定资产 5 亿元，编制床位 450 张，开放床位 1200 张。设 23 个临床科室，9 个医技科室，15 个职能科室，建有泰康老年公寓、天使幼儿园。2018 年 3 月 26 日，门德志被县政府第 7 次聘任为香河县人民医院院长，聘期 5 年。医院有职工 994 人，其中，在编干部职工 197 人，人事代理 562 人，劳务派遣 57 人，临时工 178 人。年，香河县人民医院贯彻中共十九大精神，围绕“向三级医院迈进”目标，荣获中国县级医院竞争力排行榜 300 强、全国十佳百姓放心示范医院、全国县域医院改革创新示范奖、中国 3·15 诚信建设联盟成员单位、河北省文明单位、河北省工人先锋号、河北省知名品牌、河北省白求恩式模范医院、2017 年度优秀领导班子等 33 个荣誉称号。先后有央广网、凤凰网及《河北日报》《河北经济日报》《河北法制报》《廊坊日报》等市级以上新闻媒体报道医院发展事迹 70 次。香河电视台、《新香河》、县域主流微信平台进行45次宣传报道，展示医院形象。

【考核目标完成情况】 2018年，业务收入5.24亿元，同比增长17.88%。总诊疗患者709942人次，同比增长6.3%，收治住院病人28774人次，同比增长3.6%。大中手术6967例，同比增长2%。医院改革，药品零差率销售全部完成，临床路径管理53个，均次住院费用增长率6.72%，无医疗事故。工作质量，诊断符合率99.99%，人才培养46人。医德医风，患者满意度96.1%。全部超额完成考核目标。

【改善医疗环境】 全年投资4600万元，购置大型直线加速器、PET/CT、128排螺旋CT、海扶刀、内窥镜摄像系统、眼科手术显微镜135台件仪器设备，改善就医条件。在新院区建设总建筑面积18280.25平方米的医养结合综合住院楼和血液透析中心，扩建1300平方米儿科楼，增强发展后劲。对皮肤科、肛肠科、检验科门诊，中医骨伤科进行装修改造，就医环境明显改善。

【专科与科研】 医院加强专科建设，新建放射肿瘤、产后康复、儿童体检、医学美容专科，独立完成急诊冠脉造影和支架植入手术，心脏起搏器植入手术、无创治疗子宫肌瘤，直线加速器、PET—CT两大医疗重器先后投入使用，医疗能力大幅提升。医院启动胸痛中心建设，与5家乡镇卫生院签约胸痛中心区域协同网络合作医院，开通胸痛患者双向转诊绿色通道，同时加强癌痛示范病房建设及卒中中心建设，规范诊疗流程，使急危重症患者应急救治能力大幅提升。2018年，全院各岗位人员在国家级期刊发表论文64篇，出版医学专著3部，开展院内科研课题36项，新技术36项，其中，12项科研课题成功立项，7项科研课题顺利完成省级验收。全国头颈部岛状皮瓣设计与颅底解剖高级培训班、口腔颌面部头颈外科临床解剖培训班相继在县医院召开，标志县医院的学科发展升上新台阶。

【人才培养】 高素质、合理的人才梯队是医院可持续发展的关键。2018年，各科业务骨干15人到三甲医院进修学习，464人参加短期培训和学术交流，全院医疗、护理、院感、药剂系统开展6000余人次培训考核，专项护理小组、阶梯培训班、网络视频教学扎实开展，提高职工业务素质；全年引进人才46名，有18人晋升为副高级职称，高级职称人员达到71人，中级职称307人。

【智慧医疗 信息化运作】 上线医疗设备、高值耗材、院内考勤、合理用药及临床药学，儿童健康体检网络系统，提高工作效率和医院信息化水平。在全院全面实施移动护理，开展精细化护理服务。升级改造PACS、LIS系统，全面推进检查、检验京津冀结果互认。上线智慧医保系统，实现网上预约挂号、个人账户缴费、查看就诊信息及检查检验结果等功能。

【建设医共体提高医疗水准】 深化医药卫生体制改革，让群众就近享受优质医疗服务，与渠口、刘宋，安头屯、五百户4家中心卫生院建立紧密型医共体，并挂牌运行。对接以来，先后为对口卫生院安装铺设院内办公网络，连通放射、心电图至县医院，为2家卫生院安装CT及PACS影像系统，实行远程影像传输，辅助出具检查报告，方便基层群众就医。组织开展基层医师和护理人员培训班，各专业学科带头人、业务骨干每周都深入到卫生院开展坐诊、会诊、查房，免费接收乡镇卫生院临床医生来院进修，切实提升乡镇卫生院技术能力，群众获得感和满意度显著增强。严格执行医改政策，上线贫困人口“先诊疗后付费”结算系统，为贫困患者进行一站式报销，把健康扶贫政策做实，把党的好政策落实到群众心坎上。

（孙媛媛）

香河县中医医院

【概况】 香河县中医医院（简称县中医医院）是一所以“中西医并重”，集医疗、教学、科研、急救、康复为一体的国家二级甲等中医医院。县中医医院始终秉承“以人为本、传承创新、惠泽于民”的服务宗旨，不断拓宽服务功能，提高技术水平，改善就医环境，充分发挥中医药特色优势，加强中医特色专科，医院服务水平全面提升。县中医医院与陆军总医院、火箭军总医院、北京中医药大学东直门医院、北京市中医医院、北京医学会麻醉分会、北京首儿李桥儿童医院、中国中医科学院望京医院及眼科医院、国家级名老中医黄丽娟、冯建春工作室业务上保持紧密合作，还与北京中日友好医院、天坛医院、阜外医院、安贞医院、积水潭医院、北京大学第三医院、同仁医院、北京妇产医院、北京儿童医院、首都儿科研究所、北京肿瘤医院、北京二龙路肛肠医院、北京朝阳医院等 10 余家三甲知名医院常年保持业务联系，各院知名权威专家随时来院急诊、会诊、临床手术，医院每年选派医护人员到各大医院进修深造学习。医联体建设不断深入推进，医院各项工作得到健康持续发展。

【搭建中医发展平台】 2018 年，县中医医院推进医联体建设，加强与北京各大医院交流合作，4 月，在北京市中医药管理局、北京市通州区卫计委、廊坊市卫计委大力支持下，京廊联合中医治未病项目在香河落地，为香河中医事业发展搭建良好的平台，有效增进京冀两地中医药文化交流与合作，推进治未病项目和中医适宜技术推广工作，辐射带动全县各卫生院、乡村医生中医诊疗技术提高，让广大百姓享受到更好的中医服务，减轻患者就医负担。

【队伍和科室建设】 县中医医院现有职工 502 人，其中，硕士研究生导师 1 人，硕士研究生 12 人，正高级职称 5 人，副高级职称 21 人，中级职称 116 人。建有骨伤科、脑病科、内二科、内三科、外一科、外二科、妇科、产科、急诊科、康复科、综合科 11 个住院病区及门诊、医技 43 个科室，其中，脑病科、骨伤科为省重点专科；针灸科、消渴病科、妇科、心血管病科为市重点专科；妇科、消渴病科为省重点专科建设单位。

【医疗设施】 2018 年，县中医医院不断更新和添置设备，购进床旁 DR、电子内窥镜系统、计算机言语认知教育系统、平衡检测仪、手部连续被动训练系统、内窥镜清洗设备、康复踏车、生物反馈治疗仪、滑轨网康复单元 10 万元以上仪器设备 29 台件；购进四肢联动康复训练仪、医用内窥镜摄像系统、医用气腹机系统、多参数监护仪、SASS WOFL 腹腔镜 HD 万元以上仪器设备 147 台件，有效提高诊疗检测能力。在信息化建设方面投入 80 余万元，新装金山杀毒软件、远程会诊系统、医学考试与评价系统和全院考勤管理系统，持续更新并调整 PACS 系统和 HIS 系统。

【业务数据及荣誉】 2018 年，县中医医院干部职工不懈努力，两个效益取得双丰收。年门诊量 30.9 万人次，出院量 16940 人次，手术量 3285 例，与上年同期相比，门诊量增加 1.4 万人次，出院量增加 833 人次，经济效益增加 10%，患者满意度 98.5%，社会满意度 98%，全年收到锦旗 96 面，表扬信 18 封，行风建设取得优异成绩。妇产科荣膺“全国三八红旗集体”，县中医医院荣获全国百家“优秀数据管理卒中中心”“河北省护理工作先进集体”“廊坊市医疗器械质量管理示范单位”“廊坊市药品不良反应监测工作先进单位”“香河县先进基层党组织”“香河县五四红旗团支部”等荣誉称号。

（牛欢）

香河县气管炎哮喘医院

【概况】 香河县气管炎哮喘医院（简称县哮喘医院）坐落在河北省香河县经济技术开发区，西面毗邻北京市通州区。医院占地面积27000平方米，其中，绿化面积12000平方米，建筑面积21500平方米。固定资产4866.5万元。有职工207人，是一所集医疗、教学、科研、预防、保健为一体，气管炎哮喘专科为特色，大型综合性全民所有制二级医疗机构，河北省重点中医专科医院。设有气管炎哮喘专科、内一科、内二科、妇产科、外科、急诊科、康复科、麻醉手术科、肛肠科、耳鼻喉科、放射科、检验科、功能检查科、制剂中心。编制床位120张，实际开放床位200张，万级净化手术室2个。建有现代化集中供氧系统，微机管理系统，集团通信系统，数字监控系统配套设施。2018年，获得廊坊市药品不良反应监测工作先进单位。院内二科主任王雷获得廊坊市“白求恩式好医生”称号。副院长董树江获得河北省中医药学会“白求恩式好医生”称号。医院护士在廊坊市急诊急救技能比赛中荣获动脉采血三等奖。有10名优秀护理人员，被廊坊市护理学会聘为第七届护理管理专业委员会委员。“院标”服务品牌荣获2017年河北知名品牌。廊坊市中医护理技能竞赛中荣获团体三等奖，并获得三个个人奖项。截至2018年底，全院完成业务收入4954.32万元，比去年同期增长6.7%。门诊量89576人次，比去年同期增长10.66%。住院3436人次。

【医联体缓解看病难】 县哮喘医院与清华大学第一附属医院华信医院、北京广安门中医院建立医疗联合体后，充分发挥两家医院的医疗资源和技术优势，建立医疗、康复、护理、科研、教学有序衔接、相互补充的一体化医疗服务体系，通过绿色通道转诊、远程会诊、技术输出、管理输出等方式，促进优质医疗资源下沉，提升整体诊疗水平，让广大患者在家门口就能享受到北京专家团队医疗资源，最大限度方便群众看病就医，缓解群众看病难问题。4月，按照县卫计局安排，完成与安平中心卫生院、钳屯卫生院、安头屯卫生院3家卫生院的医共体揭牌仪式，建立更紧密合作模式。

【医疗服务制度化】 坚持“制度化管理”，继续执行《质量量化考核标准》制度，对各科室工作每月进行一次质量量化考核，平时不定期检查，达到医院“制度化管理”的目的。坚持门诊首诊负责、病区三级查房制度。药事委员会、医保、居保领导小组等组织认真履行职责，定期开展督导检查工作，促进临床合理用药和病历质量提高。实行首诊负责制，严格传染病管理，强化传染病知识培训，定期开展医疗、护理培训，提高全院医务人员应急能力。提升医院诊疗、管理和服务水平，持续改进医疗质量、保证患者就医安全，切实促进各项工作实现标准化、规范化、常态化（简称“三化”）目标，保障医院“二级甲等中西医结合医院”创建工作顺利完成，3月，县哮喘医院制定“三化”建设方案，坚持以病人为中心，努力提高诊疗、管理和服务水平。成立以院长为组长的领导小组，下设办公室开展日常工作。目标以《二级中西医医院评审细则》为标准，使医院一切工作有标准，一切事情有人管，一切人员有职责。职能科室健全管理制度，使制度精细化、具体化，重点抓好落实，提高管理水平。临床科室制定诊疗规范和临床路径，使疾病的诊疗有标准、有程序，提高诊疗水平，减少医疗安全隐患，保证患者安全。辅助科室制定技术操作规范，优化检查流程，加强质量控制，保证检查结果准确性和及时性，为临床做好服务。后勤科室围绕临床开展工作，加强岗位技能训练，提高后勤人员服务能力。各科室按照医院实施方案、阶段工作安排和要求，结合科室实际情况，制定年工作计划、月工作安排与落实措施，提高认识，深刻领会，增强信心，按照方案要求，逐条落实，责任到人。

【人才培养与技术交流】 县哮喘医院坚持“请进来、走出去”发展战略，外请专家走上讲台，作辅导、搞讲座，以其丰富阅历和成就增强教育吸引力，医院的学习气氛浓厚，各类专家讲座开展有声有色。每周六华信医院安排普外科、骨科、妇产科、心内科、神经内科等专家来院坐诊，进行学术交流，成功开展各科手术数百例，带动全院技术水平提高。优化中医药人员结构，加强中医药人员队伍建设，引进中医人才6名。投入25万元用于优秀医护人员进修及培训，选派4名医务人员到上级医院学习先进技术。开通远程会诊系统，及时与上级医疗部门进行学术交流。各临床科室充分贯彻中医优势病种诊疗方案，定期对优势病种的疗效与特色认真分析，工作中不断总结，查找不足不断完善诊疗方案。科室认真组织学习中医药相关知识，使科室内每个临床医师，熟悉掌握优势病种的诊疗方案，中医基础理论和基本技能。积极采用非中医治疗方法，努力探索工作中充分发挥中医药特色优势的政策措施，制定鼓励措施，充分调动医务人员使用中医诊疗技术和方法的积极性。从而加大中医处方量和中药饮片使用量，加大非药物中医治疗比例。医务科、总护理部年初制定医护人员培训计划，每月严格按照计划进行培训考核，对考核不合格人员进行全院通报并处罚。妇产科新开展盆底康复治疗技术，哮喘科开展呼出气一氧化氮测定技术。医院完成增加耳鼻喉科一级诊疗科目工作。

【坚持中医特色】 哮喘科突出中医特色，不断完善优势病种诊疗方案，提高临床疗效。坚持以病人为中心，以病人需求作为一切工作出发点，向病人提供满意的医疗服务。加强对患者健康知识宣传普及，做好门诊及住院患者宣教工作，每月一次科内对病人健康宣教及伏九贴讲座。提高患者对肺系疾病的认知水平，使病人享受高质量医疗服务，提高患者对疾病的认识，减少患者对自身疾病的恐惧，增强患者控制疾病的信心及提高患者依从性，提高临床疗效。以中医药为基础，中医方法为依托，为病人创造优质的就医服务质量。提高中医辨证论治水平，使中药费在科室总药费的比例逐渐上升。继续开展中药熏蒸足浴、耳穴压籽、腧穴注射、中药贴项目。

【对口支援工作】 县哮喘医院对口支援领导小组继续执行对口支援工作制度。对口支援单位为香河县淑阳镇卫生院、钳屯镇卫生院、安平中心卫生院。派驻的医师思想作风好、业务水平高，有丰富基层工作经验，通过带教查房、病例讨论等提高所驻卫生院医务人员医疗技术水平。县哮喘医院按照指导计划派出中医药人才到3所卫生院进行中医药适宜技术推广培训，加强对中医药服务工作帮扶指导，指导开展中医药特色诊疗活动，重点指导利用中医药适宜技术治疗常见病、多发病，使卫生院的医务人员意识到中医药技术在处理一些常见病、多发病上既经济又快捷，能够切实减轻当地老百姓就医负担。

【健康扶贫】 开展健康扶贫工作，开会传达扶贫工作的核心政策，形成共识。贫困人口、五保户、低保人员都享受先诊疗后付费政策。其中，贫困人口享受一免三减政策：免挂号费，治疗费减 5%，检查费减 10%，床位费减 50%。严格执行健康扶贫政策，不让一位贫困患者多花一分钱。

【护理技能比赛】 县哮喘医院为迎接“5 · 12”护士节到来，同时为廊坊市护理技能竞赛选拔人才，于 4 月 25—29 日，利用 5 天时间进行徒手心肺复苏术、留置针技术操作、简易呼吸气囊使用、血气穿刺技术以及心肺复苏团体项目比赛。5 月 10 日下午 3 点，在门诊 5 层会议室召开“香河县气管炎哮喘医院“5 · 12”国际护士节表彰大会”。大会表彰了在县哮喘医院护理技能竞赛中获得优胜的选手和团队，以及在县哮喘医院优质护理服务中表现突出的优秀护士和护士长。

【改善医院环境】 改善医院环境，为老百姓提供优美的就医环境，为职工改善工作环境。3 月，县哮喘医院住院部全部粉刷一遍，给病人一个舒适的环境。哮喘医院停车场西侧房屋完成建设，设置车棚、库房、小卖部、医疗垃圾暂存处，院落变得方方正正。硬化车棚前地面和停车场，建造篮球场和羽毛球场，增加职工健身场所。

【社会公益】 3 月 30 日上午，县哮喘医院到孔雀城温莎郡小区举办“诊爱无敌”大型义诊活动，心内科、神经内科、哮喘科、妇产科、中医理疗科等科室主任、学科带头人、业务骨干参与活动。义诊 150 余人次，免费测量血糖 60 余人次。5 月 9 日下午，内二科主任王雷在门诊大楼 5 楼大会议室举办“卒中课堂”讲座，介绍脑血管病防治相关知识，现场为患者进行义诊。8 月 8 日，组织无偿献血活动，48 名干部职工献血 11600 毫升。8 月 19 日，中国第一个“中国医师节”。国家设立“中国医师节”，对于加强医师职业规范、加强行业自律，更好地改善医患关系，起到积极作用。为了把第一个医师节过得更有意义，组织 9 个临床科室 40 余名骨干医生到美丽乡村北李庄村举行大型义诊及健康宣传活动。9 月 3 日至 10 月 24 日，进一步落实国家基本公共卫生服务项目，安排各科室医务人员分别去二街、一街、东庄、四街、后庄、成辛庄、小友垡等 7 个村庄为 65 岁以上老年人进行免费体检。

（陈丽颖）

社会生活

责任编辑　马　军

综　述

2018年，全县居民社会生活进步明显。社会福利与救助、慈善事业、防灾减灾、社会事务管理等持续加强。居民生活稳步改善，健康和谐的社会氛围日益浓厚。荣获“省级双拥模范县”等荣誉。

社会福利与救助

【概况】　2018年，加强社会福利与救助工作，做好特困人员供养、城乡居民最低生活保障及特困群众医疗救助。推行农房保险、救灾救济，有效保障了受灾群众的利益。

【特困人员供养】　2018年，全县有特困老人1331人，供养标准每人每年11520元。其中，3所中心敬老院集中供养169人，分散供养1162人。与每位分散供养老人签订1份协议、确定1名负责人、建立1份个人档案、每月按时将供养经费拨付到县农商银行，再由其发放到个人存折中。

【城乡居民最低生活保障】　2018年，全县城乡低保对象实行分类施保，动态管理，做到审核审批规范化、认定条件标准化、复核复查制度化。1—12月份新增低保对象203人，注销276人，城乡低保标准600元/月。城镇低保对象145户，213人，人均月补差561元，发放城镇低保资金160.3万元。农村低保对象870户，1461人。

【特困群众医疗救助】　资助城乡低保、特困人员、孤儿参加新农合、城镇医疗保险，并享受“一站式”服务机构住院治疗即时结算服务政策，实现城乡医疗救助制度与城镇基本医疗保险制度、新型农村合作医疗制度的资源共享、同步结算。1—12月救助579人，救助资金64.9万元。临时救助15人，救助资金2万元。

【救灾救济】　继续推行农房保险，投资72万元，为全县8万户农房投保。日常灾情及时统计上报，有效保障灾民利益。

社会事务管理

【概况】　2018年，加强社会事务管理，做好婚姻登记、社会养老、殡葬管理、地名管理、社区建设、拥军优抚及退役士兵与军休干部安置等工作。

【婚姻登记】 2018年，办理结婚登记3024对，离婚登记2027对，补办结婚登记1200对，补办离婚登记116个，办理收养登记1例，合法登记率和登记合格率均为100%。

【社会养老幸福工程】 香河县民政事业服务中心综合楼项目，年底竣工投入使用。位于县光荣院内，占地面积1.16万平方米，总建筑面积1.66万平方米，总投资3000万元。

【老龄工作】 实行80周岁以上高龄老人生活补贴制度，补贴资金全部纳入县财政预算，按时足额发放到每位高龄老人手中。全县有80岁以上老人8441人，补贴标准为80—90岁每人每月50元，90—100岁每人每月200元，100岁以上每人每月300元，年度补贴总金额为321.68万元。全县60周岁以上老年人办理老年优待证7000余本，提高老年人生活质量，推进全县老年事业的发展。

【殡葬管理】 坚持文明殡葬、健康殡葬，规范丧葬用品市场，2018年，火化遗体2595具，火化率连续30年稳定在100%。

【地名管理】 地名命名更名工作适应城乡建设、社会发展和人民生活需要，按照《地名管理条例实施细则》《河北省地名管理规定》等文件规定，严格审批。批准建设小区名称18个，整改古怪崇洋的申请名称40余次。对城区内273个街路标志进行实地检查，在版面内容、版面布局、颜色、尺寸、外观等方面不符合地名标志规定的街路标志予以更正。香河县第二次全国地名普查通过国家、省级、市级全面审核和入库验收，标志着全县1117个地名词条基本完成。

【社区建设】 提升社区管理水平，健全社区“共治、共建、共管、共享”，县民政局与住建局联合制定《关于开展城市社区协商共治工作的实施方案》，在理顺社区党组织、居委会、业委会、物业服务企业的职责关系等方面做了详细规定。

【拥军优抚】 加强军民共建和谐社区活动和军地互办实事，按时足额发放优抚对象抚恤补助金。全年发放各类抚恤补助资金838.7万元。804名重点优抚对象发放门诊补助77.6万元。县财政投资145万元，为香河驻军整修道路，工程于8月竣工。

【退伍士兵与军休干部安置】 对接收的转业士官和自主就业退役士兵妥善安置，发放自主就业退役士兵一次性经济补助金560.6万元，并对有需求的退役士兵进行技能培训。

（牛凌璇）

居民生活

【概况】 2018年，全县经济继续呈现稳中向好态势，农村居民和城镇居民生活主要指标均比上年度有所增长，生活水平不断提高。

【城镇居民生活】 2018年，城镇居民人均可支配收入43067元，同比增长7.9%，高于目标任务（5%）2.9个百分点。

【农村居民生活】 2018年，农村居民人均可支配收入18042元，同比增长8.9%，高于目标任务（7%）1.9个百分点。

（张　鑫）

乡镇（街道）

责任编辑　马　军

综　述

2018年，全县各乡镇（街道）党委、政府积极进取，主动作为，创造性开展工作。在基层党建、文明城市创建、意识形态、“电代煤”“气代煤”工程、散乱污治理、拆违拆建、生态环境、民生福祉等诸方面工作都圆满完成年度工作目标任务，荣获市级以上多项荣誉。淑阳、安平、钳屯、五百户四镇入围“全国综合实力千强镇”、刘宋镇刘宋村艾宝君一家荣获全国最美家庭等国家级荣誉2项。蒋辛屯镇工会被评为“省级示范乡镇总工会”；钳屯镇获得全国生育状况抽样调查省级优秀单位、中国农业普查省级先进集体、镇社会事务办公室被命名为河北省学雷锋活动示范点；五百户镇获得河北省社会治安综合管理“先进集体”、2018年度河北省建设领域统计工作先进集体、河北省妇联“三有两突出”（有人干事、有阵地做事、有钱办事、服务基层妇女作用突出、参与和谐社会建设能力突出）基层示范组织等省级荣誉7项，市级荣誉13项。

全县辖9个镇：淑阳镇、安平镇、五百户镇、刘宋镇、安头屯镇、渠口镇、蒋辛屯镇、钱旺镇、钳屯镇。下辖300个行政村，占地面积为448平方千米。全县有3个街道办事处：新开、新华和平安街道办事处。下辖新开、新绣、安抚、段庄、永泰、康宁、绣水、五一、新华、永兴、迎宾、城西、珠光、城北、民安、新城、正阳、安泰18个社区居民委员会。

淑阳镇

【概况】　镇政府驻地于县城新开街站西小区，位于县政府驻地西南部，距县政府1千米，全镇总面积25.66平方千米，播种面积59.67公顷（895亩），总人口25516人，7232户。辖28个行政村街（朱庄、大王庄、许台、杜屯、孟庄、郎庄、池套、前套、后套、大罗屯、小罗屯、前小屯、后小屯、赵庄、姬家止务、河南止务、河北止务、孙家止务、姚家止务、王家止务、宋家止务、凌家吴村、河南吴村、郭辛庄、赶水坝、金辛庄、雉口、计庄）。2018年，规模以上工业生产总值12.9亿元，财政收入12.66亿元。年内，获得“市村‘两委’换届工作先进单位”“廊坊市先进基层党组织”“廊坊市创建文明城市工作先进单位”等多项荣誉。

【基层党建】　中共淑阳镇党委建立基层党组织53个，其中党委1个，党总支3个，党支部49个，党员1542名。推进“两学一做”学习教育常态化制度化。制定学习方案，下发学习计划和学习资料，发表网评文章198篇，专项引导网评11条，利用“淑阳镇党员之家”微信公众号和微信群，定期推送“两学一做”学习教育和中共十九大相关信息。举办“学思践悟中共十九大精神”知识竞赛、“不忘初心 实干争先”主题演讲、主题党日、上党课等活动。打造凌家吴村党建示范村，制定农村党支部办公室和党员活动室（简称“两室”）改建、垃圾场改建公园、外墙粉刷、绿化种植等项目。对全镇28个村街党支部“两室”墙面进行改造粉刷，统一装订制度展牌。开展远程教育工作，除河北止务、河南止务因拆迁和“两室”改建原因无法安装远程教育网，其余26个村街全部接通远程教育网。“百日攻坚”后进村顺利完成转化，召开专题会议研究后进村整治工作，确立“具体指导，系统整治，一村一策”工作思路，逐村制定整治转化台账，明确时间节点和解决方法。宋家止务、朱庄2个“百日攻坚”后进村转化工作全部完成。按照“试点先行、典型带动、由易到难、分批分次”的办法和“先选党支部、后选村委会”的顺序，制定选举方案，缩短选举周期，圆满完成28个村党支部、村委会换届选举工作，其中，连任的党支部书记17人，连任的主持村务工作的村委会主任（或副主任）14人。

【意识形态工作】 党委理论学习中心组率先垂范，以学习习近平新时代中国特色社会主义思想、中共十九大精神以及省市县委全会精神为主题，制定专项学习方案，撰写学习笔记、调研文章。建立“淑阳便民服务”微信公众号以及镇村干部工作群、各党支部活动群、移风易俗宣传群、扶贫攻坚宣传群等微信群。加强宣传力度，编写、上报各类信息稿件400余篇，编辑推送微信消息1200条。推进公共文化服务体系创建，28个村街全面建成村文化活动中心，村村有文化活动室，农家书屋。开展丰富多彩的文化活动，组织村街运动会、学习践行中共十九大精神诗歌朗诵以及“五四”系列主题活动。

【民主法治建设】 开展全民学宪法活动，发放《中华人民共和国宪法》、宪法宣传报、宪法条幅，组织宪法考试。对辖区内所有社区矫正人员进行定期摸排，及时了解他们的工作情况，家庭住址，生活状态等，并进行信息更新。全镇有安置帮教人员66名，每名安置帮教人员都有2名帮教责任人，每个季度对其进行一次走访，保证人员信息随时更新。通过主动申请、上级委派等方式接收法律援助案件130起，其中，成卷30件，口头咨询100件。

【农业基础设施建设】 植树1.8万余株，绿化20余公顷。与小麦种植户签订禁烧秸秆承诺书，印制发放禁烧宣传材料500余份，在村街路口等显要位置悬挂宣传禁烧标语40余条。建立健全行之有效的防汛机制。确立常备队650人、后备队1000人、打桩班60人的防汛抢险体系。对防汛物资进行筹备和落实，编织袋4250余条、彩条布850平方米、木桩200根、树枝130吨、大型运输车5台、推土机1台、挖掘机2台、潜水泵6台、铁锹100把、电缆100米、灌溉地龙水带300米。对于专用物资，逐一与供货商及所有人签订书面协议，并随时准备调用。召开河渠清理工作专题会议，制定工作方案，细化河长工作职责，同28个村街河长签订责任状，开展专项宣传2次，悬挂宣传标语56处，出动大型机械200余台次、人员500余人次、清理垃圾2万吨。

【生态环境建设】 全力开展大气污染防治。层层签订责任状，成立24小时巡逻小分队，利用无人机对全镇麦田进行航拍监测，严禁秸秆焚烧。对辖区内扬尘严重路段进行重新整修，加强各村街湿扫作业和洒水抑尘工作。改善农村环境卫生面貌。对镇域内七条主干路以及工业园区环境，进行集中治理。对全镇28个村街内主要街道、房前屋后、坑塘沟渠等垃圾，进行全面排查、清理，统一清运。运输清理各类垃圾10万余吨，新增垃圾房25个。

【散乱污取缔】 取缔散乱污企业110家，完成市环保部门验收任务。

【违建拆除】 排查出违建480处，拆除违建120处，计7.5万平方米。杜绝村街安全隐患，提高群众守法意识。

【安全生产】 联合县安全生产监督管理局、消防大队、镇派出所开展攻坚1—4号及“利剑除患”系列行动，累计检查生产经营单位124家，发现安全隐患189处，关停取缔32家。开展安全生产大排查、大整治行动，累计督导检查企业105家，现场发现安全隐患387处，整改292处。新增可进行360度无死角旋转操作的高清球机摄像头22个，监控范围进一步扩大。

【文明城市创建】 在2017年原有基础上，加强阅报栏、创城展牌日常维护。以主干道为主，次干道为辅，对重点区域和辖区开展环境卫生整治，共出动车辆3500余次、人工5000余人、清理垃圾2.1万吨。进一步夯实基层文化阵地建设，28个村街全面建成村文化活动中心，农家书屋，80%的村街有文化娱乐队伍，配齐图书管理员、文艺指导员，完成村街图书发放。开展丰富多彩的文化活动，举办淑阳镇村街迎春运动会、“不忘初心，实干争先”主题演讲活动以及“学雷锋”志愿服务活动，举办关爱母亲 弘扬孝老敬亲传统美德活动。

【社会稳定工作】 建立健全由一把手负总责，主管领导亲自抓，片长具体包片、包村街的信访分包工作机制。实行科级干部轮流坐班接访制度，每日轮流到信访室坐班。采取“日常周排查”和“重要时期日排查”工作机制，发挥重大村务先行风险评估、信访积案干部认领、关口前移筑牢村街防线、亲情感化等工作方法效用，全国“两会”、“5·18”中国廊坊经济贸易洽谈会、省委巡视组巡视期间等重要时期，未发生一起越级访和非法上访事件。截至2018年底，成功化解新案、积案43件，省市交办信访案件8件全部办结，结案率100%。

【卫生健康】 开展春季传染病防治、世界无烟日等宣传活动，为流动人口建立800余份健康档案，为65周岁以上老人免费体检，参检率70%。更新宣传板块和知识长廊近1000平方米，推出微信公众平台服务，建立各类工作服务群35个。开展大罗屯小学免费体检、世界无烟日进校园，关爱留守儿童六一联欢等活动。开展以母亲节、国际家庭日、会员心向党等活动月活动。开展亲情关爱、圆梦女孩志愿行动。推进计划生育基层群众自治县创建，对关爱女孩超市进行上档升级，以励志为导向，变单纯救助为综合帮扶。

【社会保障】 每天播放党的理论知识、法律法规、致富信息等广播稿件，为群众提供各类信息500余条。发放养老保险金973万元，发放人数达5.5万人次；发放城乡临时救助、医疗救助、高龄补贴等资金48万元。

（李盼）

安平镇

【概况】 安平镇政府驻地安平镇一街村，距县城12.5千米。全镇总面积32.55平方千米，辖29个行政村街（一街、二街、四街、后庄、东庄、扁城、赶古庄、谢屯、周庄、西贾庄、延福屯一村、延福屯二村、草沙河、成辛庄、小友垡、甘露寺、王家摆、谭庄、曹店、北太平庄、堡上、鲁家务、孙家务、王指挥庄、乔庄、三间房、枳根城、陈辛庄、高庄）。2018 年，全镇人口 5980 户、20338 人。财政收入 33620 万元，同比增长 -37.2%。农民人均纯收入 17900 元。公共财政预算收入完成 18044 万元，同比增长-15.7%。规模以上企业工业总产值完成 18553 亿元，同比增长 1.02%。全年固定资产投资 5.31 亿元。常用耕地面积 1335.8 公顷（20037.3 亩），粮食播种面积 330.67 公顷（4960 亩），粮食总产量 2115 吨。已婚育龄妇女 4373 人，出生 248 人，其中，男 128 人，女 120 人，出生婴儿性别比 107，符合政策生育率 97.98%，人口出生率 10.39‰，自然增长率 3.6‰。

【基层党建】 机关学习常态化。坚持周五集中学习日制度，组织全体镇村干部重点就中共十九大精神进行培训，举办理论学习培训班 30 余期。

严格村街干部管理考核。依照“两考三评一定”对村街 3 年任期承诺目标和年度目标完成情况进行逐村考核验收，考核结果直接与村街书记、主任相关待遇奖惩挂钩，制定出台《安平镇村务管理监督工作办法》，确保农村“小微权力”规范运行，从源头上整治基层“微腐败”，推动“两个责任”落细落实，全面打通管党治党向基层延伸的“最后一公里”。

打造党建示范亮点。打造学习型、服务型、创新型党建工作示范点。高标准完成小友垡村“两室”改造提升工程，累计投资 80 万元，建成 3000 平方米的活动中心。

坚持“党管换届”，压实主体责任。对换届相关政策和法律法规进行宣传，发放明白纸 6900 余张，大喇叭广播 320 余次，播放时长 2576 分钟，悬挂条幅 148 条，认真开展矛盾纠纷排查化解工作和离任审计工作，排除各种干扰，按时、按质完成全镇 29 个村街党支部、村委会“两委”换届选举任务。

打造环京党建示范带。总投资 178 万元重点打造环京 4 个村街，全面落实“两室”上档升级，提高村民幸福指数。在堡上村投资 50 万元，新建 225 平方米的“两室”，投资 20 万元在村委会南闲置土地修建占地 1500 平方米的健身广场，配备健身器材、篮球场、党务村务公开栏和政策宣传橱窗等设施。在高庄村投入 18 万元打造休闲文化公园，配备健身器材。在赶古庄投资 20 万元将“两室”扩建到 225 平方米，并更新室内设施。扁城列入新民居改造计划，适时开展回迁安置工作，投资 20 万余元对原“两室”进行改造升级。

【农业基础设施建设】 2018 年，完成造林 117.03 公顷（1755.5 亩），超额完成任务 58 公顷（870 亩）。突出“点、线、面”结合，提升精品线和廊道绿化档次，加快生态环境美化步伐，为打造京津冀协同发展样板区和全国绿色发展先行区奠定坚实基础。以沿河、沿路、沿渠以及环镇、环村、环企、环校及社区绿化为重点，提升镇域绿化水平。组织 3 次大规模林木病虫害防治工作，购买防治机械 3 台，购买防治药物等，各村通过查防员和建立专业防治队伍，组织地面防治，有效遏制了春尺蠖、美国白蛾的危害。

发展蔬菜、瓜、果生产，提高单位面积土地效率。开展技术培训 5 次，发放培训资料 3000 余份，全镇无公害蔬菜面积 333.33 公顷（5000 亩）。安平镇涉及运河、减河、小友垡排干渠 3 条河渠，全镇设置镇、村两级河长 23 名，担负起 3 条河渠的管理和保护任务。村级河长是管辖河渠的直接责任人，负责落实镇级河长工作部署，负责组织河渠防洪、除涝、截污、保洁、绿化、巡查、监管和保护工作。河长制的建立，使安平水生态环境有了改善。

【美丽乡村建设】 2018 年，安平镇美丽乡村建设共涉及鲁家务、小友垡、成辛庄、曹店、孙家务、四街、后庄、周庄 8 个村街。年内，鲁家务村拆除违章建筑 207 处，面积 6000 余平方米，清理垃圾杂物 22000 余立方米，墙体改造 28000 平方米、自来水管线更新 12400 米、污水治理（分散处理设施）198 处、道路硬化 56200 平方米、厕所改造 398 个、新建村民中心及活动广场等工程。完成 7 个村规划编制和 2018 年美丽乡村建设及污水处理项目可研编制工作。

【人居环境建设】 创新启动农村环卫一体化工程，实行由政府主导、村民主体、企业运营“三位一体”的运营模式，逐步建立“统一保洁收集、统一清理转运、集中分类处理、资源优化利用”的农村生活垃圾处理体系。集中清理清运各类垃圾 60000 余立方米、累计改造各类无害化厕所 1978 座、修建污水处理设施 819 处、整治标语广告私涂乱画 14000 余平方米。

【大气污染防治】 散乱污企业整治工程。按照“两断三清”要求，取缔 4 家“散乱污”企业。针对重点 VOCs 企业，加大巡查力度，确保各企业环保设备正常运行，环保局验收结束之前不许生产。年内，安平镇有 20 家取得排污许可证。

煤替代工程。安平镇全力消除安全隐患，确保监管到位。组织“气代煤”村民定期学习天然气常识、燃气炉及相关设备操作规范、注意事项、应急解决办法、救援预案等相关知识。每个“气代煤”村街培训 1—2 名维修指导员，帮助村民答疑解惑，维修一般性小问题并定期巡视检查村街燃气管道有无破损漏气等。在醒目位置张贴安全宣传标语，悬挂警示标志和安全宣传牌匾 3—5 块，提高防范意识。购买燃气漏气报警器 4163 台，免费发放“气代煤”村街每户 1 台。织织专员深入全镇“煤替代”村街逐户进行两轮安全大排查，对排查出的问题及时进行整改。

明确禁放区域。镇政府与村街签订禁放责任状 29 份，“气代煤”村街均成立巡逻队，每天对所辖村街进行安全巡查。为全体“气代煤”用户缴纳每户 20 元的“民用燃气用户综合保险”，人身、财产最高保额 30 万元，为农户免除后顾之忧。

综合治霾工程。通过大喇叭广播、微信公众平台、发放明白纸等方式进行大气污染防治政策及知识的宣传。对辖区内主街道进行洒水除尘，6 辆水车每天洒水 4 次，并按轮岗制确保 24 小时有水车在岗在位处理突发事件。新增雾炮车对主要道路和扬尘较多路段进行喷洒。对裸露土堆、砂石堆、料堆、煤厂、沿街门店建筑材料等堆放物进行苫盖，累计 12 万平方米。两辆巡查车每天对镇域内环境卫生、点火冒烟进行巡查。对辖区内 13 家汽车修理企业进行巡查，有喷漆房的汽修厂喷漆房全部停用，协助督促其办理有关环保手续。整治纳污坑塘 58 个，并纳入环保日常监管。

【社会稳定】 健全群众工作网络。推进“网格化管理、组团式服务”，层层落实维稳工作责任，整合信访、综治、司法等部门职能和人员，组建平安建设指挥部，形成“横向到边，纵向到底”基层综治维稳网络格局。完善信访维稳工作机制。确定副科级以上干部接访制度，通过开门接访、依法治访、真情融访和事后回访等形式，将苗头问题化解在基层。坚持定期开展矛盾排查，对苗头性问题立足于早、立足于小，早发现、早介入、早调处、早反馈，对群众上访的问题做到件件有落实、事事有回音。深化平安社会建设。构建人民调解、行政调解、司法调解等调解途径紧密衔接联调联运的“大调解”工作格局。将人防与技防紧密结合，形成立体化治安防控体系。年内，排查调处各类矛盾纠纷 116 起，调解率、调处成功率均 100%。

【新民居建设】 安平镇 29 个村街涉及 3 个组团进行开发建设，其中，涉及城中村改造项目 1 个

（燕都新村项目）和新民居建设项目2个（香安城项目、运河新村项目）。年内，燕都新村项目，涉及一街、东庄、二街等5个村街，实现一街、二街、东庄3个村街回迁。香安城项目，涉及扁城、赶古庄、谢屯3个村街，一期4栋回迁楼完成内、外装修，室内水电安装工程完成，二期4栋回迁楼实现封顶，室内初装修完成，精装修进场施工，室外园林绿化完成50%，室外市政完成50%，配套公建及村民活动中心建筑面积9000平方米，建成5800平方米，民安北路完成规划设计及勘测，进行地下管网铺设建设。运河新村项目，涉及延福屯一村、草沙河等12个村街，实现草沙河、甘露寺、延福屯一村、西贾庄、谭庄5个村街回迁。

【安全生产】 建立健全安全生产协调、监管、会议等制度。年初与村街、企业签订安全生产、消防责任状100余份，每季度召开1次专题会议。悬挂宣传横幅100余条，广播时长200小时，编发短信200余次，发放宣传单3000余份，制作宣传板120块。镇安全生产监督办公室联合镇派出所、综合执法、工商等部门协同包村干部统一行动，采取明察暗访、突击检查、回头检查等多种方式，到人员密集场所、易燃易爆、仓储物流、城乡接合部、“九小”场所、农村燃气使用等要害部位，开展深入细致的各项检查，对检查出的安全隐患逐一落实整改措施、整改责任、整改方案和整改责任人。组织开展14次安全生产大检查活动，查出各类隐患82条，全部整改到位。村街主要道路修建减速带55个，镇南环路与103国道交口设置信号指示灯2个，购置村街简易消防水带3000余米，建成高标准微型消防站21个。建成消防水鹤5座，为镇域内孤寡老人、小学、回迁社区安装151个独立烟感器。为全镇16个“气代煤”村街和8个回迁村街农户免费安装燃气报警器6500个，为16个气代煤村街和5个电代煤村街发放灭火器460具，让村民使用燃气有了“保险箱”。

【社会保障】 2018年，安平镇参加城乡医保人员19164人，缴费金额344万元，参保率95%。参加养老保险9086人，缴纳保费135万元，参保率95%。完成安平镇农村和城镇低保重审和调标工作，清除原有低保户中经济好转超出低保标准的家庭户，做到应保尽保。年内，全镇低保户35户、59人，月保障金32120元。特困17人，月特困补贴16320元。重点优抚对象6人、参战人员26名、死亡抚恤人员2人。

【精准扶贫】 通过个人申请、入户调查、村民代表评议、张榜公示、审核公告的程序，建档立卡11户、19人，其中，因残致贫9户、15人，因病致残2户、4人，2018年，脱贫户8户、15人。

【退役军人管理服务】 运河新村退役军人管理服务站软硬件设施完备，被作为经验试点在全县推广。

【文化建设】 围绕中共十九大精神、培育和践行社会主义核心价值观、《中华人民共和国宪法》精神、讲文明树新风等主题，在镇属公共区域及村街主干道、公共场所制作公益广告20000余平方米。完善运河新村综合文化站和村级文化服务中心硬件设施。为运河新村综合文化站添置图书3000余册、数字阅读机1台，建设香河县图书馆安平分馆，购买图书检索系统和管理系统，对各村街进行实地踏勘，根据村情实际，为村街文化活动中心配备音箱29个、大鼓6个、扇子和手绢70对，农家书屋配备书柜26个，桌子4个，椅子107把，图书8000余册。组织各种文化惠民活动。举办“落实中共十九大精神迎春送福进村街”、“践行中共十九大精神真情暖春”文化下乡巡演、

"我的书屋我的梦"全民阅读、"讴歌新时代庆七一"戏曲会演、文艺骨干培训、畅想改革开放40周年书画笔会、"中秋情祖国颂"书画笔会、"纪念改革开放40周年广场舞会演"、《中华人民共和国宪法》知识竞赛等活动50余场次。开展"寻找最美安平人"活动，宣扬身边模范人物，发挥榜样作用，提升全镇群众道德水平。

【重点企业】 香河石材城位于香河县安平镇103国道东西两侧，是由西联建材装饰城有限公司及华荣建材城共同承办，分为A、B、C三个区域，占地面积213公顷。其中，A、C区由西联建材装饰城有限公司（宏星石材等闽商）共同投资建设，B区由华荣建材城投资建设。计划总投资105亿元人民币，主要建设总部结算区、电子商务区、仓储交易区及相关附属设施等，项目建成后以综合运输、仓储配送、展览展示和电子商务为支撑，打造集"厂商办公、产品展示、零售交易、产品批发、仓储、物流配送、信息处理、娱乐休闲"八大功能于一体的新型体验式石材产销基地。年内，入驻香河石材城的大、中、小石材企业1000余户，98%以上企业正式对外营业，直接带动就业10000余人，年产值80亿元，完成税收7500万元。入驻企业90%以上为原北京西直河地区优秀的石材企业，经营世界各地精品石材达500余个品种，与福建水头、广东云浮成三足鼎立之势，南北呼应构成国内三大石材集散中心。香河石材城是一个集石材展示、交易、仓储、物流、微加工、综合服务为一体的大型石材交易中心。以石材展示、销售为主，根据客户需求，进行现场微加工。

（李春杰　周　琳）

钳屯镇

【概况】 钳屯镇位于香河县城西南，钳屯镇政府驻地钳屯村，距县政府6千米，北邻淑阳镇，东连环保产业园区和五百户镇，西与安平镇和香河经济开发区接壤，大香线、双安路、香务路、香武路、运河大道5条省、县级道路均从镇区纵横穿越。京杭大运河、青龙湾减河两条河流在镇区西部和南部蜿蜒流淌。现镇辖区1958年属城关公社，1961年建钳屯公社，1983年改乡，2013年11月26日，撤乡建镇更名为钳屯镇。

全镇总面积31平方千米，辖19个行政村（红庙、茅草店、后家湾、二百户、起河屯、圪子、西延寺、前延寺、贾庄、窝头、钳屯、叶屯、尚店、张庄、池屯、赵屯、草寺、西刘庄、雀林院）。全镇总人口23444人，农户7427户，其中从业人员9417人，常用耕地面积1768.73公顷（26531亩），粮食播种面积1736公顷（26040亩）。粮食总产量15945吨，农林牧渔总产值2.7亿元。2018年，财政收入完成6486万元，完成任务的136.3%。全社会固定资产投资完成5.37亿元。全镇固定资产投资千万元以上项目6个，总投资29.98亿元，累计完成投资3.03亿元。规模以上工业企业产值完成3.26亿元。镇民营经济单位446家，从业人员5833人，实现产值27亿元，同比增长11.3%。实现营业收入21.6亿元，同比增长7.9%。完成增加值8.7亿元，同比增长9.5%。实现利润2.2亿元，同比增长3.6%。是年，钳屯镇第二次入选"全国综合实力千强镇"榜单，先后获得全国生育状况抽样调查省级优秀单位、中国农业普查省级先进集体、农村公路养护工作市级优秀单位、全市先进基层党组织、全市村"两委"换届工作先进单位、全市国防教育先进单位等市级以上荣誉称号，镇社会事务办公室被命名为河北省学雷锋活动示范点。

【基层党建】 全镇设立33个基层党支部，其中，镇机关支部1个，企业支部3个，非公企业支部7个，教联支部1个，老干部支部1个，人才支部 1 个，19 个村街设立党总支 4 个，党支部 15 个。至 2018 年底，全镇有党员 969 名，其中，镇机关支部 58 人。30 岁以下 101 人，60 岁以上 455 人，研究生 8 人，本科 74 人，专科 145 人。农村党支部成员 57 名，村“两委”成员 93 名，村民代表 298 名。2018 年，完成镇党委、政府、人大和村“两委”换届工作，全镇 19 个村街党支部书记、村主任全部实现“一人兼”。

党委班子自身建设。健全完善党委班子规章制度，实行重大事项民主决策，完善中心组学习制度和周五集中学习制度，加强理论武装，深入学习中共十九大精神、习近平重要讲话和省、市、县委全会精神，要求班子成员恪守“五有”（心中有党、心中有民、心中有责、心中有戒、心中有同志），力行“四戒”（戒令下懈上、戒不敢负责、戒事情过夜、戒糙之大概），做到“三个全程参与”（全程参与所包村重要决策议定、重大工程实施、信访矛盾化解），强化“政治意识、大局意识、核心意识、看齐意识”，以班子自身建设不断加强为基层作表率，发扬“磐石般信守、黄牛般坚忍、工匠般精准、钉钉子般落实、公仆般奉献”的钳屯镇机关精神，秉承“马上就办、办就办好、办出一流、办出特色”的工作宗旨，切实做好各项工作。

村街干部队伍建设。成立村干部绩效考核小组，结合年度重点工作，对村两委班子进行考核打分。对发展党员、村民宅基地审批、困难补助申请等 33 项村街党务、村务工作，严格管理，用好“四种形态”。（经常开展批评和自我批评、约谈函询，让“红红脸、出出汗”成为常态；党纪轻处分、组织调整成为违纪处理的大多数；党纪重处分、重大职务调整的成为少数；严重违纪涉嫌违法立案审查的成为极少数），对个别村干部出现的违规苗头及时诫勉谈话。成立村干部绩效考核小组，结合年度重点工作，对村两委班子进行考核打分。把发展党员、村民宅基地审批、计划生育审核、困难补助申请及村民需要村干部出具证明或加盖印章等 33 项便民服务权力事项首次进行明确，制定“小微权力清单”，形成运行流程，让权力在阳光下运行，促使村街干部种好“责任田”，当好“服务员”，更好地为基层群众服务。

落实“两个责任”。强化党委主体责任和纪委监督责任，落实巡视巡察专项整改，规范完善农村小微权力运行，推进村财、村章、村合同镇代管，农村土地承包经营权确权、村集体产权制度改革及项目占地、美丽乡村建设、安全生产、大气污染治理、路网建设等中心工作。

【民主法制建设】 开展以普法为主题的法律宣传咨询活动 6 次，解答群众咨询 130 人次，法律宣传受教育面达到 3700 余人次，办理非诉讼法律援助案件 25 件，完善矛盾纠纷排查、预警、调解、处置 4 个机制，形成上下联动、纵横联网、责任落实、运转有序的大调解格局。

【农业基础设施建设】 2018 年，春季新造林 66.4 公顷（996 亩），改造提升 610 公顷（9150 亩），监测和防治夏安路、双安路两侧，运河大堤、青龙湾减河大堤的春尺蠖及美国白蛾，面积达 733 公顷（10995 亩）。加强农药、农资和种子化肥的管理，对全镇农资零售网点进行不定期检查，杜绝剧毒农药和高残留农药的销售和使用。建立镇村两级农业用水协会，保证农村用水安全。北运河、青龙湾减河、香五自流渠防护任务分段到村、巡护到人，设立公示牌 16 块。定期清理积存垃圾，对重点部位搞好水质监测，确保河长制从严落实，河道畅通。

【农村人居环境建设】 按照“四清四化”（清垃圾、清杂物、清残垣断壁、清庭院；净化、绿化、亮化、美化）标准，清除村街房前屋后垃圾、残垣断壁及违章建筑，优化生活环境，提升村容村貌。2018 年，清理垃圾 1.8 万立方米，清理违章建筑 56 处，清理残垣断壁和路障 89 处，打造后家湾、二百户村道路硬化、村街绿化、村庄亮化等工程。建立长效保洁机制，配备专职保洁队伍，签订环卫工人用工合同。全镇建设垃圾池 186 个，聘用保洁员 63 名，配备大小垃圾车 24 辆，对镇村主干道全天清扫保洁，完成全部村街环境卫生清理工作，有效改善了全镇人居环境。

【大气污染治理】 整治“散乱污”。加大镇区“散乱污”等工业企业的监管力度，对符合规划的企业进行整治改造升级，对所有未取得排污许可证的且无法办理相关环保手续的企业实行“两断三清”（断水、断电、清除原料、清除产品、清除设备），重点监察家具打磨、喷漆等污染企业。对未取得排污许可证而偷排的企业坚决采取取缔等措施。2018 年，辖区内发现“散乱污”企业 18 家，全部采取“两断三清”措施，涉污企业取得环评手续 84 家。

秸秆禁烧。制定钳屯镇禁烧区域图，标注地块，明确责任人，成立巡逻小分队，村街聘用 150 名防火员，进行不定时巡逻，确保镇域内不着一把火、不冒一股烟。

煤替代工程。全镇 14 个“煤改气”村街完成安装 5146 户，发放燃气补贴 120.6 万元，5 个“煤改电”村街完成安装 1500 余户，发放用电补贴 56.9 万元，改电户用气补贴 60 余万元。

扬尘治理。雇佣洒水车 6 辆，对镇区内可能造成扬尘污染的主要干道（大香线、香务路、双安路）、连村公路、料场、搅拌站实施全部苫盖并进行全天候洒水降尘工作。雇佣道路保洁员 26 名，每天对区域道路两侧垃圾、积土等进行清理。

【社会稳定】 按照“实战化工作平台”的定位和“综治办 + 综治信息化 + 组团式服务”模式，建成镇综治中心，设立“一厅两室两中心”（接待大厅、视联网会议室、矛盾纠纷调处室、综治信息工作中心、视频监控中心），司法、民政、信访、国土、人社、卫计等职能部门派员入驻办公，建成融群众接待、便民服务、平安指挥于一体的群众工作中心，实现天网、信访维稳、便民服务“三位一体”。并在窝头、二百户、红庙 3 个村街设立试点，按照“一格一员”的要求实行网格化管理。2018 年，镇村两级累计为群众办理各类事项 450 余件，有效化解各类矛盾纠纷 102 起。建立全镇信访隐患台账，实行动态管理，做到底数清，情况明，发现新的隐患随时入账。全年接待群众来访 86 件，及时处理市长热线投诉 36 件，受理河北省信访业务综合管理系统平台案件 167 件，办结 152 件（含重复访），信访案件的及时受理率、按期答复率、满意度均 100%，参评率 96.5%。

【新民居建设】 双安新城社区位于双安路北侧，占地 15.6 公顷，建筑面积 24 万平方米，根据组团内村街群众意见，并与开发企业协商，经上级主管部门审批同意，双安新城社区首批搬迁村街 3 个，分别为窝头、贾庄和坨子村。完成签约排号 548 户，排号率 90.8%；完成签约 485 户，签约率 80.4%，双安社区水、电、暖、气等居民生活设施全部配套到位，小区绿化、硬化、亮化等各项工程全部完成，回迁楼房主体工程检测、消防第三方验收全部完成。2018 年年初，签约户全部实现回迁入住。

【社会保障】 建立城乡居民统一的基本医疗保险制度，执行统一的城乡居民医疗保险政策，做好城乡居民医保收缴工作，年内，完成医保缴费 18388 人，完成率 96%。完成社保缴费 8657 人，缴费金额 745400 元。完成老农保（原农村社会养老保险）退款 967 人，退费 181071 元，持续发放 5 批次 19 个村街的社会保障卡，完成 158 人企业离退休的认证工作。全镇设初级中学 1 所（县第十一中学），小学6所，国办幼儿园6所，拥有在岗教职工145人。小学适龄儿童入学率100%，初中适龄人口入学率、小升初升学率、九年义务教育覆盖率均100%。全镇低保户26户，保障人口51人，特困人员救助供养69人，特殊养老老人19人，80岁以上高龄老人523人，残疾人享受生活补贴17人、护理补贴236人，资金全部实行社会化发放。全年救助慰问贫困户191户，重点优抚68人，对钳屯镇1户扶贫户进行帮扶。

【卫生健康】 2018年，已婚育龄妇女3782人，出生285人，出生人口性别比为112.7，符合政策生育率95.79%。综合避孕率90.11%。新增奖励扶助34人，全镇有493人享受奖励扶助。完善全员人口信息系统，实现PIS（个人形象识别）系统离线版管理客户端上线运行。流动人口实现规范化管理，电子建档率60%。

【重点企业】 2018年，新上亿元项目4个，分别是：香河万佳汽车配件有限公司新能源汽车零部件项目，雅威特（香河）遮阳窗帘项目，东鑫（香河机械设备科技有限公司）项目，帝品御居三期建设项目。结转上年度亿元项目2个，其中，总投资20亿元的清山·芭蕾雨·奥特莱斯环球国际中心项目，8000平方米的奥莱综合体招商中心建设完成。

（石　磊）

五百户镇

【概况】 镇政府驻地五百户村，位于县城南10千米。全镇总面积60.5平方千米，辖43个行政村，土山、四百户、三百户、骡子王、南蔡庄、夏辛庄、兴隆庄、仉村、高辛庄、曹庄、黄营、五百户、西张庄、前马房、后马房、头百户、马各庄、六百户、八百户、九百户、十百户、孙小营、东七百户、西七百户、香城屯、仓上、于辛庄、董家湾、南周庄、南张庄、霍刘赵、南石辛庄、香椿营、田各庄、李庄、前土门楼、后土门楼、吴打庄、西王家务、邢家营、东双街、南太平庄、荒凌庄。2018年，全镇总人口38626人，11017户，已婚育龄妇女7249人，累计出生407人，符合政策生育率为95.58%，出生率为10.09‰，死亡率为6.78‰，人口自然增长率为3.30‰。从业人员18478人，年末常用耕地面积3776.27公顷（56644亩），全镇完成财政收入3365万元，占全年任务的110.6%。入围全国千强镇（第663位）、获评2018年度河北省建设领域统计工作先进集体、河北省社会治安综合管理“先进集体”、“三有两突出”（有人干事、有阵地做事、有钱办事、服务基层妇女作用突出、参与和谐社会建设能力突出）基层示范组织、2018年香河县农村公路养护工作“优秀单位”、先进乡镇（街道）武装部。

【基层党建】 中共五百户镇党委坚持理论学习制度化。每月一次中心组理论学习，每周五机关政治理论学习，每月一次镇村两级干部常态化集中学习，全体党员网上教育活动和远程教育学习。每季度召开“农村党支部书记研讨会”，积极搭建交流学习平台，持续加大培训力度，提升村干部队伍整体素质。大兴调查研究之风，提高分析问题、解决问题的能力和水平。镇村两级领导干部的理论水平、实践能力不断增强。通过“村自筹一点，镇配套一点，上级补助一点”的方式多方筹措建设资金，累计投入600余万元，完成10余个村党支部基层活动阵地的建设提升任务，重点打造九百户、头百户、曹庄、周庄、石辛庄等的高标准党员活动阵地，有效带动了全镇基层活动阵地标准化建设。

【换届选举】 通过天网广播、悬挂条幅，发放明白纸等多种方式，向社会各界广泛宣传换届政策。同时，因村制宜地制定具体换届工作方案，明确目标任务、工作责任、程序步骤、时限要求，做到任务到人、时间到天。在此基础上，严明用人导向，严格资格审查，严把“入口关”，确保好中选优。年内，全镇 43 个村街全部完成村“党支部、村委会两委”换届工作，党支部书记、村委会主任一人兼占 86%；村党支部书记平均年龄 51 岁，比上届下降 0.7%；高中文化程度以上 22 人，比上届上升 1.79%；致富带头人 34 人，占比 79%；新一届村两委班子的综合素质得到提升，班子的战斗力、凝聚力得到增强。

【机关管理】 依托综治“9+X”系统平台，五百户镇把事件处理、网格管理、日常办公等工作融为一体，创新推进机关管理工作精细化、数字化、网络化、智能化，加快社会治安综合治理信息化进程。每个群众都可以是社会综合治理的参与者，能够通过电脑、手机等多种媒体将问题上报到平台，平台自动转交给相关责任人，并能随机调度、动态管控、跟踪问效，确保相关工作做到日清日结，社会管理效能显著提升。

【农业转型升级】 2018 年，农业园区总投资 800 万元的基础设施建设全部完工，5 家专业农业公司占地 120 公顷（1800 亩）的无公害蔬菜产销项目完成发改立项和土地报备，一期 40 公顷（600 亩）无公害蔬菜种植项目开始投入生产。助推农业上档升级的示范带动作用得以彰显。投资 1040 万元，完成 533.33 公顷（8000 亩）农田改造提升，配套、升级农田路网、水利机电等基础设施。香椿营村新建标准化养殖小区和屠宰加工厂全部投入使用，村内庭院式养殖、作坊式屠宰加工全部外迁，相关产业形成集群化、标准化、规模化，产品档次和附加值全面提高。伊维凯清真肉类屠宰场等项目获评廊坊市农业产业化龙头企业。蔬菜种植形成农超对接、农科对接、农企对接、市场对接等多种合作模式，进入产业化链

美丽乡村——五百户镇九百户村　　（县农业农村局供稿）

美丽乡村——五百户镇九百户村广场　　（县农业农村局供稿）

条的农户超过 90%；无公害蔬菜和畜禽养殖业为主的高效农业比重占 80%。全镇农业生产由粗放低效向集约高效转型。

【项目建设】 2018 年，五百户镇累计实现工业产值 48581.7 万元，完成固定资产投资 10450 万元。天亚木业年产 30 万方高端板材项目顺利投产。完成 11 家企业走访调研和经济运行状况分析，对小微企业进行逐一排查，存在问题基本得到合理解决。对增速缓慢和出现负增长的企业，逐一制定重点帮扶措施，7 家规模以上企业和近 30 家小微企业经营状况实现正常经营。镇内工业园区完成上档升级，基础设施配套建设不断完善，园区承载能力逐渐提高。对园区四条道路进行全面整修，总硬化面积 53000 平方米，完善雨污管网 6700 米；对园区及周边环境进行专项整治，清理各类垃圾 5000 立方米，增加绿化面积 1200 平方米。依托工业园区和规模以上企业，加快推进企业规范化建设，为民营经济发展提供支撑点。

【规划建设】 年内，完成全部村街规划设计，实现美丽乡村建设全覆盖。在此基础上，严格按照规定审批程序，列入改造规划的村街全部完成财政评审、施工招投标等各项准备工作，28 个村街美丽乡村建设全部启动实施。除绿化工程外，各项工程全面完工。完成道路硬化 44.3 万平方米，安装路灯 3900 套，完成外墙保温 5.5 万平方米。倪李路景观改造工程启动实施，完成两侧路肩硬化铺装、乔木栽植和路灯亮化等工程。

【农村人居环境建设】 以香五路、双安路、倪李路、香务路及沿线村街为重点，在全镇 43 个村街开展积存垃圾集中清理行动。各类生活垃圾、农业生产垃圾和建筑垃圾等得到全面清理。累计清理各类积存垃圾近 5 万立方米。投入专项资金 98.76 万元，公开采购小型摆臂车 2 辆、地上垃圾箱 100 个，香椿营、后土门楼及周边村庄的道路、河道沟塘保洁等工作提标升级。垃圾围村、围田、围路问题基本解决。各村累计完成植树造林 36 公顷（540 亩）、营林 667 公顷（10005 亩），镇村绿化率大幅提升。

【生态环境治理】 坚持目标导向和问题导向，一手抓预防保护遏制问题增量，一手抓清理整改消除问题存量，推动生态环境治理向纵深发展。按轻重缓急做好工业污染专项治理、垃圾日清、污水处理、厕所改造等工作，重点抓好镇污水处理厂以及管网建设，持续加大散乱污企业综合整治；全面清理河、沟、渠、塘漂浮物，强化河长制工作职责。累计清除河渠垃圾 10000 余立方米，清理淤泥 40000 立方米，清理河道内树障 500 余棵，清理黑臭水体 4000 余米，封堵排污口 3 个。完成全镇 63 个纳污坑塘的摸排与整治，取缔垃圾填埋坑 3 个，清理垃圾 6.5 万立方米。

【“煤替代”工程】 2018 年，圆满完成气代煤扫尾工作。全镇 4943 户村民全部实现清洁取暖、无煤做饭，炉表安装率、水连接贯通率、开通使用率、安全隐患整改率全部达到上级目标要求。

【精准扶贫】 对 12 户家庭、32 人建档立卡。实现政府代缴城乡居民医疗保险、养老保险全覆盖，医保一站式结算政策全覆盖，政府出资入股分红全覆盖。对其中 6 户 16 人政策兜底，对 2 个无房贫困户，实施集中养老或联系亲属居住。申请帮扶资金 9.5 万元，构建蔬菜大棚 0.41 公顷（6.2 亩），帮助赵玉静等 3 户实现产业脱贫。免费为贫困户购置安装暖气设施。在危房改造工作中，优先安排建档立卡户原址翻建 2 户，除险加固 5 户。

协调教育部门免除3户5人学杂费，并为专科教育阶段1人补助学费3000元。

【社会保障】 城乡低保公平、公正、公开，做到应保尽保。全镇现有低保、特困户467人，每月发放保障金33万元。12位困难群众得到大病临时救助。全年向664位残疾人发放两项补贴101万元，向高龄老人发放补贴75万元。对辖区内60岁退伍老兵进行年审登记，对辖区内的退役士兵及其近亲属、现役士兵近亲属、烈士遗属、牺牲军人遗属等进行采集，军人管理服务实现网格化。全年累计向伤残、复员退伍及死亡人员发放抚恤金和医疗补助金123万元。

【社会管理】 加大宣传教育引导力度，进一步扩大新型农村合作医疗覆盖面，参保率98%以上。开展安全生产、食品药品等专项整治，遏制各类不安全事故发生。强化煤替代工程及重点领域安全监管，依法严厉打击各类违法犯罪活动，认真落实信访工作责任制，打击缠访闹访行为，深入开展矛盾纠纷排查化解，畅通社情民意表达渠道，及时有效地解决群众反映的热点难点问题。深化“9+X”系统的利用，将掌上办公、社会治安、纠纷调处、问题反馈等几大板块信息做到全面化。

（张媛　秦宇欣）

刘宋镇

【概况】 刘宋镇政府驻地刘宋村，位于香河县城东南部18千米处，距县政府20千米，辖区总面积62平方千米，播种面积5072.27公顷（76084亩），有25个行政村（刘宋、东张庄、倪庄、马庄、程官屯、庆功台、王家务、八户、德辛庄、小刘庄、西太平庄、幞头屯、吴庄、尹庄、北村、北务屯、辛立屯、中营、刘庆庄、小陈庄、荆庄、大田、东王各庄、西王各庄、南孙家庄），总人口37090人。

2018年7月，中共刘宋镇党委获“廊坊市先进基层党组织”称号，刘宋镇刘宋村艾宝君一家荣获全国最美家庭荣誉，在全县学习贯彻中共十九大精神知识竞赛中荣获三等奖。

【基层党建】 中共刘宋镇党委强化意识形态学习，推进理论学习常态化制度化，研究制定《中共刘宋镇党委中心组理论学习制度》及详尽学习计划。做到党政班子成员率先垂范、带头学习，每月集中学习不少于1次。采取机关会议、中心组学习、讲党课等方式，反复学、扎实学，确保将精神深刻领会，并学以致用到学习和工作中。党委班子成员主动走出会议室，深入村街，进村入户把学习和开展调研结合起来，把学习和解决群众的实际困难和问题结合起来，把学习和加快发展结合起来，用理论来指导实践，用实践来丰富理论。为村“两委”干部、党小组长办理党建学习卡，建立党委微信群，及时发布相关学习内容，方便农村党员干部学习。落实“三会一课”等党内组织生活报备督查机制，1月底，各党支部制定《党支部开展党内组织生活年度计划》、每季度末各党支部制定下季度《党支部开展党内组织生活计划季度报表》，并报镇党委备案，《党支部工作手册》严格按照计划要求，翔实记录，严格实行月自查、季抽查、半年互查机制，使基层组织活动有目标，党委督导活动有针对性。

“两委”换届工作。通过健全工作机制、加强工作力量、制定得力措施，确保全镇村“两委”换届工作顺利完成。新一届村党支部、村委会“两委”班子成员124名，“两委”交叉任职的29名，占总数23%；连选连任75名，占总数60%，其中，村党支部书记、村委会主任连选连任16名，副主任连选连任12名；书记、村主任“一人兼”

19名，占总数76%。

党员管理工作。开展党员档案大审查及“问题档案”大整改活动。将全镇1542名党员档案按入党时间分为三类分类整理审查，经审查，1542份党员档案中材料不齐的56份，其中，补齐43份；档案遗失331份，其中，有92份填写“中国共产党党员基本情况登记表”进行登记存档；档案材料内容有问题档案21份。严格落实发展党员“四库”管理办法。全面建立申请入党人员库、入党积极分子、预备党员库、党员信息库，严把录入关、审核关、质量关，实行动态管理，及时报备更新相关内容，确保“四库”信息准确、及时。解决程官屯、刘庄、大田、太平庄四个3年以上未发展党员村街问题。落实村“两委”干部绩效考核、村务活动专项考核、创建“五星”级党组织考核制度，增强干部勤政廉政意识。采取集中学习、“大喇叭”广播、“荷香刘宋”微信平台、党建微信群等方式，对党员干部进行党章党规、习近平新时代中国特色社会主义思想以及中央省市县委一系列文件精神的学习教育，提升全体党员当先锋、做模范意识。

【党风廉政建设】 以党委中心组学习、镇村干部会议为平台，通过传达会议精神、领导讲话以及观看《反腐警示教育片》等形式，多方面多途径学习增强廉洁自律和拒腐防变能力。以“两学一做”学习教育活动为契机，深化对《中国共产党廉洁自律准则》《中国共产党纪律处分条例》学习，对党员干部政治纪律、组织纪律、党的路线、方针政策和镇党委、政府重大决策部署贯彻落实情况进行监督。结合本镇实际，制定《刘宋镇机关工作人员管理办法》，明确各项纪律，切实加强督查力度。

【万亩荷塘建设】 坚持政府主导，在万亩荷塘已有发展基础上，突出向景区方向发展目标，以丰满荷塘元素、提升文化品位为关键，以发展生态旅游观光业为目标，不断提高万亩荷塘景区配套水平。设立旅游标识20处，聘请专业保洁公司加强景区道路沿线、景点及周边环境整治，确保景区环境卫生整洁有序，给游客提供安全、方便、卫生、整洁的旅游环境。在荷花盛花期间，日接待游客最高突破万人。

万亩荷塘　　（县委宣传部供稿）

庆功台村民俗街　　（县委宣传部供稿）

【社会稳定】 坚持“抓好源头预防、科学预防猜测、展开依法信访、强化调查研究、严格责任追究、狠抓工作落实”的工作原则，全力以赴抓落实。

坚持领导接待日制度。每周一至周五有两名副科级以上领导干部轮流接待来访群众，对自己接待的案件亲自协调，及时解决，圆满完成全国“两会”、“5·18”中国廊坊国际经贸洽谈会及重要节日期间安保工作。

开展矛盾排查。加大对重点难点案件下访、约访力度。镇党委、政府主要领导每周至少两天到信访问题突出村街下访或与重点信访人员约访，有效促进信访重点、难点问题解决。

扫黑除恶专项斗争。成立由镇党委书记、镇长任组长的扫黑除恶专项斗争领导小组，集体谋划扫黑除恶实施意见和具体措施。通过大喇叭广播、悬挂条幅 75 条、固定标语 5 条、展牌 50 块等方式对扫黑除恶专项斗争进行广泛宣传，充分发动群众，形成人民群众广泛参与，对黑恶势力人人喊打的浓厚氛围。

打击传销工作。成立由镇党委书记任组长的打击传销工作领导小组。分别与辖区内 25 个行政村签订《刘宋镇打击传销责任书》，划定责任区，落实责任人，明确打击任务，在全镇建立起镇政府、职能部门和派出所以及村三级参与的纵横交错、内外结合、上下联动的打击传销工作网络体系。悬挂条幅 100 余条，张贴标语 200 余条、发放宣传资料 1000 余份，并在学校开展打击传销法律、法规及警示教育宣传。各村向村民开展禁止传销规范直销宣传教育，广泛发动村民举报传销活动，落实群防群治群管措施。

【大气污染防治】 按照《香河县纳污坑塘排查整治工作方案》要求，安排专人对镇域内所有坑塘进行排查并登记造册，县环保局聘请第三方监测公司对所有有水坑塘进行取水样监测检查。通过排查，镇域内有 23 个雨水坑塘，30 个无水坑塘，聘请专人对所有坑塘的垃圾进行清理，并做好防护网树立警示牌，省专家对 11 个坑塘进行抽查验收，全部达标。

开展“散乱污”工业企业专项整治行动。通过排查，确认镇域内有“散乱污”企业 86 家，涉及 VOCs 整改提升企业 51 家。登记造册制定《刘宋镇“散乱污”企业台账登记表》和《刘宋镇 VOCs 整治企业台账登记表》，依法依规对 86 家“散乱污”企业予以取缔清理。44 家 VOCs 整治企业完成环保设施安装并通过环保部门验收，取得排污许可证。

网格化管理。建立环境保护网格化管理制度、移交移送制度、信息公开制度、环境保护网格监管工作制度、环境保护网格监管责任追究制度。实行“五定”环境保护网格化监管体系即：定区域、定人员、定职责、定任务、定奖惩。

【第四次全国经济普查】 镇党委、政府成立专门领导小组，组建经济普查工作办公室，充分做好宣传工作。悬挂条幅 30 余条，张贴公告以及经济普查一封信 500 余张。培训普查员、PDA 录入员 50 余人。严格按照时间节点完成入户普查工作，全镇设定 25 个普查小区，摸底调查走访经营户 1700 余户，确保入户率 100%，确保入户调查、填表、录入一体化。通过摸底调查确定并录入个体工商户 1335 户，其中，有营业执照户数 788 户，核查法人和产业活动单位 321 户，完成经济普查摸底调查工作。

【美丽乡村建设】 镇党委、政府坚持“政府主导、各村联动、全民参与、综合整治”原则，通过以点带面，逐步推开方式，扎实推进美丽乡村建设。全镇 2018 年美丽乡村建设涉及 21 个村，其中，程官屯、八户、西太平庄、庆功台、王家务、北务屯 6 个村为 2018 年市级片区，刘庆庄、东张庄、南孙家庄为市级重点村，幞头屯、倪庄、中营、马庄、北村、陈庄、辛立屯、大田、荆庄、东王各庄、西王各庄、刘宋 12 个村街为 2018 年县级自主创建村。大规模开展垃圾治理和绿化美化专项行动，植树 14 万株，造林 187 公顷（2805 亩）。

【“煤替代”工程】 注重对“煤替代”村街进行

安全意识宣传和教育，加强对“协管员”“安全员”进行培训，加强安全巡查，完善应急预案。将安全指导落实到村、落实到户，确保采暖季用气用电安全，不发生一起意外事件。

【防汛抗旱】 汛期前开展渠道清理工作，确保镇域内9条干渠及13条支渠排水畅通。修订2018年防汛抢险预案、应急预案。组织民兵应急抢险队伍开展防汛演练、业务技能培训，进行3次集中业务技能培训。准备编织袋10000条、彩条布1400平方米、树枝205吨、木桩350根以及手电筒、雨胶鞋、铁锹等防汛物资。落实防汛值班责任制，自5月15日起，坚持24小时值班制。值班人员严格遵守各项防汛工作制度，坚守值班岗位，密切监视天气变化和汛情发展，及时掌握并准确上报重要情况。

【路网建设工程】 按照乡村公路养护机制，修复坑洞及破损路面15000平方米。香北线（倪李线—中营段）、倪李线（刘宋—国安路段）拓宽改造工程年内竣工，顺利实现全线通车。

【文明素质提升】 依托村街文化广场，组织开展秧歌、广场舞、戏曲文化演出120余场。刘宋村艾宝君、刘玉龙获“河北省2018年度全国最美家庭”荣誉。

【社会保障】 全镇25个村街发放社保卡28000余张，为29500余人办理城乡居民医保，为7700名60周岁以上老人发放农保金130余万元。3549.92公顷（53248.8亩）农业支持保护补贴资金4952133.75元通过银行发放到户。审批通过计生奖扶、特扶对象73人，其中：一孩49人，双女23人，特扶1人。发放避孕药具200盒，印制计划生育宣传标语纸抽250盒，健康包50个，“健康66条”“避孕药具、知情选择”宣传折页270份，受到现场群众一致好评。

2018年，全镇建档立卡贫困户16户，41人，全部完成脱贫工作。开展残疾人种养实用技术、电脑、按摩、修理等培训，先后有50余人参加培训；上门为4名重度残疾人办理残疾证。全镇有农村低保161户、280人，月低保金额为149714元。城镇低保5户、9人，月低保金额为4858元。特困177人，每人每月960元。所有资金全部实行社会化发放，低保、特困工作实现动态管理，应保尽保、应退尽退。

退役军人优抚。对全镇重点优抚对象、烈士子女及享受待遇的农村籍退役士兵，落实各项优抚政策，抚恤金、优抚款全部实行社会化发放。

【安全生产】 与各村、重点企业签署“消防安全责任状”和“安全生产目标管理责任书”，每月对镇域内企业、村街进行安全督导检查，发现安全隐患及时告知单位负责人，并下发限期整改指令书，全年进行明察暗访30余次，出动检查人员130余人，实现全镇安全生产零死亡。

【卫生健康】 全面落实《河北省人口与计划生育条例》规定的各种奖励政策，完成奖励扶助审核、上报级登录工作，对计生特殊困难家庭进行关怀慰问。2018年，全镇人口37090人，已婚育龄妇女6645人。全年出生354人，其中：一孩151人，二孩192人，多孩11人。计划外出生6人，计划生育率98.31%，综合避孕率90.38%。出生婴儿性别比104。

（李函凝）

安头屯镇

【概况】 安头屯镇政府驻地安四村，位于香河县城东南9千米处。辖区总面积37.44平方千米，有21个行政村，分别是：安一、安二、安三、安四、西口头、北口头、前口头、东口头、韩营庄、杨营庄、孙营庄、赵营庄、顾家屯、黄庄、东兴隆庄、东太平庄、商汪甸、前独立庄、后独立庄、大青庄务、小青庄务。2018年，全镇人口22108人，其中从业人员11700人；常用耕地面积2589公顷（38835亩），粮食耕种面积（复种）2686.27公顷（40294亩），粮食产量15301吨，农林牧渔产值31675万元，财政总收入1829万元，全镇工业总产值10亿元；镇区总人口5169人，镇区面积4.9平方千米。

【基层党建】 中共安头屯镇党委下设26个党（总）支部，其中，镇直和镇直非公企业党（总）支部5个，全镇有党员1097名。安头屯镇党委下设21个农村党（总）支部：大青庄务村党总支、后独立庄村党总支、安一村党支部、安二村党支部、安三村党支部、安四村党支部、东口头村党支部、西口头村党支部、北口头村党支部、前口头村党支部、韩营庄村党支部、赵营庄村党支部、孙营庄村党支部、杨营庄村党支部、黄庄村党支部、顾家屯村党总支部、小青庄务村党支部，前独立庄村党支部、商汪甸村党总支部、东太平庄村党支部、东兴隆庄村党支部。镇直和镇直企业党支部5个：安头屯镇机关党总支部、教育联合党支部、乐农美联企业联合党支部、龙合盛企业联合党支部、爱心救助协会党支部。2018年，全镇农村党支部、村委会“两委”实现平稳换届，干部队伍得到优化。全镇村“两委”干部从换届前的118人精简到106人，实现村党支部书记、村委会主任“一人兼”村街16个，村干部年龄结构、学历结构均得到优化。与21个村街党支部书记、村委会主任、副主任全部签订责任状，制定143项任期承诺目标和年度工作计划，对基层党建、扶贫攻坚、环境治理等方面严格考核，并将考核结果与村干部绩效工资相挂钩，强化考核结果运用，奖优惩劣，激发村干部干事创业热情。

【民主法制建设】 加强法制宣传，广泛宣传《信访条例》《中华人民共和国宪法》《中华人民共和国婚姻法》《中华人民共和国土地法》《中华人民共和国水法》《河北省人口与计划生育条例》等与群众生活息息相关的法律法规。年内，开展法制宣传30次，办法制宣传专栏6期，设点宣传14次，动员宣传车65台次，广播宣传90余天，发放各种宣传资料2.8万余份。全面掌握流动人口的居住处所，服务处所等相关信息，安头屯镇有登记办理居住证人员1320人，努力掌握其行踪和行动，预防流动人口违法犯罪。建立健全集中排查和经常性排查相结合，点、线、面三位一体的边排查边调处工作制度。2018年，镇调解中心及村街调委会调解案件30件，立卷30件，有效维护镇域稳定。开展打击传销行动，结合流动人口登记管理，与所辖村街对接，全面强化区域管控。

【农业基础设施建设】 聚焦“产业结构更优”目标，促进农业产业化，发展旅游休闲观光精品农业。新打机井5眼，铺设防渗管道3500米，架设线路2000米，铺设天然气管线8000米，建高标准景观墙3000米，清理地基12.68千米，道路两侧设置9米高标准绿化带。对乐农美联生态农场、现代农业示范区、东方千年古葡萄庄园、荷香缘生态农场等13个引进的较大规模项目提供政策支持。

【农村人居环境建设】 植树113公顷，硬化村街道路67万余平方米，铺设自来水及污水管网17万余米，铺设彩砖12万余平方米、粉刷墙壁15万余平方米。东太平庄、小青庄务、大青庄务等8个村街新安装路灯1809盏。成立镇、村两级保洁队伍，各负其责，分别对镇区香宋路、国安路、双安路等主要道路及各村街进行清扫保洁，配备7000个小垃圾桶，修建垃圾中转站65个，形成“村收集、镇转运”常态化垃圾清扫保洁模式，村民整体生活环境显著提升。

【大气污染治理】 强化对VOCs企业、散乱污企业的日常监管治理力度，对不达标企业严格按照要求落实停产整改。21个村街全面通气，累计安装壁挂炉6998台，双贯通完成6998户，占比98.6%。2017年度“煤替代”住户燃气补贴全部发放到位。全面治理扬尘污染，重点加强裸露地面及国安、双安、香宋路等重点路段扬尘污染控制工作。全面实行河长制。坚持镇级河长每月至少巡河两次，村级河长每天至少巡河一次，及时对各干渠中的垃圾及河面漂浮物进行巡查，发现问题，及时解决。截至年底，发现问题55处，全部整改到位。清理河道垃圾6000余吨，动用挖掘机、翻斗车对镇域内47个坑塘进行坑底清淤、坑坡积存垃圾清理工作。

【社会稳定】 深入开展“扫黑除恶”专项行动，全力维护社会治安大局稳定。成立以镇班子成员为成员的扫黑除恶工作领导小组，各村成立以党支部书记为第一责任人的工作小组。先后召开6次镇党政班子会、1次专项工作动员会、1次工作推进会，全面安排部署，明确每个时间节点的工作指标任务，层层明确职责分工，落实工作任务。镇综治办联合镇派出所、司法所开展扫黑除恶、国安宣传、司法知识宣传2场次。21个村街张贴宣传标语50余条、全镇悬挂宣传条幅180条，发放宣传单1000余张。在双安路、国安路、香宋路三条主要干道固定大型宣传栏10个。镇综合治理办公室组织宣传车流动宣传30车次，有黑必打、有恶必除，全镇递交涉黑涉恶犯罪线索登记表21份，未发现涉黑涉恶线索。建立领导信访接待日、信访事前排查等制度，建立各村重点问题、重点人员台账，化解信访积案，将各类矛盾隐患及时化解于基层。加大办案力度，建立“不敢为”的惩处机制。

【社会保障】 以扶贫脱贫工作为契机，实施精准帮扶。实施“一户一档”“一户一策”。通过全镇统筹落实健康、助残、教育、住房、社保、产业扶贫工程，逐项精准脱贫。年内，建档立卡贫困人口全部达到脱贫标准，实现5户8人脱贫退出。春节前走访慰问“建档立卡”贫困户、低保户、特困户、困难户、重点优抚对象333户，发放米面16650公斤，食用油1240升。全年累计为低保户、特困人员、残疾人发放救助金、补贴297.59万元。全面落实各项奖励优惠、扶助政策和困难扶助政策。奖励扶助累计达到328人、特扶15人，新落实独生子女离退休人员一次性奖励6人，发放2018年独生子女费68840元、特困人员救助公益金及补贴20700元，慰问留守儿童和特困流动人口家庭5户。

【文化建设】 2018年2月，安头屯中幡应邀参加在云南昆明举办的“世界园艺博览会”。9月，参加央视七套《乡村大世界》系列节目《庆祝丰收节》录制。选址新建安头屯镇综合文化站，高标准配置电子阅览室、图书室、多功能活动室、中幡文化活动室等功能室，升级软硬件配套设施，增加活动空间。北口头戏迷协会每周一、三、五定期在镇文化站彩排演出，中幡主题文化广场、各村街文化活动广场上每晚广场舞、小车会、秧歌会轮番上演。各村街文娱队伍配备音响、大鼓、服装等演出器具，定期开展培训交流活动，提高群众业余文化生活水平。

（康亚静）

渠口镇

【概况】 镇政府驻地渠口村，位于县城东12.5千米处，全镇总面积66.32平方千米，常用耕地面积3299.98公顷（49499.7亩），粮食种植面积2710.73公顷（40661亩），辖48个行政村（渠口、北渠口、金庄、许庄、王刘圈、邵庄、店子务、康庄、宣教寺、荣各庄、代家阁、牛济河、小高坨、小河各庄、魏家滩、孙各庄、温庄、小圈、西梨园、东梨园、三岔口、卢庄、邱庄、韦各庄、高山、炭户、石虎辛庄、固庄、韩庄、躲各庄、窦庄、阎胡套、卸甲庄、黄沙务、蔡庄、谭家务、大鲁家口、东鲁家口、大七里、小七里、渔阳院、东魏各庄、西魏各庄、北张庄、西河头、唐屯、青寺、青户）。2018年，全镇总人口50616人，农业人口46744人，非农业人口3872人，已婚育龄妇女8930人，出生574人，符合政策生育率96.52%，人口出生率13.38‰，自然增长率3.65‰。年内，全镇完成财政收入7271万元，比上年减少18.26%；社会固定资产投资完成9.70亿元，比上年减少54.71%；规模以上工业产值完成6.53亿元，比上年减少85.19%。获得“廊坊市第三次全国农业普查先进集体”荣誉称号，被廊坊市统计局评为“2018年度廊坊市建设领域统计工作先进集体”。

【基层党建】 干部队伍建设。坚持民主集中制，严肃机关纪律，整顿机关作风，调整素质过硬、责任心强的机关干部负责急难险重任务，在一线发现、培养、锻炼干部，激发干部工作热情。落实农村干部“两考三评一定”［半年考核、年终考核，村街党员群众评议、执法执纪部门评审、基层党（工）委评鉴，确定村干部星级等次］绩效考核，将工资待遇与工作绩效挂钩，调动其工作积极性。按照全年发展党员计划，严把发展党员关，发展党员29名，解决3个“三年村”（三年未发展党员村街）问题。

意识形态工作。2018年，组织25次理论中心组集中学习，将宪法列入理论中心组学习内容，对新宪法进行系统学习，经常性教育和集中性教育相结合，推进“两学一做”学习教育常态化制度化。组织党员、干部学习贯彻中共十九大精神和习近平新时代中国特色社会主义思想。宣传弘扬社会主义核心价值观和中华民族伟大复兴中国梦的论述。

党风廉政建设。签订镇村两级《落实党风廉政建设主体责任承诺书》，落实廉政提醒制度、诫勉谈话制度和逐级汇报制度。开展“一问责八清理回头看”专项行动，制定工作方案，开列问题清单和工作台账，协调相关责任部门开展自查。2018年，约谈党员干部24人次，镇纪委立案12件，给予党纪处分13人，协办案件7件，营造风清气正氛围。

慰问敬老院老人（渠口镇政府供稿）

【换届选举】 制定《渠口镇农村党支部、村委会“两委”换届工作实施方案》，成立以镇党委书记为组长的农村“两委”换届工作领导小组，设立办公室和工作指导组，落实责任制。严格程序，规范操作，完成换届任务。32 个村街实现党支部书记、主任“一人兼”，大七里、孙各庄 2 个“百日攻坚”后进村完成转化。新一届农村“两委”干部文化程度、年龄结构、发展意识等均有显著改善。

【项目建设】 重点项目。与爱晚养老基地项目方建立信息通报制度、协调会商制度和督导推进制度，定期对项目建设情况进行督导。爱晚养老基地二期建设项目总建筑面积 50.9 万平方米，基本完工并开始交付，三期建设项目总建筑面积 23.7 万平方米，开工建设。2018 年底，“大爱书院—养老中心”正式开业。

新兴产业。扶持河北睿高机器人科技有限公司，建设标准化数控生产基地，为国内外客户量身定制整套的激光自动化加工解决方案。

传统产业。对传统产业改造升级，结合“散乱污”治理工作，对已经关停整治的 175 家散乱污企业进行回头看，协助 210 家企业完成相关环评手续。同时，不断强化一线巡查力度，对辖区内企业和重点行业进行不间断巡查，严格要求企业环保手续齐全、达标排放，对改造提升无望的“散乱污”企业坚决取缔。

【美丽乡村建设】 2018 年，美丽乡村创建 19 个村，开展道路硬化、铺修彩砖、绿化亮化等工程。年内，修路 56.4 万平方米，铺设彩砖 31.7 万平方米，种树 5347 株。出动清运车辆 1100 余台次、人员 1470 余人次，清运各类垃圾 1 万余立方米、清除垃圾死角 90 余处。招标引入专业保洁公司统一对镇域垃圾开展清运、清理，村街垃圾实现专人清扫、定点存放、每日集中清运，日产日清。

【“两违”治理】 联合路政、交通、城建、土地等各部门联合执法，对违法建筑、违法用地、占道经营、乱设摊点，以及陈旧破损、影响行人安全的广告牌等进行集中清理整治。发放门前五包通知书 750 余份，拆除违规建筑 21 处，清理路边广告牌及各种杂物 400 余处，清理临时摊位及非法占道经营 350 余处，处理违规停车 160 余辆次。

【文明建设】 在通塘线两侧树立 31 块文明宣传展牌，悬挂宣传道旗 265 块，粉刷宣传标语 288 条，助力创建省级文明县城。开展“最美家庭”“美丽庭院”“孝老爱亲模范”等评选活动，推进爱老敬老服务、关爱妇女儿童及各种献爱心志愿活动。挖掘先进亮点，培育各类道德模范先进典型，树立践行社会主义核心价值观的模范标杆，让文明在生活中随处可见。

河长巡河　　（渠口镇政府供稿）

【生态环境建设】 以经济林、景观林、公路河渠绿化为载体，实施产业化兴林富民战略，推动造林绿化事业发展。2018年，春季植树81公顷（1215亩），植树8万株，完成造林任务的116.82%。其中，经济林3.3公顷（49.5亩）（油桃、核桃）；景观林（国槐、银杏、海棠等）26.7公顷（400.5亩）；用材林（杨树）51公顷（765亩）。

建立镇、村河长体系。对镇域的主要河流所经过村街分别设置镇级河长16名、村级河长38名。各村“河长”开展踏河普查工作，建立巡查制度，全面掌握所管河道周边的垃圾、排污口、涉河违障、黑臭水体、非法采砂等，镇河长每月至少巡河两次，村河长每日巡河，按时做好巡河记录，及时掌握河道情况，一旦发现水面垃圾、漂浮物，立即组织清理，确保不留死角和盲点。

汛期前对侵占河道、阻水坝埝等拦蓄设施进行清除，先后对荣各庄扬水站、西河头扬水站、东魏各庄扬水站及河渠堵塞点垃圾、漂浮物进行清理，清除垃圾4920立方米，对二分干渠、东魏各庄村东及村南排水渠进行清淤疏浚，清淤2223米，确保汛期安全度汛。

【“煤替代”工程】 完善清洁能源替代用户登记造册等相关档案，完成气代煤储备户204户、实现整改520户。发放补贴“气代煤”3000余户、“电代煤”9700余户，在取暖季前协调有关部门和村干部对所有清洁能源替代用户进行联合检查，确保群众安全取暖，温暖过冬。

【大气污染治理】 制定禁烧和散煤清零工作实施方案，在重要街道悬挂宣传条幅100余条，宣传单7000余张，利用大喇叭广播循环播放全域禁煤、秸秆禁烧等公告，成立5组镇、村两级禁烧巡查队，配备专业巡查人员、车辆、服装，实行全天候巡查。对镇域内烧烤店集中整治，取缔5家，其余烧烤店全部整改到位。

【精准扶贫】 开展建档立卡“回头看”，规范镇、村、户档案，分别组卷、统一管理、时时更新。为镇域3户建档立卡贫困户制定帮扶措施，实施危房改造，保障其居住安全。加入乐农美联合作社，增加其收入。为贫困户代缴医疗保险，实施先诊疗后付费政策，签约家庭医生，使其及时医疗有了保障。组织爱心企业捐款、捐物，送去慰问品及慰问金。帮助学龄儿童就学，帮助残疾儿童联系残疾学校。

【社会保障】 按照“应保尽保、应退尽退”的低保救助动态管理制度，对全镇低保户进行家庭情况核查，2018年，新增低保13户26人，特困9户9人。全年发放高龄补贴金99万余元、2616人次。为重点优抚对象申请医疗救助22人次，发放医药费27.5万余元。为全镇退役军人悬挂光荣牌、发放食用油、录入个人电子信息档案。使用全国优抚系统采集全镇退役军人、现役军人家属、烈士家属等人员信息。完成企业退休认证351人，协助异地认证73名，发放社保卡7218张。完成全镇48个村街、21317人的收缴工作，其中，新增455人。城乡居民医疗保险收缴工作完成缴费38912人。通过“看看社保”APP对全镇60岁以上老人进行养老金发放待遇资格认证，确保全镇9972名老人169万余元的保费按时发放。

【卫生健康】 强化基本公共卫生服务，开展进村义诊、“两癌”筛查、健康宣教等服务活动。强化依法行政，加强流动人口计生服务管理，推进信息化建设。2018年，符合政策生育率96.52%，人口出生率11.38‰，自增率3.65‰，新增奖、特扶对象54名，资格确认率100%。

（杨腾飞）

钱旺镇

【概况】 钱旺镇政府驻地钱旺村，位于县政府东侧，距县政府 5 千米，辖区面积 36.90 平方千米，有 21 个行政村：土堡子、马房顶、北刘庄、袁庄、田贾庄、焦康庄、义井、达古庄、大高坨、袁官屯、大六王庄、小六王庄、大河各庄、富各庄、东马家窝、西大街、后大街、和平街、姜吴街、成自务、钱旺村。2018 年，全镇总人口 26701 人，人口自然增长率 5.80‰；从业人员 15454 人；财政收入 8394 万元，同比增长 20.3%；农业机械动力 60220 千瓦；全镇工业总产值 5.9124 亿元；镇区总人口 1940 人，占地面积 0.45 平方千米。

【基层党建】 中共钱旺镇党委下设 30 个党（总）支部，其中，农村党总支 5 个，党支部 16 个，镇直和镇直非公企业党支部 9 个，全镇有党员 1161 名。钱旺镇党委下设 21 个农村党（总）支部：大河各村庄党总支、义井村党总支、田贾庄村党总支、姜吴街党总支、成自务村党总支、土堡子村党支部、马房顶村党支部、袁庄村党支部、北刘庄村党支部、焦康庄村党支部、西大街党支部、后大街党支部、和平街党支部、东马家窝党支部、富各庄村党支部、小六王庄村党支部、大六庄村党支部、袁官屯村党支部、大高坨村党支部、达古庄村党支部、钱旺村党支部，镇直和镇直企业党支部 9 个：钱旺镇机关党支部、青年路党支部、教育联合党支部、峻宇锅炉党支部、创业基地联合党支部、工矿配件恒通电气党支部、构件厂水泥厂党支部、华兴党支部、富家家具党支部。

深化党员发展管理模式。加大对入党积极分子培养、考察力度，有序发展党员。严格落实发展党员工作培养、预审、公示、票决、谈话、追责“六项制度”，重点在农村优秀青年、企业技术人才中发展党员，确保发展党员质量。加强对党员教育引导，提升基层党员政治敏锐性，坚定党员共产主义理想信念。2018 年，全镇新发展党员 6 人，入党积极分子 8 人，转正党员 5 人。

【换届选举】 镇党委成立换届工作领导小组及其办公室，负责换届选举工作的安排部署和督促指导。利用宣传条幅、广播等载体，宣传换届选举的方针、政策、法律法规和具体要求，悬挂宣传标语 200 余幅，发放换届工作明白纸 6000 余套。深入摸排，掌握村情选情。年内，21 个村街全部完成党支部、村委会“两委”换届，两委干部 117 人，在资格审查环节，各村街党支部、村委会候选人全部合格。

【民主法制建设】 建立健全普法、学法制度。镇司法所不定期用平安网进行法律宣讲，利用天网广播、发放明白纸、悬挂横幅、中小学校黑板报等形式进行普法宣传，在镇政府明显位置建立宣传栏，不定期进行更换内容，取得显著效果。

加强对社区矫正人员管理。对入矫人员及时进行登记，宣告入矫，与村干部谈话了解入矫人员的基本情况及在村表现，结合矫正人员实际情况制订社区矫正方案，做到一人一档，并有专人负责管理。加强社区矫正人员日常工作管理，要求矫正人员每周电话报到一次，每月到司法所报到一次，严管人员每周到司法所报到一次。对矫正人员每月进行一次个别谈话，组织 2 次集中学习教育和义务劳动。按时参加县司法局组织的学习培训，并要求矫正人员对每次的学习内容写份感想或收获。使用管理机，随时察看每名矫正人员的行动情况，有无关停机情况。对于刑满释放人员的管理，采取一名司法干警和一名村干部负责帮教一名刑满释放人员的方法，确保安置帮教工作真正落到实处。截至2018年底，全镇在矫人员14人，全面纳入矫正管理。

落实“扫黑除恶”专项工作。成立以党委书记为组长、班子成员任副组长、相关干部为成员的“扫黑除恶”工作领导小组，领导小组下设办公室，负责“扫黑除恶”日常工作及部门协调。利用各种舆论宣传工具，大造“扫黑除恶”专项斗争舆论。全镇张贴《公告》42张，悬挂“扫黑除恶”内容宣传条幅84条，墙体标语49条，固定宣传牌两个，安置电子屏一个。利用网络平台通过机关微信工作群、人民调解微信群、村街支部微信群、村街党员微信群广泛宣传扫黑除恶相关知识。通过进村入户、在人员聚集地设点宣传等方式发放“扫黑除恶明白纸”5000余张，设置举报箱，公开举报电话，畅通信息渠道，使“扫黑除恶”专项斗争工作家喻户晓，人人皆知。

“打击非法传销”工作。成立“打击非法传销”排查工作领导小组，与全镇21个村街分别签订责任状，成立20人组成的镇打击非法传销队伍和每村3－5人组成村街打击非法传销队伍，共计125人。年内，全镇排查21个村街，清查出租房屋238家，出动执法人员100余次，未发现非法传销行为。张贴标语40余幅，发放宣传明白纸1500余张。利用宣传栏通报非法传销活动的形式、特点及危害性，提高社会公民的风险意识和识别能力，引导社会公众远离非法传销活动。

【农业基础设施建设】 化学防治美国白蛾，配合飞机防治，有效遏制虫害的发生趋势。紧盯植树造林进展情况及工程质量，坚持标准质量，严格管护措施，严把挖坑、填土、植苗、浇水、培土、涂白等各个关口，全面提高苗木成活率。确保栽一棵，活一棵，栽一片，成一片。年内，完成植树造林面积87公顷（1305亩）。

【农村环境卫生管理】 全面推进农村环境卫生治理长效运行管理机制，坚持集中整治与日常维护相结合，强力开展对村庄死角、垃圾乱堆的整治工作。以村容村貌、公路沿线等为重点，对辖区内路边、村边、地边及房前屋后的垃圾及违建彻底清除。增加各村垃圾池清理频次，加强日常环境卫生管理，解决镇村死角垃圾，实现“全覆盖、零遗漏”。全镇21个村街配备1辆自装卸垃圾清运车，实行镇统一发包清运，维持“户收集、村清扫、镇清运”的运行管理模式，全年清理垃圾2万余吨。

【依法治理违建】 加强土地执法监督检查，严禁未批先建或私搭乱建行为，发现一起，依法依规严肃处理一起，决不手软，从源头治违，保障村街均衡发展。

【大气污染治理】 巩固大气污染防治工作成果，继续做好辖区内污染企业排查工作，不漏一户、不漏一人，登记造册。督促涉污企业尽快整改，不达标坚决禁止开工。对于被依法取缔及拆除的“小散乱污”企业进行不定时回头看巡查，防止出现反弹现象。严格责任落实，继续将网格化管理落实到位，确保不出现污染环境的生产行为。

落实对涉气工业企业整治力度，全方位降低污染排放。开展突击检查，制止企业偷产、偷排污染大气行为。全镇范围内所有渣场、料场、搅拌站实现100%苫盖。麦收期间，强化巡查和禁烧奖励，确保辖区内秸秆“零焚烧”。配备2辆水车、1辆雾炮车，每天在镇区主干道进行喷洒，切实改善空气质量。

【社会稳定】 坚持“以人为本”的信访工作思路，以解决群众合理诉求作为根本出发点，结合镇域信访形势，完善信访机制，认真梳理信访问题根源，全镇村风民风、社会形势和工作业态持续向好。

建立健全村街法律顾问，依法、及时、妥善地解决影响农村稳定的各种纠纷。提高调解人员的调解技巧及处理问题纠纷的能力，从源头上防止和化解引发矛盾纠纷的各种因素。找准群众利益共鸣点和宣传切入点，引导群众按正常渠道反映和解决问题。全年累计排查处理各种信访事件80余件。

【新民居建设】 镇党委、政府按照“政府主导、村民自愿”的原则，稳步推进新民居建设。以元庄村回迁社区为示范，结合实际，合理规划成自务村、大六王村回迁进程，统一《新农村建设回迁方案》，在充分尊重群众意愿基础上，按照规划一步到位、搬迁循序渐进的要求，有计划、有步骤开展回迁，做到运作程序规范、政策运用规范、补偿标准规范、统筹布局规范，切实将两个回迁社区打造成为环境优美、配套齐全、管理规范的精品社区。

【社会保障】 镇党委、政府重视困难救助工作，为276户困难群众和32户贫困残疾人发放米面油等慰问品，为二等乙级伤残报药费41430元，为困难群众发放临时救助2万余元。为全镇享受低保人员和30名年满60周岁的重点优抚对象发放补贴10920元，为39名持证残疾人申请3900只鹅苗，为41名持证残疾人发放轮椅、手杖、坐便器、助听器等辅助器具。对全镇53名困难残疾人、304名重度残疾人、53名精神智力三四级残疾人统计、报表、录入，为其发放生活补贴和护理补贴，新增农村奖扶对象34人，新增全镇独生子女死亡、伤残家庭特扶对象9人，奖扶金、特别扶助金及救助帮扶措施全部兑现落实，6户贫困建档立卡人员，于2018年脱贫。

（张艺馨）

蒋辛屯镇

【概况】 蒋辛屯镇驻地蒋辛屯，镇址位于香河县城北12.5千米处。西依潮白河，北与大厂回族自治县接壤。国道G230（原S271省道）穿镇而过；G1京哈高速公路横贯镇域、G95首都地区环线高速公路掠过镇域西北，并分别设有香河北、香河西出口各1处，交通十分便利。镇域总面积28平方千米，4780户，17269人。现辖18个行政村（王店子、苍头、河北吴村、岭子、梁家务、北李庄、闻庄、大窑上、杨簸箕庄、北六百户、大马坊、小祁庄、后场、小马坊、蒋辛屯、北头百户、北三百户、北五百户）。

2018年，蒋辛屯镇承担大气污染治理、取缔“散乱污”企业、全国“两会”安保、基层党建、信访稳定、美丽乡村建设、乡村旅游、电代煤、气代煤等常规工作目标，年内，各项工作目标圆满完成。2018年度，蒋辛屯镇工会被评为“省级示范乡镇总工会”，蒋辛屯镇团委获得“廊坊市五四红旗团委”称号，镇环卫工人李国秀入选“香河县道德模范”。

【基层党建】 按照“坚持标准、保证质量、改善结构、慎重发展”原则，严格履行入党程序，吸收优秀人才加入党组织，新发展党员15名。坚持以中共十九大精神为指导，以系统学习习近平总书记系列重要讲话为主线，结合全镇工作实际和学习需要，精心安排学习内容，以集中学习和研讨为主，自学为补充，采取宣讲、观看视频、微信等多种学习方式，加强党员培训教育工作，深入开展“党员之家”挂牌制、党员活动日、党员干部绩效考核、争创五星级党组织等活动，引领党员发挥先锋模范作用。以“潮白之星”党建示范区创建为统揽，结合2018年环首都党建示范带建设，对王店子、北吴村两室进行扩建提升，对仓头村、杨簸箕庄两室进行重建，与示范区内其他村街两室统一风格、统一标准。村两室配备必要的办公用品和党员电教设备，结合村街工作实际，设置综合宣传展板和公开栏，突出党组织基本情况、落实有关制度情况、党员风采录等内容。

【换届选举】 按照上级安排部署，以选优配强村领导班子为目标，村街党支部、村委会“两委”换届选举工作于年内全部完成。其中，17个村采取“选民自荐”的方式，1个村街采取“海选”方式，选出新一届村党支部成员54名，村委会成员56名，15个村街实现党支部书记和村主任“一人兼”，占比83.3%。连选连任村干部60人，占比70%。规范选举档案，对新上任村干部开展集中培训、分层次谈心谈话活动，明确工作职责，帮助尽快进入工作角色，确保换届后各项工作有序开展。微信公众平台推出《村干部风采》，对新上任村干部中的优秀干部进行报道和表扬。

【美丽乡村建设】 对完成美丽乡村建设的河北吴村、王店子、三百户、苍头、岭子、北李庄6个村街进行提升；对大窑上、梁家务、北头百户3个村街有序实施美丽乡村建设。截至年底，道路硬化193860平方米，安装路灯278盏，维修路灯100余盏，发放果树苗800余棵，新建休闲广场2个，拓宽路肩2000平方米，并对王店子、北吴村、仓头进行精品街道提升。成立专门绿化养护队和环卫队，定期养护，不定期巡查，建立相应的考核机制，实现绿化、卫生养护常态化。加强对村民教育和管理，使村民参与到美丽乡村建设中来，自觉维护美丽乡村建设成果。

【乡村旅游发展】 依托十里潮白生态廊道及堤两侧美丽乡村重点村街，充分挖掘自然、文化、历史资源，在村外发展田园综合体式农业旅游项目。年内，引进水岸潮白田园综合体、潮白花海创意文化中心、长宏景观林3个大型农业旅游项目，引进“香居小筑”和“别处潮白”2个精品民宿项目。

水岸潮白景区　　（县农业农村局供稿）

【新民居建设】 本着“尊重历史、立足现实、以人为本、依法征收、惠民回迁”的原则，在遵守国家政策法律法规和省、市、县有关规定前提下，成立由闻庄村（含“两委”干部、部分党员、村民代表及热心村民）、开发企业、拆迁企业及政府相关工作人员为主体的四方工作小组，具体负责闻庄村回迁安置工作中相关问题的协商、定案解决；组织集中培训、演练等工作，做到依法

蒋辛屯镇北李庄村李家大院　　（牛宝森摄）

工作来抓，重点修建蒋北路、寿臣街，年内建成通车。结合美丽乡村创建，对村内大街小巷和村外通村路全部进行硬化、绿化、亮化、美化。提高旧路改造标准，由原来路宽 3.5 米拓宽到 5 米，每个村都设有公交停靠点。打通断头路、对接国省道，构建镇村通、村村通、路路通的路网格局，最大程度方便群众出行。

新农村社区----潮北新城　　（县农业农村局供稿）

【植树造林】　通过新增林地、改提林地、补植补造、连接闭合等举措，重点构建“绿带环绕、绿廊相连、绿块镶嵌”的生态景观格局，围绕干路水系、村内村外，精选树种、合理搭配，设景观节点、休闲娱乐设施，巩固绿化总量、提升绿化品质。2018 年，植树 160 公顷（2400 亩），超额完成县里分配的目标任务。充分发挥政府引导和市场调节作用，通过市场化运作，实行“投资人+施工总承包”的联合体模式，引入资金实力强、技术先进、管理优秀的企业。实行土地流转机制，将群众的土地集中流转到投资企业手中，进行集中连片植树造林。成立两支绿化养护工作队，定岗定责，对树木进行科学精细化管理；成立巡查小组，不断加大树木管护宣传力度，严厉打击盗窃、破坏树木等行为，巩固造林绿化成果，助力美丽乡村、乡村旅游大力发展。

回迁、文明回迁、和谐回迁、普惠回迁，努力实现群众、企业、政府、社会四方“共赢”。年内，签订回迁置换协议 137 户，占全村比例 83%，实现顺利回迁。

【路网建设】　蒋辛屯镇把道路交通作为“优化发展、提升形象、服务发展、惠及百姓”的重要

美丽乡村道路建设　　（牛宝森摄）

【安全生产】　制定《蒋辛屯镇安全燃放烟花爆竹管理方案》和《蒋辛屯镇烟花爆竹举报奖励办法》，各村设置集中燃放点，成立巡查队，配备灭火器，由专人负责。每周五召开村街安全员例会，定期加强对燃气相关的安全知识、日常检查、安全监管进行培训，确保监管有力。开展安全生产“利剑除患”、消防安全“平安系列”行动、安全生产隐患大排查大整治、烟花爆竹打非治违等专项整治行动。

【农村人居环境建设】　清理河道 12000 余米，拆除违建 79096.6 平方米。市政公司聘用保洁员 100 余名，镇政府建地埋式垃圾池 110 个，购置垃圾箱 200 个，配发家庭式清洁车 3000 辆。建立镇、村、户垃圾处理三级组织管理网络，成立“专业保洁队”，对负责区道路边、房屋边、池塘边、文化广场、公厕等重点地段清扫保洁。

【社会保障】　2018 年，为 1 户重点优抚对象发放“解三难”（解决重点优抚对象在生活、医疗、住房方面的实际困难）资金 12600 元。为全镇 247 户残疾人发放鹅苗 15000 只。五保供养对象 76 人，发放补助金 898560 元。低保户 46 户 62 人，发放低保救济金 434160 元。为 3 名大病人员发放救助金 10000 元。为 37 名特困人员发放救助金 51000 元。蒋辛屯爱心济民互助协会集体救助 23 人，发放救助金 11.5 万。

【宣传文化】　成立本土特色的锦绣潮白艺术团，以“传承潮白文化，点亮辛屯亮点”为主题，将当地民俗文化和美丽乡村、生态旅游融为一体，开展系列下乡文艺会演活动，年内巡演 5 场。聘请专业舞蹈老师对村街广场舞团队进行 8 次培训，每次为期 4 天。聘请专职人员每天更新阅报栏。镇《政民桥》广播开创《辛屯建设大家谈》栏目，每月更新两期，政府公众平台每日更新一期，把最新信息推送到百姓身边。

（张晓菲）

新开街道办事处

【概况】 香河县新开街道办事处，位于新开大街中段路北（原驻军院内），辖区范围：新华大街以南、五一路以东的城南、城东区，总面积 10.2 平方千米。总人口 75078 人，辖 8 个社区居委会：新开社区、新绣社区、安抚社区、段庄社区、永泰社区、康宁社区、绣水社区、五一社区；8 个村街：西南街、东南街、南台、阎乔各庄、安抚寨、周园、段乔各庄、前店子。2018 年，完成财政收入 12463 万元；域内有民营经济 4943 家，其中，个体户 3488 家，民营企业 1455 家，全年完成总产值 28.6 亿元；增加值完成 3.7 亿元；利润完成 1.4 亿元；完成固定资产投资 15409 万元。

【基层党建】 夯实基础，提升干部素质。以全面贯彻践行中共十九大会议精神为契机，中共新开街道办事处党委组织召开专题培训会、推进会，要求全体党员干部用集中学习与个人学习相结合的方式，认真学习规定内容，深刻领会习近平系列讲话的重大意义、丰富内涵和实践要求。引导党员领导干部以身作则、率先垂范，学深悟透、立行立改。通过撰写学习笔记、心得体会、发表文章等形式，强调党员干部要高度重视德性修养，强化道德意识，做到表里如一、言行如一，坚定理想信念、坚守政治原则、坚持服务宗旨，处处严于律己、时时做出表率。

创新机制，加大工作力度。在党支部换届过程中，实行“双向并行、两轮沟通、三堂会诊”工作机制，积极开展摸底排查工作，由街道党委按照正推和倒推双向并行走访，从不同角度开展两轮沟通，广泛听取村街、社区“两委”班子内外的声音反响，掌握全面、准确信息，做好村街、社区“两委”换届准备工作，并实行“三级会审”（预审、再审、终审）机制，对候选人初步人选的资格进行全面筛查，确保选优配强，切实将能干事、会干事、敢干事的人选入班子当中。利用网络、条幅、标语、明白纸、宣传栏等方式，在辖区内先后悬挂条幅、标语 200 余条，发放明白纸 5400 余份，以微信、邮箱等电子媒介为平台，发布网络信息 300 余次，为街道圆满完成村级“两委”换届奠定坚实基础。

因地制宜，优化选举方式。街道党委将 8 个村街分为东西两片，采用由正科级干部分包负责，落实责任，以先易后难、压茬进行的方式推进选举，统筹运行、科学安排，实施一村一策、攻坚难点策略，开展村党支部、村委会“两委”换届工作，确保换届流程平稳有序。年内，街道所辖的 8 个村街和 8 个社区“两委”换届工作全部完成。新一届村“两委”班子成员 43 人，文化程度、年龄结构等均有较大改善。在平稳完成换届工作同时高质量完成村党支部书记、村委会主任“一人兼”比例要求，使一批政治坚定、工作务实，具有较强综合素质的年青党员进入村级领导班子，班子的凝聚力、战斗力和号召力全面提高，村级党组织在村民自治中的核心领导地位得到巩固和加强。

加强培训，提升干部素质。为全面提升村街党员干部整体素质，提高基层党组织执政能力，帮助新任村干部尽快融入角色，街道党委采用专题培训、远程教育、“以会代训”等形式，组织村“两委”成员进行培训学习，以组织建设、民主管理、综合治理为主要培训内容，从基层党组织建设、发展党员、基层民主管理、解决民众矛盾纠纷等方面入手，促使广大村干部不断提升自身政策水平和具体工作能力。

严肃纪律，强化班子担当。按照“身份明、活动实、效果好”要求，采取“事前审、事中记、事后评”程序，多形式组织党员开展特色活动。要求各党支部的党员活动日及时做好活动记录和影像收集，将相关图片发到党支部微信公众平台。街道党委第一时间了解各党支部活动动态，并选择推送微信链接，多方面宣传党员活动，发挥正面引导作用。严格“三会一课”制度，每月及时发放学习资料，定期督导各党支部工作情况。3月，组织各基层党支部集中利用半个月时间召开专题组织生活会，790名党员参加民主评议活动，其中，评定为好等次275名，评定为合格等次489名，评定为基本合格等次26名。

创新载体，深化智慧党建。结合数字化网络平台建设，推动基层党建传统优势与信息技术相融合。以线上线下互动、现实虚拟融合为目标，以网格化管理、党小组活动、亲情联户机制为依托，设立网格长、党小组长、党员志愿者联络平台，畅通党员干部和党员、党员和群众联络渠道，规范收集意见、征集信息、走访调研等程序，及时掌握社情民意、接收批评建议、处理利益诉求，加强党员和群众对话，推进基层民主进程。辖区8个社区、8个村街全部创建微信公众平台和微信群，共同服务于智慧党建工作，形成三个层级的网络群，快速传播街道党委的声音，宣传县委、县政府的决策部署，反映党建工作最新动态，成为密切联系党员群众的“新桥梁”。

【党风廉政建设】 开展党的纪律特别是政治纪律教育，加强监督检查，使广大党员干部坚定政治立场，始终同党中央保持高度一致。同时，紧贴中心、服务大局，重点关注对街道工作落实情况的监督检查，保证政令畅通。开展“一问责八清理”(一问责是对党的领导弱化、主体责任缺失，管党治党不力、发生严重违纪违法问题的，抓住典型，严肃问责，公开处理。“八清理”，是对超职数配备干部、违规进人问题，违规公费出国、公款旅游问题，乱收费、乱摊派问题，领导干部经商问题，滞留截留套取挪用财政专项资金问题，违规配车、用车问题，违规出让土地、违反规划调整容积率等问题，懒政怠政、不作为、不在状态问题，进行清理)、“三个专项集中整治”(整治形式主义官僚主义、违规收送礼金和领导干部利用名贵特产类资源谋取私利)“机关作风整顿”等专项行动，加大日常工作检查力度，强化效能问责，推进机关干部办事提速、服务提升、工作提效、能力提高。节日期间对违规公款购物、公款吃喝、公款旅游、不吃公款吃老板等各种隐性变异“四风”问题加强监督检查，确保风清气正、廉洁过节。

【项目建设】 新开街道办事处有重点项目4个。其中，在建亿元以上项目1个，即投资2.1亿元的春城丽景一期建设项目；储备项目3个，分别是计划投资5亿元的绣水经典二期项目、计划投资2亿元的时代商业广场项目、计划投资10亿元的金港花园项目。

【惠民工程】 以提高辖区群众幸福生活指数为目标，集中力量，实施一批民心工程。

老旧小区改造。南台、前店子、安抚寨一期、周元村一期拆迁改造完成并全部回迁，段乔各庄小区改造一期回迁楼3栋完工，西南街回迁楼完工，香城壹号9号楼、13号楼主体完工，商业楼完工，富泰二期A区住宅楼主体完工，并办理入住。西南街、东南街、段乔各庄、阎乔各庄4个村确定开发主体并报新民居办公室备案。

日常保洁及垃圾清运。实行村街生产生活垃圾日产日清制度，并将清扫范围向小街小巷延伸，清理卫生死角数百处。落实“河长制”工作机制，集中清理辖区河渠垃圾，对辖区东干渠两侧、五一渠新开段垃圾进行清理，清理沟渠2500米，清理道路两旁暴露垃圾及建筑垃圾200余吨。配合县建设局对天琴湾小区两个排水口进行彻底改造。

城中村违建整治。坚持依法依规、一视同仁，保障拆违工作落到实处。巡查中发现一处违法建筑，于6月强制拆除。针对段乔各庄居民区居民反映的小商小贩私搭乱建情况，上报县综合执法局，于8月底强制拆除。

老旧小区上档升级。结合省级文明县城创建工作，全面提升辖区老旧小区面貌，对花丝小区进行拆违改造升级，拆除各类违章建筑600余平方米，硬化小区路面，对小区内空闲地块重新规划，种植各类绿化树木，改善升级小区排水设施。

【打造绿色宜居新城】 围绕“创建文明香河、建设幸福香河”主题，更换辖区创城宣传围挡5000平方米，更换89个小区创城展牌600余块，粉刷新开街两侧及周元村小街小巷墙体近2万平方米，对50个无物业小区环境卫生开展集中清理整治，重点对盛世家园小区环境卫生进行全面整治，清理小区内积存生活及建筑垃圾20吨，清除杂草2000余平方米，平整小区土地300平方米，填土60立方米，镶砖150平方米，粉刷、美化楼道墙面1000余平方米。通过街道微信平台、绣水社区党群之家、智慧社区数字网络平台等系统以孝敬、友善、节俭和诚信等核心价值观为主要内容，定期编发微信息和面向辖区百姓的公益类广告，增强创城舆论氛围，提高居民自主参与意识。

【大气污染治理】 街道大气污染防治巡逻队对辖区涉污企业、闲暇空地、餐饮业等定时巡查监管，发现问题及时处理。杜绝焚烧杂草垃圾、燃放烟花爆竹、露天电焊施工及燃用散煤等违规现象发生。辖区各类施工工地全部苫盖、洒水降尘，主要街道两侧、村街路边土堆和闲置、裸露的空地全部苫盖，对各类施工扬尘源工地一律责令停工。对辖区中小餐饮企业进行细致排查，统一建立台账，以于家肉饼等饭店为示范点，全面推广安装油烟净化设备。年内，辖区有32家饭店安装了油烟净化设备，对未加装油烟净化设备的餐饮业下发《整改通知书》，标明整改要求，规定整改时限。加大日常巡查力度，坚决取缔露天烧烤行为。

【“煤替代”工程】 完成辖区所有村街1686户“气代煤”用户的信息录入及汇总，1060户热力用户的统计及汇总。1093户使用燃气用户的补贴金额及燃气表号录入信息汇总，所有信息均分类存档，按照上级要求及时上报。

【散乱污企业治理】 辖区散乱污企业28家，取缔27家，剩余1家完成整改提升，并对已取缔企业实行全天不定时监管。街道大气办每天出动3—4人，巡查车1辆，对已经关停取缔企业进行全面复查，且均留有巡查影像资料，坚决防止反弹。对不完善环保手续、取缔不彻底、存在反弹迹象或反弹的企业，按照“两断三清”标准，予以取缔。

依法淘汰辖区商铺门店10蒸吨及以下燃煤锅炉48家、58台，全部完成验收。

【社区建设】 2018年，街道新型智慧社区网络平台人口信息系统录入居民信息32099户、43667人，初步实现对居民主动、有针对性服务，也为各类决策提供科学、有力的数据支撑。电子办公系统为居民提供便捷服务56人次，发布信息30条。街道将社区党建、公共服务、便民服务、为老服务、报事报修、美在社区6个政务、服务元素纳入创新推出的政务办公平台手机APP，让社区居民尽享公共、便民、为老等服务内容，及时关注社区党建、了解社区活动开展的动态，还可通过专栏方便快捷的反映或解决生活中遇到的问题。让居民足不出户即可预约服务，推动社区服务向“大数据”时代迈出实质性步伐。

星级社区创建。继绣水、永泰两个新型示范社区创建以来，街道再接再厉，5月，成功打造面积500平方米的五一社区，实现把社区建设成功能完善、居民自治、治安良好、环境优美、生活便利、文化繁荣、文明祥和的“星际和谐社区”目标。一系列新型示范社区涌现，标志着社区建设上档升级，为品质香河、美丽社区建设蓄势助力。

“妇女儿童”之家友邻益家。绣水社区积极创新，整合资源，创建绣水社区“妇女儿童之家”，组织妇女、引导妇女、维护妇女儿童合法权益，成为深受广大妇女信赖和热爱的“温暖之家”。3月，绣水社区妇联被香河县妇女联合会授予“优秀基层妇联组织”荣誉称号。五一社区“儿童之家”建立，对未成年人教育工作开展提供有效保障。

智慧养老。街道注重对孤寡老人等弱势群体的关心、关爱，想方设法创建服务场所，相继在新开、绣水、永泰创建“居家养老服务站”，为老年人群提供包括“紧急救援、日常照顾、家政服务、休闲娱乐、法律咨询、精神慰藉”在内的综合性养老服务项目，不断浓厚富有亲情和人文特色的养老服务氛围，创造健康快乐的养老环境，使社区养老服务真正落地生根。

社区文化活动。2月7日，新开社区举办“同心筑梦新时代，演艺传递正能量”新春文艺会演，与社区居民共迎佳节。3月27日，绣水社区携手北京同仁堂走进京汉君庭小区开展大型义诊活动，现场免费检测心脑血管微循环系统、测血压、测血糖等，同步开展免费理发、磨剪子、上门维修等志愿服务。5月20日，段乔各庄社区携手“快乐学园托教”举办“5·20”中国感恩节主题讲座及亲子活动，给未成年人上了一堂深刻的“与爱同行，学会感恩”的主题教育课。6月8日，永泰社区举办“法制宣传进社区，送法宣政暖民心”普法宣传活动，强化群众法律意

新开街道办携手北京同仁堂走进京汉君庭小区开展大型义诊活动（新开街道办供稿）

新开街道办举办迎“七一”暨庆祝中国共产党成立九十七周年书画展（新开街道办供稿）

识，提高居民依法维权的能力和法律素质。6 月 28 日，新开社区举办迎“七一”暨庆祝中国共产党成立九十七周年书画展，通过上党课、重温入党誓词、书画笔会、参观书画展，展现爱党、爱国、爱家乡这一浓厚主题。6—8 月，永泰、绣水、安抚社区相继携手新开街道团委、香河平心公益协会走进辖区小区，举办以健康义诊、眼部清洗、龋齿检测、教育咨询、绘本阅读、剪纸科普、净水咨询、电视保养和电器维修等为内容的志愿服务活动，让居民切实感受到社区服务的温暖，使社区文明创建呈现新风貌。10 月 16 日，新开社区携手街道妇联邀请县妇联和县妇幼保健院分别开展“百千万巾帼大宣讲，巾帼颂歌献歌党”为主题的宣讲活动和以“送健康知识进社区，助力创建省级文明县城”为主题的宣传活动。

爱心公益活动。通过国家共青团微信公众号，一个团干部联系 100 个优秀团员青年，组织优秀团员青年人才参加团组织活动，配合街道完成上级团组织下派的各种任务。在京汉君庭、富泰家园等小区开展爱心公益活动，与香河平心公益协会共同完成“爱心—开心公益联盟进社区”活动。

【安全生产】 街道领导带队，每天检查辖区企业、人员密集场所、幼儿园小饭桌、仓储物流、宾馆饭店、临街门店等生产经营单位。年内，检查 21 次，检查生产经营单位 768 家，签订消防安全承诺书 568 份，排查消防安全隐患 89 处，整改 65 处，下达整改通知书 6 份，处罚 1 家、罚款 1 万元。各村街消防安全广播 310 次，辖区主要街道刷制图文并茂安全生产永久性标语 54 条。

街道安全生产监督管理办公室成立专项检查小组，对辖区所有“气代煤”村街、社区开展安全大检查，各村街、社区成立巡查小组，安排安全员对各家各户进行日常巡查。利用多种形式，大力宣传燃气使用基本常识，各包村、社区干部入户宣传并发放燃气安全使用提示 2000 余份，制作并张贴燃气科普安全宣传展板 90 张，通过组织开展居民用气安全教育，全面提高公众用气安全意识。

【卫生健康】 2018 年，为 5 名 60 周岁以上符合计划生育奖励扶助政策的群众、7 名符合计划生育特别奖励扶助政策的群众办理相关手续，完成奖励扶助和特别扶助人员的资格确认、个案信息录入以及提前纳入人员的统计工作。对符合政策的 2018 年独生子女高考考生提供加分帮助。为 95 名可以享受一次性 3000 元奖励的退休人员办理相关手续。为辖区 12 户计生特困家庭发放救助公益金、养老保险补贴、医疗补贴等 75512 元。为辖区 12—27 周岁未婚的农村独生子女统一投保意外险。为 184 名奖扶人员发放新农保补贴 22080 元。办理一胎证 82 个，二胎证 139 个，独生子女证 35 个。

【社会保障】 完成城乡居民养老保险参保 3475 人，医保参保 22145 人。完成社保卡申请与发放累计 3457 张，为企业退休认证 1971 人。完成 1501 名城乡居民养老保险待遇领取人员认证工作，全年累计发放 2485382.39 元。城镇新增就业 750 人。

围绕精准扶贫精准脱贫工作，开展建档立卡贫困户精准识别、精准帮扶、动态管理等各项工作，对辖区人口进行宣传、摸排、走访，确保应纳尽纳，应退尽退。对 12 名优抚对象反映的问题及时回访及时解决，时刻关注他们的生活、住房、就医情况。为参战涉核人员进行摸底上报。对 54 户、90 名城乡低保人员进行复核，注销 11 户、25 名不合格人员。对辖区 13 名特困人员进行自理能力评估，与照料护理人员签订分散供养协议。日常做好低保、特困人员的动态管理，符合条件及时纳入，不符合条件及时调整、清退。

举办全县残疾人精准康复管理人员暨家庭医生签约培训班，提高管理人员能力水平。为重度残疾人申报护理补贴，困难残疾人申报生活补贴。为辖区贫困残疾人免费发放残疾拐杖及轮椅等，为2户贫困残疾人申报应急救助款，为辖区33户残疾人发放鹅苗3300只，将三、四级精神及智力残疾残疾人30余名纳入残疾人护理补贴。完成街道辖区残疾人基本服务状况和需求信息数据动态更新登记。

对辖区35户公共住房申请初审合格家庭进行公示，9月21日，完成廉租房配租摇号工作。

【退役军人管理服务】 街道有退役军人xxx人（该条目中的数据涉密，不宜公开）。其中，符合政策安置条件的城镇义务兵和初级士官xxx人（符合政策安置条件的进藏退役士兵xxx人，符合政策安置条件的城镇义务兵和初级士官xxx人，转业志愿兵士官xxx人）；农村籍退役士兵xxx人（2011年11月1日前退役的农村籍退役士兵xxx人，自主就业退役士兵xxx人）；军转干部xxx人（机关事业单位军转干部xxx人，企业军转干部xxx人，自主择业军转干部xxx人）；复员干部xxx人；军休干部xxx人；享受抚恤补助的优抚对象xxx人（残疾军人xxx人，参战退役xxx人，参试军人xxx人，年满60周岁以上农村籍退役军人xxx人）。与街道办事处签署退役军人援助性就业协议xxx人，并在工作岗位工作。

【民主法制建设】 对各社区调委会主任、社区人民调解员、普法宣传骨干等30余人进行两期业务技能培训。7月，在永泰社区开展法律宣传咨询活动，解答法律咨询9人次，发放《普法宣传工作手册》150余册、扫黑除恶斗争宣传单800余张。10月底，顺利完成省“基层司法所规范性建设”验收检查工作。

【第四次全国经济普查】 完成清查摸底法人1455人，个体户3488户，总计4943人（户），为2019年1月的正式普查做好准备工作。

（王春明）

新华街道办事处

【概况】 新华街道办事处位于新华大街北侧，五一路东侧。辖区范围为，东至白庙村、西至西外环路、南至淑阳大街、北至潮白河南堤，面积4.6平方千米，辖6个社区居民委员会（新华、永兴、迎宾、城西、珠光和城北社区居民委员会）、8个村街（白庙、胡庄子、万福辛村、北岗子、刘庄、西北街、东北街和西店）；常驻人口46203人。2018年，新华街道办事处先后获得“市级先进文明单位”“市第三次全国农业普查先进集体”“建设领域统计工作先进集体”“市先进妇联组织”等荣誉，珠光社区获“市级先进社区”称号，新华社区获“市级基层党组织建设示范点”称号。

【基层党建】 中共新华街道办事处党委推动“两学一做”学习教育常态化管理。制定机关干部和领导班子“两学一做”学习教育计划安排表，机关干部安排每月两次学习计划，领导班子每周五进行“中心组理论学习”。制定详细的村街“两学一做”学习教育计划安排表，下发到村街社区，保证各支部按照计划安排保质保量每月开展两次“两学一做”学习教育，并记录学习笔记，实行痕迹化管理。

【换届选举】 根据省、市、县“两委”换届工作指示精神，街道办事处党委成立街道换届工作领导小组，制定换届选举工作方案，对50余名换届选举工作骨干进行业务培训。组织室下发《换届选举工作指导手册》50份，“两委”换届明白纸5000余张，致全社区村街党员群众的公开信10000余份，设立选举宣传牌600个、悬挂横幅

500 条，多渠道宣传换届政策、纪律。组织对辖区村街、社区进行前期村情选情摸排，建立一村一策台账，并以此依据，摸排候选人数达 174 人，夯实换届工作基础，确保换届选举规范有序。在村街选举工作中，新华街道办严格选举程序，细心指导选举工作每个环节，健全选举监督机制，辖区内 8 个村街和 6 个社区全部完成换届选举工作。在年龄结构，学历，致富带头人，政治素质等方面比例全部达标，党支部书记、村委会主任“一人兼”比例达到平均水平。

严格发展党员制度，完成年度发展党员 9 人的目标，其中，村街 5 人，社区 3 人，非公党支部 1 人。建立递交入党申请书、积极分子、预备党员及党员信息系统“四库”，对辖区内的优秀人选全面把控，重点培养，规范管理不同阶段的党员发展。动态管理，做好“四库”维护工作，对党员增减情况（包括党员转入、转出、新增加党员以及死亡的党员）进行细致调查、及时更新。积极推进党员档案整理工作，年内，完成辖区内 8 个村街共 352 名党员，5 个社区共 484 名党员名党员的档案整理，明确遗失档案 70 份，材料不全档案 60 份，填写内容问题档案 3 份，签字盖章问题档案 1 份。并针对不同问题联合各支部对缺少材料进行查漏补缺，根据不同情况，分类指导，甄别对待，年内累计完善党员档案 50 余次，确保按要求完成档案整理，保证党员档案完整健全。

【老旧小区升级改造】 结合创建省级文明城市工作，新华街道办投资 400 余万元对兴旺小区、兴济苑小区、工会小区、慧源小区等 9 个老旧小区进行改造升级，其中，包括路面硬化、排水管网改造、安装门禁系统、墙体粉刷、安装路灯、标记停车位、种植景观树、打造小区内主题公园等 10 余个项目。

【“散乱污”企业治理】 街道环保所始终把家具行业综合整治工作放在突出位置，实行“一企一案”工作方法，督促指导企业增上环保治污设施，环保不达标的一律限期整改，整改不到位的坚决关停取缔。年内，取缔辖区内“散乱污”企业 39 家。

【生态环境整治】 加强河道管护工作，维护生态环境。通过摸底排查、健全档册，建立一河一档制度。查找问题源头，落实责任清单，加强与相邻乡镇协作管理，严禁在河道周边办养殖场，并下发整改清单。年内，新华街道办对五一渠内影响水质和环境美观的浮萍和河道垃圾，进行 5 次集中清理，清理垃圾 2000 立方米。

【拆除违规建筑】 新华街道办坚持对违章建筑“零容忍”，坚决依法惩处和打击，发现一起查处一起。年内，拆除违规建筑 4 处，整改完毕 3 处，拆除整改面积 11900 余平方米。

【社会稳定】 新华街道办专门成立以街道党委书记为组长的扫黑除恶工作领导小组，召开多次专题会议，研究部署重拳打击黑恶势力工作。开展全方位的摸底排查工作，突出排查重点，对涉及黑恶问题的组织、人员严格依法打击。利用宣传标语、悬挂条幅、广播、微信群等形式，深入广泛宣传，张贴《通告》1000 余张，宣传标语 200 余张，墙壁粉刷标语 31 块，电子屏滚动宣传标语 100 余块，向群众发放明白纸 5000 余份，设立宣传展牌 80 余块，举报箱 15 个。公开举报电话，畅通信息渠道，切实做到家喻户晓，人人皆知。

新华街道办制定打击整治传销违法活动实施方案，成立打击传销领导小组，建立 13 支打击传销队伍，明确工作目标要求、工作重点、方法步骤。集中排查摸底行动中出动执法人员近 300 人次，执法车辆 30（台）次，与派出所配合走访群众 3000 余人，走访学校、企业、宾馆 85 家，清理村庄（社区）426 个，查出租房 235 家。在主要路口、村居社区人员聚集的地方设置宣传栏 2 台，悬挂条幅 60 条，发放宣传单 3000 余份，深刻揭露传销活动的欺骗性和违法犯罪本质，增强群众的防范意识。年内，捣毁涉嫌传销窝点 39 个，驱散涉嫌传销人员 87 人，全部遣返，有效遏制传销活动蔓延。

新华街道办坚持实行首问责任制，坚决做到将信访反映的矛盾如实记录、耐心解释，尽可能地将矛盾化解在萌芽状态，千方百计将群众信访问题解决在基层和本部门。2018 年，圆满完成全国“两会”、“5·18”中国廊坊国际经贸洽谈会等国家、省、市、县重要会议、重大活动期间的安保值班任务，暑期安保任务，省督导组驻廊坊巡视组值班工作，“三位一体”信访接待日值班工作。网上信访案件答复率 100%。涉军、问题楼盘等维稳工作持续进行。

【安全生产】 新华街道办事处成立由党委书记为组长，街道办主任为副组长，各包村领导为成员的安全生产领导小组，严格实行安全生产网格化监管机制，统筹协调安全生产工作。2018 年，先后开展利剑除患专项行动、“元旦、春节”和“两会”期间安全生产检查、人员密集场所检查、安全生产大排查大整治攻坚行动等专项工作。检查各类生产经营单位、门店等 300 余家，在辖区内主要街道、人员密集的场所悬挂安全生产宣传条幅 90 余条，各村街利用广播、发放宣传单、短信等形式向村民及各企业负责人进行宣传，发放宣传单 3000 余张，营造浓厚的安全氛围。香城郦舍小区建成安全生产宣传示范小区。开展“攻坚 3 号”和“攻坚 4 号”行动、“两会”期间消防安全检查、幼儿园（小饭桌）专项检查、春夏火灾防控、“平安”系列行动、电动车消防、危险化学品消防等安全检查工作。制订消防工作计划、成立消防安全领导小组，对辖区内宾馆、饭店、洗浴、商场、集贸市场等 200 余家企业、门店进行排查，检查各生产经营单位消防设施、有无违章建筑、人员密集场所设施有无逃生灭火障碍等问题，全部问题整改完毕。

建立健全食品药品安全综合协调机制，与 8 个村街签订目标责任书。深入到辖区内的食品生产加工经营点进行食品药品安全大检查，在主要街道及各村显著位置张贴标语 60 张，分发宣传资料 2000 余份，形成全社会重视食品药品安全的良好氛围。

【社会保障】 2018 年，城乡居民医疗保险网上缴费 12510 人，包含所属辖区 8 个村街农村居民 8066 人，城镇居民 4444 人。需要完成任务数 12042，完成率 104%。累计发放社保卡 2195 张，办理企业退休职工认证 208 人。扶贫工作落到实处。辖区有农村低保 8 户、11 人，每月保障人均收入 600 元，特困人员 12 户、12 人，月保障人均收入 960 元。低保及特困人员基本生活均得到保障。

【退役军人管理】 建立辖区内 8 个村街和 6 个居委会退役军人包联台账，对退役军人进行一人一档的纸质版档案登记并录入计算机实行信息化动态管理，上报县退役军人管理服务中心。为烈属、军属、退役军人、现役军人等家庭悬挂光荣牌，对所有挂牌家庭进行信息登记工作。“八一”建军节期间，联合县民政局为退役军人发放慰问品 1400 余份。

（马丽娜）

平安街道办事处

【概况】 香河县平安街道办事处成立于 2012 年 9 月，2018 年 8 月，撤销并入安平镇。平安街道办事处与河北香河经济技术开发区同楼办公（位于平安大街南侧），街道辖区四至：东至北运河，南至县界，西至县界，北至龙凤减河、县界，面积 18.43 平方千米，辖区下设 4 个社区居委会：民安社区居委会、新城社区居委会、正阳社区居委会、安泰社区居委会。有万通、京御、盛达置地、鸿坤、国元、香河佳龙、香河城镇房地产、隆盛、博远等多家房地产开发公司。已建成小区 21 个，其中，平安小区、医院小区、平安丽景 A 区、平安丽景 B 区、福源小区、京津花园一期、共青社、阳光优势、燕都鑫城一期、燕都鑫城二期、属于民安居委会；京津花园二期、京津花园三期、京津花园四期、福安城、花香小镇、罗纳河谷一期、罗纳河谷二期属于新城居委会；孔雀城、天悦小区、香汐小区属于正阳居委会；紫藤堡属于安泰居委会。已建成小区总建筑面积 350 万平方米，总户数 3.5 万户，户籍人口数 1.3 万人，常住人口 5.5 万。

【基层党建】 中共平安街道办事处党委组织学习党章活动，增强党员干部廉洁自律意识，筑牢思想防线，提高自我约束能力，树立党章意识，宗旨意识，严明政治纪律；改进作风，维护群众利益。贯彻落实中央八项规定，树立群众观念，对“懒政怠政、不作为、不在状态”问题进行多次大排查，发现问题及时责令整改到位，切实转变工作作风；围绕规范提效，建立内部管理制度。完善财务管理制度、档案管理、公务用车管理办法、办公用品管理制度、公文办理制度、印章管理制度、工作人员行为准则、请销假制度、首问责任制度等十余项规章制度，用刚性纪律规范内部运行。2018 年，发展党员 3 人，其中，机关支部 1 人。接收党员关系转入 3 人，党组关系转出 2 人。

【社区建设】 民安社区燕都鑫城小区落实 1000 余平方米社区用房，按标准进行装修，配备各种办公器材，为社区阵地建设打下基础。推出岗位责任、机关效能、流动党员管理、全程协办、亲情代办等 15 项工作制度，为居民服务热情高涨。

【文化建设】 利用微信公众平台及时提供各种活动信息，使社区居民更全面地参加街道组织的各项活动，也方便了解社区居民想法，采纳合理建议。通过社区阅报栏、电子屏、展牌和条幅等形式，构建和谐社区。协调社区开展元宵节、母亲节、“5·12”抗震减灾宣传、中共十九大精神进社区、“回忆历史 不忘初心 牢记使命”大型文艺演出等多项活动。辖区有书画、摄影、象棋、乒乓球、羽毛球、舞蹈、合唱团、老年模特等 14 支文体活动团体，总人数 300 余人，为社区精神文化建设做出很大贡献。

【大气污染防治】 在各社区和主要街道悬挂宣传条幅，印制和发放宣传资料，摆放宣传展板，利用社区广播系统、流动宣传车、微信公众号等服务平台进行宣传。建立大气污染防治专项排查长效机制，派专人进行巡查，建立巡查台账，严禁私自焚烧垃圾、乱堆乱放装修垃圾。对小区内露天烧烤，发现一起处理一起，责令各饭店安装高效油烟净化设施，实现达标排放，对不能达标排放的，责令停业整顿。

【环境整治】 以建设宜居社区为目标，提出“平安社区你我他·美好环境靠大家”口号，呼吁居民参与环境保护，倡导健康生活方式。成立垃圾清扫队，采取社会化运营方式，每天对街道和社区进行全面清扫，实现垃圾日产日清。

按照“单株成景、连片成园、见缝插绿、能绿则绿”的思路，调动各家开发商、物业公司积极性，在罗纳河谷、香汐、阳光优势等小区进行补栽补种，使整体环境得到绿化美化。

（崔向明）

人　物

责任编辑　马　军

综　述

2018 年，香河县广大干部群众围绕“建设美丽幸福新香河”的奋斗目标，自我加压，负重奋进，积极进取，强势作为，在各行业、各部门、各领域涌现出一大批优秀模范人物，他们的骄人业绩和示范效应，有力地引领和带动香河经济、社会各项事业朝气蓬勃，蒸蒸日上。

模范人物

【概况】　2018 年，香河县以习近平新时代中国特色社会主义思想为指导，深入学习宣传贯彻中共十八大、十九大精神，紧紧围绕中央和省、市、县委的决策部署，紧跟时代发展步伐，主动适应经济发展新常态，积极践行新发展理念，涌现出一大批在全面深化改革、推进经济平稳健康发展和社会和谐稳定中取得突出成绩的模范人物。有 1 人荣获全国“五一”劳动奖章、1 人荣获河北省“五一”劳动奖章 、22 人荣获县级道德模范人物称号，34 人次荣获国家部委、省直机关、市直机关的表彰奖励。

【全国“五一”劳动奖章获得者简介】

安国亮，男，汉族，中共党员，1965 年 5 月出生。2012 年 9 月，担任香河县农业开发办公室党组书记、主任。近年来，他先后荣获全国第一次污染源普查工作先进个人、河北省环境保护系统先进个人、市级优秀党务工作者、市级劳动模范、县级三等功、嘉奖等荣誉。进入农发系统工作以来，共争取农业开发资金 1.2 亿元，建设高标准农田 5013.33 公顷（7.52 万亩），实施农业产业化项目 6 个，农业开发工作连续 5 年荣获全省“项目和资金管理工作先进县”。为促进当地农业增效、农民增收做出了突出贡献。

【河北省“五一”劳动奖章获得者简介】

刘会生，男，汉族，1970 年 12 月生，2015 年 12 月至今，任国网冀北供电有限公司香河分公司高级工程师。作为一名企业管理人员，2017 年先后组织参与 2 条特高压线路、4 条 110 千

伏、220千伏线路的属地协调和变电站增容工作，他求真务实，与时俱进，埋头苦干，力求把每件事做完美，较好地完成了188项“电代煤”工程，为大气治理还一片蓝天服务社会做出了应有的贡献。2004年，被华北电网有限公司、华北电力工委评为2003年度华北电网有限公司先进工作者。2010年，被华北电网有限公司评为2009年华北电网有限公司节能管理先进个人。2011年，被华北电网有限公司评为2010年度华北电网有限公司先进生产（工作）者。

【道德模范人物简介】

1.孝老爱亲

践行家庭美德的榜样——安会云

安会云，女，香河县第一中学教师。由于婆婆体弱多病，常年需要人照顾，夫妇二人一直和公婆住在一起，安会云从来没有一句怨言。工作再辛苦，回到家里总是微笑着面对家人，洗衣做饭，给公公婆婆端水喂药、嘘寒问暖，照顾得精心周到。2011年，父亲和婆婆相继急病去世，她一边安慰伤心的母亲和公公，一边照顾年幼的孩子，长期的劳累让她患上胸椎错位，在北医三院做了纠正手术。2014年，丈夫患上了皮肌炎，至今未愈，在北京住院近两个月，其间她每天都要坐公交车往返于北京和香河之间。2017年，丈夫又检查出激素性股骨头坏死，行动不便，每两周就要去北京复查一次，丈夫身体虚弱，浑身没劲，她就用轮椅楼上楼下地推送检查。安会云用自己的实际行动演绎着点点滴滴的亲情故事；用自己的爱心、孝心构筑了一个和谐幸福的家庭；用自己的实际行动践行着中华儿女孝敬老人，夫妻和睦，勇担责任的传统美德。

人之行，莫大于孝——刘倩

刘倩，女，1984年10月生，香河县中医医院医务人员。公公婆婆均患有糖尿病，公公更是因肾病并发症每周要做两次透析治疗，每周的透析治疗，让公公的心情总是很差，爱发脾气，但是刘倩明白孝顺除了孝更重要的是顺，所以总是耐心安抚老人的情绪，即使老人有时会嚷会骂，她也从不顶嘴，总是尽心尽力给予耐心照顾。由于肾病并发症影响，公公视力也非常差，刘倩当起了公公的眼睛，当起了他的拐杖，一日三餐端到面前、喂到嘴边。爱人其他的姐妹在北京不能照顾老人，刘倩也从无怨言。刘倩的父亲早逝，也很少有时间陪伴母亲，刘倩更是觉得亏欠。为了母亲能安度晚年，她为老人报名老年大学，丰富母亲的日常生活，坚持半年一次带母亲进行体检，尽量挤出时间陪老人聊天，像呵护孩子一样地陪她变老。

传统孝道的践行者——崔宇绰

崔宇绰，女，县家具城管委会工作人员。多年来，崔宇绰一直与公婆住在一起，子女孝顺、夫妻恩爱、老人慈祥，一家人乐于助人，邻里和睦。崔宇绰夫妻多年来，无论多忙，都会赶回家为老人做可口营养的饭菜，悉心照顾老人的生活起居。崔宇绰对老人关爱有加，不定期给老人添置新衣和需要的东西。在子女的悉心照顾下，二老虽已年近八十的高龄，但是精神矍铄、身体康健。14年来两位老人先后5次住院，她都是尽心竭力，贴身照顾。陪护婆婆睡觉、洗澡、擦身，崔宇绰从无怨言，细致入微地做好每一次护理，用行动诠释平凡的伟大，幸福的内涵。老人逢人便说："这个儿媳像自己亲生的闺女一样好，有这样的好儿媳是前世修来的福"。怀德于心，践孝于行。邻里乡亲都说她是公婆眼中的好儿媳，丈夫眼中的好贤妻，儿女眼中的好母亲。

不离不弃的好妻子——樊建侠

樊建侠，女，县安全生产监督管理局一名工作人员。2015年，她的丈夫突发脑溢血病倒在工作岗位上，虽经抢救却未能恢复意识，最后诊断为植物人，她的精神几乎崩溃，但日子还要继续。面对残酷的现实，她没有畏惧和逃避，她清楚，自己要倒下了，这个家就垮了。她用一颗坚强而又美丽的心，悉心地照料丈夫，每天给丈夫按摩、翻身、喂饭……用行动诠释着不离不弃的人间真爱。她成了家中的顶梁柱，在看护丈夫的同时，还要照顾年事已高的公婆和正在上学的女儿，她用坚强的毅力充当家庭的精神支柱，每天辛勤劳碌，从无怨言，挑起家庭重担，为全家撑起一片天。今年刚刚考上大学的女儿告诉她，自己全票通过当选了一名班干部，樊建侠很欣慰。她说："虽然照顾丈夫和家人的日子任重道远，但我坚信奇迹和幸福的明天一定会到来。"

父母在，不远游——张有财

张有财，安平镇堡上村村民。旁人看不出张有财有什么特别之处，他也没有什么惊天动地的壮举。然而，熟悉他的人都被他的孝心和责任心所感动，把孝老爱亲作为提升家庭幸福指数的最重要标准，坚持从自己做起。几年前，母亲患病需要有人贴身照料，而且也变得更加依赖儿子，总想让儿子在她身边多待会儿，张有财毅然辞去北京的工作回家照顾母亲。每天照顾母亲吃药、喝水、大小便，给她捶背、按摩，每天如同打仗一般，没有休息，没有午睡，没有娱乐，更是没有节假日。张有财孝老爱亲精心照顾老母亲的事迹在乡亲中被传为佳话。张有财说："羊羔尚知跪乳，母亲需要我照顾那是给予我反哺尽孝的机会，爹娘给了我生命，我还父母膝前尽孝。我觉得自己也有义务和责任将中华民族传统美德传承下去。"

怀尽孝之念，行尽孝之事——张金华

张金华是刘宋镇刘宋村一名普通且平凡的农村妇女，把孝老爱亲作为提升家庭幸福指数的最重要标准，坚持从自己做起，从小事做起。2012年开始，婆婆腿脚开始不利落，走路要拄拐杖，张金华主动要求和老人一个床上睡，以免发生意外。随着年龄的增长，婆婆的身体越来越差，2017年开始，婆婆得了脑萎缩，吃饭、穿衣都不能自理，老人想做什么还都要揣摩，特别是夜间，要四五次小便，她就跟着起四五次，扶上、扶下、盖被子，有的时候尿床了，当即给换上干净的褥单和尿不湿。付出就有收获。在婆婆心中，她是好儿媳；在儿子心中，她是好母亲；在爱人心中，她是好妻子；在村民心中，她是学习榜样；在村两委班子心中，她是好同志。虽然得到了家庭、组织和全体村民的认可，但她觉得她只是做了自己应该做的事情，她觉得自己也有义务和责任将中华民族传统美德传承下去。

2.助人为乐

兢兢业业干事，诚心诚意待人——王会民

王会民，男，中国人民财产保险股份有限公司香河支公司车险理赔员工。经王会民处理的案件，保户都对人保的车险理赔服务点赞，对人保的服务刮目相看。夏日炎炎，尤其是三伏天气，多数人都会选择吃着冷饮在空调屋度过。一天早上8点，一个女士打来电话“真不好意思，打扰您，请问救援电话是多少？”原来，这位之前出过险的保户，在上班的途中轮胎扎了。王会民询问位置后，主动提出援助：“您找一下备胎，我去帮您，我离您很近，请您不要着急。”随后，他驾驶车辆赶到现场，帮助这位女士换备胎。等换完备胎后，衬衣都已经湿透了，女士想要去超市买水，表示感谢，都被他婉言拒绝了。他说：“任何时候，我们都在随时待命。只要是有客户报案，不管在寒风刺骨的冬季，还是在烈日炎炎的夏季，或是在甜甜的睡梦中，都要立即出发，为客户排忧解难。”

积小善成大善——陈德胜

陈德胜，39岁，男，共产党员，任县园林绿化管理局绿政股股长。自参加工作以来，陈德胜兢兢业业、乐善好施、无私奉献，积极参加香河县志愿者协会的活动。帮助贫困孩子上学是他多年的愿望。2011年，一次偶然的机会资助了张家口闪电河乡寄宿制小学二年级的学生，承诺每月拿出100元钱，每学期初给孩子汇去，帮助孩子正常学习，还经常给学校打电话询问孩子情况。随着她年级增高，加大资助数额，直到孩子大学毕业。这一资助就是7年，其间从未间断过。2017年，他带动社会人士成功资助了7名贫困学生，同时还有很多爱心人士在他的带领下，积极参与资助活动。“不以恶小而为之，不以善小而不为”，陈德胜将爱心无限的传递，温暖着那些需要关爱的人，为我们做出了助人为乐的好榜样。

每有患急，先人后己——羡明慧

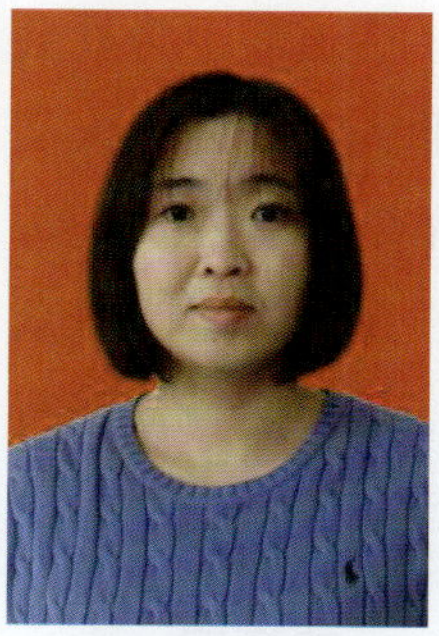

羡明慧，1983年出生，中共党员，县国土资源局一名创建文明县城志愿者。2017年10月26日，羡明慧与其他志愿者在路边维持秩序时，发现一名老人突然躺在路边浑身抽搐。羡明慧没有任何迟疑，第一时间跑向老人并迅速拨打了“120”求救电话，在陪伴老人的同时，疏散周围群众，为老人打开一条生命通道。待“120”赶到时，老人已经基本恢复意识，医生表示老人为癫痫病发作，身体已无大碍。随后羡明慧让老人不要着急，陪着老人聊天，使老人的心情慢慢地平复下来。20分钟后老人的儿子高先生赶到现场，并不断向救助老人的羡明慧表示感谢，羡明慧回应说：“咱们香河人一直崇尚道德、文明，面对老人跌倒，我们每位志愿者及市民都会给予帮助。”羡明慧以一颗系民为民的心，伸出仗义之手，用自己最大的力量去帮助群众，用实实在在的行动践行了中华民族的传统美德。

最好的满足就是给别人以满足——杨建兵

杨建兵，46岁，共产党员，在工作中他不但爱岗敬业，还乐于帮助他人解决问题，是个“热心肠”。2013年

1 月，杨建兵同志被聘任为大罗屯信用社主任，从上任的第一天起，他不但在工作中做到干一行，爱一行，专一行，精一行，还在工作之余利用自己的休息时间走村入户，了解辖区百姓需要，宣传农信社各项业务优势，吸引周边回迁小区居民储蓄存款和家具城外来务工人员存款。走访中，碰上谁有困难就帮上一把，经常帮助贫困老人解决实际困难，不仅陪他们聊天，还为老人收拾房间，送去一些生活必需品。他还呼吁辖区内的企业工厂、餐馆超市、学校食堂、街道环卫为社会提供更多的就业岗位，帮助无业人员和残疾人实现就业愿望。居民们都这样评价着杨建兵："他每天想的是如何帮助大家做好事，是个一心为群众办事的好人。"杨建兵不忘初心，用实际行动践行着自己的入党誓言，永远做一个有利于人民的人。

用爱心撑起一片艳阳天——王福军

王福军，环保产业园区刘庄子村党支部书记。多年来，积极践行社会主义核心价值观，热心参与社会的公益文化活动，为搞好基层的文化事业建设，2012 年创办了八方艺术团，任团长。八方艺术团自成立以来，王福军一直本着服务于公益事业为主导的建团理念，面向基层，面向大众，只要是热心于公益事业的文艺爱好者，都可以来艺术团参加演出。几年来，王福军带领八方艺术团每年都要下乡走基层进行巡回演出，每年演出达 40 余场次；每年还要组织进入社区、工厂、敬老院等地进行慰问演出，演出场次累计达到 300 余场次。先后荣获 2012 年和 2013 年"基层文化工作带头人"称号；八方艺术团 2014 年被评为《幸福香河大家唱》功勋单位；2014 年国庆期间文化活动优秀演出团体；2015 年在全县百名"基层榜样"评选中当选基层榜样热心人称号；2016 年在廊坊市文艺调演活动中荣获"创作三等奖"。

发光并非太阳的专利——张爽

张爽，男，县城市管理行政执法局执法二队执法队员，参加工作 15 年。他恪职敬业，工作过程中注重人性化执法，在助人为乐的道路上坚持不懈，用实实在在的行动践行群众路线。2018 年 8 月时候下了一场大暴雨，县城的地下排水不顺畅导致多个路段积水严重，张爽在队长的带领下，积极参加防汛工作，不管是被汗水还是雨水浸湿了衣裳也全然不顾，把众多老弱妇孺背过积满水的马路，得到了大家的一致好评。像这样助人为乐，提升城市温度的暖心事还有很多。在大街小巷，执法队员们除了规范停车、取缔流动摊贩，还曾帮助走失的孩子找妈妈、雨中护送迷路老人、看护被车撞倒的老人……就像张爽说的那样，"经常都会遇到这样或者那样的事情，能帮就帮一下，这些都是我们应该做的。"作为执法人员，他胸怀高度的社会责任感，在人民需要帮助时挺身而出，用实际行动弘扬正气，传递正能量。

3.诚实守信

拾金不昧好心人——李国秀

李国秀，女，一名普普通通的环卫工人，面对别人丢失的财物选择物归原主，以高尚的品德树立善行的榜样，为社会传递正能量。9 月 2 日，南女士不慎在街上遗失了内有大量现金及重要证件的钱包。正当她万分着急时，却接到蒋辛屯环卫工作组的电话，告知她丢失的钱包已经被交到环卫工作组。

9 月 5 日下午，失主南女士，给蒋辛屯镇环卫工作组送来一面写有“拾金不昧正能量，载物厚德暖人心”的锦旗，以感谢拾金不昧的环卫工人李国秀。南女士表示，蒋辛屯环卫工人的行为十分值得表扬，而李国秀说，她只是做了应该做的事。近几年来，李国秀所在的蒋辛屯环卫工作组拾金不昧的事迹屡见不鲜。由于工作性质特殊，广大环卫工人经常捡到失物，为了尽量给失主减少损失，都会积极寻找失主并及时归还失物。一直以来，像李国秀一样的环卫工人还有很多，他们不仅用自己的辛勤劳动和汗水美化着这座城镇，更用实际行动传递着社会公德的正能量。

用真诚的心为客户服务——李晶

李晶，女，兴业银行香河支行的客户经理。李晶在长期的一线服务工作中，一直坚持做到视客户为亲人，为客户提供全方位、周到、便捷、高效的服务，以自己真诚的服务赢得了客户的尊重和信任。2018 年 1 月份，李晶发现一位阿姨在 ATM 机前神色紧张。她主动上前询问，通过王阿姨的描述，李晶很快判断出这是一起电信诈骗。李晶一边安抚王阿姨的情绪，一边及时拨打王阿姨家人的电话，对王阿姨进行耐心的劝阻，王阿姨终于免受一次诈骗，和家人一起对李晶表示感谢。李晶在为客户服务的过程中，始终坚持做到服务规范、用语礼貌、举止得体，给客户留下良好的印象，以饱满的热情，迎接着每一位前来咨询以及办理业务的客户，对个别态度不好的客户，她总是微笑服务，耐心解释，用真情去感动他们，竭力使每一位客户高兴而来，满意而去。

为诚信建设添砖加瓦——绳立春

绳立春，大学学历，中共党员，现任香河县公证处主任，河北省公证协会信息化建设委员会委员。绳立春工作中一直秉持工匠精神，在追求卓越品质的同时创造了若干个全国第一。第一个在行业内实现公证档案数字化，第一个采取证据标贴形式确定证明材料属性，第一个采用非专用软件实现公证管理与办理信息化等，确保公证质量精准。他拥护党的领导，在开展“学党章党规、学系列讲话，做合格党员”学习教育活动中，积极学习党章党规党纪，明确自己的身份，加强宗旨教育，提升责任意识，强化担当精神。绳立春多次被省、市、县政府表彰，2011 年被评为“全国优秀公证员”。在他的带领下，香河县公证处至今仍保持着零投诉、零撤证的记录，多次被评为“优秀公证处”，为推进社会诚信建设，为构筑幸福美丽新香河保驾护航。

4.敬业奉献

保护电网安全，做优秀电网人——李海江

李海江，男，国家电网冀北电力香河公司城区供电所所长。李海江自 1995 年参加工作以来，全心投入，在平凡的岗位上取得了不平凡的成绩。走在前、干在先，已是他用来鞭策自己的不成文规矩。学习、安装、施工，站在前列的总是李海江。他以电网安全为第一责任，抓好设备管理。在他的带领下，该所多年的高线损台区恢复到正常范围内；每年的电费回收率 100%；他带头为家庭困难的职工筹集捐款，主动牵头改造老旧小区电力线

路，圆满完成中共十九大等重要运维保电任务。他每年如一日地坚守在巡线、保电、抢修的工作岗位上，带领全所员工打造“全能型”供电所。高标准干好一天工作容易，高质量完成一项工程也不是难事，难的是几十年如一日高标准、严要求的工作。李海江在平凡的工作岗位上以自己的实际行动，书写着一名基层工作者的坦荡人生，他吃苦在前、知难而进、对工作勇于负责，谱写了一曲电力工作者之歌。

爱岗是职责，敬业是本分——李领波

李领波，男，1981年出生，党员，县食品药品监督管理局政策法规股股长。李领波处处以党员的标准严格要求自己，无论工作多忙，他都要抽出时间自觉学习政治理论、政策法规、业务知识，不断地给自己充电。工作中，他喜欢和单位的执法人员共同探讨执法办案中出现的新问题、新倾向，在遇到疑难案件和复杂案件时，他都积极主动向市局法规科、县政府法制办请示，共同探讨、交换意见，对大案要案他总是坚持做到提前介入，为案件审核掌握第一手情况。参加工作以来，该同志先后被县委办公室评为“优秀信息工作者”，被县政府办公室授予“依法行政先进个人”，被县直工委评为“优秀共产党员”“创先争优岗位标兵”等荣誉称号。因工作成绩突出，该同志于2017年到国家食品药品监管总局挂职一年，2018年到县信访局挂职三个月，挂职期间，圆满完成了挂职单位交办的各项工作任务。

苦累留给自己，安康送给病人——黄杰

黄杰，男，1975年出生，现任香河县人民医院放射检查中心导管室副主任、主治医师。2015年介入诊疗技术在香河县还是空白，医院领导决定派黄杰同志去北京安贞医院介入科进修学习。黄杰在进修期间为了能尽快掌握先进的医疗技术，把全部精力都投入到学习中去，每天都是早去晚走，介入铅衣一穿就是十多个小时，常常是衣服湿了又干、干了又湿，带教老师的手术他上、其他医生的手术他也主动申请跟上。学成归来，他很快就投入到介入诊疗科的筹备建立中，并拿出百倍的热情投入到工作中。自2015年12月介入诊疗科挂牌接诊的首例介入手术开展以来，导管室共完成心脏及外周介入手术近千例，其中急诊近百人次，很好地完成了医院三年大病不出县的既定目标。黄杰也凭着熟练的医疗技术，优秀的道德和高尚的思想品质得到领导、同行的赞誉及患者的称赞，连续多年荣获县人民医院先进工作者、学雷锋标兵，并被县政府授予嘉奖等荣誉称号。

公仆铭胸，敬业从容——刘建光

刘建光，男，1970年9月出生，党员，现任县公安交警大队副大队长。从穿上警服的那一刻起，就注定了他与责任、与奉献的不解之缘。1988年12月参加交管工作，分管城区交通秩序管理工作。作为大队领导，刘建光坚持身先士卒，抓住预防事故这个重心，积极创新，全面推进勤务改革，科技强警，使辖区事故四项指数逐年下降。在勤务模式上，他带领中队骨干在调查辖区

内的交通流量，事故多发路段、时段、行经车辆类型比例、易发事故车辆等信息的基础上，调整警力部署，形成以中午、夜间等事故易发时段巡逻为主，主要路口站点为辅的勤务模式，收到较为明显的成效。在交警光辉形象的背后，是不怕困难、不畏艰险和经历的一次次严峻考验。30 年来，刘建光在交警工作岗位上，有付出，有收获，有泪水，有荣誉，一直不变的是对人民的情感和对事业的执着。他让越来越多的人相信，在平凡的岗位上奉献和坚守，同样可以得到公众的认可和尊重。

传播知识，播种希望——刘勇军

刘勇军，男，县职教中心教师。刘勇军深深懂得“身教重于言教”的道理，只有以身作则，才能使学生从教师的形象中感受到所学道德准则的可信，从而愿意积极行动，促成学生的言行统一。在班级管理方面，他实施“耐心教育”，坚持对学生“动之以情，晓之以理”。在班主任工作中，刘勇军既是严厉的师长，又是慈爱的家长。给学生以空间，让他们有展示的余地，但当学生出现问题时，也绝不姑息，严肃批评。在教学方面，潜心研究教材教法，广采他山之石。先后参加国家、省骨干教师培训，每次都以出色的成绩完成培训，被评为“优秀学员”。他说：“路漫漫其修远兮，我不会停下前进的脚步，我愿在职业教育这片热土中继续耕耘，播撒青春和热情；作为一名普通的教育工作者，我将把我的真诚、爱心全部奉献给我所热爱的教育事业。”

不畏苦，不言悔，平凡岗位暖人心——田丰霞

田丰霞，56 岁，县环卫部门清扫科清扫组长。30 年来，她每天早上不到 4:00 起床，要蹬将近一小时的三轮，才能到达工作岗位上，几十年如一日。她每年都被评为“先进工作者”。工作中她尽职尽责，即使在清扫垃圾时手被划伤也会坚持工作。一到夏天，街道两旁的果皮箱经常发出浓浓的酸臭味，但是她不嫌脏，不嫌臭，坚持把一个个果皮箱清理干净。田丰霞在安抚寨保洁期间，有位老大爷年过 90，行动不便。田丰霞每天都会在完成工作后，去大爷家帮大爷把垃圾倒出来，有时候也会帮大爷打些热水，大爷很感动，没想到一个陌生的环卫工人竟然如此的热心肠。30 年的风吹日晒，让她年华早去，容颜或许可以改变，田丰霞对于工作的热情和坚持却始终未减，就是这份坚持使得她身上焕发着橘黄色的光芒，也让无数人被这道小小的橘黄色光芒温暖了心灵。

竭力履行义务，发挥人生价值——王磊

王磊，男，1978 年 9 月出生，中共党员，县水务局河道堤防管理股股长。他对工作有着极强的责任心，为了掌握第一手资料，王磊花费了大量时间去实地走访，详细记录了香河县 4 条主要行洪河道险工险情，为河道堤防治理准备了第一手数据。在每年的汛期来临前，王磊带领同事们对全县四河八堤进行全面拉网式检查，118 千米的堤防处处留下了他的足迹。在汛期，他时刻保持高度警惕，一旦有险情发生，他就马上组织人员出发奔赴抢险现场，成为防汛抢险的中坚力量。在对打击破

坏河道堤防工程违法行为的执法活动中，他带领执法人员深入全县河道堤防的每个角落进行查访取证，依法取缔所有违规违法采砂活动，维护河道采砂秩序，保护水利工程安全。2011 年，县水务局被河北省水利厅授予“河北省河道采砂管理先进单位”称号。

【其他模范人物】 2018 年，香河县有 34 人次荣获国家部委、省直机关、市直机关的表彰奖励。

2018年香河县其他模范人物获奖情况一览表

表8

姓名	性别	民族	出生年月	工作单位	荣誉称号	授奖单位	授奖时间
李学丽	女	汉	1978 年 9 月	香河县淑阳镇政府	市级优秀工会工作者	廊坊市总工会	2018 年 12 月
卢　平	女	汉	1977 年 12 月	香河县淑阳镇政府	河北省妇联系统先进工作者	中共河北省委组织部、河北省人力资源和社会保障厅、河北省妇女联合会	2018 年 2 月
卢　平	女	汉	1977 年 12 月	香河县淑阳镇政府	2018 年廊坊市最美家庭	廊坊市妇女联合会	2018 年 11 月
张金华	男	汉	1980 年 11 月	香河县五百户镇政府	廊坊市建设领域先进个人	廊坊市统计局	2018 年 12 月
崔致浦	男	汉	1991 年 1 月	香河县五百户镇政府	市级优秀工会工作者	廊坊市总工会	2018 年 12 月
张春海	男	汉	1977 年 10 月	香河县第五中学	河北省优秀乡村教师	河北省教育厅 河北省财政厅	2018 年 9 月
李晓红	女	汉	1976 年 11 月	香河县渠口镇王刘圈小学	河北省优秀乡村教师	河北省教育厅 河北省财政厅	2018 年 9 月
张劲松	男	汉	1979 年 2 月	香河县城市管理综合行政执法局	创建全国、省级文明城市工作先进个人	廊坊市精神文明建设委员会	2019 年 3 月
卢宝丰	男	汉	1972 年 7 月	香河县公安局	2018 年度暑期工作先进个人	河北省暑期工作领导小组	2018 年 8 月
樊宏伟	男	汉	1985 年 9 月	香河县公安局	第二批轮值轮训先进个人	河北省公安厅	2018 年 6 月
刘　飞	男	汉	1977 年 9 月	香河县公安局	第二批轮值轮训先进个人	河北省公安厅	2018 年 6 月
王金明	男	汉	1996 年 5 月	香河县公安局	第二批轮值轮训先进个人	河北省公安厅	2018 年 6 月
张思源	男	汉	1996 年 11 月	香河县公安局	第二批轮值轮训先进个人	河北省公安厅	2018 年 6 月
李永强	男	汉	1996 年 7 月	香河县公安局	第二批轮值轮训先进个人	河北省公安厅	2018 年 6 月
黄海涛	男	汉	1969 年 9 月	香河县公安局	2018 年度旅游高峰期道路交通管理工作先进个人	河北省公安厅交警总队	2018 年 8 月
李继军	男	汉	1971 年 10 月	香河县公安局	2018 年度旅游高峰期道路交通管理工作先进个人	河北省公安厅交警总队	2018 年 8 月
顾建生	男	汉	1963 年 7 月	香河县公安局	轻伤害信访案件专项治理活动先进个人	河北省公安厅	2018 年 9 月
张子来	男	汉	1967 年 10 月	香河县公安局	2017 年度创建全国省级文明城市工作先进个人	廊坊市精神文明建设委员会	2018 年 1 月
马　静	女	汉	1971 年 10 月	县香河公安局	廊坊市档案工作实绩突出个人	廊坊市档案局	2018 年 3 月
陈　杰	男	汉	1971 年 10 月	香河县司法局	全国人民调解工作先进个人	司法部	2018 年 5 月
边海宇	男	汉	1979 年 3 月	香河县钱旺镇司法所	全省优秀司法所长	河北省司法厅	2018 年 7 月
王丽华	女	汉	1977 年 4 月	香河县环卫局	廊坊市 2018 年度创建全国、省级文明城市工作先进个人	廊坊市精神文明建设委员会	2019 年 3 月

续表 8

姓名	性别	民族	出生年月	工作单位	荣誉称号	授奖单位	授奖时间
王　丹	女	汉	1978 年 10 月	香河县环卫局	廊坊市最美志愿者	廊坊市精神文明建设委员会 廊坊市志愿服务联合会	2018 年 3
范广义	男	汉	1970 年 8 月	香河县环卫局	①入选“河北好人”榜 ②“廊坊好故事”二等奖 ③河北省最美农民工 ④第三届河北省环卫行业最佳城市美容师 ⑤“廊坊好故事”最具网络人气奖	①河北省精神文明建设委员会 ②中共廊坊市委宣传部 ③河北省农民工工作领导小组 ④河北省总工会 河北省住房和城乡建设厅 ⑤中共廊坊市委宣传部	①2018 年 12 月 ②2018 年 6 月 ③2018 年 12 月 ④2018 年 10 月 ⑤2018 年 6 月
刘秀平	女	汉族	1967 年 10 月	香河县妇联	省级三八红旗手	河北省妇联	2018 年 3 月
许向荣	女	汉族	1976 年 3 月	香河县妇联	廊坊市妇联系统信息工作先进个人	廊坊市妇联	2018 年 3 月
许向荣	女	汉族	1976 年 3 月	香河县妇联	河北省“美丽庭院摄影大赛”优秀奖	河北省妇联、河北省摄影家协会	2018 年 11 月
许向荣	女	汉族	1976 年 3 月	香河县妇联	市级三八红旗手标兵	廊坊市妇联	2019 年 3 月
卢　平	女	汉	1977 年 12 月	香河县淑阳镇政府	市级优秀妇联干部	廊坊市妇女联合会	2019 年 3 月
王　薇	女	汉	1987 年 8 月	香河县钳屯镇政府	全国生育状况抽样调查省级优秀个人	河北省卫生和计划生育办公室	2018 年 7 月

【晋升高级职称人员】　2018 年，香河县加强专业技术人员水平的提升，年内有 65 人晋升高级职称，他们为全县经济和社会发展做出新贡献。

2018年香河县晋升高级职称人员一览表

表9

序号	姓名	性别	民族	出生年月	工作单位	职称	评定日期
1	郝霞霞	女	汉族	1978 年 10 月	香河县人民医院	副主任护师	2018 年 12 月
2	王　晴	女	汉族	1983 年 1 月	香河县人民医院	副主任医师	2018 年 12 月
3	边澜涛	男	汉族	1982 年 4 月	香河县人民医院	副主任医师	2018 年 12 月
4	李勇亮	男	汉族	1975 年 11 月	香河县人民医院	副主任医师	2018 年 12 月
5	杨　健	女	汉族	1981 年 12 月	香河县人民医院	副主任医师	2018 年 12 月
6	张海军	男	汉族	1982 年 10 月	香河县人民医院	副主任医师	2018 年 12 月
7	赵培忠	男	汉族	1981 年 6 月	香河县中医院	副主任医师	2018 年 12 月
8	孙倩倩	女	汉族	1982 年 10 月	香河县人民医院	副主任医师	2018 年 12 月
9	刘　硕	女	汉族	1978 年 4 月	香河县职业技术教育中心	高级讲师	2018 年 12 月
10	王洪章	男	汉族	1973 年 8 月	香河县职业技术教育中心	高级讲师	2018 年 12 月
11	石海全	男	汉族	1975 年 12 月	香河县人民医院	副主任医师	2018 年 12 月
12	沈建昀	女	汉族	1977 年 6 月	香河县人民医院	副主任医师	2018 年 12 月

续表 9

序号	姓名	性别	民族	出生年月	工作单位	职称	评定日期
13	董智勇	男	汉族	1977 年 7 月	香河县人民医院	副主任医师	2018 年 12 月
14	刘勇军	男	汉族	1978 年 10 月	香河县职业技术教育中心	高级讲师	2018 年 12 月
15	周桂金	女	汉族	1978 年 10 月	香河县职业技术教育中心	高级讲师	2018 年 12 月
16	付东彦	女	汉族	1979 年 1 月	香河县中医院	副主任护师	2018 年 12 月
17	成松涛	男	汉族	1979 年 2 月	香河县融媒体中心	二级摄影（像）师	2018 年 12 月
18	刘海军	男	汉族	1979 年 6 月	香河县气管炎哮喘医院	副主任医师	2018 年 12 月
19	何建涛	男	汉族	1979 年 10 月	香河县气管炎哮喘医院	副主任医师	2018 年 12 月
20	王　鹏	女	汉族	1981 年 3 月	香河县特殊教育学校	中小学高级教师	2018 年 12 月
21	刘　岩	男	汉族	1981 年 9 月	香河县中医院	副主任医师	2018 年 12 月
22	孙丽娜	女	汉族	1982 年 1 月	香河县职业技术教育中心	高级讲师	2018 年 12 月
23	钱丽萍	女	汉族	1982 年 10 月	香河县人民医院	副主任医师	2018 年 12 月
24	安青侠	女	汉族	1971 年 9 月	香河县人民医院	副主任护师	2018 年 12 月
25	陈海峰	男	汉族	1978 年 9 月	香河县五百户镇香城中心小学	中小学高级教师	2018 年 12 月
26	韩树森	男	汉族	1963 年 5 月	香河县人民医院	副主任医师	2018 年 12 月
27	阚瑞成	男	汉族	1966 年 3 月	香河县职业技术教育中心	高级讲师	2018 年 12 月
28	马秀君	女	汉族	1966 年 6 月	香河县安平镇成人学校	中小学高级教师	2018 年 12 月
29	杨淑敏	女	汉族	1968 年 2 月	香河县妇幼保健所	副主任护师	2018 年 12 月
30	孙玉霞	女	汉族	1969 年 12 月	香河县渠口中心卫生院	副主任医师	2018 年 12 月
31	吴春伶	女	汉族	1970 年 1 月	香河县五百户镇仉村小学	中小学高级教师	2018 年 12 月
32	吴彩虹	女	汉族	1970 年 3 月	中国共产党香河县委党校	高级讲师	2018 年 12 月
33	佟玉雪	女	汉族	1971 年 2 月	香河县钱旺乡田贾庄小学	中小学高级教师	2018 年 12 月
34	杨士红	女	汉族	1972 年 10 月	香河县妇幼保健所	副主任医师	2018 年 12 月
35	绳立春	男	汉族	1973 年 1 月	河北省香河县公证处	二级公证员	2018 年 12 月
36	李　莉	女	汉族	1973 年 2 月	香河县安平镇第一小学	中小学高级教师	2018 年 12 月
37	王德民	男	汉族	1973 年 2 月	香河王德民中医诊所	副主任医师	2018 年 12 月
38	高玉荣	女	汉族	1973 年 8 月	香河县人民医院	副主任医师	2018 年 12 月
39	陈秀生	男	汉族	1973 年 9 月	香河县刘宋中心卫生院	副主任医师	2018 年 12 月
40	杨志会	女	汉族	1973 年 9 月	香河县妇幼保健所	副主任医师	2018 年 12 月
41	王丽娟	女	汉族	1973 年 11 月	香河县淑阳镇卫生院	副主任医师	2018 年 12 月
42	王　伟	女	汉族	1973 年 11 月	香河县人民医院	副主任医师	2018 年 12 月
43	韩雪莲	女	汉族	1974 年 8 月	香河县第三幼儿园	中小学高级教师	2018 年 12 月
44	王　颖	女	汉族	1974 年 9 月	香河县淑阳镇卫生院	副主任医师	2018 年 12 月
45	苏国新	男	汉族	1974 年 9 月	香河县蒋辛屯镇卫生院	副主任医师	2018 年 12 月

续表 9

序号	姓名	性别	民族	出生年月	工作单位	职称	评定日期
46	李文旺	男	汉族	1974 年 11 月	香河县蒋辛屯镇卫生院	副主任医师	2018 年 12 月
47	李文娟	女	汉族	1975 年 1 月	香河县安平镇政府	高级农艺师	2018 年 12 月
48	李云燕	女	汉族	1975 年 6 月	香河县渠口中心卫生院	副主任护师	2018 年 12 月
49	李春花	女	汉族	1975 年 8 月	香河县刘宋镇张庄中心小学	中小学高级教师	2018 年 12 月
50	丁　娟	女	汉族	1976 年 1 月	香河县职业技术教育中心	高级讲师	2018 年 12 月
51	李学霞	女	汉族	1976 年 4 月	香河县职业技术教育中心	高级讲师	2018 年 12 月
52	张振红	女	汉族	1976 年 7 月	香河县职业技术教育中心	高级讲师	2018 年 12 月
53	李春龙	男	汉族	1976 年 8 月	香河县第十中学	中小学高级教师	2018 年 12 月
54	杨海玲	女	汉族	1976 年 10 月	香河县城内第五小学	中小学高级教师	2018 年 12 月
55	董志军	男	汉族	1977 年 7 月	香河县气管炎哮喘医院	副主任医师	2018 年 12 月
56	徐世勇	男	汉族	1977 年 9 月	香河县气管炎哮喘医院	副主任技师	2018 年 12 月
57	宋玉山	男	汉族	1978 年 1 月	香河县人民医院	副主任医师	2018 年 12 月
58	王　莹	女	汉族	1978 年 4 月	香河县蒋辛屯镇后建各庄小学	中小学高级教师	2018 年 12 月
59	路凤霞	女	汉族	1978 年 12 月	香河县城内第五小学	中小学高级教师	2018 年 12 月
60	王亚伶	女	汉族	1979 年 10 月	香河县渠口镇中心总校	中小学高级教师	2018 年 12 月
61	果　顺	男	汉族	1980 年 10 月	香河县第四中学	中小学高级教师	2018 年 12 月
62	李树伟	女	汉族	1980 年 11 月	香河县人民医院	副主任护师	2018 年 12 月
63	吕炳禄	男	汉族	1981 年 11 月	香河县中医院	副主任医师	2018 年 12 月
64	胡旭梅	女	汉族	1975 年 4 月	香河县人民医院	副主任医师	2018 年 12 月
65	孟令艳	女	汉族	1979 年 10 月	香河县第六中学	中小学高级教师	2018 年 12 月

文献文件辑存

责任编辑 闫振春

以习近平新时代中国特色社会主义思想为指导 以全面从严治党的新成效 为加快建设美丽幸福新香河提供更加坚强的纪律保障

——在中国共产党香河县第十一届纪律检查委员会第二次全体会议上的工作报告

中共香河县委常委、纪委书记、香河县监委主任 牛 静

2018 年 2 月 11 日

这次全会的主要任务是：深入学习贯彻习近平新时代中国特色社会主义思想，全面贯彻落实中共十九大精神，按照中共中央纪委十九届二次全会、省纪委九届三次全会、市纪委六届三次全会和中共香河县委十一届三次全会要求，总结 2017 年全县纪检监察工作，研究部署 2018 年工作任务。刚才，县委书记李桂强同志作了讲话，为全县深入学习贯彻党的十九大精神和中省市纪委全会精神，坚定不移推动全面从严治党向基层延伸、深入推进党风廉政建设和反腐败斗争指明了方向。全县纪检监察干部都要认真学习、深刻领会，坚决贯彻落实。

2017 年，新一届县纪委常委会在市纪委和县委的正确领导下，团结带领全县广大纪检监察干部，认真学习宣传贯彻中共十九大精神和习近平新时代中国特色社会主义思想，全面履行党章赋予的职责，强化监督执纪问责，当好政治生态的“护林员”，为加快建设美丽幸福新香河提供了坚强保证。

一是拉清单、严把关，管党治党责任层层压实。协助县委制定出台《关于落实全面从严治党主体责任的实施意见》，从县乡村三个层面，逐级逐类开列全面从严治党主体责任清单，并通过签字背书、纪实管理、量化考核、严肃问责等具体措施，保证主体责任落实，着力构建明责、诺责、履责、考责、问责工作的闭合链条。同时，严格审核责任清单，对于责任清单存在针对性不足、“千人一面”等问题的，一律退回修改或重新制定，并要求分管县领导认真审核，签字把关。

二是深清理、强监督，两个专项工作成效显著。深入开展“一问责八清理”专项行动和基层“微腐败”专项整治行动，并聚焦国土领域“微腐败”、民生保障不规范、挪用截留农村卫生室建设资金、惠农资金不落实等问题，开展“1+3”自选动作，发现并整改问题1161个，新建制度187项，问责党员领导干部6人，问责党组织21个，给予党政纪处分48人。结合基层“微腐败”专项整治行动，组织协调有关部门在全县300个村街开展村级财务审计工作，共发现9类682个问题，综合运用“四种形态”，大部分责成乡镇党委督促村街进行整改，13个转立案，3个移交司法机关。针对审计中发现的问题，协助县委制定出台《农村“小微权力”规范运行的实施方案》，并将“小微权力”工作列入对村干部“两考三评一定”考核内容；指导乡镇出台《村务管理监督工作办法》，开列监督清单39项，制定监督制度8项，层层明确责任41项，进一步扎紧制度笼子，规范农村“小微权力”运行，相关工作得到省市主要领导的高度重视和肯定，并在全省推广学习。

三是不松劲、不止步，作风建设永远在路上。坚持问题导向，精准发力，对全县相关单位通过“线上线下”两种方式，开展两轮机关作风反向测评，对群众反映存在不同程度问题的73名科级干部和50名科级以下干部进行提醒谈话、对87名同志进行函询，测评结果纳入个人廉政档案。紧盯节点，寸土不让，严肃查究节日“四风”及违反中央八项规定精神问题。一年来，共开展各类明察暗访110次，通报批评党组织2个，追责问责16人，给予党政纪处分10人。严把政治关、廉洁关，共回复党风廉政意见1394人次，有效防止“带病上岗”“带病提拔”。

四是治病树、护森林，持续净化党内政治生态。坚持力度不减、节奏不变、尺度不松，2017年全县纪检监察机关共受理信访举报246件，立案92件，结案91件，给予党政纪处分91人，涉及乡科级干部9人。注重用好第一种形态，2017年运用第一种形态101人次，占比52.6%。严格执行监督执纪工作规则，编制《监督执纪工作手册》，建立重要信访问题分析和案件线索集体排查会议制度，不断规范监督执纪工作。深化宣传教育，强化不敢腐的震慑、构筑不想腐的堤坝，通报8起典型案件；编印《村官贪腐警示录——违纪违规典型案例剖析》《漫说〈中国共产党纪律处分条例〉》，以案明纪、以画释纪；构建“清廉香河”掌上廉政教育平台，推送廉政信息52期，208篇。

五是抓改革、促规范，体制机制活力不断释放。内设机构改革全面完成，成立了县委巡察机构和政法委纪工委，圆满完成首轮巡察工作，发现问题117个，线索33个，涉及干部41人，其中，科级干部20人，第二轮巡察正在有条不紊地进行。县监察委员会正式挂牌成立，深化国家监察体制改革试点工作取得阶段性成果。乡镇纪委履职不断规范，制定了《乡镇纪委科学履职的意见》、《乡镇纪委2017年度履职情况积分制考核办法》和《乡镇纪委区域协作交叉巡察（异地审查）工作办法》，并为乡镇纪委高标准建设了谈话室，为监督执纪人员配发便携式录音录像设备，切实将乡镇纪委拉回主责主业。2017年全县乡镇纪委共立案52件，较去年增加30%。

在肯定成绩的同时，我们也要清醒看到，当前全县党风廉政建设和反腐败斗争形势依然严峻复杂，全面从严治党依然任重道远。有的领导干部管党治党责任意识不强，压力传导存在层层递减现象，一些单位党委（党组）运用第一种形态还存在虚化、泛化的问题；一些部门、领域的腐败问题仍然易发多发，特别是对各类“微腐败”发现不及时；“四风”问题隐形变异、反弹回潮隐患仍然存在，形式主义、官僚主义问题还比较突出，对一些职能部门不作为、慢作为、乱作为问题发现的手段、方法还不多；有的纪检监察干部能力素质还不能完全适应新形势、新任务的需要，质量意识、依规依法意识、纪律和安全意识不强。对于这些问题，必须高度重视、认真研究，切实加以解决。

2018年是贯彻党的十九大精神的开局之年，是改革开放40周年，是决胜全面建成小康社会的关键一年，做好今年纪检监察工作意义重大。要以习近平新时代中国特色社会主义思想为指导，贯彻落实党的十九大和中央纪委、省市纪委、县委的决策部署，不忘初心，牢记使命，忠诚履行党章和宪法赋予职责，把党的政治建设摆在首位，深化国家监察体制改革试点工作，巩固拓展落实中央八项规定精神成果，充分发挥巡视巡察利剑作用，全面加强党的纪律建设，加大对群众身边腐败问题的整治力度，深入推进反腐败斗争，强力推动全面从严治党责任层层落实到位，强化自我监督、自觉接受监督，建设忠诚干净担当的纪检监察干部队伍，为加快建设美丽幸福新香河提供更加坚强的纪律保障。

按照市纪委“四项行动”“五大攻坚”要求，结合香河实际，2018年重点开展九项工作。

一是把党的政治建设摆在首位，巩固优化政治生态。要严肃党内政治生活，严格执行新形势下党内政治生活若干准则，加强对学习贯彻党的十九大精神、党内政治生活状况、党的路线方针政策执行情况、民主集中制等各项制度执行情况的监督检查。严格请示报告制度，各级纪委重要工作要向同级党委和上级纪委请示报告，做到步调一致，令行禁止。要严明政治纪律和政治规矩，对“七个有之”保持高度警觉，坚决清除对党不忠诚不老实、阳奉阴违的“两面人”，坚决同危害党中央权威和集中统一领导的行为作斗争。要净化党内政治生态，聚焦政治立场、政治原则、政治担当和政治纪律，强化监督执纪问责，协助县委分析研判政治生态状况，坚决抵制商品交换原则对党内生活的侵蚀，构建亲清政商关系，发展积极健康的党内政治文化。要严明换届纪律，加强选人用人监督，把好党风廉政意见回复关，加强分析研判，严防“带病提拔”。

二是深化国家监察体制改革，实现对行使公权力公职人员监察全覆盖。要扎实推进人员和工作的深度融合。把思想政治工作贯穿改革全过程，促进思想、理念、感情“三融合”，通过执纪与执法思维的融合，提高反腐败工作法制化水平；合理设置内设机构，优化人员配置；认真梳理检察机关移交的涉嫌职务犯罪案件线索，按时完成交接，建立完整档案；认真履行监督、调查、处置职责，实践探索监察工作运行机制，规范调查流程，全要素试用12种调查措施，用留置取代“两规”措施，强化审查调查全过程监督管理，确保实现“1+1＞2”的效果。要健全完善监督体系，建立分析研判政治生态状况、听取重大案件情况报告等制度，对严重违纪违法审查调查和处置的决策严格把关；严格执行宪法和监察法，严把事实关、程序关、法律适用关，加强监察机关与审判机关、检察机关、执法部门的工作衔接，实现执纪审查与依法调查顺畅对接；推动监察工作向乡镇延伸，落实赋予乡镇纪委监察职能的要求，使群众身边的公职人员受到严密监督，构建集中统一、全面覆盖、权威高效的监督体系。

三是深入推进作风建设，巩固拓展落实中央八项规定精神成果。要以永远在路上的执着和坚韧打好作风建设持久战。扎实推进纠正“四风”和作风纪律专项整治，把监督检查中央八项规定精神及其实施细则和省市实施办法执行情况作为重点任务，一个节点一个节点坚守、一个问题一个问题突破，扭住不放、寸步不让，抓出习惯、抓出成效。聚焦不正之风新表现新动向，深入开展“四紧盯四严查”：紧盯形式主义、官僚主义“十种表现”，严查表态多调门高、行动少落实差，做表面文章、摆花架子、搞劳民伤财的“形象工程”和“政绩工程”等行为；紧盯享乐主义和奢靡之风，严查顶风违纪行为；紧盯不作为、乱作为、冷硬横推问题，严查庸懒无为、吃拿卡要、“为官不为”“为官乱为”等行为；紧盯领导干部在纠正“四风”中责任担当不够问题，严查失职失责行为。坚决反对特权思想和特权现象，领导干部要带头转变作风，坚持身体力行、以上率下，经常摆表现、找差距，践行“两个务必”，自觉增强群众感情，严格家教家风，形成“头雁效应”。要进一步总结、完善反向测评经验做法，以点带面、持续发力、抓出成效；持续加强对办公用房、公车管理、公务接待、生活待遇、婚丧嫁娶等制度落实情况的监督检查，构建作风建设长效机制。

四是彰显巡察利剑锋芒，进一步增强监督实效。要按照新修订的《中国共产党巡视工作条例》，制定县委巡察工作五年规划，修改完善县委巡察工作办法，制定《被巡察党组织配合县委巡察工作规定》，不断完善工作体制机制。要以政治建设为统领深化政治巡察，重点检查基层党组织贯彻落实党的十九大精神情况，以及党的领导是否坚强、政治生活是否严肃、党的组织是否健全，着力解决弱化、虚化、边缘化问题，坚决纠正工作走过场、搞形式问题。要强化巡视巡察成果运用，对省委巡视组和市委、县委巡察组发现和反馈的问题线索，逐一排查、严肃处理，及时反馈办理结果；健全整改督查制度，督促分类处置，开展巡察整改“回头看”专项检查，加强对巡察整改情况的督促检查，既注重当下整改举措，又注重制度机制建设；强化共性问题前置整改，从根本上解决屡巡不改、边改边犯等问题。要创新巡察工作机制，探索开展“点穴式”“机动式”巡察，推动巡察触角向村街延伸，确保巡察全覆盖。

五是全面加强党的纪律建设，为全面从严治党提供保障。要增强纪律教育针对性、实效性，提高警示教育的政治性，用好反面教材，召开专题民主生活会，举一反三、以案明纪。要强化日常监督执纪，科学运用监督执纪“四种形态”，制定《香河县践行监督执纪第一种形态暂行办法》和《第一种形态纪实手册》，按照“三个区分开来”和“五看”要求、“四精”标准，做到在早发现上、在分类处置上、在用好第一种形态上、在谈话函询上实现“四个持续深化”，既维护党的纪律严肃性又信任爱护干部，最大限度防止干部出问题。要推动管党治党责任全面覆盖。按照县委出台的《关于全面从严治党主体责任的实施意见》，加强对各级党组织履行全面从严治党责任情况的监督检查，严格落实下级党委（党组）定期向上级党委、纪委报告主体责任落实情况制度，对党的领导弱化、党的建设缺失、全面从严治党责任落实不到位等问题，坚持失责必问、问责必严，使纪律始终成为带电的高压线。县乡两级纪委要发挥好党内监督专责机关作用，切实担负起协助县委推进全面从严治党的政治责任，县纪委要加强对乡镇纪委开展日常监督、处置问题线索等工作的领导，完善健全乡镇纪委科学履职意见和积分制考核办法，加强乡镇纪委规范化建设。探索将乡镇纪委书记考核单列。

六是深化标本兼治，持续保持反腐败斗争高压态势。坚持无禁区、全覆盖、零容忍，坚持重遏制、强高压、长震慑，坚持受贿行贿一起查，切实做到精准发现、精准惩处、精确施治，坚决遏增量、消存量。紧盯十八大以来不收敛、不收手，问题线索反映集中、群众反映强烈，现在重要岗位、可能还要提拔使用的领导干部，重点查处在选人用人、审批监管、资源开发、金融信贷、大宗采购、土地出让、房产开发、工程招投标以及公共财政支出等重点领域和关键环节存在的腐败问题。要严格依纪依法审查调查，立足教育挽救，使审查对象真心忏悔、认错认罪；严把办案安全质量关，开展案件质量大检查，坚守安全底线。要坚持做好执纪审查“后半篇文章”，通过公开曝光、汇编警示教育材料等形式，层层压实责任，持续形成震慑效应，着力营造不想腐、不敢腐氛围。

七是坚持执纪为民，坚决惩治群众身边的腐败问题。要建立“问责+清理”长效机制，重点开展好三项集中治理：深入开展扶贫领域腐败和作风问题专项治理，严肃查处贪污挪用、截留私分、虚报冒领、强占掠夺等行为，重点查处和纠正贯彻执行党中央和省市县委脱贫攻坚决策部署不坚决、弄虚作假，“两个责任”不落实等问题；深入开展基层“微腐败”专项治理，坚决查处发生在民生资金、“三资”管理、征地拆迁、教育医疗、生态环保等领域的严重违纪违法行为，基层干部吃拿卡要、盘剥克扣、优亲厚友，以及各项惠民政策落实中的“微腐败”；深入开展涉黑腐败专项治理，把惩治“蝇贪蚁害”同扫黑除恶结合起来，坚决查处涉黑腐败，坚决惩治放纵、包庇黑恶势力的“保护伞”。要强化集中整治和督查督办，对民愤集中、性质恶劣的要重点督办、限时办结，一律通报曝光；对工作推动不力、问题长期得不到解决的要严肃问责，坚决纠正形式主义和官僚主义问题；县乡两级纪委要把查处群众身边的不正之风和腐败问题作为重要任务，对失职失责的党委、纪委实行“双问责”，把全面从严治党覆盖到“最后一公里”。

八是探索基层“小微权力”监督制约机制，提升群众获得感。要将规范农村“小微权力”运行的“四化”机制提质扩面，提质：引入“互联网+”，开发利用“城市细胞”手机 APP 软件，及时将村务公开内容、扶贫领域信息及“小微权力”清单等与群众息息相关的信息“上线”，让权力的运行得到实时监控；扩面：将“四化”机制向县直部门延伸，督促县直部门抓紧制定职权清单、办事流程、办结时限等，将各部门职权清单汇编成册向社会公开，特别是向管理服务对象公开，让每一项“小微权力”的运行都做到有章可循、有据可查、公开透明、全程监督。要进一步强化政法委纪工委建设，探索完善县纪委监督室履职“3525”工作模式，重点加强村监会发挥作用的探索和研究。严格落实村级财务审计制度，实现对全县各单位的财务审计全覆盖，发现问题、堵塞漏洞、健全机制。探索实践更多符合基层实际的监督制约机制，切实用制度的理性、科技的刚性，管住“小微权力”的任性，不断增强人民群众获得感、幸福感和安全感。

九是打铁必须自身硬，建设让党放心、人民信赖的纪检监察队伍。县监察委员会已经挂牌成立，纪委、监委合署办公，监督的范围扩大了，权限丰富了，对新时代纪检监察干部的要求也更加严格了，考验也更加严峻了。全县各级纪检监察机关和广大纪检监察干部要始终做到忠诚坚定、担当尽责、遵纪守法、清正廉洁，肩负起新时代的光荣使命。要政治过硬。认真开展“不忘初心、牢记使命”主题教育，深入学习习近平新时代中国特色社会主义思想，坚定理想信念，增强政治定力、纪律定力、道德定力、抵腐定力。要能力过硬。深入开展“大学习、大培训、大提升”活动，着力增强政治能力、学习能力、专业能力、执行力和改革创新能力，充分运用互联网技术和信息化手段，加快建设具有香河特色的纪检监察工作信息化体系。要纪律过硬。县纪委、监委班子成员要发挥好表率作用，严肃党内政治生活，带头遵守党章党规党纪，严格执行民主集中制，带头落实党建工作责任，认真履行“一岗双责”，加强日常教育管理监督，加大干部轮岗、交流和培训力度，打造讲政治、懂规矩、守纪律、拒腐蚀的工作机关。要作风过硬。带头纠正“四风”，大兴调查研究之风，走出屋子、扑下身子，到基层去，奔着问题去，发扬钉钉子精神，一件事一件事干，一项一项抓，坚决同违纪违法行为作斗争，绝不能消极懈怠，回避矛盾，做“老好人”。要廉洁过硬。强化自我监督，健全内控机制，对反映纪检监察干部的问题线索认真核查，绝不护短遮丑，对执纪违纪坚决查处、失职失责的严肃问责，敢于刀刃向内，以零容忍态度严防“灯下黑”，确保党和人民赋予的权力不被滥用、惩恶扬善的利剑永不蒙尘。

蓝图已绘就，奋进正当时。新时代就要有新气象更要有新作为，县纪委常委会以习近平新时代中国特色社会主义思想为指导，在市纪委和县委的正确领导下，不忘初心、牢记使命，无私无畏、砥砺前行，坚定不移推动全面从严治党政治责任向基层延伸，不断取得党风廉政建设和反腐败斗争新成效，为加快建设美丽幸福新香河作出新的更大贡献。

香河县人民代表大会常务委员会工作报告

——在香河县第十五届人民代表大会第二次会议上

香河县人民代表大会常务委员会主任　闫再兴

2018 年 1 月 30 日

过去一年的主要工作

2017 年，是本届人大常委会履新之年。一年来，县人大常委会在中共香河县委的坚强领导下，认真学习贯彻中共十九大和习近平总书记系列重要讲话精神，坚持以习近平新时代中国特色社会主义思想为统领，坚持以人民为中心，紧紧围绕全县工作大局，认真履行宪法法律赋予的职责，全力服务改革发展新征程，致力回应人民群众新期盼，奋力开创各项工作新局面，为建设美丽幸福新香河做出了积极贡献。

一、坚定维护核心，坚持党的绝对领导

县人大常委会把坚持党的领导作为依法履职的根本保证，自觉做到与县委思想同心、目标同向、行动同行。

强化政治自觉，坚定维护中央权威。始终坚持将政治建设放在首位，切实树牢“四个意识”、坚定“四个自信”，坚决维护党中央权威和集中统一领导，始终在思想上、政治上、行动上同以习近平同志为核心的党中央保持高度一致，对党中央和省、市委的指示第一时间学习传达，对县委的决策部署第一时间贯彻落实，时刻保持思想清醒、政治敏锐、立场坚定。

强化思想自觉，坚决执行党的决定。将学习宣传贯彻中共十九大精神作为首要政治任务，有计划、有步骤地组织学习研讨。深入学习习近平新时代中国特色社会主义思想，精准掌握核心要义和创新观点，深刻理解政治意义、历史意义、理论意义、实践意义，着力在学懂、弄通、做实上下功夫，学深悟透、融会贯通。与推动全县经济社会又好又快发展紧密结合，与解决关系当前和长远发展的重大问题紧密结合，与促进民生改善增进群众福祉紧密结合，不断完善新时代人大工作的思路目标举措。

强化行动自觉，坚持服务县委中心。紧紧围绕县委中心工作确定监督重点，着力推动县委决策落实。坚持重要会议重要活动向县委事前请示、事后报告。坚持党管干部和人大依法任免有机统一，共任免“一府两院”工作人员 25 人次，圆满实现县委意图。按照县委安排，认真投入问题楼盘、扶贫攻坚、信访接待等重点工作，人大机关及时批转、督办群众信访 32 件，维护了全县发展稳定大局。

二、凝神聚焦中心，提升监督履职质量

县人大常委会紧扣全县重点工作，通过审议工作报告、组织执法检查、开展专题调研、进行专项视察等方式，精准发力，加强监督。一年来，共向“一府两院”提出意见建议 31 条。

审慎决定促发展。对县政府提交的《关于财政投资工程手续办理工作的办法（试行）》，召开常委会议充分审议、严谨论证，以认真负责的态度和果敢担当的精神，及时予以批准，为加快项目建设步伐创造了条件。经过认真审查把关，批准了县政府两次预算调整方案，有效保障了政府相关工作推进。

把脉经济促提质。着眼打基础、利长远的大事要事，开展“两河”开发及路网建设情况调研，召开专题会议深入研究探讨。提出一张蓝图绘到底、一把尺子量到位、明确节点促进度、考量财力保持续等多项科学严谨、切实可行的意见建议，得到县委高度重视，调研报告在全县予以转发。认真开展计划、预算常规审议，密切关注、深入调研经济运行情况，审议了县政府 2017 年上半年计划、预算执行情况的报告。着力推动高质量发展，对全县重点项目进行视察，支持督促政府积极把握机遇、加快转型升级、主动对接京津、提速协同发展。

聚焦生态促改善。专注呵护碧水蓝天、改善环境质量，审议了县政府《关于 2017 年度环境状况和环境保护目标完成情况报告》，建议政府加大生态环境保护力度、铁腕治污、构建环境治理新格局、打造天蓝水绿新香河。高度关注、全程督导“煤替代”工程，组成 3 个督导组，分别深入施工“一线”实地调研督促。针对技术人员少、施工进度慢、安全隐患多等问题，提出增加施工技术力量、加强第三方检测、强化安全宣传、制定应急预案等 7 条建议，为改善大气质量、百姓温暖过冬发挥了积极作用。

关注民生促共享。积极回应社会关切，坚持民生为先、民生为重、民生为本，监督推动政府谱写民生改善“进行曲”。聚焦解决“看病难、看病贵”问题，就全县城乡医保执行情况进行调研，提出了提高办事效率、严格执行医疗报销标准、加强医保基金使用监管等建议。围绕推动政府办好教育、切实保障入学，开展专题调研和视察，建议政府超前谋划科学规划、加快学校基础设施建设、建立多元投入机制、消除和预防安全隐患等多项建议。县政府对以上意见建议高度重视，采取有效措施，逐步加以落实。

尊崇法治促和谐。坚决维护法律权威，认真开展法律监督，努力提高践行法治能力，推动打好法治建设“组合拳”。邀请北京法学界权威专家，为县人大常委会组成人员、政法系统班子成员、政府部门负责人作宪法辅导；在国家宪法日，举行了宪法宣誓、宪法宣传等系列活动，大力弘扬宪法权威，有效增强全民宪法意识。高度关注法治香河建设，听取和审议了司法局关于法律援助工作开展情况的报告、卫计局关于综合执法队伍建设情况的报告，对县公安局交警大队、巡特警大队、看守所工作开展情况进行视察，组织代表旁听和评议法院案件庭审，促进严格执法、公正司法，努力营造良好法治环境。

三、坚持勠力同心，激发代表履职动能

县人大常委会把发挥代表主体作用作为开局之年的重中之重，强管理、搭平台、督建议，多方用力，同时推进。

夯实基础协调并进。加强代表履职培训，邀请全国人大代表资格审查委员会的领导，从法律知识、代表职责、视察调研、议案编写等方面，为县级代表作专题辅导，提升了代表政治业务素质，增强了监督履职水平。力行“上下同欲者胜”，安排基层人大主席列席县人大常委会议、参与视察调研活动，坚持深入基层指导督促，做到人大建设上下兼顾、同频共振。

创新举措拓展平台。主动顺应人大工作的新形势、新要求，认真督促各镇、街道、园区高标准建立起 27 个代表联络站。代表联络站建成后，共开展活动 42 次，参与活动的各级代表 500 余人次，提出意见建议 80 余条，初步成为代表学习培训的重要阵地、联系选民的固定场所、议政督政的有效平台。此外，通过邀请代表列席常委会议、参与监督活动、及时发放会刊等方式，为代表知情知政、参政议政提供更多机会和渠道。

严谨规范督办建议。对于一次会议期间代表提出的49件建议，常委会及时分类整理，转交政府承办，坚持重点建议跟踪督办，认真落实“双访”制。以较真求实的态度，按照三种分类标准（**已经解决或正在解决；已列入规划；目前无法解决或将列入规划逐步解决**），对建议办理情况进行客观评价，代表满意率93.8%。经过承办单位不懈努力，一批群众关注的热点难点问题正在逐步得到解决。

四、牢记使命初心，打造素质过硬队伍

县人大常委会坚持培元固本与开拓创新有机结合，转变作风，苦练内功，为依法高效履职打牢坚实基础。

求真务实勤勉履职尽责。坚持人大工作往深里抓、实里做，凝聚正能量，谋求新作为。委员和受邀代表积极踊跃出席常委会议和参加视察活动，主动围绕审议议题认真做好前期调研，做到言出有据、议到关键、谋至深远、建之可行。

遵规守纪践行为民宗旨。深入贯彻从严治党要求，把纪律和规矩挺在前面，不断加强党风廉政建设，认真落实“主体责任”和县委有关规定，严格做到令行禁止、不打折扣。加强机关党建、意识形态工作，建好主阵地，唱响主旋律，使“三严三实”成为常态。抓好“两学一做”学习教育常态化、制度化，强化宗旨意识和初心使命情怀，把百姓冷暖系于心头，为满足群众对美好生活的向往而不懈努力。

力戒虚华讲求工作实效。坚持作风建设永远在路上。改进文风会风提效率，提倡开短会、讲短话，开门见山点问题、直截了当提建议。严格规范重精细，坚持立制度、勤督促、真落实，常委会和机关各项工作更加严谨科学、务实有序。

过去一年县人大常委会取得的成绩，得益于县委的坚强领导和高度重视，得益于社会各界的大力支持，得益于全体代表和人大工作者的共同努力。

在肯定成绩的同时，我们也清醒地认识到，常委会工作与县委要求、时代使命和群众期待仍有一定差距：监督实效性有待进一步强化；发挥代表作用机制有待进一步完善；常委会组成人员和机关干部的履职能力有待进一步提高。对此，我们将虚心听取代表和各方面的意见建议，在今后的工作中认真对待、努力改进。

2018年工作安排

2018年是深入学习贯彻中共十九大精神、全面建成小康县、建设美丽幸福新香河的关键之年。县人大常委会指导思想是：在中共香河县委的坚强领导下，深入学习贯彻中共十九大精神，坚持以习近平新时代中国特色社会主义思想为统领，全面落实县委十一届三次全会决策部署，不忘初心，牢记使命，依法履职，积极作为，为加快建设美丽幸福新香河做出新的贡献。

一、打牢思想基础，坚定政治方向

时刻保持坚定正确的政治和工作方向，忠诚于党，服务于民。自觉在思想上政治上行动上同以习近平同志为核心的党中央保持高度一致，坚决维护党中央权威和集中统一领导，进一步提高做好人大工作的政治方位。自觉接受县委领导，全力以赴推动县委重大决策部署落实。充分发挥县人大常委会党组把方向、管大局、保落实的重要作用，落实全面从严治党责任，严守政治纪律和政治规矩；深入开展“不忘初心，牢记使命”主题教育，肩负起人民重托，履行好使命职责。

二、着眼发展大局，追求监督实效

坚持服从县委、服务中心、心系群众的工作理念，聚焦创新驱动、转型升级、绿色崛起，紧紧围绕高质量推进经济建设、高质量推进城乡统筹、高质量推进民生事业、高质量推进生态建设，综合运用多种监督手段，开展精准监督，力求监督工作有突破、有亮点、有特色。年内，将重点对路网建设、“两河”综合治理、重点项目进展、美丽乡村建设、安全生产、幼儿园建设管理、食品安全、“七五”普法等开展调研监督，为经济社会发展建言献策。

三、完善保障机制，活跃履职局面

坚持持续发力，建立健全促进代表学习履职的长效机制，使代表工作更具活力。充分发挥代表联络站平台作用，坚持“拉动”“推动”并举，邀请代表更多地参与常委会工作，实行代表履职痕迹化管理和向选民述职制度；进一步完善代表议案建议办理机制，提高办理质量，激励代表更好地为民代言。

四、转变工作作风，力求奋发有为

立足新时代，续写新篇章，不断提高自身建设水平。坚定不移强信念、谋长远，狠抓政治建设、意识形态工作，始终以正确的思想武装头脑、指引实践。持之以恒转作风、求实效，充分发挥专门委员会、机关工作委员会的职能作用，强化“作为”意识，提升“能为”本领，拓展“善为”路径，鼓足“敢为”勇气，确保奋发有为、务实担当、风清气正的工作常态。

新时代赋予新使命，新思想孕育新希望，新征程呼唤新担当。县人大常委会在中共香河县委的坚强领导下，以习近平新时代中国特色社会主义思想为统领，不忘初心、牢记使命，依法履职、砥砺奋进，不断开创人大工作新局面，为全面建成小康县、建设美丽幸福新香河而努力奋斗。

中国人民政治协商会议
香河县第九届委员会常务委员会工作报告

——在政协香河县第九届委员会第二次会议上

中国人民政治协商会议香河县委员会主席　马文龙

2018 年 1 月 29 日

2017 年，在中共香河县委的坚强领导下，在县政府的大力支持和社会各界的密切配合下，县政协常委会全面贯彻中共十八大、十九大会议精神，以习近平新时代中国特色社会主义思想为指引，牢牢把握团结和民主两大主题，围绕中心谋事，聚焦发展干事，关注民生成事，取得了政治协商有亮点、民主监督有重点、参政议政有特点的显著成绩，为全面开创“美丽幸福新香河”建设新局面作出了积极贡献。

一、坚决维护核心，切实加强思想政治建设

县政协常委会始终把提高政治站位、加强思想政治建设摆在首位，持续推动理论学习，教育引导广大政协委员不断增强“四个意识”，坚定“四个自信”，确保政协工作始终沿着正确方向前进。

突出政治学习，增强政治定力。坚持把政治学习作为统一思想、形成共识的重要抓手，通过主席会议成员带头学、常委会专题学、委员小组集中学等形式，组织全体政协委员和机关干部深入学习习近平新时代中国特色社会主义思想，确保在思想上政治上行动上同以习近平同志为核心的党中央保持高度一致。中共十九大召开后，按照县委统一部署，县政协及时召开党组扩大会议、主席会议、常委会议，层层传达学习大会精神，在全县政协系统迅速掀起学习宣传贯彻中共十九大精神热潮。研究制定了《政协香河县委员会关于学习宣传中共十九大精神的实施方案》，向全体政协委员发放了《关于深入学习贯彻中共十九大精神的通知》及宣传贯彻中共十九大精神学习资料，组织机关全体干部收听收看中共十九大开幕会，同时分 15 个专题对中共十九大精神进行系统学习，引导全体政协委员和机关干部把思想和行动统一到中共十九大精神和党中央的决策部署上来，统一到省、市、县委的目标要求上来，切实增进了社会各界对大会精神的政治认同、思想认同和情感认同，夯实了团结奋斗的共同思想政治基础。

加强思想引导，凝聚发展合力。坚持把思想引导贯穿到政协工作的全过程。一年来，县政协常委会通过印发学习资料、组织专题讨论、走访座谈交流、开展视察调研等形式，引导委员围绕实施路网建设、两河开发等重点工作，深入了解民情，充分反映民意，广泛凝聚共识，始终把工作的出发点和落脚点定位在县委决策部署的贯彻落实上，定位在全力支持和帮助县政府抓好中心工作政策的落实上，定位在关系全县发展和群众切身利益的重大问题上，确保县委县政府的工作推进到哪里，政协工作就跟进到哪里，委员履职就覆盖到哪里。

强化业务学习，提升履职能力。为适应政协换届新形势新要求，县政协常委会向全体新聘任委员发放委员工作手册 160 余份，同时按照习近平总书记提出的“懂政协、会协商、善议政”的要求，围绕政协“是什么、干什么、怎么干”，邀请全国政协文史和学习委员会副主任卞晋平对全体新聘任委员进行集中培训。通过培训，使委员了解和掌握了政协履行职能的基本知识和工作方式，进一步提升了全体委员和政协干部的政治把握能力、调查研究能力、联系群众能力和合作共事能力。

二、紧紧围绕中心，务实开展协商议政活动

县政协常委会坚持围绕中心、服务大局，充分发挥政协组织优势和委员主体作用，集中力量议大事、抓重点、求实效，为推进县委、县政府重大决策实施献计出力。

精心组织整体协商。充分发挥全委会最大协商平台的示范作用，政协九届一次会议期间，组织全体委员围绕县第十次党代会确定的工作目标和政府工作报告，与县委、县政府同频共振，共商发展大计，共谋转型良策，针对加快园区转型升级、环境综合整治、美丽乡村建设等方面提出意见建议20余条，得到了党政领导和有关部门的高度重视，协商成效明显。

稳步推进专题协商。先后召开3次常委会议，围绕运河生态文化项目规划实施、重点交通路网规划建设、智慧城市规划实施等重点项目工程进行专题协商，提出了加快推进项目建设进度、强化土地管控等具体意见建议。组织委员实地参观了香河机器人产业港智慧城市项目、太库（香河）科技孵化器有限公司、尼玛克焊接设备（香河）有限公司并提出意见建议。针对改善民生工作，向党外人士征求意见建议，提出了规范小区物业服务管理、加快学校建设、持续改善交通出行、加强水环境治理、加大林木保护力度等意见建议30余条，为县委、县政府科学决策提供了有益参考。

深入开展对口协商。县政协常委会以协商为平台、调研视察为载体、界别活动为纽带，充分发挥专委会基础性作用，精心选择对口协商议题，拓宽协商议政领域，把对口协商作为开展政协工作的重要课题，积极推进。2017年年初，各专委会积极主动联系县直对口部门，听取各部门全年工作计划，并进行座谈、讨论，确定了各专委会年度工作要点，确保政协全年工作计划的科学性、针对性、可操作性。一年来，各专委会加强与工信、水务、文化、教育、规划、建设、卫生、环保、交通等部门的交流和沟通，就工业企业转型升级、基础教育建设、城镇化建设等进行协商议政，使基层协商民主扎实开展，取得良好效果。

三、把握工作重心，着力推动民主监督实践

县政协常委会紧扣重大民生实事和群众反映的热点难点问题，积极开展建言献策和民主监督，做到在参与中支持、在支持中服务、在服务中监督，着力推动党委政府惠民举措落到实处。

调研视察了解民生诉求。为深入推进我县教育事业发展，县政协常委会组织教文体组委员利用两个月的时间，先后深入十几所中小学，通过与部分校长、教师座谈，对香河县城区教育发展现状进行调研，形成了《关于加快城区学校建设，有效缓解学位紧张的调研报告》，为县委、县政府科学决策提供了有益参考。

办理提案助推民生改善。提案办理是提案工作的关键环节。一年来，县政协常委会着力构建提案办理工作协调有序的运行机制，制定出台了《关于健全和改善政协提案办理制度的意见》，向全体委员发放《致委员的一封信》，引导委员精准选题，撰写高质量提案。县政协九届一次会议以来，共收到委员提案72件，审查立案68件。通过办理提案，一批人民群众关注的热点难点问题得到了有效解决，切实发挥了提案办理在民主监督中的重要作用。

走访基层帮办民生实事。按照县委办公室、县政府办公室下发的《香河县组织千名干部进村入户开展“三送、三清、三查”活动实施方案》要求，县政协常委会立即派出派驻工作组，深入淑阳镇开展“三送、三清、三查”工作，通过逐户走访、实地调查，与包村干部进行沟通，有效地排查了安全隐患，受到走访群众的一致好评。

强化监督化解民生矛盾。充分发挥政协民主监督的独特优势，加大对民生工程建设的督导力度，一年来，县政协常委会实地视察了县便民服务中心、文化艺术中心、城内第五小学、县直第三幼儿园等重点民生工程，针对存在的问题，提出建设性的意见建议，得到县委、县政府及相关部门的高度重视。积极推荐政治素质好、理论水平高、敢于提出批评意见的委员担任特邀监督员，参与党委、政府部门工作考评、行风评议等活动，为促进职能部门依法行政、推动行风建设发挥了重要作用。

四、合力铸就同心，广泛凝聚各界思想共识

县政协常委会始终坚持团结和民主两大主题，不断加强同各界人士的联系，调动一切积极因素，为全县改革发展广泛凝聚智慧力量。

内外交流进一步拓展。县政协常委会充分利用自身优势，积极改进联络联谊工作，切实加强合作交流。一年来，县政协常委会在积极配合上级政协组织开展调研的同时，接待了唐山市、武清区、德州市政协等友好政协考察到访，有效的交流了经验，宣传推介了香河。

文史宣传进一步活跃。充分发挥文史资料“存史、资政、团结、育人”的作用，做好文史资料集存的编撰工作，编印了文史资料集存第十七辑《写在林木间的历史》，为展示香河文化特色，启迪教育后人，凝聚各界力量，宣传和扩大香河县文化影响起到了积极的推动作用。

五、始终不忘初心，不断提升政协工作水平

县政协常委会始终坚持以提升履职能力为重点，内强素质、外树形象，不断加强自身建设，努力提升履职科学化水平。

狠抓班子队伍建设。加强政协党组建设，制定完善了《政协香河县委员会党组工作规则》，严格执行党内政治生活制度，认真落实党风廉政建设主体责任，履行“一岗双责”。着力加强常委会建设，充分发挥每位常委的表率带头作用，心往一处想、劲往一处使，政协组织的凝聚力、向心力和号召力不断增强。

激发委员履职活力。借鉴友好政协的先进管理办法，健全完善了委员履职考评管理机制，进一步激发委员的履职热情。坚持主席会议成员联系走访委员制度，组建委员工作组微信群，积极为委员学习提供资料，为委员知情明政提供信息，为委员开展活动搭建平台，切实提高了委员的履职能力。

持续改进工作作风。加强机关内部管理，制定完善了机关学习、工作及会议制度，形成了按章程履职、依制度办事、用规矩管人的工作新常态。深入推进“两学一做”学习教育常态化制度化，及时召开专题民主生活会，以严和实的标尺推进作风建设。严格按照中共中央和省、市、县委要求，认真执行各项规定，切实加强党风廉政建设，务实清廉的良好政治生态在机关进一步形成。

县政协常委会工作所取得的成绩，是坚持以习近平新时代中国特色社会主义思想统领政协工作的结果，是县委正确领导的结果，是县政府大力支持的结果，是社会各界积极配合的结果，是全体县政协委员共同努力的结果。

在总结成绩的同时，县政协常委会也要清醒地认识到，与新形势、新任务和县委的要求相比，与广大政协委员和人民群众的期盼相比，县政协常委会的工作还存在不足。比如，协商民主的针对性、实效性需进一步提高，民主监督的范围和力度需进一步加大，委员履职境界和能力素养需进一步提升等，这些都需要在今后工作中不断探索和改进。

2018年是贯彻落实中共十九大精神的开局之

年，是决胜全面建成小康社会的关键一年。2018年县政协工作的指导思想是：全面贯彻落实中共十九大精神，以习近平新时代中国特色社会主义思想为指引，认真落实县委十一届三次全会决策部署，在中共香河县委的坚强领导下，按照“学习增智慧、调研献良策、协商聚共识、监督促落实”的工作思路，紧贴中心献计、紧盯重点支招、整合资源出力，不忘初心，牢记使命，主动作为，为全面建成小康县、加快建设美丽幸福新香河作出新的贡献。

（一）坚持思想引领，在政治建设上实现新提升。把深入学习贯彻中共十九大精神作为当前和今后一个时期首要的政治任务，通过领导带学、专家导学、研讨助学、个人自学等形式，积极组织全体政协委员和机关干部深入学习中共十九大精神，深刻领会习近平新时代中国特色社会主义思想，着力在把握核心要义上下真功，在学懂弄通上当表率，在学以致用上出实效，自觉同以习近平同志为核心的党中央保持高度一致，不断筑牢与党同心、砥砺奋斗的思想政治基础。要强化问题意识和实践导向，坚持知行合一、以知促行，准确把握中共十九大对政协工作的新部署新要求，努力把学习成效转化为推动工作的精神动力和思路举措，不断开创政协工作新局面。

（二）坚持服务大局，在助推发展上作出新贡献。深入贯彻落实中共香河县委十一届三次全会决策部署，按照“创新、协调、绿色、开放、共享”的发展理念，围绕承接非首都功能疏解、园区转型升级、全域旅游发展、实施乡村振兴战略等重大问题，深入开展专题协商、对口协商、提案办理协商，谋长远之计、建有据之言、献务实之策。紧扣路网建设、城市扩容升级、美丽乡村建设、生态环境治理等全县中心工作，超前思考，深入调研，精准建言，为县委、县政府破解发展难题、增强发展动力、厚植发展优势提供智力支持。

（三）坚持履职为民，在改善民生上体现新担当。高度关注幼有所育、学有所教、劳有所得、病有所医、老有所养、住有所居、弱有所扶等民生期盼，紧扣社保扩面提标、教育扩容提质、平安县城创建等群众最关心、最直接、最现实的利益问题，通过专题调研视察、办理提案、反映社情民意等形式和载体，助推惠民政策落实、民生工程落地。充分发挥政协组织优势，积极开展扶贫义诊、捐资助学等公益活动，关爱弱势群体和困难群众，大力营造民心齐、民气顺、民风淳的良好社会环境，着力增强群众的认同感、获得感、幸福感。

（四）坚持团结民主，在凝聚共识上展现新作为。坚持团结和民主两大主题，充分发挥政协的团结统战功能，为香河县改革发展添助力、增合力。加强与社会各界的团结合作，通过拓展履职平台、健全工作机制，积极支持他们更加深入地参与政协各项履职活动。积极丰富和拓展对外友好交往，不忘老朋友，结交新朋友，不断扩大“朋友圈”，把更多的有志、有识、有为之士汇聚起来，为促进香河县经济持续健康发展贡献更多的智慧和力量。

（五）坚持强基固本，在自身建设上取得新成果。强化委员政治学习和业务培训，以建设委员图书室为切入点，全力打造学习型书香政协。加强对委员的管理和量化考核，丰富界别活动，彰显界别特色，切实发挥委员在政协工作中的主体作用和界别在政协履职中的重要作用。充分发挥专委会基础性作用，积极创新工作方式，努力为委员知情明政、履职尽责提供更好的服务。进一步加强政协机关建设，持续推进“两学一做”学习教育常态化制度化，深入开展“不忘初心、牢记使命”主题教育，坚持用习近平新时代中国特色社会主义思想武装头脑、指导实践、推动工作，着力造就一支忠诚干净担当的高素质政协干部队伍。

海阔潮涌千帆竞，扬帆起航正当时。新思想引领新时代，新使命开启新征程，站在新的历史起点，县政协常委会更加紧密地团结在以习近平同志为核心的党中央周围，以习近平新时代中国特色社会主义思想为指引，在中共香河县委的坚强领导下，不忘初心，牢记使命，团结一心，砥砺奋进，为加快建设美丽幸福新香河、实现全县人民对美好生活的向往作出新的更大贡献。

香河县人民法院工作报告

——在香河县第十五届人民代表大会第二次会议上

香河县人民法院院长　刘　君

（2018年1月30日）

2017年的主要工作

2017年，县法院深入学习贯彻中共十八大、十九大和习近平总书记系列重要讲话精神，忠实履行宪法和法律职责，全面加强审判执行工作，为维护香河县社会稳定、促进经济发展提供了强有力的司法保障。县法院荣立市级集体三等功，再次荣获“全国法院司法宣传工作先进单位”，安头屯法庭被授予“全国法院先进集体”称号，1人荣立省级个人二等功，1人荣获“最美香河人”。县法院承担的人民陪审员制度改革国家级试点，三项规程[(1)]、庭审语音识别转换[(2)]等2个省级改革试点工作均取得显著成绩。

一、充分发挥审判职能，服务大局作出新贡献

自觉把审判执行工作融入全县工作大局，主动服务党委、政府中心工作，服务经济社会发展和保障民计民生，努力营造良好的社会法治环境。共受理各类案件8375件，审执结7957件，结案率95.01%，法定审限内结案率99.86%。包括院领导在内的27名员额法官，人均结案295件。

严厉打击刑事犯罪，推进平安香河建设。受理各类刑事案件283件，审结282件，结案率99.65%；依法判处罪犯301名。严厉打击“两抢一盗”[(3)]等较为突出的犯罪活动，依法维护社会秩序。加大对涉众型经济犯罪、环境污染犯罪打击力度，依法保障金融秩序和环境安全。严厉打击贪污贿赂等职务犯罪，推动全面从严治党。

妥善审理民商事纠纷，促进和谐香河发展。受理各类民商事案件4784件，审结4577件，结案率95.67%。依法审理土地经营权流转、承包地确权案件200余件，保障农民合法权益，维护了农村社会和谐稳定。快速审结抚养费、医疗费及追索劳动报酬等涉民生案件1200余件，有力保障了弱势群体的合法权益。推进家事审判方式改革，妥善处理婚姻家庭及相邻权纠纷案件800余件，弘扬孝老爱亲睦邻的传统美德，促进社会和谐。

积极引导依法行政，推动法治香河进程。受理各类行政诉讼案件34件，审结33件，结案率97.06%。充分发挥行政审判职能，以协调解决行政争议为重点，统筹兼顾保障当事人合法权益。加大非诉行政案件审查，依法监督行政机关依法行政，推进法治建设进程，审查非诉执行案件442件，执结439件。

着力破解执行难题，努力维护司法权威。受理各类执行案件3169件，执结2961件，结案率93.44%。建立执行指挥中心，实现四级法院执行信息共享，拓宽财产查控渠道，提高执行效率。强化执行威慑，穷尽执行措施，开展夜间、凌晨、假日行动，采取强制措施4000余次，查控被执行人银行存款9000余万元、车辆300余辆、房屋150余套，司法拘留29人次，移送公安机关追究刑事责任2人，曝光失信被执行人700余名，让“老赖”[4]无所遁形，助推社会诚信体系建设。

二、深入践行为民宗旨，诉讼服务增添新举措

完善司法便民利民措施，努力提升司法为民水平，满足群众多元司法需求，让人民群众有更多获得感。

优化诉讼服务体系。建立诉讼服务中心、诉讼服务网、“12368”诉讼服务热线[5]“三位一体”诉讼服务体系，推行网上预约立案，开通农民工诉讼绿色通道[6]，着力提升窗口职能，方便群众“一站式”办理所有诉讼事项。开展“法律六进”[7]活动，解答群众咨询560人，发放资料近20000份，提高全民法律素养。加大司法救助力度，为54名特困群众申请发放救助金200余万元，为180名困难群众和涉困企业减缓免诉讼费260余万元，协调法律援助机构指派律师出庭7次，体现了司法人文关怀。

构建阳光司法机制。以信息化建设为平台，着力打造阳光、智慧法院[8]。新建高清数字法庭和家事审判庭，全院数字法庭数量达到14个，庭审直播案件1047件。推进审判流程公开等三大平台建设，公开审判流程信息5900余条、执行案件信息3600余条，公开裁判文书3640份。拍摄微电影《执行内外》及法官MV《为民情无限》，搭建群众与法院沟通交流平台，提升了法院司法形象。

积极参与社会治理。建立多元化解决纠纷机制，指导人民调解和行业调解，完善诉调对接“三调联动”[9]机制，在家具城、建材城等专业市场设置诉调对接站，诉前化解纠纷300余件。积极参与“两河开发”、“创城”等重点工作，靠前化解矛盾纠纷，确保重点工作顺利推进。

三、始终坚持问题导向，司法改革取得新成效

落实中央及上级法院部署，紧盯薄弱环节，积极稳妥推进司法体制改革，取得了显著成绩。

法官员额制改革圆满完成。细化员额法官[10]遴选方案，建立“三承诺、三公开”[11]机制，公平公正推进遴选工作。两批遴选员额法官32人，优化法官队伍结构。完善绩效考核制度，对德、能、勤、绩、廉五项内容进行全面考核，确保法官、审判辅助人员、司法行政人员各司其职、各尽其责。推进人员分类管理[12]，科学组建审判团队，释放审判生产力。

司法责任制改革全面落地。坚持有序放权，突出独任法官、合议庭的办案主体地位，做到“让审理者裁判，由裁判者负责”。坚持有效监督，通过信访投诉、流程监控提醒等进行管理监督。运用专业法官会议，资深专业法官“把脉”为审判团队提供参考意见。

多项试点改革成效明显。推进人民陪审员试点改革，人民陪审员倍增至164名，参与审理、调解案件613件。开展以审判为中心的刑事诉讼制度“三项规程”改革，召开庭前会议，推动证人、鉴定人出庭，庭审实质化改革初见成效。采购科大讯飞智能语音识别同步转换文字设备3套，逐步完成13个审判法庭设备安装工作，庭审语音识别转换工作试点进展顺利。

四、全面落实从严治党，法院队伍展现新面貌

坚持把队伍建设作为加强各项工作的关键，不断加强队伍正规化、专业化、职业化建设，夯实发展根基。

以加强党建确保政治方向。坚持“抓党建、带队伍、保审判、树形象、创一流”总体思路，落实全面从严治党主体责任，致力打造忠诚、干净、担当的法院队伍。扎实开展“两学一做”学习教育制度化、常态化，坚定正确的政治方向。抓好发展党员工作，将3名思想进步、工作积极的同志发展为正式党员，增加党组织活力。通过开展院长讲党课、重温入党誓词、集体宣誓、事

迹报告会、演讲比赛、慰问老党员、升国旗唱国歌等活动，坚定干警“四个意识”，增强队伍凝聚力、战斗力。

以学习培训提升素质能力。举办专题培训班12期110人次，选派干警参加上级法院培训80人次，不断提高干警业务素养。组织优秀调研报告及法律文书评比，开展“办案标兵”等评选活动，进一步提升干警司法能力。

以廉政建设保障公正司法。严格执行中央八项规定精神，开展“纪律作风大整顿”活动，严肃整治“四风”。开展“廉洁法院、廉洁班子、廉洁法官”创建活动，树立正气，弘扬积极向上的正能量。加强党风廉政建设，坚持从严治院、从严治警，近年来，无一干警违法违纪。

五、自觉接受各界监督，法院发展呈现新气象

牢牢把握监督这个关键，不断实现人民群众对司法审判工作的知情权、表达权、参与权和监督权。积极主动向人大报告工作，主动报告工作中的重大事项、重大案件审理和执行工作，对具有重大社会影响的案件主动征求意见。加强与人大、政协联络工作，定期走访人大代表和政协委员，主动征求代表委员们对法院工作的意见和建议，邀请人大代表、政协委员旁听案件5件36人次。坚持随案发放廉政监督卡，开展“法院开放日”活动5次，召开新闻发布会6次，全面开通官方微博、微信，发布各类信息1000余篇，广泛接受社会监督，增进了群众对法院工作的了解。通过不断改进接受监督方式，有力促进了法院各项工作健康发展。

县法院工作成绩的取得和进步，是县委坚强领导、人大有力监督和政府、政协大力支持的结果，人大代表、政协委员以及社会各界关心、爱护、支持的结果。

县法院清醒地认识到，法院工作仍存在一些问题和不足，主要表现在：少数干警的创新意识、担当意识还需加强，司法能力仍需提高；智慧法院建设还有短板；“执行难”尚未得到根本解决等。对此，县法院在党委的正确领导下，有信心采取有力措施加以解决。

2018年工作目标及工作部署

2018年是深入贯彻落实中共十九大精神的开局之年。县法院工作指导思想是：坚持以习近平新时代中国特色社会主义思想为统揽，深入贯彻中共中央、省市县委和上级法院的工作部署，认真履行好确保社会大局稳定、促进社会公平正义、保障人民安居乐业主要任务，狠抓执法办案“第一要务”，大力推进司法改革，深化智慧法院建设，打造过硬法院队伍，全面做好新时代人民法院工作，努力为“美丽幸福新香河”建设提供坚强司法保障和服务。

一、围绕全县大局，在服务发展上再作为。紧紧围绕县域经济社会发展大局，集中力量抓好审判执行工作，着力打造良好的营商环境。深入开展扫黑除恶专项斗争，依法严厉惩治刑事犯罪；稳妥处理创新发展中产生的矛盾纠纷，依法保障重点项目、重大工程顺利实施；加快推进失信警示和惩戒机制建设，促进平安香河、诚信香河建设。

二、深化为民措施，在关注民生上再加力。加快诉讼服务中心转型升级，继续推进“一乡一庭”和诉调对接工作。创新法官参与社会综合治理新模式，持续发挥人民法院在多元化纠纷解决机制建设中的指导、规范、保障和促进作用。加大对弱势群体的司法救助，切实做到措施上便民、程序上利民、效果上安民。

三、强化创新驱动，在推进改革上再深入。积极完善法官员额制、人员分类管理等改革举措，进一步落实司法责任制；深化家事审判制度改革，修复基本社会关系；完善符合审判规律的绩效考核办法，建立“有进有出”、“能上能下”的员额常态化动态调控机制；以诉讼制度改革为重心，全面贯彻证据裁判规则，建立适用统一的证据标准，提升审判质效。

四、加强智能化建设，在科技强院上再创新。 深化智慧法院建设，探索互联网诉讼新模式，推行电子法院建设；完善审判流程公开等四大平台，拓展司法公开深度和广度；大力推广电子送达、庭审语音自动识别、在线视频调解等新技术应用，加快法院专网改造，提升软硬件建设水平。

五、强化队伍建设，在树立形象上再提升。 坚持党对法院工作的绝对领导，时刻把纪律和规矩挺在前面，切实增强干警“四个意识”。加强教育培训，深化岗位练兵，切实提升公正司法能力。加强党风廉政建设，狠抓正风肃纪，严惩违法违纪行为，把从严治党引向深入。

进入新时代，开启新征程。新形势赋予新任务，新担当迎接新挑战。新的一年，县法院将在县委坚强领导、县人大及常委会有力监督以及县政府、县政协和社会各界关心支持下，全面贯彻落实县委十一届三次全会和县人大十五届二次会议精神，以更加坚定的信心、更加务实的举措，为建设“美丽幸福新香河”而努力奋斗。

附

相关用语的解释和说明

（1）**三项规程：**指最高人民法院出台的“人民法院办理刑事案件庭前会议规程”“人民法院办理刑事案件排除非法证据规程”“人民法院办理刑事案件第一审普通程序法庭调查规程”，全面深入推进以审判为中心的刑事诉讼制度改革。

（2）**庭审语音识别转换：**集中人工智能、云计算、大数据等多项先进技术，将庭审发言转为文字，全面完整地再现庭审各方发言，进一步体现庭审记录的公正性。

（3）**两抢一盗：**指抢劫、抢夺、盗窃等三类多发性侵财案件。

（4）**老赖：**法律意义上一般是指在民商领域中的一类债务人，其拥有偿还到期债务的能力，但是基于某种原因拒不偿还全部或部分债务。

（5）**“12368”诉讼服务热线：**是人民法院开通的诉讼服务热线，当事人、诉讼代理人在工作时间拨打“12368”，可以查询案件是否受理、合议庭组成人员、开庭时间、案件办理进度、办理结果等信息，也可以咨询诉讼程序性问题，还可以通过自助系统实现24小时案件信息的查询。

（6）**农民工诉讼绿色通道：**针对农民打官司举证乏力等现象，优先接待来访，对拖欠农民工工资纠纷努力做到当日立案、当日送达、当日排期。对生活困难的农民工起诉的，实施司法救助，依法减缓免诉讼费，保障其诉讼权利。

（7）**法律六进：**通过“进机关、进乡村、进社区、进学校、进企业、进单位”，对干部、群众、职工、学生等不同层次人群开展普法宣传活动。

（8）**智慧法院：**以确保司法公正高效、提升司法公信力为目标，充分运用互联网、云计算、大数据、人工智能等技术，促进审判体系与审判能力现代化，实现人民法院高度智能化的运行与管理。2016年7月，中共中央办公厅、国务院办公厅印发《国家信息化发展战略纲要》，将建设“智慧法院”列入国家信息化发展战略。

（9）**三调联动：**指推进人民调解、行政调解、司法调解衔接联动工作。

（10）**员额法官：**指通过严格考试考核和选拔，进入员额的优秀法官。员额法官主要职责是承办案件，并为他们配备法官助理、书记员等审判辅助人员，确保法院85%的人力资源配置到办案一线。

（11）三承诺、三公开：在员额法官遴选中，制作《员额法官遴选报名表》和《参与遴选承诺书》，在入额报名时，要求申请参加遴选的每名法官必须作出“服从组织对其是否入额的决定”“服从组织对其工作岗位的调配”“服从入额后按规定完成办案任务”的书面承诺；在遴选过程中，院党组及时公开《报名资格审查通过人员名单》《员额法官候选人名单》《专业资格审查通过人员名单》，通过“三承诺”严肃组织纪律，利用“三公开”强化工作监督，做到了竞争公平、过程公开、结果公正。

（12）人员分类管理：在司法体制改革中，根据法院工作的性质、职业特点，将法院人员分为法官、司法辅助人员（又分法官助理、执行员、司法警察、司法技术人员、书记员）和司法行政人员三类，并分别建立相对独立又各具特色的管理体系。

香河县人民检察院工作报告

——在香河县第十五届人民代表大会第二会议上

香河县人民检察院检察长 刘振华

2018 年 1 月 30 日

2017 年工作回顾

2017 年，县检察院在县委和上级检察院的正确领导下，在县人大及其常委会的有力监督下，在县政府、县政协和有关部门的大力支持下，全面贯彻落实中共十八大和十九大精神，紧紧围绕“五检”(1) 总体工作布局，忠实履行宪法和法律赋予的职责，各项检察工作取得新进展。

一、紧紧围绕中心工作，为香河经济社会发展提供强有力的司法保障

持续优化经济发展环境。积极参与整顿和规范市场经济秩序，批准逮捕非法经营、强迫交易、合同诈骗等扰乱市场秩序案件 4 件 9 人，提起公诉 3 件 4 人。保障企业创新发展，深入开展打击侵犯知识产权和制售假冒伪劣商品犯罪专项行动，批准逮捕 2 件 2 人，提起公诉 2 件 3 人。以高检院出台的服务和保障非公经济发展“18 条意见”(2) 等系列举措为指引，主动与非公企业沟通联系，了解企业对司法服务的需求，尽最大努力帮助企业排忧解难。

深入推进平安香河建设。全年共批准逮捕各类刑事案件 174 件 221 人，提起公诉 257 件 301 人。推进刑事和解、轻微刑事案件快速办理等工作机制，决定不批捕 17 件 28 人，不起诉 15 件 25 人，防止和减少了社会对抗，促进了社会和谐。周密部署“两会”、十九大等敏感时期信访维稳工作，妥善处理群众来访 71 人次，继续保持涉检涉诉进京赴省“零上访”。

着力保障和改善民生。探索构建生态环境司法保护机制，开展破坏环境资源犯罪的专项监督，严厉打击滥伐林木、污染环境等犯罪，批准逮捕 3 件 3 人，提起公诉 5 件 6 人。严厉打击危害食品药品安全犯罪，提起公诉 3 件 5 人。

二、加大惩防力度，保持反腐败高压态势

严肃查办职务犯罪案件。依法查办本地案件与上级交办案件并重，全年共立案侦查贪贿案件 4 件 12 人。紧盯关键领域和重点环节，查办扶贫惠农领域案件 2 件 6 人。查办最高检层级指定的厅局级干部受贿案 1 件 3 人，通过办案为国家挽回经济损失 2 千余万元。积极回应群众反映强烈的“为官不为”“为官乱为”等问题，查办滥用职权、玩忽职守等渎职侵权犯罪案件 1 件 3 人，净化了政务环境。

积极开展职务犯罪预防。针对职务犯罪发案原因，及时向发案单位提出检察建议 18 件，真正做到办理一案，教育一片。广泛开展职务犯罪预防宣传和咨询，深入机关、企业、乡村、学校等举办预防宣讲 16 次。推动建立行业廉洁准入机制和社会诚信体系，办理行贿犯罪档案查询 1088 次。

三、增强法律监督实效，维护司法公平正义

加强侦查监督和审判监督。监督公安机关立案8件9人，监督撤案8件10人，追捕漏犯3人，追诉漏罪3条，对侦查违法行为提出纠正意见18件。健全刑事司法与行政执法两法衔接机制，监督行政执法处罚案件30件。

加强民事审判和行政诉讼监督。办理对民事、行政生效裁判监督案件1件，提出再审检察建议1件；办理违反审判程序违法监督案件19件；办理执行监督案件12件；办理行政机关不当履职案件18件；办理行政公益诉讼[3]案件1件，取得了良好的法律效果和社会效果。

加强刑罚执行和监管活动监督。办理羁押必要性审查案件4件，监督纠正监管活动中的违法案件15件。开展社区矫正专项检查5次，监督纠正社区矫正违法案件4件。把财产刑执行监督纳入检察监督的日常工作，全年共建立财产刑执行档案207份。

四、规范司法执法行为，稳步提升检察公信力

主动接受外部监督。加强党对检察工作的绝对领导，牢牢把握党和人民对检察工作的要求，自觉接受人大监督、政协民主监督和社会监督。主动向人大及其常委会报告工作，诚恳接受代表、委员的监督评议。深化检务公开，实时发布检察动态信息897条，发布程序性案件信息916件，重要案件信息25件，生效法律文书345件。

不断完善内部监督。全面推进基层院“八化”[4]建设，坚持把执法规范化作为核心要求，扎实开展案件质量评查、流程监控和风险防控预警，评查案件卷宗213册，发现和纠正司法不规范问题15处，发出流程监控预警通知35次。积极推进科技强检，在县委、县政府的大力支持下，对办案区域和档案室进行了改造升级，加大了检察技术与检察业务的深度融合，夯实了检察工作发展根基，进一步促进了执法规范化。

稳步推进司法体制改革[5]。重点抓好以“司法责任制”为核心的检察体制改革，制定权力责任清单，把谁办案谁负责落到实处。19名员额制检察官全部到一线办案，院领导带头办理重大、疑难、复杂案件，形成了权责明晰、制约有力、运行高效的办案责任体系，办理案件的质量和效率明显提升。

五、全面从严治检，打造过硬检察队伍

突出抓好思想政治建设。深入学习贯彻中共十八大、十九大精神，自觉在思想上政治上行动上同以习近平同志为核心的党中央保持高度一致，全力支持配合深化国家监察体制改革[6]试点工作。落实从严治检各项要求，坚持抓党建带队伍，全年组织党组中心组学习16次、民主生活会2次、支部党员大会5次。深入推进“两学一做”学习教育常态化制度化，开展重温入党誓词、升国旗唱国歌、向宪法宣誓等活动，打造忠诚、担当、公正、文明、廉洁的检察官队伍。

不断加强执法能力建设。 实施人才强检战略，注重人才培养，结合检察工作和检察人员岗位需要，有针对性地组织开展业务学习和技能培训36次。对标先进，查漏补缺，组织干警到全国先进基层检察院参观见学，到省、市院跟班学习，进一步提升检察队伍的业务素养和执法能力。

深入推进纪律作风建设。坚持把纪律规矩挺在前面，进一步落实财务管理、公车使用、办公用房等各项规章制度。以“一问责八清理”暨基层“微腐败”专项整治活动为契机，开展检务督察12次，提出督察意见18条。杜绝了违反中央八项规定精神和“四风”问题的发生。

2017年，县检察院先后荣获“优秀领导班子”、“省级文明单位”等荣誉称号，19人受到上级表彰，6人被授予“三等功”。这些成绩的取得是县委正确领导，县人大及其常委会有力监督，县政府、县政协大力支持以及社会各界关心、帮助的结果。

在肯定成绩的同时，县检察院也清醒地认识到检察工作中仍然存在着许多问题和不足：一是立足检察职能服务大局的作用还需进一步增强；二是不敢监督、不善监督、监督不到位的现象还不同程度存在，法律监督能力还需进一步提升；三是检察队伍专业化、职业化水平还需进一步提高。对于这些问题，县检察院将采取有效措施，认真加以解决。

2018年工作安排

2018年，县检察院将深入学习领会中共十九大精神，以习近平新时代中国特色社会主义思想为指导，全面贯彻习近平总书记对政法工作的指示精神，紧紧围绕中央政法工作会议的决策部署，以强化法律监督为根本，以深化改革创新为动力，以优化队伍建设为抓手，聚焦主责主业，全面尽职履责，为建设美丽幸福新香河提供有力的司法保障。

一、积极主动作为，努力营造安全稳定的社会环境。始终坚持把维护社会稳定作为首要任务，结合检察职能，全面开展扫黑除恶专项斗争，积极参加重大社会稳定风险防范化解专项行动，抓好检察环节化访维稳工作。顺应人民群众对美好生活的新期待，全面落实服务群众长效机制，及时回应人民群众的司法诉求，让人民群众有更多安全感、获得感、幸福感。

二、围绕经济发展，努力营造诚信有序的市场环境。抢抓京津冀协同发展重大机遇，主动将检察工作融入经济发展大局中。加强与行政执法机关联系，增强打击合力，提高打击经济犯罪的能力和水平，保障区域市场经济体制的不断完善，法治化的市场秩序逐步建立，企业来香河创业的信心日益增强，为营造良好的营商环境发挥积极作用。

三、加强检察监督，努力营造公平正义的法治环境。牢牢把握检察机关的宪法定位，全面推进新时代检察监督工作，不断提高监督能力和水平。加强对行政执法机关有案不移、以罚代刑问题的监督。稳妥推进检察机关提起公益诉讼工作，切实保护国家利益和社会公共利益。积极回应人民群众诉求，不断拓展检察监督新途径，全面构建检察监督新格局。

四、推进各项改革，努力营造高质高效的发展环境。以改革促公正、提效率、增活力。以落实司法责任制为重点，进一步明确检察机关内部各层级职责权限，不断提升办案质效。推进以审判为中心的刑事诉讼制度改革，充分发挥检察机关诉前介入、诉中主导作用，确保案件事实清楚、证据确实充分。扎实开展执法司法规范化大检查活动，不断深化工作运行机制，确保检察监督的每个环节都能严格依照法律程序进行，努力让人民群众在每一个司法案件中感受到公平正义。

五、强化自身建设，努力营造风清气正的履职环境。坚持政治建检，巩固“两学一做”教育成果，深入开展“不忘初心、牢记使命”主题教育活动，打造过硬检察队伍综合运用岗位练兵、技能竞赛、素能考评等方式，不断提高检察人员专业化能力与水平。坚定不移履行全面从严治党、从严治检政治责任，持之以恒正风肃纪。充分发挥党组的引领示范作用，解放思想、开拓创新、事争一流，用行动诠释忠诚，用责任书写担当。

新时代赋予检察机关新的使命和担当！县检察院将在县委和上级检察院的坚强领导下，不忘初心、牢记使命，认真贯彻本次会议精神，忠诚履职、奋发作为，不断推动香河检察工作创新发展，为加快建设“美丽幸福新香河”做出新的更大贡献。

附：

名词解释

1.五检：政治建检、业务立检、公信树检、素质兴检、科技强检。

2.18 条意见：为坚持平等保护公有制经济与非公有制经济，依法履行检察职能，充分发挥保障和促进非公有制经济健康发展的积极作用，最高检出台了《关于充分发挥检察职能依法保障和促进非公有制经济健康发展的意见》共 6 个部分 18 条。

3.行政公益诉讼：是指公民认为行政主体行使职权的行为违法，侵害了公共利益或有侵害之虞时，虽与自己无直接利害关系，但为维护公益，而向特定机关提出起诉请求，并由特定机关依法向法院提起的行政诉讼。

4.“八化”建设：执法规范化标准化、队伍专业化职业化、管理科学化信息化、保障现代化实用化。

5.司法体制改革：指国家司法机关和国家司法制度，在宪法规定的司法体制基本框架内，实现自我创新、自我完善和自我发展，建设有中国特色社会主义现代司法体系和司法制度。

6.监察体制改革：为加强党对反腐败工作的统一领导，整合行政监察、预防腐败和检察机关查处贪污贿赂、失职渎职以及预防职务犯罪等工作力量，成立监察委员会，作为监督执法机关，实现对所有行使公权力的公职人员监察全覆盖。

附　录

词语注解

1.“拆违”：拆除违章建筑。

2.“大班额”：随着城镇化进程的加快，流动人口不断向城区涌入，人民群众对优质教育资源的需求与教育供给之间的矛盾日益突出，城市学校所承受的压力越来越大，城区学校每个班的人数剧增，超出额定人数的班的现象。大班额有两类：每个班 66 人以上称为超大班额，56 人以上称为大班额。

3.“放管服”：简政放权、放管结合、优化服务的简称。“放”即简政放权，降低准入门槛。“管”即创新监管，促进公平竞争。“服”即高效服务，营造便利环境。2015 年 5 月 12 日，国务院召开全国推进简政放权放管结合职能转变工作电视电话会议，首次提出了“放管服”改革的概念。

4.“海选”：提名确定村委会成员候选人的一种形式，是指村民直接提名候选人并根据提名得票多少按照差额选举的原则确定正式候选人。“海选”的实质是村民直接行使村委会成员候选人的提名确定权。

5.“两会”：中华人民共和国全国人民代表大会与中国人民政治协商会议；省、市、县人民代表大会与人民政治协商会议。

6.“两学一做”：学党章党规、学系列讲话，做合格党员。

7.“两个维护”：坚决维护习近平总书记在党中央和全党的核心地位、坚决维护党中央权威和集中统一领导。

8.“两不愁、三保障”：“两不愁”：不愁吃（含安全饮水）、不愁穿。“三保障”：义务教育、安全住房、基本医疗有保障。

9.“两个责任”：中国共产党第十八届中央委员会第三次全体会议提出，落实党风廉政建设责任制，党委负主体责任，纪委负监督责任。

10.“两河”：特指香河县境内的潮白河、北运河。

11.“两违”：违法占地和违法建设的行为。

12.“两考三评一定”：对香河县农村干部实行半年考核、年终考核，村街党员群众评议、执法执纪部门评审、基层党(工)委评鉴，确定村干部星级等次。

13. 廊坊“北三县”：廊坊市境域内北部的香河县、大厂回族自治县和三河市。

14.“煤替代”“煤改电（电代煤）”“煤改气（气代煤）”：用电、天然气等清洁能源代替用燃煤取暖、做饭。

15. 农村“两室”：农村党支部办公室、党员活动室。

16. 农村“两委”：农村党支部委员会、村民委员会。

17. 农村土地改革中的“三权”分置：深化农村土地制度改革，顺应农民保留土地承包权、流转土地经营权的意愿，将土地承包经营权分为承包权和经营权，实行所有权、承包权、经营权分置并行，着力推进农业现代化，是继家庭联产承包责任制后农村改革又一重大制度创新。

18.“‘七五’普法”：中共中央宣传部、中华人民共和国司法部关于在公民中开展法治宣传教育的第七个五年规划（2016－2020 年）。

19.“三会一课”：定期召开中国共产党支部党员大会、支部委员会、党小组会，按时上好党课。

20.“三定”方案：是各级机构编制部门，对所辖范围内所有的党政机关、人民团体、事业单位等机构，在单位初设或者机构改革过程中有重大变更事项时，颁布实施的纲领性文件，是每一个单位的身份证、户口簿。三定具体是指：定职能、定机构、定编制。

21.“三公”经费：党政机关、人民团体及事业单位等财政开支的部门人员因公出国（境）经费、公务用车的购置及运行经费、公务招待经费。

22.“三重一大”：重大问题决策、重要干部任免、重大项目投资决策、大额资金使用。“重大事项决策、重要干部任免、重要项目安排、大额资金的使用，必须经集体讨论做出决定”的制度（简称“三重一大”制度）。最早源于 1996 年第十四届中央纪委第六次全会公报。

23.“四个意识”：政治意识、大局意识、核心意识、看齐意识。

24.“四个自信”：中国特色社会主义道路自信、理论自信、制度自信、文化自信。

25.“四风”：形式主义、官僚主义、享乐主义和奢靡之风。

26.“四种形态”：第一种形态，党内关系要正常化，批评和自我批评要经常开展，让咬耳扯袖、红脸出汗成为常态。第二种形态，党纪轻处分和组织处理要成为大多数。第三种形态，对严重违纪的重处分、作出重大职务调整应当是少数。第四种形态，而严重违纪涉嫌违法立案审查的只能是极少数。

27.“四好”农村公路：建设好、管理好、养护好、运营好农村公路。

28.“双创”：大众创业、万众创新。出自 2014 年 9 月夏季达沃斯论坛上国务院总理李克强的讲话，李克强提出，要在 960 万平方公里土地上掀起“大众创业”“草根创业”的新浪潮，形成“万众创新”“人人创新”的新势态。

29.“双创双服”：河北省开展的以创新创业、服务发展、服务民生为主要内容的活动。

30.“双拥”工作：地方政府拥军优属，军队拥政爱民。

31. 社会主义核心价值观：富强、民主、文明、和谐，自由、平等、公正、法治，爱国、敬业、诚信、友善。

32.“十三五”规划：中华人民共和国国民经济和社会发展第十三个五年规划纲要，简称“十三五”规划（2016－2020 年），

33.“散乱污”企业：不符合产业政策，不符合当地产业布局规划，未办理工信、发改、土地、规划、环保、工商、质监、安监、电力等相关审批手续，不能稳定达标排放的企业。散：不符合当地产业布局规划，没有进驻工业园区的规模以下企业。乱：不符合产业政策的企业，应办而未办理相关审批手续的企业，存在于居民集中区的企业、工业摊点、工业小作坊。污：指无污染防治设施或污染防治设施不完备、不能对产生的污染物进行有效收集、无组织排放严重的企业，污染防治设施不具备达标排放能力的企业，没有治理价值的企业，不能实现稳定达标排放的企业。

34.“通武廊”：北京市通州区、天津市武清区、河北省廊坊市。

35.“一岗双责”：“一岗”就是一个领导干部的职务所对应的岗位；“双责”就是一个领导干部既要对所在岗位应当承担的具体业务工作负责，又要对所在岗位应当承担的党风廉政建设责任制负责。

36.“一案三查”：落实党风廉政建设开展责任追究，一查当事人的违纪违法责任；二查党委（党组）的主体责任；三查纪委（纪检机构）的监督责任。

37.“一问责八清理”：一问责：对党的领导弱化、主体责任缺失，管党治党不力、发生严重违纪违法问题的，抓住典型，严肃问责，公开处理。八清理：对超职数配备干部、违规进人问题，违规公费出国(境)、公款旅游问题，乱收费、乱摊派问题，领导干部经商办企业及其亲属利用其职务影响谋取不正当利益问题，滞留截留套取挪用财政专项资金特别是涉农资金问题，省属企业违规配车、用车问题，招标投标不规范、违规出让土地、违反规划调整容积率等问题，懒政怠政、不作为、不在状态问题，进行清理。

38.“中央八项规定”：2012 年 12 月 4 日，中共中央政治局召开会议，审议通过了中央政治局关于改进工作作风、密切联系群众的八项规定。主要内容：（1）要改进调查研究，到基层调研要深入了解真实情况，总结经验、研究问题、解决困难、指导工作，向群众学习、向实践学习，多同群众座谈，多同干部谈心，多商量讨论，多解剖典型，多到困难和矛盾集中、群众意见多的地方去，切忌走过场、搞形式主义；要轻车简从、减少陪同、简化接待，不张贴悬挂标语横幅，不安排群众迎送，不铺设迎宾地毯，不摆放花草，不安排宴请。（2）要精简会议活动，切实改进会风，严格控制以中央名义召开的各类全国性会议和举行的重大活动，不开泛泛部署工作和提要求的会，未经中央批准一律不出席各类剪彩、奠基活动和庆祝会、纪念会、表彰会、博览会、研讨会及各类论坛；提高会议实效，开短会、讲短话，力戒空话、套话。（3）要精简文件简报，切实改进文风，没有实质内容、可发可不发的文件、简报一律不发。（4）要规范出访活动，从外交工作大局需要出发合理安排出访活动，严格控制出访随行人员，严格按照规定乘坐交通工具，一般不安排中资机构、华侨华人、留学生代表等到机场迎送。（5）要改进警卫工作，坚持有利于联系群众的原则，减少交通管制，一般情况下不得封路、不清场闭馆。（6）要改进新闻报道，中央政治局同志出席会议和活动应根据工作需要、新闻价值、社会效果决定是否报道，进一步压缩报道的数量、字数、时长。（7）要严格文稿发表，除中央统一安排外，个人不公开出版著作、讲话单行本，不发贺信、贺电，不题词、题字。（8）要厉行勤俭节约，严格遵守廉洁从政有关规定，严格执行住房、车辆配备等有关工作和生活待遇的规定。

索　引

说　明：

1. 本索引采用主题分析法编制，范围包括篇目、类目、分目和条目等。

2. 本索引按主题词首字汉语拼音字母（同音按声调）顺序排列，若首字拼音相同，则按照第二个汉字音序排列，以此类推。

3. 索引中主题词后面的数字，表示内容所在的页码。

A

B

C

D

E

F

G

H

J

K

L

M

N

P

Q

R

S

W

X

Y

Z